中国远洋海运发展史

COSCO SHIPPING HISTORY OF DEVELOPMENT

第①卷

《中国远洋海运发展史》编委会·编

中远发展史
1949—1978

人民交通出版社股份有限公司
北 京

内 容 提 要

本书为《中国远洋海运发展史 第1卷》，展现了从1949年新中国成立到1978年改革开放前夕这一历史时期，新中国远洋运输事业创建和发展的光辉历程，记录了新中国远洋运输船队从无到有、从小到大的发展过程。这一时期，中远人艰苦创业、开拓前进，为中国远洋运输事业的开创、发展和壮大做出了重要贡献。中远人在奋斗中凝结而成的"艰苦创业、爱国奉献"的优良传统，更成为COSCO永不褪色的企业本色，筑就成中远人攻无不克的制胜法宝。

本书不仅是一部体大思精、包罗丰富的历史著作，更是一套宣贯爱国主义和社会主义教育的优秀读本。

图书在版编目（CIP）数据

中国远洋海运发展史. 第1卷/《中国远洋海运发展史》编委会编. —北京：人民交通出版社股份有限公司，2020.6

ISBN 978-7-114-16110-0

Ⅰ.①中… Ⅱ.①中… Ⅲ.①海运企业—企业史—中国 Ⅳ.①F552.9

中国版本图书馆CIP数据核字（2019）第281083号

审图号：GS（2019）6157号

ZHONGGUO YUANYANG HAIYUN FAZHANSHI DI 1 JUAN

书　　名：	中国远洋海运发展史　第1卷
著 作 者：	《中国远洋海运发展史》编委会
责任编辑：	陈　鹏
责任校对：	孙国靖　扈　婕
责任印制：	刘高彤
出版发行：	人民交通出版社股份有限公司
地　　址：	（100011）北京市朝阳区安定门外外馆斜街3号
网　　址：	http://www.ccpress.com.cn
销售电话：	（010）59757973
总 经 销：	人民交通出版社股份有限公司发行部
经　　销：	各地新华书店
印　　刷：	北京印匠彩色印刷有限公司
开　　本：	787×1092　1/16
印　　张：	32.25
字　　数：	745 千
版　　次：	2020年6月　第1版
印　　次：	2020年6月　第1次印刷
书　　号：	ISBN 978-7-114-16110-0
定　　价：	260.00 元

（有印刷、装订质量问题的图书由本公司负责调换）

1951年，招商局起义船"永灏"轮全体船员合影。

1961年，新中国第一家国营远洋运输企业——中国远洋运输公司正式成立。

1961年4月,"光华"轮首航印度尼西亚离港时,各界群众欢送。

"光华"轮首航印度尼西亚,揭开了新中国远洋运输史新的一页。

1962年11月21日晚，靠泊在埃及亚历山大港的"星火"轮举行酒会，招待当地有关人士。

1964年2月20日，香港远洋轮船公司在瑞典卡尔斯克鲁纳（Karlskrona）首次购入一艘新造船投入运营，命名"牡丹"轮（PEONY）。

第一次"南北航线"正式通航前,"黎明"轮全体船员召开誓师大会(第二次北上)。

1972年,"乐亭"轮船员在格林尼治天文台合影。

1976年10月,我国驻英国大使馆商务处的同志登上"辽阳"轮,与女船员合影留念。

20世纪60年代,船长培训驾驶员熟悉国产雷达使用。

20世纪70年代,青岛海运学校的学生在学习。

建校初期,青岛海运学校学生参加劳动。

1964年6月12日,"和平60号"轮首航朝鲜。

1968年中国第一艘贷款船"黎明"轮首航南北航线。

1973年12月，"金沙"轮由青岛港出发，历时163天，航行31850海里，停靠8个国家11个港口，于1974年6月返回青岛港，成为新中国第一艘完成环球航行的船舶。

1978年9月26日，上海远洋运输公司的半集装箱船"平乡城"号运载162个国际标准集装箱从上海港首航澳大利亚，开辟了中国第一条国际集装箱班轮航线。

1960年,益丰公司率先利用贷款购买了"和风""顺风"轮两艘船舶,开创了中国贷款买船的先河。

中燃青岛公司"青油9"轮在航行中。

20世纪60年代,中国汽车运输总公司向攀枝花钢铁基地运送物资。

《中国远洋海运发展史》编纂机构

《中国远洋海运发展史》编审委员会

主　　任：许立荣

副 主 任：付刚峰　孙家康

委　　员：（以姓氏笔画为序）

　　　　　丁　农　万　敏　王宇航　王海民　叶伟龙　孙云飞　刘鸿炜
　　　　　张　为　俞曾港　黄小文

《中国远洋海运发展史》顾问委员会

主　　任：钱永昌

委　　员：（以姓氏笔画为序）

　　　　　马贵川　马泽华　王云茂　王富田　毛永芳　白金泉　邬　丹
　　　　　朱超刚　江　波　刘国元　刘松金　刘锐祥　孙月英　孙治堂
　　　　　李　伟　李建红　李绍德　李云鹏　吴子恒　吴中校　肖亮涌
　　　　　闵希候　陈忠表　陈洪生　陈德诚　林祖乙　林建清　杨　斌
　　　　　张　良　张际庆　张国发　张建华　张富生　卓东明　金瑞升
　　　　　周祺芳　宫尚竺　骆九连　徐祖远　徐晓杰　高伟杰　高志明
　　　　　寇来起　傅　伟　董　明　雷　海　虞国伟　魏　卿　魏家福
　　　　　戴金象　戴淇泉

《中国远洋海运发展史》编纂工作委员会

主　　任：刘海涛

副 主 任：海　峡　徐永上

委　　员：朱雪峰　吴　腾　郭庆东　吴彦红

《中国远洋海运发展史》编纂工作组

组　　长：佟成权

副 组 长：相熔钢　桑史良

本卷执笔：柳邦声

总　序

2019 年，是新中国成立 70 周年，是中国海运事业发展 70 周年。沿着新中国"站起来、富起来、强起来"的历史主轴线，中国远洋海运集团也走过了屡领风潮、慨然前行的非凡历程，创造了一个壮阔的"云帆远征"之传奇，书写了一部煌煌的"家国天下"之史诗。在这个特殊的历史时刻，追溯企业发展源头，回望企业发展道路，对于我们重温当年初心，勇担历史使命，积极助力"一带一路"及海运强国建设，赓续薪火相传的企业精神，凝聚改革再出发的磅礴力量，具有十分重要的意义。

一

海运与国运从来都是息息相关的。海运的引领性和保障性，决定了它不是一般的服务业，而是关系国家安全与经济命脉的特殊性产业。一道"海运与国运"的历史命题，既蕴含了人类社会发展的普遍规律，也是中远海运集团所肩负的历史使命。

2018 年 11 月，习近平总书记在上海考察时指出，"经济强国必定是海洋强国、航运强国"[1]。习近平总书记的重要论述，深刻阐明了海运与经济、海运与国家战略的关系，为我们建设海洋强国、航运强国指明了方向，也让我们在实现中华民族伟大复兴中国梦的历史征程中，更加深刻认识到建设海运强国的责任与担当。

海运强国的演变实际就是国家强盛的发展过程。纵观世界发展史与世界航海史，一系列国家兴衰及大国崛起的历程，都充分证明了这一点。公元前 1000 年之前，地中海东岸的腓尼基人就凭借出色的航海技术，控制了地中海地区；古希腊人通过帆船和发达的航海技术，将文明散播到整个地中海沿岸，使之成为西方文明的摇篮。15 世纪末，葡萄牙、西班牙、荷兰引领了以季风帆船为特征的大航海时代，通过发展海运成为欧洲三强。近代的英国开启了蒸汽船时代，通过海运成为"日不落帝国"，主导世界格局三百年。之后，美国取代英国，凭借强大的海权控制实力，成为当今世界霸主。此外，当代日本、韩国、新加坡等国的快速崛起，也都离不开海运的发展。

中国历史上曾经是一个海运大国和海运强国，特别是在东西方"海上丝绸之路"的开辟与发展方面，中国人的航海活动贡献巨大，在人类文明发展史上写下了不朽篇章。明朝

---

[1]《习近平在上海考察》，《人民日报海外版》，2018 年 11 月 08 日第 02 版。

是我国古代海运发展的高峰，郑和七下西洋，航行距离、规模和技术均遥遥领先于世界；与之相对应，七下西洋所处的永乐年间，中国的综合国力和总人口均排名世界第一。而明朝中后期和清朝的海禁，令我国海运业落后于西方，国力也快速衰落。从1840年鸦片战争到1949年中华人民共和国成立的109年间，中国遭受了帝国主义列强的侵略。外国资本经营的轮船公司垄断了中国的海上运输业务，国家海运业日益衰败；而一场甲午海战，更把国家拖入深渊。面对"千年未有之大变局"，近代仁人志士都把振兴民族海运作为毕生追求的梦想。为了这个振兴之梦，多少次旗竖旗倒，多少次人聚人散，多少英雄饮恨苍天，多少豪杰壮志未酬。孙中山认为"自世界大势变迁，国力之盛衰强弱，常在海而不在陆，其海上权力优胜者，其国力常占优胜"，并在《建国方略》中对发展海运和海港作了专门论述。然而，这些梦想在旧中国都没有实现。

新中国成立后，中国海运事业在一穷二白中开始建设。经过70年发展，特别是自1978年中国实行改革开放，海运业进入了"由小到大"的发展轨道。目前中国已经是名副其实的海运大国：年造船产能达到6000万载重吨，全球第一；海运量世界占比达到26%，全球第一；注册运力1.8亿载重吨，全球第二；全球前二十大货物吞吐量的港口，中国占15个；全球前十大集装箱港口，中国占7个。

翻阅厚重的世界史与中国史，研读世界强国的发展历程，都印证了英国探险家沃尔特·雷利（Walter Raleigh）的看法——"谁控制了海洋，谁就控制了贸易；谁控制了世界贸易，谁就控制了世界的财富，最终也就控制了世界本身。"海运作为强国背后的重要动力，是其他产业所难以比拟的。

在中华民族"站起来、富起来、强起来"的历史进程中，中远海运集团始终与中华民族伟大复兴之路同向同行，始终与新中国现代化建设共进共强。1949年新中国成立，1978年中国改革开放，2001年中国加入WTO，2018年中国开启改革再出发新时代……这一系列重大历史时刻，成为中国经济发展的关键节点，也恰是中远海运发展的关键节点。一方面，中国经济发展给中远海运带来无限商机；另一方面，中远海运也用自身不断增长的业绩，助推中国经济不断飞跃。

由此可见，中远海运的发展历程，是国家富强与民族振兴伟大征程中的重要组成部分，是我国航运业由弱到强的生动写照和具体体现。在海运与国运的同步变化之中，伴随新中国的发展，中远海运从孤帆远影，到百舸争流，历经风雨，高歌猛进。1949–1950年，"招商起义"的17艘船舶中，返回新中国的共计15艘、3.37万载重吨；而今天，中远海运共有船舶运力1200余艘、1亿载重吨。当年15艘船舶载重吨的总和，只相当于今天1200艘船舶中的1艘小型船。如今，由中远、中海重组而成的中国远洋海运集团的船队规模位居世界第一，综合运力大约是海运大国德国全国运力规模的总和。中远海运集团数十年的发展实践，不仅印证了全世界海运与国运的"普遍规律"，还印证了中国特色社会主义的"特色规律"，那就是：国企强，国家强；海运央企强，则国家海运强，国家经济强。

二

中远海运集团是新中国航运事业的开创者，参与了中国航运 70 年从近海到远洋、从追随到领跑的历史进程，亲历了改革开放 40 年波澜壮阔的伟大变革。回望 1949 年以来走过的航路，梳理一代代远洋海运人的创业历程，贯穿始终的，是不变的初心和海运强国的使命。

中远海运集团发展史是一部艰苦卓绝的革命斗争史。

很难想象，中远海运这支商船队，竟然是在新中国遭到经济封锁和海上禁运的围堵中起步的。而一条条航线的开辟，竟然是我们的船员出生入死、浴血奋战拼杀出来的。

追溯中国远洋海运集团的发展源头，自招商局海轮起义开始，中远海运人就以大无畏的英雄气概，书写了一部惊心动魄、扣人心弦的革命斗争史。一次次冲破海上封锁，一次次抵御敌机轰炸，一次次开展护船护航的殊死搏斗，一次次战胜国际敌对势力的突然袭击……中远海运人的使命，不仅体现在与狂风搏斗，与恶浪搏斗，更体现在与敌对势力搏斗；中远海运人的担当，不仅是要流汗，要流泪，更要流血。所有这些，都彰显了中远海运人的拳拳报国心、殷殷航海情，谱写了一曲惊天地泣鬼神的壮丽史诗。

招商局海轮起义掀开了新中国海运事业的崭新篇章，也是中远海运的重要源头之一。1949 年 9 月 19 日，"海辽"轮在从香港赴汕头的航行途中，船长方枕流率领全体船员庄严起义，历经九天九夜惊险航程，胜利到达大连。1949 年 10 月 24 日，毛泽东主席发电报给方枕流船长和全体船员，表示祝贺和嘉勉。在"海辽"轮的感召下，新中国成立之前及成立初期，国民党当局控制下的香港招商局和 17 艘海轮、近 700 名海员，先后分别在东海、南海海面和中国香港、新加坡等地宣布起义，投入新中国怀抱。

抗美援朝战争期间，上海海运的船员积极投入"抗美援朝、保家卫国"运动。在鸭绿江运送志愿军渡江和运输物资的任务中，船员们不顾生命安危，提出"鸭绿江水炸不干，运输线就炸不断"的口号，不分昼夜，有时一夜往返横渡四次，为抗美援朝战争的胜利做出了贡献。

在反封锁、反围剿斗争中，从欧洲承运进口成品油的"工作"轮于 1953 年被劫持到台湾高雄，17 名中国船员遭到关押。政委刘学勇被关押在台湾火烧岛（绿岛），几经拷打，始终坚贞不屈，最后被秘密杀害；二副姚淼周临刑前高呼"新中国万岁""中国共产党万岁"，在国民党当局的枪口下英勇就义，年仅 29 岁。

20 世纪 60—70 年代，广州海运在援越抗美斗争的运输中，被炸沉船舶 1 艘、救生艇 1 艘，炸伤船舶 14 艘次，共有 36 名船员负伤，12 名船员献出了他们宝贵的生命。"红旗 151"轮船长周茂臣长眠在越南荣市的海边，在越南广宁省锦普市和义安省荣市烈士陵园纪念碑上，刻下了广州海运英烈们不朽的名字。他们用鲜血和生命，谱写了一曲"英雄赞歌"，耸起了中远海运的精神桅杆，挺起了共和国的坚强脊梁。

南北航线是我国沿海最长的海上航线，途经沿海 10 余个省、自治区、直辖市，是关乎国计民生的重要运输通道。为了冲破封锁禁运，1968 年 4 月 25 日，"黎明"轮由湛江港起航,航行12个昼夜,完成了新中国成立后首次南北航行。1968—1979年,广州海运和广州远洋运输公司恢复了中断十多年的南北海上交通线。

"银河"号是一艘从事正常国际商业航运的远洋集装箱班轮,1993年7月,在执行第81航次由天津、上海至海湾的定期班轮运输任务中,被美国无端指责载有制造化学武器的前体硫二甘醇和亚硫酰氯。美国派遣军舰监视、飞机骚扰,致使该轮被迫在公海上中止正常航运33天之久,全体船员不畏强权和围追堵截,敢于斗争,维护了国家利益,树立了良好形象。

中远海运集团发展史是一部风雨砥砺的不懈奋斗史。

中远海运从初始创业到不断壮大,是几代人艰苦奋斗、顽强拼搏的结果。几十年来,广大船岸干部职工为企业发展做出了不懈努力,经受了各种考验,取得了辉煌业绩,创造了许许多多工程的奇迹、运输的伟业、发展的壮举。这其中,既有步入"贷款买船、负债经营"壮大之路的成功探索,也有"文化大革命"时期"风庆轮事件"给运输生产带来的种种干扰;既有抓住中国加入WTO以及航运市场空前繁荣带来的发展机遇,也有面对后金融危机时期国际航运市场大萧条的严峻挑战;既有打造世界一流航运企业的憧憬和志向,也有"做大"后何去何从的深刻思考。

一条漫长的企业发展之路,犹如一条波涛汹涌的大江,一路跌跌撞撞,曲曲折折,浩浩荡荡。无论遇到多少艰难险阻,却总是能在逆境中找到新路,在纷扰中坚定方向,在跌宕中保持前行。一部中远海运企业发展史,就是一部波澜壮阔、惊天动地的奋斗史。

"席卷神州解放风,雄师百万下江东。"1949年5月27日,中国人民解放军宣告上海解放。5月28日,人民解放军上海市军事管制委员会主任陈毅、副主任粟裕签署军事接管招商局的命令。这些被接管的招商局留沪船舶及人员,在新中国航运事业建设中发挥了重要的积极作用,而经过招商局改组成立的国营轮船总公司,则成为新中国最早的国有航运企业,也成为中远海运集团重要的发展源头之一。经过数十年的发展,今天的中远海运已是世界最大的航运企业。从百废待兴中艰难起步,到成为"世界之最",漫长的发展道路上,留下了中远海运几代人艰苦创业的汗水和闻鸡起舞的足迹。

第一艘悬挂中华人民共和国国旗航行国外的"光华"轮投入运营,标志着新中国远洋运输事业的开端。该轮源于国务院总理周恩来的亲切关怀。当时周总理十分关心远洋海运事业,提出建立中国自己的远洋运输船队,并从国库中特批26.5万英镑,从国外购买了这艘船,改名"光华"轮,意为"光我中华"。1961年4月28日,伴随"光华"轮起锚登程,一条从广州到印度尼西亚的新航线艰难起步。时隔半个多世纪的今天,中远海运集团已成长为一家具有强劲国际竞争力的跨国航运企业,其远洋航线覆盖全球160多个国家和地区的1500多个港口;其境外机构覆盖全球10大区域、50多个国家和地区,共计1055家企业。现已成为全球航运业的重要引领者,成为平衡东西方航运格局的重要力量。

中远海运集团发展史是一部敢为天下先的开拓创新史。

新中国成立以来,特别是改革开放以来,远洋海运人勇立时代潮头,创造了一个又一个"时代第一",书写了一个又一个先行者传奇。

"平乡城"轮开辟了中国第一条国际集装箱班轮航线。1978年9月26日，该轮装载162个集装箱从上海港起航，先后于10月12日、15日抵达澳大利亚悉尼港、墨尔本港，11月12日返回上海，结束了中国没有海运集装箱运输航线的历史，翻开了中国现代海运史新的一页。

"柳林海"轮是抵达美国本土的第一艘悬挂五星红旗的船舶。1979年3月25日，该轮由上海起航，横跨太平洋，于4月18日首次抵达美国西雅图港。从此，中美海上航线正式开通。2015年9月22日，习近平主席在访美时指出：中美建交刚刚3个多月，中国"柳林海"号货轮就抵达西雅图港,结束两国几十年不曾通航的历史①。23日参观美国微软公司总部期间，习近平主席接受了微软赠送的3D打印"柳林海"号船模。

"新金洋"轮是首艘悬挂五星红旗的VLCC。2004年12月，该轮正式投入使用，实现了真正意义上的"国油国运"，也填补了五星红旗大型油轮在国家进口原油运输市场上的空白。2015年2月，随着中缅原油管道工程正式投运，"新润洋"轮靠泊中缅项目装货港缅甸马德岛港，成为首艘靠泊该港的VLCC，并奏响了"准班轮"服务新模式的号角。

比雷埃夫斯港投资经营是"一带一路"建设的经典项目。2009年4月，希腊国会以149票对139票，通过了中远集团与希腊比雷埃夫斯港务局签署的码头专营协议。这是中国企业首次在国外获得港口的特许经营权。2016年8月，中远海运再次收购比港67%股权，正式成为比港经营者。作为中希合作的典范，比港正按照习近平主席的指示，致力"将比雷埃夫斯港建设为地中海最大的集装箱转运港、海陆联运的桥头堡，成为'一带一路'合作的重要支点，并带动两国广泛领域务实合作"②。

"永盛"轮开创了中国商船首次经北极东北航道抵达欧洲的历史。该轮于2013年8—9月，圆满完成北极东北航道首航任务。此后，2015年，"永盛"轮成功完成"再航北极、双向通行"任务；2016年，中远海运5艘船舶航行北极；2017年，中远海运航行北极实现项目化、常态化。目前，中远海运是全球唯一一家穿越南北极、运营南北极航线的航运企业。

"紫荆松"轮是停靠瓜达尔港的第一艘商业货轮。2015年5月，该轮停靠巴基斯坦瓜达尔港，承载了装有当地渔业产品的7个冷藏集装箱，驶向中东地区，开启了瓜达尔港历史上首次货物出口记录。而瓜达尔港杂货班轮航线的开辟，不仅极大降低了当地进出口货物的物流运输成本，更为"中巴经济走廊"的建设，提供了坚实可靠的支持。

实际上，这样的中国第一、亚洲第一和世界第一，还有许多许多。一桩桩，一件件，都彰显了中远海运人上下求索、开拓进取、敢为人先的创新精神。

中远海运集团发展史是一部精忠报国的爱国奉献史。

如果说，战争年代的爱国精神体现为英勇献身；那么，在和平年代，爱国精神则体现

---

① 《习主席的"西雅图不眠夜"》，新华网，2015年09月24日，http://www.xinhuanet.com/world/2015-09/24/c_128264518.htm。
② 《书写新世纪海上丝绸之路新篇章——习近平总书记关心港口发展纪实》，《人民日报》，2017年07月06日01版。

为无私奉献以及社会责任。

长期以来，中远海运人始终怀揣着精忠报国的"长子"情结，承载着铁肩担道义的央企责任，忠诚服务于国家，积极贡献于国家，全心全意为了国家。在煤电生产濒临断档危机的紧要关头，总是中远海运的船舶冲在运输第一线；在国际政治动乱危及华人华侨及中国籍员工的焦急时刻，总是中远海运海外接侨的船舶送去温暖；上海世博会、金砖国家工商理事会、国际航运中心发展、"一带一路"建设项目，到处都有中远海运人辛勤的汗水；地震灾害、冰雪灾害、支援新疆、支援西藏，到处都留下中远海运志愿者忙碌的足迹。

20世纪80年代末，我国电力供应主要靠火力发电，华东、华南等地因电力需求变化，出现煤炭运输供应不足的情况。上海海运担负上海地区80%的煤炭运输任务，公司树立"多运煤就是保上海，保上海就是保全国"的大局意识，发扬"以苦为荣，无私奉献"的精神，1989年完成煤运量3340万吨，为改变上海煤炭紧缺局面做出了重要贡献。时任上海市市长朱镕基同志亲笔书写嘉奖信给予充分肯定："你们作了大贡献，创造了历史的业绩。"

"服从外交，服务外贸"，是中远海运的企业宗旨。中远海运坚持履行企业的社会责任，在浮动国土上完成了一系列国家外交任务，在历次海外撤侨接侨工作中都扮演着重要的角色。20世纪60年代，"光华"轮、"新华"轮等一直活跃在新中国撤侨战线上；20世纪70年代，"明华"轮等赴越南、柬埔寨撤侨；20世纪90年代，"富清山"轮赴刚果撤侨；2011年2月，在新中国历史上最大规模的利比亚撤侨行动中，"天福河"轮等16艘商船待命，其中"天福河"轮成功撤离559名同胞。

如果说，一个船队，构成了中远海运精忠报国的物质基础；那么，一个团队，则构成了中远海运爱国奉献的精神载体。船队与团队，不仅成为企业腾飞之两翼，前进之两轮，更成为我们建设海运强国的物质与精神财富。而这一代又一代航海家、一辈又一辈管理者，总是用他们的奋力拼搏和无私奉献，打造了中远海运积极向上的团队精神，凝聚成建设海运大国、海运强国的磅礴力量。在这个团队中，有一大批英雄人物、模范人物和优秀人物，贝汉廷和杨怀远，就是其中的杰出代表。

新中国培养的第一代远洋船长贝汉廷，先后驾驶15艘远洋轮船，到过40多个国家、80多个港口，为发展祖国的远洋运输事业，倾注了一生心血。他说："为了发展祖国的航海事业，我一辈子不离开船，不离开海洋！"在59岁生日时，因为劳累过度，不幸去世，在挚爱的远洋船上，工作到生命的最后一刻。

杨怀远同志在38年的船舶生涯中，始终以雷锋为榜样，甘当人民的"挑夫"。他挑着一根为人民服务的小扁担，从青年、中年一直挑到老年，始终不计报酬、不求职务，全心全意为人民服务，创造了让全国人民，乃至国际友人都为之敬佩的"小扁担"精神，于1985年被授予"全国劳模"称号，2019年被评为新中国成立70周年的"最美奋斗者"，受到历代党和国家领导人的接见。

三

历史,是人类记忆的年轮,是人类繁衍的根脉。历史,连接着昨天与今天,定义着过去和现在,昭示着当下与未来。历史,既能激发人们情感的力量,也能赋予人们理念的启迪。

站在一个承前启后、继往开来的时空交汇点,我们需要扪心自问:我们从哪里来,要向哪里去?

我们从百年沧桑的历史深处走来,要向强国梦、强企梦的指引方向走去。回望历史,从 1919 年孙中山发表《建国方略》并提出海洋兴国与东方大港的战略构想,到 1949 年新中国成立以及上海、广州、大连海运局的艰难起步;从招商局的 17 艘海轮、700 名船员举起义旗,到援越抗美斗争中 12 名中远海运船员血祭大海、浩气长存;从"光华"轮在广州港拉响的第一声远航汽笛,到"平乡城"轮开辟的第一条国际班轮航线……百年风起云涌,百年沧海桑田。在百年的崎岖道路上,一批又一批、一代又一代中国海运业的"逐梦人",前赴后继,艰辛探索,苦苦追寻,孜孜以求。前瞻未来,我们怀揣着中华民族的伟大复兴"中国梦",也怀揣着打造航运翘楚的"中远海运梦"。所思所想,所寻所觅,乃是百年一脉,百年同系。

1405 年 7 月 11 日,一支由 200 余艘海船、上千面风帆组成的世界最大船队,从长江入海口的太仓浏河港出发,开启了郑和下西洋的壮举。7 月 11 日,遂成为"中国航海日"。611 年后的 2016 年 2 月 18 日,一家世界最大的航运企业,在长江入海口的上海挂牌成立。这一漫长的"历史轮回",演绎了中华民族航海史上自强不息的传奇,成为古老民族从辉煌到衰落再到复兴的历史注脚。今天,经中远、中海两大集团重组整合而成的中国远洋海运集团,正站在新的起点,开启了新的航程。新集团构筑了"6+1"产业结构(航运、物流、金融、装备制造、航运服务、社会化服务,互联网+),确立了"四个一"(一个文化、一个团队、一个目标、一个梦想)的企业理念。如果说"6+1"是新集团这艘巨轮的船体结构,那么,"四个一"则是新集团的船舶动力。在走向未来的征途中,我们应坚持不忘初心,不忘历史,传承企业优秀的历史文化,以前辈打造出的企业文化与航海精神,推进新集团的"四个一"理念。

以同舟共济的合作精神打造"一个文化"。同舟共济精神,是古老的航海文化中的精髓,也是中远、中海几十年积淀的企业文化留给新集团的精神财富。现在,它理应成为我们新集团的文化基因。在加强文化融合的过程中,我们每一名员工都应积极传递正能量,努力为企业创造稳定和谐的良好氛围。石墨和钻石都是由碳元素组成,但由于两者的碳原子排列不同,结构不同,结果是一个变成石墨,一个变成钻石。今天,我们就是要凭借同舟共济的企业精神,通过新的排列,新的组合,打造"高效、协同、融合、智慧"的钻石团队,打造"美美与共、天下大同"的企业文化;心往一处想,汗往一处流,劲往一处使,同舟共济,众志成城,汇聚千里奔涌、万壑归流的洪荒伟力,驶向世界一流、领航全球的光辉彼岸。

以精益求精的工匠精神建设"一个团队"。在中远海运的历史长卷中,民族精神的养育，精忠报国的志向，敬业精业的示范，造就了一代又一代"大国工匠"：方枕流、贝汉廷、杨怀远、严力宾……这一串串闪亮的名字，构成了中远海运人的历史文化底蕴；他们的精神，就是我们的海之魂、企之魂、国之魂。今天，我们应借助这样的历史文化底蕴，继承发扬老一辈航海人坚守星辰大海的工匠精神和劳模精神，一丝不苟，呕心沥血，恪尽职守，精益求精，努力打造一支精业敬业、脚踏实地的务实型团队，打造一支攻坚克难、敢于突破的开拓型团队，打造一支见贤思齐、不断进取的学习型团队，一棒接一棒地做好事业接力，一步一个脚印地走好发展之路。

以开拓进取的创新精神追求"一个目标"。过去数十年来，敢于第一个吃螃蟹的中远海运人，创造了一个又一个中国第一、亚洲第一和世界第一。今天，我们依然需要继承和发扬敢于第一个吃螃蟹的精神，以创新为引擎，驱动企业向"做强做优做大"和"世界一流供应链服务商"的愿景目标不断前行。应继续探索创新领先的"无人区"，继续拓展新兴市场的"开发区"，继续打造全球航运的"生态区"。鸡蛋从外部打破是食品，从内部打破是生命。我们应以创新为内生动力，大力推进体制机制创新、商业模式创新、经营管理创新、航运科技创新；以高质量的发展创造企业新业绩，以革故鼎新的魄力建设航运新业态，以抓铁有痕的韧劲构建产业新布局，以不断增强的国际竞争力打造COSCOSHIPPING的市场新形象。

以坚忍不拔的执着精神构筑"一个梦想"。我们的梦想就是"海运强国梦"，它是"中国梦"的重要组成部分，是新时代赋予我们的新使命。回顾企业漫长的发展史，我们看到，一代又一代中远海运人就是一代又一代"海运强国"的"逐梦人"。在新的历史方位中，中远海运人应以梦为马，不负韶华，把实现"两个一百年"奋斗目标作为企业发展的着眼点，真正承担起"一带一路"、海运强国先锋队的历史使命，真正扮演好全球航运舞台上彰显中国力量、平衡东西方格局的时代新角色，真正发挥好国家经济建设与经济安全的重要保障作用。应在新时代与大变局中，校准中远海运前进的方位，准确把握大国新博弈、世界新变局下的国家之需，准确把握全球航运竞争新模式、新业态下的立足之基，准确把握科技变革新潮流冲击之下的发展之路。

不忘初心，方能承前启后；致知力行，旨在继往开来。我们正是本着"不忘初心、牢记使命"的宗旨，组织力量编写了《中国远洋海运发展史》丛书（共八卷），回顾总结企业1949—2015年66年来的发展历程。该丛书不仅是一套信息丰富、内容详实的历史资料书，还是一套爱国主义和社会主义教育的有益教材，更是一套具有海运特色的企业战略、经营管理与企业文化的"企业全书"。

"路漫漫其修远兮，吾将上下而求索。"一代人有一代人的使命，一代人有一代人的责任。历史意识的深度有多深，前瞻意识的高度就有多高。正是这深厚的历史意识和高远的前瞻意识，成为我们不懈努力、不息奋斗的前进动力。今天，我们驾驭着"中远海运"号超大型巨轮，开始了新的整队、新的集结、新的航程、新的升华。置身扬鞭催马、奋力奔跑的新时代，站在承接历史、对接未来的新起点，我们要高举习近平新时代中国特色社会主义思想伟大旗帜，弘扬"三舱精神"：理想信念坚定"压舱"，坚守海运强国的初心使命，坚如磐石，矢志不渝，推动事业行稳致远、破浪前行；工作责任落实"满舱"，聚焦世界一流的愿景目标，全力担当，实干兴企，促进企业提质增效、做强做优；精神状态迸发"爆舱"，砥砺领航全球的壮志豪情，只争朝夕，砥砺奋进，引领企业跑赢未来、驶向卓越。要把稳舵，坚守航运强国的理想信念；要定好锚，坚守脚踏实地的实干精神；要扬起帆，坚守战风斗浪的奋斗精神；要拧成绳，坚守同舟共济的团队精神。团结拼搏、砥砺奋进，让初心照亮航程，让使命激励未来，为建设卓越中远海运而努力奋斗！

凡是过往，皆为序章。

中国远洋海运集团有限公司
党组书记、董事长

2019年10月1日

前　言

新中国的成立，开辟了中国历史的新纪元。中国的远洋运输事业自此开始谱写新的篇章。在中国共产党的领导下，新中国第一代远洋人白手起家、艰苦创业，一代代远洋人劈波斩浪、风雨兼程，使中国成为名副其实的航运大国。中国远洋事业的发展，推动了全球经济的联通，促进了世界文明的交融。

回望历史，沧海桑田。新中国的远洋运输事业在国内外敌对势力对新中国的封锁和禁运中诞生，伴随着新中国的发展不断壮大。

1949 年，中国政局发生了翻天覆地的变化。国民党在大陆节节败退时，实施了对大陆沿海港口全面封锁的"关闭政策"，并将能开走的江海船只尽数劫去台湾，或驶往香港，不能开走的则加以破坏。中国大陆的口岸到处都是码头坍塌、航道淤塞的凄凉景象，新中国几乎面临着有海无船的窘迫局面。在中国大陆沿海岛屿相继解放后，台湾当局仍以台湾本岛、金门、马祖等沿海岛屿为基地，对大陆实施各种骚扰和破坏，并公然劫掠在台湾海峡和台湾周围公海上航行的一些国家的商船，阻挠新中国的航运和贸易发展。中国沿海运输大动脉的南北航线被彻底截断。

由于政治利益、意识形态等各方面的对立，以美国为首的西方国家对新中国采取政治上孤立，经济上封锁禁运的政策。1950 年，朝鲜战争爆发后，美国对中国的封锁禁运步步升级。1950 年 12 月，美国商务部宣布对华禁运；1951 年 5 月，在美国操纵下，第五届联合国大会通过了对中国大陆禁航、禁运的决议案。美、英、法、加等国禁止各自注册的船只与中国进行贸易和在中国港口停泊。到 1953 年 3 月，参加对新中国禁航、禁运的国家达到 45 个。

面对严酷的国内外形势，新中国政府采用在香港成立航运公司、与波兰等社会主义国家进行海运合作成立合营公司、开展对外租船等方式，冲破国内外敌对势力的"封锁"和"禁运"。新中国的对外贸易就是在这种局面下，开始了其艰难的发展历程，远洋运输也随之迈出了其坚实的第一步。

早在新中国成立之前，中国共产党就在香港组建了华夏航运公司。到 20 世纪 50 年代，新中国在香港成立的航运公司主要有"香港远洋轮船公司""益丰船务企业有限公司"等。新中国还与波兰和捷克斯洛伐克组建了"中波轮船股份公司"和"捷克斯洛伐克国际海运股份公司"。这些公司在新中国早期的海运贸易中，扮演了重要的角色，为新中国的经济建设提供了有力的支援。

在新中国成立后的一段时间，租船仍是当时中国完成外贸运输任务的主要方式，这对于打破封锁禁运，发展对外贸易，起到了积极的作用。但是，租船在当时属权宜之计，本身有很大的局限性，不仅要花费大量的外汇，并且受制于人，特别是对中国远洋运输事业发展极为不利。

为了完成维护国家海洋权益、突破敌对势力封锁禁运、开辟沿海远洋航线等时代赋予的使命，必须组建悬挂五星红旗的远洋运输船队。但是，新中国成立初期，由于当时历史条件的局限，这一任务一时还无力达成。到20世纪50年代末，随着中国对外贸易的快速发展，以及政治局势的渐趋纾缓，为中国组建悬挂五星红旗的远洋运输船队创造了客观条件。

经国务院外事办公室批准，新中国第一家国营的国际远洋运输企业——中国远洋运输公司（简称中远）于1961年4月27日宣布成立。同日，中远广州分公司也宣布成立。28日，中远广州分公司的"光华"轮就从广州黄埔港起航，直驶印度尼西亚雅加达执行接侨任务。这是新中国成立后，第一次由悬挂五星红旗的船舶赴异国港口完成国家使命，自此，新中国悬挂五星红旗的远洋船队肩负使命，走出国门走向世界，拉开了"航运强国"的历史大幕。

中远成立以后，中国的远洋运输事业得到迅速发展，继中远广州分公司成立以后，中远又相继成立了中远上海、天津、青岛和大连分公司，运力迅速增长。截至1978年底，中远已经拥有船舶510艘，总吨位达856万载重吨。中远船队已经航行于100个国家和地区的411个港口。国家外贸进出口货物运输从主要依靠租用外轮，逐步过渡到以国轮为主，反映出中国远洋运输事业的飞速发展，也反映了中远各项事业的成功，同时也标志着中国远洋运输船队的快速崛起。

中远在初创时期，探索出一套适合中远发展的包括船舶调度管理、商务管理、船舶技术和安全管理等企业经营管理体系，并在实践中得到不断的充实和完善。这套企业管理体系，对于中远的长远发展产生了深刻的影响。

中远重视船员队伍建设。中远初创时期的船员，主要从兄弟单位、招商局起义人员和人民解放军复员、转业的官兵中优选而来。随着中远船队规模的扩大，船员队伍数量也在迅速增长，从20世纪60年代的6000余人，迅速发展到1978年的34914人，其中技术干部船员12042人。为了管理好这样一支庞大的船员队伍，中远建立了完善的船员管理制度。为了提高在职船员的整体素质，中远建立了具有鲜明特色的教育培训体系。这一时期，中远对船员的教育培训工作，从单纯承担职工在职培训，逐步转变为院校培训与在职培训并举的人才培养模式，初步形成了有中远特点的、分布比较合理的教育培训体系。

人世间没有一帆风顺的事业，历史总是跌宕起伏甚至在曲折中前进，中远的发展亦是如此。"文化大革命"时期，中远组织机构反复变化，交通部远洋运输局和中远公司被撤销。机关大批人员下放，各项规章制度受到严重破坏，船舶调度指挥系统被打乱，致使远洋运输业务无法正常进行。数百名远洋船员和业务骨干遭受政治迫害，被调离远洋系统，严重削弱了船队建设的力量，贷款买船也一度被迫中止。后在周恩来、叶剑英、李先念、李富春、陈云等老一辈无产阶级革命家的亲切关怀和大力支持下，在党中央和国务院的领导下，中远得以重组，远洋局得到恢复，远洋运输事业才开始逐步恢复和发展。

中远党的建设坚强有力。这一局面的形成，主要得益于中远党的建设有着悠久的历史和坚实的基础。早在新中国成立之初，党中央、国务院就对交通运输企业加强政治工作作出批示，要求中央和地方交通部门领导的运输企业，必须加强党的政治工作，加强政治思想领导，以贯彻党与国家的总路线和各项政策法令，更好地为国家经济建设与国防建设服务。这一时期，中远公司党建和政治工作的突出特点是，领导机构从总部机关到分公司均成立党委，建立政治部，实现党对远洋运输企业的坚强领导；所有船舶均成立党支部，并设专职政委，担任党支部书记，以"支部建在船上"的组织形式，实现党对远洋船舶的坚强领导。这一时期，中远公司党委在交通部党组的领导下，贯彻落实党的路线方针政策，坚决执行"服从外交，服务外贸"的企业宗旨，完成了多项急难险重任务，捍卫了祖国"浮动国土"的尊严，保证了国有资产的保值增值，演绎出一幕幕可歌可泣、战天斗地的英雄事迹，书写出一篇篇"艰苦创业、爱国奉献"的华彩乐章。

创立于1872年的招商局，是中国近代第一家民族工商企业。新中国成立后，招商局在大陆的人员和资产，基本逐渐流向所在地的港航单位，为全国水运体系的建立提供了支持。1949年9月到1950年4月间，香港招商局和17艘海轮先后宣布起义。成功回归的15艘海轮，成为新中国海运船队的基本班底，为新中国远洋海运业的恢复和发展发挥了重要作用。由于特殊的历史背景，香港招商局的名称在新中国成立后得以保留，业务逐渐恢复，特别是划归中远直接领导后，香港招商局得到迅速发展。目前招商局集团是中央直接管理的国有重要骨干企业，亦被列为香港四大中资企业之一。

1953年1月1日，中国外轮代理公司成立时，下辖大连、天津、青岛等6家分公司，主要从事国际远洋运输代理业务，是中国远洋运输事业的重要组成部分。外代公司在筹划和建立中远过程中，做了大量富有成效的工作，为中国远洋运输事业培养了干部，积累了经验。20世纪60年代，外代公司的工作有了新的发展，代理网点不断扩展，代理业务逐年开拓发展。1972年9月，中国远洋运输总公司重新组建，亦作为中国外轮代理总公司。外代公司执行服从外交、服务外贸的政策，对维护国家主权，争取团结广大国际海员，特别是组织船舶完成外贸、援外运输任务，发展中国远洋运输事业，发挥了重要作用。

1972年4月，中国船舶燃料供应总公司成立，是中国唯一的专门为到中国港口的中外船舶供应燃油、润滑油和淡水的国有企业，下辖大连、秦皇岛、青岛等7个分公司，由交通部直接领导和管理，自主经营，独立核算。公司成立以来，业务不断扩大，为到港的中外船舶提供了优质的服务。1988年2月，划归中远领导和管理。

中国汽车运输总公司应国家建设需要而组建。1965年，攀枝花钢铁基地建设开始上马。当时，由于成昆铁路尚未通车，攀枝花钢铁基地生产建设和生活物资全靠汽车运输，年运量达15—20万吨。但西南地区运力紧张，难以承担，为此，国家决定由交通部成立直属汽车运输队伍，专门承担攀枝花工业区的运输任务。1965年10月，中国汽车运输总公司在四川省渡口市（后更名为攀枝花市）成立。公司成立后，不仅承担了攀枝花钢铁基地的运输任务，而且还承担了国家重点工程建设、抢险救灾等运输任务，为中国的建设与发展做出了贡献。1993年2月，中国汽车运输总公司整建制划归中远集团。

1961年，中国外轮理货公司成立，属于专门负责理货业务的专业公司。理货公司的成立，提高了中国的理货质量，增加了外汇收入，赢得了荣誉。2005年，经国务院批准，中外理并入中远集团，成为中远的全资子公司。

从1949年中华人民共和国成立，到1978年改革开放前夕，是中国远洋运输事业的初创时期。这一时期，中远人筚路蓝缕，砥砺前行，为中国远洋运输事业的开创、发展和壮大，做出了重要贡献。

2020年2月18日

目　　录

第一章　新中国成立初期的远洋运输 / 001

第一节　新中国成立初期的海运状况 ·· 003
　　一、国民党当局撤往台湾前的疯狂掠夺和破坏 ······························· 004
　　二、国民党当局实施的"关闭政策" ··· 004
　　三、国际敌对势力对新中国实施的封锁禁运 ·································· 005
　　四、中国沿海运输大动脉——"南北航线"断航 ···························· 005
　　五、沿海部分航线的恢复 ··· 006

第二节　租用外轮和侨、华商船 ·· 006
　　一、租用外籍船舶 ··· 007
　　二、租用侨、华商船 ··· 008
　　三、中国海外运输公司（中国租船公司） ····································· 009

第三节　在香港成立航运及相关企业 ··· 010
　　一、组建华夏企业有限公司 ··· 010
　　二、成立侨利船务股份有限公司 ·· 012
　　三、建立友联修船厂 ··· 015

第四节　政府间的海运合作 ·· 015
　　一、成立中波轮船股份公司 ··· 015
　　二、中国与捷克斯洛伐克合作经营远洋运输 ································· 024
　　三、中国与其他国家的航运合作 ·· 025
　　四、国际合营船队的作用 ·· 026

第五节　招商局的兴衰与起伏 ··· 027
　　一、1949年以后招商局在中国内地的演进 ··································· 028
　　二、招商局在台湾的起伏与没落 ·· 029
　　三、招商局海轮起义及香港招商局起义 ·· 030
　　四、香港招商局的新生 ··· 032

　　　　五、香港招商局的业务停顿与恢复 ·· 034
　　　　六、香港招商局的初步发展 ·· 036

　第六节　中国外轮代理公司的成立与发展 ·· 039
　　　　一、中国外轮代理公司的成立 ··· 040
　　　　二、各外代分公司的建立 ·· 042
　　　　三、中国外代船舶代理业务的开展 ·· 047

　第七节　交通部航运管理机构的变革 ·· 052
　　　　一、航运管理机构的调整 ·· 052
　　　　二、组建远洋运输局 ··· 052
　　　　三、成立远洋运输局驻广州办事处 ·· 054

第二章　中国远洋运输企业的建立与发展　/ 057

　第一节　成立中国远洋运输公司 ··· 059
　　　　一、成立中国远洋运输公司的历史性契机 ······································· 059
　　　　二、中国远洋运输公司成立的前期准备 ··· 061
　　　　三、中国远洋运输公司成立 ··· 062

　第二节　成立中国远洋运输公司广州、上海分公司 ································· 063
　　　　一、成立中远广州分公司 ·· 063
　　　　二、成立中远上海分公司 ·· 064

　第三节　中远在曲折中发展及中远天津分公司成立 ································· 065
　　　　一、撤销远洋运输局（中国远洋运输公司） ··································· 065
　　　　二、中远广州分公司机构的变化 ·· 066
　　　　三、中远上海分公司机构的变化 ·· 066
　　　　四、成立中远天津分公司 ·· 067

　第四节　重新组建中国远洋运输总公司 ··· 067
　　　　一、中远重组的历史背景 ·· 068
　　　　二、中远总公司的机构设置及变化 ·· 069
　　　　三、交通部远洋运输局名称的恢复 ·· 070

　第五节　成立中远青岛分公司和中远大连分公司 ···································· 070
　　　　一、成立中远青岛分公司 ·· 070
　　　　二、成立中远大连分公司 ·· 072

　第六节　意义深远的1972年交通部远洋工作会议 ··································· 073
　　　　一、远洋运输的形势和任务 ··· 073

二、增加远洋运力的重大举措···074
　　三、强化船员在职培训···074
　　四、开办海洋运输专业院校···075
　　五、扩大远洋船员的来源···075
　　六、改善远洋运输的经营管理···076
　　七、加强党对远洋工作的领导···076

第七节　中国外轮代理总公司的发展与壮大··077
　　一、扩大代理网点···077
　　二、外代机构在曲折中发展···077
　　三、代理机构的恢复与重建···077
　　四、外代公司租船科的设立···078

第八节　中国船舶燃料供应总公司的成立与发展··079
　　一、成立中国船舶燃料供应总公司的背景···079
　　二、中国船舶燃料供应公司成立···080
　　三、中燃公司的快速发展···081
　　四、与日本开展友好交往···083

第九节　中国汽车运输总公司的成立与发展··084
　　一、中国汽车运输总公司的组建及沿革···084
　　二、完成攀枝花钢铁基地的物质运输任务···086
　　三、国家重点工程建设运输···088
　　四、组建大件运输专业车队，承担国家大型成套设备运输任务···················089
　　五、抢险救灾与紧急军用设备运输···090
　　六、探索公路国际集装箱运输···090

第十节　中国外轮理货公司的成立与发展··090
　　一、外轮理货体制建立···091
　　二、外轮理货规章的建立···094
　　三、外轮理货业务的管理···094
　　四、外轮理货队伍建设···096

第三章　远洋运输船队的建设与发展　/ 099

第一节　国家投资发展远洋船队··101
　　一、国家投资发展远洋船队总体情况···101
　　二、国内造船···102

　　　　三、国外买、造船 ·· 104

第二节　贷款买船发展远洋船队 ·· 106
　　　　一、中远贷款买船的探索 ·· 106
　　　　二、20 世纪 70 年代中远船队大发展 ································· 108

第三节　"风庆轮事件"始末 ·· 110
　　　　一、"风庆轮事件"的由来及经过 ······································· 111
　　　　二、"风庆轮事件"的实质 ·· 112

第四节　贷款买船工作的恢复 ·· 113

第五节　突破体制束缚　完善船队结构 ·· 116
　　　　一、外贸运输对船队发展的需求 ·· 116
　　　　二、设立境外买造船机构 ·· 118

第六节　中远租船 ·· 119

第四章　远洋运输业务的开拓与发展 / 121

第一节　"光华"轮首航印度尼西亚 ·· 123

第二节　开辟国际航线 ·· 127
　　　　一、初创时期远洋航线开辟 ·· 127
　　　　二、远洋航线的进一步拓展 ·· 130

第三节　贯通南北航线 ·· 133
　　　　一、贯通南北航线的背景和意义 ·· 133
　　　　二、南北航线的初步贯通 ·· 135
　　　　三、南北航线进一步优化 ·· 138

第四节　经营旅客、货物运输 ·· 140
　　　　一、货物运输的经营 ·· 140
　　　　二、客运的经营 ·· 141

第五节　执行援外运输任务 ·· 142

第六节　远洋运输业务的进一步拓展 ·· 146
　　　　一、班轮业务的开展 ·· 146
　　　　二、探索集装箱运输 ·· 149
　　　　三、完成国家重点物资的运输 ·· 151
　　　　四、完成国家交给的特殊任务 ·· 152

第七节　中国外轮代理公司业务的发展 ····································· 153
　　一、船舶代理业务发展 ·· 154
　　二、"文化大革命"对船舶代理业务的冲击 ······················· 155
　　三、外轮代理业务在曲折中发展 ······································ 156
　　四、发挥港、船、货的纽带作用，力促在港船舶的周转 ········· 157
　　五、为中国发展集装箱运输做准备 ·································· 160
　　六、对外业务联系的进一步加强 ······································ 161

第八节　招商局业务的发展 ··· 163
　　一、代理及中转业务的发展 ·· 163
　　二、经营仓库、码头业务 ·· 167
　　三、航运配套设施的逐步设立 ··· 167
　　四、航运体系的雏形 ·· 168

第五章　船员队伍的建设 / 171

第一节　远洋船员队伍的早期建设 ··· 173
　　一、中远各分公司船员队伍的组建及发展 ························ 173
　　二、扩充船员队伍 ·· 178

第二节　中远船员管理制度的建立 ··· 180
　　一、初创时期中远船员管理办法的制订 ··························· 180
　　二、干部船员与普通船员的划分及管理范围 ···················· 180
　　三、船员管理制度的进一步完善 ······································ 180
　　四、船员定船管理制度的制订与实施 ······························· 181

第三节　船员管理与船员福利 ·· 184
　　一、船员的调配管理 ·· 184
　　二、在船船员和公休船员的管理 ······································ 186
　　三、船员的工资待遇 ·· 186
　　四、船员基地的建立 ·· 188
　　五、船舶伙食和医疗卫生工作 ··· 188
　　六、船员服装式样的制定 ·· 190

第四节　中远远洋女船员 ··· 190
　　一、交通部远洋局进行女船员试点工作 ··························· 190
　　二、中远广州分公司远洋女船员 ······································ 191
　　三、中远上海分公司远洋女船员 ······································ 193

第六章　职工培训和院校建设　/ 197

第一节　在职培训·· 199
　　一、远洋队伍早期培训··· 199
　　二、中远成立初期的船员职工培训·· 200
　　三、中远重组后船员培训情况·· 205

第二节　院校建设·· 211
　　一、接管、改建和扩建海运（海员）学校·· 211
　　二、新建海运（海员）学校··· 217
　　三、招生规模的扩大··· 222
　　四、院校的师资及教学设备··· 223

第七章　企业经营管理体系的建立与完善　/ 227

第一节　船舶调度管理·· 229
　　一、制定船舶调度规程·· 229
　　二、各分公司制定船舶调度管理制度··· 232

第二节　商务管理·· 233
　　一、运价本（表）的制订与完善·· 233
　　二、港口使费管理·· 239
　　三、船舶保险理赔·· 241

第三节　财务管理·· 247
　　一、坚持经济核算·· 248
　　二、强化外汇管理·· 249

第四节　船舶技术管理·· 250
　　一、船舶机务管理·· 251
　　二、通信导航管理·· 256
　　三、早期的资料研究与科研管理工作··· 264

第五节　船舶安全管理·· 265
　　一、中远公司成立初期的安全生产管理·· 265
　　二、"跃进"轮沉没事故·· 266
　　三、吸取"跃进"轮教训，强化船舶安全生产管理································· 269
　　四、安全运输生产的进一步加强·· 273

第八章　航运保障产业的建立与发展　277

第一节　组建友联船厂 …… 279
　　一、友联船厂的创办 …… 279
　　二、筹建青衣岛新厂 …… 281
　　三、友联船厂前期修造船业务 …… 282

第二节　远洋船舶航修站的组建与船舶自修 …… 283
　　一、组建远洋船舶航修站 …… 284
　　二、船员自修工作的开展 …… 287

第三节　船舶物资供应 …… 292
　　一、初创时期远洋船舶物资供应 …… 293
　　二、建立物资供应机构 …… 295
　　三、建立统一船舶物资供应机制 …… 296
　　四、理顺物资供应渠道 …… 297
　　五、加强物资供应管理 …… 298

第四节　其他保障机构 …… 299
　　一、通信站和通信导航修理所 …… 299
　　二、建立医疗机构，保障船员健康 …… 301

第九章　国际合营与合作　305

第一节　中波轮船股份公司的发展 …… 307
　　一、中波公司总部南迁上海 …… 307
　　二、延长中波两国航运合作协定 …… 308
　　三、"中波轮船股份公司"名称对外启用 …… 308
　　四、中波公司远洋运输业务的发展 …… 309
　　五、中波公司的船队建设 …… 312

第二节　捷克斯洛伐克国际海运股份公司的经营情况 …… 316

第三节　中阿轮船股份公司的组建、发展与解散 …… 317
　　一、中阿轮船股份公司的成立 …… 317
　　二、中阿轮船股份公司的发展 …… 318
　　三、中阿轮船股份公司的解散 …… 319

第四节　组建中国—坦桑尼亚联合海运公司 …… 319
　　一、中国—坦桑尼亚联合海运公司的成立 …… 319

　　　　二、中国—坦桑尼亚联合海运公司的发展·················320

第五节　开展国际海运合作·················322
　　　　一、中柬海运合作·················322
　　　　二、中日海运合作的新发展·················322
　　　　三、与其他友好国家的海运合作·················323

第十章　建立党群组织，推进党的建设 / 325

第一节　各级党的组织建设·················327
　　　　一、船舶党组织的早期建设·················327
　　　　二、建立政治工作部门·················328
　　　　三、实行双重领导·················328

第二节　"支部建在船上"·················329
　　　　一、"支部建在连上"历史回望·················329
　　　　二、中远船舶的功能定位·················330
　　　　三、构筑坚强的战斗堡垒·················331

第三节　船舶政工队伍建设·················335
　　　　一、船舶政委从"幕后"走到"台前"·················335
　　　　二、政工队伍建设迫在眉睫·················336
　　　　三、丰富多彩的宣传思想工作·················338

第四节　开展工业学大庆群众运动·················342
　　　　一、加强对工业学大庆的指导·················342
　　　　二、开展学大庆活动竞赛·················342
　　　　三、评选学大庆活动先进集体和个人·················343

第五节　企业党建工作在曲折中发展·················343
　　　　一、"文化大革命"对经营秩序的冲击·················343
　　　　二、老一辈革命家对远洋运输事业的保护·················345

第六节　中远文化的早期实践·················346
　　　　一、中远名称的演变·················346
　　　　二、中远标志的变迁·················347
　　　　三、中远船名的确定·················348
　　　　四、中远船舶的船旗·················349
　　　　五、中远精神的雏形·················349

六、中远精神的凝聚与展现 ·················· 350
第七节　工会、共青团组织建设 ·················· 355
　　一、工会建设 ·················· 355
　　二、共青团初期建设 ·················· 356

附录 / 359

附录一　大事记 ·················· 361
附录二　中远总公司党政领导班子组织沿革（自远洋局成立开始） ·················· 402
附录三　中远系统荣获国家、省（市）、部级、中远总公司表彰的先进个人名录 ·················· 405
附录四　中远名称的演变 ·················· 415
附录五　中远船队的标志及其变化 ·················· 418
附录六　传记与历史事件 ·················· 420
附录七　船员考试与发证制度的建立与完善 ·················· 446
附录八　历史文件文号索引 ·················· 451
附录九　航运业常见专业名词解释 ·················· 456
附录十　重要国际规则及公约 ·················· 462

跋 ·················· 466

参考文献 ·················· 468

结束语 ·················· 472

编后语 ·················· 477

中国远洋海运发展史

COSCO SHIPPING HISTORY OF DEVELOPMENT

第❶卷

中远发展史
1949—1978

第一章
新中国成立初期的远洋运输

中华人民共和国成立伊始，百业待兴。在中国共产党的领导下，久陷苦难深渊的中国人民，以极大的热情，集中全力医治战争创伤，恢复国民经济，为建立独立、富强的新中国而努力工作。

海上运输业的恢复尤为艰巨。当时溃逃到台湾的国民党当局，为了遏制新生的人民政权，实施以武力对中国大陆进行全面封锁的"关闭政策"，伺机卷土重来。1950年6月，朝鲜战争爆发后，以美国为首的国际敌对势力对新中国实行封锁、禁运，企图切断新中国与其他国家之间的联系和支援，把新中国扼杀在摇篮之中。

面对严峻的周边态势和国际形势，新中国政府采取租用外轮、在香港建立航运公司以及与波兰等社会主义国家合作组建合营航运公司等形式，最终打破了敌对势力对新中国的封锁、禁运，巩固了新生政权。新中国的远洋运输事业也在打破国内外敌对势力的封锁、禁运中，坚定地迈出了艰难的步履。

第一节　新中国成立初期的海运状况

中国有着5000多年文明史，既是一个大陆国家，又是一个海洋国家。中国的大陆海岸线北起鸭绿江口，南到北仑河口，长达1.8万余千米。此外，还有1.4万余千米岛屿海岸线，海岸线总长3.2万余千米。有5000多个大小岛屿，150多个较大的优良海湾，众多港阔水深的天然港口直通世界五大洲。

中国是一个有着悠久航海传统的国家，中华民族的航海史绩，为世界人民所称道。早在汉武帝晚年，就开辟了通向朝鲜、日本、印度和斯里兰卡远洋航线，这也标志着南亚海上丝绸之路的初步形成。唐宋两代，是中国航海事业的繁荣时期，在此期间中国的造船和航海技术都达到了世界先进水平，促进了与海外各国的航海往来。

中国航海事业的鼎盛时期，是从元朝至元十六年（1229年），到明朝宣德八年（1433年）郑和下西洋被停罢为止，前后154年间，船舶的建造能力和航海技术成就，均发展到前所未有的水平。特别是明朝永乐年间（1403—1424年），伟大的航海家郑和于1405—1433年率领2.7万余人、200多艘海船组成的庞大船队七下西洋，航经了亚非30多个国家和地区，是世界航海史上的壮举。

然而，从明朝中叶到清代，由于内忧外患和闭关锁国，致使中国航海业逐渐衰败下来。特别是从1840年鸦片战争到1949年中华人民共和国成立的109年间，中国遭受了帝国主义列强的侵略，逐步沦为半殖民地。东西方列强胁迫腐败的清王朝和民国政府，签订了多个不平等条约，割去了中国大片领土，控制了中国的各个对外通商口岸，掠夺了中国沿海和内河的航权。外国资本经营的20余家轮船公司，垄断着中国的沿海运输和远洋运输业务。正如毛泽东主席曾经指出："帝国主义列强根据不平等条约，控制了中国的通商口岸，并把许多通商口岸划出一部分土地作为他们直接管理的租界。它控制了中国海关和对外贸易,控制了中国的交通事业(海上的、陆上的、内河的和空中的)。"① 中国航运业在帝国主义的压迫下逐渐衰败,直到 19 世纪 60 年代,中国才拥有了自己的民族航运企业,1872年,李鸿章在中国最大的对外通商口岸、航运业最集中的上海,创办了轮船招商局。这是中国最早的轮船公司,也是最早的民族航运企业。

国民政府时期,航运业不振。据 1946 年 5 月统计资料表明,抗日战争胜利后,当时全国江海船舶共计 98 万吨。经过国民政府几年的惨淡经营,直到 1949 年上海解放前夕,当时全国只有包括招商局和民生公司在内的 116 家航运公司、100 余万总吨的船舶,比 1946 年仅增加了 2 万吨。

中华人民共和国成立后,在中国共产党的领导下,海上运输得到迅速的恢复和发展,中国的远洋运输业也在国内外敌对势力的封锁和禁运的逆境中,不断地成长壮大。

一、国民党当局撤往台湾前的疯狂掠夺和破坏

国民党当局撤往台湾前,留给新中国的航运业几乎是一张白纸。1949 年,上海解放前夕,国民党当局将能开走的江海船只全部劫去台湾,来不及掠夺以及不能开走的船只,有的被炸毁,有的被凿沉于长江、黄浦江,用以阻塞航道。留下的船舶也大多破旧不堪,并在长江口布设大量水雷,以封锁进出上海的船舶。广州解放前夕,国民党政府又将余下的船只,悉数开到香港。因此,在全国解放前夕,留在大陆的江海船只几乎被国民党政府洗劫一空②。当时,中国大陆口岸到处是码头坍塌、航道淤塞的凄凉景象。中国这个世界历史上的泱泱航海大国,竟沦落到几乎是有海无船的地步。

二、国民党当局实施的"关闭政策"

1949 年 6 月 18 日,国民党当局宣布开始实施"关闭政策(port-closure policy)"③,宣布自 1949 年 6 月 26 日起,关闭北起辽河口、南至闽江口的中国领海,所有外籍船舶及航空器均不得进入上述区域,而区域内的港口,也从即日起停止对外开放。当时,国民党当局凭借其具有绝对优势的海空军,封锁了解放区的领海和港口。随着东南沿海省市的相继解放,国民党当局实施海上"关闭"的区域也逐步扩大,到 1950 年 2 月 12 日,国民党当局已将"关闭"范围扩展到中国大陆全部沿海(海岸),对凡是他们能够到达的大陆的沿海港口、近海航道和岛屿都实施封锁。

---

① 中共中央文献编辑委员会编:《毛泽东选集》(第 2 卷),北京:人民出版社,1991 年,第 628-629 页。
② 据 1949 年 6 月上海解放时的统计,全国公私江海船舶共 307 艘 139487 吨,仅为 1946 年的 14%。经陆续接管、打捞、修复等,迄 1949 年底,共有公私江海船舶 757 艘 287733 吨,公营占 69%,其中海船 114108 吨(公营 91264 吨,占 80%;私营 22844 吨,占 20%)。但大部为破旧船舶,其中可用海船仅 50978 吨(公营 39498 吨,占 77.5%;私营 11480 吨,占 22.5%)。
③ 在对中国大陆实施封锁期间,国民党当局始终避免使用"封锁"(Blockade)一词,而采用"关闭"(Closure)的措辞,以避免封锁行动损害自己的政治地位,中国大陆则称之为"闭港政策"。后来,随着中国沿海岛屿的相继解放,台湾国民党当局已无力继续实施"关闭政策",不得不放弃封锁,但直到 1979 年 9 月 12 日,才正式宣布结束针对大陆的"关闭政策"。

三、国际敌对势力对新中国实施的封锁禁运

第二次世界大战结束后,世界形成了美苏两极对峙的格局,国际社会进入冷战时代。社会主义新中国成立后,遭遇了以美国为首的西方阵营的全面封锁和压制,政治和经贸活动面临极端困难的被动局面。由于意识形态上的对立,以美国为首的西方集团对新中国采取政治上孤立,经济上实施封锁禁运政策。随着1950年6月25日朝鲜战争爆发,美国对中国的封锁禁运步步升级。6月27日美国宣布武装援助韩国,同时命令其海军第七舰队开入台湾海峡,并派遣空军、海军部队驻扎台湾,和台湾国民党当局军队一起对台湾海峡实行军事封锁。是年,美国与台湾国民党当局签订了双边军事协定。12月,美国商务部宣布对华禁运。1951年5月18日,第五届联合国大会在美国的操纵下,通过了对中国大陆实行禁航禁运的第500(五)号决议案,要求会员国对中朝两国实行战略物资禁运。随后,美、英、法、加等国禁止各自注册的船舶与中国进行贸易和在中国港口停泊。截至1953年3月,参加对中国禁运的国家达到45个,中国的外贸和航运面临极大的困难。以美国为首的西方国家企图通过封锁和禁航禁运,把新中国扼杀在摇篮里。

四、中国沿海运输大动脉——"南北航线"断航

20世纪50年代初,随着大陆沿海岛屿的相继解放,国民党当局对大陆沿海的封锁和骚扰失去了依托,不得不放弃对大陆沿海主要港口的封锁。但是溃逃到台湾的国民党当局不甘失败,转而主要以台湾本岛及金门、马祖等大陆沿海岛屿为阵地,对在福建沿海、台湾海峡和台湾周围公海上航行的船舶进行种种骚扰和破坏活动,并在美国怂恿下猖狂地破坏国际法,公然掠夺在台湾海峡和台湾周围公海上航行的各国商船,阻挠远东航运和贸易的正常发展。从1949年起,包括中国在内,有属于英国、丹麦、挪威、意大利、荷兰、巴拿马、希腊、联邦德国、波兰和苏联等国的船只,先后在台湾附近海面受到美国和台湾国民党当局军舰的攻击,不少船只被骚扰、劫持和击沉。根据1949年8月至1954年10月5日的统计,通行台湾海峡遭到台湾当局以武力拦截、追踪和炮击的中外商船达228艘次(表1-1),其中被劫持扣留的68艘,被击沉没的8艘,被炮击扫射、拦扣洗劫、骚扰追踪的152艘次,中国沿海运输大动脉的南北航线被彻底截断。

遭美国和台湾当局截扣迫害船舶综合统计表

(1949年8月—1954年10月,单位:艘)　　　表1-1

国　籍	被 害 分 类					合计	备　注
	劫持扣留	被击沉没	炮击扫射	拦扣洗劫	骚扰追踪		
中国	57	8	34	5	10	114	
英国	2		13	17	52	84	中国遇害船只绝大多数为机帆船及渔船
巴拿马				5	8	18	
丹麦				1	3	4	
波兰	2					2	

续上表

国　籍	被害分类					合计	备　注
	劫持扣留	被击沉没	炮击扫射	拦扣洗劫	骚扰追踪		
希腊				1		1	中国遇害船只绝大多数为机帆船及渔船
意大利				1		1	
苏联	1					1	
挪威				1		1	
联邦德国				1		1	
荷兰	1					1	
合计	68	8	47	32	73	228	

五、沿海部分航线的恢复

新中国成立后，广大海运职工面对恢复海上运输的艰巨任务，团结一心，不怕牺牲，肃清了沿海匪特滋扰，战胜困难，取得了很大的成绩。经过3年的时间，基本恢复了中国大陆沿海运输航线。

1950年主要是恢复渤海湾内的各港口之间的航线，共恢复航线16条，3415海里，使渤海湾内的海上运输得以恢复和发展。1950年9月起，开始恢复长江以北各港口之间航线，首先配合海军扫清长江口的水雷，并开辟新航道，打开上海封锁局面。经过1年多的努力，打通了长江口以北各港间的航线。1951年，长江以北各航线通航。1950年1—10月，香港招商局起义船舶和北归船舶①陆续返回，在此基础上，于1951年9月恢复了华南航线。当时沿海共恢复航线40条，1.3万海里。1952年又在武装护航下，恢复了福建沿海航线。到1952年底，大陆沿海共恢复航线60条，23316海里。

这一时期，中国大陆沿海运输大致有3种形态：长江以北航线是定期的、正规的、有计划的运输形态；华南是未定期的、半封锁状态的、计划性很差的运输形态；上海至福州、厦门则为封锁状态下的武装护航军事性运输形态。

第二节　租用外轮和侨、华商船

在中国远洋运输船队建立之前以及中国远洋运输公司成立初期，中国的对外海运物资，除少数由一些国家合营船舶运输及代营外，大部分是支付国家外汇，在国际航运市场上租用外轮和海外侨商以及港澳华商商船（简称侨、华商船）进行运输的。

---

① 北归船舶，1949年5月起，私营轮船公司为逃避国民党当局的强行征用，陆续将船南移，驶赴香港。新中国成立后，这些船舶在新中国政府的感召下，陆续返回，参加新中国的建设，称为北归船舶，也称之为"南船北归"。

一、租用外籍船舶

20世纪50年代，中国远洋运输主要依靠租船。当时，租船主要有两种形式，即租用外籍船舶和租用班轮。租用外籍船舶是指使用外汇向西方航运市场租用英国、法国、联邦德国、希腊和挪威等国家的商船。租用班轮，即由各班轮公司派出船舶，定期停靠中国港口，揽运中国进出口货物。

新中国成立初期，随着国民经济的发展和国际地位的提高，中国对外贸易及对外援助物资逐渐增多，远洋运输承担的外贸货运量也随之增加。根据1961年统计，20世纪50年代，中国每年的对外贸易海运量达1500万吨左右，其中93%的货运量通过租船和班轮运输完成。

在当时尚未建立自己的远洋运输船队的历史条件下，中国租用外轮是必要的，首先租用外籍船舶，特别是一些挂西方资本主义国家旗帜的船舶，方便对外经营。其次，在当时台湾海峡和台湾周围公海被国民党当局封锁的情况下，远洋国轮无法由华南北上和由北方南下，租用西方国家的船舶，相对比较安全。另外，租用这些船舶还具有方便调度以及在特定时期世界航运市场萧条的情况下，租金比较便宜的特点。

在当时特定的历史时期，租用外籍船舶，为打破以美国为首的一些西方国家对中国的封锁禁运，发展中国的对外贸易，起到了积极的作用。但是租用外籍船舶在当时属迫不得已，且有很大的局限性。特别是对中国远洋运输事业的发展极为不利。

首先，租用外轮需花费巨额外汇。依靠租船承运外贸物资，确实能收到立竿见影的效果。但租船需要支付大量的外汇租金，经济上很不划算。据有关资料统计，1956年，中国租船费用为1500英镑，在当时可购万吨级新货轮12—15艘，每年可承运70万—80万吨货物。1958年，外贸部和交通部全年租用外轮150多艘，付出的租船外汇1440余万英镑，相当于当时购买19艘（25万余吨）万吨级轮船的价格或购买100艘（110万余吨）旧船的价格。1959年和1960年每年租用外轮支付的租船费用约为1200万英镑左右，1961年租船外汇支出更是高达1.4亿美元。中国为完成外贸物资运输任务，大量租用外轮，耗费国家巨额的外汇，虽然完成了外贸运输任务，但没有一艘船属自己所有。同时，昂贵的租船费用，又使中国出口货物的成本大增，降低了中国商品在国际市场上的竞争力。大量的外汇支出，给财政带来了巨大的压力，尤其是当时国家正处于经济困难时期，负担更为沉重。

第二，单纯依靠租船完成外贸运输任务，必然受制于人。一般的货物，可以租用资本主义国家船舶来运输。但中国援外的特殊物资和进口的重要物资，既不能也不便依靠这些国家的船只来承运。并且在当时，西方国家的船舶，受对中国实施禁运政策的"巴黎统筹委员会"①的限制，拒绝租船为中国承运战略物资。为此，中国许多重要物资不得不由海运改为陆运，致使一些重要物资（如石油等）的进口任务无法完成，对国防建设、工业生产与人民生活均造成较大影响。同时，陆运的运费高于海运数倍，在经济上也极不合算。当国际形势紧张时，租用外籍船舶既不可靠也不安全。如1960年，印度尼西亚出现排华事件，中国需要租用客船时，有些国家的船东就乘机抬高租价或拒绝出租。1962年，美国胁

---

① 巴黎统筹委员会（简称"巴统"）的正式名字是"输出管制统筹委员会"(Coordinating Committee for Multilateral Export Controls)，是1949年11月在美国的提议下秘密成立的对社会主义国家实行封锁、禁运的组织，因其总部设在巴黎，通常被称为"巴黎统筹委员会"。

迫西方国家对古巴实行航运封锁，中国为援助古巴而租用的西方国家船舶纷纷被收回，从而严重地影响了中国外贸运输计划的实施。

第三，租船营运率低，浪费大。根据租船合同规定，租方应负担船舶的一切经营费用，船舶的利用情况与船东无关。这样，租船上的船员就不会为中国的利益服务，租船的营运效率远不如自营船和合营船舶。

第四，大量租船，必然阻碍自己国家民族远洋航运事业的发展，不利于在国际航运市场上同西方国家竞争。

由此可见，新中国作为一个独立的社会主义国家，依靠租用外轮承运进出口物资，绝非长久之计。尽快发展自营的远洋船队，就成为一项极为紧迫的任务。

二、租用侨、华商船

20世纪50年代初，侨、华商船，包括解放前夕开往香港的以及华侨在海外经营的船舶为数不少。1950年7月，滞留香港的千吨以上船舶就达72艘、36万载重吨。据远洋局广州办事处1958年对东南亚、中国香港的侨、华航商的调查统计，在43家侨、华航商中，拥有船舶131艘、69万载重吨。其中规模较大的有五福、顺昌、捷顺、南洋、大南等5家，共拥有船舶44艘、约146720载重吨（内有租船8艘、约33746载重吨）。这些侨、华商船大多航行于东南亚各国，包括定线客货班轮和不定线货轮，船舶载重吨由500—8000吨不等。这些侨、华航商大多热爱祖国，在东南亚地区又经营多年，拥有丰富的经营航运市场的经验。在20世纪50—60年代，侨、华航商由于其船小且老旧，缺乏竞争力，经营面临着重重困难。

为动员海外侨、华航商以租船形式参加社会主义祖国外贸运输，并帮助其解决无货可运、负债累累的困难，1951年12月，交通部海运管理总局颁布了《关于华侨船舶可按代理私营海轮收费》的办法，给予侨、华航商一定的优惠。1957年2月，交通部和外贸部颁布了《关于组织利用华侨航商船舶问题的联合通知》。6月，国务院做出关于"争取、团结、适当扶助、组织利用华侨船舶为祖国运输服务"的指示。11月，广东省侨委召开会议对如何发挥侨、华航商作用的问题做了研究和决定，并成立了侨、华航商驻广州办事处，对侨、华航商在船舶承租、航线安排、货源分配、运价调整等方面给予照顾。这些重大举措既调动了侨、华航商为国效力的积极性，又使其经营业务有所发展。

租用侨、华商船，充分发挥其作用，对中国海运事业有着积极的意义。

（1）有利于中国外贸物资的运输。初创时期的中国自营远洋船舶严重不足，侨、华商船可作为中国远洋运输的辅助运力，而且悬挂外国旗的侨、华商船便于通过台湾海峡，不受外部禁运政策的限制。同时，侨、华航商班轮具有定期定线航行和挂港较多的特点，能更好地适应中国对资本主义国家贸易批数多、数量零星、口岸分散、信用证限期短等的各种需要，有利于外贸成交及及时出运。1958年以前，华南一带近海和远洋运输的出口货物几乎全部使用侨、华商船承运（表1-2）。这不仅解决了中国东南亚航线上的外贸运输需要，更主要的是解决了一些化学品和危险品货物的运输，其运量占当时华南全部近海出口货物的60%。

1955—1958 年港澳侨、华航商诸公司承运华南地区进口货物表　　表 1-2

年　份	艘　次	进口（吨）	出口（吨）	总计（吨）
1955	214	48127	85926	134053
1956	272	71498	116566	189974
1957	382	8800	177950	186750
1958	291	19209	198050	215259

（2）有利于中国与资本主义国家航商作斗争。例如 1959 年侨、华航商首先接受了中国外轮代理公司自订的费率，给了西方国家航商班轮一定的打击。侨、华商船对突破外国保险公司对船壳保险的垄断，也起了一定的作用。

（3）有利于接侨。侨、华航商为中国接运留居印度尼西亚难侨积极提供了运力。

（4）有利于争取华侨回大陆投资，支援祖国社会主义建设。

三、中国海外运输公司（中国租船公司）

为了使租用外轮步调一致，避免发生国内各物资部门之间、各人民民主国家之间在国际市场上竞租抬价现象，遵照中财委指示，交通部于 1951 年 3 月 2 日召开"对外租船会议"，邀集外交部、中央人民政府办公厅、中央人民政府财政经济委员会（简称中财委，下设贸易处、交通处）、贸易部（国外贸易司、国外运输公司）的有关人员和捷克斯洛伐克、匈牙利、波兰、德意志民主共和国的商务代表共 25 人，商讨对外租船问题。交通部部长章伯钧首先说明一年来中国在国际市场上租船因彼此间缺少联系，发生自相竞争，以致资本主义国家乘机高抬船租，使我方遭受到重大损失的情况。与会各方积极交换租船经验，提出了具体措施。根据会议商讨结果，3 月 6 日，交通部呈文《呈报邀集对外租船会议经过拟请准予成立海外运输委员会由》中财委，建议由中财委、贸易部、交通部三方面组织海外运输委员会，下设海外运输处，建议运输处设于交通部航务总局内，以便专门与各方取得联系，具体租船工作，仍以港委会[①]航运处为主，贸易部、交通部派人参加。4 月 3 日，中财委复文交通部《覆为组织海外运输委员会之建议原则》，同意由交通部组织海外运输委员会，同时指出，委员会的工作范围及任务应有具体规定，要求交通部与有关部门联系办理。5 月 31 日，陈云复信交通部：为统一掌握海外运输计划并及时办理对外租船事宜，原则同意由该部与港委会代表共同组成管理委员会，下设中国海外运输公司[②]。6 月 12 日，海外运输委员会召开第一次会议，决定于 7 月 1 日成立海外运输公司。7 月，中国海外运输公司成立，公司负责人主要由交通部和贸易部派出，董事长由交通部的于眉担任，总经理由贸易部的刘今生担任，副总经理由华润公司的刘若明担任[③]。1952 年 8 月，中央人民政府决定成立对外贸易部和商业部，并撤销贸易部。对外贸易部成立后，"中国海外运输公司"成为其直属公司，交通部不再参加管理。1953 年 1 月 1 日，外贸部成立了中国陆运公

---

① 华润在香港设立的管理委员会，简称"港管委"。
② 中共中央文献研究室编：《陈云年谱（修订本）》（中卷），北京：中央文献出版社，2015 年，第 153-154 页。
③ 华润（集团）有限公司《红色华润》编委会编：《红色华润》，北京：中华书局，2010 年，第 208 页。

司。1955年4月,外贸部将中国陆运公司改组为中国对外贸易运输公司,简称"中外运"(Sino-Trans);将中国海外运输公司改称中国租船公司。并于同年5月,将两个公司合并,挂两块牌子。公司成为"制定国家进出口货物运输计划"和"负责租船、订舱、储运、交接、分拨等组织工作"的专门机构。1958年,外贸部的运输局并入中外运,这样中外运就成为一个政企合一的总公司,主要工作是管理,当时海上运输和具体的租船工作是由香港的华夏公司承担。

第三节 在香港成立航运及相关企业

早在新中国成立的前夕,为了解放军的支前物资运输和解放区生产的恢复,中国共产党在香港就建立了一支运输船队。新中国成立后,为突破敌对势力的封锁禁运,新中国政府在香港成立了航运公司,这些公司的船舶挂资本主义国家旗帜。这是在当时特定的历史条件下建立的远洋船队。

一、组建华夏企业有限公司

1948年,随着解放战争的节节胜利,香港华润公司[①]的业务有了较大发展。华润公司所租的2艘苏联货轮,已经明显不能满足运输要求。中国当时正处于内战,铁路运输几乎陷入瘫痪,解放军的支前物资要靠海上运输,一方面是战争的需要,一方面也是恢复生产的需要。另外,租船并非长久之计,也不适合承担一些特殊物资的运输,必须拥有一支自己的海上运输队伍。为此,香港华润公司报党中央批准,成立了一家名为"华夏企业有限公司(Far East Enterprising co., Ltd)"的航运公司。1948年,经请示中央,华润公司从爱国商人那里购买一艘3500吨的二手客货船,命名为"东方"号(Oriental),由于当时中国共产党还未建立政权,没有国旗,同时也是为了经营方便,遂将该船注册为巴拿马籍,悬挂巴拿马旗经营运输业务。因此,在新中国诞生之前,中国共产党就拥有了自己的第一条远洋货船。在购买"东方"号后,华夏公司又相继在联邦德国、美国、英国购买了几条大船,其中万吨轮4艘,当时,华东运通公司[②]的几艘小船也并入华夏公司,使其货运能力有了迅速提升。

华夏公司成立后,不仅出色地完成了护送民主人士北上、突破封锁禁运抢运战略物资等

[①] 华润的前身是1938年在香港成立的"联和行"。1948年,"联和行"改组更名为华润公司。1952年,隶属关系由中共中央办公厅转为中央贸易部,即现在的商务部。1983年,改组成立华润(集团)有限公司。1999年12月,与外经贸部脱钩,列为中央管理。2003年归属国务院国资委直接监管,被列为国有重点骨干企业。1954年,华润公司成为中国各进出口公司在香港总代理。在这一时期,华润的主要任务是组织对港出口,为内地进口重要物资,保证香港市场供应,贸易额曾占全国外贸总额的三分之一。1983年,华润集团成立后,因适应外贸体制改革的形势,企业逐渐从综合性贸易公司转型为以实业为核心的多元化控股企业集团。

[②] 解放战争时期,华东局、华南局先后在香港建立了一些窗口公司,运通公司就是其中之一,由山东党组织成立,最初是用70吨的小船在烟台与香港之间做小型贸易。华夏公司成立以后拥有了大船,运通公司主要业务转为租船,是中国共产党创立的早期的境外航运公司之一。

任务，还参加了祖国远洋运输事业的建设，为中国自营远洋运输船队的建立做出了贡献。

（一）"东方"轮首航

1949年2月底，"东方"轮首航大连，恰逢第五批民主人士北上①。船上除了装载支援解放区的2000吨印钞纸、1000吨桶装汽油和一批杂货外，还搭乘了40余名文化界名人和归国华侨。

"东方"轮首航时，国民党派重兵封锁珠江口，严查出入香港的船舶。为保证船舶在夜间抵达台湾海峡，"东方"轮傍晚时分从香港维多利亚港悄悄起航，并不断调整船速，利用夜幕的掩护，"东方"轮全船熄灯，全速前进。在拂晓时分，船舶终于安全通过台湾海峡，突破了最危险的封锁区。

此后，"东方"轮沿朝鲜西海岸航行，造成去朝鲜镇南浦的假象，到镇南浦外海后再转向大连。航行途中严格实施灯火管制。数日后，船抵大连港，顺利完成了护送民主人士的任务。首航任务完成后，"东方"轮又装载解放区的3000吨大豆，经朝鲜返回中国香港。

"东方"轮的首航，标志着中国共产党拥有了自己的船舶。当时，中国人民解放军还没有建立海军，这条普通的客货两用船，还部分地兼有运送战略物资的用途。

此后，"东方"轮不断往返于香港和大连、天津港，把解放区的农产品运往香港销售，并将香港采购到的已解放城市恢复生产所需的原材料、前线将士所需物资如药品、渡江战役急需的救生圈等源源不断地送往解放区，还向刚刚解放的海南岛送去5万吨泰国进口大米，保证了海南岛政局平稳。此外，"东方"轮还先后搭载100多名民主人士和党员干部前往解放区。

（二）突破禁运封锁，抢运战略物资

1950年，朝鲜战争爆发。1950年12月2日，美国政府下令："凡出口中国、香港、澳门的许可证一律作废，已经起运的要一律停泊美国岛屿接受检查。"自此，开始了针对新中国的禁运。

1951年初，美国开始扩大对中国的禁运范围，从限制军火运输到限制战略物资运输，从限运战略物资到全面禁运，并强迫一些国家对中国实施禁运。迫于美方压力，日本、澳大利亚、印度、巴基斯坦、印度尼西亚、英国等新中国的主要贸易国家先后加入了禁运，甚至一些在禁运令前已装船的货物也在海上被拦截，一些已经付款的货物一并被扣，华润在美国的存款也全部被冻结。

为支援抗美援朝，华润公司利用美国禁运初期英国等其他西方国家还没有跟进的时间差，开始了"抢购"与"抢运"。"抢运"任务主要由华夏公司承担。当时，华夏公司已有10多艘船舶，有一半是万吨轮，加上招商局起义的几艘船舶及其租来的20多艘船舶，投入了"抢运"。

---

① 1948年，中共中央发出了著名的五一劳动节口号，号召召开政治协商会议，成立民主联合政府。运送民主人士北上参加政协会议，是这一时期党中央交给华润的一项重要使命。从1948年9月份起到1949年3月，华润先后租用苏联和挪威籍货轮，以运送货物作掩护，分四批将郭沫若、翦伯赞、谭平山、蔡廷锴、茅盾、柳亚子、马寅初、李济深、黄炎培、章伯钧、马叙伦等350多位著名民主人士、700多位文化名人及爱国华侨从香港秘密运送到东北解放区。

"抢购"与"抢运"取得了丰硕的成果。1951年,中国以20万吨大米与印度进行了易货交易;1951年,从巴基斯坦购买棉花7万吨,并向巴基斯坦出售煤炭4.6万吨;1952年,又同锡兰(1972年改称斯里兰卡)政府签订了5万吨锡兰橡胶易货27万吨中国大米的协议。以上这些运输工作,都是由华夏公司完成的。

根据统计,1951—1959年,华夏公司在冲封锁、反禁运的斗争中,共完成货运量1186.49万吨。

(三)参与新中国远洋运输建设

1951年10月,华夏公司将刚刚购买的3艘万吨轮:"梦荻娜"(改名"希望")、"梦荻莎"(改名"兄弟")、"莫瑞拉"(改名"团结")[①]和3条船舶的配员(118人),一齐划归新组建的中波公司。

(四)成立"香港远洋轮船公司"

1951年5月,美国又发布了新的禁令:"所有挂巴拿马旗的船不得开往苏联、中国等社会主义国家。"而华夏公司船队多数都挂巴拿马旗。1957年5月27日,在原有的挂巴拿马、利比里亚旗船舶先后受到西方禁运限制后,华夏公司又成立一支远洋船队,对外称"香港远洋轮船公司(Ocean Tramping Co., LTD.)"。公司船舶悬挂索马里国旗。办公地址设立在中环都爹利街6号1楼印刷行25A-26室,主要业务是船舶买卖、船舶租赁、船员劳务、建造新船等。船队组建以后,华夏企业有限公司选定了白金川(白金泉)和林凯(林勤),代表华夏公司,以外商个人投资的名义,向其注资200万港元,成为公司的创始人,也是名义上的股东。首任董事会成员为林凯、白金川、陈崇禧。6月24日,第一次董事会议委任陈崇禧为总经理。从1963年起,香港远洋轮船公司利用银行融资购买二手船,船队规模不断扩大,高峰时曾经达到拥有船舶50多艘、207万载重吨的规模。1970年,经报请周恩来总理批准,中国对外贸易运输公司(中国外运)将香港远洋轮船公司及所属27艘、30万载重吨自有船队移交交通部。1985年,招商局成立集团,在与中远进行资产划分后,香港远洋轮船公司并入中远。1994年11月1日,香港远洋轮船公司和益丰公司合并成立中远(香港)航运公司。

二、成立侨利船务股份有限公司

侨利船务股份有限公司(KIU LEE COMPANY),是由侨商程丽川[②]独筹资金5万港

---

① 由于这三艘船的英文名字的第一个字母都是"M",也称为"3M"船。也译为"摩得拉""蒙德沙""摩得利"。
② 程丽川(1907—1992年),又名程文铸,系莆田县涵江七垛里乡溪口村,即今莆田市梧塘镇溪游村人。生于清光绪三十三年(1907)。20世纪30年代中期至20世纪40年代,先后到东南亚五国及香港、台湾等地区经商。20世纪50年代初,定居香港,经营航运业。解放初期,程丽川不顾个人安危,毅然接受国家重托,于1951—1967年,先后在香港创办三兴船务行、侨利船务公司、益丰船务公司和侨利机器修理厂等企业。在这期间,他组织租用外籍轮船,冲破台湾海峡重重封锁,来往于香港、福州、涵江、泉州、厦门和上海之间,把福建的生产、木材运往海外,把紧缺的建材等物资运进国内,支援新中国建设;通过贷款买船实践,为新中国远洋船队的发展开辟了新路;在国际远洋航线开辟、印度尼西亚撤侨等工作中都发挥了重要作用,为新中国的航运事业做出了贡献。1992年8月,病逝于北京,终年85岁。

币,于 1952 年 8 月在香港成立的一家航运公司。公司成立伊始,只从事租船等业务。后来随着业务范围的扩大,先后成立益丰、达安和侨贸 3 个轮船公司经营船舶运输业务,后来成立的南方船务有限公司对内也归侨利经营,另外还经营着侨利机器修理厂。

(一)侨利船务股份有限公司的机构沿革

1949 年秋,福建解放,为了打破国民党当局对于闽江口和台湾海峡的封锁,适应进出口的需要,由福建省外贸公司和丰成公司等单位向程丽川提出要在香港组建船务公司,购买并租用外轮,负责通过台湾海峡的运输任务。

在公司成立之前,1950 年 9 月 1 日,在上海成立了"上海茂林船务有限公司",该公司主要从事外轮代理业务,对内归国营轮船总公司(招商局)管理。

1951 年 5 月 15 日,由程丽川与在香港的华夏公司和上海的茂林公司商定,在香港组建"三兴船务行",程丽川任经理,负责承租外轮,运输福建出口木材等物资。

1952 年 7 月,"三兴船务行"改组,由程丽川独筹资金 5 万港元,于同年 8 月 20 日成立"侨利船务股份有限公司"[①],继续为上海茂林公司负责租船并运输福建的木材等货物。

1953 年 3 月,经交通部批准,以茂林船务股份有限公司和利民运输公司等合并组成南洋运输部,下设福州、海门办事处。公司对外仍用茂林船务有限公司名称。

1954 年 2 月 19 日,南洋运输部撤销,成立南洋运输处,隶属上海海运管理局,对外仍保留茂林船务有限公司名称。侨利船务股份有限公司由上海茂林公司领导改为上海海运管理局独资经营。

1956 年 1 月 1 日,交通部海运管理总局决定,茂林公司划归上海区港务管理局所属中国外轮代理公司上海分公司后,上海茂林公司也随之取消,其福州分公司划归福建省交通厅所属的福州港务局领导。侨利船务股份有限公司即划归上海外轮代理分公司领导。1964 年 7 月 1 日前,外代上海分公司以"上海万丰船务股份有限公司"的名义,与在香港的侨利公司进行业务联系,1964 年 7 月 1 日后,"上海万丰船务股份有限公司"改名为"上海万丰船务公司(Shanghai Van Foong shipping Company)"。

1958 年,交通部成立远洋运输局,侨利船务股份有限公司随外轮代理总公司一起,划归远洋运输局领导。

侨利船务股份有限公司成立后,随着形势发展的需要,于 1960 年 4 月 19 日成立益丰船务企业有限公司(简称益丰公司),陆续增购船舶。1960 年 4 月购进"和风"轮,1960 年 8 月购进"顺风"轮(船款一部分是侨利公司租船的利润,另一部分是由当时香港招商局总经理刘云舟出面借的银行贷款),所有船舶经侨利公司代理租给上海万丰船务公司。1963 年,成立侨贸轮船公司,1964 年,成立达安轮船公司。至此,侨利船务股份有限公司已经发展为拥有 9 艘船舶的公司,购船的资金全部由中国远洋运输公司投资。

1967 年,为了解决海南岛矿石北运和北煤南运的问题,成立了南方船务股份有限公

---

① 侨利公司注册的是一家租船公司,只能开展租船业务。为了能够经营船舶业务,先后在此基础上成立了益丰、侨贸和达安公司。实际是一个公司四块牌子。1964 年,程丽川将公司及经营租船的利润全交给国家,由交通部派员接管,但公司的具体业务管理仍由程丽川负责。1966 年起,程丽川为董事副总经理,直到 1976 年退休。

司,对内在业务上也归侨利船务股份有限公司管理。

20世纪70年代初期(1973年),侨利船务股份有限公司已经拥有船舶14艘,约15万载重吨,具体组成如下:

益丰公司6艘:"威尼斯""长江""长洲""和风""东海""黄河"轮;

达安公司3艘:"南极洲""北冰洋""红海"轮;

侨贸公司2艘:"金露茜""荣禄"轮;

南方公司3艘:"南丰""东狮""永光"轮。

1975年9月8日,益丰公司开始筹建益丰公司新加坡办事处。1976年4月3日,办事处正式开业,主要从事船东、船舶代理等业务,后来逐步代理船用备件、物料供应及船员服务工作。

1994年11月1日,益丰公司和香港远洋合并成立中远(香港)航运公司。

(二)侨利公司早期的经营情况

新中国成立后,国民党当局实施的"关闭政策"已经覆盖整个中国大陆的领海和港口。但是随着大陆及沿海岛屿的相继解放,实际已无力继续实施"关闭政策",不得不放弃对于大陆多数水域和港口的封锁。但是溃退到台湾的国民党当局仍然凭借其地理位置优势,对于闽江口和台湾海峡进行封锁。

为了打破国民党当局对于闽江口和台湾海峡的封锁,香港的三兴船务行侨利公司为上海的上海茂林船务有限公司(上海万丰船务公司)承租外轮,负责通过台湾海峡的运输。程丽川还利用香港公司身份,请求英国舰队为中国租用的英国船护航,确保船舶通过国民党当局封锁区时船舶的航行安全。

租用的船舶主要航行南洋航线,承运福州到上海的木材及由上海、福建出口的其他物资。当时,在上海经营南洋航线的仅有安通运输公司、外商太古轮船公司(只航行上海—香港线)及茂林公司共3家,其中茂林公司的船舶运力占70%以上。自1950年9月至1952年10月,通过租用外轮完成货运量430869吨,运输物资主要是木材、化肥、纸浆、水泥等,为在新中国成立初期突破敌对势力的封锁禁运做出了贡献。

(三)为新中国挂五星红旗自营船队的发展积累经验

在新中国成立初期的20世纪50年代,为了突破敌对势力对于中国大陆沿海的封锁,侨利船务股份有限公司通过租船的方式,先后打通了福建沿海、上海、香港之间的航线,经营新加坡、马来西亚、印度尼西亚航线。

为了配合中国挂五星红旗的自营船舶开辟远洋航线,并完成对外贸易的运输任务,侨利公司除继续租船运输福建木材等物质外,1959年下半年,侨利公司先后租入英籍的"易宝河"和"联大"两轮,经营大陆各口岸与中国香港、新加坡、马来西亚和印度尼西亚间的对港贸易及外贸货物运输,同时往来沿海港口,装运一部分煤炭、矿石等物资。

1960年,为了配合完成接运印度尼西亚华侨回国的任务,侨利公司又租入一条客货轮"大宝安"号,从1960年2月份起,经营广州、新加坡、马来西亚和印度尼西亚航线的客货运输。

侨利公司根据交通部远洋运输局的要求,利用自营船舶开辟了东南亚航线,这是交通部最早的远洋航线,为悬挂五星红旗的自营船舶远航摸清了水文和区域情况,是"光华"

轮首航的序曲。

（四）开创贷款发展船队新模式

1959年，因为当时台湾海峡被封锁，"南粮北运、北煤南运"受阻于海上，程丽川第一次向香港招商局提出了贷款买船挂方便旗的解决方案。1960年，其所在的侨利公司利用贷款买进了"和风"轮和"顺风"轮，仅用2年时间经营，就实现了盈利，并还本付息。这种"借鸡生蛋"的方式引起了国内有关部门的高度重视。1962年9月24日，远洋局就侨利公司在1960年购进2艘货轮，在2年多的时间内，就全部还清了贷款，并且还盈余了7万元的情况，即向交通部报告，并提出拟继续采用这种办法，再购进3艘挂英旗的姊妹船。同年9月26日，交通部同意了侨利公司的报告，于是，侨利公司在1963年以这2艘船的盈利款，又购买了3艘货轮。1964年，又购进4艘船舶，壮大了自营船队。

这种"借鸡生蛋"的方式，对20世纪70年代中远船队通过"贷款买船"快速发展壮大自营船队，起到了示范和参考作用，也积累了宝贵经验。

三、建立友联修船厂

20世纪60年代中期，随着中远广州分公司船舶的增加，境内修船能力的缺口愈发明显，在香港修理的船舶也逐渐增多。为此，中远公司决定，在香港以侨商程丽川的侨利机器修理厂为基础，由中远投资建立友联修船厂。侨利机器修理厂成立于1964年2月，当时仅有大小车床7台，承修能力甚弱。经过对侨利机器修理厂的改组和扩建，1965年6月，友联修船厂投产。发展到1970年，友联修船厂已经能承担年修船近80艘，成为中远公司在境外建立的第一个修船基地。

第四节 政府间的海运合作

在新中国成立初期，中国海轮吨位占世界比重不到0.3%。由于当时历史条件的限制，中国政府一时尚无法创立自营的远洋运输船队。为了冲破国际敌对势力对新中国的封锁禁运，创立和发展中国远洋运输事业，中国政府选择与友好国家建立海运合作的方式，规划宏伟的远洋运输蓝图。

一、成立中波轮船股份公司[①]

（一）中波轮船股份公司创建的过程

中波轮船股份公司是新中国最早与外国合作经营的一家远洋运输公司。为了加强中国

---

① 中波公司原名为中波轮船股份公司，公司建立初期，为应对当时国内外敌对势力对新中国实施的封锁禁运，以中波海运公司的名字对外，1977年1月1日，公司正式启用中波轮船股份公司的名称，公开船东身份。参见《交通部行政史》编委会：《交通部行政史》，北京：人民交通出版社，2008年，第61页。

与波兰两国间经济合作，冲破国际敌对势力对新中国的封锁禁运，发展中国的远洋运输，中国政府和波兰人民共和国政府首先于20世纪50年代初，联合创建了中波轮船股份公司。

1950年6月26日，波兰驻华大使馆照会中国外交部，提出由两国政府合股组织中波轮船公司的建议。中国外交部接到照会后，于7月3日发函《波兰共和国政府建议与中国谈判关于组织中波、波中合营轮船公司事》征询交通部意见。7月5日，中央人民政府交通部办公厅收到外交部公函，7月6日，交通部经过研究后，复函外交部《为函复波兰政府建议中波或波中合营轮船公司原则同意由》，明确指出：交通部认为组织中波或波中合营轮船公司有利于中波贸易及航运事业的发展，原则同意。7月7日，交通部向中央人民政府政务院经济委员会递交报告《为波兰政府建议拟合组轮船公司呈请鉴核由》说明交通部的观点，并就如何具体组织研究及与波兰代表如何会商等问题，请求指示。7月13日，中央人民政府政务院财政经济委员会主任陈云、副主任薄一波和马寅初等领导审议后，向政务院请示《波兰政府建议合组中波轮船公司本委原则上同意转请钧院核示由》同意交通部所提意见。政务院核准后，交通部在外交部的支持下，7月24日，在波兰大使馆，举行中波两国就筹组中波合营轮船公司首次非正式会谈。中波双方的首次非正式会谈非常成功，为后续合作奠定了基础。

1950年10月，波兰政府派代表来华，讨论了公司的组织章程等具体筹组工作。中华人民共和国代表团团长为交通部副部长李运昌，副团长为交通部办公室主任张文昂。波兰人民共和国代表团团长为波兰航运部副部长毕尔斯基（Bilski），副团长为波兰航运部委员耶·多莫洛维奇（Jerzy Tomorowicz）。11月2—23日，两国政府代表团在北京就两国政府合资组建中波轮船公司举行会谈。经过十余次协商，最终达成一致意见，草签了《关于组织中波轮船股份公司协定》（简称《协定》）。

1950年11月25日，交通部报告政务院：先后会谈15次，草签了《协定》。1951年1月23日，政务院经济委员会主任陈云致函交通部，转达了周恩来总理的指示：奉周总理1月21日批示，原"协定"经外交部审定，原则同意。经本委审核，除同意外交部意见外，将"中波轮船有限公司"，之"有限"二字改为"股份"二字，余均同意。

在政务院总理周恩来和中央财政经济委员会主任陈云的领导下，1951年1月29日，中国交通部航务总局副局长于眉[①]和波兰航运部部务委员耶·多莫洛维奇分别代表中、波两国政府在北京签署了《关于组织中波轮船股份公司协定》。两国政府正式开始筹备合营公司的组建工作。1951年6月15日，在天津马场道158号举行中波轮船股份公司股东创立会，中华人民共和国中央人民政府全权代表交通部航务总局于眉副局长与波兰共和国政府全权代表航务部委员耶·多莫洛维奇以公司创办人及股东之全权代表名义，共同宣布中波轮船

---

① 于眉（1914.1—1980.9）山东蓬莱县人，1936年8月加入中国共产党。曾任北京大学党总支组织委员，从事党的秘密工作。后在山东人民抗日救国军、八路军山东纵队、华东军区兵站部、华东公路运输总局任职。新中国成立后，历任华东财委运输部副部长、交通部航务总局副局长、海运总局局长、部长助理、副部长，国家建委副主任。1945年当选为中共七大代表。于眉同志在交通部担任领导工作的30年里，为中国水运事业的恢复、建设和发展做了大量工作，曾组织领导中外合资经营远洋船队，为开展国际航运合作积累了经验，还参与领导了组建自营远洋船队、开辟南北航线的工作，为中国水运事业和远洋船队的建设做出了贡献。

股份公司成立。

在新中国成立初期,处于帝国主义封锁禁运、台湾海峡形势复杂的情况下,中波轮船股份公司对外名称用中波海运公司(简称中波公司),名义上是波兰远洋公司在远东的总代理行,船舶对外保险也用波兰远洋轮船公司的名义。

根据"协定"规定,中波公司的股东额为8000万卢布,按平权合股原则分配,双方各为50%,分两期缴纳。中波双方各投资船舶2艘,作为第一期应缴纳的股金。中国投入"和平"和"国际友谊"轮,波兰投入"布拉斯基"和"克修斯克"轮,另外各自向公司注入自由外汇60万卢布。公司最高管理机构为股东会议。1951年6月23—26日,中波公司第一届管理委员会在北京召开。管委会委员一致选举于眉为主任委员,耶·多莫洛维奇为副主任委员,委派格罗诺维奇为总经理,蔡德仁为副总经理,总公司设于天津市(图1-1)。9月7日,分公司在波兰格丁尼亚市成立。当时中波公司共有297人,其中船员245人(中国船员71人,波兰船员174人)。1954年7月,中波公司在广州黄埔成立工作组,负责公司船舶到华南港口的业务和政治工作,1955年10月1日,改为黄埔办事处。1962年2月24日,为适应业务的发展,中波公司由天津迁往上海中山东一路18号。3月1日,中波公司正式在上海中山东一路18号对外办公。同日,中波公司将原设在北京的总公司代表改为中波公司北京代表处。

图1-1 中波公司成立时的办公地点——天津马场道158号。

(二)中波公司船队建设

中波公司初创时期的船队建设非常艰难。当时西方国家对新中国进行经济封锁,只有社会主义阵营的国家才愿意把船卖给该公司。1951年中波公司成立初期,公司只有4艘自有船舶,分别为"和平""国际友谊""布拉斯基""克修斯克"。1951年10月,双方股东再增加6艘船舶,分别为"希望""团结""兄弟""瓦达""华沙""米克拉瑞",总数达10艘,总吨为100690吨。虽然船队规模发展很快,但由于当时国内急需运输的物资太多,中波公司的运力仍远远不够,于是又通过租船方式租入了"钱普林"和"迪顿斯克依"2艘轮船。

随着中波公司船队的迅速发展,对公司各方面工作提出了更高要求,陆上管理机构建设和管理人才选拔面临很大的挑战。由于公司还处在探索和学习的阶段,出现了许多问题。其中,重大机海损事故率大幅上升,给公司的正常营运造成了很大损失。针对这一情况,1952年4月,中波公司召开第二届管理委员会,双方就公司船队发展提出了较为务实的举措:"除必要补充外,应以搞好现有船舶工作为主,积累新经验,培养干部,以巩固公司的业务基础。"随后几年,公司的船队建设更加注重基础工作,船队规模一直保持在10艘船舶左右,没有走盲目扩张的道路。

中波公司经过一个时期的埋头苦干,稳扎稳打,发展的基础越来越稳固。同时,公司股东会和管委会对船队的发展给予了高度关注,并做了大量的市场调研,认为新一轮的发展机遇已来临。1954年4月,公司召开第4届管委会,批准了公司的投资计划,同意于1954年底将现有船只数量增至16艘,购船的款项部分通过公司的积累基金购入3艘,另由中波双方股东各自购买1艘船舶,作为投资加入船队。

公司船队发展计划的落实,也出现了一些波折。一方面,由于西方国家的遏制政策,拒绝发放船舶出口许可证,有钱也买不到船舶。另一方面,当时国际市场上的货船价格大涨,西方国家代理行的索价又远高于市场价格。为避免国家受到不必要的经济损失,1955年7月,公司股东会果断作出决定,对购船确定了新的方针:①鉴于货船价格上涨过高,暂时停止购买已使用的二手货船。油轮的价格上涨较少,应争取购买,其价格可高于市场价格25%。同时通过多种方式解决买造船困难的问题。②积极寻求在意大利、英国或其他西方国家购买或订造新船的可能性。③充分考虑利用人民民主国家(波兰、民主德国及中国)现有的造船能力订造新船。④在购船基金的使用上,原则上各为二分之一左右,即基金的一半购买已使用的二手船,另一半用于订造新船。

1956年,中波公司制定了船队远景发展计划,即到1962年底,公司将拥有约30艘船舶,载重量约计33万吨,该计划得到了公司股东会和管委会的一致同意。因为根据两国之间的协定,公司成立之初的5年内所得纯利全部用于添购船只,加上每年计提的折旧费,这时的船队建设资金已经没有问题,两国政府都不用再继续投资。同时在船队后续更新方面,可以继续从公司提存折旧费和不上缴两国政府的利润中积累,为船队建设提供资金。此后,按照股东会和管委会的决策,公司管理层在市场上继续寻找价格合适的二手船,同时也开始着手订造新船。

1956年9月14日,中波公司向波兰船舶进出口公司订购南斯拉夫斯普里特船厂建造的内燃机船4艘,价格为每艘300万美元。这是公司以积累的资金第一次造新船,是中波公司船队建设的标志性事件,为公司船队的进一步发展壮大奠定了坚实的基础,也为公司造船积累了经验。1957—1960年,中波公司相继在南斯拉夫、波兰和民主德国等地船厂新造8艘船舶并投入营运。

中波公司在船队发展的过程中,积累了许多的经验,也有不少教训。这使中波公司对船队建设和发展的方向有了进一步的认识。1959年管委会提出,公司船队更新和现代化建设,必须尽可能地统一船型,以适应中、波外贸运输的需要,这是中波公司首次提出发展船队的方向。

在订购新船过程中,中波公司开始注重提高船舶现代化程度和优化船队结构。1960年第10次股东会议决定,在购买中国船厂和波兰船厂建造的船舶时,应遵守以下原则:按公司投资账户中积累的自由外汇和贸易结汇资金的比例支付船价,在扩大船舶吨位的同时,应使公司船队现代化。在买船时,船舶性能、船价、支付款条件、交船日期等方面应注意符合公司的最大利益。1960年11月19日，公司管委会第11次会议在天津召开，原则同意了公司编制的1961—1966年资金积累和基建规划，以公司所积累的资金陆续购买新船6艘，通过波兰远洋公司在丹麦购买的2艘新船，分别于1962年和1963年交船。管委会要求付款条件应符合公司实际的支付能力，力求船型的统一，还保留了购买以后4艘船舶的优先权。

中波公司在创办初期仅有货船4艘，到1952年6月，双方共投入10艘船舶，载重吨10万多吨，再至1961年4月，公司利用自身的积累，不断扩大、更新、调整船队，达到了18艘船、18.8万载重吨，平均船龄12.56年。而且随着老船的退出营运和新造船的加入，船舶技术状况也有了很大的改善，公司件杂货船队基本成型，船舶现代化程度也越来越高。

（三）中波轮船股份公司海运业务开展

1. 航线的建立

公司初创时期，由于西方国家对华封锁，中波公司的船舶主要在中国至波兰的航线上航行。在中国境内停靠华北、华东、华南各大港口。1951年5月，"布拉斯基"轮由波兰抵达中国港口，这是中波公司所属船舶第一次在中波航线上航行，也宣告中波公司正式开始运行。这一年，中波公司所属船舶均航行于波兰—中国航线，这就是公司最初的航线，也是基本航线。

在中波航线上，中波公司得到了政府的大力支持。当时管委会就除中波公司外的其他机构租船航行中波航线的问题作出决定和建议：①必须遵照中波两国航运协定的精神，在中波两国间航线的承运或租船，中波公司享有优先权；②建议中国海外运输公司，为了运输便利，将自北欧其他港口运往中国的货物，尽量集中在波兰港口。③建议中国海外运输公司，凡计划从波兰港口起运的货物，事先把货物种类数量及交运时间告知中波公司，中国海外运输公司在每月度前15日将月计划、在每季度前1个月将季计划、在每一年度前3个月将年计划送交中波公司，以便逐步做好计划运输。④在中国口岸出口的货物，建议中国海运公司先使用中波公司航行于中波航线的船只，并尽量集中于1个或2个港口。

1951年6月23日，在中波公司召开的第一届管理委员会上，就对中波公司船队的发展提出原则要求：首先，以发展自有船舶为基础；其次，代理波兰远洋轮船公司船舶；再次，开展租用船舶，原则上每月由中波公司双方口岸各开出船舶2艘，就此形成了中波公司最初的班轮理念。至1951年底，中波公司共有10艘船舶、9万多载重吨。在公司员工的努力下，公司的运输业务取得很大成绩，全年完成欧亚航线18个航次，承运各类急需物资15.6万吨，货物周转量18.4万吨海里，创造了当年组建、当年营运、当年赢利的奇迹。1953年，中波公司的油轮开辟了康斯坦察—中国和康斯坦察—格丁尼亚航线。

1953年10月和1954年5月，由于"布拉卡""哥特瓦尔德"轮先后被台湾国民党军舰劫持，给中波公司船舶的安全航行带来了严重威胁，也对中波公司经营航线造成了严重的困难。同时鉴于租借"威玛"轮为中国运油时遭破坏的情况，为避免遭受更大损失，1954年下半年起，中波航线原航行华南、华中及华北各港的船舶，全部改驶华南港口。凡行驶中波航线前往中国的悬挂波兰国旗的船舶，一律先驶往榆林港，等待中国海军护航。

中波公司于1954年成立了驻黄埔工作组，并制定了《总公司航运处与黄埔工作组业务联系办法》，以保障公司航运业务的正常开展和加强对驶抵华南港口船只的管理，1955年10月，黄埔工作组改为黄埔办事处。

1956年，埃及宣布苏伊士运河收归国有，因苏伊士运河封闭，使中波公司船舶绕道非洲好望角航行，船舶航行时间增加，利润有所减少，给公司的航线经营带来了一定困难。

1957年，中波公司船舶开始挂靠欧洲主要港口，包括安特卫普、鹿特丹、汉堡等。也在这一年，只配备波兰船员的船舶开始行驶华北港口，部分恢复华北航线，中国海军护航停止。

1958年，为使公司进一步独立经营，增强经营积极性以及从组织领导方面适应当时的国际航运情况，公司按照管委会的决议，将公司所有船只以定期期租的办法，自波兰远洋公司接收过来，由公司以自己的名义直接经营。

1960年，中波公司船舶开始湾靠越南海防港。1961年，开辟上海—澳大利亚散粮航线。至此，中波公司的亚欧航线基本成型。

2. 代理行的建立

1952年的第二届公司管委会，原则上同意中波公司应使用波兰远洋公司的代理行及其代表机构。但在无波兰远洋公司代理行的港口，中波公司可自行与该港口的代理行签订合同，在必要时，中波公司也可以派出代表参加波兰远洋公司委托代理行和代表机构。此后，中波公司开始自行在航线湾靠的港口选定代理，逐步形成了比较固定的代理，与当地代理行形成了长期合作关系，更加有利于公司船舶业务的开展。

为进一步理顺与波兰远洋公司（简称"波远"）之间的关系，明确中波公司的船东地位和对自有船舶的支配权，中波公司还与波远签订了双方的代理合同。该合同规定：波远所属及租赁各轮在中国港口时委托中波为其代理人，中波所属及租赁各轮在欧洲及其他波远设有分公司或代理行的港口时均委托波远为其代理人；但在格丁尼亚港则由中波分公司自己办理。如在格丁尼亚港的波远船舶需要中波分公司代理者或中波船舶需要波远代理时，可由波远与中波分公司另行签订代理合同。委托人不论是船东或是租船人均须负责清付对所委托船舶在港口内的代理费、揽货佣金、港务费、运费税、装卸费、代办物料费、燃料费、淡水费、修理费、船员借款及其他有关船舶一切费用。

1954年，第四届管委会对中波公司与波兰远洋公司之间的关系做出了明确规定，从而理顺了两者之间的关系。管委会决定：波兰远洋公司一切有关船旗、国际海法、船员工资及社会福利问题的指示，须经波兰分公司转发船舶，该项指示由波兰分公司签署，经由分公司以公函形式转达执行。波兰远洋公司的一切其他指示，有关营运、机务及财务等问题，送公司参考。总公司可直接向船舶发布一切有关事宜的指示。天津的总公司向船舶发布的指示，须由中波公司以波兰远洋公司远东代理名义签署。原则上应于中国或波兰港口送达船舶。

1958年，公司管委会对代理行问题再次作出决议，原则上中波公司应使用波兰远洋公司的代理行和代理机构。公司有权在无波兰远洋公司代理行的港口自行与该港口的代理行签订合同。

1960年8月15日，总公司派出驻北京代表，以加强与货主的业务联系。办公地址为新侨饭店。

3. 租船业务开展

1951年中波公司成立后，贸易量非常巨大，需要运回国内的物资极多，而当时公司船队只有9艘船、9.1万载重吨，运力的缺口很大。这时，公司管理层通过与波兰方面的沟通，借鉴发达国家的通常做法，开始尝试航次租船和期租。

中波公司在租船方面得到了政府支持，中国和波兰政府分别给了公司30万英镑的透支额，作为公司租船周转金。同时还保证在航运协定中规定的信用透支额140万卢布的本国币，能够换取自有外汇。

1951年，中波公司首航次租入了"钱普林"轮和"迪顿斯克依"轮，1.8万载重吨，租入波兰远洋公司船舶12艘，9.8万载重吨。到1952年底，公司共租入34艘船舶，包括在国际市场租入6艘，波兰远洋公司租入12艘，波兰分公司租入2艘，从匈牙利等社会主义国家租入12艘，这样公司实际运营的船舶达到44艘，航行在中波航线上达114个航次，运输货物87.6万吨，货物周转量为76.7亿吨海里。开辟了中波公司早期租船的业务。

4. 货物运输情况

中波公司刚成立时，公司的船舶主要在中国至波兰的航线上航行，在中国境内停靠华北、华东、华南各大港口。1951年5月，"布拉斯基"轮由波兰抵达中国港口，这是中波公司所属船舶第一次在中波航线上航行。是年年底，中波公司共有9艘船舶、9万多载重吨，当年完成18个航次，货运量14万吨，货物周转量16.4万吨海里。1952年，全年完成货运量24.02万吨，货物周转量26.2万吨海里，公司略有盈利。为支援新中国的建设和抗美援朝战争，波兰商船队的船舶曾从其他航线调拨到中波公司的航线上，承运了许多重要物资。据统计，1951年6月至1952年，中波公司共运回了26个工厂的设备，为新中国成立初期的经济建设做出了贡献。图1-2为当时装运火车的情景。

自1957年起，中波公司的业务迅速发展。1957年10月，船舶停靠安特卫普、鹿特丹、汉堡等西欧港口，并恢复了因台湾国民党当局阻挠而一度中断的直航中国华北的航线。1958年底，

图1-2　中波公司20世纪50年代装运火车。

中波公司的船舶已发展到17艘，17.67万载重吨，完成货运量78.7万吨。1959年，完成货运量77.88万吨，货物周转量63.6亿吨海里。1960年，完成货运量77.78万吨，货物周转量69.72亿吨海里。从1960年开始，中波公司船舶停靠越南海防港，承运援越抗美的物资。1961年3月，中波公司船舶开辟澳大利亚航线，公司提供5艘船舶承运自澳大利亚来

华的整船小麦、大麦和燕麦计 7 个航次，合 68870 吨。

1951—1960 年，在中波公司成立的第一个 10 年中，公司船队由成立之初的 4 艘旧船，迅速发展到 1960 年底的 18 艘船舶，共为国家承运货物 535.59 万吨。其中，1958—1960 年，平均每年运货达 78 万吨。公司共创利润总额 9800 万瑞士法郎。1956 年利润额最高达 1244 万瑞士法郎，创历史纪录。经过 10 年的发展中波公司已成为初具规模的国际航运企业。表 1-3 是中波公司 1951—1961 年的运输生产经营情况。

中波公司 1951—1961 年运输生产经营情况表　　　　表 1-3

年　份	年终船舶艘数	年终船舶吨位（夏季）	运量（吨）[①]	周转量（千吨海里）	营运利润率
1951	9	91120	140038	1642793	27.81%
1952	10	100690	240184	2622000	16.81%
1953	11	109730	392576	4263785	28.84%
1954	12	120835	511245	3585483	23.29%
1955	13	130632	530317	4862268	19.67%
1956	13	130421	602033	5279072	24.70%
1957	16	166392	595973	6177201	22.42%
1958	17	176668	760116	6077185	20.40%
1959	16	166630	778839	6359990	21.80%
1960	18	190638	777849	6972118	20.80%
1961	18	188341	810236	7205171	13.40%

（四）台湾国民党当局劫持中波船舶

中波公司的建立与迅速发展，打击了敌对势力妄图从海上对新中国实行封锁禁运的阴谋，当时，中波公司船舶除了面临在航行途中无法添加燃料与淡水等困难之外，还时常遭到美国和台湾当局飞机、军舰的追击、炮击甚至劫持。

1953 年 7 月 29 日，中波公司悬挂波兰国旗的油轮"布拉卡"（PRACA）即"工作"轮抵罗马尼亚康斯坦察港，对货舱进行清洗，然后加载成品油 8747 吨、杂货 352 吨，共计 9099 吨货物。8 月 30 日，船舶启程前往中国上海。当时国内油料严重匮乏，这近万吨的煤油是急需品。该轮上的船员是中波混合编制，共有 47 名，其中波兰船员 30 人，中国船员 17 人。某日，"工作"轮从新加坡开出后，美国和台湾国民党当局的飞机就不断绕船飞行、低空拍照、跟踪侦查。10 月 4 日 17 点，中波公司接到"工作"轮急电，称在台湾东南 125 海里处（北纬 21 度 16 分、东经 122 度 27 分）被台湾国民党当局的驱逐舰阻截，命令停车检查。"工作"轮不予理睬，敌舰向其开炮。在敌舰与我轮纠缠时，船舶政治代表刘学勇——这位当年人民解放军的优秀指导员，冒着敌人的炮火，沉着冷静，召集 17 名中国船员进行紧急动员，要求大家临危不惧、勇敢斗争，立即销毁船上一切机密文件和能证明自

---

① 运量没有包括期租船运量。

己身份的所有证件，包括家信、日记等，以防不测。18点，"工作"轮被迫停车，敌舰所有炮口对准"工作"轮，掩护2艘快艇上的大批武装水兵登上船舶。武装水兵把中国船员集中关押在一个舱里，强迫波兰船员开船，"工作"轮被劫持至台湾高雄港。17名中国船员被五花大绑押上岸，波兰船员则留船就地关押。"工作"轮被台湾当局劫持的消息很快传到中华人民共和国交通部，部长王首道立即将"工作"轮的最后电文直送国务院总理周恩来和副总理邓小平。周总理心系船员，关怀着"工作"轮的安危，他连夜召见交通部部长王首道和副部长张策，并指示立即将这一惊人事件通知波兰政府，并组织救援行动。

在"工作"轮被劫持6个月后，1954年5月13日，中波公司又一艘悬挂波兰国旗的"哥特瓦尔德"轮在台湾以南450海里的公海上，再次被台湾当局军舰劫持到台湾基隆港，船上有波兰船员33人，中国船员12人，装有国内急需物资7000余吨。对中波公司2艘船舶被劫持的事件，波兰政府以船舶拥有国的名义向美国政府提出严重抗议，呼吁保障公海航行安全。

在短短的半年时间里，台湾当局连续劫持中波公司2艘货轮、92名船员，充分证明了这是一起有计划的政治阴谋。这一海盗行径激起了爱好和平国家和人民的严厉谴责，中国和波兰政府向台湾当局提出严正抗议。在波兰华沙和格但斯克，当地人民举行盛大的示威游行，波兰政府向联合国递交了抗议照会，并在联大会议上广为散发（当时台湾当局代表还非法霸占着联合国的中国席位），还委托法国政府向台湾当局进行交涉，并请了一名欧籍香港律师去台湾为船员辩护。在国际正义力量的影响下，台湾当局不得不作出妥协，被迫将两轮的63名波兰船员放回，同时，在国际红十字会协助下，有11名中国船员也被放回。其他18名中国船员从此下落不明，不知去向。

直到20世纪80年代末，台海局势缓和，个别被劫持的船员陆续返回大陆，当时被劫持船员的情况才渐渐地浮出水面。

"工作"轮的二副姚淼周，被劫时年仅26岁。他因为在香港招商局当过船员，到台湾后打听到了与他有亲戚关系、又是招商局同事的船舶报务主任施珍。为使公司和家人知道他们的下落，姚淼周在狱中托人请施珍帮忙向大陆写信。为安全起见，施珍到日本后才动笔，并把信寄给天津的中波公司。但不幸的是，该信落入了日本特务之手，并将该信转交给了台湾当局。等施珍回到台湾后就被逮捕，且以"叛乱罪"被判有期徒刑15年，剥夺公民权10年。姚淼周本人则"罪加一等"，被执行所谓的"台湾戡乱时期条例第二条第一、二项"，判为死刑，惨遭杀害。

"工作"轮上的中共党员、政治代表刘学勇和"哥特瓦尔德"轮三副周士栋被国民党当局关押在坐落于台湾台东市正东33公里（18海里）海面上的火烧岛（即现在的绿岛）。刘学勇是山东招远人，开始海员生涯前，在部队担任警卫连指导员，历任通讯班长、副排长、副指导员等职。被台湾当局囚禁后，他怀着对祖国和对社会主义的热爱，无法接受国民党当局强加于他的罪名，下定决心与敌人奋力一搏。由于火烧岛四面环水，岛上虽有居民，但很少有船只。于是他和三副周士栋找了2把镰刀和1个罗盘，商量着设法逃离。但是岛上的船只早被台湾当局收缴，于是他们决定自己扎筏子渡海逃离。又由于岛上找不到木头等现成用材，于是只好采割当地称为毛托草的芦苇代替。经过割、晒、捆扎等多道工序，扎成了一具能浮载2个人的草筏，看准了风向，漂向大海。然而，几次尝试，均被涌浪打回。后来，他们的这一举动被国民党当局发觉，引起全岛大告发和大搜捕。刘学勇、周士栋两人在山洞里躲了20余天，最后被发现并包围。由于寡不敌众，周士栋被当场杀害，刘学勇负伤后被俘，后被台湾当局秘密杀害。

其余被劫持的船员在出狱后，有的做裁缝、摆小摊，有的打短工、做厨师，得到了当地好心人的帮助，顽强地生存下来。在中波公司被劫持的17名船员中，除了被杀害的3人和回到大陆的5人外，还有9人滞留在台湾。

1990年10月6日，民政部追认刘学勇、姚淼周和周士栋为革命烈士。

台湾国民党当局的恶劣行径，对中波公司船舶航行安全带来严重威胁，也给生产经营带来严重困难。1954年下半年起，中波公司原航行中国华北、华中各港口的船舶，被迫全部改驶中国华南港口。

直到1957年，中波公司直航中国华北的航线才逐步恢复。

二、中国与捷克斯洛伐克合作经营远洋运输

（一）代营阶段（1953—1958年）

为了"共同发展海上运输"，1953年6月11日，中国政府代表团团长孙大光和捷克斯洛伐克政府代表团团长沙尔在北京签订了中捷两国政府《关于发展海上运输的议定书》。议定由捷克斯洛伐克外贸部在国际市场上为中国购买船舶，并悬挂捷方国旗，由捷方代中国经营，盈亏由中方负责，捷方收取全部支出3%的手续费。中方不参加具体的经营管理工作，每年派人到捷克斯洛伐克首都布拉格结算一次营运费用。议定书签订后，中国分别于1954年2月和11月，先后将"尤利乌斯·伏契克"轮、"利吉柴"轮交捷方代营。1955年7月9日，中国交通部部长助理孙大光代表中方、捷克斯洛伐克外贸部长德沃夏克代表捷方，在布拉格正式签订了《关于经营"尤利乌斯·伏契克"轮的协定》（协定第18条明确此款同样适用于"利吉柴"轮）。以后，中方又投入了"杜克拉""和平""奥斯特拉瓦"等轮，委托捷方代营。这种代营的经营方式从1954年开始至1958年结束，其间中方先后投入了4艘船舶，委托捷方代营，5年间共完成货运量40余万吨，货物周转量36.19亿吨海里。中方船舶具体经营情况见表1-4。

1954—1958年（代营阶段）捷克公司中方运营情况　　　　　表1-4

年　份	船舶艘数	载　重　吨	货运量（吨）	货物周转量（千吨海里）
1954	2	17564	19983	185151
1955	2	17564	91047	832211
1956	2	17564	78924	716617
1957	2	17564	97468	905409
1958	4	43088	116671	979752
合计			404093	3619140

（二）捷克斯洛伐克国际海运股份公司的成立（1959年）

随着国内外形势的发展和中方投入的船舶不断增加，为了改进经营管理和更好地培养远洋航运人才，中捷两国政府决定进一步扩大和加强两国合作，发展海上运输，于1958年12月签订了《关于成立国际海运公司的协定》。1959年3月9日，中国政府全权代表、中国驻捷克斯洛伐克大使曹瑛和捷克斯洛伐克政府全权代表、外贸部部长克拉伊奇尔，在布拉格签订了《关于成立捷克斯洛伐克国际海运股份公司协定》以及中国交通部和捷克斯洛伐克外贸部共同经营该公司的协议。双方商定捷克斯洛伐克国际海运股份公司（简称捷克公司）于1959年1月1日成立，4月1日，正式开始业务活动[①]。为适应当时的国际局势，公司对外为捷克斯洛伐克外贸部隶属的专门经营捷方远洋船舶的航运企业，实质上是合营企业，船舶所有权仍属于投入船一方，结算方法为"分船核算""自负盈亏"。双方派代表共同参与公司领导和管理，由捷方单独对外。

1959年4月2日，捷克公司在布拉格召开会议（第一届管委会议），确定正式成立公司管委会，中方主任委员为交通部副部长于眉，捷方主任委员为外贸部副部长高浩特。第一届管委会确定了公司组织机构、人员定额和1959年运输财务计划，并拟定了协议。另外，第一届管委会任命那夫拉基尔为捷克公司捷方的总经理，王伏林任中方的总经理。总公司设在布拉格。1960年7月1日，捷克公司在北京建立办事处。1961年8月1日，捷克公司成立驻康斯坦察代表处，10月1日，成立驻黄埔代表处。

捷克斯洛伐克国际海运公司是捷克斯洛伐克外贸部领导下的专门经营远洋船舶的企业（挂捷方国旗）。中方派代表参与公司的领导，并享有同等权利和义务。这个机构因此具有中捷缔约双方共同领导的性质。

1959年12月，捷克公司经营的船舶共8艘。其中中方6艘，7.1万载重吨（远洋局广州办事处代管3艘），捷方2艘，2.33万载重吨。1960年，中方又投入"奥力克"轮。从1961年开始，中国着手成立并扩大自营远洋船队，对捷克公司采取维持、巩固方针，故再未投入新船经营。1959—1961年，捷克公司中方运营情况见表1-5。

1959—1960年捷克公司（中方）运营情况　　　　表1-5

年　份	船舶艘数	载　重　吨	货运量（吨）	货物周转量（千吨海里）
1959	6	70984	193494	1429373
1960	7	79504	335368	2623248
1961	7	79504	375321	2784939
合计			904183	6787560

三、中国与其他国家的航运合作

新中国成立初期，中国在与波兰、捷克斯洛伐克和苏联等社会主义国家开展海运合作

[①]《交通部行政史》编写组编：《交通部行政史》，北京：人民交通出版社，2008年，第224页。

的同时，还与越南、朝鲜、老挝、罗马尼亚、阿尔巴尼亚等社会主义国家以及其他国家通过国际双边海运协议开展远洋运输合作，开拓海上航线，运送双边之间的经援与外贸物资。

（一）中国政府和越南民主共和国政府的航运合作

1956年12月20日，中国政府和越南民主共和国政府在越南首都河内签订了关于两国海上运输的协定及其换文。自1957年起，中国和越南根据两国签订的航运协议，开辟了中越航线，由双方派船负责运输两国间的外贸物资。

（二）中国政府和柬埔寨王国政府的航运合作

1960年12月19日，中国政府和柬埔寨王国政府在北京签订了两国政府的航运合作协定。

（三）中国政府和加纳共和国政府的航运合作

1963年3月26日，中国政府全权代表黄华和加纳共和国政府全权代表伊·克·本沙，在中加两国政府海运协定文本上签字。

（四）中远公司和朝鲜民主主义人民共和国的航运合作

1964年6月10日，中国远洋运输公司和朝鲜民主主义人民共和国对外运输会社签署关于海上运输议定书，远洋局王伏林副局长代表中国远洋运输公司在议定书上签字。

（五）中国政府和刚果共和国政府的航运合作

1964年10月2日，中国和刚果共和国在北京签署了海运协定。中方代表交通部部长孙大光在协定上签字。

（六）中国政府和斯里兰卡政府的航运合作

1972年4月2日，中国和斯里兰卡两国政府在科伦坡签订联合海运航线协议。

四、国际合营船队的作用

新中国成立初期，在悬挂五星红旗的自营远洋船队没有建立，又处于敌对势力封锁禁运的历史条件下，为了发展对外贸易和为建立五星红旗的自营船队做准备，中国与波兰、捷克斯洛伐克就远洋航运进行双边经济合作，组织合营公司，建立合作关系，是完全必要的。合营公司创建初时，双方的合作建立在无产阶级国际主义、平等互利原则的基础上。中波公司、捷克公司合营船队积极配合中国进行外贸、援外、外交工作，敢于承运西方国家船舶所不肯承运的重要物资，打破了敌对势力对中国的封锁禁运，有助于中国对外贸易任务的完成，有力地支援了中国的经济建设。国际合营船队的建立，还为中国积累了管理远洋航运企业和远洋船舶的经验，培养输送了远洋船员和业务骨干，为中国自营远洋运输船队的建立和发展，打下了良好的基础。同时，中波公司、捷克公司的成立和发展，也有助于中国与波兰、中国和捷克斯洛伐克的经济交流，促进了双方经济的发展，加强了中波、中捷人民的友谊。但是，这些产权属于新中国的船舶，却不能悬挂五星红旗在国际航线上航行，是当时历史条件下的产物。表1-6为合营公司中方船舶货运量统计。

合营公司 1951—1961 年货运量统计表　　　　表 1-6

年　份	货运量（万吨）	货物周转量（亿吨海里）
1951	7.82	9.18
1952	14.17	15.52
1953	19.97	21.67
1954	27.82	20.00
1955	35.62	33.13
1956	37.99	33.56
1957	40.54	40.62
1958	51.04	41.19
1959	58.29	46.09
1960	72.43	61.09
1961	78.04	63.88

第五节　招商局的兴衰与起伏

轮船招商局（简称招商局）由清廷北洋大臣李鸿章创办。在中国近代航业中占有重要的地位。

1872 年 12 月 26 日，清廷批准李鸿章奏折，成立招商局。1873 年 1 月 17 日，招商局在上海南永安街正式开业。同年 8 月 7 日，迁上海三马路新址。以轮船招商局为代表的中国新式航运企业诞生后，结束了外国资本主宰中国轮船运输的历史。开业后，招商局总局一直设立在上海（抗日战争时期曾在重庆和香港设立战时总局），分支局遍设包括台湾在内的中国沿江沿海各地，香港招商局的前身就是当年的招商局香港分局。图 1-3 是招商局于 1901 年在上海所建造的位于上海外滩 9 号的总局大楼。

图 1-3　位于上海外滩的轮船招商局总局大楼，建于 1901 年。

1949 年，中国新民主主义革命取得了伟大的胜利，设于上海的招商局轮船股份有限公司以及各地分支机构，先后被中国人民解放军军事管制委员会接管。香港招商局及招商局 17 艘船舶，在新中国的召唤下，高举爱国主义的旗帜，也先后做出了顺应历史潮流的正确选择，毅然宣布起义，回到人民的怀抱。从此，招商局的性质就实现了根本性的转变，从而拉开了波澜壮阔的招商局现代史的序幕。

一、1949年以后招商局在中国内地的演进

新中国成立后，招商局除迁台湾外留在大陆各地的所有机构，均由当地中国人民解放军军事管制委员会（以下简称军管会）分别接管。军管会对原招商局采取"分散经营，保本自给"的经营方式，由地方军管会直接经营管理。这种经营方式在当时对于解决各地军管会自身财政困难，是十分必要的。但是，随着解放战争的全面胜利，解放区从点到面，连成一片，客货运输范围扩大，运输量增加，分散经营的运输模式不适应运输需求的矛盾开始突出。如果继续保持这种分散经营的体制，势必在资金运用上和船舶调度上造成不必要的损失。经受战争严重破坏的航运企业，为了能更有效地发挥有限的剩余运力，统一经营、统一管理已成为当务之急。

图1-4 中国人民解放军上海军管会接管招商局命令。

1949年5月27日，上海解放，中国人民解放军上海市军事管制委员会航运处处长于眉、副处长邓寅冬等率领接管干部进驻招商局上海总公司。5月28日，陈毅、粟裕签署了"中国人民解放军上海市军事管制委员会命令"（图1-4），任命于眉为驻招商局军事代表（后为军事总代表），邓寅冬为副代表，董华民等6人为助理代表，对招商局总公司执行军事监督及办理接管事宜。同日，招商局总经理胡时渊发布"总经理通知"，要求总部各部门、各码头、中华拖驳运输公司等予以积极响应。6月5日，招商局轮船股份有限公司（历史上亦称招商局上海总公司）由中国人民解放军上海军管会正式接管。

1949年11月1日，中华人民共和国中央人民政府交通部成立。1950年1月19日至2月27日，交通部召开首届全国航务公路会议，明确提出中国交通建设主要是学习苏联的经验，并指出：不论在航务、公路，对接收的机构、人员，以及遗留下来的旧制度、旧作风，必须加以整顿改造，对旧的经验和做法，必须以新的观点加以批判地接收。这次会议明确了当时的方针政策，确定了全国统一的各级航务机构、领导关系、职责分工及主要的工作制度。1950年3月12日，中央人民政府政务院颁布执行《关于1950年航务工作的决定》，正式启动航务企业管理体制的改革。在航务体制上规定，交通部下设航务总局及国营轮船总公司（将旧招商局业务归并），领导航务建设，管理航运工作。为了统一经营国营航业，交通部将招商局改组为国营轮船总公司，管理全国公营船舶和非运输部门所经营的500吨以上的海轮以及长江江轮的运输业务。

1950年4月1日,中央人民政府交通部代政务院财经委员会拟定《关于统一国营航运事业成立统一的国营轮船总公司的决定》一文,将招商局总公司改组为国营轮船总公司,直属交通部航务总局领导,成为"统一经营长江远洋沿海的长航①运输的企业机构"和"统一组织全国水上运输,调配船只的航运管理机构"。交通部将该文呈中财委核示颁布,中财委批复:查国营轮船公司的领导关系,在航务工作决定中,已有原则规定可依照规定的原则,自行拟定实施方案报本委备案。1950年4月29日,中央人民政府交通部指示上海招商局总公司依照原则的规定,速拟定实施方案报交通部核转。6月1日,上海招商局总公司将初步拟就的《成立国营轮船总公司实施方案草案》随文附发给各下属单位进行讨论,提供意见,以便加以补充修正后,呈请上级予以核定。但最后,有关国营轮船总公司的方案未能真正落实。

1951年1月25日,根据政务院财经委员会1950年8月19日的批示,交通部正式行文,决定自1951年2月1日,国营轮船总公司改名为中国人民轮船总公司(后又称为中国人民轮船公司),并将之迁往北京与交通部航务总局合并办公,原各地分支机构于同日一律改称中国人民轮船总公司某某(地名)分公司(或办事处)。中国人民轮船总公司机构设置如下:

(1)以原招商局总公司留沪部分机构及人员为基础,成立中国人民轮船总公司上海区公司,领导海州、温州、宁波、福州和厦门等分公司或办事处。

(2)以原招商局汉口分公司为基础,成立中国人民轮船总公司长江区公司,与长江航务管理局合并办公,领导镇江、南京、芜湖、安庆、九江、沙市、宜昌、万县和重庆等分公司或办事处。

(3)以招商局广州分公司为基础,成立中国人民轮船总公司华南区公司,领导汕头、湛江、海口、榆林等分公司或办事处。

(4)香港分公司直属总公司领导。

通过成立中国人民轮船总公司,招商局原有的总分支机构结束分散经营的方式,统一并入区域航业机构。1951年7月,交通部根据全国第二届航务会议决定,并奉政务院第86次政务会议决定,撤销中国人民轮船总公司,在交通部内部成立海运管理总局和河运管理总局。交通部水运管理体制实行分工,海运与河运分开,并按区域管理的方式,参照沿海海区的划分,在大连、上海和广州分设北洋、华东和华南三个海运管理局,直属海运管理总局领导。1951年9月19日,交通部决定撤销中国人民轮船总公司长江区公司,招商局沿长江的机构与长江区域航运局合并,成立交通部长江航务管理局(1953年4月3日改为长江航运管理局。),从此形成长江航运政企合一的体制,招商局沿长江的机构逐渐演变为长江航务管理局的直属港口单位。通过以上机构调整,原设在中国沿海和长江的招商局分支机构就分别归并于所在地水运管理机构,招商局的人员和资产基本逐渐流向所在地的港航单位,为全国水运体系的建立提供了支持。至此,招商局作为一个企业名称,在中国内地就不复存在了。

二、招商局在台湾的起伏与没落

1949年4月23日,中国人民解放军解放南京之后,4月30日招商局董事会决定,将

---

① 指航线较长。

上海的国营招商局总公司改为上海分公司，在台北成立总管理处。上海招商局总公司开始随国民党军队和机关一起迁往台湾。同年 5 月 12 日，招商局董事长徐学禹飞台，6 月 1 日，招商局台北总管理处成立。随着解放战争的发展，国民党政府及军队陆续溃退到台湾，招商局的重要文件、动产及船舶也陆续迁台。到大陆解放时，原招商局船只中，迁台的共有 95 艘，计 24.6 万载重吨，其中海轮 80 艘，占原有招商局海轮总吨位的 86%；迁往台湾的招商局员工共 5356 人，其中，岸上员工 721 人，船上人员 4635 人，约占当时全局员工人数的三分之一。

随国民党当局迁台的原招商局总局部分（以下简称台湾招商局），后来的发展一波三折，命运多舛。到 1950 年底，台湾招商局的船只，因被征应差而遭击沉、航行失事、被台湾当局拨充台湾航业公司、售予台湾银行抵债、被台湾"国防部"拨充工事、移拨海军长期使用、退还美债船只及售予外部等，锐减至 58 艘、17 万载重吨。与招商局鼎盛时期时拥有 490 艘、总计 40 余万载重吨的船队相比，已是元气大伤。

1951 年 2 月，台湾"行政院"将已迁台的中国油轮公司划归并入招商局。以增台湾招商局的实力，但后来的发展仍是举步维艰，一方面是市场空间狭小，经营恶化；另一方面则是军方对招商局船舶的频繁征用。1956 年，台湾招商局重新开始造船，但因航运市场萎靡，逐步陷入财务困境。1963 年，台湾"交通部"开始整顿、重组台湾招商局，向台湾招商局增资 6 亿新台币。经过整顿，台湾招商局经营状况开始缓解，到 1970 年底，其船队拥有船舶 21 艘，载重 49.6 万吨，规模有所扩大，并在 1971 年盈利 1.07 亿新台币。

1971 年之后，中华人民共和国恢复在联合国一切合法权利。为避免台湾招商局与大陆招商局将来可能发生的财产矛盾，在招商局成立 100 周年之际的 1972 年，台湾当局建立阳明海运公司，将台湾招商局的船舶以出售或租借的形式转给阳明公司经营。台湾招商局仅保留 1 艘船，并租给阳明海运经营，台湾招商局从而象征性地留存下来，而主业则转以承修阳明公司的船舶为主，变为一家修船厂。

1995 年 5 月，台湾"立法院"交通委员会通过合并案，将台湾招商局并入阳明公司，并于同年 7 月 1 日付诸实施。至此，台湾招商局正式退出了历史舞台。

至此，百年招商局以香港招商局一枝，独家承担续写招商局历史的重任。

三、招商局海轮起义及香港招商局起义

招商局的一系列起义，可以分为招商局海轮起义及香港招商局起义，按照时间顺序，大致可以分为三个阶段。第一阶段是招商局"中 102"艇配合国民党伞兵三团在海上起义和"海辽"轮海上应差途中起义。第二阶段是香港招商局及招商局 13 艘海轮起义。第三阶段是招商局"海玄"轮在新加坡起义、招商局"永灏"轮在香港起义以及"海辰"轮由日本返回台湾途中举行起义。

（一）招商局轮船起义

1949 年 4 月，招商局"中 102"艇配合国民党伞兵三团在海上起义，胜利驶抵解放区，拉开了招商局船舶起义及招商局海员摆脱国民党统治的序幕。

1949年9月19日，招商局"海辽"轮接到赴汕头运送国民党军队前往舟山的命令，船长方枕流决定把握此次机会起义。"海辽"轮驶出香港鲤鱼门后，方枕流召开全体船员大会，庄严宣告起义。除了个别船员外，大部分船员纷纷表示拥护。经过惊险艰难的9昼夜航行后，1949年9月28日，"海辽"轮缓缓驶进大连湾，起义宣告成功。这是招商局第一艘宣告起义的海轮，为以后香港招商局和一系列招商局海轮起义树立了楷模。"海辽"轮起义成功后，1949年10月24日，毛泽东主席电贺方枕流船长和全体船员，表示祝贺与嘉勉。贺电全文如下：

海辽轮方枕流船长和全体船员同志们：

庆贺你们在海上起义，并将海辽轮驶达东北港口的成功。你们为着人民国家的利益，团结一致、战胜困难，脱离反动派而站在人民方面，这种举动，是全国人民所欢迎的，是还在国民党反动派和官僚资本控制下的一切船长船员们所应当效法的。

毛泽东
一九四九年十月二十四日 [①]

1953年发行的人民币5分钱纸币，也印上了"海辽"轮（图1-5）。

"海辽"轮起义后，改名为"东方1号"，参加了北洋运输，在1953年，又改名为"和平8号"。

"海辽"轮起义的成功，鼓舞了所有富有正义感的中国海员，它对后续起义的香港招商局及13艘海轮，对"海辰"轮、"海玄"轮、"永灏"油轮的起义，均起到了积极的推动作用。

图1-5 人民币伍分钱纸币上的"海辽"轮。

1950年1月15日，经过周密策划，香港招商局及聚集在香港的13艘招商局海轮升起五星红旗，庄严宣布起义。

继香港招商局和13艘海轮起义后，1950年1月24日，招商局"海玄"轮在新加坡起义；1950年4月1日，招商局占股33%的中国油轮公司下属的"永灏"油轮在香港起义，这是招商局一系列海轮起义壮举的最后一幕。

1950年1月，"海辰"轮船长张丕烈和报务员严敦华在日本吴港召开船员誓师归航大陆会议，发动起义，船员皆签名响应。但因特务告密，在回归途中被国民党军舰拦截，劫持返回台湾，以致起义失败，张丕烈和严敦华英勇就义。

1949—1950年，招商局先后参加起义轮船共达17艘 [②]，计4.99万总吨。这些船舶除

---

① 中共中央文献研究室编：《建国以来毛泽东文稿》（第一册），北京：中央文献出版社，1987年，第89页。
② 起义失败的"海辰"轮没有计算在内。

"海玄"轮在起义后被出售和"永灏"轮被英国政府无理征用,无法返回大陆外,其他的15艘船舶冲破重重阻力,先后返回。这15艘船总吨位32203吨,多是20世纪40年代中期建造,当时属较先进的船舶,被招商局称之为"元宝船"。起义海轮返回祖国大陆后,成为新中国成立初期一支相当重要的水上运输力量,为恢复国民经济和发展新中国的航运事业,发挥了积极作用。有的船舶一直使用到20世纪70年代末才退役。起义归来的700余名招商局船员,也大多成为新中国航运事业的骨干力量。

(二)香港招商局起义

早在1948年10月1日,招商局总局更名为招商局轮船股份有限公司,香港招商局也就随之正式更名为招商局轮船股份有限公司香港分公司(亦称香港招商局),并于1949年2月10日向港英当局办理了注册手续,领取了营业执照。香港当时仍由英国管制,香港招商局成为为数不多的尚未回归新生人民政权的招商局重要分局之一。而此时,已由上海迁往台北的招商局总管理处,又施展种种手段,力图维持对香港招商局的控制。在这一关键时刻,香港招商局毅然做出选择,举行起义。1950年1月15日,香港招商局在香港的办公楼、码头和仓库同时升起中华人民共和国国旗,宣告了香港招商局从此回到了人民的怀抱,一个凋零衰老的企业重获新生。

香港招商局与招商局海轮起义,是中国海员革命运动史上继1922年香港海员大罢工和1925年省港大罢工之后的又一次伟大斗争,是招商局历史上具有划时代意义的重大事件。香港招商局起义,实现了企业性质的根本性转变,使这家具有77年历史的官僚资本主义性质的企业一跃而成为社会主义性质的企业,属于人民所有。香港招商局从此进入一个历史发展的崭新阶段,它在经历一段短暂的恢复时期以后,即以崭新的风貌迅速崛起,并取得了前所未有的巨大成就。

四、香港招商局的新生

(一)机构调整分名称保留

香港招商局起义后,其管理机构曾进行过一些调整。1950年1月19日,招商局(上海总公司)任命汤传篪为香港招商局经理。同年9月2日,交通部给香港招商局轮船股份有限公司颁发证明书,正式确认该公司为交通部下属企业。同年,交通部批准香港招商局成立新的董事会,于眉担任董事长,董华民、陈天骏、汤传篪、俞大纲、徐学禹、邓寅冬为董事。

这届董事会带有明显的过渡色彩,难以有效地行使职权。香港招商局第一届董事会成立后,局务仍由经理汤传篪主持,副经理周鲁伯襄助之。局中设驻埠轮机长及运务、业务、财务、事务4组,正式注册的员工为40人。

1951—1952年,香港招商局管理机构及其隶属关系又有所调整和变动。根据政务院财经委员会1950年8月19日的批示,交通部1951年1月25日正式行文决定:"自1951年2月1日起,招商局总公司改称为中国人民轮船总公司,并决定与本部(交通部)航务总局合并办公;各地原招商局各分支机构并于同日一律改称中国人民轮船总公司某某(地名)分公司(或办事处),"此文件特别作出规定,"香港分公司直属总公司领导"。

但是，香港招商局所处的地理环境与内地不同。1951年初，中英两国尚未正式建立外交关系，此时如果更改公司名称，很可能在注册及产权过户等方面带来纠葛。1951年2月14日，香港招商局为此致函中国人民轮船总公司，要求"暂时仍沿用原名，以杜纠纷"，为此1951年2月15日，香港招商局致函总公司，要求保留原名，3月15日，交通部航务总局复函（图1-6）：

为你公司在香港中英关系未建立前请暂用原由
航总办51字第五十一号
招商局香港分公司：
你公司二月十五日事字第十一号函悉。在目前形势下，同意你公司意见，暂用原名，特复知业。

中央人民政府交通部航务总局
1951年3月15日

正是有了这份复函，"招商局"名称才得以保留，这家中国近代史上最早的民族航运企业才得以存续、发展。

1952年1月1日起，香港招商局又划归交通部华南区海运管理局领导。

1952年，汤传篪奉调回内地，香港招商局经理一职由周鲁伯代理，并由吴荻舟以顾问的名义对其进行领导。但吴荻舟在香港主要负责文化方面的工作，对香港招商局的工作无暇兼顾，与局中员工接触的机会亦不多，故香港招商局的领导机构处于一种较为松散的状态。

在此期间，由于业务未能开展，大部分工作人员已相继奉调回内地，只留下18人守摊子，负责保管局产、处理财务账目及维持与有关部门的正常联系。也正是因为守住了香港招商局这个摊子，对后一阶段的招商局业务恢复和振兴至关重要。

图1-6 中央人民政府交通部航务总局保留香港招商局名字复函。

（二）香港招商局的班子调整及主管机关的变化

1950年成立的招商局首届董事会并未发挥应有作用，1956年虽已分别委派周鲁伯与孙百川、曾伟光担任招商局经理或副经理，但仍未形成强有力的领导核心和业务指挥中枢。

1957年，经广东省人大常委会批复，招商局董事会进行改组。9月15日，招商局第二次董事会会议在吴英民主持下召开，经会议议决，改组招商局董事会并组成第二届董事会，其成员包括董事长于眉，副董事长吴英民，董事汤传篪、董华民、周鲁伯、吴荻舟、陈天骏。于眉兼总经理，吴英民兼副总经理，吴荻舟任顾问，但总经理、副总经理和顾问不常驻香港。具体业务由经理周鲁伯、副经理孙百川和曾伟光负责办理。局中设业务、运务、财务、总务4部，共有员工41人。

1958年，交通部成立远洋运输局主管远洋运输业务，并在广州设立办事处，从此，招商局的业务工作遂由华南区海运局与远洋运输局驻广州办事处实行双重领导。

为了进一步调整理顺招商局的领导关系和管理体制，1958年10月29日，交通部向国务院外事办公室报送了《关于加强招商局的领导的请示报告》，翌日获批复同意。11月28日，交通部决定招商局划归远洋运输局直接领导，结束了招商局同华南区海运管理局之间的隶属关系。同年11月，经交通部与中共广东省委批准，招商局董事会将招商局经理制改为总经理制，董事长于眉任命滕正相为招商局总经理，周鲁伯任副总经理，张振声、曾伟光、孙百川分任专职业务经理与副经理。

1961年5月，滕正相奉调回内地交通部委派刘云舟继任招商局总经理。

1964年，交通部远洋局曾一度责成广州办事处就近替代远洋局领导并负责处理招商局的有关事项，其间在交通部远洋运输局驻广州办事处专门设立政策研究室，负责处理香港招商局的日常事务。但是由于香港招商局仍有一些工作关联到北京各有关单位，部分事项还必须请示交通部或国务院后才能决定，因此该管理机制运行1年以后，为了加强对香港招商局的领导和便于广州办事处集中精力搞好自营船队工作，1965年8月23日，交通部远洋运输局下发《远洋运输局关于招商局归我局直接领导的通知》的文件，将香港招商局改由交通部远洋运输局直接领导，同时将原政策研究室作为香港招商局设在广州的后方机构，处理该局在中央及其他有关部门的相关事项，并改称为"中国远洋运输公司广州分公司第三室"，以便于对外联系，其经费开支、行政编制由香港招商局负责，但行政事务工作和以往一样，由办事处协助办理。1979年，招商局的管理体制又发生变化，由原来的中国远洋运输总公司直接领导改为交通部领导，交通部委托中国远洋运输总公司代管。

五、香港招商局的业务停顿与恢复

（一）业务的停顿

香港招商局起义后，所面临的国内外形势十分严峻，受其影响，1950—1956年的6年间，香港招商局的业务基本处于停顿状态。1950年10月，香港招商局将原"海康"（改名为"岷山"）、"海汉"（改名为"新门"）交由运通公司直接经营，另由国营轮船总公司（招商局）广州分公司调派拖轮3艘（"民302""飞华""钜昌"）与铁驳6艘（"民泰""丰泰""国泰""裕泰""利105""YF325"）参加港穗航线的货物运输。从当年12月至1951年元月，共运货10231吨，合计运费收入141253港元。但是自1951年2月之后，这条航线的货运业务亦告中辍。另外，当年还有仓库租金收入合计9628港元。

由于业务未能正常开展，香港招商局营业收入锐减，除每月收取房产租金1.8万余港元外，其余收入来源基本断绝。1951年，各项收入（含澳门码头收入）仅312946港元，而总支出为 1087236 港元，亏损额达 774290 港元。中国人民轮船总公司在这一年拨款 879125 港元，以资补贴。此后几年，香港招商局员工工资及一切日常开支，均由上级部门拨款维持。1950—1956 年，上级部门共向香港招商局拨款 577.53 万港元。这一时期，香港招商局虽然没有任何业务往来，但工作人员仍按董事会要求和企业制度正常上下班，守护着招商局这块金字招牌，守护着招商局一定会东山再起的信念与希望。

（二）业务的恢复

20 世纪 50 年代中后期，国内外形势的好转，为香港招商局逐步恢复业务提供了条件，形成了机遇。

1954 年，中英互派代办，国际形势特别是亚洲形势渐呈缓和趋势。中国第一个五年计划已顺利实施，内地的经济建设取得了较大成就，对外贸易日渐扩大，经香港转口的物资及销售香港的货物日益增加，海运货物量逐年增多。据统计，1954 年内地输往香港的货值为 6.5 亿港元，1955 年则迅速上升到 8.96 亿港元，纯增 2 亿多港元，增长率达 30%。在转口货物方面，内地每年需香港转口货占香港总转口货比重很大，并呈上升趋势，其中 1953 年为 31.39%，1954 年为 28.62%，1955 年为 35.39%。随着对外贸易的发展和货运业务的扩大，香港地区有些航线已出现运力不足的现象。由于内地交通航运部门驻港机构（主要是招商局）未在香港开展中转联运业务，因此这些业务均由中国外贸部门驻港机构（主要是华润公司所属的华夏企业公司）自行兼办或代内地各专业出口公司办理，交通部门没有发挥自己的职能作用，这种情况亟待改变。另外，当时香港中外航商有 70 余家，其中华侨航商 37 家，共自置船舶 40 余艘，除台湾当局设立的 3 家航运机构外，其余大多数为私营航商，经营处境颇为困难，经常受到洋商排挤，贷款不易，船只老旧，缺乏竞争实力。有的公司开始同内地航运部门建立业务联系，如顺昌、捷顺等公司就经常派出船只航行于中国沿海。这些公司迫切希望同招商局恢复业务往来，为他们开展业务提供便利。在这种情况下，积极而慎重地恢复香港招商局的业务，既有利于中国对外贸易的发展，有利于缓解香港地区运力不足的困难，也有利于内地驻港航运机构统一掌握货源、货流，统一调配运力，有利于缩短内地船舶在香港的停泊时间和改善装卸情况，有利于集中办理中外货物的中转、联运与委托等业务，同时，也有利于团结广大爱国华商，组织和利用其力量，为祖国的社会主义建设服务。

招商局历史悠久，对外有着广泛的联系，享有一定的信誉。香港招商局起义后，成为人所共知的中华人民共和国驻港机构之一，即便在歇业期间，仍经常有港商、外商前来咨询业务或探听消息。有些港商、外商还提出了由招商局从香港承运货物到广州的请求。因此，香港招商局恢复与开展业务活动，有着良好的基础。

此外，香港招商局原有的办公楼、货仓、码头和宿舍等，也为其恢复业务活动提供了必要的物质条件。

由于中央在新中国成立初期作出了保留香港招商局机构的正确决策，为香港招商局恢复业务做了必要的准备。随着时机的成熟，1956 年，上级主管部门批准香港招商局恢复业务，指示香港招商局采取"积极恢复，逐步发展"的方针。6 月 14 日，华南区海运管理局提出《关于恢复香港招商局业务情况报告和初步意见》，明确规定香港招商局的业务范围是：承办内地各贸易公司在香港的中转联运委托；统一组织回程货载；办理大小国轮船务及服务供应工作；办理仓库、装卸、驳运业务；团结当地航商，密切与外商联系；代理外轮一切业务。

1956年6月14日，为了保证业务活动的正常开展，华南区海运管理局要求招商局"整顿机构，加强领导"。是年，除由周鲁伯继续担任经理外，另委曾伟光、孙百川任副经理。1956年，香港招商局的业务工作渐有转机和起色，开始代理转口货运业务，全年完成进出口代理业务及中转业务量为18万吨。经过6年多休整后，香港招商局业务恢复时期宣告终结，迎来了发展时期。

六、香港招商局的初步发展

招商局业务的发展，与当时的国内外形势密切相关。

1957年，西方国家爆发了一场旷日持久的经济危机。苏联和东欧社会主义国家也放慢了工业化建设的速度。贸易量剧减，货源匮乏，国际航运市场呈现出一片衰退和萧条景象，货运价格、租船价格和船舶价格连续暴跌。各国商船被大量弃置或拆毁，许多航商濒临破产。许多经营者为了免遭破产厄运，争取企业的生存，千方百计寻找新的航运市场。

在西方国家经济衰退的同一时期，中国国民经济却已摆脱困境，走上了健康发展的轨道，国家第一个五年计划（1953—1957年）的实施十分顺利，社会主义建设取得了重大成就，国家建成了以156项工程为中心的一大批骨干企业，工业基础得到了加强，农业生产也取得了稳定进展。同1952年相比，1957年工、农业总产值分别增长129%与25%。在此期间，中国对外贸易较为活跃，进出口总额从1952年的64.6亿元猛增至1957年的104.5亿元。外贸海运业运量增长稳定，1952年为228万吨，1953年为367万吨，1956年达到819万吨，1957年更增至894万吨。与国外航运市场运力过剩、货载不足的情况相反，中国货源充足，但运力奇缺，急需大批商船运输进出口物资。那些在航运危机中遭受严重损害的航商们，纷纷要求放宽禁运，同中国发展贸易、经济和航运关系。

这一时期，同中国建立航运合作关系的国家主要是苏联、波兰、捷克斯洛伐克、朝鲜、越南、南斯拉夫等社会主义国家。世界航运危机爆发后，一些西方国家也开始试探与中国进行航运合作的可能性。芬兰和瑞典的航运界提出要同中国组织合营轮船公司，比利时的一家轮船公司则要求向中国派出实习生，英国等国家的航商对与中国进行海上运输合作也颇感兴趣。许多国家表示愿意租船给中国。一些航商冲破封锁禁运，将船只驶往中国港口，进行贸易运输。国际航运市场形势已变得对中国日趋有利，敌对势力对中国的封锁禁运政策逐步走向破产，中国远洋运输事业开始步入独立自主的发展道路。

随着内地经济建设的蓬勃发展和外贸海运量的迅速增长，内地运往香港或经香港转口的货物亦逐年增多，内地对香港出口总额1955年为15475万美元，1956年为17233万美元，1957年再升至17521万美元。中国内地外贸与海运事业的发展，为香港招商局拓展业务，提供了较为有利的国际国内环境。

招商局恢复业务伊始，就把码头、仓库建设作为正常开展业务活动的前提条件。香港招商局业务恢复以后，船舶代理、货运代理与货物中转成为其主要业务。此外，香港招商局在争取自主运价的斗争等问题上，也发挥了重要作用。

（一）码头仓库的兴建

香港招商局在香港原有木质码头1座，位于港岛西区早期的码头装卸区。码头简陋破败，不能满足营运的需要。1956年，香港招商局投资65.7万港元对码头进行维修改造。1958年，将原来突堤式码头改建为香港第一座钢筋混凝土码头，并装配起重机2台，早期租给他人经营，1961年后收回自营，主要停靠来自广州和厦门的5000吨以下的小船。

香港招商局的仓库位于港岛西区干诺道西160号，与码头连成一处，地理位置优越，但仓位太小，年久失修，残破不堪。香港招商局遂于1959年投资400余万港元，在原址兴建新仓库。工程于1959年1月5日动工，1961年初，当时香港最大的、拥有6层普通干货仓、2层冷冻仓的香港招商局新仓库开始营业。

（二）办公楼舍的重建

香港招商局在起义后较长一段时间内，局属资产在法律手续上一直存在问题，其中一部分资产仍在香港招商局原经理陈冠澄名下，另一部分资产委托香港布律端律师楼管理。延至1960年，这些财产未转入香港招商局名下，长此以往，在财产问题上容易产生纠葛。

1959年3月17—25日，在广州召开的香港招商局经理会议上，曾研究过香港招商局财产过户问题。同年5月22日，交通部远洋运输局《批复香港招商局经理会议报告》中批示：该局所有在香港的财产，应立即办理过户手续，以便直接掌握产权。

1961年5月，刘云舟任香港招商局总经理后，立即抓紧处理这一遗留问题。经过2年的不断努力，至1962年，才办妥了过户手续，使上述财产从法律上完全归于招商局名下。

为了适应业务开展的需要，香港招商局在办理完财产过户手续后，又对办公楼和宿舍进行改造，1967年初竣工。

通过兴建码头仓库、办妥财产过户手续及改建办公楼和宿舍楼，香港招商局发展业务的物质条件有了较大改善，企业的基础越来越稳固。

（三）自主运价的争取

1. 参与和垄断海运的水脚工会进行运价斗争

香港招商局配合内地，同垄断海运的水脚工会进行运价斗争。20世纪50年代初期，中国主要依靠租用外轮从事外贸运输，为了摆脱外国航商主宰中国外贸进出口货物运价的历史，开创中国在远洋运输中运价自主的新格局，20世纪50年代后期，中国同垄断海运的水脚工会进行了一场远洋运输的运价斗争。在这场斗争中，招商局利用有利条件，广泛考察国际商情动态，了解和掌握世界航运市场的运价信息，发挥了特殊重要作用。招商局在同中外航商磋商运价时，十分讲究斗争艺术，既坚持自主运价的原则立场，又采取了灵活的斗争策略，赢得了运价斗争的主动权，取得了斗争的胜利。

2. 与中外航商妥善处理运价问题

香港招商局作为一家航运企业，同中外航商有着频繁的业务往来，运价问题是涉及双方经济利益的重大问题之一。香港招商局旗帜鲜明地维护国家利益，同时也力求使运价公平合理，以保证双方的业务合作能够在互惠互利的原则上，长期顺利进行。香港招商局发展业务初期，在处理运价问题上，坚决反对由外国航商单方面规定运价的不合理做法；在办理货物中转时，同内地有关部门紧密结合，改变西方航商所奉行的不合理的所谓"国际惯例"，打破了远东水脚工会偏袒航商的传统做法。特别是对从内地运来香港的转口货，坚持由香港招商局代表第二航程船公司办理收货手续，这样既改善了第一、第二两个航程船货交接的流程，又促进了我国港口驳船队的发展。外商从长远利益考虑，最后也完全接受这一条件。1957—1958年，香港招商局根据侨资与华资船公司经常行驶东南亚的情况，对运价做了统一调整，使其能以有限的资金与外商竞争。同时，在货源分配上采取优先照顾侨商与华资航商的政策，受到侨商和华资航商的好评，为在特定时期侨商和华资航商为国效力打下了基础。在特定历史条件下，运价问题往往受到其他经济问题以及政治问题的影响和制约。当中国从印度尼西亚撤走华侨时，太古公司拒绝向中国出租客轮；有些公司虽愿出船承运，但趁机哄抬运价。香港招商局配合内地有关部门，同敌对势力进行了斗争，同时积极与友好国家的航商进行洽商，并大力争取和推动侨商和华资航商为国效力，终于使运价问题再次得到妥善解决。

香港招商局与中外航商对运价问题的妥善合理解决，不仅抵御了西方国家航运市场涨价风潮对中国外贸与远洋航运的影响，也为香港招商局开展进出口货运业务和中转业务，创造了有利条件。

（四）代理业务的兴起

香港招商局作为中华人民共和国交通部设在香港的正式机构，承担了国轮在香港全部代理与中转业务。

香港招商局1956年恢复业务之时，即在广州海运局及广州外轮代理公司的支持下，开始代理广东来港船舶的有关业务，以及从广州口岸经香港转口运往欧亚各地的货物中转联运业务。1958年，香港招商局划归新成立的交通部远洋运输局领导，成为随后陆续成立的中国远洋运输公司及广州、上海、天津、大连、青岛5家远洋运输公司在香港的总代理。1961年开始代理越南船只。香港招商局同国外代理机构建立了广泛的业务联系，在20世纪60年代初派员对东南亚各国和缅甸、锡兰（斯里兰卡）等国的航线、港口及代理行情况进行了考察，与各代理行加强联络，开展代理业务。

在较长时间内，船舶代理、货运代理与货物中转成为招商局的主要业务活动。

自1957年上半年开始，香港招商局的航运业务已经初步打开了局面，1957年完成进口代理及中转业务量27.98万吨，实现了收支平衡而略有节余，从而结束了完全依靠国家补贴维持生计的局面。

1958年，内地出现"大跃进"，与香港地区的贸易继续发展。同时，英国已宣布放宽对华禁运政策，对香港招商局持友好态度，在港的各国船公司也希望扩大与香港招商局的业务往来。在此背景下，香港招商局的代理、中转业务得到较快增长，进口、出口和中转货量超额53%完成全年度生产计划。生产指标的大幅度上升，显然与"大跃进"的形势密切相关，这是一种无法持久的短暂现象。

1959年，国民经济开始进入困难时期，香港招商局的业务也随之出现相对下降和萎缩的现象。当时，国家为了减少中转费用，决定较大宗的外贸物资尽可能不经香港中转，转由内地港口进出，因此香港招商局承担的货物中转量有所下降，在港穗总代理的驳船吨位亦有所减少。由于内地对运至香港销售的某些商品进行限制，运量也有所下降。受到上述因素的影响，香港招商局当年的进出口都没有完成年度生产计划。

1960年，持续受国民经济困难的影响，外贸进出口货物量大减，某些在香港内运的货物（如化肥等）改由国外直接进口。香港招商局未完成年度生产计划。

从1957年到1960年，香港招商局业务虽然经历了较大的曲折，但是仍然取得了一定的进展。详见表1-7。

香港招商局1957—1960年业务发展概况表（单位：吨）　　表1-7

年　份	出　口　量	进　口　量	中　转　量	货运总量
1957	—	—	—	279786
1958	73537	279187	64691	417415
1959	30666	218980	46229	295875
1960	22619	211564	67185	301368

由于国内外多种因素的影响和制约，1957—1960年，香港招商局业务的发展迂回起伏。1957年内地经济形势较好，内地与香港的贸易来往大增。1958年开始的"大跃进"，虽曾使外贸进出口数量迅猛增加，但很快就带来了灾难性后果，内地经济一度陷入困境，内地同香港地区的进出口贸易也曾经跌入低谷。

第六节　中国外轮代理公司的成立与发展

中华人民共和国成立之前，中国沿海港口的船舶代理业务几乎全部被外籍航商和代理行所垄断。新中国成立以后，这些外籍航商和代理行一部分离开，一部分仍留在中国。由于复杂的历史原因以及中国各主要港口的外轮代理业务尚未成立统一的代理机构，新中国政府对此采取基本维持现状的方针，国际船舶代理业务仍然主要由外资洋行或报关行操作。

当时，在天津、青岛、上海、广州等主要港口的船舶代理业务，主要由英商太古洋行、怡和洋行、茂记公司；美商美隆洋行，德商美最时洋行，丹麦宝隆洋行、瑞丰公司，日本的山下汽船公司、大连汽船公司，以及法国邮船公司、捷成洋行、百利洋行、荷兰贸易公司等办理。这些公司既用自己的船舶从事中国远洋、沿海及内河货物运输，又兼办自营船的代理业务。而大连港的外轮，除撤侨的日轮外，大都是苏联船舶，由苏联远东轮船公司大连办事处自行代理。国营企业所控制的外轮代理业务仅仅是一小部分，这项业务由各海运局、港务局内的机构——服务科（部）、业务科或代理组办理。国营企业的船舶代理业务处于分散不健全的状态。这种机构和领导关系不健全又不完善的局面，既不能为委托方提供良好的服务，又不能发挥新中国代理企业应有的作用。

20世纪50年代初，中国国民经济得到迅速恢复和发展，外贸进出口量大增，货源充足，但是运力奇缺，急需大批商船运载外贸进出口物资。就在同时期，国际经济则处于萧条和不景气阶段，遭遇了严重的危机。国际贸易量大减，货源不足，货运运价、租船价格等连续下跌，运力过剩。为此，那些在航运危机中受到严重损害的航商们，纷纷要求美国放宽对中国的封锁禁运政策，甚至不顾美方阻挠，与中国发展贸易、经济和航运关系。许多航商将船驶往中国港口，在此期间来中国开展贸易交往的船舶计有750艘，承运外贸进出口货物约计400余万吨。随着中国对外贸易运输的迅速发展及来华船舶和国家租船的日益增多，当时各地不成体系的代理机构已无法适应形势的需要，尽早建立自己的船舶代理机构迫在眉睫。

一、中国外轮代理公司的成立

1952年，莫斯科国际经济会议[①]召开后，越来越多的国际航运商和贸易商开始与中国进行业务交往，来华船舶也日渐增多。此时设在各港口的少量代理机构已不能适应形势的发展需求，更不能代表新中国与各来华外籍航商及船舶进行交往。为尽快解决这一问题，1952年10月13日，经中央人民政府财政经济委员会主任陈云签批，交通部海运管理总局内设的远洋运输科在对外执行业务时，改用中国外轮代理公司的名义。1952年12月17日，交通部海运管理总局对于所属海运机构下发《海运管理总局关于远洋科对外执行代理业务时改以中国外轮代理公司名义出现由》。同年12月，海运管理总局在北京召开成立外代会议（图1–7）。1953年1月1日，交通部海运管理总局下属的中国外轮代理公司（简称外代公司）正式成立，地址设在北京东黄城根17号。1月6日，海运管理总局向外交部、中国海外运输公司、对外贸易部和中国进出口公司等单位发出《海运管理总局通知自1月10日起对外以"中国外轮代理公司"名义出现由》，并同时公布《中国外轮代理公司代理外轮业务暂行办法》，标志着中国外轮代理公司（简称外代总公司）开始对外营业，同时在大连、天

---

① 第二次世界大战结束后，出现了冷战局面，以美国为首的西方阵营开始对以苏联为首的东方阵营实施封锁禁运，东西方经济联系被人为地割裂开来。为了打破美国的封锁禁运，促进双方的经济合作，在苏联政府的支持下，由东西方国家的一些民间组织和进步人士发起，于1952年4月3—12日，在莫斯科召开了国际经济会议。共有12个社会主义国家、17个资本主义国家和20个发展中国家的471位代表出席。新中国派代表参加了这次会议，并在会议上极大地拓展了对西方国家的贸易渠道。

津、秦皇岛、青岛、上海、广州设分公司，国际电报挂号统一为PENAVICO，即中国人民轮船公司People's Navigation Company英文字头的组合。外代总公司成立时，共设立了三科二室，即：秘书科（包括人事）、业务科、计财科、办公室、资料室，共有职工40余人，交通部海运管理总局副局长于眉为总经理。

图1-7　1952年12月，交通部海运管理总局在北京召开成立外代会议，参会人员合影。

1956年6月1日，外代总公司就下属分公司的领导体制问题发文《关于中国外轮代理公司下属公司为外代总公司的独立单位的报告》，呈报交通部海运管理总局，同年8月海运管理总局批复同意。

1953—1960年，外代总公司及6家外代分公司的机构体制随着交通航运机构的变化而几次变更。1957年以前，外代总公司隶属于交通部海运管理总局领导，其机构设置完整，是独立对外开展业务的实体公司。

1957年9月10日，《交通部组织机构职掌编制方案（草案）》经第19次和第20次部务会议通过，新成立海河总局，将原海河运输局所属的远洋运输处划出，设立国际业务局，以加强远洋运输和国际联络工作。1958年3月1日，交通部发出《关于颁发组织机构职掌分工试行草案的通知》，通知中明确：交通部新的组织机构业已确定，自1958年2月26日起，即按新机构调整组织，进行工作。在新的组织机构中，将原海河运输局所属的远洋运输处划出，设立国际业务局（外轮代理公司），编在海河总局内。在此期间，外代总公司作为独立的业务机构，划归海河总局领导。1958年7月11日，为发展国家远洋运输事业，交通部决定将国际业务局改组为远洋运输局（简称远洋局），成为受交通部直接领导，对全国远洋运输、外轮代理、对外水上运输合作企业及其他水上运输、涉外事宜进行管理的全能局。首任远洋局运输局局长为冯于九，副局长为陈化明。1958年9月10日，远洋运输局按新机构开始办公。各港的外代分公司由远洋局领导，有关对外工作仍以外轮代理总公司名义进行联系。

1960年2月29日，远洋运输局对局机构及人员定额进行了调整，将外代总公司本部作为远洋运输局内部的业务处，称为代理处，下设2个科，并由一位副局长兼任总经理主管代理工作，以加强对各外代分公司的领导。

远洋运输局成立后，外代公司的机构开始扩大。是时，中国沿海各港口大都已建立了外轮代理分公司。其隶属关系分为外代总公司所属及地方港口领导2种主要形式。

中国外轮代理公司的英文名称为：CHINA OCEAN SHIPPING AGENCY；

总公司为：HEAD OFFICE, BEIJING；

分公司为：×××BRANCH。

二、各外代分公司的建立

在外代总公司宣布正式成立并开始对外办理业务时，各主要港口相继成立了外轮代理公司的分支机构。为明确沿海各港外代分公司的体制关系，1958年8月4日，交通部向辽宁、河北、山东、上海、江苏、福建、广东省（直辖市）人民委员会发出《交通部关于外轮代理公司体制问题的通知》，明确了沿海各港外代分公司的管理体制实行以中央为主的双重领导。即对外轮进出频繁的大连、天津、青岛、上海、汕头、黄埔、湛江7个主要港口，其分公司的业务、财务、人事工作统由总公司直接管理（汕头、黄埔、湛江则归广州远洋运输机构领导），各港则加强对日常行政与政治工作的领导。其他各港分公司一律划交各港直接管理，实行以地方为主的领导体制。

（一）大连外代分公司

1945年8月22日，苏联红军进驻大连，大连港遂由苏联代管。苏联在大连设立了外商部（中华人民共和国成立以后改为苏商处大连分处）和苏联远东轮船公司，管理来华苏联船舶。

1950年10月以前，船舶代理业务由东北航务总局管理。当时，该局自营船舶不多，来到大连的国内私营船亦很少。所有进出口的代理服务工作都由营业科兼办。由于其业务量不大，从事该项工作的干部仅有2人。随着贸易的发展，1951年7月1日，东北航务总局与大连航务局合并，组建中央人民政府交通部北洋区海运管理局。此后，该局的船舶逐渐增加，私营船舶陆续恢复北方航线，来连的外轮亦日趋增多。为了做好进出口船舶的代理、服务工作，遂另在北洋区局运务处内成立了一个海运服务部，先后由大连航务局和北洋区海运管理局领导。

1953年1月13日，中央人民政府交通部北洋区海运管理局发布公函《关于成立中国外轮代理公司大连分公司请查照的函》，函中明确自1953年1月10日起，北洋区海运管理局所属的"海运服务部"改称为"中国外轮代理公司大连分公司"（图1-8），同时也明确，该公司归大连港务局领导。大连外代分公司成立初期，内设业务、总务、财务、理货4个组。

图1-8 大连外代分公司办公楼。

（二）天津外代分公司

新中国成立前，天津的外轮代理业务除由外籍航商、代理行办理外，招商局内的业务科也从事来华外轮的代理业务。

中华人民共和国成立后，天津市军管会接管了招商局及其全部业务。1951年，招商局内业务科的业务划归交通部北洋区海运管理局天津海运分局管理，具体由业务科的服务部兼办。随着港口进出货物的增多，挂靠天津塘沽港的外籍船舶也日益增加。

1953年1月9日，交通部北洋区海运管理局天津分局发函《通知自一月十日起改用中国外轮代理公司名义进行代理外轮工作由》，其中指出，根据交通部海运管理总局的指示，自1月10日开始，凡在天津、塘沽、大沽口及新港各地原由天津分局经办之外轮代理事项，一律改用中国外轮代理公司天津分公司和中国外轮代理公司天津分公司塘沽办事处的名义进行工作，标志着中国外轮代理公司天津分公司正式成立。

1953年2月25日，交通部天津区港务局发函《自二月一日起由我局仍以外轮代理公司名义办理代理外轮业务并改派王大勇为经理王仰陶为副经理由》，函中指出：原北洋区海运管理局天津分局已于2月1日正式并于我局，原由该局经办之代理外轮业务亦自同日起由我局仍以中国外轮代理公司天津分公司名义继续接办。至此，天津外代分公司隶属天津区港务局领导，对内为天津区港务局的一个科，对外仍为中国外轮代理公司天津分公司。天津分公司成立后，代理外籍船舶的业务统归由该分公司办理，该公司还在天津塘沽设办事处，办理船舶进出港口的业务。1959年，天津外代分公司开始实行独立的经济核算，业务、财务由隶属天津港务局领导改由外代总公司领导，成为外代总公司的直属机构，但党务工作、行政事务仍由港务局管理。

（三）青岛外代分公司

中华人民共和国成立初期，由于青岛对外贸易较少，外轮也很少来青岛港。以国轮居多，包括山东海防办事处所属船只及东北口岸来青岛港的船只，但均属小型船舶，从事沿海运输，统一由青岛招商局经办。

1949年下半年，香港运通公司青岛分公司成立，逐步开展了外轮代理业务。为统一管理，该公司逐渐成立了4个部，即业务部、报关部、财务部、秘书总务部。当时，运通公司除了管理一部分租船外，主要的任务是从事船舶代理。

1950年6月，青岛运通分公司撤销，合并于青岛招商局内。1950年底又撤销了青岛招商局的名称，改为中国人民轮船公司青岛分公司。

1951年2月，中国人民轮船公司总公司由上海迁至北京，后被交通部改组成立了海运管理总局，隶属交通部领导。该局下设北洋、华东、华南区局。青岛分局为北洋区海运管理局下属单位，当时，仍管理国轮，并继续开展外轮代理业务，以代理租船居多。

1952年底，根据上级指示，实行港航合并，北洋区海运管理局结束。青岛分局划归青岛港务管理局，对外办理代理业务时称青岛外轮代理公司，对内是港务局的服务科。1952年12月26日，北洋区海运管理局青岛分局向交通部海运管理总局发函《关于外轮代理公司经理名字报备的函》，明确自1953年1月1日起，按照交通部海运管理总局指示，在办理外轮代理业务时改以中国外轮代理公司的名字出现,对内则仍按原机构不变。这标志着中国外轮代理公司青岛分公司成立。

图1-9 青岛外代分公司办公楼。

公司成立初期,出于对外业务的联系及对内工作的配合需要,与港务局所设的货运科、业务科、调度室等单位同在原青岛海运局所在地馆陶路37号办公(图1-9)。

该公司成立后,还承担了烟台港外轮代理业务的职能,并两次派人协助烟台港务局筹建成立烟台外代分公司,到1963年1月13日,烟台外代分公司正式成立。

(四)上海外代分公司

随着1949年5月上海的解放,航运业外商过去在中国享有的海运特权彻底消亡。特别是在中国政府收回沿海和内河航行权后,其所经营或代理的外轮受到了中国法令法规的限制,只能航行于境外航线。

新中国成立初期,受到美国为首的西方敌对势力对中国封锁禁运的影响,外贸航运面临极大的困难。不少外轮取消了挂靠中国港口的计划,加之台湾海峡航运形势紧张,中国南北沿海运输的船舶也只能绕航,受到这些因素的影响,停靠上海港的船舶比较少,外轮代理业务也不多。在中国共产党的正确领导下,中国的国民经济很快恢复并取得了发展。而此时,世界航运却处于萧条时期,不少外籍商船为自身利益,逐渐恢复了对华运输计划,其主要挂靠港口就是上海港。

为适应中国国民经济日益增长的需要,除了外籍商船挂靠上海港外,还有中国租用的外轮及苏联、捷克斯洛伐克及波兰籍的船舶。这些船舶的代理业务,均由交通部上海海运管理局的服务科办理。

1952年后,挂靠上海港的船舶逐渐增加,当时的代理机构已满足不了外籍船舶的业务需要。1953年1月1日,中国外轮代理公司总公司及6家分公司成立时,上海外代分公司属其中之一。华东区海运管理局服务科所辖业务范围全部由上海外代分公司接办。

1953年1月9日,华东区海运管理局发出公函《为奉令成立中国外轮代理公司由》,函中明确,1月10日,中国外轮代理公司上海分公司成立,开始营业,自即日起,华东区海运管理局代理外轮部分(即服务科)对外均以中国外轮代理公司上海分公司的名义出现。

1953年5月,该公司原由隶属海运管理局领导改由隶属上海港务局,财务由港务局统一核算。1953年8月5日,公司成立了业务、供应(总务)、财务三个组,分别办理有关业务,公司办公地点在上海市中山东一路5号(图1-10)。

上海外代分公司成立后,在原有上海海运局服务科已建立的代理业务基础上,从1953年8月起,开始代理资班轮业务。自此之后,随着中国社会主义改造工作的逐步深入和完成,尚存在上海的私人代理行和报关行相继关闭或转业。在中国政府执行对航运业外商的相关措施后，各类外籍船舶挂靠上海港的数量逐渐增加，到 1953 年底，上海外代分公司所代理的船舶公司已有 45 家之多，共经营 14 条航线。

上海外代分公司的成立，标志着国营代理企业对外国航商的管理进一步加强，这对还在上海的 10 家航运业外商而言无疑是一种限制。他们采用各种手段，阻挠来上海港口的外轮将业务委托给上海外代分公司代理，并施以恶语中伤。对此，上海市有关部门采取了行政手段，并通过外汇管理、税收政策等方式，在经济上施加一定压力，使其逐渐有所收敛。1954 年，上海外代分公司接管了外商中业务量最大、经营时间最长的太古公司，接管范围包括其在华的全部财产、业务和中国员工。同年结束了在上海业务的另一家外商怡和洋行的业务。1956 年，交通部、外贸部联合作出关于统一订舱配载的决定，有效地限制了仍然在华经营的航运业外商的业务活动，迫使其移转代理业务。其余 8 家在上海的外商，自 1958 年开始到 1962 年陆续歇业，自此，上海外代分公司统一掌握外轮在上海的代理业务。

图 1-10　位于上海外滩的上海外代分公司办公楼。

（五）广州外代分公司

1953 年以前，广州外轮代理工作由华南区海运管理局运务处（商务科）内设的代理组办理，这是广州外代分公司的雏形。在此基础上，广州外代分公司于 1953 年 1 月 1 日成立，1 月 10 日正式对外办公，隶属于华南区海运管理局领导，内设业务、总务、财务 3 个组，办理外轮到港进出口手续及有关代理事宜。在黄埔现场，有专职干部内勤 3 人，外勤 5-6 人，主要办理船期联系、洽派引水、照顾现场等工作；其他工作如进出口申报、具体装卸的安排、零星供应服务工作等，则由华南区海运管理局黄埔办事处兼顾。当时业务不多，统计资料表明，1953 年，全年代理船舶共 208 艘，货运量进出口约 75 万吨。因此在 1953 年以前，广州的外轮代理工作业务范围比较狭窄，工作内容亦比较简单。

随着中国对外贸易的日益增长，外轮代理业务工作也日益繁杂。因此中央决定自 1953 年 7 月份起，将外轮代理工作划由港务局建制，成立外轮代理科，有关财务结算、进出口申报、供应服务等工作亦分别由华南区海运管理局各有关科室划出，统一办理。通过组织体系的调整，加强了对外轮代理业务的领导和管理，广州的外代业务得到发展。据统计，至 1956 年，外轮代理船舶逐步增加至 388 艘次，货运量 126 万吨，较 1952 年海运局管理时期增加 4 倍。1956 年 1 月，广州区港务局并入华南区海运管理局，广州外代分公司又划归海运局领导。1957 年，交通部为进一步加强对外轮代理工作的领导，在广州成立外代广州区公司，由中国外轮代理公司和华南区海运管理局双重领导。在黄埔成立办事处，由外代广州区公司及港务局双重领导，广州区公司除了领导华南区各外轮代理分支机构外，还积极开展中转业务、筹办组织班轮，开辟新马班轮航线，代管中越航线，代管捷籍船舶[①]的船员管理等工作。当时黄埔办事处的业务范围仅为管理现场装卸及进出口申报手续，业务比较单一，其他业务如财务、计划、中转、单证及与各方面联系等工作，均由广州区公司各组负责办理。

1958年初，根据华南区海运管理局党委的决定，将外代广州区公司的全部业务除捷籍船舶的中国船员人事管理外，全部下放黄埔办事处，并再度明确黄埔办事处由港务局领导，以便更好地配合港口现场生产。黄埔办事处作为港务局的一个科室单位，实行经济核算，内部亦不再设组，但业务量随着区公司职权下放而骤然增加。

1958年8月4日，根据交通部党组会议的指示精神，远洋运输局驻广州办事处成立，广州区外轮代理分公司划归该办事处领导。1958年12月5日，华南地区外轮代理工作会议在广州召开，决定将中国外轮代理公司黄埔办事处改为中国外轮代理公司黄埔分公司，从1959年1月1日起执行。1960年11月9日，外代总公司本着减少层次和集中领导的精神，将黄埔外代分公司与广州区公司合并，恢复成立广州外代分公司，下设业务、代理、计划财务、船务四科。恢复后的广州外代分公司还负责管理华南地区各外轮代理分公司，汕头、湛江、北海、海口、榆林（三亚）几家外代均在其管辖之内。

1961年，中国远洋运输公司广州分公司宣告成立。此后，广州外代分公司改由中远广州分公司领导。

（六）秦皇岛外代分公司

1953年1月1日，秦皇岛外代分公司成立，并于1月10日开始对外营业。

新中国成立前，秦皇岛港口船舶代理工作由当时国民政府的商务机构——天津招商局经办。1949年1月，天津解放后，人民政府接管了天津招商局，并更名为中国人民轮船公司天津分公司，秦皇岛为办事处。

1951年秋，中国人民轮船公司被改组，北洋区海运管理局天津分局成立，中国人民轮船总公司秦皇岛办事处划归北洋区海运管理局天津分局管辖，继续经营挂靠秦皇岛港的船舶代理业务。

1953年1月14日，北洋区海运管理局天津分局秦皇岛办事处发通函《通知自一月十日起用中国外轮代理公司进行外轮代理工作由》，宣布原由本处经办的外轮代理事项，改用中国外轮代理公司秦皇岛分公司名义进行工作。所有与航运手续有关的各项单据，全部改用新名义出现。

秦皇岛外代分公司成立之后，隶属关系属交通部天津区港务局秦皇岛分局，办公地点设在秦皇岛市开滦路47号。

上述6家分公司对外宣布成立的时间多为1953年1月10日，依据1952年12月20日交通部海运总局呈送的《关于中国外轮代理公司成立的报告》中所陈述的各分公司的成

---

① 捷克斯洛伐克国际海运股份公司中方投入营运的船舶。

立时间，为统一对外开展代理业务，特将 1953 年 1 月 1 日作为外代总公司及 6 家外代分公司成立的规定时间，对外开始营业的时间为 1953 年 1 月 10 日。

自 1955 年始，各港的外轮代理机构逐步建立，至 1961 年相继成立的外轮代理机构有：

海口为 1955 年 5 月，福州为 1956 年 2 月 21 日，湛江为 1956 年 5 月 1 日，厦门为 1956 年，汕头为 1957 年 1 月 1 日，连云港为 1957 年 8 月 1 日，三亚为 1958 年 10 月。

1953—1961 年，外代系统共有分公司 13 家，其隶属关系分为：

直属分公司：上海、天津、大连、广州、湛江、汕头、青岛、八所（现为东方）。

非直属分公司：秦皇岛、连云港、福州、厦门、海口。

三、中国外代船舶代理业务的开展

（一）公司各项规章制度的建立与完善

新中国成立初期，外代公司尚未成立，由于挂靠中国港口的外籍船舶及华侨商船各自委托在华的代理行及报关行办理船舶代理业务。因此，中国对来华的船舶代理尚无统一的规定。

1952 年 3 月 27 日，中央人民政府政务院核准交通部关于《外籍轮船进出口管理暂行办法》（简称《暂行办法》），1952 年 5 月 20 日，交通部对外公布执行。施行《暂行办法》的机构是交通部海运管理总局内设的远洋运输科。《暂行办法》计 18 条，明确规定了外籍船舶来中国港口所应遵守的制度及所应办理的手续等。

1953 年 1 月 1 日，外代公司宣布正式成立时，一并公布了《中国外轮代理公司代理业务暂行办法》（简称《办法》）。该《办法》共 30 条，经交通部批准后，由外代公司施行，其中大部分条款沿用了交通部所制定的《暂行办法》的条文，是外代公司成立后所制定的第一个规定。与此同时，外代总公司还制定了《中国外轮代理章则》。

1954 年 6 月 10—12 日，外代总公司在北京召开了第三次代理业务工作会议，议题之一是讨论修改《中国外轮代理章则》。1955 年 1 月 1 日，《中国外轮代理业务章则》经交通部批准后施行，与之同时出台的还有《中国外轮代理公司费用及其结算》《中国外轮代理公司代办代理外轮供应办法》等。在其后的实施过程中，各外代分公司不断对《中国外轮代理业务章则》内容加以充实并进行修改，1959 年 1 月 21 日，修改后的《中国外轮代理业务章则》被确定为《中国外轮代理公司代理业务章程》（以下简称《章程》），此后在相当长的时期内，各外代分公司均按此《章程》及其它规章制度开展业务工作。

在经营管理方面，自 1954 年开始，外代总公司逐步建立并完善了一系列规章制度，相继建立了《业务财务联系制度》《航次船舶辅助登记表》《班轮运费明细计算表》，增设了《辅助备忘纪录》，修改了《收入情况月报表》的格式，设计了新的费收单据格式，以及《往来报账注意事项》等。

通过建立与完善一系列规章制度，明确了工作流程，促进了工作效率的提高。在各项规章制度的贯彻落实中，全系统的工作质量在这一时期有了较为明显改观。

（二）积极开展船舶代理业务

新中国成立初期，随着中国对东南亚地区、印度、缅甸和日本等国贸易的发展，班轮代理业务增加，新开辟了印度尼西亚、澳大利亚、印度、缅甸、马来西亚、加拿大等班轮航线。1957年11月28日，中国外轮代理公司和中国对外贸易运输总公司联合行文下发了《关于中国对外贸易运输公司期租船在港口揽货配载工作的暂行办法》，规定揽货、配载工作改由外代公司统一办理。船舶代理业务也随着中国对外贸易的发展迅速增长，1953年，即外代公司成立的当年，只代理了1702艘次的进出口船舶；到1961年，代理船舶艘次已达到4812艘次，增长了近2倍。代理进出口货运量1953年为301.5万吨；到1961年，增加到1800.71万吨，增长近5倍。

外代公司自1960年10月1日起开始执行修订的《中国外轮代理公司业务章程》。当年外代公司共代理船舶达6256艘次，代理货运量1913万吨，与33个国家和地区的253家航商建立了业务联系。表1-8为外代公司1949—1961年的业务量统计表。

外代公司1949—1961年业务量统计表　　　　表1-8

年份	船舶艘次（次）	代理货运量（吨）	接待船员人次	营业收入（万元）
1949	18			
1950	100			
1951	227	172000		
1952	1175	1969525	2590	
1953	1702	3015532	19444	62.5
1954	2278	4464650	28993	155.2
1955	2732	4892398	37447	236.6
1956	3687	6936608	63460	320.0
1957	4697	7699321	88951	571.4
1958	5736	14498384	100960	701.5
1959	6128	19217996	107375	897.4
1960	6256	19129878	112428	917.5
1961	4812	15842005	95175	803.3

20世纪50年代起，中国工农业生产得到迅速恢复和发展，并与世界上90多个国家和地区建立了外贸、外援关系，对外客货运输量成倍增长，特别是经过国家实行第一个五年计划后，中国的外贸运输呈现出前所未有的好形势。而此时，中国还没有挂五星红旗的自营远洋船队，外籍船舶挂靠中国港口的数量日益增多，外代公司为完成中国外贸货运任务，发挥了重要作用。

（三）同西方航运界水脚公会开展运价斗争

1958年2月—1959年7月，外代公司针对远东水脚公会不断抬高运价、牟取暴利和企图垄断中国航区的状况,在中央有关部门的统一领导下,开展了对资本主义班轮全面压价的斗争。

水脚公会亦称班轮公会(Freight Conference),是由西方主要海运国家的班轮公司组成的跨国组织。它们控制着世界主要海上航线的运输,如控制中国至欧洲航线的是伦敦远东水脚公会,控制香港、新加坡航线是中国、马来亚水脚公会等。这些组织垄断着航线的运价,排挤和遏制海运不发达国家的外贸运输。

解放前,中国进出口货物的运价,一直由这些水脚公会所控制。新中国成立初期,由于帝国主义对中国实行封锁禁运政策及中国自营船队尚未建立等原因,在远洋运输中,仍然沿用这些水脚公会制定的运价。国家的对外贸易运输往往要受制于它们的操纵和控制,蒙受很大的经济损失。为此,中国政府曾多次向这些水脚公会交涉运价问题,但由于时机不成熟,加之中国航运实力太弱,在业内没有多少话语权,改变运价受控状况的努力一直没有取得进展。因此,中国政府不得不一面进行斗争,一面继续使用水脚公会制定的运价。

1957年,由于西方国家发生经济危机,船价和租船价格连续暴跌,班轮的运价也出现了一跌再跌的情况。但是,在各国运价均在下跌的同时,这些水脚公会对中国的运价不仅没有降低,反而再度上调。这种歧视海运弱国、转嫁航运危机的做法,激起了中国政府和人民的愤慨。为了确立中国对运价的自主权,国家对外经济贸易部、交通部决定与水脚公会展开一场运价斗争。交通部指示外代总公司参与运价斗争、协调各港口关系、掌握斗争进展情况。

运价斗争的基本原则是:中国既要在与世界各国费率平等的基础上自主决定运价,又要确保外贸运输任务的完成。为此,在运价斗争开始前还组织了一批骨干运力,它们是国家期租船队,社会主义国家的远洋船队,侨商、华商船队。

除上述骨干运力外,还利用非水脚公会会员的船队,联邦德国瑞克麦公司的船舶及北欧一些国家的船舶。集中力量对付和打击向中国转嫁航运危机、哄抬运价的水脚公会的顽固分子。在货载安排上,对侨商、华商的船舶的配载多于租用轮船,使其对新中国制定的新运价树立必胜信心;对非水脚公会会员的船舶的配载多于水脚公会的班轮;对于水脚公会中那些拒不接受中国制定的运价的顽固分子,坚决不为其配载装船,使其船舶卸完后空载返航,所受到的损失自理。经过上述准备之后,运价斗争随即展开,分为近洋和远洋方面的斗争。

1. 近洋航线的斗争

1958年2月,近洋运价斗争首先在全国各主要港口同时展开。1958年2月12日,各外代分公司受货主的委托,同时向来华的水脚公会会员公司的船舶正式宣布:

(1)废除水脚公会运载中国货物长期使用的不合理的运价表;

(2)接受并执行中华人民共和国制定的运价表;

(3)凡不接受中国制定的运价表的来华船舶,一律不予配载装货,其空船返回所造成的损失自理。

经过斗争,近洋航线的运价根据不同的航线,下降幅度为6%—54%之间,运价斗争取得胜利。

2. 远洋航线的斗争

远洋航线上，西方水脚公会的会员船公司众多，相互之间的约束力很强，运价斗争进行得艰苦而持久。1958年4月，近洋航线上的运价斗争取得重大进展后，在中央有关部门的统一领导下，外代总公司、各外代分公司又组织力量开始了远洋航线的运价斗争，制订了外代远洋运价本。经过斗争，运价30%—40%降低了。

外代总公司参与指导并配合各经贸公司开展运价斗争取得的胜利，是中国远洋运输史上的一件大事。在没有远洋运力的情况下实现自主运价，使以水脚公会班轮骨干为首的航商"退出公会，接受货主费率"，不仅在中国是第一次，在国际航运史上也是罕见的。这不仅为国家节约了大量外汇，也为在商务方面发展中国的远洋运输事业奠定了基础。

（四）广州外代代理接侨船舶

1960年，广州外代分公司为接运印度尼西亚归侨，先后租用9艘外轮，代理接侨船舶94艘次，共接回归侨39544人，行李10万余件。通过对租船队的管理，广州外代分公司总结了一套船舶、船员管理办法，并掌握印度尼西亚各港口和航线的基本情况，为后来自营远洋船行驶东南亚航线积累了经验。

（五）为筹建挂五星红旗的自营远洋船队做准备

外代公司自从成立后，除积极开展各项代理业务外，还努力为筹建挂五星红旗的远洋运输船队做各项准备工作。

1. 在中波、捷克两个合营公司经营管理中起促进作用

中波、捷克两个合营公司所属船舶，在中国远洋运输公司（简称中远公司）成立前及之后的相当一段时期内，为承运中国进出口物资任务发挥了积极的作用。而其船舶的代理业务均由外代各分公司办理，特别是上海、广州外代分公司做了大量卓有成效的工作，并在中国远洋运输与三方合作中发挥了重要作用。

2. 为远洋运输自主运价作准备

作为外籍船舶的代理，利用有利条件掌握国际航运市场信息，了解各主要航线的运价水平，为中国远洋船队制定自己的运价提供基本保证，这是外代公司为远洋运输所作出的贡献之一。在中国悬挂五星红旗的远洋船队尚未成立以及成立后的一段时间内，中远公司还未制订自己的运价本，各外代分公司均积极参与并大力推动，直至1966年制定了《中国远洋货运运价本》。

3. 为远洋运输开辟航线提供信息

在代理各外国籍船舶的过程中，外代公司逐渐掌握了这些船舶所属公司的经营及航线状况，积累了运价、费率、航线、货种、货源等有关资料积极地为筹建中国远洋运输企业和远洋船队做了大量基础工作。在安排外籍船舶货载，为其提供运价信息过程中积累了经验，从而为中国开辟远洋运输航线，提供了可靠的依据。

1960—1961年，广州外代分公司参加了中国第一艘远洋客轮"光华"号的交接和换旗仪式。在参与筹备中国远洋船"光华""和平""友谊"等轮的首航组织工作中，积极为这3艘船舶组织货载，安排出航前的各项准备工作并与所抵港口的有关国家的代理进行联系，沟通信息，使中国远洋船队出航旗开得胜。

（六）外籍航商、代理行在华业务的结束

新中国成立初期，中国政府对仍留下来开展业务的航商、代理行采取了基本维持现状的方针，因此代理业务仍由这些外籍航商和代理行所把持。有英国籍的怡和洋行、太古洋行、保和洋行，瑞士籍的百利洋行，瑞典籍的维昌洋行，挪威籍的挪威轮船公司、顺亨洋行，丹麦籍的捷成洋行、宝隆洋行，法国籍的法国邮船公司等10家，分散在中国沿海各主要港口。

随着国际航运形势的不断变化及中国经济形势的日渐好转，刚起步的远洋运输形势也越来越好。1953年后，国家成立的外代公司已初具规模，机构逐步健全，业务、服务水平和代理信誉逐步提高。此时，国内正值社会主义改造阶段。在这一形势的推动下，中国的代理公司逐步取代了这些外籍航商和代理行的在华业务，促使其自行歇业。至1960年，外籍航商和代理行在华业务基本结束，从此外代全部为中国独家经营国际航行船舶代理业务的公司所掌握。

外代公司完全接管各外籍航商、代理行、报关行的在华业务，不仅从政治上有力地维护了中国的主权与尊严，而且为国家的对外贸易运输的发展及我国远洋船队的建立，起到了积极的促进作用，同时在经济上也为国家提供了有力支撑。

（七）外轮理货、外轮供应业务的移交

外代总公司及6家分公司1953年成立时，还承担着对外轮装卸货物的理货及向外轮提供物资供应的业务项目。

从1958年开始，各港区根据形势的发展和业务的实际情况，按照交通部的指示，先后将外轮理货业务从外代公司划出，成立了单独的中国外轮理货公司。

1957年1月，各口岸外贸局开始成立海轮服务公司。该公司的主要业务范围是供应外轮的物料、燃料、垫舱、洗舱以及添加淡水、伙食和安排船舶修理等。1958年，海轮服务公司改名为外轮供应公司，到1961年前后，全国共设立了上海、广州、天津、大连、湛江、青岛、秦皇岛等14个外轮供应公司，隶属关系大多数是行政上受本市的外贸局领导，在当地党委统一领导下进行工作，但从中央来看，还没有一个归口的部门统一领导。为此，1962年1月25日，国务院财贸办对各港外轮供应工作归口领导问题下发了通知，明确将这一工作交由交通部统一归口管理，指定交通部所属中国外轮代理总公司进行日常工作。各港外轮供应公司实行以地方为主的双重领导。干部管理、财务处理、货源供应等均由各省、市自行负责办理；交通部负责制订业务政策、统一安排业务工作，组织交流经验等。

1962年3月19日，远洋运输局向交通部呈送了《请示关于各港外轮供应工作的归口领导问题》的报告，建议在京设立外轮供应总公司。1963年后，外轮供应工作虽然在业务上与外轮代理公司仍然有密不可分的联系，特别是外轮抵港所需燃料及物料、伙食等方面的供应项目，要通过外轮代理公司与供应公司联系。但从领导体制来看，外轮供应公司已在隶属关系上转移给了各省、市的商业机构。

外代公司是从事国际远洋运输代理业务的国营企业，是中国远洋运输事业的重要组成部分。外代公司在侨商、华商航运船舶的组织与使用、外籍班轮运力的充分利用、海运出口货物的订舱配载工作、对外业务关系的逐步建立和在筹划和建立中国远洋运输企业过程

中，做了大量富有成效的工作，为中国远洋运输事业培养了一批干部，并提供了丰富的远洋运输业务经验，是发展中国远洋运输事业的重要基础之一。外代公司执行服从外交、服务外贸的政策，对维护国家主权，争取团结广大国际海员，特别是组织船舶完成外贸、援外运输任务，发展中国远洋运输事业，发挥了重大的作用。

第七节　交通部航运管理机构的变革

一、航运管理机构的调整

中华人民共和国成立后，党中央和国务院对航运事业高度重视。1950年2月21日，政务院发布《关于1950年航务、公路工作的决定》，确立全国航务管理体制，在交通部下设航务总局及国营轮船总公司，领导航务建设、航务管理与航运工作。交通部为适用全国航运形势的发展，对于航运管理机构进行适时的调整。1951年2月1日，交通部直属国营轮船总公司更名为中国人民轮船总公司，并由上海迁至北京，与交通部航务总局合署办公，下设上海、天津、青岛、广州、汉口区人民轮船公司。各地区也相继成立地方国营轮船公司及其管理机构。1951年8月1日，为了适应运输生产日益发展的需要，根据第二届全国航务会议决定，并经政务院批准，交通部撤销航务总局和中国人民轮船公司，同时新成立海运管理总局和河运管理总局、航道工程总局、船舶登记局。全国海上运输由海运管理总局统一管理，并根据海域不同，分别在大连、上海、广州设北洋、华东、华南区海运管理局，其中在海运管理总局内设远洋运输科。1953年8月，为了适应当时远洋业务发展的需求，交通部将远洋运输科扩编为远洋运输处。1956年7—8月，交通部进行体制改革，撤销了原有的海运管理总局和河运管理总局，新设海河运输局，原海运管理总局内的远洋运输处改为海河运输局内的远洋运输处。

二、组建远洋运输局

1956年7月5日，海运管理总局局长于眉向交通部党组呈送《关于加强交通部船舶建造和远洋工作的意见》（简称《意见》）。《意见》指出："目前我国的远洋运输事业大大落后于对外贸易的发展，与我国的国际地位很不相称，中波海运公司和我委托捷克斯洛伐克代营的两艘船舶是目前我国远洋运输的唯一基础，从船舶吨位来看，我们现时仅有8万5千吨，依靠这样微小的吨位，显然不能满足对外贸易的运输需要，外贸部不得不在国际市场上租用外国船只，给国家增加了大量的外币运费负担。根据外贸部运输计划，今年（1956年）的租船任务高达127万吨。由此可见，积极地发展我国的远洋运输事业，已是目前我国航运事业中的迫切任务，极具政治经济意义，必须迅速加强和健全远洋运输领导机构，统一筹划远洋运输的发展和领导现有的远洋运输企业。"《意见》建议立即着手建立远洋运输局，作为部属管理远洋运输工作的综合性职能机构，并提出了远洋运输局的组织方案。

1957年9月10日，交通部公布机构改革文件，并规定，自1958年2月26日，新机构开始运行。新机构中,以原海河运输局为基础,归并商务、机务、船厂、电讯、港航监督、航道等局,组成海河总局,担负海河运输方面的管理责任。在这次机构改革中,交通部考虑到对外贸易逐渐开展,中外合营的海运企业已经有一定程度的扩大和发展,为国家远洋运输业务的发展积极做好准备,遂将原海河运输局所属的远洋运输处划归机构改革后海河总局内新成立的国际业务局,以加强远洋运输和国际联络工作。

为了发展中国的远洋运输事业,加强对远洋运输业务的领导,1958年7月11日,交通部又将海河总局内的国际业务局改组为远洋运输局(外轮代理总公司),简称为远洋局,成为交通部直接领导下掌管全国远洋运输事业,经营远洋运输船队及外轮代理业务,管理对外水上运输合作企业及其他有关水上运输涉外事宜的全能局。第一任局长为冯于九[①],副局长为陈化明。远洋局内设办公室、代理业务科、远洋事业科、船舶技术科、人事教育科、对外合作科、资料研究科等一室九科。各港外代分公司由远洋局领导,新组建的远洋运输局的职掌共有18项。

(1)远洋运输局是交通部领导下的事业企业机构,在部直接领导、监督下进行工作;

(2)领导与管理全国远洋运输、海上外轮代理工作,并协助部掌管对外水运合作企业;

(3)研究远洋运输方针政策和任务;领导各港分支机构的业务及日常工作;并在国家和交通部所颁布的有关远洋运输等方针政策指示下,对各港分支机构及对外合作企业进行领导监督,发布命令指示,使其切实贯彻中央方针,保证完成和超额完成生产计划;

(4)调查国际航运情况,研究拟订我国远洋运输发展远景规划;制订和修改有关远洋运输、外轮代理及其他有关方面的章则制度、报表等;

(5)调查有关南洋航商情况,研究和拟订我国对华侨的政策;

(6)审查、汇总对外合营水运企业及远洋运输、外轮代理生产、财务、劳动工资及物品供应计划;

(7)领导所驻国外的航运机构和人员的工作;

(8)统一领导各港外国班轮航线的船舶调配和招揽货源、配载等工作;

(9)办理有关国际水运联系,如国际通航协定的研究、拟订和水运往来事务;

(10)办理远洋事业基本建设;监造和购买远洋运输船舶;

(11)掌管干部、船员工作;根据国家劳动工资政策和制度,编制和掌管本企业干部与船员工资标准;办理本企业内的干部工资调整和平衡工作;

(12)编写远洋船员及其他远洋干部长远培养规划和年度计划,并办理本企业干部业务轮训工作;

(13)掌管和了解进出口货源和货流规律及国内外运价,国际船舶动态情况;

(14)与有关部门密切联系掌管外轮来华时间,协调港口作业;

---

① 冯于九,河北深县(现更名为深州市)人,1937年10月参加工作,1939年11月加入中国共产党。曾任八路军总部参议、晋冀鲁豫边区政府秘书处副处长、县长、邯郸市副市长等职。1949年10月至1964年12月任交通部公路总局副局长,办公厅副主任、主任、部长助理、远洋运输局局长。1965年之后,历任中国驻挪威、毛里塔尼亚、尼日利亚、匈牙利等国大使馆大使。冯于九同志在新中国成立后的15年中,为中国的交通运输事业的发展做了大量工作。尤其是在担任远洋局局长的几年里,为积极筹划远洋公司的组建和远洋船队的建设付出了心血,作出了贡献。离职休养之后,仍关注远洋运输事业的发展。

（15）收集、研究编译有关远洋运输和外轮代理资料；
（16）研究、总结并推广本企业先进工作经验及合理化建议；
（17）结合本企业经营情况，改进并提高远洋运输和外轮代理工作；
（18）承办部领导交办的其他事项。

三、成立远洋运输局驻广州办事处

1958年8月4日，为积极开辟远洋运输工作，统一管理和领导华南地区的远洋船舶与外轮代理工作，交通部与中共广东省委员会、广东省人民政府协商后，决定在广州成立交通部远洋局驻广州办事处（简称广州办事处），作为远洋运输事业大发展的一个主要基地，实行中央与地方双重领导，以中央为主的体制。8月，交通部从广州海运局、外代广州区公司共抽调干部27名，船员59人，到广州办事处工作。9月1日，"交通部远洋局驻广州办事处"在广州沙面珠江路48号正式挂牌办公（图1-11）。1959年6月，办公地址又迁到广州沙面珠江路28号。办事处主任由王延年担任。

图1-11　远洋运输局驻广州办事处旧址——广州沙面珠江路48号。

办事处的主要职责是：

（1）负责组织筹备和积极研究开辟东南亚、中近东以及远洋航线，除积极整理搜集有关开辟东南亚航线的资料外，还要进一步整理搜集中近东以及远洋航线有关资料，以便打下开辟上述各航线的基础；

（2）调查研究海外与港澳的华侨航商以及西方国家的航运情况，组织成立华侨航商联络处，通过联络处与侨商广泛接触联系，组织华侨航商投资筹备公司，促进侨商为祖国的社会主义建设服务；

（3）检查和贯彻总公司对黄埔、汕头、湛江、八所各分公司的领导，并指导海口、榆林、北海各港的外轮代理公司工作。区公司除领导和检查各分公司对总公司的方针、政策以及业务执行情况外，还应具体办理租船业务，以满足对外贸易运输的要求；

（4）对中波海运公司驻黄埔办事处做政治上的监督和指导；

（5）管理和调配我国与兄弟国家合作船舶上的中国船员，并组织进行政治思想工作，对悬挂捷方国旗船舶上的中共党的组织进行领导。

远洋局驻广州办事处成立后,为筹建新中国挂五星红旗的远洋船队及其开航积极开展工作:搜集整理了东南亚大量的航海资料、各国主要港口概况资料、侨、华航商概况资料、东欧国家管理远洋船舶经验材料、各种航运规章制度资料;建立自营船舶的各种管理制度;抓紧了"光华""新华"两轮的整修;设法配备了成套船员并进行了必要的训练;在广州建造船员宿舍、船员基地,在黄埔建造物料仓库;解决了海上护航和海上电信联络问题、开航所需燃料、物料、伙食供应问题、货源问题。1960年,遵照国务院接侨任务的安排,通过有关方面积极筹组印度尼西亚至中国间的客运运力,迅速集中了4艘租船开往印度尼西亚;又从苏联借用2艘客轮支援接侨工作,还利用了一些国内外侨商及其他私商客轮参与接侨。为了进一步对接侨船舶进行管理和调度,特在广州办事处成立了接侨船舶调度小组,在对船舶动态掌握、及时提供船舶有关资料等方面,发挥了指导作用。自1960年2月29日接侨船"美上美"轮载784名难侨从雅加达至黄埔开始,到1960年底为止,在不到1年的时间里,共完成了9艘租船的54个艘次任务,取得了接运归侨39554人、运载归侨随身携带行李10万余件的成果。同样重要的是,通过连续开展接侨工作,积累了船舶调度、供应工作、安全管理、国外加油、财务结算、建立国外代理关系、国外港口的调研等管理远洋船舶的一般做法、流程和经验,为后续开展远洋运输工作和悬挂五星红旗的中国自有远洋船队开辟国际航运市场打下了良好的基础。

中国远洋运输事业是在极端困难的情况下起步的。1949年,中国大陆政权更迭,国民党在撤离前,对于大陆航业进行疯狂的掠夺和破坏,使得共产党领导的新中国面临几乎有海无船的窘迫局面。溃退到台湾的国民党当局不甘失败,时刻准备"卷土重来",进而实施所谓"关闭政策",对大陆沿海港口进行全面封锁,企图将新生政权扼杀在摇篮中。由于意识形态上的对立,以美国为首的帝国主义国家对新中国采取政治上孤立、经济上实施封锁禁运政策。新中国在外交、外贸和海运上面临空前严峻的局面。

20世纪50年代初,由于当时历史条件的限制,中国政府一时还无力创建悬挂五星红旗自营的远洋运输船队。为突破国内外敌对势力对新中国的封锁禁运,中国政府主要采用租船、在香港组建航运公司以及与波兰、捷克斯洛伐克等社会主义国家开展海运合作等方式,进行远洋运输,冲破封锁禁运。1949年9月到1950年4月,香港招商局暨17艘海轮先后宣布起义,成功回归的15艘海轮,成为新中国海运船队的基本班底,为新中国海运业的恢复和发展发挥了重要作用。1953年成立的中国外轮代理公司为维护国家利益做出贡献,为悬挂五星红旗的自营远洋运输船队的建立奠定了基础。

20世纪50年代后期,我国面临的国际政治环境逐渐好转,国民经济建设取得显著成就,外贸运输量剧增。为加强对远洋运输业务的领导,1958年交通部组建远洋运输局,并在广州成立远洋局驻广州办事处,为筹建中国远洋运输企业和组建悬挂五星红旗的远洋运输船队,在组织和人员等各方面做好了准备[1]。

---

[1]《交通部行政史》编委会编:《交通部行政史》,北京:人民交通出版社,2008年,第222页。

第二章
中国远洋运输企业的建立与发展

20世纪50年代中期，毛泽东主席就提出了组建和发展中国远洋运输船队的设想。李富春、李先念、叶剑英等党和国家领导人，都为如何组建中国远洋船队做过重要指示。由于当时受到历史条件的限制，中国政府一时还无力创建悬挂五星红旗的自营远洋运输船队。

"一五"期间（1953—1957年），国民经济建设取得显著成就，外贸货源剧增，急需大批商船运输，很多国家的航运界希望与中国发展海运贸易。考虑到对外贸易的需求，中外合营的海运企业也有一定程度的扩大和发展，为加强对远洋运输业务的领导，1958年7月，交通部成立远洋运输局，掌管全国远洋运输工作。同年9月，交通部又在广州成立了交通部远洋运输局驻广州办事处，开始筹建国家远洋运输企业和自营远洋船队。经过2年多的积极筹划，1961年4月27日，中国远洋运输公司及其所属的中国远洋运输公司广州分公司同时成立。以后又相继成立了中国远洋运输公司上海分公司和天津分公司。

"文化大革命"期间，远洋运输局（中国远洋运输公司）被撤销，远洋运输的管理一度处于混乱状态。在周恩来总理等老一辈无产阶级革命家的关怀和保护下，在党中央、国务院和交通部的领导下，远洋运输的混乱局面得到控制，生产秩序得到恢复，远洋运输事业得到发展。1972年，中国远洋运输总公司重新组建，1974年，恢复远洋运输局。1975年，中远总公司船队总载重吨位突破500万吨大关。根据中国经济发展对于远洋运输的要求，1976年、1978年中远总公司又相继组建了中远青岛分公司和大连分公司。到1978年底，中远总公司初步建成了以北京的总公司和设在中国主要港口城市的5大船公司为核心的、全国最大的远洋运输企业。

第一节　成立中国远洋运输公司

新中国的远洋运输事业，因受台湾海峡局势以及国内外敌对势力封锁禁运的影响，远洋船队一直未悬挂中国国旗。在经过3年经济恢复和提前完成第一个五年计划后，中国工农业生产和对外贸易有了较大的发展，国际形势也日趋缓和，这使建立悬挂五星红旗的国家自营远洋船队和独立的远洋运输事业领导机构，不仅成为迫切需要，而且具备了基本的条件和可能。

1958年，相继成立的交通部远洋运输局及远洋局驻广州办事处，加快了筹建中国远洋运输企业和组建悬挂五星红旗远洋运输船队的步伐，并在组织和人员等各方面做好了准备。

一、成立中国远洋运输公司的历史性契机

（一）党和国家领导人的高度重视

党中央和国务院十分重视和关怀远洋运输事业的发展。20世纪50年代中期，"交通部在一次汇报工作时，制作了一张世界海轮吨位图表。这张图表标明中国运输能力不到世界运输能力的0.3%。毛泽东主席看到这张图表后，深有感触地说，这张图表明了我们很穷，

表明了我们和世界的差距,表明了发展中国远洋事业的紧迫感。毛泽东主席提出要逐步把中国远洋运输船队发展到一、两千万吨的设想规划"[1]。1958年,毛泽东主席提出要"建立海上铁路"。随着形势的发展,党中央和国务院对组建中国远洋运输公司及其自营船队更为重视,进程明显加快。1959年3月,交通部党组就成立中国远洋运输公司向国务院外事办公室副主任廖承志作了专门报告,获国务院副总理陈毅和外事办副主任廖承志批准同意。这一时期,周恩来、李富春、李先念、叶剑英等党和国家领导人,对发展远洋运输事业都提出了许多战略设想和重要部署。国务院各部委的领导和中国人民解放军陆海空三军的有关领导,也为如何组建和扩大中国远洋运输船队做过很多指示,提出过许多建设性意见。

(二)国家经济建设的需要

随着中国社会主义经济建设的蓬勃发展,通过海上进出口的外贸物资与日俱增,成立中国远洋运输公司、建立自营的国家远洋船队,从政治和经济方面考虑,都有重大作用:它可以保证国家的独立自主,进出口货物可以不受制于西方国家;保证国家工业化建设物资运输任务的完成,加强国家经济实力和国防能力;节约进出口物资的运费支出;逐步建立中国在国际运输特别是东南亚地区运输的网络。

(三)国内外形势的好转

20世纪50年代后期,国际形势渐趋缓和,进步力量日益加强,中国的国际威信日益提高,影响逐渐扩大。到1960年9月,中国已与100多个国家和地区建立了外交和外贸关系。美国虽奉行对中国封锁禁运政策,但也不得不考虑世界舆论,不敢轻易进行公开捣乱。党中央、国务院对台湾海峡局势的掌控力逐渐增大。台湾国民党当局盘踞的台湾、澎湖、金门、马祖距离西沙、中沙群岛间的东航道较远,不易出动舰只骚扰。形势的好转有利于创建中国自营船队。同时,20世纪50年代末期,中国的对外贸易有了飞跃的发展,1958年外贸的海运量达1158万吨,其中由中国方面承运的比重仅占全部进出口货物的20%。其余的80%则由贸易的对方承运。在中国承运的这20%中,又有60%的货物要用大量外汇租用西方国家的船舶运输。1958年,中国租用外轮150多艘,全年需支付租金达1440多万英镑。1959年和1960年租船100艘左右,支付资金1200多万英镑,花费了国家大量外汇。国内外形势的发展,迫切要求中国远洋运输事业迅速改变落后状况,并建立与中国的国际地位相称的自营远洋船队。

(四)接运难侨的迫切需求

1959年,东南亚风云突起,印度尼西亚当局掀起反华排华浪潮。中国政府决定租船接运居住印度尼西亚的自愿归国华侨。当时交通部远洋局及其驻广州办事处正积极筹备建立悬挂五星红旗的自营船队,第一次组织、指挥和调度十几艘租船,来往于广州和印度尼西亚海域。这是中国远洋运输公司成立前的预演。

---

[1] 引自中国海员工会全国委员会编:《中国海员的光荣传统和崇高职责》,北京:工人出版社,1984年,第113页。

二、中国远洋运输公司成立的前期准备

由于客观条件已经具备，交通部远洋局及其驻广州办事处加快了筹建中国远洋运输公司和组建远洋船队的步伐，把远洋开航的准备工作和接侨紧密结合起来。通过以前的接侨运输，我国已经在对外关系、船舶调度、供应工作、安全措施、国外加油、财务结算、建立国外代理关系、国外港口的调研等工作上，都积累了一定的经验。为了解东南亚航运市场情况，远洋局又派人员去雅加达、仰光、科伦坡等地进行访问，同外商进行了广泛的接触，与有关中国驻外使领馆及商务参赞处交换了对开辟东南亚航线的意见，为中国自营船舶航行东南亚做了大量的准备工作。

（一）组建远洋船队

由于受到封锁和禁运的限制，当时委托捷克斯洛伐克国际海运股份公司等公司，在国际航运市场分别购买了"光华""新华"2艘客船，在1960年8月先后到达广州[①]。"光华""新华"是从国外购置的旧船，于1960年底先后到香港进行整修。同时，从上海海运管理局调拨"和平25"（改名为"和平"轮）和"和平58号"（改名为"友谊"轮）2艘货船南下，在1961年1—2月间先后到达广州。这2艘船舶是国内新造的5000载重吨蒸汽机货船。因此，中国远洋运输公司成立时，已经有4艘船舶，2.26万载重吨，具有1150人[②]的载客能力。

船舶到位后，设计了中国远洋运输公司的标志，中国远洋船队的船旗、船名、烟囱标志、船体颜色；拟定了航海日志、轮机日志、电机日志、电台日志、舱图、舱单等一整套的船用业务单证。

船舶证书也是中国远洋船舶走向世界所必须面临的一个问题。当时中国船舶检验局完全有条件颁发国际航行船舶应备的所有证书，唯有其中的船舶安全设备证书，因当时中国尚未正式承认并接受《1948年国际海上人命安全公约》，故不能自行颁发。所以在船舶整修期间，按照苏联船舶入级标准进行整修，随后向苏联驻上海验船处申请代发船舶安全设备证书，以符合国际航运手续。

（二）配备成套船员

中远公司成立前夕，交通部从沿海及合营船队中抽调了素质较高的船员，并接收了从部队转业的干部和复员的士兵，进行短期训练后，办理审批手续，分别上船，待命出航。还设计了《中华人民共和国海员证》，制定了发证办法。

（三）解决开航所需一切物资

通过中央及地方的有关部门协商，临时解决了部分所需的物料和伙食，以及在国外期间招待用的食料。

---

① 根据原中远总公司副总经理卓东明回忆，"光华"轮当时是由远洋局负责选购，"新华"轮是交通部委派上海海运管理局负责选购。
② 中国远洋运输公司成立时实际已经拥有5艘船舶，3.4万载重吨。除上面提到的4艘船舶外，还有"南海147"轮，划归中远后改名为"中华"轮，但该轮因性能所限，故未能参加远洋运输，于1962年10月7日移交上海海运管理局管理。

（四）建立国外业务代理关系

由远洋局选择物色了合适的国外代理行，派驻了国外航运代表，由办事处具体订立了代理协议，并由远洋局联系中国驻外使领馆，组织安排船队在国外港口期间的一切涉外活动。

（五）解决海上护航和电讯联络

由于当时台湾海峡两岸处于严重的对峙，在中国南海航行，必须经过一段危险区域。为确保公海上的航行安全，远洋局及其驻广州办事处与中央、地方的有关部门协商，解决了海上船舶、海上电讯、联络和海上护航问题。

（六）制定相应的制度规则

制定了《远洋船员职务规则》《中国远洋运输公司船舶调度通信暂行规程》《中国船舶通信规则》等一系列管理办法和技术规范。

三、中国远洋运输公司成立

这一系列的筹划，从思想、组织、业务技术和干部等方面，为中国远洋运输公司的成立做好了准备。1961年3月2日，国务院外事办公室批准成立中国远洋运输公司。

1961年4月27日，交通部向外交部、外贸部等33个单位和相关机构发文《交通部关于设立中国远洋运输公司的通知》，正式宣布了中国远洋运输公司（简称中远公司或中远）和中国远洋运输公司广州分公司的成立，通知内容如下：

外交部，外贸部，商业部，石油部，中侨委，中国人民银行，中国人民保险公司，本部运输总局，安全监督局，计划统计局，财务材料局，人事局，上海海运局，广东省航运厅，大连、秦皇岛、天津、青岛、烟台、连云港、上海、黄埔、湛江、八所港务局，大连、秦皇岛、天津、青岛、上海、湛江、八所外轮代理公司，大连海运学院，上海海运学院：

"由于我国对外关系的日益发展，为了满足对外客货运输需要，经国务院外办批准，我国自营船队挂国旗开航，并在北京设立中国远洋运输公司（公司经理冯于九同志），在广州设立中国远洋运输公司广州分公司（分公司经理郭玉骏同志），经营管理中国远洋运输业务。今后有关远洋客货运输业务，请直接与该公司联系。特此通知。

中国远洋运输公司：地址：北京北兵马司1号
　　　　　　　　　电报挂号：COSCO，PEKING
　　　　　　　　　电话：4·0952
中国远洋运输公司广州分公司：地址：广州沙面珠江路28号
　　　　　　　　　　　　　　电报挂号：COSCO，CANTON
　　　　　　　　　　　　　　电话：10525（经理室）
　　　　　　　　　　　　　　　　　11295（调度室）
　　　　　　　　　　　　　　1961年4月27日"

同日，交通部远洋运输局向北京市邮局、东四邮电局发出公函《交通部远洋运输局公函》，明确了中国远洋运输公司的英文名称为 CHINA OCEAN SHIPPING CO.，电报挂号为 COSCO。

中远公司是新中国第一家国营的国际远洋运输企业。第一任经理由交通部远洋局局长冯于九兼任，办公地址设在北京交道口北兵马司1号（图2-1）。它的成立加强了对远洋运输船队的统一领导和管理，有力地促进了中国自营船队的扩大和对外贸易的发展，在政治、经济上都有重大意义。

在中远公司成立的第二天，1961年4月28日，"光华"轮悬挂中华人民共和国国旗，前往印度尼西亚接侨。悬挂国旗航行，是中国远洋运输事业的一个里程碑，也是具有重要历史意义的大事件。

图2-1 中远公司成立时的旧址及部分职工合影。

第二节 成立中国远洋运输公司广州、上海分公司

一、成立中远广州分公司

1958年9月1日，为开辟远洋运输工作，统一管理和领导华南地区的远洋船舶与外轮代理工作，根据当年8月4日交通部党组会议的指示精神，远洋运输局驻广州办事处成立。这是新中国远洋运输事业的初创基地，也是中国远洋运输公司广州分公司（简称中远广州分公司）的前身。

1961年4月27日，在北京成立中远公司的同一天，中远广州分公司宣告成立，设址广州市沙面珠江路28号（图2-2）。

中远广州分公司由交通部远洋运输局驻广州办事处改组、发展而成（一套机构，两块牌子），成立以后对内保留办事处名称至1965年。广州办事处主任郭玉骏任中远广州分公司经理，滕正相任党委书记。分公司的机构设置是：行政部门设计划财务科、供应科、船舶技术科、调度室、航运科、行政管理科、秘书科、保卫科、人事科、卫生所、待

图2-2 中远广州分公司成立时旧址——广州沙面珠江路28号。

派船员管理处；政工部门设政治处，下设组织科、宣传科、青年科。基层单位有黄埔仓库、黄埔招待所等。中远广州分公司远洋业务受中远公司领导和广东省经济委员会代管；党政干部管理受广东省工交党委及中远公司党委双重领导。中远广州分公司还代管外代广州分公司、捷克公司驻黄埔代表处、中阿（阿尔巴尼亚）公司以及政策研究室（负责管理香港招商局）等单位。

中远广州分公司是中远公司下属的第一家远洋运输企业，负责经营管理中远的自营船舶和租船，为中国自营远洋船队的开航和发展作出了积极贡献，是新中国远洋运输事业的发源地和摇篮。

二、成立中远上海分公司

随着中国对外贸易的发展，中国和日本、朝鲜两国间贸易往来和经济合作进一步发展。1962年1月5日，中国与朝鲜民主主义人民共和国在北京签订中朝两国通商航海条约。同年11月9日，中国与日本签订了中日两国民间贸易备忘录（即《廖承志、高崎达之助备忘录》）。根据备忘录的规定：在1963年，中日双方的贸易物资将达到20万吨左右。中日民间贸易的剧增，亟需中远增加运力。但由于当时南北航线尚未贯通，使得中远广州分公司的船舶不能北上，南北航线的运输只能大量租船。1962年以来，国际租船市场费用高涨，对于进口粮食、化肥等物资的运输，在租船方面又遇到不少困难。为此，国家需要利用沿海国营船舶开辟中朝、中日海运航线，以顶替租用的外轮，维护中国的航运权益，减少租船费用的开支，扩大自己的远洋船队，参与国际航运竞争。在这样的形势下，成立中国远洋运输公司上海分公司（简称中远上海分公司）势在必行。

1963年4月30日，交通部选定的首航日本的万吨远洋货轮"跃进"号从青岛出发，翌日下午即在东海海区触礁沉没。事件发生后，交通部认真总结了沉船事件在管理等方面暴露出的问题，加快了组建中远上海分公司的步伐。

1963年11月12日，交通部向国务院呈报了《关于开辟中朝、中日海运航线的请示报告》，阐述了开辟中朝、中日航线的理由，提出了具体方案，建议由上海海运管理局[①]负责筹建中远上海分公司。

1963年11月20日，国务院总理周恩来和副总理李富春、李先念等批准了这一报告。上海海运管理局接到交通部转发的国务院关于成立中远上海分公司的批文后，立即成立了由局党委副书记张俊、副局长刘延穆为正副组长的7人领导小组。小组成立后即开始选调干部、审定船员、策划航线、选定船舶进行入级修理等工作，积极准备开辟中朝、中日航线。

1964年2月10日，交通部任命宋涛任中远上海分公司经理。3月17日，交通部批准

---

① 1958年4月，交通部为改善海河运输的经营管理，决定实行港航分管的体制，撤销上海区海运管理局，改设上海海运管理局与上海港务管理局，同属交通部海河运输局领导。1964年3月经国务院批准，交通部在上海成立北方区海运管理局（简称北方区局），统一管理上海和北方沿海航区的港口、航运、船舶修造、燃物料供应、航道、救捞、学校、科研等企事业单位。上海海运管理局改建制为上海轮船公司，同年6月1日启用新章。1968年4月29日，上海市革命委员会批准上海轮船公司正式改名上海海运局。

了上海海运管理局《关于中国远洋运输公司上海分公司的编制机构问题的报告》。中远上海分公司机关设经理办公室、运务处、船务处和人事科、计划财务科、供应科,编制暂定为50人。明确了中远上海分公司在上海海运管理局领导下,进行运输生产管理。

1964年4月1日,中国远洋运输公司上海分公司在上海中山东一路5号正式成立(图2-3)。当时职工人数为488人,其中船员人数为410人。翌年1月1日,经交通部批准,中远上海分公司为北方区海运管理局内部独立经济核算单位,在体制上直属北方区海运管理局领导,在业务上实行双重领导。

图2-3　上海市中山东一路5号中远上海分公司成立时旧址。

第三节　中远在曲折中发展及中远天津分公司成立

1966年开始的"文化大革命"是一场历史的浩劫,给刚刚起步不久的中国远洋运输事业带来了灾难。"文化大革命"开始时,远洋运输机构也受到严重冲击,机关业务受到严重干扰,仅能勉强维持运转。在周恩来等老一辈无产阶级革命家的支持和关怀下,在交通部的努力下,在这一特殊的历史时期,远洋运输事业很快"由乱到治",并得到了迅速发展。这一时期,为了统一领导和管理驶往华北港口的中远船舶,开辟中远在中国北方的远洋运输业务,1970年,中远天津分公司成立。

一、撤销远洋运输局(中国远洋运输公司)

1966年开始的"文化大革命",来势凶猛,造反派的夺权,打乱了交通运输的指挥机构。1967年5月,交通部实施军事管制,成立了生产指挥部。1969年1月1日,交通部各司局被撤销,合并成为几个大组,中远公司、外代公司与水运局、港务监督局、船舶检验局等单位合并为运输组。

1970年6月2日,中共中央决定,将铁道部、交通部和邮电部(邮政部分)合并组成新交通部,并对机构进行了调整。交通部的海运管理机构大部分被撤销与合并。远洋运输局(中国远洋运输公司)对内对外均被撤销,外代公司对外虽保留了名义,但只保留1位职工,其余人员均被下放"五七干校"。中远公司、外代公司等"全归交通部内部的水运口管辖。这个水运口形同虚设,很难行使指挥和管理全国海运、河运的职能"[①]。

---

① 引自中国航海学会编:《中国航海史》(现代航海史),北京:人民交通出版社,1989年,第134页。

二、中远广州分公司机构的变化

1966年9月,中远广州分公司办公地点由沙面珠江路28号迁往滨江西路72号(现174号)。1967年3月3日,中远广州分公司由海军南海舰队派出军管小组实行军事管制,成立军管小组及临时生产指挥部。

1968年,全国各地的群众组织纷纷进行大联合,各省、直辖市陆续成立革命委员会。在这种形势下,9月28日,经广东省革命委员会批准,成立中国远洋运输公司广州分公司革命委员会,下设政工组、办事组、生产组、后勤组。机关干部大部分下放到干校,只有42人留守,这严重影响了正常的生产经营管理。到年底,中远广州分公司革命委员会被撤销。

1969年1月1日,中远广州分公司与广州海运局、广东省航运厅合并组成华南水运公司革命委员会。中远广州分公司机关由300多人精简至78人,员工大部分被下放到由英德茶场改造的"五七干校"参加劳动。华南水运公司由于管辖的范围过于庞杂,既管远洋,又管沿海和内河,从国营万吨大船一直管到公私合营小舢板,难以统一指挥,更无法领导和组织远洋运输。因此,仅存在13个月,于1970年2月20日由广东省革命委员会下令撤销,恢复中远广州分公司建制。是年2月,重新成立中远广州分公司革命委员会,继续实行军事管制。

1972年6月,中远广州分公司军事管制结束。根据全国交通工作会议关于调整机构的精神,撤销办事组、政工组、生产组,实行新编制,重新组建中远广州分公司党组[①],公司党政工作归广东省交通战线领导。

三、中远上海分公司机构的变化

1966年6月"文化大革命"开始,中远上海分公司先后成立了几个造反派组织,党和行政的组织机构陷入瘫痪。是年9月,中远上海分公司机关迁至中山东一路9号。1967年4月7日,中远上海分公司成立生产第一线指挥部,组织领导全公司的运输生产。

1968年2月,中远上海分公司革命委员会成立,原生产第一线指挥部撤销。机关机构精简,原有处、室、科包括政治工作机构撤销,合并为三个组,即政工组、生产组和后勤组。机关人员也由1967年末的130人压缩到37人。不久,办公室从政工组分离出来,成为三组一室。是年,交通部通知,因北方区海运管理局停止办公,中远上海分公司直接归属交通部远洋运输局领导。

1970年3月16日,上海市委组织部批准中远上海分公司党委改称为党的核心小组,撤销政治部及公司各科室,均改称为"组"。1971年6月20日,中共中国远洋运输公司上海分公司委员会重新成立,原公司党的核心小组撤销。1973年中远上海分公司机关设四组一室(即政工组、计财组、航运组、船技组、党政合一办公室)、工会、团委;公司机关办公地址由中山东一路9号迁至东大名路378号。

---

① 军管结束后,中远广州分公司党组织尚未建立,上级党组织委派2—3人组成党的核心小组,简称党组,临时负责广州分公司党的工作。

四、成立中远天津分公司

"文化大革命"后期,在老一辈无产阶级革命家对远洋运输的保护下,远洋运输业务从"文化大革命"初期的混乱状态中逐步恢复过来。当时,中国外贸进出口货源大部分集中于华北港口,随着南北航线的贯通,中远广州分公司、中波公司驶往华北港口的船舶日趋增多。但这些开往华北港口的国营远洋船舶没有统一的管理机构,其调度指挥、后勤供应、船舶临时修理及船员管理等存在诸多问题。1970年2月,在全国计划工作会议上,国务院总理周恩来提出,在远洋运输方面,要力争改变主要依靠租用外轮的局面。同时,中美关系和台湾海峡形势又有所缓和,中国远洋运输事业迎来了发展的机遇。为了适应形势发展的需要,统一领导和管理驶往华北港口的中远船舶,保证船舶的供应和修理,并开辟中远在中国北方的远洋运输业务,中国远洋运输公司天津分公司(简称中远天津分公司)的成立被提上议事日程。

1970年5月20日,交通部军管会向国务院业务组呈递了《关于建立天津远洋运输分公司的报告》。在征得天津市革命委员会同意,并经国务院批准后,决定成立中远天津分公司。同年8月,交通部从中远公司及中远广州分公司抽调28名干部组成筹备组,赶赴天津塘沽,筹建中远天津分公司,筹备组组长为高介民。1970年9月29日,"中国远洋运输公司天津分公司"印章正式启用。10月15日中远天津分公司在塘沽正式成立(后经研究确定,10月1日为公司正式成立之日)。公司成立后,中远公司从中远广州分公司调拨10艘杂货船("江门""玉门""海门""海丰""敦煌""金沙""九江""镇江""大名""大同"轮),选调786名船员,划归中远天津分公司。1972年6月14日,中远天津分公司革命委员会成立。

公司组建初期,由于受船舶数量和船型的限制,营运上采取不定期船的经营方式,主要经营天津至欧洲、天津至日本航线。

中远天津分公司成立时,办公条件十分艰苦,但公司的创业者们继承和发扬了中远的光荣传统,艰苦奋斗,忘我劳动,为中远天津分公司的建立和迅速发展,创造了有利条件。图2-4为中远天津分公司成立时在塘沽的办公地点。

图2-4 中远天津分公司成立时旧址。

第四节 重新组建中国远洋运输总公司

进入20世纪70年代,中国的经济、外交形势发生了很大变化。国际上,以中美关系缓和和中日邦交正常化为契机,出现了各国纷纷与中国建交和发展贸易的热潮,中外经贸关系和人员往来活动日益增多;在国内,1972年,根据周恩来总理的指示,国务院采取各种措施对国民经济进行调整。虽然经济工作仍存在不少问题，但冒进造成的危害到 1973 年下半年得到较大缓解，经济形势明显好转。这些发展变化，给远洋运输事业的发展开辟了广阔的道路。"文化大革命"期间遭到破坏的远洋机构亟待恢复，以满足远洋运输事业的发展需求。1972 年 9 月，国务院作出重新组建中国远洋运输总公司（简称中远总公司）的决定。

这一时期，在国务院总理周恩来等老一辈无产阶级革命家对国家远洋运输事业的关怀、支持和亲自指导下，中远总公司排除干扰，重新采用贷款买船的方式，使远洋船队以前所未有的速度发展壮大起来。船员职工成倍增加，企业管理和教育培训等工作得到恢复和发展。各级党组织逐步恢复和健全，广大干部、船员职工继续发扬艰苦奋斗、自力更生的精神，服从大局，奋力拼搏，生产经营发展较快，经济效益不断提高，为国家建设做出了贡献。

一、中远重组的历史背景

1968 年，交通部军事管制委员会对交通部机关机构进行了调整。1969 年初，交通部远洋局（对外称中国远洋运输公司，也是外代公司）随部机构调整被并入运输组，1970 年 6 月改为水运口，管理远洋运输业务。这种体制机构很难行使指挥和管理职能，严重地削弱了对远洋运输工作的管理和船队的建设。为保证外贸运输任务的完成和远洋运输事业的发展，迫切需要重新组建中国远洋运输总公司。

其一，国家需要尽快发展远洋运输事业。1970 年 1 月周恩来总理指示：要加强远洋船队的建设，"四五"期间（1971—1975 年）将远洋船队从 110 万吨扩充到 400 万吨，"力争 1975 年基本上改变主要依靠租用外轮的局面"。

根据周恩来总理提出的"四五"远洋船队发展目标，到 1975 年，中远还要再购买船舶 290 万载重吨，增加船员 17000 人。管理如此规模的远洋船队，必然面临工作量大、难度高等方面的矛盾，亟需重组中国远洋运输总公司实施领导。

其二，由水运口分管远洋运输的体制，已不能适应工作需要。除远洋运输业务外，水运口还同时管理内河航运、港务监督、船舶检验等有关业务，原先由中国远洋运输公司领导和代管的 3 个远洋分公司、7 个外轮代理分公司、3 个中外合营公司等十几个单位改由水运口直属。这些企业职能均由作为行政机关的水运口承担，造成了管理上的诸多不顺。而水运口的管理人员大量减少，仅能勉强应付工作。其中分管远洋运输业务的人员由 1968 年原远洋局的 195 人减到不足 10 人，分管外轮代理工作的人员由原来的 1 个处减到 1 个人，根本不能适应工作量与日俱增的要求，严重影响了远洋运输事业的发展。因此，由一个专门的机构来掌管远洋运输工作，恢复中国远洋运输总公司，迫在眉睫，势在必行。

1972 年 1 月，交通部召开会议，讨论远洋运输船队的发展问题，决定重新组建中国远洋运输总公司。同年 2 月 22 日向国务院呈报了《关于重新组建中国远洋运输总公司的请示》，提出："由于远洋运输的迅速发展，远洋运输涉外任务更为繁重复杂，需要有一个专门机构集中管理远洋运输工作，加强远洋船队的思想建设和组织建设，搞好经营管理和运输、涉外等各项工作。总公司仍设在北京，作为部直属企业单位，编制暂定 100 人（不包括工勤人员）。在交通部领导下，统一规划远洋船队的建设，负责远洋运输的经营管理。同时，亦作为中国外轮代理总公司。广州、上海、天津远洋运输分公司和对外开放港口的外轮代理分公司的业务，由中国远洋运输总公司统一领导和管理，党政工作由中国远洋运输总公司党委和所在地的地方党委双重领导，以地方党委为主。在当地的涉外工作，由地方外事部门统一领导。鉴于远洋船队专业性较强，有关干部和船员的调动，仍由交通部远洋运输总公司为主。"

2月24日，国务院副总理李先念批准了这个报告，并指示：远洋运输与内河运输业务放在一起，不大方便，可能削弱远洋运输的建设和管理，内河也不能加强。要先与地方几个大港口的党委商量好（即省、市委）。

3月4日，交通部党的核心小组召开会议，传达了国务院领导同志的批示，责成副部长于眉负责组织与有关省、直辖市协商。并将原远洋局党委书记张公忱①从"五七干校"调回，负责中国远洋运输总公司的筹备工作。同年7月，经交通部党的核心小组同意，中国远洋运输总公司临时党委成立，由杨炯任书记（未到职即返回部队工作），张公忱任副书记。

1972年9月，交通部发出《关于重新组建中国远洋运输总公司的通知》：经国务院批准，组建中国远洋运输总公司，作为交通部直属企业单位，同时亦作为中国外轮代理总公司。从1972年10月1日起正式办公，张公忱任经理。中国远洋运输总公司设在北京东长安街6号（图2-5），1973年1月13日正式迁入。

图 2-5　中国远洋运输总公司重新组建后，在北京东长安街6号办公楼。

为加强领导，交通部党的核心小组于1973年4月对中远总公司的领导班子作了充实调整，增补了临时党委委员，决定由张公忱任党委书记，朱诚烈、叶伯善任党委副书记。

从此，中国远洋运输的管理工作，在经受了几年的冲击和干扰后，终于又恢复建立了一个专门的管理机构。这对保证远洋运输事业的发展，起到了重要的作用。

二、中远总公司的机构设置及变化

中远总公司重组后，根据交通部的指示精神和中远总公司的实际需要，共设11个行政业务处室，即：办公室、航运处、合作处、代理处、船技处、通信处、物资供应处、人事

---

① 张公忱（1915.12—1992.2）山东宁津县人，1937年11月参加工作，1938年9月加入中国共产党。抗日战争和解放战争时期，在部队任职。新中国成立后，到海军工作。1965年5月调交通部，先后任远洋局党委书记、中国远洋运输总公司党委书记、经理。1979年8月任交通部水运局局长，1982年12月离职休养。张公忱同志在交通部任职期间，坚决贯彻执行党和国家关于水上运输工作的方针政策，重视船队的发展建设和职工队伍的政治思想工作，特别是为建立新中国远洋运输专业队伍，付出了艰辛的努力。在"文化大革命"期间，张公忱同志立场坚定，在受到冲击的情况下，仍顾全大局，坚持工作，为我国的水运事业做出了显著成绩。

处、教育处、计财处、资料室。人员编制定为 100 人。后因租船工作需要，1973 年 5 月又增设了租船处（对外用租船部名义）。总公司政治部设组织处、干部处、宣传处、保卫处。1973 年 3 月，总公司合作处和资料室合并，改为国际处，统管国际航运会议、合营公司和国际航运情况调研工作。1976 年 9 月，计财处分为财务处、计划统计处，将商务工作从航运处分出，设立商务处，并增设安监室，政治部增设办公室，共增加处室 4 个、编制增加 30 人。1978 年又增设了科技办公室。机构的调整和处室的增设，适应了当时形势的发展和工作的需要。

三、交通部远洋运输局名称的恢复

中远总公司重组后，考虑到远洋运输和国际海运合作（包括政府间的海运协定、航线协议、国际航运会议等）是一个不可分割的整体，应在交通部的领导下，由一个机构统一管理，更有利于工作的开展。1973 年 2 月 16 日，中远总公司党委向交通部呈送报告提出："应该恢复交通部远洋运输局，同时又是中国远洋运输总公司和中国外轮代理总公司。"同年 9 月 29 日，中远总公司党委再次上报《关于恢复远洋运输局的报告》，重申了远洋运输具有行政和企业的双重性质，其机构必须把政府部门的专业管理局和企业机构相结合，才能与任务相适应；建议远洋运输局的任务是在交通部的直接领导下，掌握有关远洋运输的方针政策，统一管理远洋船舶的经营和发展建设、合营海运公司、外轮代理业务、香港招商局和船公司等单位、国外造船谈判、签约、监造，以及国际海运会议，政府间的海运协定、联合航线协议等工作。

1974 年 9 月，交通部下发《关于恢复远洋运输局的通知》，其中明确：经交通部党的核心小组研究决定，从 1974 年 10 月 1 日起恢复交通部远洋运输局。为便于开展工作，远洋局一个机构三块牌子，即远洋局、中远总公司、外代总公司。远洋局具有行政和企业双重性质，既是交通部机关的一个职能部门，又是部属全能性的企业机构。远洋局编制属于企业，不占机关行政编制，其经费由企业开支。

中国远洋运输总公司重组以后，根据 1972 年远洋工作会议的要求和实际需要，还增设了一批新的单位，1973 年，批准建设青岛海运学校和广州、天津两个海员学校，恢复了南京远洋海员学校，接管了大连海运学校和由原厦门大学航海系改办的集美航海学校。此外，1973—1976 年，先后建立了大连、青岛、黄埔和秦皇岛 4 个船员基地，1975 年建立了青岛物资供应站等。

第五节　成立中远青岛分公司和中远大连分公司

一、成立中远青岛分公司

中远总公司重组后，到 1974 年底，船舶已达 304 艘、450 万载重吨。当时，大连、青岛两港的外贸运输任务不断增长，等候泊位的船舶日益增多，而中远在这 2 个地区没有统一的管理机构,船舶调度指挥、物料供应、船员管理等方面存在诸多不便。1975年5月20日,交通部向国务院报送了《关于成立中国远洋运输总公司大连、青岛分公司的请示》,提出:为加强船队建设和运输管理,拟在旅大、青岛市分别成立中国远洋运输总公司大连、青岛分公司,这2个分公司成立后,将当地的外轮代理、物资供应、海运学校和船员基地等远洋所属单位统管起来。5月26日,国务院副总理李先念做出批示:"我们船太少了,要发展。领导班子要强。"纪登奎、华国锋、王震也都进行了阅批。1975年6月28日,交通部下发《关于成立中国远洋运输总公司大连、青岛分公司的通知》通知中国远洋运输总公司:经国务院批准,成立中国远洋运输总公司青岛分公司,编制暂定为青岛分公司120人。1975年11月5日,中远总公司和中远总公司政治部联合发文通知,为了加强青岛到港中远船舶的现场管理安全生产,特别是抓好思想政治工作,决定建立中远青岛分公司筹建组,同时为中远总公司在青岛港的现场管理工作组。

1975年11月5日,成立中远青岛分公司筹备工作组。11月22日,交通部远洋运输局通知,中远青岛分公司为局级企业单位。并随文颁发公司印章一枚。1976年1月5日,经请示青岛市委同意,定于1976年1月10日起,启用"中国远洋运输公司青岛分公司"印章;联系地点暂定为青岛登州路24号。

1976年6月24日,交通部远洋运输局通知,中远青岛分公司机构设置为:政治部设组织处、干部处、宣传处、保卫处、直政处;行政和业务部门设办公室、航运处、船技处、电信处、计划财务处、人事处、物资供应处、教育处、行政管理处和人民武装部。处(室)以下不再设科。

1976年7月1日,青岛市委通知,中远青岛分公司正式成立,开始办公。至此,中远总公司青岛分公司宣告成立,办公地点设在山东省青岛市馆陶路16号(图2-6)。陈化明任中远青岛分公司经理兼党的核心小组组长。1976年8月5日,交通部远洋局通知,下属的青岛海运学校、青岛物资供应站和青岛远洋船员基地的教育、生产和行政业务工作,自1976年7月1日起归中远青岛分公司领导与管理。

1977年3月9日,中共山东省委发出《关于建立中国远洋运输总公司青岛分公司和有关几个问题的通知》,明确了中远青岛分公司的管理体制。中远总公司青岛分公司,隶属交通部,实行交通部与地方双重领导;中远青岛分公司的计划、财务、生产、调度等业务工作以交通部为主,党政工作以地方为主。

图2-6 青岛远洋运输公司初建时期的办公楼。

中远青岛分公司自1977年6月21日从湛江港接入第一艘远洋散装货轮——"珍海"轮后,到1978年底,先后接入"辽海""安达海""兰海""黄海""广海""珠海""华海""鲁海""岱海""智海""丹海""矿海""明海""青海""福海""玫瑰海""琼海""天海""长海""谷海""琥珀海""翡翠海""昭阳海""阳宗海""伊宁海""江陵海"轮共27艘船舶，80万载重吨。其中20艘从中远广州分公司划拨，3艘由中远广州分公司接入后直接交中远青岛分公司，4艘为中远青岛分公司自己派船员接入。船舶全部为散装船，平均船龄为12年，其中21艘为20世纪60年代建造，6艘为20世纪70年代建造。从此，中远青岛分公司成为专门从事经营国际海洋散装货船的专业公司。

二、成立中远大连分公司

中远大连分公司的筹组工作与中远青岛分公司的工作同时展开，但经历了一个曲折的过程，直到1977年10月才有进展。

20世纪70年代，中国远洋运输事业有了较大的发展，国家外贸运输任务不断增加。大连作为东北最重要的港口城市，所担负的运输任务日趋繁重，在航运业中的地位也越来越突出。由于当时在大连没有统一的管理机构，对于来港中远船舶的调度指挥、物料供应、船员管理等方面，存在许多问题。

为适应远洋运输形势的发展和战备的需要，加强船队建设和运输管理，在大连建立一个中国远洋运输船舶基地迫在眉睫。1973年10月、1974年4月，交通部报经国务院批准，在大连先行筹建了"中远大连远洋船员基地"和"中远物资供应处大连物资供应站"，当时这些单位党的关系由大连港务局党委代管。其干部除由交通部和中远公司调配以外，也由大连港务局代为配备。实际上，这也是筹建中远大连分公司的准备阶段。在国务院和交通部有关领导的大力支持下，1975年6月28日，交通部批复中国远洋运输总公司，同意成立大连分公司，编制暂定为150人。同年7月，中远总公司派出以方枕流为组长的筹建组来到大连。经过前期紧张的筹建工作，1976年2月13日，交通部远洋运输局正式批复中远大连分公司的机构设置。政治部下设组织处、干部处、宣传处、保卫处；行政和业务部门设办公室、航运处、船技处、电信处、计划财务处、人事处、物资供应、教育处、行政管理处和人民武装部，处（室）以下不再设科。但是自此以后，中远大连分公司的筹建受到阻碍，相关工作停滞不前。直到1977年6月，中共旅大市委才批复同意。为更好地发展沿海和远洋运输，也为了中国远洋运输总公司大连分公司的筹建工作顺利进行，1977年10月7日，交通部发文《关于成立交通部大连海运管理局的通知》，将中国远洋运输总公司大连分公司（筹备组）和上海海运管理局大连分局合并，组建大连海运管理局，由交通部远洋运输局归口领导。对国内统一使用"交通部大连海运管理局"，对外使用"中国远洋运输总公司大连分公司"名称。大连海运管理局于1978年1月1日起，正式启用"交通部大连海运管理局"印章。

1978年1月23日交通部又发文通知，将外代、物资供应站、船员基地和大连海运学校划归大连海运管理局管理。

1979年3月7日，为了适应远洋运输事业发展的需要，便于对内对外更好地开展工作，交通部决定自1979年5月1日起将"中国远洋运输公司大连分公司"更名为"大连远洋运输公司"。大连分公司旧址见图2-7。

1979年9月12日，交通部下发《关于调整大连海运管理局管理体制》的通知，将大连海运管理局按原建制分开，属于远洋部分的称大连远洋运输公司，由中远总公司领导，属海运部分的仍称上海海运管理局大连分局。新的管理体制从1980年1月1日实行，这一天曾经被定为大连远洋运输公司的成立日。2007年8月8日，大连远洋运输公司发文，请示更正大连远洋运输公司成立时间从1980年1月1日更正为1978年1月1日。9月11日，中远总公司批复同意。

图2-7　中远大连分公司旧址。

第六节　意义深远的1972年交通部远洋工作会议

中远总公司重组后，即着手研究确定远洋运输工作的方针、任务，特别是落实国务院总理周恩来提出的发展远洋船队奋斗目标的措施和方法。1972年11月13—28日，交通部在北京召开了远洋工作会议。交通部副部长于眉就继续买船发展远洋运输船队、远洋船员培训、新建海运学校等问题作了报告，中央分管交通工作的粟裕同志作了重要指示[①]。

会议以船员培训为重点，并就党政双重领导的具体分工、加强远洋运输的经营管理、国内外买造船、开辟香港至华南班轮、海运院校实习船、合营公司船员管理、院校教育与业务培训、外代业务、中远与外代合并的形式及领导关系、技校师资、在职培训教材和政治思想工作等问题，进行了专题研究，通过了远洋运输形势和任务、增加远洋运力的措施、加强船员在职培训、办好海运院校、扩大远洋船员的来源、改善远洋运输的经营管理、加强党对远洋工作的领导等7个问题的报告，明确了近期和中期的奋斗目标。这次会议对指导中远总公司重组以后各项工作的开展，起到了重要和指导性的作用，具有深远的历史意义。会议通过的报告的主要内容如下：

一、远洋运输的形势和任务

会议首先分析了当时远洋运输的形势和任务，指出：从1961年到现在（1972年），中国远洋船舶已增长了160余艘，载重量近200万吨，航行在64个国家和地区的200多个港口，为发展中国对外贸易，加强中国社会主义经济建设，支援兄弟国家和友好国家的建设，增进中国人民同世界各国人民的友好往来，做出了贡献。但是，远洋船队的发展还落后于形势的需要。长期以来，中国远洋运输一直没有摆脱主要依靠租用外轮局面。当前世

---

① 《粟裕传》编写组编：《粟裕传》，北京：当代中国出版社，2012年，第559页。

界形势发生了很大的变化。外贸和援外任务急剧增长。在这种形势下，加速建设一支比较能与运输需要相适应的远洋船队，已成为刻不容缓的任务。党中央和国务院对于加强远洋运输工作十分重视。周总理在"四五"计划初期就明确指示，要"力争1975年基本改变主要依靠租用外轮的局面"。为了实现这一目标，我国必须在"四五"计划期间，把远洋运力从1971年底的130余万吨，增加到420万吨以上，即增长2倍半。1975年远洋船舶承担的运量，要求达到1600万吨左右。

二、增加远洋运力的重大举措

会议提出了增加远洋运力的措施，报告中指出：建设远洋船队的根本途径，是自力更生发展中国造船工业，立足于国内造船，这是我们坚定不移的方针。但是，中国造船工业正处在发展时期，在近期还不能提供大批船舶的情况下，利用国际市场船价下跌的有利时机，多买一些船，以争取时间，是完全必要的。按照国家计委的要求，1972年要买船100万吨左右，1973年再买船100万吨以上。我们一定要抓紧时间，做好工作，保证按质、按量地完成买船计划。根据远洋运输承担的任务，买进的船舶要大、中、小结合。要多买同机型的船舶，以利于维修保养和配件互换。为适应对外贸易和援外工作的需要，可买进一批大吨位的油船、散装货船；为适应近洋航线的需要，应多买一些中小型干货船；为保证援外人员的运送，还应买进几艘客货船。1972年和1973年的买船计划完成后，1973年末的远洋运力就可以达到320万吨以上，承担外贸物资的运量，就可由现在的32%上升到40%左右。

三、强化船员在职培训

会议强调要切实加强船员在职培训，并对干部船员培养做了非常具体的要求。随着远洋船舶的迅速增长，船员要从现有的7000多人相应地增加到24000人以上，其中干部船员要从现有的2000多人增长到11000人。必须以自力更生为主，采取有效措施，大力加强船员培训工作，大量培养提拔成套的干部船员，建设一支又红又专的船员队伍。当前的培训方法是：在职培训与学校培训相结合，以在职培训为主；在船培训与在岸短训相结合，以在船培训为主。会议要求中远各远洋分公司通过在职培训，年均2—3艘船，即培养出一套新的干部船员班子。1973年保证接船35艘（广州分公司20艘、上海分公司10艘、天津分公司5艘），加上各方面的支援，争取1973年多接船10艘，1974年和1975年再接船140艘左右。中阿、中波合营公司，也应按照上述要求，积极培养和输送干部船员。远洋运输公司各级党委，要把船员培养工作提上重要议事议程，须有专人分工负责。要建立健全各级教育机构，加强对培训工作的日常领导。培训计划必须落实到船，并要不断总结经验，加强具体指导，保证按时兑现。在船培训，要逐个作出安排，开展师傅带徒弟和专业对口的互教互学，做到教员、教材、时间三落实。三副、三管轮、驾助等干部船员，可以配双职，以利于现场教学和及时补充干部提升后的缺额。在岸短训，采取企业自办短训班和送院校短期培训两种办法，以企业自办短训班为主。要重点培训驾驶、轮机人员，特别是将要提升二副的培养对象。同时，还应举办各类短训班，有计划地培训船上管事、报务员和冷藏机员。外轮代理分公司在会议上主动提出承担培训一部分船上管事的任务，应迅速落实。

四、开办海洋运输专业院校

会议部署办好海运院校，扩大招生规模。为了适应远洋运输事业的发展，培养高质量的船员队伍，必须大力加强海运院校的建设。现有的海运院校要尽快提高招生能力，扩大招生规模。1973 年，大连海运学院、上海海运学院、厦门大学航海系和大连海运学校的招生人数，由 1972 年的 660 人增加到 1360 人。中远总公司新建的中等专业学校和天津、广州分公司新建的远洋海员学校，应抓紧筹建，力争于 1974 年开始招生。原属大连港务局的大连海运学校，划归中远总公司领导。原南京海员学校应予恢复，归上海分公司领导。办好海运院校，要认真解决师资不足的问题。现有的教师队伍必须保持稳定；适于教学工作但已改行的教师，应组织归队。水运企业中适于担任院校教师的（包括近几年海运院校毕业生），由交通部统一组织抽调。现有院校的毕业生，可挑选一些留校任教。各院校还可开办师资训练班，培训一批专业课教员。

在培训所用设备等方面，会议报告中指出：各院校教学设备老旧，数量不足，应逐步补充更新。急需的设备，应根据可能列入计划，予以解决。从废钢船上拆取的机电设备和仪表，应优先照顾院校教学需要。有些教学设备，可从企业更换下来的设备中调拨。院校校舍需要改建、扩建和增建的，应本着勤俭节约的原则提出计划，在明年（1973 年）基建项目中安排一部分。要加强院校学生实习工作的计划性和组织领导，提高实习质量。希望上海、广东海运局指定专船，相对集中建立实习基地。同时，改装 2 艘远洋船舶，用作各海运院校的实习船。

五、扩大远洋船员的来源

1972—1974 年，船员数量提升迅速，必须继续扩大船员来源，充实船员队伍。远洋运输公司应在各方面的支持下，做好船员的补充工作。国务院领导同志批示，远洋船员"条件要高点，因为要出国，思想、政治和身体条件要好些"。增加和补充的新船员，一定要重视政治质量，符合出国条件。同时，海上航行的技术要求较复杂，而且要懂外语，需要有一定的文化基础。因此从海军复员士兵中接收船员，最好是舰艇上的航海、机电人员；从城市农村补充船员时，应尽量招收具有初中以上文化程度的上山下乡知识青年和沿海渔民子弟。经国务院、中央军委批准，将从海军中每年抽调一批航海、机电干部，支援远洋船队；从部队每年输送一批团、营职政工干部，担任远洋船舶的政委；从已经复员到地方的海军干部中，商调一批航海、机电人员；从卫生部门输送一批医务人员；从外语院校输送一部分毕业生，培训后担任远洋船管事；有些省、市也已同意选调一批人员，支援远洋船队。这次会议还商定，长江航运公司和上海海运局各抽调 50 名干部船员到远洋船上工作，希望这些人员于 1973 年上半年能基本报到。远洋运输公司要组成专门班子，主动加强与有关方面的联系，认真做好人员接收工作。所有新调入的干部船员、新接收的复员水兵、新招收的上山下乡知识青年和渔民子弟，都要经过短期培训后上船。由于短训数量多，各远洋分公司必须加强短训工作的计划和组织领导，狠抓工作落实。

六、改善远洋运输的经营管理

整顿和改进船舶经营管理，是建设远洋船队的一项重要任务。必须实行集中、周密、科学的管理，方能提高效率，保证安全，降低成本，减少浪费。当前，由于我们管理不善，有的船舶停航时间超过营运时间，浪费了运力；有的船舶连续发生事故，使国家财产和政治声誉蒙受损失。必须采取有效措施，改变这种状况。远洋运输部门的领导干部，要学会做经济工作，钻研业务，熟悉生产过程，掌握运输规律。要实行领导干部值班制度，亲自参加交接班会议，了解船舶动态，及时解决运输生产中的问题。各级调度部门，要加强工作的计划性和纪律性，严格执行《远洋船舶调度规程》，建立健全集中统一的调度指挥系统。要加强船舶维修保养，实行计划修理，健全有关航行安全和机务管理的制度，提高船员自修能力。要适当安排好国内外修船工作，建立并强化航修站，以保持船舶良好的技术状况。各个业务部门，都要认真加强计划和财务管理，实行定额管理和经济核算。要严格劳动纪律，健全岗位责任制。为了充分发挥现有船舶运输效能，初步计划分远洋、近洋、沿海共 7 条航线，试行编队定船定线营运。这是改进远洋运输组织工作的一项重要措施，各单位均应通过试行，认真总结经验。现行的船舶体制，是经过长期生产实践形成的，符合远洋运输的特点，也符合国际通例，应坚持执行。各外轮代理分公司，要健全组织、整顿业务，并增添必要的生产设备，以提高外轮服务工作的质量，加强对自营船舶和租船的现场管理。要加强船员生活管理，认真执行国家劳动保护政策。有关职工的工资福利待遇，未经国家批准不得任意改变。要注意改善船员的劳动条件，关心他们的生活和身体健康，扭转船员体质下降的现象。要创造条件，逐步建立船员基地，以便加强船员的政治、业务教育和生活管理。

七、加强党对远洋工作的领导

加强党的领导，是多快好省地发展中国远洋运输事业的根本保证。遵照国务院的批示，各远洋分公司的党委工作，由远洋总公司党委和所在地的地方党委双重领导，以地方党委领导为主，当地涉外工作，由地方外事部门统一领导；生产业务工作由中远总公司统一领导；干部和船员管理以远洋总公司为主。各远洋分公司，必须及时向所在地的省、市委汇报工作，接受指示。远洋运输公司各级党委，要加强思想和政治路线方面的教育。要紧密联系远洋工作的实际，肃清极左思潮和无政府主义的影响。要认真落实党的各项政策，继续做好解放和使用老干部的工作，注意培养和选拔新干部，健全各级领导班子。各级党的组织，要认真贯彻执行党的民主集中制，发扬党的民主作风，重大问题必须在党委会上集体讨论决定。要充分发挥船舶党支部的战斗堡垒作用和党员的模范作用，团结和依靠广大群众，齐心协力做好工作。远洋船员常年航行国外，必须特别重视加强党的思想政治工作，提高广大船员抵制资产阶级思想侵蚀的能力。要严格涉外纪律，加强政治保卫工作，严防阶级敌人的捣乱破坏。党委领导对于那些与生产发展不相适应的规章制度和组织机构，要进行慎重的、有领导的改革。这次会上议定的有关调整充实远洋工作机构的意见，要经过准备，予以试行，并在试行中逐步改进。

会议全面、系统地规划了中远总公司成立以后的蓝图，对于中国远洋运输事业的发展有着重要的指导意义。

第七节 中国外轮代理总公司的发展与壮大

一、扩大代理网点

从 1962 年开始，随着中国对外贸易形势的发展，外代组织机构也有了新的变化，代理网点不断扩展。

1963 年 1 月 13 日，外代烟台分公司成立。1964 年 6 月 1 日，外代温州分公司成立。1963 年 4 月 9 日，撤销外代八所港分公司建制，对外仍保留名义，代理业务由外代湛江分公司兼管。1966 年 4 月，外代八所港分公司恢复，直接归八所港务局领导。1967 年 1 月 24 日，交通部为适应港口建设的需要，与广东省、广西壮族自治区、广州海运局联合研究决定，在北海港设外轮代理分支机构，并于 2 月 20 日，由交通部批准成立了北海外代分公司。

1966 年 11 月，外代广州分公司与中远广州分公司合并。1970 年 8 月，外代天津分公司与中远天津分公司合并。

1972 年 9 月经国务院批准，重新组建的中远总公司作为交通部直属企业（外代总公司与中远总公司为两块牌子，一套机构）。此时期的外代分公司已有 15 个，即大连、青岛、秦皇岛、天津、烟台、连云港、上海、温州、厦门、汕头、福州、广州、湛江、海口、北海分公司，共有职工 500 余名。

二、外代机构在曲折中发展

"文化大革命"时期，交通部机构发生变化，外轮代理总公司的机构也随之调整。1969 年 1 月 1 日，交通部各司局被撤销，合并成为几个大组，外轮代理总公司与中远公司等单位合并为运输组。1970 年 6 月 2 日，新交通部成立，随后对机构进行调整，原交通部运输组分设为水运组和公路组。远洋运输和外轮代理划归水运组管理。远洋运输局（中国远洋运输公司）对内对外均被撤销，外代公司也只留有 1 位职工处理日常代理业务，其余人员下放到交通干校参加劳动。全国各个港口的各外代分公司，也先后出现了各个派别的群众组织。从 1967 年下半年开始，各外代分公司逐步实行军管，行政及业务均由革命委员会实施领导。

三、代理机构的恢复与重建

为适应外贸运输的发展和中国远洋运输事业的需要，经国务院批准，1972 年 9 月，交通部重新组建中国远洋运输总公司，作为交通部直属企业单位，同时亦作为中国外轮代理总公司。从 1972 年 10 月 1 日起正式开始办公。至此，经上级领导及各部门的共同努力，恢复了远洋和外代总公司的组织机构。

中国远洋运输总公司重新组建后，立即对各港的外轮代理公司进行整顿，并对原有的机构进行了充实和调整。

1972年11月13—28日，交通部在北京召开的远洋工作会议上作出了《关于调整充实远洋工作机构的意见》，同时决定："远洋、外代分公司各自保持一套完整的企业机构。"此后，各所属外代分公司的独立建制机构，也相继得到恢复。

根据1972年远洋工作会议关于"现有部属外轮代理分公司在远洋分公司所在地的，由远洋分公司领导"的规定，当时广州和天津外代分公司的党政工作，由当地远洋分公司党委统一领导，同时，远洋分公司与外代分公司各自保持一套完整的企业机构。大连、青岛、湛江的外代分公司，同时又是中远总公司驻大连、青岛、湛江的办事处，以加强上述各港挂靠的远洋国轮和租船的管理工作。

1972年10月之后，随着外代总公司机构的重新组建，各外代分公司据此亦恢复建立了相关组织。1973年2月15日天津外代分公司恢复了1971年与中远天津分公司合并前的办事组、政工组、计划组、业务组、船务组的机构设置，并将上述各组改建为科（室）的建制。为开展租船代理业务，新建了租船科。

1974年10月1日远洋局恢复后，对其所属的中远和外代系统实施了有效的管理。当时外代总公司直接领导的分公司（直属公司）共有7家，业务隶属外代总公司管理的公司（非直属公司）共8家，形成了从北到南的代理网络。此时任远洋局局长兼党委书记职务的张公忱，对外亦兼任外代总公司总经理。

四、外代公司租船科的设立

为了管理中远香港公司到内地港口的船舶，1970年10月，交通部在中远广州分公司专门成立了租船组，同时规定租船组在国内各港口的现场管理工作，由所在港的外轮代理分公司负责。

1973年2月17日，经交通部党的核心小组会议研究，同意沿海各主要港口的外代分公司，增加3—5名干部，以租船代表的身份，管理到港的中远香港公司的船舶。1973年4月14日，交通部下发《关于贯彻远洋工作会议的几个问题的通知》，其中第三条明确：为加强对于中远租船的管理，决定中远总公司设立租船处（对外称租船部），撤销中远广州分公司的租船租。沿海各主要港口的代理分公司，增加3—5名干部，以租船代表的身份管理到港的中远租船。1973年5月15日，中远总公司发文《关于外代分公司设置租船管理机构的通知》正式成立了租船处（对外称租船部），撤销广州租船组，同时决定在上海、广州、大连、青岛、秦皇岛和湛江外代分公司设租船科（组），对外仍用租船代表名义进行工作。汕头外代分公司首先设租船代表。5月15日，外代总公司下发通知，要求上海、大连、天津、广州、青岛、湛江、汕头、秦皇岛、福州分公司认真落实交通部指示，设置租船管理机构。上述各分公司均相继在各公司内设立了租船科或租船代表，具体负责到港的中远租船业务，并在管理上发挥了良好的作用。

第八节　中国船舶燃料供应总公司的成立与发展

中国船舶燃料供应总公司（简称中燃公司），是中国当时唯一的专门为到中国港口的中外船舶供应燃油、润滑油和淡水的国有企业。1988年2月23日，交通部将中燃公司划归中国远洋运输总公司领导，成为中远大家庭的一员。

一、成立中国船舶燃料供应总公司的背景

新中国成立后，由于西方国家的封锁，新中国的政治和经贸活动面临极端困难的被动局面。当时停靠中国大陆港口的外轮较少，船舶燃料和淡水的供应量也不多，中远成立的1961年，中国船舶燃料的供应量仅为6000吨，全国的进出口贸易额也仅为48.4亿美元。

随着中国国际地位的提高，对外交流日益频繁，对外贸易也得到迅速发展，中国远洋船队的船舶数量大为增加。1961年中远成立时，中国远洋船队的船舶数量仅有20艘[1]，到1972年末中燃公司成立，远洋船队的船舶数量已增加到184艘[2]，是1961年的9倍。远洋船舶数量的迅速增加，意味着为船舶提供燃料和淡水供应的任务更加繁重。另外，自从中国扩大了对外轮的供油业务后，不仅保证了国轮的燃油供应，而且有不少外国轮船也要求到中国港口加油，对外轮供油的数量1964年为5万吨；1965年为14万吨；1966年为25万吨，3年间增长了4倍。甚至一些过路船舶，也专程来中国港口加油，在提高中国的国际威望的同时，也增加了国家的外汇收入。1966年，对外轮供油收入为743万美元，到1967年，便增加到1700万美元。同时，中国的石油工业有了重大发展，1970年，石油产量已达3065万吨，这就为对外轮供应燃油提供了物质条件。

从新中国成立初期一直到20世纪70代初，中国内地各港口对外轮燃料和淡水的供应形式基本相同。根据《青岛市志·海港志》介绍，新中国成立后的20世纪50年代，青岛港对外轮的燃料供应，主要是煤炭和燃油。当时主要是为了解决外轮的急需，所以数量很少。所供应煤炭大都来自青岛市煤建公司，煤源则来自山东淄博和辽宁的阜新煤矿或抚顺煤矿。燃油的供应，则由青岛市石油公司储油所负责。各类油品的供应对象，以本港口和国内航运、海运部门的船舶为主，外轮所占比重很小。此外，早在20世纪初，青岛港建成的一、二、四、五号码头，都设置了自来水栓，可以随时向船舶供应淡水。有时，也用供水船向船舶送水。

当时各港口对于船舶燃料和淡水供应的管理体制是多家办理，各成体系。对于中国自己的远洋运输船舶和租用的外轮，按分工由交通部所属港务局提供加油加水服务；对于外国来华船舶燃料、淡水的供应，按分工由商业部设在港口城市的外轮供应公司负责，从而

---

[1]　统计数字包括交通部自营船队和合营公司中中方投入的船舶。
[2]　船舶数据包括国外合营公司及中远香港公司的运输船舶。

形成了供应渠道的二元化。这样的船舶燃料供应体系，在同一港口，要分别设置两套供应机构、两套供油供水设施，既浪费了人力物力，又易发生职责不清的情况。随着对船舶供油供水的任务日益繁重，当时这种管理体制上的弊端很快暴露出来，两个部门的领导和广大职工，都希望尽快形成统一的船舶燃料供应体系。

1968年，商业部向国务院领导建议："希望各港口对外轮供油供水工作，由交通部统一受理。"对此，当时主持国务院经济工作的国务院副总理李先念就曾批示："我看商业部报告有可参考之处，用一套机构比两套机构好。既要发挥效力，又要节省人力。"1971年，李先念副总理又针对袁宝华（时任国家计委生产组负责人）《关于外轮加油问题的报告》上再次批示："我与李强（曾先后任外贸部副部长、部长）同志谈过，无论如何要解决。外汇算一个问题，更重要的为政治影响，而且我们已有能力解决。"

经过国务院领导同志对外轮加油工作的30多次的批示，从国务院到有关部委的领导同志，认识已经统一，都已明确地认识到，通盘考虑解决来港船舶的供油供水问题的时机已经成熟。

二、中国船舶燃料供应公司成立

1972年1月19日，中华人民共和国商业部、燃料化学工业部、对外贸易部和交通部联合向国家计委呈文《关于解决外轮燃料供应问题的请示》，历述了新中国成立后中国对外轮供油、供水工作的情况，提出了当时的管理体系的弊端，并建议从1972年4月起，对外轮的供油、结算工作，由交通部门办理。文件中建议成立"中国船舶燃料供应公司"，统一管理对外轮、中国远洋船舶和沿海运输船舶的油、水、煤的供应工作。在沿海港口（首先在大连、秦皇岛、天津、青岛、连云港、上海、黄埔、湛江等港）设置专门的供油机构，配备必要的业务管理人员，实行单独经济核算，请示很快得到国务院的批准。1972年4月8日，交通部下发《关于船舶燃料供应工作几个问题的通知》，明确指出：根据国家计委关于船舶供油工作由交通部负责的指示精神，部属各港口将从今年第二季度起（即1972年4月8日起），担负船舶的供油任务。

通知中还明确下列5个问题：

（1）船舶供油机构，统称：中国船舶燃料供应公司××（地名）分公司，各港可据此刻制图章。

（2）各分公司作为各港务局（海运局）的组成部分，关于人员编制和机构设置，应根据业务情况提出方案，报部审批。

（3）财务收支实行独立经济核算，所需流动资金，国家拨给30%，其余70%由银行贷款；外汇收入上缴国家；对外价格差由国家财政补贴。

（4）对外（油料）价格，在新的燃油价格未制订前，仍使用商业部原使用的价格。

（5）供油范围，包括外轮、中国远洋和沿海船舶。

根据交通部的指示，从1972年4月8日开始，交通部所属各港口的船舶供油任务，就由中国船舶燃料供应公司负责，从而宣告了中燃公司的成立（图2-8）。1972年4月10日，交通部第624期《交通情况日报》上，又专门登载了"我部成立船舶燃料供应公司，并于 4 月 1 日开始供油"的消息。据此，中国船舶燃料供应公司把成立时间确定为 1972 年 4 月 1 日。

另外，中燃公司对内还有一个名称是"交通部水运组燃供组"。中燃公司成立时，处在"文化大革命"期间，交通部司局被撤销，合并称为几个大组，中燃公司成立时对内称交通部水运组燃供组，1972 年 12 月，随着交通部又恢复局的称谓，中燃公司又改称交通部水运局燃供组。其后相当长的时间里，中燃公司对外称交通部中国船舶燃料供应公司，对内仍称燃供组。

图 2-8 中国船舶燃料总公司办公楼。

三、中燃公司的快速发展

中国船舶燃料供应公司成立后，首先进行了管理体制的理顺和供油设备的交接工作。

（一）理顺管理体系

为了理顺管理体系，建立有关的规章制度，沟通总公司与分公司以及各分公司之间的关系，公司成立之初，先后召开两次供油工作会议。

1972 年 4 月 4—10 日，新成立的中燃公司在北京召开了第一次船舶供油工作会议，讨论研究了商业部、交通部下属企业业务交接情况和各分公司领导关系、业务范围及财务管理等问题。会议经过认真讨论，明确了 8 个问题和工作任务。

（1）继续做好交接工作。还没有完成交接的单位，要按交通部、商业部的有关精神办理。

（2）领导关系问题。中燃上海分公司是上海海运局的一个组成部分，其他分公司是有关港务局的一个组成部分。所有分公司的党政工作、干部配备、船员培训、劳动指标以及开办用的房屋、家具等统一由上海海运局和有关港务局负责。

（3）业务范围：供油范围包括外轮、中国远洋和沿海运输船舶。供油品种，当时为轻柴油、锅炉料油和内燃机燃料油 3 种。

（4）各分公司根据现有设备能力，到 1972 年年底止，预计完成供油数量 76.5 万吨，并对各分公司预计完成量做了分配。

（5）财政收支实行独立经济核算，单独编制会计年报。所需流动资金，国家拨给 60%，其余 40% 由银行贷款。外汇收入上缴国家，外汇差价（即实际成本与对外价格的差价）由财政补贴。对外结算外汇款项，收取手续费等均通过中国外轮代理公司各分公司办理。

（6）各分公司扩大再生产，维护保养所需要的统配、部管物资，机电设备的申请、调拨由上海海运局、各港务局统一计划，专项安排解决。

（7）各分公司人员工资，仍保持原标准暂不变动；凡与外轮联系业务的外事干部的服装,可依照中国外轮代理公司标准办理。

(8)报告制度,各分公司每月向公司(指总公司)报业务工作报告及业务月报表各一份。

这是中燃公司成立后,由交通部出面召集的第一次中燃公司专业会议。这8条具体工作部署和办事准则,成为中燃公司在其后若干年内一直遵循的准则。

1972年9月2—8日,在北京召开了第二次供油供水工作会议。这次会议所研究解决的课题,比第一次会议更加具体翔实。会议就以下5个问题进行了研究落实:①组织领导问题;②业务范围问题;③财务管理问题;④基本建设问题;⑤1973年各港供油计划问题。会议还对原分公司的机关定员、各种吨级的油轮定员、财务制度的建立尤其是对于已确定的船舶建造计划(22艘千吨级油轮)都做了具体的安排。

在规章制度建设上,1972年4月28日,印发了《船舶节能守则》,这是中燃公司成立以来第一次印发规章制度。

(二)接收清理资产

中燃公司成立时,对于原属于交通部门和商业部门的供油设备和资产进行接收和清查,并根据当时船舶加油的需求进行科学地测算,制订了基本建设计划。

1. 接收的供油设备

当时,中国船舶燃料供应公司接受的船舶燃料供应设备的情况是:交通部门拖轮1条,储油设备4万吨,供油船28条,共12512载重吨;商业部门移交的拖轮5条,共2350马力;供油驳船8条,共3800载重吨;油轮9条,共8200载重吨。

2. 急需增加的供油设备和设施

根据当时外轮加油的需要,需新增供油船舶的数量是:拖轮8条,8100马力;油轮15条,15500载重吨;油驳12000载重吨;交通艇3条,消防救护船5条;400吨级供水船6条,自动清洗分油机5台。

(三)初期业务的开展

中国船舶燃料供应公司成立之初,仍处在"文化大革命"动乱时期,港口供油供水设施残缺不全。新建造的油船、油库,有的进度缓慢,不能按计划如期交工投产,有的甚至尚未动工兴建。再加上当时铁路运输秩序比较混乱,炼油厂成品油运输到港口,不仅要克服很多障碍,还不能按期到达。中国船舶燃料供应公司就在这样的基础上,开始了艰苦的创业历程。

为完成船舶供油、供水任务,刚成立的中燃公司在国务院、交通部的领导和关怀下,首先开始了供油船舶的建设工作。

1972年5月6日,交通部、第六机械工业部联合行文,布置沪东造船厂建造千吨级油轮19艘;广东新中国造船厂建造千吨级油轮3艘。同年10月19日,交通部水运局又致函青岛红星造船厂,由红星造船厂承造五百吨级油轮5艘。

经过努力,中燃公司的供油、供水能力不断提升,据1979年年底统计,全中燃系统在册船舶总艘数93艘,总吨位为99091吨;在册供水船总吨位为9861吨;油库总容量17.8万立方米。这说明,经过努力,中燃公司已经具有一定的装备实力,基本能满足当时船舶供油、供水的需求。

在全体船岸职工的共同努力下，中燃公司克服各种不利因素的影响，积极开拓，燃油、淡水、润滑油的供销量和通过供销生产所创造的经济效益逐年提高。

从 1972 年 4 月中燃公司成立到 12 月底止，全中燃系统共完成燃油供应量为 64 万吨，其中供应外贸船舶为 31 万吨，约占一半左右；供应淡水 182 万吨；供应润滑油 705 吨。

1973 年，全中燃系统共完成燃油供应量 148 万吨，其中供应外贸船舶 95 万吨，约占 63%；供应淡水 251 万吨；供应润滑油 1528 吨。

1974 年共完成供油量 148 万吨，其中，外轮、远洋船共完成供油量 94 万吨，1974 年完成供水量 235 万吨。

其后几年的燃油供应量，一直维持在 150 万吨左右；淡水供应量则维持在 220 万—250 万吨。

1979 年，全中燃系统共完成燃油供应量 203 万吨，首次突破 200 万吨大关；其中供应外轮 134 万吨，约占 65%；供应淡水 252 万吨；供应润滑油 5390 吨比 1972 年增长 7 倍多。这一年，是中燃公司自成立以来，供油、供水量最多的一年。

（四）重视安全生产

中燃公司成立以来，正处在"文化大革命"的动乱年代，各种规章制度被废除，安全生产无章可循，中燃公司船舶承担的又是为船舶提供燃料油供应的任务，船舶燃料油属于易燃易爆品，运输、加油的每一个环节出现问题，都会发生安全责任事故和污染事件。中燃公司面对严峻形势，顶住压力抓安全生产，1972 年即公司成立当年，没有责任事故发生。1973 年，发生了"连油三号"轮触礁事故，但是由于处置的及时得当，船舶迅速脱险，并没有造成重大的责任事故。尽管如此，中燃公司还是以这次事故为突破口，狠抓安全生产，取得良好的效果，1974—1976 年连续 3 年，千人重伤率、千人死亡率和重大安全责任事故均为零。在当时的混乱年代，能做到这样是很不容易的。

四、与日本开展友好交往

1978 年 9 月 14—25 日，应中国船舶燃料供应公司的邀请，日本丸红株式会社以石油部长三吉宏彦为团长的代表团一行五人，来中国洽谈船舶供油业务，并参观了中国供油设施。访问期间，丸红株式会社曾一再邀请中燃公司在适当时机回访。

中燃公司考虑到对外轮供油在中国起步较晚，是一项新的业务，为了进一步考察了解国际石油市场情况和国外供油设备现状，开拓眼界，发展业务，为国家赚取更多外汇，到日本进行实地考察，很有必要。经交通部批准，中国船舶燃料供应公司组成 7 人代表团，于 1979 年 5 月 23 日—6 月 12 日，赴日本参观访问。

这次对日回访，先后与丸红株式会社就船舶供油问题进行了多次业务座谈，并参观了丸红株式会社所属两个储油基地，还参观了当时日本最大的石油储存基地——喜入油库，日本当时最大最先进的根岸炼油厂、神户港集装箱码头的管道供油设施以及出光兴产石油公司的润滑油研究所等。通过一系列参观、访问、座谈，不仅对丸红株式会社的供销现状有了直观认识，而且对其油库的控制系统、计量系统、报警及防护装置等先进装备有了初步了解。

中燃公司成立后，中燃系统逐步形成了"团结、勤奋、求实、创新"的中燃精神和"安全优质、文明经营"的职业道德。在全体中燃员工的努力下，中国的船舶燃料供应工作逐步走向规范，中燃公司同样初具规模，为后来的发展奠定了坚实的基础。

第九节　中国汽车运输总公司的成立与发展

1965年10月，中国汽车运输总公司[①]在四川省渡口市（后更名为攀枝花市）成立。

中国汽车运输总公司应国家建设需要而诞生，与中国公路运输事业的发展共成长。从攀枝花钢铁基地建设到国家重点工程建设，从集疏港运输到抢险救灾，不论是热火朝天的建设时期，还是奋发进取的改革年代，一支国家重点建设的汽车野战军驰骋在大江南北、长城内外，为新中国的建设与发展做出了不可磨灭的贡献，在共和国的历史上树立了一座不朽的丰碑。1993年2月，中国汽车运输总公司整建制进入中远集团。

一、中国汽车运输总公司的组建及沿革

中国西南"三线"建设，是中共中央和毛泽东主席在20世纪60年代中所作的一项重大战略决策。经过十几年的努力，包括攀枝花（在四川渡口市）钢铁基地在内的大批工矿企业，在四川、贵州、云南三省兴建起来。

1965年，攀枝花钢铁基地建设开始上马。当时，由于成昆铁路尚未通车，攀枝花钢铁基地生产建设和生活物资全靠汽车运输，年运量达15—20万吨。但西南地区运力紧张，难以承担，因此国家决定由交通部成立直属汽车运输队伍，专门承担攀枝花工业区的运输任务。

1965年7月23日，由国家建委主持召开会议，冶金部、交通部、国家计委负责人参加，专门研究交通部门为攀枝花钢铁基地建立直属汽车运输公司问题。会议形成的《国家基本建设委员会会议纪要》，确定在1965—1966年2年，拨给交通部1500辆汽车，组成直属汽车队，用于承担攀枝花工业区的运输任务。根据交通部与有关省、直辖市研究的成果，采取依靠地方建立直属队伍，由北京、辽宁、山东、安徽、河南等省、直辖市分别组成车队，成建制地调往攀枝花工业区。

[①] 1965年10月12日至14日，交通部在北京召开渡口建设指挥部和北京、辽宁、山东、安徽、河南五省（市）交通厅（局）负责人参加的会议，研究筹建交通部直属第一汽车运输总公司及车队组织的各项具体工作。1966年2月10日，交通部直属第一汽车运输总公司在四川渡口市正式成立。后来把1965年10月12日认定为中国汽车运输总公司成立的时间。1965年10月成立时，名称为交通部直属第一汽车运输总公司。1972年11月29日，改为交通部汽车运输总公司。1986年，交通部将直属的交通部汽车运输总公司改名为中国汽车运输总公司。

1965年10月12—14日,交通部在北京召开渡口建设指挥部和北京、辽宁、山东、安徽、河南五省(市)交通厅(局)负责人参加的会议,研究筹建交通部直属第一汽车运输总公司及车队组织的各项具体工作,并明确如下有关问题:

(1)直属汽车队的性质。车辆投资和相应的设备、人员指标,由国家拨给,产权和折旧归交通部,分别委托北京、辽宁、山东、安徽、河南五省、直辖市筹建和组织管理。遇有全国重点任务时,由交通部调度使用。完成任务后,返回原筹建车队的各省、直辖市,担负地方运输任务,经营管理均归地方负责。

(2)直属汽车队的领导。在渡口地区担负运输任务期间,交通部组成直属第一汽车运输总公司,受交通部和渡口建设指挥部的双重领导。五省、直辖市各组织一个分公司,受总公司和各省(市)交通厅的双重指导,并划分各自的领导责任。

(3)分公司的机构设置和人员编制。分公司的人员编制各约1100人,五省、直辖市可根据有利安全生产、加强政治工作、加强管理教育、符合精简的原则,视具体情况而定。北京、辽宁、山东、安徽、河南顺序组成一、二、三、四、五分公司,各配备解放牌载货汽车300辆和相应的附属及保修设备。分公司下设6个车队,每队50辆汽车,约180人。分公司机关设在运输沿线城镇,并随任务进展而调动。设置保修中队,或集中设置保养场(车间),负责分公司车辆的保修工作。

(4)车队职工的轮换。车队调出本省、直辖市执行任务期间,所有职工原则上每年轮换1次,可由各省、直辖市根据运输淡旺季情况,妥善安排,分期分批进行轮换。

1966年2月10日,交通部直属第一汽车运输总公司在四川渡口市正式成立。总公司设政工、运调、后勤、材料设备4个组,共40余人。交通部公路运输局与四川省交通厅组织联合工作组,协助总公司工作。1967年,总公司机关迁往成都。

1966年4月,为解决渡口地区大件物资运输,交通部委托云南省交通厅代为组建大型车队。车队规模按50辆大型车的驾驶、保修、起重、装卸等综合性车队进行建设,人员约300人。大型车队由交通部直属第一汽车运输总公司和云南省交通厅双重领导,车辆、统配物资、设备由总公司购置,经营盈亏由总公司负责;人员选调、基地建设由云南省交通厅代办。在此期间,交通部从联邦德国等欧洲国家购进15—100吨的各类重型货车、牵引汽车和超重型车组以及国内配套的挂车、半挂车等50辆(套),连同4台5—15吨的起重机械,装备云南大型车队。从1967年起,这些车辆和机械陆续投产,担负攀钢大型设备进川后西运渡口的任务。

1967年,考虑到在"三线"执行任务的车队,短期内不能返回原来的省、直辖市,而车辆行车里程增加,需要按期大修。为此,交通部要求五省、直辖市各组建1个年修200辆汽车的移动式修理厂,进入"三线"服务。修理厂的组建方式,仍由交通部投资,拨给统配机电设备和人员指标,由五省(市)负责抽调人员具体组建。

1970年下半年,攀枝花钢铁基地的运输任务完成以后,交通部直属运输企业陆续转移、投入新的运输任务,由过去5个分公司、1个大型车队集中大兵团作战方式,改变为各公司独立作战的方式,总公司的工作量大为减少,从各分公司调来的工作人员也纷纷调回本省市。经过交通部的同意,总公司在成都的机关,除留有少量财务会计、物资供应人员处理工作外，其余干部和工作人员于 1971 年 6 月底返回北京，准备办理有关结束事宜。

1972 年下半年，襄渝、阳安铁路建设行将收尾时，交通部直属汽车运输企业的去留问题被提上了议程。国家计委、建委和交通部从长远建设的全局考虑，认为交通部保留这样一支机动的汽车运输队伍是必要的。1972 年 9 月 23 日，交通部党的核心小组第 88 次会议讨论决定，将总公司迁回北京，配备干部，开展工作，并从"五七"干校调回部分人员，管理 5 个分公司和云南大型车队的工作。1972 年 11 月 29 日，交通部直属第一汽车运输总公司改为交通部汽车运输总公司。内设政工、运务、计划财务、材料设备 4 个组和办公室，人员 20 人左右，办公地址在北京东长安街。

二、完成攀枝花钢铁基地的物质运输任务

20 世纪 60 年代，中国刚刚度过三年困难时期，又面临周边局势恶化，举国上下都在加紧备战。从 1964 年到 1978 年，在中国中西部 13 个省、自治区掀起了一场以战备为指导思想的大规模国防、科技、工业和交通基本设施建设，称为三线建设。

1964 年，攀枝花被列为大三线建设的重点。攀枝花地处四川西南部，紧邻云南。1965 年，成昆铁路正在修筑，水运也很不便，仅有公路与外界相通。公路运输分南北两线：成都至渡口，属北线，全长约 850 公里；昆明至渡口，属南线，全长约 450 公里。出成都西南行，过雅安即向盆地边缘上升，沿途山重水复，岭谷相间，至渡口，雅砻江水在附近汇入金沙江，水流湍急，道路艰险，交通不便，攀钢所需建设物资和渡口市人民群众生活用品，全赖汽车运进。当时三线建设人员接踵而至，渡口市的客运任务也十分繁重。

1965 年 10 月 20 日，北京第一分公司首批两个车队刚到成都，适逢攀枝花工程指挥部急需从成都运一批 12 米长的钢管，以便引水上山，解决施工队伍的吃水问题，尽管运送这批钢管困难很大，北京车队还是主动要求承担了这项任务。运输途中要翻越两座大山，1050 多公里的运距，积雪多雾，管长、路窄，车辆转弯十分困难，有时在悬崖绝壁上倒车，稍一不慎就有车毁人亡的可能。在运输过程中，能开车的干部在危险地段带头开车，不会开车的干部坐在头车上带路。干部、工人团结一致，车队连续行驶了 10 天，终于克服了重重困难，把钢管运到工地（图 2-9）。

图 2-9　1965 年 10 月，中汽总车队运送一批 12 米长的钢管。

1965 年 11 月 1 日，第二分公司 2 个车队从辽宁到达成都。车队的 10 辆先遣车在成都满载钢材，于 11 月 15 日首抵渡口市。在人地两生的情况下，车队仅用 50 天时间，在 850 公里运输线上，完成了运量 2906 吨、周转量 1315534 吨公里。1966 年又抢运各类物资 62000 多吨，并以货车代客车运送支援三线建设的人员 10947 人次。在第一、第二分公司到达四川的同时，山东、安徽、河南等组建的车队也相继到达。到 1965 年末，共有

481辆汽车投入攀枝花工业区的物资运输。

攀枝花工业基地选用的大型设备较多，诸如高炉炉体、锅炉、大型发电机定子和转子等，轻者10吨，重者80吨以上，最长的30米，宽2—3米，总数约1万多件，重量达10余万吨。当时，4吨以下的长大件特别多，而北线公路不能通过大拖车。北京分公司二队采用改装车架的办法，闯出了用解放汽车运输大件的路子，其他车队都积极学习，组织车辆抢运大件物资。可是对于一些特大件，一般汽车还是难以完成运输。1967年4月，交通部运输局向国外购买了"贝利埃"和"菲亚特"等各类重型货车、牵引汽车，以及国内配套的挂车、半挂车，用于装备交通部直属第一汽车运输总公司大型车队，担负攀钢大中型设备的运输任务（图2-10）。

图2-10　交通部直属第一汽车运输总公司车队承担攀钢大型设备的运输。

在山区公路上长途运输大、长、重件，是一项非常细致、复杂而艰苦的工作。运输一个特大件，需要配备1辆牵引车、一辆通勤车和5辆材料车，20余人随车，还带有钢轨、枕木等器材。从昆明、成都到渡口，沿途要跨过85座桥梁、820个陡坡、570处急弯，还有马鞍山、老虎嘴、江底河三大险关，顺利时每天可行驶百余公里，遇到障碍则每天只能行驶几公里，甚至几百米。在如此困难的情况下，1965—1970年，交通部直属第一汽车运输总公司为攀枝花建设运输各类物资112.26万吨：大型车队运送大件1万多件，总重达13.41万吨。

在执行运输任务时，驾驶员们发扬人民解放军的好传统、好作风，有的利用回空车，捎运农民从山上采集的青草，顺路运到村头、田间作绿肥；有的在行车途中遇到病人，主动停车，准许搭乘，送到附近医疗单位治疗；有的遇到顺路赶场的农民，就连同所带的农副产品一起送到路过的集市，减轻了农民的路途劳累。这类好人好事，层出不穷。起初是第一分公司，后来各分公司都跟着这样做，你追我赶，蔚然成风。许多职工提出，要学习当年红军"走起来红一线，住下来红一片"的光荣传统，把红军长征时经过的川滇西路，建成一条红色的钢铁运输线。各分公司广大职工出色的运输服务，良好的行车风尚和助人精神，受到沿途党政领导机关的称赞，当地人民群众见到带有交通部直属第一汽车运输总公司标志的汽车车队，都亲切地称呼这是毛主席派来的"北京车队"。

从1965年11月至1970年的5年间，交通部直属第一汽车运输总公司的广大职工，克服了远离故土、气候不适、路况较差、食宿条件艰苦等诸多困难，排除"文化大革命"的干扰，坚持生产和运输，共计运送各类物资82.2万吨，货物周转量7.33亿吨公里，对攀枝花钢铁工业基地建设的胜利完成，保证渡口地区20多万军民生活物资的供应，发挥了巨大作用。1970年7月1日，攀钢炼出第一炉铁水，成昆铁路也建成通车，总公司及分公司的领导和职工代表应邀参加了在渡口市召开的庆祝"出铁通车"典礼大会。

三、国家重点工程建设运输

在渡口地区运输任务完成后,国家重点建设接续上马。当时各地汽车运输仍是运量大于运力。国家计委、建委在有关会议上要求交通部调派直属运输企业的车队,支援铁路建设、油管铺设、油田开发、港口修筑等国家重点建设运输。

1970年下半年,交通部直属运输企业的车队陆续转移。9月,第三、四两个分公司到达襄(樊)渝(重庆)铁路线;12月,第二分公司转移到阳(平关)安(康)铁路线;同月,第五分公司调回河南省参加舞阳钢铁基地运输。1971年1月,第一分公司调赴贵州省内,担负湘黔铁路建设运输任务。这些车队把攀枝花钢铁基地建设运输中培育出来的好传统、好作风,带到新的重点工程运输任务中,继续发扬不怕苦、不怕累的革命精神,奔驰在崇山峻岭的公路上,风餐露宿,礼貌行车,把各种建设物资安全及时地运到建设工地,成为一支思想过硬、技术熟练、能吃苦耐劳的汽车运输队伍。

从1970年下半年到1972年下半年的2年间,第一、二、三、四分公司,完成了襄渝、阳安、湘黔3条铁路建设的物资材料运输任务,第五分公司完成了在河南舞阳钢铁基地建设服务的任务。1972年下半年,第一分公司又从湘黔铁路调到东北,为建设从大庆到大连和秦皇岛的输油管道工程服务。

在完成上述运输任务的过程中,交通部直属运输企业得到国家计委、国家建委、交通部、冶金部等部门的重视和关怀。这些部门的领导同志多次深入现场视察工作,排忧解难,鼓舞士气,鼓励全体汽车运输职工更快更好地完成运输任务。

1973—1976年,交通部汽车运输总公司第一分公司调回华北,为铺设输油管道和任丘油田、天津大港电厂等建设服务;第二分公司则分别转移到山东胜利油田、河北邯邢钢铁基地服务,并调往山西、辽宁等地,担负晋煤外运、辽河油田建设会战、大连鲇鱼湾油港建设会战以及鲁(山东)沪(上海)输油管道工程建设等汽车运输任务;第三分公司从1973年下半年离开襄渝铁路线后,所属6个车队先后调往天津、烟台、青岛、龙口、黄岛、塘沽,担负沿海港口建设的汽车运输任务;第四分公司的车队南下黄埔、湛江,参加港口建设,并担负武汉钢铁公司1.7米轧钢机工程的运输任务;第五分公司除继续承担舞阳钢铁基地运输任务外,于1973年2月抽出2个车队,支援山东辛泰铁路工程运输。同年12月,这两个车队调往新疆支援克拉玛依至乌鲁木齐输油管工程。1974年又转到辽宁,参加大连鲇鱼湾油港建设会战,1976年,再调2个车队支援武钢工程建设。交通部直属运输企业在能源开发,铁路、港口建设工程中,完成长短途物资运量2000多万吨,为国家重点建设作出了突出贡献。

"文化大革命"期间,不少省、自治区、直辖市的汽车运输陷于半瘫痪状态,而交通部直属汽车运输企业的车队却拖不垮、打不乱,斗志昂扬地转战南北,完成了一项又一项国家重点建设运输任务。广大职工不仅思想好,作风硬,还精心爱护车辆,不断提升车辆的完好率。从1965年投产到"文化大革命"结束的10余年间,各分公司的汽车只有很少一部分进行更新,大部分车辆通过逐车轮流大修,基本上保持了良好的技术状况,为国家保持了一支招之即来、来之能战、战之则胜的直属汽车运输队伍。

四、组建大件运输专业车队，承担国家大型成套设备运输任务

1974年，国家在引进大型成套设备的同时，国家计委批准交通部进口超重型车组，交由交通部汽车运输总公司经营管理，并筹组天津、武汉2个大型车队，承担公路大件运输。

交通部汽车运输总公司天津大型车队（后改名中国汽车运输总公司天津公司），是1974年新建的公路大件运输企业。车队基地设在天津塘沽，配备从法国进口的各类超重型车组6组，载重能力从200—600吨，主要承担黄河以北公路大件运输的任务。天津大型车队是在边筹建、边接车、边培训的情况下投产的。1975年3月第一次正式承运的大件，是齐鲁石化总公司第二化肥厂从日本进口30万吨合成氨成套设备。这3大件各重80吨左右，高宽均在5米上下。此后，天津大型车队先后承运了天津北大港电厂进口32万千瓦发电机组的定子和变压器各2件，唐山陡河电站进口25万千瓦发电机组的定子和气包各2件。这些电力设备的单件重量大多是220—250吨的集重大件。特别是1976年1月运输陡河电站的4件设备时，正值数九寒天，气温骤降到零下20多摄氏度，部分行车人员冻伤，所带柴油标号也不符合低温要求，给行车带来不少困难。但是，这支新建的运输队伍，能吃大苦、耐大劳，以坚强的毅力和饱满的干劲，圆满地完成了任务，取得了在北方严寒条件下进行大件运输作业的经验。1976年，天津大型车队还承运了南京栖霞山化肥厂的多件大型设备，其中尿素合成塔重354吨、长35.7米、宽3.5米、高3.8米，此外有其他一些重件和长件。他们利用尼古拉车组便于变型的特性，根据各个大件的不同重量和尺寸，采用平板车组或长货车组等变型方案，实现合理装载和安全运输。1978年，天津石油化纤厂进口的成套设备中，有1件特长大件——二甲苯塔，长74.37米、宽4.71米、高4.53米、重157吨。这件大件要经过海河运到东泥沽码头，而后经35公里公路运到天津南郊化纤厂工地。74米多的长件用现代公路大件运输方式载运，其难度之大是不言而喻的。交通部汽车运输总公司天津分公司的工程技术人员和老工人，事先对运输路线进行了勘察测量，研究了长件运输的难点，提出利用长货车组和控制转向等挂车特性，尽量少拆房、少修路的运输方案，得到指挥部的采纳。实际运输时，二甲苯塔在长货车组前后转盘上的支点距长达57.45米，途中通过8个弯道，在其中的一处锐角弯道，货件右侧扫空遇到高压线电杆的麻烦，后经采取车组倒退一段路的技术措施，并运用控制转向，使后挂车行驶到转角时再转向的方法，顺利通过了锐角弯道。这次运输为建设单位节省了拆房、修路开支380万元。

交通部汽车运输总公司武汉大型车队（后改名中国汽车运输总公司武汉公司），也是1974年新建的公路大件运输企业。基地设在汉口，拥有进口的各类超重型车组5组，载重能力从200—400吨，主要承担黄河以南公路大件运输任务。

车队筹建初期，国家进口的成套设备相继到货。尽管此时车队正在筹建，新车陆续接收，但为不影响国家重点建设进度，车队兵分三路，同时承担武钢1.7米轧机工程、湖北枝城化肥厂和安徽安庆化肥厂的进口成套设备中的公路大件运输任务。其中难度较高的是安庆化肥厂的尿素合成塔，单件重达354吨、长35.7米、宽3.5米、高3.8米。作为一支年轻的大件运输队伍，面对这样的高难任务，从领导到技术员工都十分重视，总公司也派去技术人员协助。大家反复研究物件几何尺寸和重心位置和察看码头停车装卸位置和公路坡度弯道，确定用长货车组装载物件，并经过计算，上坡用双机牵引，转向时再在挂车后面加顶推。实际运行时,塔柱形的尿素合成塔装载在前后挂车的转盘上,用捣链等捆成一体;运行途中,转盘时而前后仰俯,时而左右摆动,在车组转向时,转盘和大件还要随着转向角度作水平方向转动。用这种方法运载重而又长的大件,尚属首例。

在完成大型设备的运输过程中,公路大件运输企业在车辆设备、运输组织和人员素质等方面,都经受了严格的考验,在生产实践中逐步成长壮大起来。在此期间,所有到达中国港口的引进设备,只要交由公路运输承担,不论多重、多长、多高、多宽,都能安全及时运达建设工地,做到了"完整无损,万无一失",保证了国家重点建设的顺利进行。

五、抢险救灾与紧急军用设备运输

1975年8月,为救援河南洪灾,交通部汽车运输总公司车队奋战100多个日日夜夜,运送救灾物资2.8万吨。1976年7月,为救援唐山大地震,交通部汽车运输总公司抽调200辆汽车,抢运救灾物资和运送救灾人员。1977年11月,为救援锡林郭勒暴风雪灾,交通部汽车运输总公司调派重型车辆率先清雪开道,及时运送救灾物资。在抢险救灾运输过程中,交通部汽车运输总公司所属分公司的车队,充分发挥突击队的作用,出色地完成了运输任务,受到党中央和人民群众一致肯定。交通部汽车运输总公司还参加了紧急军用设备运输,1978年12月至1979年4月,根据国家战备需要,中汽总公司大型车队开赴中越边境参加军事运输。

六、探索公路国际集装箱运输

集装箱运输是一种先进的现代化运输方式,具有效率高、减轻装卸劳动强度、节省包装、减少货损货差和节省商品流通费用等优点。1977年9月,交通部召开会议专门研究开展国际集装箱运输事宜,决定先在中日航线天津、上海与神户、大阪、横滨之间组织国际集装箱运输。1977年11月,交通部汽车运输总公司利用天津大型车队原有基地,成立"交通部天津国际集装箱中转站",在车辆调配、道路修整及拆箱等方面,做了充分的准备工作。12月10日,第一次办理由日本进口中转到北京的国际集装箱"门到门"运输业务。

第十节　中国外轮理货公司的成立与发展

理货(Tally)是随着水上贸易运输的出现而产生的。外轮理货处于承、托双方的中间地位,履行判断货物交接数字和外表状况的职能,并出具具有法律效力的理货证明,据以划分承、托双方的责任。因此,它对于承、托双方履行运输契约,承运方保质保量地完成运输任务,以及买卖双方履行贸易合同都具有重要意义。外轮理货工作具有公证性、服务性、涉外性和国际性,主要以港口为依托,业务范围涉及各个港区及各大码头。中国外轮理货历史悠久,1840年鸦片战争后,随着5个通商口岸(广州、厦门、福州、宁波、上海)的开放,由外轮运载的洋货大量涌进中国,理货工作也应运而生,逐渐形成了一项专业的工作机构。但当时这些组织机构都是由私人开办，称为某某公证行。

1949年大陆解放后，在一些口岸的私人公证行被改造为国营的理货机构，但在全国没有统一的组织。1957年外轮理货隶属于外轮代理公司，外代内设理货科或理货股，具体负责理货业务。1961年，中国外轮理货公司（China Ocean Shipping Tally Company, COSTACO）成立，成为一个专业公司，总部设在交通部海洋局理货处，分公司由当地港务局代管，与当时的所有公司一样，带有明显的计划经济特点。1987年，按照政企分开的原则，中国外轮理货公司从交通部海洋局划出，成为交通部直属一级企业，并正式更名为中国外轮理货总公司，2005年经国务院批准，并入中远集团，成为中远的全资子公司。

一、外轮理货体制建立

1949年新中国成立后，随着中国国内政治的稳定和经济的恢复，对外贸易日益发展，到港的外轮不断增加，理货业务量也迅速增加，但是当时外轮理货工作未建立一个完整的管理制度，各港口对外轮理货的领导关系也不明确，工作的做法也不一致，港口理货数字不清，残损责任不明，特别是对大宗货物理货方面表现更为突出，导致理货质量不高，信誉不好。船公司对此意见很大，外轮委托理货逐渐减少，不仅政治影响不佳，理货费（外汇）收入也因而减少，可见当时的组织形式已不能适应客观的需要。为此，交通部进行了对外轮理货体制改革的尝试。

（一）港务局负责外轮理货工作

鉴于部分港口的外轮理货工作由当地外轮代理公司派理货员办理，而国外进出口货物的保管和装卸工作则由港务局负责。同时由于外轮代理公司理货人员不足，又不能与装卸工组（工组理货）密切配合，双方也不能办理交接手续，这就造成发生货损货差事故时责任不清，处理困难，影响理货工作水平的进一步提高。为了统一对外，加强对理货工作的领导，提高理货质量，1961年交通部发布《关于统一外轮理货工作的通知》，决定"所有外轮理货工作统一交由港务局负责，对外以'外轮理货公司'名义接受理货业务，收取理货费用。各地外轮代理公司应将所有理货员全数拨交港务局管理，如理货人员仍感不足，由港务局内部调剂。今后对外轮进出口货物的短缺差错事故，完全由港务局负责处理，外轮代理公司仅代办联系与转达工作，不负实质责任。交通部并要求，8月底前交接完毕，9月1日[①]起由港务局负责外轮理货工作。"同时，交通部运输总局发布《关于规定外轮理货公司统一名称的通知》，对公司名称做出了规定：外轮理货公司对外名义统一规定为"某某外轮理货公司"。

（二）设立专门理货机构

港务局接管外轮理货工作后，由于得到了一定重视，理货质量有了相应改善，但是，由于各港理货力量原来就不够充足，接管外轮理货工作后，力量更显紧张，港口对外轮理货不能按外轮在港实际作业的舱口数，派出足够数量的理货员，故此造成实际装卸数字无

---

① 这个日期被定为中国外轮理货公司成立的日期。

原始记录，理货数字溢短不准。因此外轮对港口理货水平产生怀疑，有些外轮开始不申请理货，不仅减少了外汇收入，中国港口理货信誉在国际上也受到一定损失。同时，各港接管外轮理货工作后，既未设置专门机构，也未指定专人负责外轮理货工作，仅仅在形式上对外挂牌成立"外轮理货公司"。

针对上述问题，交通部专门发出《关于加强外轮理货工作的指示》，要求将外轮理货工作列为1962年的一项中心工作。具体要求大连、秦皇岛、天津、青岛、上海、黄埔、湛江、八所8个港成立"外轮理货公司"，作为各港的一个附属单位，进行经济核算，编制及定员不包括在港务局内，要独立专职从事此项工作。烟台、连云港可以在商务（货运）科内成立外轮理货组，配备相应的干部，并指定一个科专职此项工作，但对外仍挂牌保留"外轮理货公司"名义。

1963年，交通部向国家经委《报送外轮理货工作情况》，表明"经过一系列整顿工作，外轮理货质量已有所提高，理货质量差错事故及外轮在理货单证上批注意见的情况逐渐减少。如上海港1962年委托理货的外轮中发生差错的占8.48%，比1961年下降49.94%；湛江港1962年第二季度外轮批注意见的艘次占11.1%，第三季度已下降到7.24%"。但在实际操作过程中，因人员编制未获解决，理货公司未能成为独立的专业公司，有关业务仍由港务管理局兼办。

（三）过渡期间的外轮理货机构

由于各港外轮理货工作均作为港务局的一项内部业务，并未设置专门机构，虽然在形式上存在"外轮理货公司"的体制，但实际工作与港务局混淆在一起，工作范围和交接责任均不明晰，严重影响了外轮理货质量的进一步提高。1963年6月15日，交通部发布《关于调整外轮理货公司体制的通知》做出调整外轮理货公司体制的决定，即各港成立独立的"外轮理货公司"，与港务局分开，直接受交通部水运总局领导。但由于条件所限，暂时采取由港务局代部领导的过渡形式，直接受港务局长（或主管业务的副局长）领导。在过渡期间，财务上仍作为港务局的"其他业务"，实行内部经济核算，在货物交接上必须与港务局仓库严格分清责任。对国外的业务联系仍通过各港外轮代理公司办理，但涉及统一性的业务问题时，应先请示交通部。

根据各港情况，交通部决定上海、大连、天津、黄埔4个港口的外轮理货公司应专门负责外轮理货业务，与港务局的国轮理货业务分开。青岛、秦皇岛、连云港、湛江4个港口的外轮理货业务应以外轮理货业务为主，在保证完成外轮理货任务的前提下，兼办国轮理货业务。各港外轮理货公司应统一领导外轮理货人员，与国轮理货人员分开。各港外轮理货公司在进行上述调整后，应积极创造条件，准备过渡到完全独立的形式。

至此，在交通部和有关港务局的大力支持下，初步形成了新中国外轮理货行业架构。

（四）"文化大革命"期间的外轮理货

"文化大革命"爆发以后，交通部的行政工作在1966年末至1967年5月基本瘫痪，外轮理货工作也受到严重冲击。因为外轮理货工作是为外籍船舶服务，各地分公司被称为"卖国公司"，理货人员也被扣上"洋买办""卖国贼"的大帽子下放。因此理货质量急剧下降,违背外轮理货工作原则和违反涉外纪律的事情时常发生,引起外国船公司的抗议,甚至引起外交纠纷。类似事件严重影响了理货声誉,对内对外均产生不良影响。为了维持全国交通运输工作的正常运转,1967年5月底,中央决定对交通部实行军事管制。同年12月下旬,中央又决定对长江航运系统实行军事管制。1967年6月至1970年6月,是交通部实行军事管制时期。交通部军管会设有"抓革命"和"促生产"两个领导机构,后者是生产指挥部,行使交通部行政职能,但是,这一时期外轮理货工作的混乱局面,没有得到有效改善。

(五)外轮理货机构的恢复

外轮理货工作混乱情况,引起交通部的高度重视。1971年,交通部将一份关于外轮理货工作混乱现状的简报送到了国务院副总理李先念处,李先念在简报中批示"要限期恢复理货"。根据这一批示,1971年9月24日,交通部印发《关于限期恢复外轮理货公司和加强外轮理货工作的通知》,强调外轮理货是一项涉外性很强的生产业务工作,关系到国家的声誉。但近几年来,许多港口对理货工作重视不够,领导不力,理货机构不健全,专职理货人员被削弱,理货制度废弛。有的港口差错事故多,检讨不少,改进不快。有的港口在外轮理货中以多报少,漏装漏卸,签证以我为主,造成了不良影响。

根据中央领导对外轮理货工作的指示,交通部就限期恢复理货提出要求,中外理公司重点做了4个方面的工作。一是外轮理货公司的港口迅速恢复,已经恢复了的港口立即充实力量,健全制度,提高工作质量。理货公司直属港务局党委领导,对理货人员集中管理,实行统一调度,合理使用。二是加强对理货人员的思想政治教育,整理出理货工作中的典型案例,在全体理货人员中宣传,提高其政治责任感。三是在理货工作中坚持贯彻"专业和群众相结合,以专业为主"的原则,严格执行定关、定量、定型的"三定"制度,坚持舱口理货和双边理货,严格交接手续,认真制作单证,特别是认真填制原始理货单证。四是加强请示报告制度,改变过去松散型管理方式,重大问题及时向上级请示报告。

遵照国务院领导关于限期恢复理货的指示,全国17个港口都恢复和健全了外轮理货机构,理货质量也有了一定程度的改进。为加强企业管理,进一步落实这项工作,1972年4月30日,交通部又下发了《关于各港对外轮理货工作几个问题的通知》,要求各港口要遵照国务院领导关于限期恢复理货的指示,继续贯彻落实交通部1971年9月24日第1170号通知精神,各外轮理货分公司是港务局的一个直属单位,实行内部独立经济核算。同时外轮理货人员也要求统一着装。因为理货人员在外轮工作期间,由于没有统一标志,有的船方反映无人理货,造成不良影响,有碍工作进行。1977年10月4日,中外理总公司印发《关于制作中国外轮理货公司徽章的通知》,统一制作中国外轮理货公司徽章,全体理货人员登轮执行任务时,全部统一着装,佩戴徽章。

1974年7月23日至8月1日,交通部组织召开外轮理货工作座谈会,交流基层理货工作经验,讨论了若干理货具体问题,对进一步做好理货工作提出了要求:一是加强对外轮理货工作的领导,指定1名局级领导分管外轮理货工作。加强外理分公司的思想建设和组织建设,继续不断进行思想和政治路线方面的教育,加强基层工作,努力提高理货人员的阶级觉悟和路线觉悟。外理分公司领导班子力量不足的要配齐，机构不适应的要调整健全。要充实理货人员，保证每条作业船舶有理货组长，每个作业舱口有理货员。对外理分公司要实行独立经济核算。二是要认真执行党的方针政策和各项有关规定，尤其是主管生产的领导同志，对外轮理货工作要给予应有的重视。要认真执行双边理货交接制度，实事求是地进行签证和批注。三是要解决理货人员的不足问题，各港口在增添外轮理货人员时，可适当增添一部分女理货人员，暂时担负中远船舶的理货工作。女理货人员要双人登轮。各港在配备女理货人员时，要考虑女同志特点，予以适当照顾。四是加强对各港外轮理货质量的统计考核工作，统一规定外轮理货质量指标为"理货件数差错率"（理货差错件数/理货总件数）要求不超过万分之一。规定从10月份起，实行"单船理货情况报告表"制度。要求各外理分公司每理完1条船，填写"单船理货情况报告表"，并报总公司1份。

1978年4月10日，交通部印发《关于加强外轮理货的通知》，明确外轮理货公司是港口的一个重要涉外单位，理货工作是一项政策性强、时间紧迫、流动分散的涉外工作。目前各港外轮理货分公司的机构、体制和工作现状严重影响到外轮理货工作的开展和理货质量的提高，就此，交通部要求各理货分公司所在市的领导部门，加强对外轮理货分公司的领导；要求全体外轮理货人员加强业务学习，遵守涉外纪律，建立严格的岗位责任制；要求各港务局加强领导，解决好外轮理货分公司的机构、体制问题，建立健全名副其实的外轮理货分公司，设立必要的机构，隶属港务局和总公司①公司双重领导，实行独立核算，承担有限的经济责任，为国家扩大和增加外汇收入，要坚持双边理货，内、外理严格分开。

二、外轮理货规章的建立

1961年9月，港务局接收外轮理货公司后，各港外轮理货对外的规章制度、业务手续、单证、报单等并不统一。对此交通部运输总局根据各地的意见建议，加以整理综合，并在上海港蹲点进行调查研究，拟定外轮理货公司统一的工作职责范围和责任制，并于1962年初制定了《中外理公司业务章程》和《中外理公司理货办法》2个草案，下发给各港。因缺乏经验和考虑到涉外关系，仅在内部试行，未对外公布。1963年3月，又在大连专门召开外轮理货工作座谈会，对2个草案结合实行情况进行了反复讨论，作了较完善的修订，明确了外轮理货公司的责任范围，确定了理货工作的总原则。1963年6月15日，交通部正式颁发《关于颁发〈中外理公司业务章程（试行草案）〉和〈中外理公司理货办法（试行草案）〉的通知》1972年，交通部又颁布了《中国外轮理货公司业务章程》和《外轮理货工作规则》两个业务指导文件。1976年，颁发《中国外轮理货公司费收办法》。这些文件的出台，规范了理货行为和流程。并在实践中不断修订完善。

三、外轮理货业务的管理

（一）提高外轮理货工作质量

针对港口外轮理货计数工作存在的问题，一是不按船上理货数字对外签证，轻易听

---

① 交通部港口局内的外轮理货总公司。

信港口库场、驳船或货主的数字,二是按船上理货数字对外签证,由于理货数字不准,一致对外少签或多签,给国家造成不良政治影响和经济上的损失,交通部水运局商务处发出《关于为提高外轮理货准确性,切实做好以船上理货数字对外签证的通知》,明确提出,对外签证必须坚决贯彻交通部颁布的"中国外轮理货公司理货办法"第 25 条规定,即以船上理货数字对外签证,并补充指出:

对于小包装的大宗货物,在船上点件有困难时,在港口库场堆码双联桩的条件下,得在库场点垛交接,理货员应巡视装卸沿途及库场,防止漏装、漏点,并按钩制作理货计数单,如果港口库场不码双联桩;无法按垛点清件数时,理货员仍需在船上按钩点清件数,并以此数字对外签证。

从驳船、车辆直接装入外轮或从外轮直接卸入驳船、车辆的货物,理货员应会同驳船、车辆一钩一清。

对于船边现提或现装的货物,货主应派人在船边交接。若货主不派人在船边交接,一律以船上理货数字对外签证,事后发现多、短概由货主负责。

库场、车辆、驳船的货物数字与船上理货数字不符时,一般应立即进行翻舱或倒垛复查,并以复查落实数字对外签证。如限于当时具体条件难以翻舱、倒垛复查时,应分情况处理:即交接双方均认为本身数字准确可靠时,应按船上理货数字对外签证;交接一方对本身数字无确实把握时,应按另一方准确数字对外签证;交接双方均对本身数字无确实把握时,应由双方协商解决。如协商意见不一致时,最后由理货公司决定以哪方数字对外签证。

为保证船上理货数字准确可靠,交通部要求各港口、理货公司应切实做到:充实理货力量,必须按作业舱口派足理货员,理货员必须在舱面或舱内理货,点清每钩件数,使理货数字有准确可靠的基础;港口必须贯彻以专业理货为主的专业理货与工组理货相结合的理货方法,对于同一包装的大宗货物,工组必须定关、定型、定量,理货员要认真复查,共同保证数字准确。

(二)重点改进国外进口货物签残工作

随着国外进口货物的不断增长,理货公司与港口仓库、理货公司与船方在应否签残问题上,经常发生矛盾,不但影响港口作业,而且对外造成不良影响。为了维护国家利益和对外信誉,理顺各相关单位的关系,做好国外进口货物签残工作,交通部水运局商务处颁发《关于改进国外进口货物签残工作的通知》,对国外进口货物的签残工作特别做出规定,从 1965 年 4 月 1 日起执行:

国外进口货物在港口的签残工作,统一由外轮理货公司向船方办理(不委托理货的船舶,由港务局向船方办理)。

理货公司与港口仓库对残损货物的数量和残损情况协商不同意见时,对外应按照理货公司的意见签证。对内由仓库编制记录证明,双方均不得拒绝签字。

今后属于理货公司漏签、错签的残损，应由港务局负责赔偿货方损失。对此类事故，外轮理货公司应认真检查事故的责任，吸取教训。

外轮理货公司根据此项规定精神，认真总结签残工作的经验，本着既要维护国家经济利益，不漏签、错签，又要维护国家政治影响，不滥签，坚决克服宁多勿少、不认责任的思想，将国外进口货物的签残工作提高一步。

四、外轮理货队伍建设

新中国成立初期，由于各港既未建立专业的理货公司，又未做到外轮理货人员专业化，也就更谈不上对其进行涉外和外语教育，因而外轮理货人员的素质普遍需要提高。比如，当时的上海港理货组长中能够独立胜任外轮理货工作的只占20%左右，平均年龄在47岁以上，体质弱，精力不足。还有一些理货人员政策水平不高。更有一些人不识英文字母，无法填写理货单证，亦不能登外轮工作。

对此交通部运输总局颁发《关于加强外轮理货工作的补充通知》指出，外轮理货人员不足的港口应按规定迅速配足，所配理货人员应保证质量，符合登轮条件，并举办业务训练班，提高理货人员的业务水平，学习内容由各港根据业务需要自订。理货组长可重点学习签证交接事项和英语，理货员可重点学习理货计数法和验残办法等。并决定从1963年7月开始在上海港开办四期训练班，每期2个月，分批抽调各港理货组长学习，以提高业务水平，适应业务需要。交通部通过采取上述措施，扩大了理货队伍规模，提高了理货队伍的整体素质，基本满足当时理货工作的需求。

"文化大革命"开始后，由于理货人员大量流失，理货质量急剧下降。对此，中外理抓紧了对于理货人员的教育培训工作。

外轮理货主要是跟外籍船员打交道，英语是沟通桥梁，但当时一线理货人员的英语水平普遍不高。有的理货员不敢见船方，躲着外籍船员跑，水平高一点的跟外籍船员打手势，理货过程连比带划。针对这种情况，中外理总公司从1971年起，狠抓在职理货人员的培训工作，从全国主要港口选调相关人员，举办各种培训班。1971年4月，交通部在大连海运学院开办为期1年的短期外轮理货人员培训班。1972—1974年，交通部委托上海港务局开办3期外轮理货英语培训。1973年9月10日，国务院副总理李先念对交通部在上海开办外轮理货人员英语培训班做了批示："这个工作办得好，要办，要提高，不只是英语，还有日语或其他国家语言也要办。"为了认真贯彻批示，在继续办好上海外理英语培训班的同时，着手筹办外轮理货人员日语培训班。1974年6月，在上海港湾学校举办的第3期外轮理货人员外语培训班，在开设3个英语班的同时，增开了1个日语班。

外理英语培训班得到各港口的大力支持。英语班在教学中实行干部、教师、学员三结合，互教互学，效果良好。参加学习的理货人员普遍提高了英语水平，在理货工作中发挥了积极作用。

中国远洋运输企业的组建，是党中央、国务院的亲切关怀和交通部正确领导，以及有关省、市党和政府大力支持的结果。20世纪50年代末，中国对外贸易的快速发展，以及国际政治局势渐趋舒缓为中国发展自营船队创造了客观条件。

中远初创时期，广大船员职工面临极端困难的条件下勇于艰苦创业，敢于冲破国内外敌对势力对中国的封锁禁运，建立了一支初具规模的自营远洋船队，开辟了国际航线，完成了外贸和援外运输任务。

1966年开始的"文化大革命"也给刚刚起步不久的中国远洋运输事业带来了严重影响。中远党政领导工作受到严重干扰，中远船岸员工忍辱负重，维持了这一特殊时期远洋运输工作的进行。"文化大革命"后期，在周恩来总理等老一辈无产阶级革命家的关怀、支持和指导下，中国的远洋运输事业从"文化大革命"初期的混乱状态逐渐恢复过来，机构也得到恢复和健全。

1972年4月中国船舶燃料供应总公司成立，归口交通部管理。1988年2月，交通部决定将该公司成建制地划归中远总公司领导。

1965年10月，中国汽车运输总公司在四川省渡口市成立。1993年2月，整建制划入中远集团。

1961年，中国外轮理货公司成立，成为一个专业公司。2005年，经国务院批准，中外理并入中远集团，成为中远集团的全资子公司。

第三章
远洋运输船队的建设与发展

1961年，中国远洋运输公司成立。同时成立的中远广州分公司拥有船舶4艘，2.26万载重吨。这是新中国成立后第一批悬挂中华人民共和国国旗的远洋船舶，也是中国悬挂五星红旗自营远洋船队的发端。但是，其后的一段时间，由于体制以及财政经费方面的原因，船队发展缓慢。统计数据表明，到1964年末，中远广州分公司才拥有船舶8艘，8.33万载重吨。为此，1964年，中远公司开始尝试贷款买船，取得了良好的效果，开创了中国利用贷款发展远洋船队的先河。

20世纪70年代，是中远船队快速发展时期。由于世界石油危机爆发，国际航运市场陷入低迷，中远公司抓住机遇，在党中央、国务院领导的关怀下，在国家计委、人民银行等部门的大力支持下，排除干扰，克服困难，利用香港中国银行的外汇资金大举买船，使中远船队规模以前所未有的速度壮大，到1978年底，中远船队已拥有船舶510艘，855.5万载重吨。根据1978年世界商船吨位统计，截至1978年7月1日止，在各国商船船队中，中国船队吨位增幅为世界第3位；在拥有300万总吨以上商船的国家中（不包括台湾省），中国居第17位。基本满足当时中国外贸运输的需求。

第一节　国家投资发展远洋船队

中国远洋运输公司船队的发展，得到党中央、国务院的大力支持。中远公司成立之时，正值国民经济困难时期，国家抽调了大量资金，在其后更是不断增加投资，壮大远洋船队。

一、国家投资发展远洋船队总体情况

新中国成立后，国家实行计划经济体制，企业仅是政府部门的生产单位，利润全部上交国家，亏损也由国家弥补，投资受国家的直接控制和管理，资金以财政拨款的方式拨付，投资总量和投资结构均由国家控制，并以指令性计划贯彻实施。外贸体制也采用高度集中的指令性计划和统负盈亏，业务由外贸专业公司统一经营。

在这样的制度框架下，中远早期的船队建设是以国家投资为主导，买造船职责分工具有典型的计划体制特征：国内订造新船的工作由交通部远洋局负责，具体由远洋局船舶技术科主管；国外买造船工作则由交通部远洋局和外贸部中国机械进出口公司共同负责，中国机械进出口公司负责商务谈判，以外贸的名义订船，负责支付船款，并收取佣金，远洋局船舶技术科只负责技术谈判和监造。

新中国成立初期，百业待兴，资源匮乏。计划经济体制在中国远洋运输公司初创时期，对于中国远洋船队的建立和发展起到了关键作用。中远公司成立初期的1964年，中远广州分公司有投资船"光华"（图3-1）、"新华""和平""友谊""星火""劳动""黎明""友好"轮共8艘，共8.33万载重吨。远洋运输局（中远公司）上海分公司从1964年成立到年底，共有8艘投资船，总吨位达到6.24万吨。其中，1964年3月接进了上海海运局调拨的"和平60号"轮和"真理"轮；从5月份先后接进了大连船厂于20世

图 3-1 航行中的中远广州分公司"光华"轮。

60年代建造的"团结""燎原""先锋""红旗"轮,上海江南船厂建造的"建设"轮,以及从国外买入的旧船"胜利"轮。20世纪60年代末,国家在财政十分困难的情况下,为了发展自营远洋船队,积极投资建造新船。到1969年,中远广州分公司的国家投资船发展到21艘,21.26万载重吨。这一时期,中远上海分公司也建造了一些船舶,包括1965年2月接进了上海江南造船厂建造的万吨级远洋船"东风"轮;1967年4—7月,首次接进罗马尼亚建造的载重4400吨的内燃机船"长安""新安""淮安"轮;同年12月接收了上海江南船厂建造的"朝阳"轮。至1969年年底,中远上海分公司有国家投资船13艘,总载重吨位为11.5万吨,艘数和吨位分别比1964年增长62.5%和84.3%。

进入20世纪70年代,尽管中远公司通过贷款买船,使得远洋船队的规模迅速扩大,但是投资船仍然占有较大的份额。1974年,中远船队共增加船舶58艘,136.5万载重吨,国家投资船、国内建造的远洋船舶11艘,共16万载重吨,即上海江南厂建造的"风庆""风益""风鹰""风燕"轮;上海船厂建造的"风浪""风暴""风鸣"轮;中华船厂建造的"风翔""风歌"轮;广州船厂建造的"辽阳"轮和大连红旗船厂建造的"大丰"轮。国家投资、通过外贸进口的远洋货轮8艘,共9万载重吨,包括罗马尼亚造5000吨级货轮"东安""北安"轮;南斯拉夫造1.3万吨货轮"虎林""桃林""隆林"轮;日本造载重1.4万吨、配有300吨重吊的货船"大田"轮。1975年,国家投资船10.5艘,计13.1万载重吨,其中国内造船4艘,分别是上海厂建造的"风驰""风展"轮,中华厂建造的"风涛"轮,广州船厂建造的"信阳"轮。进口船6艘,分别是在民主德国建造的"红门""永门""厦门""武门"轮,在罗马尼亚建造的"宝安"和"华安"轮。还有在联邦德国为中波公司建造的1.5万载重吨的"长兴"轮,产权一半属于我方。截止到1978年底,我国远洋船队已拥有船舶510艘,855.5万载重吨。其中,国家投资船102艘,1047024载重吨,约占载重吨位的12%。

二、国内造船

国家投资、国内造船是中远早期发展远洋船队的重要途径之一,这一模式对中国船舶工业的起步和发展,起到了促进作用。

新中国的船舶工业与海运业一样,受制于西方国家的封锁,造船能力极其有限,最初仅有上海江南造船厂和大连造船厂能够制造5000吨以上的船舶,且造船周期较长,造价高于当时的国际船舶市场价①。船舶配套工业基础也相当薄弱,设备及原材料几乎完全依赖进口。

为了改变中国船舶工业落后的面貌,20世纪50年代末开始,由国家投资,在国内建

---

① "和平""友谊"两轮分别由大连造船厂和上海江南造船厂自行设计并建造。"和平"轮的船价为821万元人民币,"友谊"轮船价为669.3万元人民币,当时折合93万英镑和75万英镑。而按当时国际上的造船价格,建造同样一艘船舶,只需40万英镑左右。

造了一批万吨级远洋货船，其中在大连船厂建造了"跃进"和"红旗"轮[1]；在江南造船厂建造了"东风"轮（图3-2）。

"跃进"轮是中国船厂建造的第一艘万吨级远洋货船[2]，其设计图纸、钢材和设备全部从苏联购买。"东风"轮则是在消化总结现有设计图纸和资料的基础上，由江南船厂自行设计建造，设备配套也尽可能立足于国内，体现出当时既要学习国外的先进技术，又要迅速发展自我设计制造能力的造船发展思路。不过当

图3-2　中国第一艘自行设计、主要材料和配套设备立足国内的万吨级远洋货轮"东风"轮。

时受到极左思想的影响，过分强调配套国产化，"东风"轮于1960年4月15日下水后，因为舾装工作无法继续而陷于停顿。后来在周恩来总理的直接干预下，交通部决定进口一部分当时中国还不能制造的配套设备，才使这艘新中国自行设计的第一艘万吨轮顺利完成了舾装工作，直到1965年12月10日试航成功并投入使用，建造周期前后长达7年。

以"跃进""东风"轮为开端，新中国进入了可以建造万吨轮的时代。然而，受当时中国社会历史背景的影响，船舶工业并未就此进入一个健康发展的轨道。

"一五"期间（1953—1957年），在西方国家对中国政治上孤立、经济上封锁的严峻外部局势下，国民经济建设仍能取得较大成就。从1957年反右派斗争开始，连续的政治运动，严重破坏了经济建设，影响了国家工业化发展进程。

到了"文化大革命"时期（1966—1976年），国内造船更是受到政治因素的影响，用船部门对造船质量的意见往往被攻击为政治问题，导致技术水平得不到提高。上海船厂和江南船厂的15000载重吨级的"阳"字号、"风"字号，广州船厂13000载重吨级"阳"字号，大连船厂13000载重吨级"大"字号等杂货船都是在这一时期建造的。1973年7月18日，在《中远总公司向交通部上送关于国内建造远洋货船质量问题的汇报》中指出，新中国成立以来，中国已建成万吨级远洋货轮11艘，共155266载重吨。其中"文化大革命"前3艘。从1967年至1973年4月底，共建成万吨级远洋货轮8艘，109874载重吨。另有4艘已基本完成，但尚未交船，共53290载重吨。"文化大革命"以来建造的8艘（远洋货轮）中，早期生产的3艘（"朝阳""向阳""岳阳"轮的主机，导航设备及部分重要辅机是进口的）虽然船体较软，但尚能适应远洋航行条件。1970年以后建成的5艘，有的不能航行远洋，有的还不能开航（"风雷""风光"轮只能航行日本；"大理""大冶"轮

---

[1] 2艘船属于苏联援建的156项重点建设项目之一。

[2] 事实上，早在1920年，建造"东风"轮的江南造船厂的前身——江南造船所，就造出了中国第一艘万吨轮，而且完成了当时美国政府订造的4艘："官府"号（Mandarin）于1920年6月3日下水，"天朝"号（Celestial）于1920年8月3日下水，"东方"号（Oriental）于1921年2月23日下水，"震旦"号（Cathay）于1921年5月26日下水，4艘船的规格均为载重量10000吨、排水量14750吨（这4艘船），完工后均开至美国交付，直至第二次世界大战期间，仍在美欧航线上使用。

虽在1972年6月签署交船协议，但至今仍未出厂；"庆阳"轮于1972年11月交船并在沿海营运一个航次后，又回厂修理，至今尚未出厂）。据不完全统计，上述8船因延期交船和质量较差，停航修理共损失船期1700多艘天，及船员损失10万多人天，这相当于5艘船停航1年。

尽管当时受到政治因素的冲击，中远造船监造人员和交通部船检人员还是顶住压力，竭尽所能，严把质量关，为维护远洋船舶建造质量做出了艰苦的努力。

统计资料表明，1959—1978年，由国家投资，在国内船厂订造的远洋船舶共有51艘，约52万载重吨，主要为杂货船，另有少量油轮和散货船。在这一历史时期，中国的船舶工业基本处于停滞不前的状态，与东亚邻国日本和韩国相比，差距很大。船型方面，直到20世纪70年代后期，国内建造的船舶仍是"前三后二"的舯机型杂货船，而国外已普遍开始建造经济性更好的偏艉或艉机型船，集装箱船也早在20世纪50年代中后期就已出现。民族造船业的落后局面，难以为海运业的发展提供足够的支持。当时的情况表明：中远要壮大船队规模，满足外贸运输的需求，仅依靠国内造船是不够的，还必须另辟蹊径。

三、国外买、造船

由于当时中国船舶工业基础落后，新造船周期长，质量较差，不能适应外贸运输发展的需求，为缓解运力短缺，国家开始通过外贸进口的方式，在国外订购船舶。但由于西方国家对中国的经济封锁，订船工作在初期开展得并不顺利。

1955年，中国派出贸易代表团，由外经贸部带队，赴日本寻求贸易合作，轻工业部、交通部等部委都派员参团。当时交通部希望能在日本订造新船。但由于西方禁运条例的限制，船舶也在禁运之列，因此日本之行并没有收获。

1956年，交通部又参加了赴南斯拉夫贸易代表团，寻求订购新船。当时的南斯拉夫虽然是最早承认新中国的国家之一，但由于新中国成立初期中国采取的是向苏联"一边倒"的外交策略，受中苏关系的牵制，直到南斯拉夫与苏联恢复外交关系后，中国才于1955年1月与南斯拉夫建交。

自1948年苏、南交恶后，南斯拉夫转而与美、英等西方国家建立外交关系，发展贸易，寻求援助。在这样的国际环境下，南斯拉夫当时也慑于禁运条例，不便直接由政府出面卖船给中国，但又想通过卖船支持本国的造船工业，于是采取了迂回战术，即船舶不列入中方的采购货单，而是由南斯拉夫的一家银行出面，从船厂购买船只，再由这家银行卖给中国公司，这就不算政府行为，而是民间贸易了。

第一批谈判敲定的2艘船，1艘是2万吨油轮（M.V.Orstava），1958年完工，另1艘是1万吨的杂货船（M.V.Olik）。交付之后，鉴于当时的历史条件，中方也无法直接出面运营，转交给捷克公司经营。中远成立后，这两艘船都移交给了中远广州分公司，并改名为"洪湖""临潼"轮。这是新中国首次成功地在海外订购新造船。图3-3为航行中的"临潼"轮。

1966—1977年，为平衡与东欧社会主义国家之间的贸易顺差，中国又通过易货贸易的方式，在波兰、民主德国、南斯拉夫、罗马尼亚等东欧社会主义国家，订造了一批4700—13000载重吨的杂货船，交由中远经营。

由于东欧社会主义国家的造船水平与发达国家船厂相比存在着差距，这批为平衡贸易订购的杂货船，出现不少质量问题。但当时中国国内造船技术水平不高，东欧船还是具有一定优势。重要的是，当时社会主义国家之间的易货贸易，双方都不需要支付外汇，具有很大的吸引力。

1964年1月27日，中法正式发表建交公报，法国成为西方大国中第一个同新中国建立正式外交关系的国家，在当时被西方媒体喻为"外交核爆炸"，是中国加强同西欧关系的一个重大突破。中法建交以及随之发生的法国和台湾当局断绝"外交关系"，使得美国维持了15年的西方对华孤立和遏制政策开始动摇。为了把握住中法建交前后为中远海外造船带来的空间和机遇，1965年，国家投资在法国订造了3艘新船，其中2艘杂货船，为"九江"轮（马赛船厂）和"镇江"轮（敦刻尔克船厂），1艘客船为"耀华"[①]轮（大西洋船厂）（图3-4）。

图3-3 我国首次在海外订购的新造船"临潼"轮。　　图3-4 中国在法国订购的新造客船"耀华"轮，为首次在西方国家订购船舶。

不久，在英国、芬兰造船也打开了局面。1965—1973年，由我国投资在这3个国家先后订造了10艘15000载重吨级的杂货船。此后于20世纪70年代中后期，利用航运不景气，造船市场萧条的时机，又在日本、瑞典、挪威、西班牙、意大利等国家订购了一批新造散货船、杂货船和油轮共计16艘，交香港远洋、益丰公司和中远天津分公司经营。

20世纪60年代，中国远洋运输事业处于起步阶段，还没有自己的远洋船技术标准，因此在技术谈判时，基本是以国外船厂提供的技术规格为基准，中方在此基础上消化、学习和总结。为保证国外新造船项目的建造质量，监造人员由交通部、六机部等相关单位共同研究后，从各下属单位抽调，项目结束后一般都返回原单位。从法国造船开始，中远抽调技术骨干，同时组织了一批有经验的船长、轮机长，集中调研一批当时性能比较先进的船舶，消化技术资料，并进行研讨总结。当时研究的远洋船有："黎明"（杂货船）、"光明"

[①] 订造"耀华"轮主要是为撤侨的需要，1967年，交船后由中远广州分公司经营。后来由于国际形势的变化，1967—1972年，"耀华"轮主要承担我国援外物质和工程技术人员的运输工作，往来于亚非拉各国，1972年后，经常往来于中日之间。

（杂货船）、"友好"（重吊船）、"耀华"（客船）轮等。此后，在民主德国、罗马尼亚、南斯拉夫、英国等国的一系列新船订购工作中，继续总结经验，为后来中远造船标准的形成做了技术积累。

第二节 贷款买船发展远洋船队

20世纪60年代初，中国每年海上外贸货运量在1000万吨以上。而当时中国的远洋运输事业尚处在初创时期。1962年，自营船队只有远洋船舶5艘，3.38万载重吨，承运对外贸易货物12.7万吨，占中国外贸海运量的比例不到2%，自营船队海运活动还受到封锁禁运、南北断航的制约。除此之外，中波公司、捷克公司、中阿轮船公司等中外合营公司的船舶，承担了其中8%左右进出口货运量。为解外贸运输燃眉之急，中国进出口贸易货运量的90%左右，都是租用外轮或交由外国轮船公司的班轮承运。国家每年为此支付大笔租船费用。以1962年为例，当年租船耗用的外汇可在当时购买万吨级货船近40艘，100多万载重吨，并组建一支具有相当规模的全新的远洋船队。租用外轮承运中国的外贸物资，虽能完成货运任务，但得利的则是外国航商。这种状况亟待改变，因此必须大力发展自有远洋船队。

发展远洋运输船队，本应立足于国内，最根本的办法是在国内大量造船。但是航运业是个资金和技术密集型的行业。20世纪60年代初，国内能够制造5000吨以上船舶的船厂仅有上海和大连2家，技术能力有限，造船所需机器、电航仪器及其他材料又需从国外进口，因此造价高于当时的国际船舶市场。所以在国内造船的同时，还不得不向国外买船、造船，需要大量的外汇。当时中国经历了3年困难时期，正进行国民经济的调整，外汇短缺，一方面国家无力拿出更多的资金投资中远船队的发展，另一方面为了完成外贸运输货运量，有限的外汇资金不得不用来租船，这又进一步制约了对自有远洋船队的投资建设。从1961年中远成立到1964年，中远广州分公司仅有投资船8艘，约8.33万载重吨。新成立的中远上海分公司也只有8艘投资船，6.24万载重吨。再加上中波公司、捷克公司、中阿轮船公司等国外合营公司及香港公司的运力，承运的外贸货量只占总量的6.7%。与1962年相比，尽管船队规模有所扩大，但是所承担的货运量占总量的比例还有所下降。这说明，远洋船队的建设步伐，远远落后于外贸运输的发展需求。显然，如果没有新的资金渠道，仅仅依靠国家财政的投资，是难以有效地把握市场时机，实现远洋船队低成本、快速发展。

一、中远贷款买船的探索

1956年，第二次中东战争（苏伊士运河战争）爆发，国际船舶市场的船价开始跌落，特别是1957年以来因西方国家的经济危机而导致航运危机，国际航运市场萧条。由于国际的贸易骤减，航运市场货源奇缺，运力过剩，造船能力过剩30%—40%，大量船舶闲置，船价暴跌。1958年，世界船舶闲置吨位900万吨，1960年闲置500万吨。1960—1961年共拆船471.5万吨。1962年西方航运市场成交的船舶价格，旧船价格跌落到第二次世界大战后的最低水平，全新的万吨级远洋货船也不过100万英镑左右，八成新的约80万英镑，半新的约40万—50万英镑，尚能使用10年左右的旧船约20万英镑，还有更旧一些的船，售价约10万英镑左右。因此，由国家贷款购买旧船发展中国远洋运输船队，正是大好时机。

但是，企业利用银行资金而非国家拨款投资，在计划经济时代无疑是前所未有的创举，也是观念上的一大跨越。

交通部有信心利用银行资金贷款买船，主要得益于香港爱国人士程丽川贷款买船的成功经验。1959年因台湾海峡被封锁，"南粮北运、北煤南运"受阻于海上，程丽川就向香港招商局提出贷款买船、挂方便旗经营的建议。1960年3月，程丽川创办了香港益丰船务企业有限公司（简称益丰公司），组建船队，并用侨利公司的名义贷款购买了2艘万吨级旧货船"和风"轮、"顺风"轮，靠营运收入还贷，用了不到2年就还清了本息。1962年11月13日，交通部在报周恩来总理批准后，用这两艘贷款船的收入和招商局的计划外利润，又买了旧船3艘，挂方便旗，交由益丰公司经营。

新中国成立以来，香港中国银行客户存款不断增加。为了支援国家建设，这些存款大部分转到内地，但当时内地又没有合适的放贷业务，于是又转存到西方国家银行，一直没有得到有效的利用。在这种情况下，中国银行的外汇存款，就成了中远买船的资金来源。

1963年初，叶剑英元帅视察"光华"轮时，中远广州分公司经理郭玉骏口头汇报了利用银行贷款发展远洋船队的思路。叶帅当即表示认同，并指出，发展中国远洋运输事业和自营船队，应该立足于"大力造、减少租、增加买"的办法进行。5月，交通部远洋局又作了书面汇报，叶剑英元帅对此十分重视，报请党中央、国务院研究。经过交通部多方努力协调，贷款买船方案得到中央有关部门的赞同和支持。1963年11月，交通部、外贸部、财政部、中国人民银行联合向党中央、国务院呈送了《利用银行贷款买船以发展中国远洋船队的报告》。周恩来总理、李先念副总理批准了这一建议，并指示"要相机行事，走一步看一步""造船、购船均应同时进行，方利远洋运输，减少运费开支"。由此，贷款买船发展远洋船队的办法得到了国家的认可。

为了执行国务院领导的指示，由交通部、外贸部、国家计委、国家经委、财政部、中国人民银行、六机部等部、委参加，专门成立了买船小组，具体领导贷款买船工作，并于1964年1月8日，召开了第一次买船小组会议，对买船问题做了全面的规划。挂国旗在内地自营（中远经营）的船舶，购造工作由中国机械进出口公司和交通部远洋局共同负责；挂外旗留在香港经营的船舶，由远洋局负责购买。招商局具体承担购船事宜，最初是通过一家巴拿马公司操作，后由香港远洋轮船公司或益丰公司负责对外洽谈，每艘船在购买条件谈好后，由招商局领导核定，报买船领导小组会签，再呈报国务院副总理李先念批准后才能成交。

1964年12月13日，中央批准了交通部、外贸部、财政部、中国人民银行《关于利用香港中国银行客户存款发展远洋航运的请示报告》，贷款额度为2000万美元（折合714.28万英

图 3-5　1964 年 12 月第一艘利用银行贷款购进的远洋货船——"黎明"轮。

镑）。后来又追加透支贷款 500 万美元。

在党中央、国务院的亲切关怀和有力支持下，中远公司在贷款买船的道路上迈出了可喜的第一步。1964 年 12 月 29 日，中远广州分公司率先利用香港中国银行贷款 109 万英镑，购进了第 1 艘悬挂五星红旗的贷款船"黎明"轮（图 3-5）投入营运，从而开创了中国利用银行贷款发展远洋船队的先河，中远也成为新中国成立后，最早利用银行贷款发展生产力的国营航运企业。4 个月后的 1965 年 4 月 29 日，第 2 艘贷款船"光明"轮（船价为 108 万英镑）投入营运。

1964 年初，交通部和中国人民银行签订贷款买船合同。利用 1964 年的贷款，中远共购得船舶 20 艘，24.9 万载重吨。这批船舶投入运营后，取得了很好的经济效益。自 1964 年贷款买船至 1966 年底，仅 2 年时间就偿还了这笔贷款的 50%，相当于自购了 10 艘远洋船，作用立竿见影。从 1970 年起，中远上海分公司开始利用银行贷款买船，首次贷款买进的第一艘船是"南口"轮，是年，买进了 5 艘万吨船，共 67517 载重吨。

在发展贷款买船业务过程中，由于中远对外汇的需求量很大，还本付息又很及时，中国银行很快便与中远建立起了良好的合作关系。此后，即使在"文化大革命"期间，贷款买船常受到干扰和批判，但中国银行始终和交通部站在一起，对中远贷款买船给予充分的支持。

二、20 世纪 70 年代中远船队大发展

20 世纪 60 年代中期，由于美国在越南战争的泥潭中越陷越深，其国家形象受到巨大的损害，中国面临的国际政治局势得到了进一步缓解。

进入 20 世纪 70 年代，国际政治格局发生了很大改观。1971 年 10 月，中华人民共和国恢复了在联合国的一切合法权利。美国出于与苏联抗衡的全球战略需要，主动与中国修复关系。1972 年 2 月，美国总统尼克松访华后，中国迅速与众多西方国家建立外交关系，对外经贸合作和文化交流进一步扩大。

在 1970 年 1 月，国民经济第四个五年计划会议上，周恩来总理批示：力争在 1975 年基本上改变主要依靠租用外轮的局面[①]。这一批示吹响了远洋船队大发展的号角。

由于形势发展的需要，1972 年 1 月，交通部召开会议，讨论如何落实周恩来总理的指示及远洋船队发展问题，并向国务院汇报了远洋船队发展滞后，不能适应快速发展的外贸形势，希望中央能够采取有效措施，解决这一矛盾。当月，国家计委即传达了李先念副总理关于积极购买远洋船舶的指示：由中远总公司按国际金融市场的美元贷款利率，向中国

---

① 《中远总公司关于贷款买船和接船情况的报告》，1973 年 5 月 7 日。

银行贷款用于购买船舶,并对船队建设批了16字方针"贷款买船、负债经营、赢利还贷、滚动发展"。经财政部批准,同意再追加贷款购船。

1972年5月,国家计委在给周恩来总理《关于使用银行外汇贷款购买远洋轮船的报告》中提出,预计到1975年,外贸海运量将达到3500万吨,若要完成我方派船承运2000万吨的任务,还需要增加300万吨货轮。建议"四五"期间(1971—1975年),在国内造船50万吨,国外买船250万吨,其中从中国银行贷款买船225万吨。

1972年,利用贷款买船成交90余艘,113万载重吨,超额完成了年度买船100万吨的任务。中远总公司1961—1972年投资、贷款买船统计见表3-1。

中远总公司1961—1972年投资、贷款船统计表(单位:万吨)　　表3-1

年份	总计		贷款船		投资船		贷款船比重(%)		投资船比重(%)	
	艘数	总载重吨	艘数	总载重吨	艘数	总载重吨	按艘数	按吨位	按艘数	按吨位
1961	25	22.99	6	4.30	19	18.69	24.00	18.70	76.00	81.30
1962	31	27.00	7	4.70	24	22.30	22.58	17.41	77.42	82.59
1963	36	33.13	13	11.40	23	21.73	36.11	34.41	63.89	65.59
1964	56	51.76	23	21.20	33	30.56	41.07	40.96	58.93	59.04
1965	63	60.18	26	25.50	37	34.68	41.27	42.37	58.73	57.63
1966	71	70.66	33	34.20	38	36.46	46.68	48.40	53.52	51.60
1967	86	86.91	38	40.80	48	46.11	44.19	46.95	55.81	53.05
1968	89	90.36	45	48.70	44	41.66	50.56	53.90	49.44	46.10
1969	102	105.89	54	60.90	48	44.99	52.94	57.51	47.06	42.49
1970	107	112.28	62	70.90	45	41.38	57.94	63.15	42.06	36.85
1971	122	134.4	74	85.50	48	48.9	60.66	63.62	39.34	36.38
1972	184	214.10	135	161.80	49	52.30	73.37	75.57	26.63	24.43

注:表内数据,均包括合营公司中方船舶及中远香港公司(中远租船)的运输船舶。

1973年上半年,航运市场有所回升,国际市场船价平均比上一年上涨了35%。但10月6日开始的第四次中东战争,引发了第一次石油危机,西方国家爆发了自第二次世界大战以来最严重的经济危机,航运业深陷低迷,船价再度跌至低谷,中远船队又逢买船的好时机。

1973年,周恩来总理在再一次指示,要改变过去以租船为主的被动局面,利用国际航运市场船价较低对我国有利时机,采取向银行贷款办法,在航运市场上购买船舶。同时,也采取国家投资办法发展船队。当年10月,中远总公司重组后,遵循周总理及其他中央领导人的指示,抓住这一机遇,又适时地提出了1973年、1974年分别贷款买船100万吨、120万吨的计划。

为了加强对贷款买船工作的领导,使有限贷款得到充分的利用,发挥其最大效能,中远总公司成立了由主管业务的副经理负责的领导小组和总公司船技处为主的船舶购造组。抽调各分公司专业人员,就国际航运市场货源变化对船舶种类的要求和船舶买卖市场行情等情况,进行了调查研究,形成了从市场调研、船舶选购、订造、监造、验收、接船等系列化的工作队伍，保证了贷款买船和造船工作的顺利进行。

在购造船舶的过程中，中远总公司逐步加强了对船舶质量的重视。1973年初，根据国务院领导关于"注意买些技术性能较好的船"的指示，交通部对买船标准作了调整。同年，又进一步明确，船龄要以20世纪60年代的为主，适当购买一部分20世纪70年代和20世纪50年代后期质量较好的船舶。在船舶种类上，要大、中、小结合，并对船舶规格和质量等，都提出了具体的要求。

1974年3月，交通部决定将原来由部水工局承办的向国内外订购远洋船舶，从技术谈判、签订合同、审查设计、现场监造、试航验收、保证修理等工作，均移交中远总公司负责办理。从此，统一了购造工作的领导，简化了承办的程序。为了搞好船舶的购造工作，中远总公司于同年5月颁发了《国外造船技术谈判和现场监造工作办法（试行条例）》，对购造船舶的有关问题提出了规范化的要求，从而有效地保证了购造船舶的质量。通过实践，不断摸索，逐步建立了抓好"选、谈、验、接"4个环节和一套行之有效的工作程序，总结出了在复杂多变的船舶市场中买船的整套做法，为后来购买远洋船舶提供了宝贵经验。

截至1973年底，中远总公司船队拥有船舶256艘，322.3万载重吨，其中贷款船198艘、255.4万载重吨，营运净收入累计可还清用于购买120万吨船的贷款本息，也就是说，没有用国家投资，就净增了120万吨船。

中远公司于20世纪60年代初，率先在国内企业中闯出的"贷款买船、负债经营、赢利还贷、自我发展"的道路，成为新中国成立后最早利用银行贷款发展生产力的国营航运企业。中远公司以银行贷款的方式，利用船舶营运利润向银行还本付息，在较短时间内使中国拥有了一支初具规模的远洋船队，减少国家租船所使用的大量外汇。利用贷款购造远洋船舶，不但为国家增添了固定资产，而且也给中远总公司增加了可观的经济效益。这是一条依靠自力更生发展中国远洋运输事业的正确道路，对国有企业起到了重要的借鉴作用。

1974年的"风庆轮事件"，使得中远买船工作受到严重干扰，年底买船工作基本中断。1975年初，邓小平主持中央和国务院的工作，一度被中断的买船工作重新提上议事议程，但是后来受到国内政治运动的影响，贷款买船工作又再度受到干扰，1976年3月，国务院做出不再买船的决定，贷款买船全面停顿。

第三节 "风庆轮事件"始末

中远上海分公司和江南造船厂在1974年"风庆"轮交接过程中，因船舶质量问题发生了一些争议。但这些争议在特定的历史时期被人为地加以引导和利用后逐步升级，最终演变成了"风庆轮事件"，在国内外造成一定的影响。这一事件，由"风庆"轮交接过程中船舶质量问题的争议而起，以"风庆"轮首航归来而扩大。

一、"风庆轮事件"的由来及经过

"风庆"轮（图3-6）是由上海江南造船厂建造、全部使用国产设备的万吨级杂货船，是中远上海分公司自1965年以来，由国家计划安排在国内船厂建造的第10艘万吨级远洋船。

1973年12月27日，"风庆"轮完成轻载试航。经检查，发现该轮主机缸套等部件存在质量问题，有的需要调换，有的需要采取改进措施。通常情况下，新造船完成轻载试航后，须把发现的质量问题和缺陷解决后再进行重载试航。而江南造船厂却要求"风

图3-6 江南造船厂为中远上海分公司建造的杂货船"风庆"轮。

庆"轮在1974年1月10日进行重载试航，主机等设备质量方面的问题待重载试航完后再解决。为避免"风庆"轮在重载试航中故障进一步扩大，甚至导致更严重的机损事故发生，中远上海分公司造船组和"风庆"轮船员经过反复权衡后，没有同意江南造船厂的要求。最终，"风庆"轮于1974年2月份开始重载试航，两个单位由造船质量问题引发的争执由此开始。

随着1974年"批林批孔"运动的不断深入，中远上海分公司与江南造船厂由造船质量问题引起的争执，逐步升级为是坚持"自力更生"还是搞"崇洋媚外"的路线斗争的高度。用船单位对于造船质量的意见，被打上了政治标签。1974年2月27日，"风庆"轮完成重载试航。为了证明国产船的质量不比国外造船差，江南造船厂强烈要求中远上海分公司不再安排"风庆"轮沿海航行，而是直接远航。但验船师坚持认为"风庆"轮直接跑远航还是有问题，恐怕跑不到目的地。在当时情况下，验船师的意见不仅没有引起足够的重视，反而遭到批判。

当时，鉴于国内造船水平，用船单位接船后，安排新造船在沿海和近洋航行一段时间，其原因是让船舶主机等设备进行一段时间的磨合和稳定，也使一些故障隐患充分得以暴露，在此期间，万一有紧急情况发生，岸基救援比较及时，人员和财产安全能够得到充分保障。当新造船经过这一段时间的沿海和近洋航行后，设备运行逐渐稳定，故障隐患也得到暴露和排除，届时再安排船舶远航，就可以提高船舶远航时的安全性。另外，船员对于船舶设备也有一个熟悉的过程。经过一段时间的沿海和近洋航行，船员对于设备操作能进一步熟悉，可以避免和减少人为事故的发生。按照惯例，"风庆"轮也应该如此。但是在当时受国内政治氛围的影响，造船单位强烈要求"风庆"轮直接远航，来证明国内造船质量不比国外差。迫于压力，中远最终同意"风庆"轮出厂后直接远航。为确保远航成功，中远公司在航线选择、船员配备、船舶维修及船舶备件储备等方面，做了近1个月的准备，从技术管理到人员思想，都进行了严格的训练。经过逐项检查认可后，"风庆"轮于1974年5月4日，装载11000吨大米，从上海港起航驶往黑海之滨的康斯坦察港。为预防"风庆"轮首次远航发生意外，中远上海分公司根据交通部的要求，派"望亭"轮伴航

保驾,确保"风庆"轮首航成功。为加强船舶的思想政治工作,中远总公司派政治部的 2 名干部随船协助工作。

"风庆"轮从上海港出发后,经过 1037 个小时的航行,先后穿过三大洋,绕过好望角,2 次穿过赤道,航程 16000 海里,历时 54 天,于 6 月 28 日,到达黑海之滨的康斯坦察港。"风庆"轮在港口停留 19 天,卸完大米后,装载回程货 5100 吨尿素,于 7 月 17 日离开康斯坦察港,开往保加利亚的瓦尔纳港和意大利的布林迪西港,又加载铅、铜和化工品等货物 5772 吨,共计 10872 吨,于 8 月 8 日返航。1974 年 9 月 29 日,"风庆"轮在经历了 149 天艰苦航行后抵达上海,在吴淞口锚地抛锚。

尽管"风庆"轮首航前做了充分的准备,但是远航充满了危险和艰辛。航行过程中,船舶主机等设备故障频发。根据"风庆"轮向公司求援和汇报往来电报中有关该轮故障和维修方面的不完全统计,自"风庆"轮 5 月 4 日开航到 8 月 8 日由欧洲返航,主机油头开裂 17 只,主机有 3 个高压泵柱塞开裂,1 台分油机弹子盘严重损坏,主机示功阀泄漏 6 只;一号发电机增压器喘振;副机带动的冷却水泵经常损坏;电台 22MC 失灵;VHF 无线电话 1—16 频道不能使用等。在抵达罗马尼亚后吊缸 3 个,发现各缸都有超常的磨损;最严重的一次是返航途中,"风庆"轮在 9 月 9 日航至印度洋时(南纬 13 度 46 分、东经 66 度 8 分),主机故障停车,失去动力,"风庆"轮随风漂荡。当时风大浪高,船体横摇 20 多度,船位偏离航线 52 海里,情况十分严峻,美国军用飞机在"风庆"轮上空先后盘旋侦察 3 次。全体船员奋不顾身,有的船员把棉被铺到机舱内过夜,经过 47 小时连续艰苦抢修,采用临时应急措施后,"风庆"轮于 11 日 7 点 52 分勉强续航,但主机转速只能开 80 转,船舶只能慢速航行,处境非常危险。

大量事实表明,"风庆"轮在当时情况下远航,尽管在各方面付出大量的人力物力后,得以安全返航,但是公司和船员承担了巨大风险。

"风庆"轮于 1974 年 9 月 29 日完成首航任务返抵上海,抛锚于吴淞口锚地。9 月 30 日下午 4 点,"风庆"轮靠妥高阳路 1 号码头。当地举行了隆重的欢迎仪式,约有 2000 人在码头上欢迎"风庆"轮归来。"四人帮"为了不使"风庆"轮远航归来的消息淹没在国庆节的欢乐气氛之中,直到 10 月 9 日才对"风庆"轮返航的消息进行报道。《人民日报》接连两次用头版头条刊登有关"风庆"轮的文章,《红旗》杂志发表由上海市委写作组以"风庆"轮党支部名义写的《扬眉吐气的三万二千海里》一文,并在编者按中说,"风庆"轮远航"对洋奴哲学、爬行主义之类地主买办资产阶级思想是一个有力的批判"。上海市的《文汇报》《解放日报》先后以 20 多个版面,刊登有关"风庆"轮的文章 110 多篇,多达 20 万字。在"四人帮"的策划下,12 月又一次掀起宣传"风庆"轮的热潮。"四人帮"还组织关于"风庆"轮远航的报告会达 100 余场次,组织了近 20 万人上"风庆"轮参观,还组织"歌唱'风庆'轮"的专场演出,其宣传声势达到了无以复加的地步。

二、"风庆轮事件"的实质

"风庆轮事件"是极左思潮的一次大泛滥,直接冲击和严重干扰了中远总公司的贷款买船工作。"四人帮"罔顾事实,为了达到政治目的,硬把国内造船和国外买船两种发展我国远洋船队的方式对立起来,强行加上"两条路线"的政治标签,给交通部及中远总公司罗织罪名、胡批乱斗。随着"风庆"轮风波愈演愈烈,中远广大船员和职工的积极性受到严重挫伤,造成思想混乱,中远的买船工作受到严重干扰。

"风庆轮事件"是实质上是"四人帮"乱党夺权阴谋活动的组成部分。中国人自己设计、制造的万吨级远洋货轮"风庆"轮远航地中海,是经济领域的正常事件,但"四人帮"却大张旗鼓地制造舆论,正如《邓小平文选》第三卷 417 页第 154 条注释中所指出的那样:"'风庆轮事件'是'四人帮'借'风庆'号货轮挑起事端,向周恩来等中央领导人发难的事件。1974 年 9 月底,中国自行设计、制造的万吨级远洋货轮'风庆'号远航欧洲后返抵上海。'四人帮'借'风庆'轮远航成功一事歪曲事实,大造舆论,污蔑国务院、交通部不支持国内造船,热衷于买船,是'崇洋媚外''投降卖国',矛头直指周恩来。"因为交通部买船,积极发展国家远洋船队,正是国务院的决策。随后,他们根据诬告材料捏造罪名,将交通部派到"风庆"轮工作的 2 名干部拒绝参加这种批判的正当行为,定性为反动政治事件。同年 10 月,江青等又在政治局会议上提出"'风庆'轮问题",遭到邓小平的抵制和批驳[1]。在周恩来、邓小平等党和国家领导人的坚决斗争下,"四人帮"借"风庆轮事件"实现其政治目的的阴谋未能得逞。

"风庆"轮远航归来后,中远上海分公司安排其主要承担沿海航线和中日等近洋航线的运输任务。

第四节 贷款买船工作的恢复

由于 1974 年的"风庆轮事件",中远买船工作受到严重干扰,到年底买船工作基本中断,但是"风庆轮事件"发生在当年年末,对于当年贷款买船工作实际影响不大,当年购买船舶 38 艘,110.7 万载重吨,基本上完成 120 万载重吨的买船任务。

1975 年初,邓小平主持了党中央和国务院的日常工作,一度被中断的买船工作再次被提上议事日程。1 月 11 日,交通部于眉副部长传达了李先念副总理关于"1975 年还要买一部分船"的指示。根据 1975 年上半年的预测,到 1978 年外贸运量中由我方承运的约 4000 万吨,需要船舶运力约 800 万载重吨,这就要求到 1977 年底,远洋船队的运力必须达到这一目标。按当时的情况,除国内造的 18 艘,40 万载重吨,外贸进口的 5—6 艘,15 万载重吨外,尚需贷款买船 250 万吨以上。当时,西方世界正处于经济危机之中,航运萧条,船舶过剩,停航船舶的吨位达 3500 万吨。大量油船跌价抛售,许多在建的新船也急于转让,不少造船厂由于缺少订单,开工不足,愿以优惠条件分期付款承造新船,加上美元贬值、船队更新等因素,船价已跌至低谷,是买船的极好时机。

---

[1] 中共中央文献研究室编:《周恩来年谱(1949—1976)》(下),北京:中央文献出版社,2007 年,第 678—679 页。

为了适应外贸运输发展的需要，抓住这一大好时机，力争多买船舶，中远总公司及时组成了由主管副经理为组长的买船领导小组。

1975年7月，在交通部、财政部向国务院呈报的《关于继续利用贷款买船及有关问题的请示》中提出，在1975年下半年至1976年底的一年半中，要买船200—250万吨。同年8月，李先念副总理对报告作了批示，主持中央和国务院工作的邓小平及叶剑英等领导同志均表示同意。经过努力，1975年中远总公司共购进远洋船舶43艘，108万载重吨。其中国家投资的国产船4艘，6万载重吨；国家投资的进口船6艘，6万载重吨；中波公司增加新船1艘，1万载重吨；利用银行外汇贷款买进的旧船32艘，95万载重吨。

另外，利用外汇贷款在国内外建造新船的任务，也逐步得到落实。为了搞好新船的监造工作，1975年10月，远洋局决定，国外监造船舶的技术谈判、图纸审查和监造工作由总公司统一组织领导，以各分公司为主，并将国内订造的16艘船舶预先分配给广州、上海、天津3个远洋分公司，由各分公司具体负责新船的监造任务。

与此同时，为了支持国内造船工业的发展，1976年2月，交通部与六机部共同签订了《关于使用外汇贷款在国内造船的协议》，商定由六机部安排船厂建造油、货、客船共16艘，于1978年上半年前，分批交给交通部。但后来受到1975年末国内政治运动的影响，贷款买船的工作再次被迫中断，国务院于1976年3月作出不再买船的决定。因此，贷款买船的工作全面停止，使1977年底远洋船队发展到800万吨的计划未能实现。

1976年10月，"文化大革命"结束，遭到严重破坏的经济工作恢复了正常秩序。在新的形势下，交通部再次向国务院提出贷款买船的报告，12月，李先念副总理对此作了批示，国家计委组织了专题讨论。1977年1月，交通部正式报送了该年度买船100万吨的计划，很快得到国家计委批准。当年4月，中远总公司在远洋运输工作会议上，专题研究了买船工作，确定了买船100万吨的计划及香港船队的保有量限额和更新、接船工作等问题。

从1977年3月再次恢复贷款买船到这一年的年底，中远总公司利用船舶市场的有利形势，使用银行贷款，共买进船舶73艘，109万载重吨。当年中远船舶总吨位达到654.62万载重吨。

1978年，为了加强对贷款买船、造船工作的领导，交通部成立了新的买船小组，统管买船、造船工作。买船小组不仅负责组织购买远洋船舶，而且要承担为交通部所属的沿海、长江运输企业购买订造船舶的工作。11月，远洋局下发了《关于协助部属单位在国外接船工作的具体规定的通知》。这一年，中远总公司的贷款买船、造船工作比过去几年又有了新的突破。全年共购进船舶110艘，257.6万载重吨。其中，远洋船舶100艘，244.78万载重吨，长航和沿海船舶10艘，12.85万载重吨。此外，本年度还首次买进了2艘集装箱船和3艘自动化程度较高的滚装、滚吊两用船。另外，利用贷款在国内造船3艘，6.1万载重吨；国家基建投资船2艘、2.58万载重吨（表3-2）。在船舶艘数、载重吨及使用外汇数量上，均创造了历史纪录。截至1978年底，中远船队已达到510艘，857.36万载重吨；分别比1971年底增长了3.18倍和5.6倍。其中，投资船114艘，118.82万载重吨；贷款船396艘，738.54万载重吨（表3-3），与1971年底相比，贷款船的艘数在远洋船队中所占比重从60.66%上升到77.65%，载重吨从65.76%上升到86.14%。根据1978年上半年世界商船吨位统计,在各国商船队中,中国(不含台湾省)吨位的增幅为世界第 3 位;在拥有 300 万吨以上商船的国家中,中国居第 17 位。

1971—1978 年中远总公司购造船舶情况一览表　　　表 3-2

年份	计划购造船舶 (万载重吨)	实际贷款船舶 (艘/万载重吨)	实际投资船舶 (艘/万载重吨)	实际购造船舶合计 (艘/万载重吨)
1971	15	16/18.7	2/1.8	18/20.5
1972	100	68/81.6	6.5/8.2	74.5/89.8
1973	100	73/107.8	11/13.8	84/121.6
1974	120	38/110.7	20/27.4	58/138.1
1975	110	32/94.5	11/13.1	43/107.6
1976	155	23/39.1	5/9.3	28/48.4
1977	100	73/108.8	7/17.2	80/126.0
1978	250	113/258.24	2/2.58	115/266.31

1973—1978 年中远总公司运输船舶拥有量

(单位:艘·万吨,按投资、贷款船分)　　　表 3-3

年份	总计		贷款船		投资船		贷款船的比重(%)		投资船的比重(%)	
	艘数	总载重吨	艘数	总载重吨	艘数	总载重吨	按艘数	按吨位	按艘数	按吨位
1973	256	322.33	198	255.30	58	66.90	77.34	79.20	22.66	20.80
1974	304	449.98	228	358.10	76	91.88	75.00	79.58	25.00	20.42
1975	330	538.05	245	434.60	85	103.45	74.24	80.77	25.76	19.23
1976	347	565.42	257	454.47	90	110.95	74.06	80.38	25.94	19.62
1977	405	654.62	309	533.23	96	121.39	76.30	81.46	21.70	18.54
1978	510	857.36	396	738.54	114	118.82	77.65	86.14	22.35	13.86

注:表内数据,均包括合营公司中方船舶及中远香港公司(中远租船)的运输船舶。

贷款买船在中国远洋运输事业的发展史上,具有重要的历史意义。它不仅使中远在国家财政紧张的情况下,得以充分利用市场时机,低成本快速地发展了远洋船队,创造了可观的经济效益,为远洋运输事业的发展奠定了雄厚的基础,同时也是计划经济体制下企业投资的一个创举。其影响在于,由于贷款买船带来的还本付息的压力,中远在交通部的领导下,开始关注企业的投资回报,在买造船投资工作中,逐渐主张拥有更大的自主权,这无论在观念上还是在行动上,都超越了计划经济时代的局限,为其他行业的对外开放与改革发展提供了经验。

第五节　突破体制束缚　完善船队结构

20世纪70年代末，国内外形势的发展，对中远船队的建设提出了新的要求，中远买造船工作需要突破体制上的束缚。1978年，交通部在香港招商局设立船舶经纪部，作为中远买造船的驻港机构。从此，中远在交通部的直接领导下，积极有效地开展境外贷款造船工作，贷款买造船也由原来以购买二手船为主，转变为买造并举，开创了买造船工作的新局面。

一、外贸运输对船队发展的需求

第二次世界大战结束以后，新的产业技术革命使全球生产力得到了巨大发展，生产的社会化程度随之有了很大提高，国际分工也相应向纵深推进。1948—1980年，在不到40年的时间里，世界贸易量增长了7.2倍。科学技术的成果也大大推动了海运业的发展，如交通运输工具的革新速度、船舶的大型化、装卸机械的高效化和自动化、运输方式的集装箱化、大宗货物的散装化等，世界商船船队的规模也在20世纪70年代扩大了2倍。

20世纪60—70年代，中国经济仍处于困难时期。为了适应外贸形势的发展，加快船队建设的步伐，中远的贷款买船立足于"以旧养新"的船队发展方针，充分发挥有限的贷款资金效能，通过购买二手船，实现了中远船队规模的大发展。由于初期购入的船舶多以老旧船为主，这也造成船队在结构和船龄方面趋于老化。

1973年，中远总公司在总结贷款买船工作时指出，船队中20世纪50年代的船占44.7%，20世纪70年代的船仅占9.6%，且船型以杂货船为主，约占82.6%，各种专用船仅占17.4%，2万吨以上的船占的比例很少。

为了改善船队技术状况，适应外贸和援外发展的需求，中远总公司根据当时的条件，对买造船工作进行了适时调整，在重视船队规模扩张的同时，开始对运力结构进行升级。在确定1974年的买船任务时，要求二手船的购入以20世纪60年代的为主，适当购买一部分20世纪70年代和20世纪50年代后期质量较好的船舶；对船舶规格也提出了具体要求，比如主机以B&W、Sulzer和MAN等机型为主，使用这3种世界上主流主机的船舶逐年提升。船型上，由于中国的对外贸易有了新的发展，进口铁矿石、出口原油及粮食进出口等均有较大增长，加之国际上远洋船舶呈现出大型化、专业化的发展趋势，专业化运输船舶如散货船、油轮等，逐渐成为中远船队投资建设的主流船型。

这一时期国际集装箱运输也在快速发展，集装箱船作为先进运输方式的代表，其较高的装卸效率引起了国务院、交通部的重视。相比之下传统的杂货船由于装卸效率低，易造成压船压港，已越来越不适应国际航运业发展的要求。发展集装箱运输，被逐步提升到国家航运发展的战略高度。1977年，交通部成立集装箱运输筹备领导小组，着手推进中国远洋集装箱运输业的发展。

由于国内造船能力跟不上航运发展的步伐，而新型全集装箱船、多用途船在二手船市场上又很难买到，订造新型全集装箱船的工作也尚未开展，因此，中远早期的集装箱运输，只能靠从国外购买的二手半集装箱船，1977年12月，中远公司从联邦德国购买一艘二手半集装箱船，回国后改名为"平乡城"轮（图3-7），"平乡城"轮既可以装载集装箱也可以装运杂货。但这类半集装箱船装载能力低，技术水平满足不了行业发展的需求。

图3-7 开辟中国第一条班轮航线的"平乡城"轮，1977年12月购入。

要想实现集装箱运输业的快速发展，必须拓展境外投资造船的渠道，到西方发达造船国家去订购新船，否则就难有作为。然而，在当时的环境下开展这方面的工作，既有长期计划体制所产生的内部制约，还有因社会制度和意识形态的不同而形成的外部障碍。

1964年开始的贷款买船，采取了一种多部委联合的业务操作模式：悬挂五星红旗的船舶由中国机械进出口公司（简称中机公司）和远洋局共同负责，留在香港挂方便旗经营的船舶由远洋局负责购买，并须经过买船领导小组会签并呈报国务院批准后才能成交。在实际操作中，由于香港接近买船市场，购买、验船和接船都比较方便，所以远洋局通常安排招商局买进后，再进口报关改挂五星红旗。这样一来中机公司实际参与的买船工作并不多。李先念副总理为此多次召集交通部、外贸部、财政部开会研究协调，最后口头指示："造新船由外贸部负责，买旧船由交通部负责。"问题才算得到初步解决。

中远与中机公司之间的这些历史过往，归根结底是源于计划经济体制下的外贸体制困局。实际上，这样的外贸操作模式对国家投资船项目的工作效率也会产生影响。作为计划经济体制下的外贸专营公司，中机公司站在外贸交易的全局对各个项目和资金用度进行通盘统筹，而船队建设是中远企业发展的核心需求，二者并不能总是合拍，最终体现为技术谈判和商务谈判服务于不同的工作需要。

境外造船工作的开展，还将计划体制下的其他一些弊端突显出来。

由于受国内外政治形势的影响，出境要经历严格的政审程序，报批手续层次过多，难以适应境外造船谈判的工作节奏。并且，因为长期的封闭，造船技术人员普遍存在观念陈旧的问题，例如"船舶寿命40年、船员编制40名"的旧思路，以及技术与商务脱节，不讲求经济效益等。个别的谈判、监造人员根据个人的经验，以争取"大而全"为目标来提技术要求。和船厂技术谈判中，内部也争论不休。国外船公司花1个星期能够和船厂谈定的问题，在国内则要花上2个月。

要发展国外造船，中远买造船需要一个开放的平台，以改善工作效率，开阔眼界，提高水平。1978年，中国出现了改革开放新形势，以及由第2次石油危机引发的国际市场大萧条，为实现这一诉求创造了条件。

二、设立境外买造船机构

1977年8月，时任交通部部长叶飞到北欧考察回来后，对发展国际集装箱运输做出了部署，决定由中远总公司牵头，研究中国需要的集装箱船型。叶飞在丹麦考察期间，走访了B&W船厂及其主机厂。参观了滚装船后，叶飞认为滚装船经加强后可以承载坦克进出，于是指示在日本订造，以作为平时和战时两用。

1978年4月，交通部按照部长叶飞的部署，从中远抽调8名技术人员组成"造船小组"派往香港，临时编入香港远洋机务部，参加首批滚装船的订造工作。这是中远在交通部的直接领导下，第一次自主地操作国外造船项目。

为了加强对贷款买造船工作的领导，根据叶飞部长的指示，交通部于1978年6月26日，下发通知，成立由部党组直接领导的买船小组，统管贷款买船、造船工作。组长由1名副部长担任，副组长若干人，分别由海运、远洋、财务等有关司局的领导干部担任[1]，并明确买船工作的第一线在香港，买船小组在部党组授权下，向香港有关部门布置买船、造船任务，并负责日常联系。买船小组办公室设在远洋局。

同年，交通部还决定由中远总公司通过其归口领导的香港招商局，直接在国外订造新船。1978年10月，袁庚主持香港招商局工作后，在招商局增设了3个职能部门，以开拓业务，提升对外影响。其中，招商局船舶经纪部（下称经纪部）作为中远买造船的驻港机构，业务上受交通部买船领导小组领导，主管中远境外新造船的技术和贸易工作，同时，将原来招商局购买二手船的工作也归属到经纪部。经纪部由"造船小组"8人，以及香港远洋原买船和验船人员组成，并配秘书2名，下设新船组和二手船组。

经纪部成立后，由于交通部的重视，以及有关单位的大力支持，集中了一批当时交通部系统内的优秀技术骨干。在买造船工作中，对每一种计划建造的船型都进行了多方面的调查研究，对新船建造和营运过程中的问题加以总结，钻研国外造船的新技术、设备现状和发展方向，并在工作实践中择优选用。

经纪部成立后，1978年11月2日，中远首次利用中国银行贷款，在香港与日本川崎坂出船厂签署了"花园口"等8艘滚装船（6000/12000载重吨两种船型）的建造合同。

由于立足香港，经纪部也因此成为交通部、中远公司与国际航运、船舶市场对接的窗口机构。各类海事信息和情报，以及在谈判和监造当中汇集的技术问题，经过收集整理和研究总结后，通常以《造船简报》《买造船简报》《技术资料汇编》等形式，每周一期（后每月一期）送发内地各有关单位。对于远洋及部直属系统的一些较大的买船项目，还要撰写专题报告，以供决策参考。

经纪部的成立，使中远可以利用香港特殊的政治经贸环境优势，以香港招商局的名义，直接面对国际船舶市场，开展选厂及谈判，并逐步做到直接签署合同，从国外直接接进新船，有效地提高了买造船工作效率。

---

[1] 买船小组成立时的成员有彭德清、李清、钱永昌，部计划局李天柱局长、财务局郑寅周、海洋局王志远，救捞局、基建局及中远总公司江波。由于叶飞以及其后曾生、彭德清、李清、钱永昌等几任交通部长的重视，这种以专职副部长为首，组成部买船小组的领导体系，一直保持到20世纪90年代初。在改革开放初期，这种体系对中远买造船工作的顺利开展起到了重要的作用。

第六节 中远租船

新中国成立后的一段时间里,为了突破敌对势力对于新中国的封锁禁运,在香港成立了一些航运公司。这些公司船舶挂外旗经营,对当时突破封锁禁运,发挥了重要作用,是新中国自营远洋船队的重要组成部分,是国家外贸物资运输中一支不可忽视的力量。为此,中远成立了专门的机构——中远租船,以便租用(管理)这些公司的船舶。当时,中远租船的主要船东公司有益丰公司和香港远洋轮船有限公司(1970年5月,开始承租其船舶)等。

1970年10月,交通部在中远广州分公司成立了租船组,统一管理租船工作。租船在内地各港口的现场管理工作,由所在港的外轮代理分公司负责,它既是外轮代理部门,又是中远租船的代表机构。

1972年11月,中远总公司制定了《关于租船管理分工问题》的规定,明确了相关部门的分工。

中远总公司设租船处,主要负责船舶政治工作和爱国主义教育;涉外重大问题的处理;办理租船合同手续;船舶调度指挥;货载安排;国外代理委托和业务联系;国内港口加油和供水;船舶费用结算,财务核算;船舶更新等问题。

各外代分公司设租船科、组,负责船舶在港的现场管理、货载落实与配舱、上航次任务的检查与下航次任务的下达;在港船员的政治思想教育,船员家属的接待;废旧物料的接收、保管、处理;船舶在港购买物品,协助船东审查办理。租船日常代理工作,各外代分公司仍按外轮代理章程执行。

香港益丰、远洋轮船公司负责船舶雇用、调配、考核、教育、提升、工资、福利;船舶保险、理赔、维修保养、燃物料、配件供应;安全操作规程和有关规章制度。

1973年5月,中远总公司设立租船处(对外称租船部),撤销广州租船组,其所经营的全部租船业务,自6月1日起移交中远总公司租船部接办。同时在上海、广州、连云港、天津、青岛、秦皇岛、湛江等港口的外轮代理分公司内设租船科,汕头外轮代理分公司设租船代表。

为进一步加强租船工作,1974年5月,中远总公司在北京召开了租船工作会议,修改了《关于租船管理分工办法试行草案》和《关于租船现场管理工作试行办法》,并于7月正式下发试行。

由于中远总公司建立了租船的管理机构,加强了对租船工作的领导,租船业务发展迅速。到1975年,中远总公司租船已达115艘,133万载重吨。当年完成租船货运量997.9万吨,为年计划的138.2%;货物周转量完成2617.3千吨海里,为年计划的100.07%,其他经济技术指标绝大部分均超过有史以来最高水平。

中远租船承担着繁重的运输任务,扮演着特殊的角色,起着中国远洋船队所无法起到的作用。

随着悬挂新中国五星红旗的自营远洋船队的发展壮大和运力的不断增加，国际和地区形势的变化，租船业务的走势逐渐下降。到20世纪70年代后期，国家外贸进出口货物运输从主要依靠租用外轮，逐步过渡到以依靠国轮为主。这反映了中国远洋运输事业的飞速发展，也反映了当时中远各项事业的成功。但中远租船在完成国家对外贸易运输中所起的历史作用，应予肯定。

中远的船队建设，在探索中前进，在曲折中发展。创业之初，主要依靠国家投资发展船队，但当时由于国力有限及复杂的国际环境，国家不可能大规模投资建设远洋船队，远洋船队发展缓慢，外贸运输任务主要靠租船完成。为了低成本快速地发展远洋船队，中远在20世纪70年代探索出一条贷款买船发展船队的方法，这在计划经济时代无疑是前所未有的新生事物，也是观念上的一个大跨越，中远在党和国家的大力支持下，大胆探索尝试，通过贷款买船，使自营船队迅速壮大，到20世纪70年代末，中远自营船队基本上满足了中国远洋运输的要求。但是中远的发展也不是一帆风顺。在"文化大革命"期间，受到极左思想的干扰，中远在国内新造船的质量数量得不到保证，贷款买船几经波折，远洋船队的发展受到制约，同样是在党中央、国务院的关怀和支持下，实现了拨乱反正，中远远洋船队的建设才得以沿着正确轨道迅速恢复和发展，满足了外贸运输的要求。

第四章
远洋运输业务的开拓与发展

中国远洋运输业务从中国远洋运输公司成立的第二天，即 1961 年 4 月 28 日 "光华"轮首航印度尼西亚开始。在远洋船队创建的第一年，即 1961 年，中远船队就成功地开辟了 5 条东南亚航线，挂靠 6 个国家和地区（印度尼西亚、锡兰、缅甸、越南、新加坡、中国香港）的 11 个港口（雅加达、文岛、丹绒班丹、望加锡、棉兰、科伦坡、高尔、仰光、海防、新加坡、香港）。随着中国远洋运输业务的开展，中远船队不断开辟国际新航线，并在 1968 年贯通南北航线。进入 20 世纪 70 年代，中远船队迅速壮大，新的航线不断开辟，业务范围不断扩展，货运量大幅度增加，出现了前所未有的远洋运输大好形势，也取得了较好的经济效益，约占中方派船运量的 73%。统计资料表明，1978 年，中远船队完成货运量 3660 万吨，货物周转量 1343 亿吨海里，其中外贸货运量 3203 万吨，实现了周恩来总理提出的 "四五"期间远洋运输船队的发展目标，改变了中国远洋运输主要依靠租用外轮的局面。截至 1978 年底，中远船队已和世界 99 个国家或地区的 410 个港口通航，出色地完成了接侨、外贸、援外等各项运输任务，同时增强了与各国人民的友谊，提高了新中国的国际威望。

第一节 "光华"轮首航印度尼西亚

中国的远洋运输业务是从接运印度尼西亚华侨开始的[①]。

1959 年，在印度尼西亚出现了一股反华、排华的逆流。1959 年 12 月 9 日，陈毅副总理兼外交部部长代表中国政府发表声明，就印度尼西亚当局的反华行径提出抗议，并宣布中国政府将分期分批接运难侨回国。由于当时中国没有远洋船舶，只得高价租用苏联和侨、华商船接侨。但是，租用外轮接侨不但条件苛刻，而且费用高昂，给接侨工作增添了许多困难。为了接侨和发展中国远洋运输事业，中国政府下决心建立自己的远洋船队。在国家经济困难、外汇收入极为菲薄的情况下，1960 年 1 月 31 日，经周恩来总理批准，从数额不多的接侨费中拨出外汇 1130 万港元（合 70 万英镑）购买客船参加接侨运输。

当时国家正处于国民经济极端困难时期，每一个英镑都十分珍贵，必须千方百计设法节省。由于当时对于国际市场情况不熟悉，交通部远洋运输局将买船任务交给在捷克公司的中方人员。经过努力，终于在希腊找到一艘英国皇家邮轮公司使用了 30 年后退役的客船 "玛丽安娜"号（有资料表明，该轮为原 "高原公主"轮）。该船 1930 年 1 月建造于英国贝尔法斯特船厂，8944 载重吨，已经停航报废，且破旧不堪，但是价格便宜，只有 26 万英镑（当时折合人民币 90 万元），唯一比较理想的是该轮设有 653 个客位，并且勉强可以航行。中国政府通过捷克公司将此船购进，改名 "斯拉贝"，挂捷克斯洛伐克旗。交通部远洋运输局委托广州办事处组织接船班子。在接船的船员中，有中国船员 21 名，捷克斯洛伐克船员 21 名，波兰船员 10 名和留在 "斯拉贝"船上的 5 名希腊船员。中方人员于

[①]《交通部行政史》编写组编：《交通部行政史》，北京：人民交通出版社，2008 年，第 252 页。

1960年7月从北京乘飞机到布加勒斯特，再转火车到达康斯坦察接船，接船后驶到香港进行修理。"玛丽安娜"号曾于1959年停航报废，破烂不堪。在修船期间，船员们发扬了艰苦奋斗、自力更生的精神，凡能自修的工程不交厂修，凡能修理的设备不购置新的。船员们一边修船，一边认真地学习技术，掌握船舶性能。对"光华"轮接侨，从国务院到中侨委，从交通部到广东省、广州市，各级领导都十分重视和关心。修船期间，周恩来总理在百忙中曾几次叫秘书打电话过问修船情况，连船上几颗铆钉松动是否已修好都问到了。船修好后，改名"光华"，意为"光我中华"。由于当时中国尚未恢复在联合国的合法席位，不能颁发法定证书，故请苏联船舶登记局上海验船处发给《船舶安全证书》《船舶载重线证书》《船级证书》和《无线电安全证书》等4份法定证书。为了航前练兵及检查船舶设备技术状况，广州办事处临时安排"光华"轮沿海运送旅客，从广州到汕头往返6个航次。

担任"光华"轮第一任船长的是新中国航海界老前辈陈宏泽[①]，第一任政委是袁业盛，第一任轮机长是徐修义和戴金根。

"光华"轮接侨受命于中国三年困难时期。1960年前后，中国外有封锁，内有天灾人祸，人力、物力匮乏。为了保证"光华"轮开航，海运局、长江航运局、中波公司、捷克公司都抽调骨干支援；广州市服务行业、纺织行业和医院也抽调人员到船上担任厨师、服务员、医生、护士等。广州办事处全力以赴，积极工作。为解决船上伙食、物资供给，供应科人员不辞劳苦，骑着自行车奔走于各有关单位，缺少运输工具就用人力车，人拉肩扛，把上百吨的船用物资一箱箱、一桶桶从广州市区运到停靠在黄埔港的船上。

1961年4月27日，即中远公司和中远广州分公司成立的同一天，在广州黄埔港隆重举行了中远公司挂五星红旗船舶首航典礼。图4-1是"光华"轮首航典礼的盛况。

图4-1　1961年4月27日，在广州黄埔港举行盛大的"光华"轮首航典礼。

---

① 陈宏泽（1921.1—1988.3），又名陈松，广东中山县人，1950年1月参加革命工作，1955年1月加入中国共产党。解放前，于1946年5月至1949年12月在上海招商局任船舶三副、二副、大副等职。1950年1月参加香港招商局13艘船舶起义，投身社会主义建设事业，曾先后任船舶大副、船长。1960年9月调到远洋工作，积极参与中远广州分公司的筹建。1961年4月27日中远广州分公司成立后，4月28日，作为新中国第一艘悬挂中国国旗的远洋船——"光华"轮首任船长，率船首航印度尼西亚雅加达接运难华侨，开通了新中国成立后第一条远洋航线——黄埔—雅加达航线，揭开了新中国远洋运输事业的序幕。陈宏泽在广远公司工作16年，曾先后6次出色地完成了接侨任务；多次率船首航，开辟新航线；亲自草拟和制定了中远历史上第一套船舶管理制度，为中远公司，特别是为广远公司的建立、发展、壮大，做出了重要贡献。1976年4月开始，担任中远香港友联船厂总经理。1955年至1963年先后被评为广东省、广州市劳动模范，还被评为交通部和广东省先进生产（工作）者，被选为广东省第六届人大代表。广远公司为缅怀陈宏泽船长，经中远（集团）总公司批准为其塑像，于1998年4月27日值中远和广远公司成立37周年之际，隆重举行了陈宏泽塑像揭幕仪式。

首航典礼于 4 月 27 日 10 时正式开始，参加典礼的有广东省省长陈郁、副省长林锵云，广东省副省长兼广州市市长曾生，黄埔港务局、广东省航运厅负责人，交通部远洋局代表周振宇，文艺界知名人士红线女、常香玉，以及华侨学校师生、黄埔港职工，约 1800 人。陈宏泽船长代表全体船员向祖国宣誓后，"光华"轮徐徐离开黄埔码头。海员出身的广东省省长陈郁及相关人员，满怀深情地随船送船员抵达大壕洲锚地。刚刚出国访问归来的交通部远洋运输局局长冯于九，没有赶上参加开航仪式，行装未卸就匆忙于当日 18 时赶到锚地，登上"光华"轮与全体船员见面，向全体船员做了重要嘱托，勉励船员旗开得胜，马到成功。4 月 28 日凌晨，"光华"轮肩负着党和人民的重托，从大壕洲锚地正式起航，直驶印度尼西亚雅加达。

"光华"轮首航并非易事。中国太平岛、东沙岛为台湾当局所占领，其军舰经常在那里巡逻。"光华"轮的首航安全，不但牵动了广东省，也牵动了国务院、中央军委。中国人民解放军空军在陵水机场待命，海军在榆林港枕戈待旦。"光华"轮船员则是抱着背水一战的决心，誓死完成首航任务。周恩来总理通过中国人民解放军总参谋部直接打电话到调度室，询问"光华"轮航行情况。"光华"轮一路上每 4 个小时发一个船位报告，通过中国人民解放军总参谋部、海军和交通部的海岸电台等多种渠道向中央汇报。

1961 年 5 月 3 日，"光华"轮抵达印度尼西亚首都雅加达。在这里迎接"光华"轮的不是鲜花和彩带，而是荷枪实弹、戒备森严的印度尼西亚军警。印度尼西亚军警设置重重防线把船与印度尼西亚居民、华侨隔开。尽管如此，也阻挡不住华侨的爱国热忱。遥居异国的难侨们盼来了祖国的航船，望着船上的五星红旗，他们激动得热泪盈眶，倍感新中国的伟大和祖国的温暖。印度尼西亚难侨在中国驻印度尼西亚使馆和侨团的组织下，依次登船。一上船梯，侨胞们就满怀激情地振臂高呼"祖国万岁""共产党万岁"。在船上举行的文艺晚会上，侨胞们含着眼泪，用带着浓重乡音的普通话一遍又一遍高唱《没有共产党就没有新中国》。一位年过七旬的白发苍苍双目失明的华侨老太太，在亲属的搀扶下，从很远的棉兰来到雅加达专程看祖国来的航船。老人摸着"光华"轮的船舷，泪流满面地喃喃自语："我虽然见不到祖国的故土，但我摸到了祖国驶来的第一艘巨轮！"在印度尼西亚，侨胞们给"光华"轮赠送了副食品，还赠送了绣有"我们永远不忘祖国的恩情"字样的锦旗，充分表达了中国侨胞热爱祖国的心情。

"光华"轮在首航中认真贯彻交通部提出的"埋头航行，不做宣传，旗开得胜，万无一失"的方针，从 1961 年 4 月 28 日开航历时 20 天，于 5 月 17 日胜利返抵黄埔港，"光华"轮在雅加达载难侨及其他旅客 184 人，在文岛载难侨 393 人，共载旅客 577 人。安全接回难侨 479 名。当天，"光华"轮收到交通部致全体船员的贺电："你们首次高举五星红旗，远航海外，为祖国人民争得荣誉，为中国远洋事业揭开了新的一页，这是你们的光荣，也是全国人民的光荣。"

"光华"轮是悬挂五星红旗远航国外港口的第一艘新中国船舶。"光华"轮的首航不仅对当时的接侨工作有着重大的政治、经济意义，更为重要的是，这次首航在中国航海史上有着重要的历史意义，标志着挂五星红旗的中国远洋船队的诞生，揭开了新中国远洋运输的新篇章。

"光华"轮胜利完成首航任务后，继续和"新华"轮赴印度尼西亚接侨，两轮都出色地完成了任务。1963年7月29日，华侨事务委员会和交通部联合下文奖励全体船员，并授予"光华"轮"侨胞之友"的锦旗。对在接侨工作中有突出成绩并参加2次以上接侨的"光华"轮船长陈宏泽、政委刘炳焕、轮机长戴金根以及边同凯、黄汉泉、张起、彭勇礼、章光法、梁鹏生、李宝芝、姜阿南、茅玉宏、黄伯强、陈炯、李明胜、尹相柱等16人，和前往印度尼西亚接侨的中侨委船上工作组成员陈兆祥、吕翔之、张明德、王寿全4人授予"接侨优秀工作者"光荣称号，发给光荣证书。

图4-2 1963年10月22日，"光华"轮运送中、朝、越三国运动员及工作人员666人赴雅加达参加新兴力量运动会，图为黄埔港送别的场面。

在中国远洋运输史上，"光华"轮是一艘光荣的航船。"光华"轮在中远公司经营的15年中，除13次到印度尼西亚接侨外，还到印度接侨3次，运送中国、朝鲜、越南三国运动员赴雅加达参加新兴力量运动会（图4-2）；运送中国援外技术人员和援外物资到北也门；运送中国修建坦赞铁路的工程技术人员到坦桑尼亚等，完成了援外、外贸等各项政治任务。

"光华"轮是中国远洋运输事业发展的历史见证。"光华"轮为维护社会主义中国的主权与尊严，为缔结和传播国际友谊，为在国际友人、海外侨胞中树立新中国的光辉形象，做出了重大贡献，受到了党中央、国务院的表彰和国际人士的高度赞扬。1962年和1963年，党和国家领导人叶剑英、陈毅、邓子恢先后登上"光华"轮视察工作，慰问船员，并代表党中央和国务院向船员们致敬。1963年2月，陈毅副总理登上"光华"轮视察时对全体船员讲话，高度赞扬了远洋船队的创建和远洋船员的高尚品德，尔后，陈毅副总理赋词一首[①]：

《满江红·参观光华海轮》
陈 毅

中国海轮，
第一次，
乘风破浪。
所到处，
人民欢喜，
吾邦新创。

守纪律，
好榜样；
走私绝，
负时望。
真英雄风格，
人间天上。

---

① 叶飞著：《叶飞回忆录》（下），北京：解放军出版社，2007年，第29页。

海运百年无我份，	载运友谊驰四海，
而今奋起多兴旺。	亚非欧美波涛壮。
待明朝舰艇万千艘，	看东方日出满天红，
更雄放。	高万丈。

1972年，已是42岁"高龄"的"光华"轮又多次担负沿海客运等运输任务。以后，她成为训练船，为培养中国青年一代远洋船员发挥余热，直至1975年以45岁的"高龄"退役。

第二节 开辟国际航线

从20世纪60年代开始，随着中国国际地位的提高和自营远洋船队的创立和发展，挂五星红旗的中远船舶不断开辟新航线。

一、初创时期远洋航线开辟

（一）东南亚航线

1961年4月28日，"光华"轮开辟印度尼西亚航线。5月20日，"和平"轮在黄埔港启航，首航雅加达，开辟了1949年以来的第一条远洋货运航线。1961年6月16日，"和平"轮抵达缅甸仰光，7月9日抵达越南海防港，开辟了中缅、中越航线。同年12月29日，"和平"轮从广州黄埔起航抵新加坡，开辟了新马航线，为进一步开辟欧洲、亚洲、西亚及地中海航线创造了条件。1963年10月11日，"和平"轮驶往柬埔寨西哈努克港，开辟了中柬航线。1972年8月22日，中远上海分公司"安亭"轮从上海港出发，首航尚未与中国建交的菲律宾马尼拉港。运输救灾等物资2104吨，于8月29日抵达马尼拉港，9月4日离马尼拉回国，开辟了中国上海至菲律宾马尼拉的航线。

（二）南亚、西亚航线

1961年，"友谊"轮悬挂五星红旗由黄埔启航，驶往印度尼西亚、缅甸和锡兰（今斯里兰卡）港口，并于8月1日首航抵达科伦坡，开辟了中国—斯里兰卡（南亚）航线。12月31日，"光华"轮由黄埔开往也门荷台达，开辟了中国至红海的西亚航线。1963年3月9日，"友谊"轮开往叙利亚的拉塔基亚港，开通了至地中海的西亚航线。4月12日，"光华""新华"两轮抵达印度马德拉斯港，接运大批华侨回国，开通了至孟加拉湾（南亚）航线。1965年11月5日，"星火"轮驶往卡拉奇，开辟了中国至巴基斯坦（南亚）航线。随后，又开通了至波斯湾的航线。

(三)朝鲜、日本航线

1964年6月12日,"和平60号"轮从上海港起航,装载从叙利亚、印度尼西亚转口的袋装棉花、橡胶960吨,首航朝鲜南浦港,于6月15日抵达,受到朝鲜人民的热烈欢迎。6月16日,朝鲜内阁副首相在平壤接见了"和平60号"轮船长、副船长(政委)和轮机长。6月23日,该轮装载大米、杂货2592吨,于25日返抵上海,开辟了中朝航线,这是中远上海分公司成立后成功开辟的第一条国外航线(图4-3)。

6月18日,"燎原"轮装载玉米等货物5846吨,由青岛港起航,首航日本的门司、东京和神户3个港口。7月6日,"燎原"轮装载人造纤维、机器设备2483吨和运送日本社会党和平同志会访华代表团返航,9日安抵上海港高阳路码头(图4-4)。"燎原"轮航行日本,打通了中华人民共和国成立后中国商船航行日本的航路。中国和朝鲜、日本是近邻,中朝、中日航线的成功开辟,加深了中国人民和朝鲜人民、日本人民之间的传统友谊,促进了中朝、中日贸易的发展。

图4-3 1964年6月12日,中远上海分公司"和平60号"轮首航朝鲜南浦港受到热烈欢迎。

图4-4 中远上海分公司"燎原"轮开辟中日航线。

(四)欧洲航线

1962年4月30日,中远广州分公司在波兰格但斯克船厂建造的"国际"轮在接船后返国途中,经波罗的海和基尔运河,首航联邦德国汉堡、英国伦敦、比利时安特卫普和摩洛哥达尔贝达等港口,全程约12000海里,装运5926吨杂货,于6月15日安全抵达黄埔港,这是新中国开辟西欧、西非航线的第一艘货轮。"国际"轮首航欧洲,向欧洲各国宣告了新中国远洋运输事业的创建,打破了西方敌对势力对中国的经济封锁、贸易禁运。

1963年2月26日,"新华"轮驶往阿尔巴尼亚都拉斯港,开辟了中国至地中海的南欧航线。1965年5月22日,"光明"轮驶往拉帕利斯港,开辟了中国至法国航线。1965年5月27日,"黎明"轮从地中海穿过土耳其海峡,抵达罗马尼亚的康斯坦察港,开辟了黑海航线。1966年1月24日,"黄石"轮抵挪威山迪瑟约德港,开辟了中国至北欧航线。1967年6月,第三次中东战争爆发,苏伊士运河宣告封航,致使从中国航行欧洲的船舶需绕航世界著名风浪区好望角。当时中远广州分公司的"无锡"轮、"敦煌"轮已航行于苏伊士运河南端，停航待命。后经报请国务院批准，改绕好望角航行。"无锡"轮当月绕航好望角到达西欧，这是新中国最早通过好望角的船舶。紧接着"敦煌"轮也安全绕航好望角，到达西欧，开辟了新中国第一条国际货运定期班轮航线。1968年10月11日，"红旗"轮从上海出发，首次开辟中国北方港口至西欧的航线。

（五）非洲航线

1962年10月18日，"星火"轮从湛江港过红海驶往埃及。11月10日抵地中海东岸的塞得港，随后，又挂靠苏丹港，开辟了中国至北非航线。1962年11月7日，"和平"轮受国家的重托，载着援助几内亚的建设物资2900吨、专家15人，从广州黄埔港起航，开始了历史性的西非之行。"和平"轮穿过苏伊士运河，经地中海出大西洋，历时54天，航行1万多海里，于1962年12月30日，抵达几内亚的科纳克里港，开辟了西非航线。1964年5月15日，"和平"轮驶往桑给巴尔（现名温古贾岛）和达累斯萨拉姆，开辟了中国至坦桑尼亚东非航线。"和平"轮船员先后受到尼雷尔总统与卡鲁姆、卡瓦瓦副总统的热情接见。次年10月5日，"星火"轮驶往蒙巴萨港，开辟了中国至肯尼亚的东非航线。1965年4月27日，"星火"轮驶往西非象牙海岸（现名科特迪瓦）的阿比让港。"耀华"轮于1968年3月30日首航坦桑尼亚达累斯萨拉姆港，是中国远洋客轮第一次远航非洲。1970年7月18日，"向阳"轮从上海开出，绕道好望角行驶，于9月12日抵达西非塞内加尔的达喀尔港。至此，整个非洲航线都已开辟。图4-5为中远广州分公司"和平"轮首航几内亚科纳克里港，运载解放牌起重车。

图4-5　1962年，"和平"轮首航几内亚科纳克里港，运载解放牌起重车。

（六）大洋洲航线

1970年3月21日，"临潼"轮从黄埔港开航，3月31日抵澳大利亚西部的邦伯里港装运小麦8913吨，4月20日回到黄埔港，开辟了大洋洲航线。

（七）美洲航线

1970年7月27日，中国自行设计建造的万吨级货船"东风"轮由上海港起航，首驶加拿大运粮，8月10日抵达温哥华港，开辟了上海至加拿大的北美航线。"红旗"轮首航智利（图4-6），开辟南美航线是毛泽东主席批准的。该轮于1971年7月16日从大连港开出，装运出口大米1万余吨，横渡太平洋，直驶太平洋东岸国家智利的瓦尔帕莱索港，10月31日返回青岛，历时108天，往返航程21971海里，开辟了南美航线。

初创时期，国际航线的开辟很不容易。不少新航线的开辟是在克服各种艰难险阻的情况下完成的。如"和平"轮的西非之行就充满了风险。该轮是一艘5000吨级国产蒸汽机船,功率小,航速仅为12节(海里/小时),抗风能力差。"和平"轮首航非洲过地中海时遇上10级大风,船舶摇摆达40度,船舶一天一夜不但没有向前走,反而后退。主机转速链断了,雷达架坏了,航行灯熄了,舵机失灵了,政委受伤了……就在这样的关键时刻,船员们舍生忘死地进行抢修,终于使船舶转危为安,及时把援建几内亚火柴厂设备安全运到,完成首航西非的任务。

图4-6 中远上海分公司"红旗"轮首航智利,开辟南美航线。

中远船舶国际航线的开辟,促进了中国经济和对外贸易的发展,有力地支援了兄弟国家和友好国家的建设,具有重大的政治、经济意义。

二、远洋航线的进一步拓展

从20世纪60年代末到1972年,中远船舶主要在东南亚、欧洲、地中海等航线上航行。20世纪70年代初,国际形势发生了巨大变化,中国外交工作出现重大突破,打开了对外贸易的新局面。与中国建交的国家日益增多,中外贸易量激增。这种国际环境给中国远洋运输的发展和新航线的开辟提供了条件,使其开辟更多的新航线成为可能。1972年10月,中远总公司重新组建以后,加速了国际新航线的开辟进程。

伴随着新形势的发展,中远总公司开辟的国际新航线逐步延伸到五大洲几乎所有的航区,中远船舶航行过的航线越来越多。1972年10月,"济宁"轮首航非洲岛国马达加斯加共和国。1973年3月,"前进"轮首次靠泊马来西亚巴生港;6月,"海门"轮首航非洲几内亚湾的哈科特港。1973年6月,根据国务院对《关于"昌都"轮投入中、斯联合海运航线举行首航仪式的请示》的批示,中国投入中斯联合海运航线的船舶"昌都"轮首航斯里兰卡的仪式,于6月30日在上海举行,7月1日,"昌都"轮由上海港起航,开往科伦坡港。

这一时期,中远天津分公司的"金沙"轮完成了环球航行。于1973年12月,"金沙"轮驶离青岛港,驶经黄海、东海、南海,穿过马六甲海峡,横越印度洋。当时,埃及的苏伊士运河还没有恢复通航。从中国去西欧,只能绕过非洲好望角。进入好望角海域后,风浪逐渐加大,"金沙"轮紧贴着开普敦海岸,小心翼翼向前航进。"金沙"轮绕过好望角之后，就进入了烟波浩渺的大西洋，经过几天的航行，"金沙"轮从大西洋进入英吉利海峡，驶入了泰晤士河，穿过泰晤士大桥，稳稳靠泊在了伦敦港的杂货码头上。在伦敦港卸完货后抵达荷兰的鹿特丹港继续卸货，卸完货后，根据指示，"金沙"轮穿越大西洋，于1974年4月7日，抵达古巴共和国的尼克罗港装载砂糖；装载完毕后，"金沙"轮航行到牙买加的首都金斯敦补充燃料、淡水和伙食。"金沙"轮本来需要七八个小时就可以完成补充任务，但是应金斯敦的众多华侨团体和广大侨胞的要求，务必让"金沙"轮在此多停留一段时间，以便让更多的侨胞多看一看、多摸一摸来自祖国的远洋货轮，中国驻牙买加大使馆向国内请示并获得同意，于是，"金沙"轮在此非生产性停留2个白天和3个夜晚。随后，"金沙"轮从加勒比海驶入墨西哥湾，并很快驶入利蒙湾顺利到达大西洋一侧的巴拿马运河河口，然后在克利斯托巴尔港系泊一天。该运河管理局来人办理了过河的全部手续，并做详细登记。"金沙"轮作为第一艘通闸过河的中国远洋货轮被载入了巴拿马运河的史册。"金沙"轮顺利通过巴拿马运河后，横渡整个太平洋。1974年6月中旬，"金沙"轮圆满完成环球航行任务回到青岛港，成为新中国第一艘实现环球航行的船舶，标志着中国远洋运输已达到先进水平（图4-7）。

图 4-7 中远天津分公司"金沙"轮圆满完成环球航行。

1974年9月，"长海"轮由南海出巽他海峡，绕好望角，首航阿根廷布宜诺斯艾利斯港；11月，"盐亭"轮首航丹麦哥本哈根港，"江城"轮首航卡塔尔多哈港；12月，中坦公司"亚非"轮（挂中国旗）首航沙特阿拉伯吉达港。1975年5月，"衡水"轮首航越南岘港；6月，"海门"轮于苏伊士运河重新开放的当日第一批通过。1976年3月，"建德"轮从智利的瓦尔帕莱索港开往尼加拉瓜的科林托港，开辟了上海至尼加拉瓜的中国至美洲航线。1977年3月，"大德"轮首航濒临大西洋的南美洲圭亚那乔治敦港。1978年3—4月，"武门"轮先后首航南美洲的巴西圣多斯港和非洲西部的加纳特马港。同年4月，"庆阳"轮首航澳大利亚的墨尔本港；9月，"平乡城"轮又开辟了上海至澳大利亚各港的集装箱班轮运输航线。

1973年5月20日，中远总公司报交通部并经交通部和外交部批准后，根据外运公司的要求，派正在秦皇岛港卸进口粮的"苏禄海"轮首航美国。"苏禄海"轮是"中远租船"的船舶，挂索马里旗。根据中远总公司的安排，"苏禄海"轮于1973年6月20日由秦皇岛港起航首航美国。"苏禄海"轮首航美国，为以后陆续前往美国的船舶积累了必要的经验。

到1978年底，中远船队已航行于99个国家或地区的410个港口，比1972年中远总公司重组时新增32个国家或地区的196个港口。表4-1为中远远洋船舶通航的国家或地区及通航港口的统计情况，表4-2为中远总公司远洋船舶到达国家或地区的详细情况。

中远总公司远洋船舶通航的国家或地区及通航港口的统计情况（1961—1978年）[①] 表4-1

年份	通航的国家或地区							通航的港口						
	总计	亚洲	欧洲	非洲	北美洲	拉丁美洲	大洋洲及太平洋岛屿	总计	亚洲	欧洲	非洲	北美洲	拉丁美洲	大洋洲及太平洋岛屿
1961	6	6						14	14					
1962	9	2	3	4				12	3	3	6			
1963	4	3	1					6	3	3				
1964	9	2	1	6				20	10	2	8			
1965	13	2	7	4				32	7	18	7			
1966	4	2	2					27	8	16	3			
1967	6	1	2	3				16	1	11	4			
1968	1	1						6	1	5				
1969	1		1					10	4	3	3			
1970	4			2	1		1	12	2	4	2	2		2
1971	4			3	1			21	5	6	4		6	
1972	6	2	1	3				28	12	12	4			
1973	7	3	1	1		2		41	17	12	5		6	1
1974	7	2	1			4		49	18	5	2	1	15	8
1975	6	1	1	4				33	14	7	5	2	3	2
1976	3					1	2	21	7	2	1	1	3	7
1977	6	1		3		2		42	14	13	9		3	3
1978	3			1		2		20	12	2	1		3	2
合计	99	28	21	34	1	12	3	410	152	124	64	6	39	25

中远总公司远洋船舶到达国家或地区的情况（1961—1978年） 表4-2

年份	到达国家或地区
1961	越南、中国香港、中国澳门、印度尼西亚、缅甸、新加坡、锡兰（斯里兰卡）
1962	英国、比利时、联邦德国、摩洛哥、南阿拉伯联邦、也门、亚丁、苏丹、几内亚
1963	柬埔寨、印度、叙利亚、阿尔巴尼亚
1964	朝鲜、日本、阿尔及利亚、塞内加尔、加纳、刚果（布）、坦桑尼亚、吉布提、荷兰

---

① 根据《报送远洋系统历史统计资料》，1960年，远洋船舶抵达欧洲1个国家的1个港口，如果按此计算，所有的国家和港口数加1即可。

续上表

年份	到达国家或地区
1965	巴基斯坦、肯尼亚、埃塞俄比亚、象牙海岸、休达、瑞典、法国、意大利、罗马尼亚、保加利亚、直布罗陀、苏联、土耳其
1966	孟加拉国、伊拉克、挪威、民主德国
1967	科威特、索马里、尼日利亚、毛里求斯、芬兰、希腊
1968	黎巴嫩
1969	南斯拉夫
1970	利比亚、西班牙属地（拉斯帕尔马斯）、加拿大、澳大利亚
1971	阿联酋、毛里塔尼亚、塞拉利昂、智利
1972	巴林、菲律宾、赤道几内亚、突尼斯、马达加斯加、马耳他
1973	马来西亚、阿联酋、伊朗、扎伊尔、墨西哥、西班牙、秘鲁
1974	卡塔尔、沙特阿拉伯、丹麦、古巴、巴拿马、牙买加、阿根廷
1975	莫桑比克、喀麦隆、几内亚比绍、加蓬、冰岛、泰国
1976	巴布亚新几内亚、新西兰、尼加拉瓜
1977	塞浦路斯、佛得角、多哥、圣多美和普林西比、圭亚那、危地马拉
1978	塞舌尔、巴西、厄瓜多尔
合计	99 个国家或地区

第三节　贯通南北航线

南北航线就是指中国台湾海峡以南和以北的港口之间的航线，是中国海上运输的大动脉。新中国成立后，南北航线由于战火原因时断时续，虽常受国民党军舰、军机的骚扰，但仍在艰难地维持着。1950 年 6 月 25 日，朝鲜战争爆发，美国在出兵朝鲜的同时，部署第七舰队在台湾海峡游弋，派遣海、空军进驻我国台湾，实际上军事封锁了台湾海峡。台湾海峡在帝国主义的武力干涉下，被人为地切断，悬挂国旗的船舶被分割在华南和华北两地，造成南船不能北上，北船不能南下的局面。

一、贯通南北航线的背景和意义

自 1961 年悬挂五星红旗的中国远洋运输船队行驶国际航线以来，到 1966 年 3 月，先后成功地开辟了从中国华东、华南通往东南亚、非洲、欧洲，以及从华东、华北通往朝鲜、日本等主要口岸的国际航线。但由于当时台湾当局和美国仍封锁着台湾海峡，致使中国海上南北不能通航，形成南北分割营运的局面，严重地影响了中国对外贸易的发展。当时，中国对外贸易海运物资有80%以上是由华北港口进出，但中国自营远洋船舶则有70%集中于华南而不能北上，致使华南各港的外贸进出口和沿海运输的任务相当繁重，码头、仓库、机械设备不够使用，加上湛江港因装运援助越南物资，经常封港，从而造成华南港口压船、压货、压港的严重局面。这种情况严重影响了中国外贸和国家经济的发展。

为缓和华南港口的海上运输压力，减轻沿海铁路运输的沉重负担，从1965年下半年开始，国家有关部门曾采取过一些临时措施，如租用外籍船舶行驶南北航线，通过铁路将外贸物资从华北调至华南港口转装中远自营远洋船舶运输。但这些措施成本高、时间长、周转慢、货损货差多，既影响外贸信誉，又增加了租船量，国家要耗费大量外汇，也加剧了铁路、港口的负担。因此，发展国家的对外贸易和工农业生产，最根本的办法就是贯通南北航线。

贯通南北航线，是中国外贸和对外援助的需要，也是出于战备的考虑。当时美国正在扩大对越南的侵略战争，为了做到一旦华南港口处于被封锁或发生战争的形势下，中国远洋运输船队仍能坚持完成援外物资和对外贸易物资的运输任务，不致被困在华南港口而遭受破坏，这也急需解决南北航线贯通的问题。

对贯通南北航线，党中央和国务院十分重视。1966年，党中央和国务院分析了当时的国际形势和美国对中国的态度，认为开辟南北航线不仅需要，而且时机已成熟。根据中波公司的统计，1957—1966年，中波公司的船舶在南北航线上行驶了300多艘次，没有发生过敌方舰机骚扰和拦截事件。中国自营远洋船舶自开辟东南亚及日本航线以来，也没有遇到过敌方的骚扰和袭击。为此，交通部于1966年3月向国务院呈送了《关于中国自营轮船开辟南北航线的请示报告》，报告提出，为了回避美国和台湾当局军舰经常游弋的各个主要海域，采取绕航台湾以东的办法，开通南北航线，解决南北船货不协调问题。1966年5月11日，周恩来总理做了"一定要缩短南北航线"的指示，于5月17日批准交通部的报告，要求交通部尽快拟定试航方案。

1966年5月28日，交通部根据周恩来总理的指示，中国共产党交通部委员会发出《关于立即进行国轮开辟南北航路准备工作的指示》，责成北方区局党委、中国远洋运输公司广州分公司党委立即进行准备工作。文件中明确：为了解决国轮开辟南、北航线问题，经报请中央批示同意可立即着手进行筹备和试航，为了切实做好南、北通航各项组织、训练、保卫、保密等工作，做了两项决定。首先以"红旗""黎明""前进"三轮作为首批承担南下或北上试航任务的船舶，并在本年（1966年—编者注）第三季度内以"红旗"轮首先从华北港口出航南下，在该轮南下试航成功后，及时总结经验，并立即安排"黎明"及"前进"两轮分别从华南航行北方。其次，要求做好南下、北上船舶船员的配备、思想政治工作、航线设计、护航方案、通信联络、武器配备、应急应变、保卫及保密措施，并要求对上述措施逐项进行认真研究，提出具体切实可行的方案，在6月25日前派人携带方案研究。文件中还对南、北航线选定问题上提出要求，航线设计时要考虑到航距台湾以东600海里，航行途中气象条件比较好,流压和缓,便于测算船位等因素,同时交通部还提供三个方案供有关单位研究。第一方案是通过大隅海峡直驶摩鹿加海峡,西行入爪哇海去新加坡或华南港口,返回航线相同。第二方案是通过大隅海峡直驶加里罗水道,西行入爪哇海去新加坡或华南港口,返回时的航线相同。第三方案是通过大隅海峡直驶苏里高海峡,横穿菲律宾经巴拉巴克海峡去新加坡或华南港口,返回航线相同。第三,对担负首批南下或北上试航任务的船舶,立即着手配备好领导班子,要求领导班子成员在政治、业务和技术上都要过硬。同时还要抓紧对于船舶性能、各项机械、电气设备和仪表等进行全面技术安全大检查,并对检查中发现的缺陷、隐患及时予以消除。第四,对船舶护航方案、航线设计、通信联络方法、武器配备以及相关人员随船等事项进行研究,制定具体方案。第五,要求北方区局党委具体领导与帮助中远上海分公司做好"红旗"轮首航南下的各项准备工作,中国远洋运输公司广州分公司党委负责做好"黎明""前进"两轮首航北上的准备工作。

二、南北航线的初步贯通

根据文件要求,原定中远上海分公司的"红旗"轮在1966年第三季度首先从华北港口南下,当时贯通南北航线的任务,直接受交通部及军委总参谋部指挥。根据当时准备参加打通南北航线任务的"红旗"轮船长、原交通部部长钱永昌回忆:接受任务后,思想上是很激动的,作为船长,比谁都清楚这次试航的重要意义及自己所肩负的重任,决心认真落实各项工作,完成任务,不辱使命。接下来,紧张的准备工作开始了,主要从政治思想、战备工作和业务技术三个方面进行准备,经过动员,全体船员按照各自的职责,满怀热情地投入了出航前的准备工作。就在全体船员满怀信心认真准备的同时,1966年5月,"文化大革命"开始了。但当时"红旗"轮的行动直接受中央军委总参谋部指挥,上级下达指示:"红旗"轮不参加"文化大革命",集中精力,做好南北通航准备工作。当时"红旗"轮仍然照常进行出航前准备工作。尽管"红旗"轮没有受到影响,继续做着打通南北航线的准备工作,但是出发的命令一直没有下达,一直到1966年10月,"红旗"轮接到中央通知:任务暂停执行。之后才知道其中的原因,"造反"一直"造"到中央军委,殃及总参的正常工作,指挥机关乱了,打通南北航线的任务自然也就没法进行,只能暂时搁置了[①]。

由于受到"文化大革命"的影响,直到1967年末1968年初,贯通南北航线的任务才又被提上议事议程。在1966年准备工作的基础上,又重新开始进行周密的准备。1967年12月25日,根据交通部军管会《关于国轮开辟南北航线中有关涉外问题的请示》,就自营远洋船舶开辟南北航线中有关涉外问题,专门给国务院外事办公室呈递了请示报告,请示很快得到批准,1968年4月6日,交通部军管会下发《转发国务院对我部"关于国轮开辟南北航线中有关涉外问题的请示"的批示的通知》,对于贯通南北航线船舶可能遇到的涉外问题进行了安排。

1968年2月29日,经国务院副总理李富春、李先念批准,中远广州分公司"黎明"轮率先北上。为了确保首航成功,交通部专门成立了试航领导小组,由交通部于眉副部长

---

① 钱永昌著:《轻舟已过万重山》,北京:人民交通出版社,2008年,第34页。

担任组长，远洋局袁之平副局长率领工作组随"黎明"轮北上。由于当时台湾海峡两岸对峙的形势，中国人民解放军总参谋部、海军南海舰队和兄弟航运单位派出了40名各方面人员上船协助工作。广州、福建、南京、济南4个大军区和海军南海、东海、北海3个舰队的有关部队进入战备状态，积极支援配合"黎明"轮的首航。针对当时国内外的斗争形势，为万无一失，确保安全，准备付出牺牲，而配备了4名船长。"黎明"轮船长顾名毅、政委刘炳焕多次召开支委会、党员会、干部会，并召开了全船誓师大会，政委刘炳焕做了动员，深入发动群众做好思想政治工作，鼓舞士气，增强信心。1968年4月25日，"黎明"轮装载11000吨糖从湛江港起航，沿着南海西部、南部边缘航行，出巴拉巴克海峡，穿过苏禄海，由菲律宾棉兰老岛北端入太平洋，再向东北驶至东经125度折向日本沿海，通过大隅海峡，进入东海，这条航线在台湾当局的作战半径之外，成功地避开了敌军的扰袭。为了防止无线电波侦测暴露船舶位置，整个航程采用"静默航行"。按照约定，船上一般不发电报，必要时只使用简单的信号"盲发"。"盲发"是一种特殊的通信手段，即在通信接收一方发信机故障或不便于开启发信机时，发送无线电报。在南北航线通信中采用"盲发"，即不与熟悉的海岸电台在规定时间里、用规定频率进行联络，而是在不规则的时间里，用双方事先约定的频率发送非常短促的信号。这样，既能使我方海岸电台在连续不断、高度警觉地侦听中，接收到船舶的信号，又不给敌方的侦缉系统留出能测出船舶电台所在位置的时间。5月8日，"黎明"轮航行4533海里，顺利抵达青岛港。翌日，青岛市在海员俱乐部召开了隆重的庆祝大会，庆祝"黎明"轮首航北上成功。6月2日，"黎明"轮在青岛卸货装载后，离开青岛港，按原航线南下。远洋局局长、中远总公司经理张公忱随船同行。"黎明"轮行驶了12个昼夜，于6月14日安全抵达湛江港。这是新中国成立后首次进行的南北航行。"黎明"轮往返航行25天，航程总计9924海里。但是这条航线绕道距离太长，在经济上和时间上都是不合算的。图4-8是"黎明"轮北上的航线示意图。

在"黎明"轮成功开辟南北航线的基础上，国务院指示："再选择两条船试航。"1968年8月27日，交通部军管会发出《关于九江轮北上、红旗轮南下的指示》。中远广州分公司"九江"轮于1968年9月22日凌晨3时，由湛江港起航北上，载货11500余吨，经过12天的航行，于10月4日抵上海港。11月2日，"九江"轮由上海港启航南下，载运援助阿尔巴尼亚的物资和贸易物资8414吨，载运意大利贸易物资2546吨，共计11000吨，途经菲律宾的苏禄海、新加坡直驶欧洲。中远上海分公司的"红旗"轮在原先准备的基础上，又进行了大量的准备和演练工作之后，在上海港装载出口西欧的8353吨物资，于1968年10月11日由上海港南下试航。"红旗"轮沿"黎明"轮、"九江"轮已行驶过的航线，绕经日本的大隅海峡，台湾以东600海里的菲律宾的苏里高海峡和巴拉巴克海峡，按预定航线停靠亚、非、欧7个国家8个港口，即新加坡、塞内加尔的达喀尔、英国的利物浦和伦敦、比利时的安特卫普、荷兰的鹿特丹、联邦德国的汉堡、锡兰的科伦坡。历时133天，航行33294海里，于1969年2月20日载回程货13138吨安全返抵上海港。经过"黎明""九江""红旗"3轮往返5个航次的试航，证明这条航线是可行的。在再次试航成功的前提下，10月22日，周恩来总理正式批准了开辟南北海上航线。

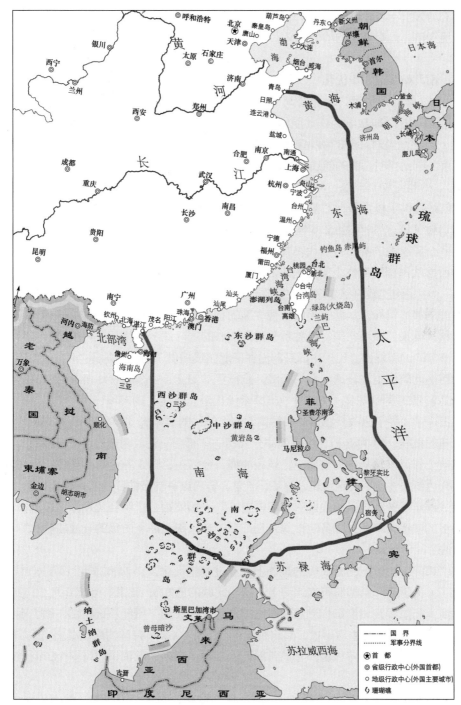

图 4-8 "黎明"轮北上航线示意图。

南北航线的贯通，打破了美国政府和台湾当局对中国华南沿海实行了长达 20 年之久的封锁，改变了北方和华南两地船舶被分割的局面，沟通了南北海上运输渠道，促进了南北物资的交流。同时，南北航线的贯通对中国年轻的远洋船队和船员是一次很好的锻炼和考验，对充分发挥远洋船舶的作用，更好地发展远洋运输事业，完成外贸、援外任务，发展中国国民经济，具有重要的战略意义。

三、南北航线进一步优化

自1968年4月中远广州分公司"黎明"轮开辟南北海上航线，到1972年，已有63艘远洋船舶318个航次航经南北航线，打破了美国和台湾当局在台湾海峡长达20年的海上封锁。但是，当时开辟的南北航线绕行过远，且穿经台风主要区域，不利于航行安全，也不经济。因此当时开辟的航线，只适于远洋船舶行驶，难以为沿海港口间的运输所利用。

进入20世纪70年代，中国的外交局面发生了巨大的变化。国际形势的发展为国轮优化南北航线提供了极为有利的条件。1971年10月25日，联合国大会第二十六届会议以压倒多数通过了第2758号决议："恢复中华人民共和国的一切权利，承认她的政府的代表为中国在联合国组织的唯一合法代表并立即把蒋介石的代表从它在联合国组织及其所属一切机构中所非法占据的席位上驱逐出去。"1972年2月，美国总统尼克松访华，实现了"破冰之旅"，中美两国政府签署了《中美联合公报》，确认了美国从台湾撤出全部武装力量和军事设施的最终目标。从此，美国敌视中国的状态发生了变化。另外，中日邦交正常化也在同年秋天到来。以中、美、日关系改善为核心的国际局势变化，进一步遏制了台湾当局进行军事冒险的可能性。也为中国开辟沿海南北航线提供了有利的国际条件。

为使南北航线更加畅通、更加经济，航行更加安全，中国政府综合考虑当时的台海局势及内外贸易的实际需求，决定进一步探索优化南北航线。1973年5月21日，交通部向国务院报送了《关于修改我国远洋船舶南北海上航线的请示》，很快得到周恩来总理和李先念副总理的批准。11月2日，中远天津分公司的"祁门"轮成功地进行了修改后的南北航线的试航工作。该轮从青岛港南下，航经冲绳、台湾东，转走菲律宾北部巴布延海峡进入南海，抵达新加坡，不再走狭长、船多、流急、转向点多的圣柏那提诺海峡，航程2830海里，完成试航任务。这条航线较"黎明轮航线"大幅缩短，且距台风发源地较远，是一条较为经济的航线。不久，国务院批准：凡行驶于我国南北海上航线的远洋船舶，均可航行该新航线。

在"祁门"轮试航的新航线的基础上，经过调整优化，1974年1月14日，中远总公司下发了《关于远洋船舶航行南北海上新航线问题的通知》，要求自当年6月30日起，执行南北海上新航线及调度指挥和通信联络的规定，并介绍了所经航区的岛、礁、观测、通信、气象等情况，以及注意事项。南北海上新航线比1968年开辟的南北海上航线航行距离又缩短了800多海里。不仅减少了航行时间，节约了燃油，保证了航行安全，而且也进一步提高了运输效率。

南北航线的开辟，促进了沿海、远洋运输的发展，为中国经济建设做出了重大贡献，南北航线演变示意图如图4-9所示。

但是，这条优化后的南北航线依然不是最理想、最经济、最安全的，因为船舶所经航路，必须从靠菲律宾沿海绕过台湾岛以东的太平洋海域，再经日本驶向北方沿海的港口，仍要远航外海迂回航行。

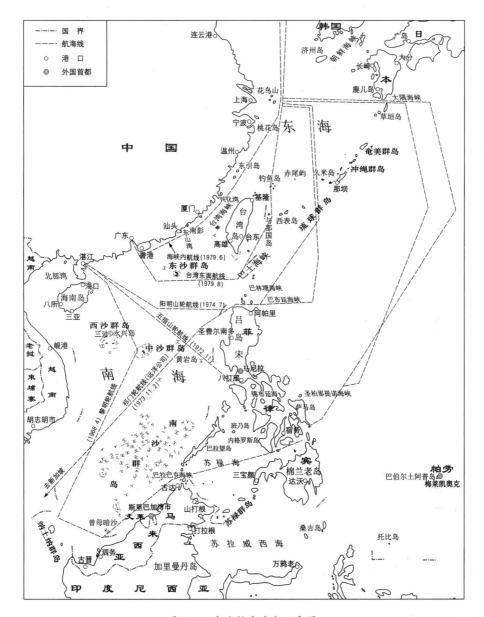

图 4-9　南北航线演变示意图。

无论是 1968 年"黎明"轮开辟的南北航线还是 1974 年中远总公司在"祁门"轮试航的新航线的基础上调整优化的南北新航线，虽说实现了南北通航，但是远距离的绕航却有着巨大的运输成本。因此，要彻底解决南北通航问题，必须打通台湾海峡的航线。

直到 1979 年 5 月 27 日，中远广州分公司"眉山"轮从黄埔港装货启程北上通过台湾海峡后，悬挂五星红旗的自营船舶才陆续通过台湾海峡，来往于南北航区各大港之间（本丛书第 2 卷的有关章节将专门论述），从而结束了历时 30 年之久的南北海运隔绝状态，中国南北货运大动脉才得以实现真正意义上的贯通。

第四节 经营旅客、货物运输

1961年中国自营远洋船队建立后,一直坚定不移地贯彻执行"服从外交、服务外贸"的方针,为社会主义建设服务。在初期的经营中,中远公司远洋船队克服了种种困难,拓展了国外的货物(旅客)运输业务,不断提高中国自营远洋船队在对外贸易运输上的比重,为国家增加了外汇收入,扩大了中国的政治影响。

一、货物运输的经营

1961年,中国远洋运输公司刚成立时,远洋货船仅有广州分公司的"和平"轮、"友谊"轮,以后增加了"星火"轮、"国际"轮。1962年,5艘船舶[①]("国际"轮在二季度营运一个航次后移交,"星火"轮从四季度开始参加营运)3.38万载重吨,共完成货运量13.83万吨,货物周转量3.24亿吨海里。1963年,中远自营远洋船舶还是5艘,但是载重量变为4.3万载重吨,完成货运量为12.72万吨,货物周转量为5.16亿吨海里;在货物运输中,中远广州分公司船舶注意抓好揽货工作,1962年中途港的揽货收入达13万美元,占年计划外汇总收入的12%。1964年,中远广州分公司完成货运量16.4万吨,货物周转量9.6亿吨海里。1965年,中远广州分公司拥有货船14艘,载重量为15.57万载重吨,全年完成货运量38.1万吨,货物周转量为20.5亿吨海里。

1967年6月,苏伊士运河封航,中国开往地中海、欧洲海域的远洋船舶,必须绕道好望角,比通过苏伊士运河增加4300海里航程,延长船期13天。苏伊士运河的封航,直接影响了中远船舶对地中海、欧洲航线运输的货运量和货物周转量,造成货运成本增大,利润相对减少。

从20世纪60年代中期开始,中远广州分公司投入约1/4的运力,运载坦赞铁路的筑路物资和援外工作人员。

1972年,中远广州分公司运输货物种类主要是化肥、粮食、棉花、钢铁、金属矿石和进口成套设备等物资。全年货运量达103.67万吨,货物周转量103.8亿吨海里。

1964年,中远上海分公司成立时,只有8艘中小型杂货船,6.24万载重吨,主要航行中国至朝鲜、日本等邻近国家。全年完成货运量28.6万吨,货物周转量1.87亿吨海里。当时主要进口货种有钢铁、非金属矿、粮食(小麦)、机械设备、日杂货、小五金及药材等;出口货种主要是粮食(大米)、非金属矿石和其他杂货。1965年,中远上海分公司已经拥有船舶9艘,7.59万载重吨,全年完成货运量80.5万吨,货物周转量6.4亿吨海里,增长的幅度较大。1969年,中远上海分公司全年完成货运量121.2万吨,货物周转量15亿吨海里,比1964年分别增长3.2倍和7倍。1971年完成货运量144.2万吨,货物周转量

[①] 载重吨、货运量及货运周转量统计包括客轮,下同。

51.8亿吨海里，比1969年又有了较大的增长。

1970年刚成立的中远天津分公司也积极投入了营运。1971年，中远天津分公司只有10艘杂货船，13.7万载重吨，年均完成货运量为40.9万吨，货物周转量为46.69亿吨海里。1972年，中远天津分公司的船舶艘数增至16艘，21.95万载重吨，完成货运量53.33万吨，货物周转量60.18亿吨海里。

从20世纪60年代末到70年代初，中远的船舶艘数增长较快。随着运输能力的增强，远洋货运生产规模和航区不断扩大，到1972年底，中远船队运力已达184艘，224万载重吨，当年完成货运量970多万吨，其中外贸货运量539万吨，约占中方派船运量的30%。

1973—1978年，中远迎来船队大发展时期，完成的货运量逐年增加，货运量从1973年的1270万吨增加到1978年的3660万吨，货物周转量也从1973年的690亿吨海里增加到1978年的1343亿吨海里。1978年当年完成外贸货运量3203万吨，约占中方派船运量的73%。基本改变了外贸运输主要依靠租用外轮的局面。

二、客运的经营

20世纪60年代，中远客运以接侨业务和接送援外人员为主，均属国家指派的任务。

1961年，新中国自营远洋船队成立时，仅有中远广州分公司的"光华""新华"两艘客船。"光华"轮从首航到同年10月17日，共5次到印度尼西亚接回华侨2649人，另接运中国艺术代表团及驻印度尼西亚使馆人员113人。"新华"轮因吨位较小、航海性能差、设施落后、通风设备不好等原因，改为沿海客运，航行于广州至汕头之间，至10月25日共承运旅客1.43万人。1961年，"光华""新华"两轮的客运量为2.24万人，客运周转量为0.1亿人海里。

1962年，"光华"轮开始以不定期客货班轮方式经营远洋客货运输业务。6月20日，"光华"轮从黄埔开往印度尼西亚雅加达，载客317人，货287吨。返航时载客438人，货297吨，于7月15日安抵黄埔。这是中国自营远洋轮首次航驶东南亚的客运班轮，首次经营远洋客货班轮业务。"新华"轮在广州至汕头、湛江、海口等航线经营沿海客运，到1962年底，共运客3.09万人。1963年1月至3月，"新华"轮承运阿尔巴尼亚旅客151名，其中除1名武官、1名飞行员外，均为阿尔巴尼亚实习生。这是中国远洋客轮首次靠泊阿尔巴尼亚港口。1962年边防部队奉命对印度军队的武装进攻进行自卫反击作战，中国在印度的华侨受印度当局的迫害，"光华""新华"两轮又受命赴印度接侨。1963年4月，两轮到达印度马德拉斯港载运难侨916人，4月27日安全抵达湛江港。此后，5月12日至8月12日，"光华"轮又两次赴马德拉斯港接侨1488人（包括船上出生的3个婴儿）。除了中国籍的1382人外，还有印度籍的84人，以及尼泊尔、不丹、锡金、缅甸籍的22人。"新华"轮完成赴印度接侨任务后，交广州海运局用于沿海客运。"光华"轮作为唯一的远洋客轮继续承担指令性的远洋客运任务。1962年，中远广州分公司的客运量为2.41万人，客运周转量为0.11亿人海里。

1963年，中国第一次派出大规模的体育代表团前往印度尼西亚首都雅加达，参加第一届新兴力量运动会。1963年10月22日，"光华"轮从广州黄埔码头启航，运送中、朝、

图4-10 中国、朝鲜、越南三国运动员于1963年10月乘坐"光华"轮参加在印度尼西亚雅加达举办的"第一届新兴力量运动会"。

越三国运动员和工作人员共666人（图4-10）。为了让运动员们能够在船上坚持训练，船员们想方设法为他们创造条件，除把救生艇甲板辟作运动场外，还在三舱舱盖板上面搭起支架，用盖舱口的帆布做成游泳池。10月29日，"光华"轮安全到达雅加达附近的丹戎不碌港，受到热烈欢迎和友好接待，码头上的军乐队奏起迎宾曲，数百印度尼西亚青年齐唱《社会主义好》，一时盛况空前。12月3日，"光华"轮载三国体育代表团成员553人及其他人员共678人返航。

1964年，由于没有指令性专运任务，客运量仅为0.09万人，这是中远广州分公司完成客运量最低的一年。1966年，印度尼西亚政府再次排华，"光华"轮又赴印度尼西亚接侨，从9月15日至11月28日共78天，2次往返黄埔和印度尼西亚棉兰勿拉湾港，共接回难侨2082人。

随着与新中国建交的国家日益增多，人员交往也愈发频繁，需要更多的远洋客轮承担运输任务。1964年1月27日，中国和法国建立外交关系后，两国经贸关系迅速升温。中国分别于1966年、1967年和1973年向法国购买"耀华""建华""明华"3艘远洋客货轮，全部交给中远广州分公司经营。1968—1977年之间，中远广州公司以这3艘客轮为主力，不停地往返于中国广州与东非达累斯萨拉姆港之间，就连已经41岁高龄的"光华"轮也去了一趟非洲，先后载运了由中国援助建设的坦桑尼亚—赞比亚铁路工程人员64751人次。

1972年，中日邦交正常化后，两国之间开始了友好来往。1975年8月2日—9月19日，中远广州分公司"耀华"轮先后出租承运"日本友好东北信越农民之船"访华团和"日本友好神奈川县青年之船"访华团，共接运旅客891人。这是新中国远洋客轮第一次驶达日本。

1961—1977年，中远共完成客运量21.83万人次。1978年，完成的客运量剧增，达129.58万人次，主要是由于把大连海运管理局的沿海客运量统计在内。当年广远公司完成客运量3236人次，大连海运管理局完成沿海客运量1292471人次。

第五节　执行援外运输任务

新中国成立以后，随着国民经济的恢复和发展，中国对第三世界国家提供了大量无私的援助。中远公司坚决贯彻"服从外交、服务外贸"的方针，在肩负着外贸运输重任的同时，还坚决承担了中国对外援助的海上运输任务，为一些国家的民族独立、经济发展做出了贡献，也增强了中国同世界人民的友谊。

中国与阿拉伯也门共和国建交后签订了多项经济援助协定。其中帮助也门修建萨那—荷台达公路、阿姆兰—哈贾公路以及纺织印染厂、学校、医院等一批工程。"光华"轮是新中国自营船舶最早担任援外运输任务的船舶，1962年1月23日，"光华"轮抵达阿拉伯也门共和国的荷台达，接运中国援助也门工程技术人员和使馆人员463人，以及汽车、推土机、压路机等工程机械1700多吨回国。

中国和几内亚签订有经济贸易及贷款协定。中国援建的有火柴卷烟联合总厂、茶园、茶厂、榨油厂、农具厂、砖厂、水电站、人民宫等项目。"和平"轮担任当时援外设备运输任务，1962年11月7日，"和平"轮装载起重设备75吨、钢架858吨、水泥2020吨等建筑物资以及随船前往几内亚的专家15人，由黄埔港起航，于1963年元旦到达几内亚首都科纳克里，这就是"和平"轮著名的西非之行，至1965年3月，"和平"轮运送援助几内亚物资长达2年多，圆满地完成了任务。

从1962年到1965年，中远广州分公司还先后承担了运往阿尔巴尼亚、柬埔寨、印度尼西亚、缅甸、也门、几内亚、桑给巴尔、坦噶尼喀、马里、刚果（布）等欧、亚、非10个国家的成套设备及物资共70333吨。中远船舶不仅驶往的国家越来越多，援助的运输量也逐年增长：1962年2951吨，1963年17121吨，1964年26842吨，1965年第一季度达23419吨。

越南一直是中国提供援助最多的国家之一。特别是20世纪60年代，中国人民积极支持越南抗美斗争。援越物资运输主要由广州海运局承担，中远广州分公司也承运了部分物资。中远船队曾冒着美国飞机轰炸的危险，将援越物资运抵海防港。美国封锁北部湾后，中国自营远洋船舶又改驶柬埔寨港口，将援越物资转送越南内地。中国远洋船员发扬了国际主义精神，同仇敌忾，不怕牺牲，战胜各种艰难险阻，圆满完成了援越运输任务。

援助阿尔巴尼亚是中国20世纪60—70年代援外重要任务之一。据统计，从1954年到1978年，中国援助阿尔巴尼亚共100多个成套项目、180万吨粮食、100多万吨钢材、1万多台拖拉机等，总金额近100亿元人民币。在此期间，中国先后派遣6000名专家去阿尔巴尼亚帮助工作。中国为阿尔巴尼亚兴建了钢铁、化肥、制碱、制酸、玻璃、铜加工、造纸、塑料、军工等新的工业部门，增建了电力、煤炭、石油、机械、轻工、纺织、建材、通信和广播等部门的项目，大大提高了阿尔巴尼亚的工业化水平。对阿尔巴尼亚援助的物资，基本上是中远广州分公司的船舶承运的，平均每月保持有3艘船运送援助物资。1963年"星火"轮第6航次由黄埔装运150台拖拉机去都拉斯；1965年1月，"曙光"轮运去竹苗240箱；1965年1—2月间，"黎明"轮在黄埔装19吨重的锅炉、在湛江装100台拖拉机和其他设备共10722吨运阿尔巴尼亚；中国援助阿尔巴尼亚土豆10000吨的第一批货由"友好"轮于1966年1月26日运抵都拉斯等。经常担任援助阿尔巴尼亚运输任务的是"国际"轮。"国际"轮原属中远广州分公司，后移交给中阿轮船股份公司。该轮于1962年9月17日载货7000吨和返国的阿尔巴尼亚留学生24人起航，10月11日抵都拉斯。卸货后"国际"轮即换旗，由中阿公司经营。从此以后，"国际"轮就一直往返于中阿航线上运送物资。

中国对柬埔寨的援助始于20世纪60年代。1964年，"友谊"轮第21航次运载1550

吨援助柬埔寨的物资去西哈努克港,其中包括56辆汽车、5台内燃机车。

中国最大的援外单项经济项目要数坦赞铁路。1967年9月5日,中国、坦桑尼亚、赞比亚三国在北京签订了修建坦赞铁路的协定。坦赞铁路从坦桑尼亚首都达累斯萨拉姆到赞比亚的卡皮里姆波希,全长1860千米,于1970年10月动工,1975年6月7日全线铺通,10月23日全面建成并试运营,1976年7月14日由中国政府正式移交坦赞两国政府。援建坦赞铁路的人员、物资的运输主要是由中远广州分公司承担的。中远广州分公司自1967年10月起至1976年6月7日全线建成通车,以及在通车后的一段时间里,历经11年,完成了援建运输任务。1968年3月30日下午,"耀华"轮第二个航次从广州的黄埔港出发,运送筑路工程技术人员、医务人员共152人及一批物资,前往坦桑尼亚首都达累斯萨拉姆,开始执行援建坦赞铁路的客货运输任务。20世纪70年代,"耀华""建华""明华"3艘客船主要航行中坦航线运送援建坦赞铁路的人员。在坦赞筑路的近5年间,中远广州分公司每月投放数艘杂货船行驶华南地区港口至坦桑尼亚的达累斯萨拉姆港,运送了大批的钢轨、枕木、机车、车辆及其他设备(图4-11)。坦赞铁路物资运量在当时中远广州分公司的货运量中占很大比重。"杭州""兰州""吉林""桂林"轮等多艘杂货船担任了坦赞铁路的筑路物资专线运输,成为不定期班轮,直至

图4-11 1971年中国援建坦赞铁路,"友好"轮正在装运火车客车。

坦赞铁路全线建成通车。为了承运机车等大件货物,"大安""大宁""大德""大埔"4艘装有重型起重机的船舶,也投入了该线运输。随后,中远上海、天津分公司的船舶也参与了援助坦赞铁路建设的运输。

中国援建索马里的工程主要有全长940千米的贝莱特温—布劳公路、公路桥以及体育场、剧院、医院、卷烟火柴厂、供水工程等项目。援建任务完成后,1978年,中远广州分公司"杭州"轮第55航次从索马里的摩加迪沙港装运公路施工旧设备包括推土机、吊车、汽车等共103件、1200吨物资回国。

1976年,中远广州分公司"大宁"轮第17航次运送2艘艇到喀麦隆。在抵达喀麦隆卸货时遇到不少困难,地处西非的喀麦隆湾涌浪较大,海面并不平静,另外,由于杜阿拉港航道浅,而"大宁"轮吃水深,只得在外港作业。由于小艇吊下时受到涌浪起伏的影响,很容易撞击到吊艇横梁而使其受到损伤。船上派几名船员冒着危险随艇而下,不顾个人安危,及时采取措施,保证将两艇完好无损地交到喀麦隆人民手中。

中远船舶承运了中国对其他国家的大部分救济物资,每一次都出色地完成了任务。1971年,智利发生地震,中远广州分公司"黎明"轮受国家的委托,带着中国人民对智利人民的深情厚谊,于当年7月29日从上海出发,横渡太平洋,安全抵达智利的瓦尔帕莱

索港，给智利人民送去了一大批救灾物资，为促进中国与智利两国人民的友谊做出了贡献。1972年8月，菲律宾遭受了强台风袭击，损失惨重，菲律宾政府向全世界发出呼吁，希望国际社会给予积极救援。经中央决定，中国红十字会应菲律宾红十字会的要求，向菲律宾捐赠一批救灾物资。中远上海分公司"安亭"轮承担了这批救灾物资的运输任务。1972年8月22日，"安亭"轮满载大米、毛毯、药品等救灾物资从上海出发，于8月29日将救灾物资安全送到菲律宾马尼拉港，受到了菲律宾人民和爱国侨胞的热烈欢迎。1973年巴基斯坦发生洪灾，中国红十字会捐赠援助巴基斯坦物资一批，由中远广州分公司"昌都"轮运抵卡拉奇，并在船上举行了移交仪式。此外，中远船舶还为喀麦隆、斯里兰卡、马耳他、索马里、巴基斯坦、缅甸、刚果共和国、扎伊尔、莫桑比克、毛里塔尼亚、加纳、埃及、印度尼西亚、孟加拉国、泰国、阿尔及利亚等国运去了大批援外物资，送去了中国人民的情谊。

将"曙光"轮赠送给阿尔及利亚，是中国援外运输历史上值得称颂的一事。"曙光"轮是由南斯拉夫建造的，13059载重吨，船龄5年。1964年6月4日，中远公司购接于荷兰鹿特丹。这是当时中国自营远洋船队中最新、性能最好、设备机件最多的船舶之一。1964年11月24日，周恩来总理批示要将"曙光"轮无偿赠予阿尔及利亚民主人民共和国。根据周恩来总理的指示，交通部发电"关于'曙光'轮交阿事"给远洋运输局驻广州办事处，电报中要求广远办事处做好船员的政治思想工作，保证"曙光"轮送到、交接好，使阿方满意；电报中指示"曙光"轮上的一切设备随船移交，有标志的卧具、餐具等都一并移交，同时要加强船舶保养，保持船舶整洁及良好的工作状态，使阿方接了就能使用；交接过程中要详细向对方说明各项设备的性能，使对方接收后就能掌握使用；交接过程中要热情友好，诚恳待人，无保留地教会对方技术；交接后我方船员可以全部离船，但也要准备对方可能提出要留3—5人随船一段时间的顾问工作，对此，应教育船员做好思想准备，如果留下，就要保证做好。1964年12月12日，正在海上航行的"曙光"轮正式接到上级交船的通知。船舶领导及全体船员根据上级的要求，对于指示中的相关内容逐条进行落实，对心爱的船舶进行了认真的维护和保养。在随后的交接船过程中，"曙光"轮船员真正做到了"三满意"：阿方政府与阿方船员满意，中国驻阿使馆、国内有关部门满意，船员自己满意。1965年2月24日，在阿尔及尔港举行了隆重的交接船仪式。中远船员依依不舍地亲自把心爱的"曙光"轮交给阿方，以实际行动增进了中国与阿尔及利亚人民的友谊。

在中远公司创建时期，中远船舶还承担了各种危险品的特殊运输任务。1962年，"和平"轮首次承担中远公司特殊运输任务。1964年，"和平""友谊""星火""劳动"轮4艘船舶完成了8次危险品物资运输任务，共承运1062吨物资，分别运往9个国家；1965年，完成了12个国家援助物资运输2.6万多吨；1968年，完成危险品物资运输3.7万余吨，比1966年增长206%，分别运往10多个国家和地区。这些危险品物资，项目较多，品种繁杂，规格不一，危险性大，货运质量要求高。多年来中远船舶总是通过加强思想政治工作，克服各种困难，在政治上防止敌对分子的阴谋破坏；在技术上防止在运输过程中发生重大机损、海损事故；在货运上消灭货损、货差，做到了万无一失，保证了安全优质运输。

中远船舶不论是承担援外、救灾还是承担外贸物资的运输任务，都受到所到国家，尤其是第三世界国家领导人和人民的热烈欢迎和热情接待。不少国家元首接见中国船长、政委或登船参观。中远船员为贯彻执行中国外交路线，为社会主义建设做出了贡献。

中国远洋运输公司在1961年到1971年之间的客货运输量见表4-3。

中国远洋运输公司客货运输量（1961—1971年） 表4-3

年份	客运		货运						国轮承运的货物占我方派船比例（%）
	运量（万人）	周转量（亿人海里）	总计			其中：投资船			
			运量（万吨）		周转量（亿吨海里）	运量（万吨）		周转量（亿吨海里）	
			合计	其中：外贸		合计	其中：外贸		
1961	2.24	0.10	86.88	85.00	64.98	49.31	46.51	37.12	—
1962	2.41	0.11	81.82	79.00	63.35	45.02	42.82	35.63	—
1963	0.38	0.11	89.29	89.19	70.58	51.09	50.99	38.51	—
1964	0.09	0.01	151.00	136.90	90.70	45.03	30.93	11.17	—
1965	0.11	0.02	246.00	233.00	127.72	169.00	115.49	74.46	—
1966	0.66	0.05	272.00	229.99	151.21	196.62	154.61	92.38	—
1967	0.11	0.02	238.00	203.55	142.38	158.75	124.30	77.97	—
1968	1.54	0.09	264.00	227.00	191.48	175.15	136.31	97.73	12.7
1969	1.37	0.11	345.00	298.00	196.91	218.32	104.55	116.68	19.2
1970	1.82	0.41	499.00	355.00	226.50	200.08	178.48	114.09	21.3
1971	1.65	0.69	783.00	450.00	381.66	206.16	192.68	137.75	28.6
说明	1. 1964年投资船运量只包括广远、上远，没有包括合营公司；实际上，1964年合营公司（中波、捷克和中阿）中方船舶运量87.05万吨，货运周转量为70.09亿吨海里。 2. 自1964年开始，货运量包括中远香港公司船舶货运量。								

第六节　远洋运输业务的进一步拓展

中远总公司重组以后，中远总公司及广大船员职工，始终把完成国家外贸进出口运输任务作为工作重点。通过积极开拓远洋运输业务，改善经营管理，使远洋运输生产和各项业务以较快的速度发展起来。1976年7月1日，中远青岛分公司成立。1978年1月1日，中远总公司所属的大连海运管理局宣告成立。这两个单位的成立，不仅使中远总公司在中国北方区域的管理机构更趋合理、更加完善，而且使远洋运输业务得到了进一步拓展。

一、班轮业务的开展

班轮运输是国际海运的一种运输方式，最早出现于19世纪初，美国首先采用。班轮运输的特点是定船期、定港口、定货载、定航线，适合于要求快速、优质运输的货物，如日用百货、机械设备、冷冻货和植物油等。

中国自营船队刚开始营运时，全部是不定期船。当时世界航运发展趋势是从不定期船到定期船，即定时间、定航线、定船舶、定货种、定泊位的班轮，班轮有利于更好地为货主和外贸服务，有利于挖掘港口和船舶的潜力，有利于促进管理和提高经济效益，也有利于提高企业和国家的信誉。因此，中国很早就着手开辟国际班轮航线。

中国自营船队最早的国际客货班轮航线始于1962年。那时，"光华"轮利用接侨间隙，建立起东南亚客货班轮航线，往来于黄埔至新加坡、雅加达之间。1962年6月20日"光华"轮驶离黄埔，载客317人、货278吨赴雅加达；7月8日离雅加达，载客438人，货497吨回国。这条班轮航线的开辟加强了祖国和海外侨胞之间的联系，深受中外旅客的欢迎。但是，该航线建立不久，因接侨而终止。"文化大革命"初期，中远广州分公司开辟了新中国第一条国际货运班轮航线：黄埔—西欧班轮，每月2班，1967年5月，"敦煌"轮由黄埔起航去欧洲，拉开了中国自营船队班轮运输的序幕，后来由于"文化大革命"的原因，这条班轮也被迫中断。1966年初，中远上海分公司曾设想开辟中日班轮航线，但是由于货源、港口条件不成熟，没有成功。

在1971—1973年中国外贸运量中，我方派船占65%—70%，其中国轮（包括中远、中远租船与合营公司）占30%，外运租船占60%，班轮占10%，当时班轮的年运量在200万吨左右。但是直到1974年，承运中国进出口货物的班轮仍然全部是外轮。近洋航线的货物，包括东南亚、孟加拉湾、巴基斯坦、波斯湾等航线，由新加坡、日本、巴基斯坦等7家班轮公司承运。远洋航线的货物，包括东非、西非、地中海、西北欧、南太平洋、东加拿大等航线，由日本、南斯拉夫、联邦德国、荷兰、瑞典、丹麦、挪威8家班轮公司承运。在这种情况下，一方面，国家需要花费巨额的外汇租用班轮来完成运输任务，另一方面也与中国当时的国际地位不相适应。为了改变这种局面，中远总公司对以上公司的155艘船舶，以及航线、船龄和设备技术状况等进行了调查，在《关于班轮的调查报告》中提出，中远完全有条件开辟自己的班轮航线。

20世纪70年代中期，经过中远总公司和中远广州、中远上海分公司的共同努力，悬挂五星红旗的中远班轮于1975年6月开始营运。到1977年9月，先后开辟了黄埔至日本、黄埔至西欧、黄埔至地中海、汕头至西欧、上海至日本以及上海至西欧等中远班轮航线，各航线每月都有数艘悬挂中国国旗的中远定期班轮驶往世界各国主要港口。

中远广州分公司开辟了每月自广州到日本的3艘定期班轮。1976年6月3日，中远广州分公司"济宁""田林"轮又重新开辟黄埔到欧洲的班轮航线，并且与国内有关单位制定了黄埔至西欧定期班轮联系办法。到1977年9月，中远广州分公司先后开辟了黄埔至日本、黄埔至西欧、黄埔至地中海、汕头至西欧的4条班轮航线：

黄埔—日本，每月3班，挂靠日本5港；
黄埔—西欧，每月2班，挂靠欧洲5港；
黄埔—地中海，每月3班，挂靠地中海5港；
汕头—西欧，每月1班，挂靠西欧3港。

中远上海分公司在1977年5月遵照交通部、外贸部的指示，按照"积极组织、逐步扩大、总结提高"的方针，由中远上海分公司、中外运上海分公司、上海港务局和上海外轮代理公司共同协商，拟订了《关于开辟上海—欧洲、上海—日本线定期班轮试行办法》（以下简称《办法》），就开辟班轮工作的组织领导、航线设计、进口货载、船货衔接、装卸作业和确保班期等方面制定了措施和规定。在上海市工交组和财贸组领导下，由上述4个单位派人组建班轮工作领导小组，由港务局的代表任组长。《办法》决定，该班轮先在内部印发班期表，试行3个月，总结经验后再行公布。

上海—欧洲杂货班轮航线。中远上海分公司安排"衡水""清水""天水""安亭""望亭"和"江城"轮6艘船承担该航线的运输任务。每月13日在上海港装货，19日开航。沿途停靠伦敦、安特卫普、鹿特丹、汉堡等港。在上海港装货4500吨，约14000立方米。开出后到马来西亚槟城港加载1000吨左右货物（内有冷冻货100~200吨）。该班轮航线自开辟以来，一直比较稳定，受到国内外货主的欢迎和支持。

上海—日本杂货班轮航线。公司安排4艘中小型杂货船承担，每月4个航班。"宝安"轮每月3日受载，5日开船，装载横滨、神户两港货2000吨，约4500立方米；"东安"轮10日受载，13日开船，装载门司、名古屋两港货2000吨，约4500立方米；"丰城"轮12日受载，15日开船，装载神户、大阪两港货3500吨，约9000立方米；"盐城"轮22日受载，25日开船，装载横滨、川崎两港货3500吨，约9000立方米，川崎港视货多少由船方决定是否直靠。

上海—欧洲和上海—日本杂货班轮航线各船的回程货载由中外运总公司和中远总公司安排。争取回上海港卸货，以便按时装货出口。该《办法》还规定了保证班期正常运行的措施，规定船抵上海港的时间相对稳定，凡延误超过3天，公司换船，力保班期不变。该《办法》及设计的上海—西欧、上海—日本杂货班轮航线经交通部和外贸部批准后，于1977年9月份开始试行。1978年1月开始对外发布班期表，表4-4为中远上海分公司上海—日本杂货班轮船期表。

中远上海分公司上海—日本杂货班轮船期表　　　　表4-4

船名	货载（吨/立方米）	上海	门司	神户	大阪	名古屋	横滨	川崎
宝安	2000/4500	3—5	—	14—16	—	—	9—12	—
东安	2000/4500	10—13	16—19	—	—	21—25	—	—
丰城	3500/9000	12—15	—	18—21	21—24	—	—	—
盐城	3500/9000	22—25	—	—	—	—	29—4	4—6

1978年9月26日，半集装箱船"平乡城"轮在上海港装载162个标准集装箱运往澳大利亚，开辟了中国第一条集装箱运输班轮航线，受到各方面的关注。该轮自上海开航时，交通部副部长彭德清和上海有关单位领导到码头为船舶送行。10月12日和15日依次抵达澳大利亚的悉尼港和墨尔本港，该船抵澳大利亚悉尼、墨尔本港时，受到该国港口当局、商贸界友好人士和中国驻澳大使馆人员的热烈欢迎。"平乡城"轮在船上举行酒会，船长致辞感谢。澳大利亚电视台拍摄酒会实况进行报道。悉尼《每日商业新闻》报道了"平乡城"轮抵悉尼港和举行酒会的情况（图4-12）。"平乡城"轮于11月12日返回上海港。此次航行开辟了中国第一条国际集装箱班轮航线。

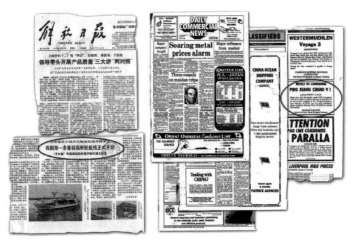

图 4-12　中外新闻媒体报道"平乡城"轮首航澳大利亚。

10月,第二班船"熊岳城"轮从上海开出,形成中国第一条完整的集装箱班轮航线。60天一个往返航次,停靠上海、悉尼、墨尔本等港。不久,"熊岳城"轮又开辟了上海—香港集装箱班轮航线。此外,中远上海分公司还经营了上海至香港以及东南亚部分港口的定期派船业务。一是停靠香港、新加坡、巴生港,二是停靠新加坡、巴生、槟城等港。

1978年,中远总公司与对外贸易部和有关港口协商,又增加了天津、青岛、大连至日本、孟加拉国、新加坡、马来西亚、西欧、地中海的班轮运输。自此,中国主要港口至欧洲、地中海、日本、新加坡、马来西亚等国家和地区的远洋运输实现了班轮化。

二、探索集装箱运输

(一)远洋集装箱运输的兴起及其在中国的开展

集装箱运输是一种先进的现代化运输方式,具有运输货物简便、快捷、安全、质优的特点。1956年4月26日,美国泛大西洋船公司用改装的油船,装载当时美国卡车业使用的58只35英尺集装箱,由纽约驶往休斯敦,试运3个月,受益匪浅,每吨货物的装卸费仅为普通杂货船的1/37。1966年4月,美国海陆运输公司(原美国泛大西洋船公司)又以改装的能装载226个35英尺集装箱的全集装箱船航行于纽约—欧洲航线,这是国际远洋航线上第一次出现集装箱运输。至1971年末,世界上13条主要航线实现了集装箱化。

1973年9月,中远总公司、外运总公司、外代总公司与日本新和海运株式会社、日新运输仓库株式会社合作,使用5吨小型集装箱在上海、天津与日本的横滨、大阪、神户各港之间进行国际航线上的集装箱试运,这是中国国际集装箱运输的早期尝试。当时的集装箱试运,是采用杂货船捎带集装箱的方式进行的。

为了开展中国国际集装箱运输业务,1974年1月5—10日,交通部和外贸部在天津联合举行了国际海上集装箱运输工作座谈会。座谈会由交通部水运局、中国远洋运输总公司和外贸部运输局的负责同志主持。参加座谈会的有北京、天津、上海3地有关外贸运输工作的各单位共80余人。

座谈会总结交流了上海、天津两港对日本小型集装箱试运的经验。通过总结、学习和讨论，与会同志进一步认识到在当前开展国际海上集装箱运输的必要性，指出：我国自1973年9月开始与日本合作开展集装箱试运的实践表明，三四个月来装运的集装箱虽然不多，货运量也很少，装卸设备很不适应，但仍然体现了集装箱运输的优越性：提高了港口装卸效率，加速了船舶周转，减轻了工人劳动强度，保证了货运质量等等。参加这次会议的人员一致认为，集装箱运输是中国国际航运事业带有方向性的问题，必须下决心搞。在统一认识的基础上，参会人员对交通、外贸两部提出的关于1974年和1975年开展国际海上集装箱运输的意见，进行讨论。会议主要讨论了中国开展国际海上集装箱运输的方针、步骤和组织机构3个问题。

关于方针问题，经过讨论各方达成一致同意，即在集装箱专用码头建成以前，应采取"积极组织，稳步前进"的方针。步骤问题，交通、外贸两部当时计划在1974—1975年逐步开展日本、美洲、西北欧、大洋洲4条航线的集装箱运输。与会同志认为，根据当时各方面的条件，上海先开展日本和美洲航线；天津先集中力量搞好日本航线，积极准备开展美洲航线。至于西北欧和大洋洲航线，根据发展情况再定。组织机构问题，交通、外贸两部已确定各抽调专职干部若干人组成联合办公室，统一负责组织领导和推动集装箱运输工作。在港口，应在原试运小组的基础上，由港务局和外贸局洽商指定有关单位抽调专职干部3—5人，在当地领导机关（例如天津港在天津市口岸办公室）直接领导下，负责本港口集装箱运输的管理工作，至于具体业务，仍按照职责分工范围由有关单位负责处理。

这次会议是中国集装箱运输起步阶段的一次重要会议。然而，由于当时的政治环境以及资金、技术、管理等问题一时难以解决，无论是在订造标准的集装箱方面，还是在解决港口装卸设备、陆地运输、仓储场地、货源组织等一系列配套保障问题方面，都遇到很多困难。

中远总公司国际集装箱运输起步比较晚，但是发展速度较快。

1976年3月26日，远洋局给交通部领导报送一份签报，建议水运局安排上海港机厂试制和生产20英尺规格的远洋干货集装箱，同时研制多种用途（液体冷藏）集装箱。5月，水运局、远洋局和交通部科学研究院专门开会研究了试制问题。7月，水运局向该厂下达《关于委托制造国际集装箱的通知》，要求试制样箱3个，试用箱15个。1977年暂定国际标准集装箱200个。这样，该厂为中远制造了第一批200个远洋运输用集装箱。

1978年3月，中远总公司开始陆续从日本租用集装箱，到7月份止，共租用了700个集装箱，当时中远总公司共有12艘能装载200个集装箱的集装箱船舶，一次可运2000多个集装箱。

从1973年9月开始的中日小型集装箱试运工作，至1975年底，中日双方共派船89班次，载运2399箱，运货7503吨。与此同时，中远上海分公司"风雷"轮也在上海—日本航线上，以普通杂货船试运20英尺国际标准集装箱。1977年12月，杂货班轮"丰城""盐城"两轮又在上海—日本航线上试行装载20英尺集装箱运输。

1978年后，为满足对外经贸运输的需要，提高中国航运管理水平，交通部确定把开展集装箱运输作为远洋工作和港口建设的重点。由此，中远总公司正式开始兴办国际集装箱运输。

为开展国际集装箱运输业务，学习国外集装箱运输的先进管理经验及先进技术，1978年8月19日，交通部向国务院报送了《为加速发展集装箱运输拟聘丹麦专家和引进新技术的请示》，获国务院领导的批准。1978年9月8日，交通部发文《关于转发〈为加速发展集装箱运输拟聘丹麦专家和引进新技术的请示〉的通知》，文件要求在航运方面以中远上海分公司为重点，按现代化标准搞出样板，以便今后在其他单位逐步加以推广。文件还要求做好配合专家的工作，为了充分地发挥专家的作用，以期产生最大的效果，对于改进公司技术管理工作有关的情况和资料，应如实向专家提供，并同专家共同研究改进措施。对专家工作计划、专家所提建议，应按"内事服从外事，一般服从重点"的原则，保证优先完成。9月11日，中远总公司与丹麦宝隆洋行签订了《丹麦宝隆洋行向中国远洋运输公司提供技术帮助的协议》。1978年10月，丹麦宝隆洋行专家组抵达中远上海分公司，专家组分为货流业务、组织机构设置、船舶业务3个小组开展工作。丹麦专家组在对分公司的机构体制、经营管理、船队组织形式、技术状况、财务核算体制等方面做了调查后，就中远建立集装箱运输管理体制提出了一系列建议，中远总公司采纳了部分建议并取得成效。丹麦专家制定的集装箱码头建设方案体现了20世纪70年代世界先进水平，对集装箱堆场实行划线分区，按编码堆放，建立"T"卡计划板等管理措施的实施，使找一个集装箱从过去的一两个小时减少到一两分钟，做集装箱配载图从过去的一两天时间缩短到几个小时。丹麦专家还提供了大量的技术情报资料，使中远能够及时了解当前世界港口和航运方面的技术水平和发展状况。此外，丹麦专家为中方培训了一大批现场管理人员，建立了集装箱运输的程序和体系，取得了一些成果。丹麦专家还针对中澳航线集装箱运输业务进行了具体指导和帮助，传授了有关技术，初步建立了集装箱运输的程序和体系，这对后来中远开展集装箱运输起到促进作用。

合作期间，由于两国的经济体制不同，计划经济体制与市场经济体制存在的严重差异，再加上当时的外部环境，导致专家提出的一些方案、建议未能被采纳或无法实施。中远与丹麦宝隆洋行的合作不得不中止。1979年6月，丹麦专家离开上海回国。

（二）开辟集装箱运输航线

中远兴办国际集装箱运输后，积极筹备开辟集装箱班轮运输航线。1978年初，中国天津、青岛、上海3港每月有近700个集装箱出口到美国、加拿大、澳大利亚，全部由日本船公司承运至日本港口，再转运到美国、加拿大、澳大利亚。因此，交通部向国家经委提出建议，这3条航线的集装箱运输可改由国轮承运。当时没有集装箱船舶，装运集装箱的船舶是由多用途船改造而成的，土法上马，即在货舱和甲板上焊接上很多箱槽及铁环，用来放置和固定集装箱。码头上也没有专用集装箱起重机，装载集装箱使用的是传统的鹤嘴式吊式起重机，吊起箱子后摇摇晃晃，必须由人工对准位置后才能放下。就是在这种简陋的条件下，中远的国际集装箱运输业务起步了。1978年9月26日，中远上海分公司"平乡城"轮装载着162个国际标准箱（TEU）[①]驶离上海，于10月12日抵达澳大利亚悉尼港，15日抵达墨尔本，其标志着中国远洋集装箱运输航线正式开辟和集装箱运输的正式开始。

三、完成国家重点物资的运输

1973年，中国从国外进口了43亿美元的成套设备和单机，包括13套大化肥、4套化

[①] "TEU"是20英尺集装箱的国际通用单位。

纤、3套石油化工、3个电站等大型设备。这些大型设备的运输,大部分由中远船舶负责承运。而大件运输在装卸、配载、绑扎加固等方面,有许多特殊要求,一旦出现货损,就会使全套设备无法使用,给国家造成重大损失。因此大件运输被中远作为重点运输任务,精心组织,精心操作,以确保质量和安全。

由中远承运的重点物资有燃料化学工业部所属四川化工厂从日本引进的成套化工设备,这套装置共有设备、材料、化工原料等约17000吨,其中超限的大件设备就有80件,总重量达4000吨,需要整体运输。按照常规,如果在广州或湛江卸货,经铁路运输,大部设备需要分段解体,这将会造成一定损失。因此,中远总公司根据厂方的要求,对船舶调度计划做了调整,将卸货港改在上海,然后再将这批大件转装江轮,运至重庆、乐山。

据统计,1973年,中远船舶共计承运了从国外引进的化肥、化纤、电站等成套设备,总重量28万吨,其中超限大件747件。1974年,中远船舶承运进口成套设备7万余吨,其中有的大件设备重达360吨。为了保证货物的安全,广大船员群策群力,精心配载。

1977年11月,中远广州分公司"大安"轮从法国承运广州石化厂一座高35.7米、直径3.5米,重达350吨的大型尿素合成塔的任务。该轮船员在没有先例的情况下开动脑筋,想方设法解决了极强度超负荷、单边装载横倾的难题,冒着雨雪绑扎设备,并战胜比斯开湾大风浪,安全无损地将设备运回国内,首创了中国远洋运输史上安全装运大件最高吨位的记录,受到石化部、交通部、广东省以及广州石化厂的一致好评。1978年,该公司的"桃林"轮奉命从鹿特丹港转运胜利油田急需的一条长25米、高5.5米、宽4.5米,重200多吨的挖泥船立体设备,任务急,安全要求高。由于该设备尺寸与船上的位置不相适宜,船长与驾驶员们多次丈量船上的位置,经过反复研究和计算,得出最佳装船位置。然后组织船员根据挖泥船立体设备尺寸,对于装船位置进行局部改造,创造了一个相对适宜的最佳位置,为大件装载做好了一切准备。最后终于成功地将挖泥船立体设备运回国内,受到用户的好评。

图4-13 中远上海分公司"汉川"轮在汉堡港装载大件设备,轰动了汉堡航运界。

1978年4月,中远上海分公司"汉川"轮由联邦德国汉堡港承运大型成套设备、钢材和化纤共8638吨、18453立方米。该轮全体船员在船长贝汉廷的带领下,精心配载,充分利用舱容和甲板空间,在甲板装了44个大件,近5000立方米,共重573吨,其中最高的4.3米,最长的37.8米,创造了承运超大超长超高甲板货的先例(图4-13)。"汉川"轮的事迹,轰动了汉堡的航运界,并受到了中远总公司党委的通报嘉奖。

四、完成国家交给的特殊任务

中远船队在完成国家交给的运输任务之外,还承担了国家交给的其他任务。1976年3月,国家海洋局决定派出科学考察船对南太平洋进行海洋考察。中远广州分公司安排经过改换烟囱标志、新定船名为"向阳红 11 号"的"无锡"轮,与国家海洋局"向阳红 5 号"结伴远航,胜利完成了艰巨而光荣的远洋考察任务,得到海军党委、中共交通部临时领导小组的表彰。1977 年 1 月,国家地质总局派海洋地质勘探船队赴中国南海进行勘探调查,为保证航行安全,中远总公司指示广州分公司安排有航行经验的远洋船长、二副、报务员等,上勘探船帮助工作。1978 年 7 月,根据邮电部、交通部联合下发的《关于开辟日本、西欧航线海运邮路,由我远洋班轮承运出口国际邮件的通知》和《关于远洋船舶运输国际邮件试行办法》,中远公司船舶于当年 8 月,利用从上海、广州开往日本(停靠神户、大阪、横滨港)的中远班轮承运去日本的邮件。从此,中国发往日本的国际邮件不再由香港转运,开辟了中国至日本的海运邮路。

中国远洋运输总公司在 1972—1978 年之间的客货运输量见表 4-5。

中国远洋运输总公司客货运输量(1972—1978 年)　　表 4-5

年份	客运		货运						国轮承运的货物占我方派船比例(%)
	运量(万人)	周转量(亿人海里)	总计			其中:投资船			
			运量(万吨)		周转量(亿吨海里)	运量(万吨)		周转量(亿吨海里)	
			合计	其中:外贸		合计	其中:外贸		
1972	1.58	0.76	972.00	539.00	486.40	215.38	193.67	131.75	29.8
1973	1.83	0.77	1270.26	873.68	689.62	215.91	196.82	133.20	35.1
1974	1.53	0.77	1740.64	1247.17	795.70	291.31	242.80	160.96	44.5
1975	1.18	0.57	2424.83	1939.73	949.60	360.46	323.12	177.94	68.8
1976	0.95	0.31	2382.33	1906.14	870.55	367.16	347.25	194.20	71.8
1977	2.38	0.21	2553.26	2319.33	939.80	477.73	455.53	223.60	74.3
1978	129.58	1.51	3659.77	3203.36	1342.74	687.32	468.12	220.21	72.8
说明	1. 1978 年的客货运输量包含中远大连海运管理局在内; 2. 货运量包括中远租船。								

第七节　中国外轮代理公司业务的发展

20 世纪 60 年代初,公司(以下简称"外代公司")的工作有了新的发展。1961 年 11 月 15—24 日,外代公司召开全国外轮代理工作会议,着重研究贯彻国营工业企业工作条例,开展企业整顿的工作。1962 年 6 月 16 日,外代公司向各外轮代理分公司下发《关于进一步改进外轮代理工作的几点意见》。1963 年 4 月 17 日,远洋局局务会议专题研究了代理业务工作,提出外轮代理公司的业务工作方针是"扩大政治影响,提高业务信誉,节约开支和增加外汇收入,保证外贸运输业务的完成"。在这个方针的指导下,船舶代理业务得到开拓,逐年发展。1964 年 2 月下旬,外轮代理公司又召开外轮代理工作会议,确定了外轮代理工作的方针:"集中领导,积极协作,统一对外,维护国家的主权和安全,争取团结广大国际船员,保证对外水上运输的顺利进行。"外轮代理工作方针的确立,使外轮代理工作的指导思想更加明确,外轮代理业务得到稳步发展。1966年开始的"文化大革命"同样也给外轮代理工作带来严重影响,规章制度被废弃,工作程序被打乱。1972年中远总公司重新组建后,对于外轮代理工作进行全面整顿,外轮代理业务逐步走向正规。

一、船舶代理业务发展

随着中国对外贸易的发展,船舶代理业务也得到不断地发展和开拓。

1962—1963年间,香港发生历史上少见的旱灾,饮用水供应严重困难。广东省人民政府为解决数百万香港同胞的饮水困难,同意港英当局派船到珠江水域免费运取淡水。从1963年6月开始,由10艘外轮组成船队从香港到黄埔虎门往返运水,外代广州分公司为此做了大量的工作,至1964年上半年共代理运水船舶1369艘次,港英当局海事处多次来函致谢。

1964年1月1日,外代公司实行调整后的《代理费率》。1965年7月,重新修订了《中国外轮代理公司业务章程》及《中国外轮代理公司收费项目与费率》。1968年7月,外代公司下发了《关于对国外租船承运沿海货物收费规定标准》,调整了香港中转包干费及延期费用,对普通货、贵重货、低值货以及危险品、有税品等收费标准做了明确规定。

1965年,中国和巴基斯坦签订海运协定,确定巴船挂靠上海港时,由外代上海分公司为其代理。1965—1970年间,越南方面陆续派出"和平""友谊""团结""统一""越中""207""5.1挖泥船"等轮来广州维修及受载。这些船舶在广州的业务均由外代广州分公司代理安排,并得到有关部门的大力协作和支持,引水、泊位、装卸等均给予优先安排。1968年,美国对越南港口进行布雷封锁及报复性轰炸,上述各轮均在广东避难,受到外代广州分公司及有关方面的特殊照顾,得到妥善安置。1971年5月,正向越南行驶的苏联、波兰、保加利亚和民主德国等国家的14艘船舶也因越南港口的封港而改靠黄埔港。外代广州分公司组织了专门班子代理这些船舶,并通过与港口有关部门的合作,抢卸该批援越物资共73000余吨,改由其他渠道转运越南。1970年,外代大连分公司代理了航行南北航线首次挂靠大连港的中远广州分公司"兴宁"轮。1971年3月17日,外代大连分公司代理了苏联"雅可夫·斯维尔德洛夫"号首航大连港。

从1971年开始,随着中国对外贸易的发展,外代公司加强了对租船的管理工作,船舶代理业务有了进一步发展。外代各分公司代理的船舶艘次、货运量和营业收入逐年增加。1961—1978年,外代系统完成代理业务量见表4-6。

1961—1978年外代系统完成代理业务主要指标情况表 表4-6

年　份	代理船舶艘次	代理船舶净吨(吨)	代理货运量(吨)
1961	4812	18007083	15842005
1962	4361	14970198	12423682
1963	5441	16995421	13876929
1964	6793	20356406	16662020

续上表

年　份	代理船舶艘次	代理船舶净吨（吨）	代理货运量（吨）
1965	8580	23659547	19245770
1966	9496	25407039	21637924
1967	8143	25327282	23112217
1968	7657	23222746	23877877
1969	7357	23741416	22548064
1970	7770	24738673	25088380
1971	8297	28451077	25165641
1972	9565	23717533	29109825
1973	9982	40438779	38994291
1974	10195	46381795	44809574
1975	10242	45722356	43976709
1976	9388	43373760	41055526
1977	10347	46766634	42041351
1978	12532	61850328	56539847

二、"文化大革命"对船舶代理业务的冲击

在"文化大革命"时期，经济效益、利润指标、奖金工资及各项生产制度等，都被称为"修正主义"的东西，凡涉及这些内容的一切统统被废弃。而外轮代理业务又均是以上述各项指标为内容来进行管理和考核的，废弃规章制度带来的后果则是使代理业务处于无章可循的状态。

在各项业务规章制度的执行中，由于受极左思潮的影响，本应处理的业务单证，由于不正规的审核制度而被扰乱，以往的工作程序也被遗弃。加之"文化大革命"开始后，各外代分公司不少业务骨干被下放到农村或干校劳动，业务人员严重缺乏，大量业务单证签发滞后，而又无人敢于负责，影响了船舶的开航及运费的结算。还有的外勤业务人员被禁止登船开展代理工作，对外造成不可挽回的影响。

在对外籍船舶的代理上，由于当时不论什么事情都要用"阶级斗争"的观点来看待，混淆了公开与保密、航行需要与"特情活动"的界限。因此，在代理外籍船舶时审查十分严格，导致"涉外案件"频频发生。据不完全统计，从1969年3月—1970年11月，天津新港就有"涉外案件"50件之多。因外籍船舶使用的旧海图与当时港口的实际情况有出入，一经检查就被视为有"特情活动"而被扣人扣船，对外造成严重影响，使中国的声誉在国际上受到很大损害。

1967—1969年，由于受到"文化大革命"的冲击，代理业务量逐年下降，1967年代理船舶为8143艘次，1968年代理船舶7657艘次，1969年代理船舶又下降为7357艘次。

三、外轮代理业务在曲折中发展

1972年中远得以重组，同时也作为外轮代理总公司。自此开始，外轮代理总公司开始对外代的各项工作进行整顿，使外代业务逐步走上正轨。

（一）代理业务规章制度的修订与完善

"文化大革命"期间，外代公司一些原有的规章制度均被看作是束缚生产力的"旧规章制度"而遭到废弃，代理业务处于混乱状态。为使外轮代理业务重新步入正轨，1972年，中国远洋运输总公司重新组建后，立即对各港的外轮代理公司进行整顿，并恢复和完善各项规章制度。

1972年11月13—28日，交通部远洋工作会议在北京召开。此次远洋工作会议对代理工作提出了具体要求，强调"各外轮代理分公司，要健全组织，整顿业务，增添必要的生产设备，以提高外轮服务工作的质量，加强对自营船舶和租船的现场管理"。此后，外代总公司及各外代分公司根据交通部远洋工作会议的精神，积极制定措施，认真贯彻落实。1973年5月28日，外代总公司发出关于《恢复加强有关制度》的通知，要求各外代分公司要整顿企业内部的规章制度，进一步加强总、分公司之间的业务联系，改进和提高代理工作水平，对以往的制度要逐步完善，其中包括工作总结和报告制度等。

1. 外代总公司修订、重建规章制度

为改进和加强对各外代分公司的业务指导工作，外代总公司自1973年始至1977年，对各项规章制度重新做了修订，并相应建立了一些新的措施，有力地促进了代理业务的开展。

1973年9月26日，外代总公司根据同年8月在北京召开的全国外轮代理业务工作会议所做出的决定，通知各外代分公司对已实行8年的《中国外轮代理公司业务章程》和《中国外轮代理公司费收项目与费率》提出修改意见。1974年4月1日，修改后的《中国外轮代理公司业务章程》《中国外轮代理公司费收项目与费率》开始颁发实行。这两个文件的修订，对外代系统的业务发展及对外建立业务关系起到了积极的促进作用。

与此同时，外代总公司为统一对外轮收取交通费问题制定了《向外轮计收交通费的办法》，下发至各外代分公司实行。《向外轮计收交通费的办法》是根据新的《中国外轮代理公司业务章程》第十二条规定的原则，为进一步明确计收范围和统一费收标准，并结合各外代分公司向委托方报销交通费的实际情况而制定的。《向外轮计收交通费的办法》的对外实行，在外籍船舶的代理过程中取得了良好的反响，提高了外代公司对外的信誉。

2. 各外代分公司分别建立和完善规章制度

1975年4月4日，外代总公司在北京召开了全国外轮代理工作会议，会议强调：为进一步做好外轮代理工作，必须要健全规章制度，提高效率和质量。会议要求各外代分公司要争取在年内制定出科（组）分工职掌范围、岗位责任制、质量复核制和与有关单位的协作联系办法。要付诸实施，并在执行中不断完善。其次要严格执行效率、质量考核指标。

5月，为贯彻国家计委《关于认真做好外轮和国轮供应工作》的意见，外代总公司对各外代分公司提出了严格的要求。指出：各外代分公司是外籍船舶及中远船队的直接服务者，应不断改善服务态度，提高服务质量。各所属公司要制定具体措施，认真贯彻落实，以优良的服务赢得委托方的信誉。

根据外代总公司的要求，建立和完善各项规章制度成为各分公司管理工作的重要内容之一。外代各分公司分别建立和完善了科室分工职责、岗位工作责任制、考勤制度、工作质量考核制度、计划、财务管理制度、业务会议制度、干部参加集体生产劳动制度等等。

以上制度的逐步健全与完善，不仅对各外代分公司加强企业管理起到了积极的促进作用，而且为完成当时各项代理任务提供了保证。

（二）加强对各分公司代理船舶的现场业务工作的指导

做好代理船舶的现场业务工作是代理工作的关键，也是体现代理服务质量高低的重要环节。"文化大革命"期间，船舶代理业务，特别是对到港各类船舶的现场管理及服务工作，因受"左"的思想干扰，形成无序状态。为改变这种混乱无序局面，外代总公司采取了一系列积极有效的措施，狠抓各外代分公司对到港的各类船舶的现场管理工作，从而有力地促进了当时港口形势的好转。

1973年8月13日，外代总公司在北京召开了全国外轮代理业务会议。会议强调，各外代分公司应加强对船舶的在港管理工作，要履行三项职责：①对外轮抓好船期、货物托运签单和配载，抓好对班轮的安排，加强外勤业务员的现场工作，及时联系解决船舶作业和供应方面的要求，弘扬协作精神，配合港口有关部门共同做好工作。②在做好外轮代理工作的前提下，进一步做好对中远船舶和中远租船的现场管理工作。③恢复船舶在港动态日报制度。1974年2月1日，中远总公司、外代总公司联合行文下发《关于在港船舶动态日报制度》的通知，更为具体地对各外代分公司在日常船舶动态管理方面提出要求。

为使上述措施得到落实，1975—1976年间，外代总公司采用了举办外勤业务员培训班、召开船务工作现场交流会等方式，以提高各外代分公司外勤业务人员的业务水平及处理各类在港船舶代理工作的能力。同时，深入到现场，重点检查代理船舶的现场管理和各项规章制度的落实工作。上述措施的有效实施，使外代系统的船务代理工作取得了明显效果，加快了各类船舶在港作业速度，为委托方争得了时间，同时也为外代公司本身也赢得了信誉。

这一时期，各外代分公司的管理制度得到恢复、完善和加强，企业管理工作得到了明显改善，工作效率和代理工作质量得到不断提高，从而促进了各项工作任务的完成，代理业务量和效益稳步提升。

外代系统各项业务指标1973年与1978年的数字相比：1978年的代理船舶艘次为1973年的125%，代理船舶净吨为152.9%，代理货运量为145.0%。

四、发挥港、船、货的纽带作用，力促在港船舶的周转

中国外轮代理公司是国家对外运输经营外轮代理业务的专门企业，外轮代理工作是港口管理工作的一个重要组成部分。它的主要任务在于妥善为外轮（也包括国轮）安排在港作业，加速船舶周转，协助船舶完成运输任务。

外代公司通过自己本身的代理工作，把港、船、货各个环节紧密联系在一起，充分利用信息沟通的作用，发挥港、船、货的纽带作用，保证了船舶速遣，货物及时出运，加速船舶周转，从而提高了港口的吞吐能力。

1961年1月，党中央决定对国民经济实行"调整、巩固、充实、提高"的方针，制定了一系列正确的政策，港口的广大职工在党组织的统一领导下努力工作，各港口加强了管理工作，外代在其中充分发挥自己的作用，积极协调港、船、货之间的关系，加速船舶的周转。港口的吞吐能力有所恢复和提高。1963—1965年，沿海港口吞吐量平均递增率达10.8%，比前5年增长44%，当进入1966年时，沿海港口已经初步整治好"大跃进"遗留下来的生产萎缩、管理松弛、效率下降、安全质量不稳定的问题，并开始出现新的发展势头。

1966年爆发的"文化大革命"使中国遭受新中国成立以来最严重的挫折和损失。沿海港口自1966年底起，也陷入极度动乱之中。港口堵塞，很多运输船舶在港的停泊时间居高不下。仅以1967年为例，当时大连、秦皇岛、天津、青岛、上海、黄埔、湛江7个港口，每天平均抵达锚地的外轮达138艘，其中就有75艘船舶等泊。有的船舶在锚地停泊长达一个多月，甚至更长。这一状况不仅在经济上造成巨大损失，更在政治上带来极坏的影响，港口的混乱和堵塞给国民经济的发展和人民的正常生活带来严重影响，有损国家的信誉和声望，港口的状况已经到了不治不行、刻不容缓的地步。自1967年开始，国务院在周恩来总理的亲自领导下，决心对港口的混乱状况加以整顿。

1967年2月17日，国务院、中央军委转发了交通部军管会《关于加强港口装卸运输工作的报告》，要求各大军区、各地革命委员会根据当时情况，立即抓紧组织执行。要动员各方面力量，依靠群众，解决港口堵塞压船问题。在此之后，各港口单位积极组织力量，包括驻地部队，使港口的严重堵塞问题一时得到了缓解。

作为沿海港口一个组成部分的各外代分公司，积极配合各主要港口，认真贯彻执行国务院对整顿工作的指示精神，为改变港口状况、加速船舶周转尽全力。

1968年4月，各主要港口的外代分公司，大连、天津、青岛、上海、福州、汕头、广州外代参加了由外贸部运输局在北京召开的外贸出口货运中转会议。会议肯定了与会各单位在完成外贸运输任务工作中的成绩，同时强调外贸运输工作是对外贸易的一个重要环节，而中转运输是完成外贸运输的一种手段，因此各港口单位应做好此项工作。

1970年9月，交通部召开南北海上通航座谈会。会后，各外代分公司按照会议所做的加强对在港船舶的管理决议，强调了为在港船舶服务这一工作重点，积极开展船舶的代理服务工作。各外代分公司加强与各有关单位的协作配合，密切港船货之间的关系，增强工作的责任心，努力提高工作效率。在业务单证的处理上，做到差错不出门，保证质量，由此带来了良好的反响，加速了在港船舶的周转。

1971年7月28日，周恩来总理看了《当前各港口压船压货的一些事例》的报告后，指示外贸部、交通部分别指派2个得力的三结合小组到7个港口检查监督。外代总公司根据这一指示精神，派出熟悉业务及港口工作的业务骨干参加了港口三结合小组，配合各港口疏导在港船舶，取得了良好效果。

1971年，各外代分公司的租船科（组），对香港远洋及益丰公司的在港船舶实行了专人代理的做法。各外代分公司主要紧抓两公司的船舶现场管理工作，重点抓船期，压缩船舶在港时间，加速船舶周转，提高船舶营运效益，常抓不懈，使这两个公司取得了可观的经济效益和社会效益。

1973年8月13日，为贯彻港口运输工作会议和远洋运输会议的精神，提高代理工作效率和质量，加强企业管理，外代总公司在北京召开了由15家外代分公司参加的全国代理业务工作会议。会议经讨论，明确代理工作今后的努力方向是：争取在"三年改变港口面貌"的同时改变外轮代理工作面貌。代理业务工作会议明确了要抓好对各类船舶的在港管理工作，强调各外代分公司要弘扬协作精神，配合港口有关部门，及时联系解决船舶作业和供应方面的问题，共同做好代理工作。全国代理业务工作会议之后，从1974年开始，各外代分公司积极采取了各种措施，加强对中远自营船、租船及外轮的在港管理工作，主要做法是：

1. 抓船期

外代公司重视抓船期的工作，船舶在港时间的长短，不仅涉及船公司的利益，更关系到中国进出货物的及时出运，对内对外影响很大，因此必须把抓船期作为重点：①将收到的船公司和船方发来的船期预报、确报，及时通知港口及有关方面，提前安排好港口作业及收、发货准备，确保船舶按时进出港，及时进行装卸，不误船期。②对进口船抓载重吃水，密切注意潮汐的涨落，及时联系有关单位，将船引进港内。③对出口船抓积载图。积极配合港口作业区作业，尤其要根据情况，派人到锚地登轮配载，以争取时间。④对租船抓进度。要深入现场解决租船的实际问题，督促船港双方合作，争取满载和速遣。

2. 抓港口安排

外代公司每月、每旬向港务部门提供船期计划；根据进出口货物流向情况，通过港口调度会议，提出有利于船舶速遣的建议，供港口方安排参考；船舶在现场作业，外代业务人员严密掌握船舶作业进度及其变化，发现问题，及时反映和解决。外代通过这些工作，促进港口及时、合理地安排好泊位与作业，减少非生产性停泊时间。

3. 抓协作配合

做好代理工作不仅要加强对外与各单位的协作关系，同时各外代分公司内，各业务部门的协调配合也很重要。外代系统全体职工发扬了"分工不同，思想一条龙"的工作作风，各科（室）、组之间互相配合，团结协作，齐心协力做好代理工作的每个环节，为赢得外代的信誉做出了自己的努力。

4. 抓货运准备

外代公司根据船期计划、港口安排情况，及时督促货主单位做好备货和发货工作，并事先办理好一切装船手续，编制和分发各种单证，使船舶一抵港即能开始装货。外代公司还在船舶抵港前采取电报配舱方法，避免船到港后临时配舱影响港口作业及影响船期。

5. 抓资料准备

外代公司在船舶抵港前，认真准备好各种必需单证资料及时分送给有关部门，以利船舶作业安排。对于联检单位，在船舶抵港前，外代公司提供船舶规范，载货资料，船员名单、旅客名单等单证，以便有关单位事先做好联检准备工作。对于港务部门，外代公司事先提供船舶装载、卸载等资料，如配载图、积载图等，以便有关部门提前做好装卸安排，保证船舶速遣。

1977年7月，为贯彻落实沿海港口疏运工作会议精神，各外代分公司根据实际情况，分别制定落实具体措施。青岛外代分公司措施具体可行，8月3日被外代总公司采纳并推广到了全系统实施。

各外代分公司积极改进各类在港船舶的现场管理，密切了与各方的协作关系，同时通过外代人的优质服务，缩短了船舶在港的时间，不仅为船公司节省了费用开支，扩大了外代公司的知名度，而且通过外代公司的工作落实了周恩来总理关于"三年改变港口面貌"的指示。

五、为中国发展集装箱运输做准备

20世纪60年代兴起的集装箱运输是一种先进的现代化运输方式，具有运输货物简便、快捷、安全、质优等特点。而中国的集装箱运输开始于20世纪70年代，当时由于受到各种客观条件的制约，加之经验不足，因此只限于集装箱试运。此后，随着中国航运事业的不断发展，中远船队的壮大以及国际航运间的交流，促使中国改变了传统的运输方式，开始大力发展集装箱运输。在中国集装箱运输的起步、发展过程中，外代公司起了重要作用。

1972年，外代总公司在与日本海运代表团洽谈船舶代理业务时，日方表示，拟在中日航线上开辟集装箱运输。由中远公司派船，外运公司提供货源，外代公司作为代理。会谈之后，上述三方经协商，同意日方意见，并由日本新和海运株式会社、日新运输仓库株式会社分别派船挂靠中国上海及天津两港。

1973年9月，中日双方开始了由上述各方进行合作的中日航线上的集装箱运输试运期。在开辟中日航线集装箱运输试运中，外代公司起到了协调的作用，并为推动此项业务的开展积极工作。

1973年12月25日，外代总公司参加了交通部、外贸部集装箱运输工作座谈会筹备小组向交通、外贸两部领导的工作汇报。汇报会就中国集装箱运输的现状及今后的发展方向进行了讨论研究。参加汇报会的有上海、天津、北京3地的有关运输单位共38个。汇报会特别提到上海、天津两港对日本小型集装箱试运的经验及存在的问题。与会单位一致认为，集装箱运输的优点很多，一定要下决心搞，要树雄心立壮志，赶上世界先进水平。在具体做法上，应采取"积极组织，稳步前进"的方针。

1974年6月，外代总公司在请示交通部后，与日本新和海运、日本日新运输仓库两公司，协商达成了中日间的集装箱运输试运期到同年12月底止的共识。

自1973年9月至1974年间，中日间集装箱运输试运工作取得了可喜成果。中日双方的海运公司均因此受益。1974年11月1日、15日及27日，日方3次致函外代总公司，表示继续试运的愿望。

1975年2月24日，外代总公司复函日本新和海运及日新运输仓库两公司，同意日方建议，将试运期推至1975年底，并在复函中说明，集装箱箱型号、数量、装卸港、航次等仍按1974年6月双方商定的意见办理。

中日间集装箱运输的试运工作截止到 1975 年底，双方共派船 89 个班次，承运了 2399 个集装箱的 7503 吨货，为正式开辟中日航线乃至其他航线上的集装箱运输业务积累了经验。

截至 20 世纪 70 年代末，中国的集装箱运输航线已开辟了中澳、中美、中日、中欧及内地至香港的全集装箱班轮航线，以及中国至波斯湾、西非、西北欧的半集装箱班轮航线共 16 条，24 个班次，初步形成了以中国港口为中心的可达世界主要港口的运输网，而外籍船公司的集装箱船舶也逐渐增挂中国各主要港口，由此增进了中国与世界航运界的交往。

六、对外业务联系的进一步加强

作为国家对外交往窗口单位的外代公司，早在公司成立后不久的 1955 年就开始与外籍船公司、商业机构建立了业务往来关系。在"文化大革命"前已同世界上 80 多个国家和地区的近 800 多家航运、商贸公司建立了关系和业务联系。

"文化大革命"期间，这种正常的业务关系受到干扰，特别是在极左思潮的影响下，原本属于正当业务范围内的联系变得复杂化，严重阻碍了代理业务的进一步开展。但是，面对多变的形势，外代系统全体职工继续坚持对外业务工作的原则，"有理、有利、有节"地履行自己的工作职责，为进一步打开工作局面，完成国家赋予的使命做出了贡献。

（一）中日两国海运界友好往来的使者

1967 年 5 月 10 日，外代总公司接待了日本正和海运株式会社的常务董事青木元男等客人。本着多做工作、友好热情的精神，远洋局副局长、外代总公司副总经理袁之平及相关人员与对方进行了业务洽谈。除常规的代理业务内容外，双方主要就中日航线的货源情况及互派船只的数量等问题交换了意见。此次会谈，对发展中日两国航运界的友好交往起到了促进作用。

1971 年，广州外代分公司接待日本海运界代表团赴穗洽谈业务。该代表团成员均系日本各大海运会社的经理或董事长，熟知航运情况，而对中国的现状绝大部分人知之甚少。在接待过程中，广州外代分公司以实事求是的精神、对比的方法与代表团成员广泛交谈，取得了良好效果。

1972 年 12 月 2 日，外代总公司与以日本大阪市副市长福山真三郎率领的日本大阪市港湾局访华代表团洽谈了业务，双方就外代总公司与日本海运公司之间的友好合作进行了探讨。代表团在京期间，由外代总公司派人陪同前往中日友好协会及交通部，受到中日友好协会廖承志会长和交通部于眉副部长的接见。代表团还到天津、上海、广州与外代分公司进行了业务洽谈。

1972 年，上海外代分公司本着"坚持原则，热情友好，因人制宜，多做工作，求大同存小异"的精神，分别接待了日本海运友好访华代表团及日本海员友好访华团。经过双方友好交谈促进了双方的相互了解，代表团成员均表示愿为加强中日双方在航运界的合作，促进两国人民之间的友好交往做出努力。

在与航运界、商贸界进行交往中，与外代总公司及各分公司联系较为广泛的要首推日本海运界的各船公司。特别应提及的是，作为船舶代理人的外代公司，在中远公司与日本海运界建立关系的过程中起到了不可替代的作用。

在中日两国尚未恢复邦交正常化，还未正式签署航运协定时期，为增进中日两国政府和人民之间的了解，早日重建两国关系，1972年，周恩来总理提出了《中日两国和平友好交往的三原则》。在这一方针指引下，两国各界广泛开展了交往。在海运界，中日两国船舶虽然早于此前就有了往来，相互派船承运两国间的贸易物资，但并未建立机构，这一状况持续到1972年。在此期间，日本贸易促进协会多次通过外代总公司表达日方欲在华建立机构一事。外代总公司作为远洋系统中的成员为促成双方尽快成立互派机构一事牵线搭桥。

1973年6月，外代总公司派人参加了中远总公司组织的访日代表团。其间，双方再次提出互设代表机构以及中日间开辟航线的议题。

1976年8月，中日两国政府在日本东京签署了关于互设海运办事处的协议。

1977年6月24日，中远总公司设在日本东京的机构——中远驻东京办事处成立。

1977年9月，日本海运界海运代表团来华访问，与中远总公司举行了第一次民间海运会谈，外代总公司作为中方代表团成员出席了全部会谈。

自中日民间海运会谈后，中远总公司、日本海运界便开始了每年一次的业务互访、业务洽谈，而外代总公司也随之成为中方的正式成员出席了历次会谈，从中发挥着代理人的独特作用。

（二）扩大业务交往，加强对外宣传

处于这一时期的外代公司，尽管受到"文化大革命"的冲击，代理业务的发展受到损失。但全系统广大职工遵照中国对外交往的原则，积极稳步地拓展与世界各航运公司的业务联系。截至1972年，已同外代公司建立代理关系和经常有业务往来的外国船公司约计900家，外代总公司与各外代分公司接待世界各地区的海运代表团来华洽谈业务亦超过数百人次。通过与这些航运界及商贸界人士的交往，外代公司不仅了解了国际航运的现状和发展趋势，更重要的是为代理业务的进一步发展打下了基础。

1974年12月，外代总公司为扩大与各国船公司的交往，进一步开展代理业务，经呈请国务院批准后，组团对朝鲜进行了业务访问。12月15日，外代总公司副总经理陈梦琦等人抵朝鲜首都平壤，与朝鲜东海海运会社洽谈船舶代理业务，经双方友好协商达成协议并签署了《船舶代理协议》，为中朝两国航运界的进一步往来揭开了新的一页。

除热情友好地与各来访的航运代表团洽谈代理业务及派出代表团出访外，各外代分公司在船舶代理过程中接触最多的是来自各外籍船舶上的船员和进出境的旅客。因此，各外代分公司在做好每项代理业务环节工作的同时，还积极主动地开展了对外宣传工作，不断扩大中国的对外影响，这也是代理工作中一项不可或缺的工作内容。1972年12月，国务院主持召开了全国各涉外单位参加的外事工作会议之后，各外代分公司在各级党政机关及当地外办的领导下，密切结合当时中国的政治、经济形势，不失时机地开展了对外宣传工作，综合各外代分公司的做法，主要有：抓住时机，突出重点；不同对象，区别对待；热情友好，以看为主；了解情况，掌握特点；做好本职工作，扩大对外影响。最根本的是要做好船舶代理工作，以达到宣传工作的目的。

外代总公司对各外代分公司在对外宣传工作中积极可行的做法及时进行总结并推广到全系统，达到了相互交流、做好工作的目的。1972年7月7日，外代总公司向全系统介绍推广了海口外代分公司对外宣传工作的经验，号召广大职工人人做好思想政治工作，抓住时机，有效地开展对外宣传工作。

由于各外代分公司不失时机地开展了对外宣传工作，越来越多的外籍船员和旅客了解并逐步加深了对中国当时国情的印象，并以友好的方式表示相互往来交流的愿望。对外宣传工作使外代公司进一步赢得了各方的信誉，从而促进了各项代理业务的发展。

1961—1978年中国外轮代理总公司接待外国船员人数见表4-7。

1961—1978年外代系统接待外国船员人数统计表　　　　表4-7

年　份	代理船员人次	年　份	代理船员人次
1961	95175	1970	147136
1962	85503	1971	148527
1963	139949	1972	150617
1964	181476	1973	141796
1965	161760	1974	130324
1966	168334	1975	133633
1967	144039	1976	116001
1968	139001	1977	124882
1969	141092	1978	165784

第八节　招商局业务的发展

20世纪60年代初期到20世纪70年代后期，是招商局[①]航运业务的发展时期。在中国远洋运输总公司的直接领导下，招商局排除"文化大革命"极左路线的干扰，认真贯彻中央提出的"长期打算、充分利用"的方针，不断拓宽业务范围，为企业的多元化发展奠定了初步的物质基础。

这个时期招商局航运业务主要有代理及中转业务、仓储、码头业务。另外，与航运配套的相关产业，也在逐步建立与发展。

一、代理及中转业务的发展

这一时期，招商局代理及中转业务的发展，大致可划分为三个阶段，即：稳步发展阶段、业务大起大落阶段和业务顺利开展阶段。

---

① 本章中的"招商局"若无特别说明，均指"香港招商局"。

（一）稳步发展阶段（1961—1965年）

招商局代理及中转业务在初期发展阶段（1957—1960年）由于受到当时内地经济形势以及内地与香港贸易状况的影响，呈现迂回起伏的状态。在经历了3年国民经济困难时期后，1961年1月，党的八届九中全会正式决定对国民经济实行"调整、巩固、充实、提高"的方针，经济逐渐恢复元气，走上了较为健康的发展道路。内地同香港地区的进出口贸易也开始走出低谷，几年内均保持了稳定增长的势头：1965年进出口总额46375万美元，相当于1959年20549万美元的2.26倍。

日趋好转的经济与贸易形势推动了航运业务的发展，招商局遂于1961年提出"职业化、社会化、群众化"的经营管理目标，企业管理进一步走上正轨，经营方式也更加符合香港航运业的实际。1962年3月15日，交通部核准招商局修改公司章程，新的《招商局轮船股份有限公司章程》对招商局业务范围做了更为明确、更为具体的规定：

（1）经营国内、外水上旅客和货物运输业务。

（2）经营国内、外码头、仓库及其附属的车辆运输业务。

（3）经营国内、外港内拖驳运输业务。

（4）经营船舶买卖业务。

（5）经营有关船舶的修理和建造业务。

（6）经营船用物料和有关轮船的各种附属业务。

（7）经营国内、外房地产的买卖和租赁业务。

（8）经营国内、外船舶代理业务。

（9）经营货物的托运、中转、联运等代理业务。

（10）经营有关保险、抵押和其他信托业务。

从1961年开始，招商局代理业务有了新的发展和扩大。从1961年起，招商局就为中远船舶"光华""和平"轮等代办修理、加油、装卸货物等业务，除此之外，招商局还接受越南租船公司委托，为其代理所租赁的"大南山"轮，专门行驶香港—海防航线。1963年招商局代理修理的船舶共12艘，其中中国远洋运输公司船舶6艘。1964年，代理业务的范围进一步扩大，自当年3月1日起，厦门船舶交招商局代理，10个月共代理船舶400艘次（按双程作1艘次计），每月平均40艘次，1965年上半年，代理船舶355艘次。1961—1965年，船舶代理业务稳步上升。

这一时期，招商局积极开展货物中转业务。为了进一步扩大中转货源，招商局派员前往华南港口，洽商加强协作的途径；同时积极与华北港口及上海港联系，揽取更多货源。1961年9月，招商局在广州与越南租船公司代表会谈，商定了有关中转货物及船舶代理业务的细则。10月，招商局应上海有关部门邀请，派员赴沪与之面商，就货物中转事宜达成一致协议。此后，招商局又与香港几家港商船公司洽商，为其承办部分中转业务。同年还揽得荷商渣华公司由内地经香港转口的全部货物的中转业务。

经过努力，招商局货运量稳步上升。1961年，招商局超额完成了货运生产计划，货运总量达到323834吨，其中进口货运量为年计划数的2.97倍，出口与中转货运量则分别为年计划的97.12%和107.13%。1962年，招商局货运总量达533435吨，为上年度的

164.72%。1963年是招商局业务活动开展较为顺利的一年，全年完成货运总量为759809吨，货运总量比1962年增长了46%。1964年，由于内地对外贸货运及其流向做了某些调整，化肥直接从国外进口而不再经香港中转，而华北及上海运香港的中转货物，则由内地租用船只运至香港交华夏公司承办。这些情况，对于招商局运输生产带来了较大影响，全年实际完成货运总量481247吨，比1963年有较大幅度的下降，但是中转业务开展得比较顺利，完成货物中转量171862吨，创造了承办中转业务以来的最高纪录。

业务的开拓，使招商局经济状况进一步好转，1964年盈利已相当可观，账面固定资产为8311171元，实际资产约值1500万元。

1965年上半年，招商局运输生产仍保持了良好的发展势头，财务收入稳定增长，利润指标上半年已完成年度计划的75%，代理总货运量约25万吨。

1961—1965年，招商局货运业务一直处于较为稳定的发展状态，详见表4-8（1965年数据空缺）。

招商局1961—1964年货运业务发展概况表（单位：吨） 表4-8

年　份	出　口　量	进　口　量	中　转　量	货运总量
1961	45739	205674	72421	323834
1962	36579	365781	131075	533435
1962	61785	532646	165378	759809
1964	5669	303716	171862	481247

（二）业务大起大落阶段（1966—1976年）

1966年，"文化大革命"爆发，国家经济形势急剧恶化，外贸萎缩。在极左思潮影响下，香港社会也不稳定。在这些因素的影响下，内地同香港的贸易在数年之内徘徊不前甚至有所下降。1971年之后，周恩来总理主持中央日常工作，国家政治经济形势开始好转。1973年，周总理提出"三年改变港口面貌"的要求，中国港口建设与对外贸易才出现了新的转机，内地同香港地区的进出口贸易也随之有了较大发展。1973年末，资本主义世界石油危机引发了一场近40年来最严重、持续时间最长的世界性经济危机。主要西方国家的国民生产总值下降，失业率上升，经济萧条。据法新社称，1975年是"经济衰退和失业的一年"。在资本主义世界经济危机的冲击下，香港经济亦陷入无可解脱的困境之中。随着外销市场的萎缩，船舶运力大量过剩，航运业呈现出严重不景气的态势，香港港口吞吐量1974年比1973年锐减100多万吨，进口货运量1975年比1974年继续减少45万吨，下半年才有所回升。受国内外这些因素的共同影响，招商局的业务波动很大，呈现出大起大落的状态。

1967年，由于受到香港社会不稳定因素的影响，香港对外贸易与海上运输受到较大冲击，故内地决定外贸货物暂时不经香港中转，内地所租的船舶也暂时不安排在香港修理，致使招商局代理与中转业务大减，下属修船厂处于停工状态。从20世纪70年代初开始，招商局除经营原有业务外，主要任务是受交通部委托协助中国远洋运输公司买船，其航运业务（包括代理进出口运输业务及中转业务）仍无大的进展。

1974年，交通部对招商局业务方针做了一些调整，招商局重新将航运业务摆在重要地位，集中全力对企业进行整顿，加强管理，建立和健全各项管理制度，努力提高劳动生产率和船舶营运率，节省开支，降低成本，加强船舶维修保养，同时整顿备件物料供应管理，使各项工作特别是航运业务有了新的起色。船舶代理业务有了较大发展，全年共代理船舶312艘次，其中代理进口货运船舶242艘次；代办修理船舶（包括友联船厂承修的船舶）51艘次；在港交接船8艘次；修理国轮的艘次较1973年增加了48%。中转货运业务的发展尤为迅速，全年共完成中转货运量26.43万吨，为1964年（60年代中转高峰年）中转量的147.96%。

1975年之后，国家对外贸货物在香港的中转事宜重新进行了安排。华南地区若干小港的外贸物资，一般都租船承载，其在香港的中转业务均交华夏公司承办。招商局主要承接华北货源，而国轮与华南地方小船的货源又有所减少，在此情况下，招商局完成的货物中转量仍达到324075吨，比1974年增长21.2%，占内地在香港中转货物总量的40%。

1976年，招商局中转货物65万吨，占内地在港货物中转总量（121万吨）的54%。其中，为华南各港中转货物195807吨，占华南各港在香港中转货物总量的59%。

在1966—1976年的10年间，招商局因受国内外各种政治、经济因素的影响，航运业务起落无常，时歇时行，极不稳定。但招商局全体员工共同努力，克服困难，排除干扰，各项业务仍取得一定进展。仅就中转业务而言，1976年货物中转量即相当于20世纪60年代中转量最高的1964年的3.8倍。

（三）业务顺利开展阶段（1977—1978年）

1976年10月，为期10年的"文化大革命"宣告结束，中国进入了新的历史发展时期。1978年底召开的中国共产党第十一届三中全会做出了把工作重点转移到经济建设上来的战略决策。随着对外贸易的迅速增长，远洋运输事业也得到相应发展。内地同香港地区进出口贸易大幅度上升，1977年内地对香港出口总额191325万美元，从香港进口总额13618万美元，进出口总额为204943万美元；1978年出口总额上升为253257万美元，进口总额7469万美元，进出口总额达260726万美元，相当于1966年的4.5倍。

在新的形势下，中国政府更加重视对港澳地区的利用，力求发挥驻港企业的作用。1978年10月，国务院批准交通部《关于充分利用香港招商局问题的请示》，扩大了招商局的经营自主权[1]，明确了在发展航运业务的同时，发展多种经营、工商结合的二十四字方针[2]，进一步调动了招商局全体员工的积极性，对招商局各项工作起了巨大的推动作用。

在此期间，招商局业务的开展出现了新的局面，截至1977年上半年，招商局共与61家中外航商建立了中转业务联系，航线共达29条。与之保持中转货运联系的航商包括侨、华商14家，外资班轮19家，共代理47家船公司，可收转300多个港口的中转货物。其

---

[1] 扩大招商局经营自主权主要有三：1. 同意招商局利润5年不上缴，用以扩大再生产及发展其他业务。2. 招商局自筹资金500万美元以下投资项目不必报交通部审批。3. 招商局驻港干部去国外进行业务活动，不必报北京审批。

[2] 二十四字方针是："立足港澳、背靠内地、面向海外、多种经营、买卖结合、工商结合。"1979年，交通部又补充"以航运为中心"六个字，称为三十字方针。

中欧洲、地中海、红海、澳大利亚、西非、波斯湾等航线，多采用集装箱运输方式（包括托盘运输）转运中转货。

1977年，招商局共中转货物59万吨，约占内地在香港中转货物总量的52%。

1978年，招商局完成中转货运量814315吨，代理船舶共500艘次，其中代理进口船舶432艘次，卸货2027840吨，代理出口船舶68艘次，装货49584吨，代理修船（包括友联船厂承修的）174艘次，办理途经香港出国接船的船员共59批（32艘船）1035人次。据统计，1978年招商局总收入为1967年的6.5倍，中转货物为1968年的9.47倍，进出口货量为1973年的4.2倍，代理远洋船吨位在全港航运业中居首位。

二、经营仓库、码头业务

港口（包括仓库和码头）是航运活动的起点和终点，港口业务是整个航运业务的重要组成部分。招商局重视对仓库、码头和驳船队的建设及其业务的开展。

（一）仓库储货业务

仓储业务是整个航运业务中的一项重要内容，是港口货物装卸和流转过程中必不可少的周转环节。仓储业务的开展，为客户储存货物提供了方便，也使招商局增加了营业收入。招商局新仓库在香港干诺道西160号旧仓库原址拆除兴建，于1961年初竣工，1月5日起开办临时储货业务，三层与四层干仓分别于1月初与3月初投入生产，一层冷藏仓于5月初开始营业。开业之初，由于经营管理经验不足，仓储业务的效益未能充分发挥。招商局通过不断探索，从提高仓容使用率、加强客户工作等环节着手改善经营管理，营业情况很快有所好转。1965年上半年，冷藏仓存货量达3182吨，干仓使用率达67%；1974年，尽管面临香港市场萧条、仓储业竞争激烈的形势，仓储部门仍然超额完成年度计划，仓储总收入664万港元，1975年为558万港元。1978年，仓库与码头年营业收入为924万港元，超过年计划指标11%左右。

（二）码头驳运业务

招商局1958年建成全港第一个钢筋混凝土码头，暂租给他人经营，年租金收入6万—7万港元。1961年，招商局将租出的码头收回自营。发展到1974年，招商局码头全年装卸船只660艘次，装卸货物13.7万吨，收入196.5万港元；装卸质量亦有明显提高，杜绝了严重的货损货差事故。

1959年，为配合中转业务的发展，招商局开办了第一艘港作铁驳船业务，投资5.7万港元，添置招商1号铁驳，不但增加了收入，而且还能起到稳定艇租的作用。到1974年，招商局拖、驳船队发展到相当规模：拥有拖轮4艘，铁驳17艘，交通艇1艘，职工155人。1978年，拖、驳船队当年营业收入达到1324万港元。

三、航运配套设施的逐步设立

为保证航运业务的协调健康发展，建立配套的船舶维修保养设施和船用物资供应设施是必要的。海通公司和海虹油漆厂遂先后应运而生。

(一)海通公司的设立与发展

船舶物资供应是航运配套体系的组成部分,它对保证航运业务的正常开展、保障供给起着重要的后勤作用。招商局海通船舶机械有限公司(后改称海通有限公司,以下简称"海通公司")即为此而设立。

海通公司成立于1972年,其宗旨是为中国远洋船队、沿海船队及中国各港口提供全面性服务。业务范围包括船舶机械、通信导航设备、仪器、零备件、船舶油漆、燃油及物料等一切同船舶有关的物品的采购和供应服务,同时为船东提供或协助引进低成本、高质量、高效益的产品和技术。

海通公司采取灵活的服务方式,为客户提供技术咨询,介绍新产品,登门造访,举办各种形式的技术研究会,按客户要求的规格图纸订购、订造所需产品;并以海、陆、空及其他任何可行的运输方式,及时将货物运往指定地点,根据客户所需,派员到客户所在地办理一切有关业务;并邀请客户到香港洽谈、视察业务。其服务范围广泛,采购供应网遍及世界各地。

随着中国远洋航运事业的发展和中国远洋船队的扩大,海通公司的业务量也逐年增加。1974年,海通公司全年在香港供应物料共248艘次,供应香港以外地区263艘次,共511艘次,全年营业额共计6064万港元。1978年,全年总营业额增至11977万港元,比1977年增长71.2%。海通公司因对外集中采购和以代理商名义出现,争得了优惠条件,通过洽商压价,全年在采购备件物料方面共节约约2500万港元。

(二)海虹油漆厂的建立

远洋船舶的制造、保养、维修均需要大量船用油漆。当时,船用油漆基本依赖进口,国家为此耗费了大量外汇。1977年12月15日,招商局在写给交通部的报告中提出建立油漆厂的建议,"初步测算投资350万港元,生产规模根据友联船厂和香港船队的需要,拟定为年产1000—1500吨"。1978年,海通公司据此建立海虹船舶油漆有限公司。10月,海虹油漆有限公司与丹麦HMP公司正式签订技术合作协议,引进丹麦老人牌(Hempel's)船用油漆制造技术,在香港生产海鸥牌(Seagull)船用油漆,主要供应中远、香港的有关船公司及国内有关单位。根据双方协议的规定,年生产能力为150万升,近2000吨,海通公司以销售成本的4%向对方交纳技术专利费。这一工程总投资计划800万港元,至1979年上半年,即已完成投资650万港元,初期实现了"上马快、投资省、见效速"的建厂目标。中远总公司在海虹油漆有限公司成立时曾给予大力支持,海虹油漆厂刚投产时,生产油漆的质量不稳定,为了支持海虹油漆有限公司的发展,中远总公司所属船舶使用了大量海鸥牌船用油漆。

四、航运体系的雏形

从20世纪50年代后期到70年代后期,招商局走过一段曲折的路程,战胜了种种艰难险阻,终于迎来了航运业务蓬勃发展的新时期。

在国家支持下,招商局筹集资金,修建码头仓库、添置各种船舶,为航运业务的开展提供了必备的物质条件。

招商局大力开展航运业务，不断拓宽业务范围，逐步形成了在香港航运界举足轻重的地位。

招商局在香港建立了具有一定规模的船舶维修保养基地和船用物资供应基地，建成了初具规模的航运配套设施。

1977年，中华人民共和国船舶检验局在香港的代理机构远东船舶检验社在香港注册，1978年1月5日正式开业，也由招商局代管。在1978年一年之内，远东船舶检验社共检验船舶140艘。

至此，招商局已初步建成航运体系的雏形，其范围包括远洋运输、船务代理、货物中转、租船、仓储、码头、驳运、船舶买卖、船舶维修、物资供应、水运工业以及船舶检验等。航运体系的逐步建成，为招商局业务更大规模的发展奠定了较为雄厚的物质基础。

中国的远洋运输业务是从接运印度尼西亚华侨开始的。在20世纪60年代中远初创时期，中远人克服了难以想象的困难，坚定不移地执行"服从外交、服务外贸"的方针，积极开展远洋运输业务，一心一意地为社会主义建设服务。在航线开辟方面，截至1978年，中远公司船舶开通了中国通往亚洲、欧洲、非洲、北美洲、拉丁美洲、大洋洲及太平洋岛屿的航线，通航的国家和地区99个，中远船舶到达的港口410个。贯通并进一步优化了南北航线，打破了美国政府和台湾当局对中国华南地区实行长达20多年之久的封锁，沟通了南北海上运输通道，促进了南北货物的交流。货物运输方面，中远公司承担了外贸运输、援外运输、国家重点物资运输等任务，不断提高中国自营远洋船队在对外贸易运输的比重。1961年，中远公司刚成立时，货运量为86.88万吨，货运周转量为64.98亿吨海里，发展到1978年，货运量为3659.77万吨，周转量为1342.74亿吨海里，其中外贸货物3203.36万吨，基本实现了毛泽东主席、周恩来总理等老一辈无产阶级革命家建设"海上铁路"的设想。为国家增加了外汇收入，扩大了中国的政治影响力。

这一时期的外轮代理业务和招商局业务都有了新的发展。

第五章
船员队伍的建设

早在新中国成立前夕的1948年，为支援解放战争取得最后的胜利，中国共产党在香港开始组建自己的运输船队，先后招聘了17名船员，成为中国共产党领导的第一批远洋船员。20世纪60年代初，中国远洋运输公司刚成立时，最初的船员队伍主要来源于其他企业输送的船员、部队复转官兵和海运院校毕业生等，随着远洋船队的发展，船员队伍的规模和素质也都得到稳步提升，基本满足了当时远洋船队运营的要求。20世纪60年代末，由于受到"文化大革命"极左思想的影响，一部分在远洋船舶工作的骨干船员被调离远洋，远洋船员队伍建设工作受到干扰，船员队伍的规模、质量受到影响。进入20世纪70年代，为了适用远洋船队迅速发展的需要，在国务院和交通部领导的大力支持和关怀下，中远公司采取一系列措施，不断扩大船员队伍，船员人数由20世纪60年代末的6000余人，迅速发展到1978年的34914人，其中技术干部船员12042人。在扩大船员队伍规模的同时，中远公司还不断加强船员管理和基础建设，规范各项船员管理制度，船员队伍建设收到了明显效果。

第一节 远洋船员队伍的早期建设

早期的中远船员队伍主要来自招商局海轮起义归来的部分船员。自1949年到1950年，招商局先后起义的轮船共17艘，起义归来的700余名船员，绝大部分被安排在广州海运系统工作，部分被分配到中波公司，成为第一批远洋船员。1961年，中国远洋运输公司成立后，远洋船员主要来自沿海和长江水运企业调配的船员、中波公司输送的船员、人民解放军中复员和转业的官兵、航海院校毕业生。

一、中远各分公司船员队伍的组建及发展

（一）中远广州分公司船员队伍的组建与发展

1958年9月1日，远洋局驻广州办事处成立，交通部从广州海运局和广州外轮代理公司抽调27名干部和59名船员到办事处工作。1961年中国远洋运输公司成立后，当时唯一的下属分公司是中远广州分公司，在交通部及其他兄弟单位的大力支持下，1961年底，中远广州分公司船员队伍的规模迅速扩大到752人。其中包括驾驶部人员233人，轮机部人员225人，客运工作人员及服务人员133人，政工人员11人，其他人员150人（见图5-1，图5-2）。中远广州分公司组建初期，船员来源主要有下列几个方面：

1.沿海、长江等水运企业支援的船员

1961年5月31日，交通部发文《交通部关于抽调船员支援远洋运输的通知》给上海海运局、长江航运局、广州海运局、大连港务局，要求抽调船员支援远洋运输建设。是年从上海海运局抽调82名、长江航运局抽调48名、大连港务局抽调40名、广州海运局抽调10名船员支援远洋运输。来自于上海、广州海运局的船员，主要是船舶驾驶员、轮机

员、水手、机工。驾驶员、轮机员中只有个别船长、轮机长任原职,其余一般都降一职任用,如船长任大副,轮机长任大管轮。长江航运局输送的船员,由于内河航线不同,轮机马力小,所以没有抽调驾驶员和水手,抽调的轮机员则降两级使用,如轮机长任二管轮,大管轮任三管轮,其余一律任轮助、机工。

图5-1 "光华"轮第一任船长陈宏泽。

图5-2 20世纪60年代"和平"轮大副贝汉廷。

2. 人民解放军中复员、转业的官兵

1960—1964年春,先后有两三批从部队转业来的营、团、师三级干部上船任政委。1960年春,远洋局驻广州办事处接受南海舰队500名退伍兵,这批人员大多数是守岛部队、岸炮部队,只有部分是快艇上的帆缆兵、轮机兵。

3. 航海院校毕业生

来自于大连海运学院远洋干训班的学员,主要上船承担船舶管事职务。大连海运学院输送本科毕业生,大连海校、集美航校输送中专毕业生,在船舶担任驾驶、轮机、电机、报务员等职务。

4. 来自中波公司支援的船员

中波公司输送船舶的干部船员和骨干船员。1966年下半年,中波公司把拥有的近500名船员(包括政工干部和技术干部)连同管理部门的干部,全部调转给中远广州分公司管理。①

5. 来自广州市餐饮行业、宾馆、招待所和纺织厂的员工

一大批客船船员来自于广州市餐饮行业和宾馆招待所、纺织厂,他们在"光华"轮和"新华"轮上担任厨工和服务员等职务。

1964—1965年,交通部从部队复员士兵中分配给中远320人,从海运院校分配给中远大专毕业生180人、中专生24人、技校生40人,其中部分分配给中远广州分公司。

1965年9月9日,交通部远洋局发文征求"关于船员统一管理及调整机构的决定"意见。为适应船队发展新形势的要求,中远决定对远洋船员实行统一管理、统一调配。1965年11月19日,交通部党委决定,三个合营公司的中国船员及中远广州分公司的船员统一

---

① 这批船员是中远广州分公司为中波公司代管的船员。

由中远广州分公司管理。

1969年，经国务院、中央军委批准，从海军舰艇部队挑选20名船舶政委、450名士兵，充实远洋船员队伍，其中部分分配给中远广州分公司。

1978年，中远广州分公司已有船员12557名，其中技术干部船员5178名。

（二）中远上海分公司初创时期船员队伍的组建与发展

1964年，中远上海分公司成立时，由上海海运局按照远洋船员出国要求，从沿海船员中精心选调了船员410人，其中船长9人、大副10人、二副9人、三副8人、轮机长8人、大管轮6人、二管轮6人、三管轮7人。这些船员可以勉强维持当时8艘船舶在沿海和中日、中朝航线运行。为保证远洋船队的发展需要，在交通部、中远总公司的领导下，中远上海分公司千方百计从各个方面选调远洋船员，当时主要是从海军挑选复员转业军人。1964年11月到1965年2月，4个月内接收从海军退伍的军人194人；1966年至1969年又接收300多人。从海军接收来的船员都是在海军工作多年的老战士，思想好、作风硬、有一定的航海和水上工作经验。他们到公司上远洋船，几年后大都成了远洋船上的骨干，很多人担任了船长、轮机长等主要技术干部职务。与此同时，中远上海分公司又接收了大、中专毕业生近百人。1969年底，公司船舶增加到13艘，船员增加到835人，其中干部船员254人。

1970年11月，中远上海分公司向交通部申请劳动指标1500人，其中船员900人、航修站工人270人、供应站80人；当年实际增加职工仅838人，其中船员700人。尔后，在交通部和上海市的支持下，从上海海运局和长江航运局各选调船舶技术干部50人上远洋船。1971年从沈阳、锦州、哈尔滨铁路局选调政工干部20人上远洋船。此后，又从部队挑选转业干部292人，其中技术业务干部220人、政工干部72人。1971—1974年，中远上海分公司还招收普通船员、职工3000余人。

1975年，交通部向国务院和中央军委提交报告，报告强调当前发展远洋船队最突出的问题是船员严重不足，来源狭窄，年度劳动指标完不成计划；到1977年底，远洋国轮达467艘，共需补充船员20000多人，其中干部船员9900余人。在远洋船队大发展的重要时期，船员能否及时补充，是个关键性问题。报告建议动员历年海运院校毕业生归队，动员征收由海军复转到地方的技术干部和水兵，支援远洋事业的发展；还建议招收船员子弟。该报告获得批准后，中远上海分公司全年招收船员、职工1998人，其中在上海市松江、嘉定、宝山、崇明四县接收退伍军人、插队知青和下放工人子弟500人，从上海市区19所技校毕业生中招收541人。在交通部安排下，又从上海海运局和长江航运局抽调船舶主要技术干部310人给中远上海分公司，解决了31套船员技术干部班子。1976年3月，根据交通部、中远总公司决定，在上海市工交组的协调支持下，上海分公司从海军接收退伍军人600人，充实到远洋船员队伍中。是年，还招收大、中专毕业生287人，其中大连海运学院和上海海运学院毕业生100人、南京海校99人、集美航海学校88人；经上海市批准，从市工交系统各局基层干部中，选调了36人上远洋船，担任政工干部。

由于受"文化大革命"的干扰冲击，1969年按照交通部军管会给上海市的《请安排处理不适合涉外单位要求和不符合上远洋船条件的人员》文件精神，中远上海分公司革命委员会和工宣队将135名远洋船员调离远洋公司。这批船员后来经过重新审查，于1974年初基本都回到了中远上海分公司。同时，中远总公司决定将广州分公司和中波公司在"文化大革命"中调出去的船员50多人调回上海分公司，重新回船工作。

1977—1978年，中远上海分公司又接收船员职工1883人，大大缓解了远洋船员紧缺的状况。至1978年底，中远上海分公司共有远洋船员9355人，比1969年增加8520人，其中干部船员2870名，基本满足了远洋船队的需要，并为以后的发展奠定了坚实的基础。

（三）中远天津分公司初创时期船员队伍的组建与发展

1970年10月1日，中国远洋运输公司天津分公司在塘沽正式成立。公司成立初期，从中远广州分公司调拨10艘杂货船。随船配备船员班子11套，共计789人。随着公司的快速发展，人才短缺尤其是技术骨干短缺成为困扰和制约企业创建和起步的瓶颈，船因等人而推迟开航的情况时有发生。

当时正处"文化大革命"时期，招不到大学毕业生。中远天津分公司向交通部打报告，回收了一批分散在全国各地各行业已经改行的"文化大革命"前海运院校大中专毕业生。与此同时，经过请示，招收了1000多名海军复员兵，解决了普通船员调配的燃眉之急。后来这些船员通过刻苦学习与培训，不少人成长为优秀的船长。

跟随广远10条杂货船到中远天津分公司报到的8位船长全部是航海科班出身，有雄厚的航海理论基础和较高的英语水平。凭借丰富的海上经历和船舶安全、营运的管理经验，这些船长在天津远洋肩负起了开船、育人的双重重任，他们以船为课堂，自编教材，利用船上已有设备，结合运输生产实践，举办干部船员培训班，培养了一大批干部船员，满足了远洋船队快速发展的需要。

1973—1975年，经国务院和中央军委批准，中远天津分公司连续三年从部队选调100多名营团职干部，充实到船队政工干部队伍中，从而壮大了船员队伍。

随着航运事业的繁荣和船舶数量的迅速增加，天津分公司船员数量也在逐年增长。1973年末2333人，1974年为2486人，1975年为3717人，到1978年末，共有船员6820名，其中技术干部船员2256名。

（四）中远青岛分公司初创时期船员队伍的组建与发展

1976年6月，中远青岛分公司经过近一年的筹建，初步具备开展远洋运输生产的条件，交通部决定从中远各分公司调拨远洋船舶40艘、船员3400名给中远青岛分公司经营管理。具体安排是：首先从中远广州分公司调船20艘，船员2000名；其余船舶和船员将陆续从各分公司调拨。到1977年12月31日，中远青岛分公司船员职工达1904人。

1978年2月28日，中远总公司召开有关中远广州分公司和青岛分公司之间调拨船员的会议，中远总公司副经理周秋岩、江波主持了这次会议并作了讲话。参加这次会议的有中远广州分公司副主任李覃桂、中远青岛分公司副经理初全文和两公司人事部门负责人及中远总公司的人事、船技、财务有关人员。通过讨论、协商，会议决定：中远广州分公司调拨给中远青岛分公司20套船员班子；调中远青岛分公司接船人员的出国审查、报批、衣食住行等工作均由中远青岛分公司负责，中远广州分公司给予必要协助；接船班子分批进行移交，一季度 4 套、二季度 6 套（4 月份交 1 套、5 月份交 2 套、6 月份交 3 套）、下半年 10 套，平均每月交 2 套，11 月底交接完毕。到 1978 年 12 月 31 日，中远青岛分公司船员达 3176 人，其中技术干部船员 1074 名。

（五）中远大连分公司初创时期船员队伍的组建与发展

在筹建大远分公司和大连海运管理局期间，从广远调来船员 196 人，从天远调来船员 84 人，从上远调来船员 40 人，从其他交通系统调入船员 39 人，原系海运分局留下船员、工人 26 人。1978 年底，大连海运管理局共有船员 2221 名，其中技术干部船员 385 人。1979 年 4 月，为接 5 艘 "勤奋" 轮，中远总公司计划从广远、天远调给大远 5 套船员班子，后由于其中 2 艘船划给大连海运分局，故只接收了 3 套班子的 223 名船员，这也是大远自分开经营后的首批远洋船员。1979 年底，中远大连分公司有船员 367 人。

（六）中波海运公司早期船员队伍建设

中波海运公司（1977 年更名为中波轮船股份公司，以下简称中波公司）成立初期的船员主要有 4 个方面的来源。一是香港、新加坡起义归来的部分船员。1949—1950 年，招商局 17 艘海轮宣布起义。这些海轮约有 700 名船员，后来绝大部分被安排在广州海运系统，经过挑选政审，部分分配到中波公司。二是公司组建时由华夏公司 "3M" 船舶的船员随船一起来到中波公司。三是从南京海训班调来的船员。四是从沿海、长江水运等企业抽调的部分船员。

1951 年 6 月，中波公司成立时，共有船员 245 人，中国船员 71 人，波兰船员 174 人。到年底，船员总数达 587 人，中方船员 229 人，波方船员 358 人。中方高级船员中甲板部 34 名，轮机部 24 名；波方高级船员中甲板部 57 名，轮机部 28 名。中方普通船员中甲板部 126 名，轮机部 45 名；波方普通船员中甲板部 153 名、轮机部 120 名。当时公司比较缺乏轮机部普通船员，如铜匠、机工、电工、电机员，甲板部如一水和二水。中方船员在政治觉悟工作态度与技术上都不低于波方船员。但当时，波方对中国船员存有疑问，认为中国以前远洋船舶少，缺少经验，不能单独驾驶。自从 "3M" 船由波兰驶回国内港口，当时 "3M" 船上除了船长、大副、二副、三副和报务员外，均为中方船员，并由此扭转了他们对中方船员的看法。同时，在船上，中国船员勤劳肯干的工作态度，也让波方船员感动。

到 1961 年，中波公司营运船舶 18 艘。航行船员共为 899 人。其中，波兰船员 645 人，占总数 61%；中国船员 254 人，占 39%。在 18 艘船中，中波船员混合配备的有 7 艘，与中国船员同船工作的波兰船员共有 57 名。除 "克修斯克" 轮上的波兰船员占半数以上之外，其他 6 艘船上，仅各有波方船员 3—5 人。

1965 年，根据交通部远洋局的要求，中波公司所有船员的调配和管理归属中远广州分公司。1972 年 6 月，中远广州分公司在代管中波公司中方船员几年后，向交通部提出了移交各合营公司（中波、中阿、中坦）船员管理的报告。报告中称船员集中管理存在许多矛盾和诸多问题，不利于船舶的业务技术管理和安全生产。为此，1975 年，根据国务院的批示精神，中远公司决定将原有中远广州分公司为中波公司代管的船员移交给中波公司自行管理，经双方协商交接船员249名，同年7月1日，交接完毕。为了保证中波公司船员调配工作的顺利进行，中远上海分公司还支援中波公司40名船员。到1975年末，中波公司中方船员人数达到293人。1978年末，中方船员人数达785人，其中技术干部船员279人。

二、扩充船员队伍

中远重组以后，远洋船员短缺是中远发展面临的一个主要问题。

由于"文化大革命"极左错误的影响，20世纪60年代末，曾有一部分所谓不适宜在远洋船舶工作的骨干船员被调离远洋，安排去沿海船舶或其他陆上单位工作。进入20世纪70年代后，中远船队的发展出现了高峰期，迫切需要招收、接收足够的普通船员和干部船员，以适应船队发展的需要。但当时国家有关部门对招工连年冻结，对"农转非"（农业户口转为非农业户口）指标控制很严；各有关院校又连续几年没有毕业生分配。因此远洋船员的来源成为十分突出的问题，给各远洋分公司新接船配备船员的工作造成极大的困难。在这种情况下，中远总公司及各远洋分公司齐心合力，采取多种渠道、多种途径，扩充远洋船员队伍。

在扩大远洋船员队伍的工作中，国务院、中央军委、国家计委以及沿海、内河航运等部门和单位，给予了大力的支持和帮助。

1973年初，经国务院、中央军委批准，由国家计委下达通知，从海军退伍水兵中选调了3000名到远洋船工作。1975年，国务院、中央军委批准，为中远总公司从海军复员水兵中选调5000人，其中除300人冲抵海运局向远洋输送干部的指标外，4700人全部分配到中远各分公司。与此同时，总政治部还通知各军区和海军为中远选调干部。从1972年至1975年，先后共选调船舶正副政委、航海机电干部数百名。

在1973年至1976年的4年间，中远总公司共接收海军水兵12000人，约占补充船员总数的50%，从而基本上适应了船队迅速发展对船员的需求，保证了远洋运输生产任务的顺利进行。

在扩大远洋船员队伍中，最缺少的是干部船员，按照1974年初的船舶数，需要技术干部船员6200人，而当时只有3000人，驾驶、轮机、电机人员更为缺乏。中远有一半以上船舶的船员不得不在香港雇佣，并以租船形式经营。为了解决干部船员奇缺的问题，1974年2月，经交通部领导与长航、上海海运局、广州海运局负责人商定，两年内由上述3个单位给中远选调驾驶、轮机和电机人员580名。除此，中远总公司还在上报交通部的《关于回收历届航海专业大中专毕业生到远洋船上工作的报告》中提出："自1960年以后，分配在远洋运输企业以外的航海专业大中专毕业生，凡政治上符合出国人员条件，原则上尽量调到远洋船上工作。"在交通部的支持和各兄弟单位的帮助下，1974年中远公司共接收归队干部船员46人，接收兄弟单位支援的船员173人。1976年还从地方交通部门先后接收干部船员408人。

此外，1974年还从国内大专院校毕业生（工农兵学员）中接收了191名驾驶、轮机专业学员。1975年，接收大中专毕业生达605人，是中远总公司历年来接收大中专毕业生最多的一年。

尽管采取了上述措施，仍不能满足当时船队发展对干部船员的需要。为此，中远各分公司在依靠兄弟单位支援的同时，从各自的实际出发，将那些表现突出、胜任工作、有培养前途的工人船员选拔到干部船员岗位上培养锻炼，大胆任用。仅1973年、1974年两年中，中远各分公司从工人船员中提拔的船舶技术干部共1433人，占船舶技术干部提职总数的50%以上。

为了解决远洋船员严重不足和落实增人的劳动指标的问题，1975年10月，交通部在向国务院、中央军委报送的《关于扩大远洋船员来源问题的报告》中提出，当前最突出的问题是船员严重不足，来源狭窄，补充困难。当年的劳动指标仅完成25%，尚有4000余人未能招进。到1977年底，共需补充船员2万多人，其中干部船员9900余人。除从原有渠道接收外，要扩大招收京、津、沪、粤、鲁、辽等省、直辖市的技术工人和厨师，外语学院毕业生和医生，以及招收退休或病故船员的子弟。

1975年12月，经国务院专案批准下达给远洋局增加劳动指标11650人。劳动指标具体完成情况见表5-1。但由于买船工作曾一度被迫停止，原定1976年接船120艘的计划被压缩为66艘，在此情况下，是否仍按原计划接收国务院批准给远洋局的11650人劳动指标，成为摆在远洋局面前的一个十分紧迫的问题。经过认真研究，从远洋船队未来发展出发，决定仍按原计划接收船员，并有计划地分批分期进行培训。凡能缓解的，就跨年接收；不能缓接的，就立即接收。到1976年7月中旬，中远公司共接收船员6852人，占接收计划总数的58%。在接收的6852人中，当年就有3400人调拨给新成立的中远青岛分公司，解决了该公司对急需船员的问题。

1975年国家劳动总局专案下达远洋劳动指标完成情况统计表　　表5-1

区　　分	合计	广州分公司			上海分公司	天津分公司	中波公司	其他
		广东	辽宁	山东				
计划指标数（人）	11650	5620	679	598	2150	2309	130	164
其中：完成数（人）	6852	3620			1900	1203	129	
海军退伍兵	4695	3050			600	995	50	
市郊区退伍兵	162				142		20	
大中专院校毕业生	823	370		200	235	208	10	
由省市安排应届毕业生	654				654			
农场知青	518				269		49	

中远公司通过各种渠道，采取各种措施，扩充远洋船员队伍取得明显成效。截止到1978年底，中远公司共有船员34914名，其中技术干部船员12042人，基本满足远洋船队迅速发展对于船员队伍的要求。

第二节　中远船员管理制度的建立

一、初创时期中远船员管理办法的制订

中远初创这一特殊时期，远洋船员不仅要技术过硬，而且政治上还要绝对可靠，在船员管理方面有其特殊性。为此，中远在管理船员的过程中，探索出一整套适合这一历史时期的中远自己的船员管理制度，并在实践中不断完善。

20 世纪 60 年代初，中国远洋船员航行欧、亚、非三洲，经常出入资本主义国家港口；在东南亚和港澳一带还有国民党势力存在，一些敌对分子竭力反对新中国，伺机进行破坏和骚扰。在这种十分复杂的形势下，加强对船员队伍的管理尤为重要。为保证远洋船员队伍的纯洁性，根据中央组织部的规定，凡上远洋船舶工作的船员必须历史清楚，政治可靠，严守纪律，对党和国家忠诚，并要按照出国人员的要求，严格履行审批手续。另外，远洋船舶由于长期航行国外，高度流动分散，对船员的管理有其特殊性。

1961 年 6 月 13 日，正值自营远洋船队刚刚组建，远洋局颁发了《关于远洋船员管理工作中若干问题的规定（草案）试行》。经过几年的实践，总结了经验，完善了办法，1966 年 2 月 18 日，远洋局党委颁布了《对船员统一管理后机构设置分工的意见》和《干部船员管理工作试行办法》。中远广州分公司颁发了《远洋船员职务规则》。船员管理工作由中远公司宏观指导，主要是制定规划和有关政策、规定和管理部分干部船员。中远广州、上海、天津分公司分别成立了船员处和干部处，具体负责船员的管理工作，至此，中远船员管理工作基本走向正规化。

二、干部船员与普通船员的划分及管理范围

政工、保卫干部、驾助、轮助、电助以上船员，报务员、机要员、事务主任、事务员、医生和上述见习职务和大中专毕业生等都属于干部船员，其余统称普通船员。

干部船员的考核了解、培养提拔、提职晋级、转正定级、退职退休、政治审查、出国报批、档案管理、鉴定、奖惩、大专毕业生的审查接收以及从普通船员中选拔干部船员等工作由各分公司政治部干部处管理。普通船员的有关工作由各分公司船员管理处管理。对干部船员中的大副、大管轮以上的人员考核了解、任免等事项，从中远成立开始到"文化大革命"期间，统由中远公司负责管理。

三、船员管理制度的进一步完善

中远总公司创建时就建立了船员管理的有关制度，但在"文化大革命"中受到了冲击，只有一部分得以继续执行。

1973 年 11 月，中远总公司根据船队发展较快、船员人数迅速增加的发展形势，为管理好这支队伍，草拟了《远洋船员管理暂行规定》（共 9 章 33 条）。经远洋船员管理工作

会议讨论，修订为《远洋船员管理工作若干规定》，其中包括总则、选调和报批、提升和任免、船员调配与考核、奖励与处分、休假与请假、船员配偶等共 7 章 24 条，使内容更加精简，规定更加明确。

为了加强远洋船员证书的管理工作，1974 年 5 月，交通部船检港监局和中远总公司联合制定并颁发了《关于核发远洋船员证书问题的暂行办法》。1975 年 10 月，交通部船检港监局和远洋局又联合颁发了《关于远洋船员考核和职务证书签发暂行办法》，其中对技术干部船员的考核及签发船员职务证书的手续作了比过去更加严格的规定。当年 11 月，远洋局还下发了《关于加强"海员证"管理工作的通知》，对证件的领发、登记、收缴等问题作了具体规定。

在远洋船员上船出国手续规定方面，从五六十年代起，均按中国因公出国人员的手续办理，审批权限由国务院掌管，审批手续严格，程序复杂，往往因为办理手续时间长，影响船员及时出国接船。为此，经国务院批准，从 1972 年 10 月 1 日起，船员办理初次出国审批手续均由交通部负责审批，在获交通部批准后，即可办理护照。这使船员出国手续明显简化。

另外，针对船员有时因故离船回国或在入境时因携带证件不全而造成麻烦的情况，1977 年 3 月，远洋局下发了《关于船员因故离船回国的注意事项》，对携带证件和有关手续提出了明确的要求。对于船员携带物品的问题，1978 年 4 月，外贸部、交通部联合下发了《海关对我国远洋船舶船员携带进出口自用物品监管办法》。中远总公司还转发了天津海关关于执行监管办法的情况报告，要求船员在国外购买物品，一定要限于"自用合理数量范围以内"，对旧货原则上不买或少买，以免上当受骗影响国家的声誉。

四、船员定船管理制度的制订与实施

（一）初步实行船员定船

船员定船是一种将船员班子与船舶相对固定的管理方式，有利于加强船员管理和船舶的使用与保养。船员定船的具体做法：一是分船定编，将不同类型的船舶，按技术设备分别确定编制人数、在船人数和后备人数；二是配备好领导班子；三是以原船船员为基础，避免大换班，一般情况下不再调动；四是定船船员的公休、航次假和病事假都由船舶统一安排。

1961—1965 年，中远船舶开航 4 年来，在船员管理调配方面取得了一定的成绩，基本上保证了远洋船舶开航的需要。但由于中远公司成立时间短，经验不足，没有建立一套中国自己的船员管理制度，船员没有固定，船员调动频繁，在一定程度上使船员管理不到位，不利于船员素质的提高和船舶的安全。为了从根本上改变这种现象，改进船舶思想政治工作及技术管理工作，提高船员素质，促进远洋运输事业的发展，中远广州分公司于 1965 年 10 月制定了《船员固定试行方案》，得到远洋局批准。

中远广州分公司船员定船的原则是以船定线，以人定船；灵活安排船员公休。原则上一年公休 60 天，但何时公休须结合船舶运输航线情况机动安排。船长、政委、轮机长、大副、大管轮公休由船上提出计划，报分公司批准，其余船员公休由船上决定，报分公司人事部门备案。

（二）船员定船的基本原则

当时船员定船，主要是实行单船固定，其办法和原则主要是：

（1）按船舶船员定额加 35%（轮休 27%，轮训 8%）配备船员；

（2）基本上采用以低职务代高职务的办法，如船长公休由大副代，轮机长公休由大管轮代替，如个别船员不能以低代高，则可视情况配双职船员，或在分公司内派人代替一个航次；

（3）在提拔船员时，原则上将新提升的船员留原船工作，把原职船员调到其他船上；

（4）部分船员可采用休航次假的办法，如电报员及其他可以休航次假的船员，不一定采取 60 天一次休；

（5）固定到某轮的船员，无论是在船上工作或公休在家，统由该船船长、政委和党支部负责。谁公休、何时公休由船上负责安排，将名单报分公司有关部门。

1966 年，中远广州分公司率先试行，但由于"文化大革命"的影响，船员定船工作未能坚持下来。

（三）适时调整定船方式

1974 年，中远天津分公司重新进行了定船的试点工作，采用两种方案：一是单船人员全部固定，并配有 50% 的预备人员；二是单船部分人员固定，即船长、驾驶员、医生、管事、电机员不定船，其他人员固定。该公司经过一年的实践，认为第一种方案比较好，而第二种方案由于船长和主要部门长未定，不利于工作的开展。1975 年，中远天津分公司开始船员单船固定工作后，出现了后备人员中有的休假时间过长，而报务员、医生、管事、电机员等工种人员休假又不好安排等问题。但总体上看，船员定船是加强船舶和船员管理行之有效的方法。

大远公司成立时间短，船员队伍严重不足，干部船员稀缺，船员调配难以满足船上需求，无法推行船员定编定员工作。随着时间的推移，大远公司加大船员招收力度和培训力度，人员不足的问题逐步得到缓解。为此，在部分船上开始试行定编定员工作。

在中波公司建立初期时，中、波两国船员混编，船员调配权都在波方，20 世纪 60 年代初，中方船员转到广远管理，但船队还是中波船员混编，在调配过程中，波兰方船员基本都是不固定船舶的，随意性很大，这对当时船舶技术状况不好的中波船队是不利的，公司机损海损事故也时有发生。虽然管委会也多次形成决议，要求波方尽量做到每船固定船员，但波方的执行还是存在很大问题。到 1975 年，中波公司开始接手中方的船员管理，在全部配备中国船员的船舶上，基本实现了固定船员的工作。

据统计，1976 年上半年，中远广州、上海、天津分公司和中波公司实行船员定船的船舶总数由 1975 年末的 23 艘增加到 54 艘。

1977 年 11 月 17 日，中远青岛分公司决定分三批实行船员定船。为了保证航行，对每条船舶领导班子和主要技术力量进行了政治、业务技术和身体状况的考察了解，在此基础上，搭配调剂船员班子。1978 年，对 11 条船舶的船员初步实行了定船管理，加强了船员的思想建设和生产管理。

（四）远洋局出台船舶定编定员方案

为了推动和规范中远各船公司的船员定船工作，1978年6月，远洋局统一制订下发了各类船舶定编定员方案（表5-2）。

1978年远洋船舶定编定员方案 表5-2

船舶类型	合计	在船船员编制数										后备数（人）	后备数占在船编制数（%）
		小计	单工种职务	非单工种职务数									
				水	轮	机	冷	冷藏	冷	电	服	译		
一般杂货船（大）	62	45	22	10	5	6					2		17	37.7
一般杂货船（小）	52	40	20	10		7				1	2		12	30.0
重吊杂货船	65	47	22	12	5	6					2		18	37.5
冷藏杂货船（大）	65	47	22	10		6	1	1			2		18	38.2
冷藏杂货船（小）	61	47	20	10		10	1		1		2	1	14	28.5
自动化船	43	47	18	8	6						1		15	45.5
冷藏自动化船	54	39	22	7	4	3	1				2		15	38.4
重吊自动化船	62	45	22	12	5	3				1	2		17	37.8
散装自动化船	58	42	22	10	4	4					2		16	38.0
油船自动化船	47	34	20	6	7						1		13	38.2
散装船	62	45	22	10	5	6					2		17	37.8
散装船	66	50	20	12		13				2	2		16	32.0
散装船	57	44	20	10		10				1	2	1	13	29.5
油船	64	46	22	10	6	6					2	1	18	39.1
客船	172	129											43	33.3
客货船	109	79											30	37.9
备注	1.单工种22个职务：船长、政委、副政委（政干）、大副、二副、三副、驾助、报务员、报助、水手长、木匠、轮机长、大管轮、二管轮、三管轮、电机员、电助、管事、医生、大厨、二厨、三厨。 2.单工种22个职务中，不包括驾助和轮助。 3.单工种18个职务中，不包括副政委、驾助、报助和三厨。 4.冷藏船装冷藏货时，增加冷藏员、冷藏轮助或冷藏工1名。 5.上海分公司由于业务需要，增编翻译1名。 6.自动化船舶减少机工1至2名。 7."后备数"内，配备哪些工种为宜，由各分公司自行掌握。 8.上海分公司配备副水手长职务，未列入正式编制，后备数加1人。 9.客船执行旅游任务时，管事编制5名增至8名，大厨编制4名增至7名，服务员编制30名增至38名。													

远洋局出台的船舶定编定船方案，对船员定船工作进行了规范，进一步促进了中远系统船员定船工作制度化、规范化。

第三节　船员管理与船员福利

一、船员的调配管理

在中远船员队伍初创的前4年间，中远广州分公司干部船员（包括中远公司管理的干部船员）和普通船员统一由人事部门（人事科）调配。从1965年起，所有船员（包括干部船员与普通船员）的调配工作由船员管理处负责，而干部船员的动态和考核晋升工作则由政治部干部处负责，以体现党管干部的原则。由于干部船员的工作分两个处办理，部门间工作不协调。1968年，中远广州分公司精简机构，撤销了干部处和船员管理处，所有船员（包括政工干部、技术干部和普通船员）统一归由人事部门调配。

1965年9月9日，交通部远洋运输局发文征求"关于船员统一管理及调整机构的决定"的意见。为适应船队发展新形势的需要，决定对远洋船员实行统一管理、统一调配，所有远洋船员的政治工作，统归中远广州分公司政治部管理和负责，船员的党团和工会关系统一划归广州分公司党委、团委和工会。同年11月19日，交通部党组决定，三个合营公司和中远广州分公司的中国船员及船舶政治工作，统一由中远广州分公司政治部领导和管理。船员的党、团、工会关系也转至中远广州分公司。1972年，中远广州分公司在代管合营公司中方船员几年后，于同年6月，向交通部提出了移交各合营公司（中波、中阿、中坦）船员管理的报告。报告称，通过几年的实践，证明管船不管人、管用人不管教育人、管人不管船、管政治不管业务、管生产不管生活的五脱节管理方法，矛盾很多，问题不少，不利于加强党的一元化领导，不利于船舶的政治业务建设，不利于船舶的管理。其后，中远广州分公司将合营公司中方船员管理工作陆续移交。

中远上海分公司1964年成立后，机关设人事科，负责船员调配工作；1967年4月，分公司成立生产第一线指挥部，船员调配工作由组织组负责；1971年6月又改设人事组，负责船员调配工作。

自1976年7月，中远青岛分公司成立，到1978年11月底，中远青岛分公司共接收船员3131人，其中1977年1904人；接收转业退伍军人298人；招收新船员196人；定船11条；工资奖励试点船8条；转正定级437人；调整工资727人；干部提升285人次；培训船员120人；调配使用船员2125人。

大远公司成立于1978年1月1日，直到1978年9月经中央批准，动用交通部银行外汇贷款购买6艘木材船（其中"勤奋24"轮一直在国内航线运营），进行远洋运输。由于船队规模小、船员少，船员的上下船调配归属人事处直接管理。

20世纪50年代，中波公司成立初期，由于保密工作的需要，对外开展业务都是以波兰远洋公司的名义进行，船员调配也由波兰远洋公司进行。由于船员的调配权都在波兰远洋公司，调动频繁，船员没有固定，在一定程度上造成船员管理不到位，也不利于船员素质的提高和船舶安全。1954年管委会进一步明确了中波公司与波兰远洋公司之间的关系后，中波公司在船员调配上才有更多的支配权，波兰远洋公司调换中波公司船舶的船员时，必须获得分公司经理部门的同意。1956年，经理部门向管委会提出每艘船舶上尽量固定船员及其工作，得到了管委会的批准；同时要求波兰远洋公司和海运管理总局调派的船员应有熟练的业务能力，身体健康，并至少能连续工作2年；船员到中波公司服务期间，船员数量的改变，船员调配、任用、升级、解雇均须得到中波公司的批准后方可执行；船员在中波公司船舶服务期间，归属中波公司领导，并遵守公司一切规章和指示。这样，中波公司开始逐步介入船员管理工作。根据形势需要，1960年1月1日，中波公司中方船员全部交由交通部远洋运输局管理。1965年11月，根据交通部党委的决定，中波公司中方船员交由中远广州分公司管理。1972年6月，中远广州分公司向交通部提出了移交各合营公司（中波、中阿、中坦）船员管理的报告。1974年9月国务院批示同意了由交通部、外贸部、外交部提交的"关于召开中波海运公司第十二届股东会议的请示"报告中关于中波公司（中方）将自行管理中旗船船员的规定。

中波公司于1975年5月成立了接管船员小组，接管小组成员包括政工组1人、机务处2人和船员组4人（财务、总务、调配各1人，负责1人）。1975年7月1日，中波公司与中远广州分公司签署了关于船员的交接书，交接书写明：根据国务院1974年9月的批示精神，中远总公司决定将原由中远广州分公司为中波海运公司代管的"泰兴""嘉兴""德兴""长兴"4条船舶的船员移交给中波海运公司（中方）自行管理。经双方协商交接船员249名，船员的档案、党、团、工会关系，工资劳保、户口粮食关系在1975年7月1日交接完毕。对已经确定交接的船员，如果还在广远公司船舶上工作的，广远负责在船舶抵国内港口时将人员调下船舶交中波公司。为保证中波公司船舶船员调配的顺利进行，中远上海分公司还支援了中波公司40名船员。这样，中波公司接手管理的中国船员共计289名。当时中波公司成立了船员管理组来负责中国船员的管理工作。

1975年接管船员后，中波公司不断加强船员调配管理工作，使之尽快适应中波公司船队发展的需要。在调配过程中，坚持思想领先，在做好人员调配的同时，搞好深入的思想工作，做好现场调配的思想政治工作。坚持从政治力量、技术力量、新老船员、家庭住址远近考虑，实行"四个搭配"。对思想水平高、管理能力强的船长，配备工作能力一般的政委；对新船长或管理能力一般的船长，则配备责任心和工作能力较强的政委，互相弥补工作上的不足；对自动化船定编人员少、技术要求高，则选派年富力强、文化水平高、技术业务精的人员上去；对新船员上船，一般选派到思想作风好的船舶部门，带思想、带作风。除此之外，对整个船舶人员的选派，尽量不集中在一个地区或一个城市，以减少船到国内港口时，争着下地探望家属的矛盾。

由于公司刚接管船员时数量少，部分岗位船员公休不能按照规定及时安排，或者公休时间不长就得继续上船工作，造成工作上的"连轴转"，不仅影响到船员的休息，而且影响了船员家庭生活的安排，带来了大量的思想问题。公司采取了预先派人登门解释及听取要求的办法，预先与本人家庭取得联系，弄清情况，把思想工作做在前头，让他们做好思想准备；对公休时准备处理、或公休中未处理完的实际困难积极给予帮助解决，从而保证了公司调配工作的顺利进行；同时要求从事调配工作的职工，树立陆地为海洋、机关为船舶、调配为船员的服务意识，只要政策允许，又办得到的，自己再苦再累也要抽出精力去办，真正与船员息息相通，心心相印，使调配人员与船员建立了互相信赖、亲密无间的关系。

二、在船船员和公休船员的管理

（一）船公司对在船船员的管理

中远各公司利用船舶自国外返航抵达国内港口停泊期间，由船员管理部门会同有关部门上船了解和考核船员在航行中的政治思想情况及技术业务水平，检查和了解船员的培训工作，并给予指导和帮助。

（二）船舶党支部对在船船员的管理工作

中远初创阶段，船舶的领导体制是实行船舶党支部领导下的船长、政委分工负责制。船舶党支部对在船船员负有考察、教育、鉴定等责任，并按照船舶的各项规章制度对船员实施管理。

（三）使领馆对在船船员的管理工作

中远船队开航后，中国驻外使领馆十分重视对中远船舶的领导和管理，做了许多工作，保证了中远船舶顺利地开展业务活动与涉外工作。1966年3月10日，远洋局政治部转发了外交部领事司发给各使领馆的《关于管理中国远洋船舶和海员的情况和今后的意见》，明确规定中远船到达国外港口，凡驻有中国使领馆的，船长、政委要主动前往汇报工作，依靠和争取使领馆的领导。文件下发后，中远船舶加强了向中国驻外使领馆的请示汇报，各使领馆进一步加强了对船舶的政治领导，加强了对船员政治上的关怀，及时指导船舶处理涉外问题和其他事宜。

（四）对公休船员的管理

中远公司为加强对公休船员的管理，设立了远洋船员管理基地，即成立了广州、上海、天津船员处。按分工地区，分片包干负责公休船员及船员家属的思想教育工作，并组织公休船员学习政治与业务。

三、船员的工资待遇

远洋运输有其行业的特殊性，远洋船员的工资待遇也与其他行业有所不同。20世纪60年代末，在批判"物质刺激""奖金挂帅"的政治气氛中，中远无法建立起一套比较合理的远洋船员工资制度和奖励机制，单纯依靠思想政治工作调动广大船员职工的积极性，直至20世纪70年代中后期，在国务院领导和国家主管部门的关怀下，中远船员的工资和奖励制度才得以恢复和健全。

（一）船员工资调查

1973年初，重组不久的中远总公司便着手进行远洋船员工资问题的调查研究。经调查归纳起来存在以下主要问题：

（1）各远洋分公司执行的远洋船员工资标准不一，有三套工资标准在同时执行。其一，执行1956年中波公司的船员工资标准，这个标准是参照广州地区沿海船员工资标准制定的，而当时中波公司在天津属六类地区。1962年又迁往上海，属八类地区，但均按广州十类地区标准执行。其二，执行1964年交通部颁发的远洋船员工资标准。这个标准在船员工资和航行津贴待遇上，初步体现了按劳分配原则，但在1966年9月，这个标准中航行津贴一项又被废除，改为实行提职不提薪的做法。其三，执行交通部1971年颁发的新上船的远洋船员工资标准，这个标准是沿用沿海船员的工资标准。实际上实行的是"新人新制度，老人老办法"。上述三套标准在工资水平上相差较大，不但影响了船员的积极性，而且给工资管理工作也带来困难。

（2）工资标准与岗位职务不相适应。由于工资制度中有提职不提薪的规定，致使多年来被提升职务的船员的工资一直未予调整。据调查，在中远天津、上海分公司957名船员中，提升职务的有881人，其中有的先后4次提职，而工资一直未予调整。有的已被提升船长或轮机长，但仍按水手或机工工资标准支付工资。这种提职不提薪的规定，没有体现按劳分配的原则，挫伤了远洋船员劳动和工作的积极性，特别是学习和掌握现代航海知识和技能的积极性。

（3）待派船员工资待遇低于其他行业工人的工资待遇。由于远洋运输的特殊性，船员在船工作一定时间后，需要离船上岸休假、学习或医疗，在岸期间的工资待遇应与其他行业相应职务工人的工资相适应，但当时的工资制度规定的待派工资标准却低于陆地相应工人的工资标准，这不但给船员调配工作增加了困难，而且也影响了船员的家庭生活和身体健康。

根据对远洋船员工资待遇问题的调查情况，中远总公司向交通部上报了《关于远洋船员升级的调查报告》。报告提出了关于远洋船员按提升一个职务工资等级的办法平均增加船员工资的方案，并提出对远洋船员的工资制度要从根本上予以改革的建议。1974年9月，中远总公司下发了《关于外单位支援船员来远洋船上工作的工资待遇的意见的通知》。1975年8月，远洋局又对大中专院校毕业生上远洋船工作的工资待遇问题，作了暂行规定。

（二）船员航行补贴的修改

20世纪60年代初，中远公司成立后，船员的航行补贴是按1956年中波公司中方船员的航行补贴办法和标准执行。补贴标准分欧洲、马来西亚、印度尼西亚和越南等4个航区。其中欧洲航线补贴为每人每天7.21—3.27元（练习生2.11元）；马来西亚、印度尼西亚、越南航线补贴为每人每天4.97—2.25元（练习生为1.47元）。补贴按人民币及外币各50%支付。

1971年，交通部军事管制委员会决定，远洋船员航行补贴"不按级别、不分职务，地区只分近航和远航两种，补贴标准降低，外币补贴减少"。即远洋航线每人每天2.5元，近洋航线每人每天1.4元。其中外币部分按远洋航线1元、近洋航线0.35元的标准折发外币。这个规定自1972年1月试行后，副作用很大，挫伤了广大船员的积极性，在船员中曾一度流传"都是两块五，何必多辛苦"的说法。

为了纠正远洋船员航行补贴规定不合理的问题，调动广大船员积极性，1973年9月，中远总公司党委向交通部报送了《关于修改远洋船员航行补贴的报告》，但在当时国内的政治经济形势下，这个报告未获批准。这种平均主义"大锅饭"式的航行补贴又实行了近5年。1978年9月，远洋局党委再次向交通部党组上报了《关于调整远洋船员航行补贴标准的签报》，提出远洋船员航行补贴标准方案为：标准划分4个等级，每级差0.2—0.3元。同年9月,交通部批准了这个签报。随后,中远总公司按交通部的指示,在上海召开了会议,对航行补贴标准又作了进一步修改,改为分5个等级,级差为0.1—0.2元,航线分为远航线与近航线。远航线包括:欧洲、美洲、大洋洲、非洲和亚洲的新加坡(不含)以西等航线。近航线包括:东亚和东南亚等航线。航行补贴中的外币部分不分等级,不分远近航线,一律每人每天按外汇人民币1元支付。修改后的《远洋船员航行补贴支付办法》,经交通部批准于1978年10月1日起执行。补贴标准见表5-3。

远洋船员航行补贴标准 表5-3

等级	职务	标准(人民币元)	
		远航线	近航线
一	船长、政委、轮机长、大副、大管轮、客轮业务主任	3.2	2.5
二	副政委、二副、二管轮、电机员、管事、报务主任、水手长、大厨	3.0	2.3
三	三副、三管轮、政干、报务员、医生、翻译、冷藏员	2.8	2.1
四	驾助、轮助、电助、报助、冷藏助、医助、一水、一火、机工、冷藏机工、大台服务员、三厨、加油、生火长、铜匠	2.6	1.9
五	二水、电工、服务员、卫生员、广播员、二火	2.5	1.8

四、船员基地的建立

中远所属各分公司的远洋船员来自全国各地,船员在国内上、下船的港口,大多不在其家庭所在地,因此不论是上船或下船的船员,抵达港口后的接待以及食宿、交通、就医、探亲等问题,均需要给予妥善安排,这些工作也是船员管理工作的重要内容之一。

为了做好这方面的工作,中远公司早在1962年就在上海成立了船员管理处。1972年10月交通部远洋工作会议上,国务院分管交通工作的粟裕同志,建议交通部建立船员基地。在国务院领导的关怀和交通部的批准下,中远总公司立即着手创建船员基地的各项准备工作,1973年中远大连和青岛市船员基地先后竣工。为了加强对这两个基地的管理,中远总公司于同年5月和11月作出决定,大连及青岛船员基地的人事、业务工作,属中远总公司领导管理。两基地的党政工作、思想政治工作,分别委托大连、青岛外代分公司管理。1975年8月,中远总公司又决定将中远广州分公司的黄埔招待所改建为黄埔船员基地,委托中远广州分公司领导与管理。1976年,中远秦皇岛船员基地建成,同年6月,中远总公司作出决定,该基地由中远总公司秦皇岛物资供应站领导与管理。

几个船员基地的建立,加强了中远在国内各港口抵港船员的管理工作,使抵港船员的食宿、交通、探亲、就医等问题得到了比较妥善的解决。

五、船舶伙食和医疗卫生工作

远洋船上的劳动和工作是海上流动的生产作业,船员长年生活在海上,工作环境艰苦,劳动强度大,要求船员必须具有健康的体魄,而船员的伙食供给和有效的医疗卫生措施,又是保持船员身体健康的保障。

（一）调整船舶伙食标准

中远船员的伙食管理工作是随着船队的发展和国内外食品价格的不断变化逐步调整和完善的。20世纪70年代初，国内外食品价格不断上涨，而当时中远船舶不论是远航还是近航的船员伙食标准，仍采用原定的伙食标准，致使船员伙食质量下降，影响了船员的身体健康。1972年，中远总公司重组后，先后采取措施，对船员的伙食标准进行了适当的调整，参照远洋航线船员的伙食标准，制定了远洋航线船员的伙食标准，并将中日、中朝航线船员的伙食由原来的市场供应改为由各港的外轮供应公司供应。但由于当时"外供"的食品价格高于市场价，船员实际伙食水平仍有所下降。为此，中远总公司于1973年3月向交通部报送了《关于调整近航线船员伙食标准的报告》，9月，交通部批复同意将近航线船员伙食标准调整为每人每天人民币2元，新标准从1973年10月起执行。

中远远洋航线一直执行1971年3月交通部制定的远洋航线船员的伙食标准，规定每人每天2.35元，在国外购买食品的比例不超过30%。这个标准当时是以中国对外国轮船的供应价格为基础制定的，但因外轮供应公司货源不足，不能供应国轮，迫使远洋航线船舶不得不在国外高价采购船员伙食必需的食品，使船员伙食的实际质量下降。针对这种情况，1973年11月，中远总公司向交通部报送了《关于调整远洋船员远航线伙食标准的请示报告》，但由于种种原因，3年多后才获批准。1977年初交通部颁布了《关于调整远航线远洋船员伙食标准的通知》，决定从当年4月1日起，将远洋航线船员伙食标准调整为每人每天人民币2.8元。时隔不久，由于部分食品价格升高，交通部于1977年7月颁发了《关于调整远洋船员伙食标准的通知》，再次决定远洋船员远航线的伙食标准改按每人每日人民币3.1元执行，远洋船员近航线的伙食标准改按每人每日人民币2.5元，从7月15日起执行；在国外添购食品部分，仍不得超过伙食标准的30%。

（二）加强船舶医疗卫生工作

中远公司船舶医疗管理工作是随着所属分公司的建立和船舶、船员的不断增加而逐步建立和完善的。1977年5月，远洋局为了加强远洋船舶的医疗卫生工作，下发《关于进一步加强船舶医疗卫生工作的通知》，对中远各分公司提出了具体要求：建立健全分公司医疗管理机构，采取预防措施；船舶医务人员要对全体船员的既往病史做到心中有数，应有重点地加强保健工作；建立疫、病、伤情报告制度，根据病情及时进行抢救、治疗、护理，或送就近医院急救；坚持对新招收船员的体检，不合格的不派上船；在国内开航前进行体检，不使患有严重疾病的船员出航；船员在国外港口生病就地治疗，治愈后尽量随船返航，不能随船返航的经批准可乘飞机回国，但必须派护送人员；回国后一般应回所属分公司就地治疗。

1977年6月，远洋局又明确：需护送船员回国的，为避免往返请示时间长，造成船期损失，由船舶党支部或航运代表提出意见，请示使馆党委决定；如遇特殊情况，再请示国内。同年10月，远洋局下发了《关于当前船员医疗保健工作情况和今后的意见》，再次要求各分公司要组织医疗小分队到船员集中的港口，开展防治疾病的工作；船舶要建立卫生检查制度，定期检查评比。从1978年起，远洋局所属各分公司实行了每年对上船的船员普遍进行体检一次的制度，并建立登记制度。

在中远公司建立和健全船舶医疗管理机构和完善医疗措施的工作中，党和国家领导人给予了亲切的关怀，交通部、外交部、卫生部等领导给予了大力支持和帮助，特别是远洋船员航行在外突然发病的抢救治疗工作。1977年10月，广州分公司"桂阴"轮报务员许土芬患十二指肠溃疡大出血，在阿尔巴尼亚做了手术，因感染造成病情恶化。卫生部派北京友谊医院外科副主任专程前往，在中国大使馆官员的帮助下，及时进行抢救脱离了危险，并安全护送回国。交通部叶飞部长，周惠、彭德清副部长等还前往友谊医院看望。上海分公司"梅海"轮驶往加拿大途中，因风大浪高，船长沙惠麒摔倒在海图室内，昏迷不醒，获悉后交通部立即商请日本有关方面派直升机将其接到东京救治。李先念副主席指示有关部局研究，由卫生部派出首都协和医院4名医护人员前往抢救，随后接回上海继续治疗。

六、船员服装式样的制定

20世纪60年代，中远公司已有统一的远洋船员制服及统一的职务标志和工种符号，但在"文化大革命"开始后被废除，改着没有任何职务标志的中山装。由于中远船员不穿着国际上通行的海员制服，又没有任何职务上的识别标志，因此在国外公开场合以及对外联系业务时十分不便，船舶领导不受尊重等情况屡有发生。为解决这一问题，1978年6月，交通部向国务院报送了《关于改革我国远洋船员现行服装样式的报告》，并随文上报了《远洋船员制服及职务标志规定》，很快得到国务院李先念、王震、余秋里、谷牧、康世恩等领导的批准。同年7月，远洋局下发了《关于远洋船员制服的制作及发放办法规定》，从此，中远船员重新穿上了世界通行式样、具有中远特色的海员服装，在世人面前展现了中国远洋船员的形象和精神风貌。

第四节　中远远洋女船员

中远女船员的历史，可以追溯到"光华"轮首航印度尼西亚。1961年4月28日，女船员们随着"光华"轮离开广州黄埔港，开始了新中国的第一个远洋航程。当时"光华"轮一共8名女船员，主要担任服务员、广播员和医生等服务性的工作，此后4—5年间，女船员们和"光华"轮全体船员一道接回一批又一批的难侨。直到20世纪70年代，中远才有了从事驾驶、轮机等技术性工作的第一代女船员，其中有女船长、女政委和女轮机长等，在中远发展的历程中，留下了绚丽的一页。

一、交通部远洋局进行女船员试点工作

20世纪70年代，女同志上远洋船属于新生事物，具有深刻的政治意义。为扶植和支持这一新生事物，交通部对于女同志上远洋船工作十分重视，当时交通部部长叶飞对此项工作做出了"先行试点、总结经验、稳步发展"的指示。为落实叶飞部长的指示，交通部远洋局于1976年6月5—10日，在北京召开了关于女同志上远洋船座谈会。

会议由远洋局局长、中远总公司张公忱主持，参会人员除远洋局的负责同志外，还有中远广州、上海和天津分公司的主要负责同志。与会同志就远洋船舶配备女船员的问题广泛地进行了讨论，充分交换了意见。会议认为：女同志上远洋船是社会主义新生事物，是新中国妇女在政治上彻底解放的重要标志，因此，各分公司都热情支持、坚决拥护。会议着重从女同志生理、家庭和安全等诸方面提出了上远洋船面临的实际问题及解决方案。

叶飞部长在听取有关方面的意见后指示：全国各行各业都有女同志，远洋是空白，这个事情非搞不可，应该积极创造条件；男女生理上固然有差别，但在政治地位和社会地位上应该是平等的；在处理这件事情过程中要有方针，要"稳步前进"，不能一哄而起，更不是做样子；可以先搞两条船，广州、上海各一条，天津也要搞，放在第二批。

根据叶飞部长的指示，结合几天的讨论结果，会议达成以下三点共识：

（1）广州、上海分公司各搞一条船试点，天津分公司要积极创造条件，作为第二批试点。第一批搞试点的广州、上海两分公司，党委要认真研究，定出实施步骤、方案。第一批上船的女同志以10人以内5人以上为好，不宜过多或过少。

（2）船员来源靠自力更生，由机关中抽调符合出国条件的女船员上船工作，但不排除外援。政治条件、身体状况符合出国的，有一定技术，本人自愿可以考虑调进充实。

（3）试点船要选择好，船舶领导班子要调整比较好的，要深入细致地做好男船员的思想工作，把各项准备工作做扎实。

根据交通部和远洋局（中远总公司）的指示，第一批试点的广州和上海分公司积极准备女船员上远洋船的试点工作，天津分公司的准备也比较积极。最终，只有广州和上海分公司进行了试点工作。

二、中远广州分公司远洋女船员

自交通部和远洋局（中远总公司）做出在远洋船上配备女船员的决定后，中远广州分公司党委对这项工作十分重视，把女同志上远洋船当作一项重大任务来抓。1976年6月中旬，中远广州分公司党委书记作了《关于女同志上远洋船的动员报告》，各级领导层层动员，采取个人自愿报名、组织批准的方法，做了大量的工作，全公司先后有64名女同志报名要求上远洋船工作。经过选拔，从分公司机关及下属单位选出11位女船员；经与广州海运局协商，抽调女船员1名。女船员被安排到远洋船舶担任政工、轮机、报务、管事、水手和技工等职务。分公司机关工作人员焦湘兰[①]担任女政委，广州海运局王亚夫[②]担任女轮

[①] 焦湘兰，新中国首位远洋船舶女政委。1927年出生于山东掖县（今莱州市）一个普通的农民家庭，早年参加儿童团，1944年加入中国共产党。之后进入区武装部，从事宣传发动、后勤补给、组织群众等工作，历经抗日战争、解放战争等艰苦岁月。新中国成立后，曾担任招远县第一区委书记、莱西县副县长、莱阳县副县长等职务。1961年到中波海运公司，1965年进入广远公司，1976—1981年，在"辽阳"轮担任政委，为新中国首位远洋船舶女政委，先后到过英国、法国、联邦德国、荷兰、意大利、比利时、新加坡、日本等多个国家的港口，成为中国远洋女海员的楷模。

[②] 王亚夫，原籍山西，成长于福州。1949年，在上海参加南下工作团，并考入东北海运学院，1952年转到上海航务学院，在轮机系就读。1957年从大连海运学院毕业后，负责船上最为艰苦的轮机工作，历时36年，最初，在广州海运局船舶工作了近20年，1972年担任轮机长。1976年调广州远洋运输公司"辽阳"轮任轮机长5年。1981年调福建省轮船公司船舶任轮机长，直到1993年离休。王亚夫在担任轮机长期间，一直以工作认真刻苦、要求严格著称，被选为福建省马尾区人大常委会副主任及第七届全国政协委员，是我国航界的知名人物。

机长。经过综合考察，广远分公司选定国产13000吨货轮"辽阳"轮作为配备女船员的试点船舶，利用"辽阳"轮修船的机会，指定专人负责，对口训练女船员。

"辽阳"轮党支部接到在自己船上配备女船员的指示后，先后召开支委扩大会、部门专题会议、全体党员大会及全体船员大会，对女船员上远洋船这一新生事物进行讨论。经过学习和讨论，大家提高了认识，一致表示对于女同志上船这一新生事物要坚决支持，并组织大家将女同志需要的房间以及洗浴间、卫生间等打扫干净，欢迎女同志上船一同工作。

1976年7月21日，全体女船员集中，由中远广州分公司人事处宣布上船后拟担任的职务及上船前的安排；22日，进行个人交接工作；23日，由分公司政治部进行思想、政治路线教育，提出要求，并组织座谈；24日下午，分公司召开欢送大会。

1976年7月26日，12名女船员上"辽阳"轮工作，这是新中国第一批远洋货轮女船员。女船员上船以后，充分利用"辽阳"轮航修的时间，进行学习和适应性训练。在船舶党支部的领导下，女船员集中3天时间学习，主要内容涉及外事纪律等。短暂的学习结束后，从8月2日开始，全体女船员跟班参加劳动，虚心向老船员学习业务技术。经过半个多月的劳动与学习，女船员的工作得到全体船员的好评。大家一致认为女船员决心大，干劲足，不怕苦，不怕累，能够胜任船上的工作。

图5-3　中远广州分公司"辽阳"轮上的女船员。

9月14日下午，"辽阳"轮全体船员召开船舶开航誓师大会。广东省总工会梁广副主任代表广东省工交政治部，陈忠表同志代表交通部、远洋运输局，朱汉雄同志代表广州分公司，三人一同到船送行并做讲话。

经过一系列充分的准备工作后，配备有12名女船员的"辽阳"轮于9月16日8时开航赴西欧（图5-3）。

开航后，女船员首先克服了晕船关，在艰苦的环境中磨炼自己，以坚强的毅力和不屈不挠的精神，克服各种困难，闯过一道又一道难关，取得了可喜的成绩。船舶党支部非常重视女船员在思想、政治和技术上的成长和发展。船舶相关部门专门制定了女船员的培训计划和具体措施，指定专人负责，采用传、帮、带的方法，在男船员的热情支持和帮助下，经过一个往返航次，所有女船员基本上都能独立完成所在岗位的任务。

"辽阳"轮所到港口，受到中国驻外使馆党委的亲切关怀和热情接待，大使、参赞、武官等领导同志上船看望大家，表示慰问，并邀请女船员到使馆做客，组织船员游览市容。在英国伦敦，使馆组织了208名侨胞和40余名中国银行伦敦分行的华侨职员上船参观，扩大影响，取得了较好的效果。一位年近七旬的女华侨离船时在纸条上用英文写上"自豪"二字交给政委，表达她对女船员的敬佩心情。在荷兰，13名来船参观的华侨得知船上有女船员感到格外高兴，向每一位女船员赠送了鲜花，以示敬意。在国外港口停靠期间，无论在船当班或下地游览，女船员均受到当地有关方面的友好接待。苏伊士运河引水员发现该轮配有女船员，遂用无线电话告知所有的引水员，高度关注行至苏伊士运河的"辽阳"轮，方便时给予关照。

配有12名女船员的"辽阳"轮首航停靠英国、联邦德国、比利时、荷兰4个国家的港口，历时95天，于12月21日返抵黄埔港，胜利完成首航任务。

三、中远上海分公司远洋女船员

1976年6月，交通部、中远总公司分别作出远洋船配备女船员的决定。从7月起，上海分公司进行配备女船员的筹备工作。此项工作由党委书记负责，从机关政工组、组干组、人事组抽调有关人员组成女船员选调小组，着手选调女船员。到8月上旬，陆续从公司机关和陆地基层单位119名女职工中选拔出5名女船员；经与上海海运局协商，从客轮上抽调女船员3名，从上海海员医院抽调女翻译1名；经上海市工交组协调，从内河航运公司抽调女职工2名。上述各方面调配到的11名女船员中，年龄最大42岁，最小20岁，平均年龄29岁；原系船员4人，第一次上船工作的7人；其中有长期在船舶工作、具有较好业务基础的技术干部，还有熟悉思想政治工作、并有一定管理工作经验的政工干部。女船员被安排到远洋船舶担任驾驶、轮机、报务、政工、翻译、管事、医务和水手等职务。原上海海运局船长孔庆芬[①]担任船长，原中共上海市内河航运公司委员会副书记尹玲珍担任政委。8月16—22日，上海分公司举办女船员学习班，对女船员进行安全技术和外事纪律教育，帮助船长政委熟悉远洋船舶工作，为女船员登轮出国做好各种准备工作。

1976年8月31日下午，中国第一代远洋船舶女船员由上海分公司领导及机关各组室代表欢送，登上国产万吨级远洋货船"风涛"轮。女船员上船后，以主人翁姿态开展工作和学习，对口熟悉本职工作，虚心拜师求教，在男船员的支持帮助下，充分利用船舶在港等泊位、等开工和装卸货的时间，经过3个星期实地学习，熟悉各自岗位工作，专业技术水平得到了较大提高。为帮助女船员熟悉远洋船在国外的特点，完成首航任务，中共上海远洋运输公司委员会派党委委员韩其昌任船舶副政委，上船协助女政委工作；抽调具有长期远洋航海经验的船长王洒武协助女船长工作；轮机长、大副、电报主任、管事等关键岗位，也都由技术业务能力较强的人员担任；另派两名机关干部随船，协助船舶工作。

1976年9月21日上午11时，"风涛"轮第8航次，在上海装棉花、叶粉等杂货共4450吨，在第一次出国的11名女船员和男船员共同驾驶下，由上海起航去日本。

中国女船员首航日本，立刻在日本社会引起轰动，受到各界人士的关注。9月25日，"风涛"轮驶抵横滨港，共同社记者就到船采访摄影。日本报纸均利用显著版面刊登女船员首航日本的消息和照片，介绍"风涛"轮和女船员简况。称赞中国女船员的勇气和吃苦耐

---

① 孔庆芬，新中国首位远洋船舶女船长。1933年出生于天津，1949年考入河北工学院。后来到天津航政局工作。1953年，在"和平一号"轮学习船舶驾驶技术。1954年，通过交通部考核任三副，1958年升任二副，1968年升任大副。1969年，被提升为船长。1976年获远洋轮船长证书，成为中国航海史上第一位远洋轮女船长。1976年8月—1980年3月，在中远上海分公司"风涛"轮担任船长。

劳精神。10月13日,"风涛"轮抵神户港,神户华侨总会会长李万之等10人和近畿代理公司代表,在码头迎接。日本国际贸易促进会神户支局,为庆祝中国女船员首航神户,举行了有80人参加的欢迎会,神户市市长特地委托神户港湾局课长送来欢迎信。

"风涛"轮抵日本后,受到中国驻日使领馆的关心和指导。在横滨港停靠时,中国驻日大使特意邀请全体女船员和几位男船员代表去东京,接见大家,并在外事工作上给予指示。靠泊神户时,中国驻大阪总领事田平专程从大阪来神户,看望女船员。"风涛"轮在横滨、神户两港停泊28天期间,共接待华侨总会、中日友好协会、日本国际贸易促进会和各代理公司组织来船友好访问座谈共26批,近300人次。女船员登岸参加华侨总会和国际贸易促进会组织的友好活动4次。外事活动虽然频繁,女船员均能从容应对,热情友好地参加接待工作。

女船员在首航期间,勤奋好学,不畏艰苦,尽力做好本职工作。男船员则在业务技术上、生活上关心和帮助女船员。报务主任以多年实践经验,编写一本世界各国港口通讯资料,帮助女报务员尽快熟悉和掌握船舶收发报技术。大副、水手长帮助女水手制订航次学习计划,指点操作要领,做好各项甲板工作。有时女船员白天参加外事接待工作,晚上坚持学习业务技术和英语,男船员便主动顶替女船员所担任的工作。每遇重活,男船员总是抢先帮女船员干,注意女船员的安全。

"风涛"轮回程在横滨、神户两港装钢材、人造丝等货物7100吨,于10月31日安全返回上海港,圆满完成首航日本的任务。

1977—1978年,"风涛"轮航行在中日航线17个航次,先后到过日本横滨、神户、名古屋、君津、新潟、门司、室兰、广田、加古川、鹿岛、水岛、清津、户田、东海、兴南、细岛、界港等港口。返航则靠上海、青岛、新港、大连、秦皇岛、烟台、连云港、张家港、黄埔等港口。女船员经受了风浪和远洋运输实践的锻炼。

1978年9月,"风涛"轮停靠新港期间,国务院副总理陈慕华上船看望女船员,并给予关心和鼓励。

1979年8月,"风涛"轮航行东南亚,先后靠泊中国香港、新加坡、巴生港和槟城码头。10月1日,"风涛"轮离槟城过马六甲海峡,于下午4时,再抵新加坡锚地。当晚,船舶举行国庆晚会,男女船员自编自唱,气氛热烈。"风涛"轮在新加坡装载钢管、电视机等杂货700多吨。10月11日,"风涛"轮返广州虎门锚地;16日,靠黄埔码头卸货。

女船员在"风涛"轮的最后一个航次,是远航波斯湾。1980年1月6日,"风涛"轮在上海装杂货后起航,驶往巴基斯坦卡拉奇。轮船出长江口即遇7—8级西北风,顺风而驶,1月20日抵卡拉奇,靠6号泊位卸货。25日,"风涛"轮离卡拉奇驶波斯湾地区,先后到达阿联酋的迪拜港和沙特阿拉伯的达曼港卸货。2月6日,轮船驶抵科威特,女船员应邀去中国驻科威特大使馆做客,受到使馆人员热情接待,还参加挪威、丹麦、芬兰、瑞典四国在科威特组织的商品展销会。17日,"风涛"轮离科威特,在港外锚泊,检修主机。2月23日,驶抵卡拉奇,装回程货棉花。3月11日,离卡拉奇返航,于3月18日回上海。

女船员在远航期间,同男船员一样,参加航行值班、机舱吊缸、绑扎大件等工作,由于细心、热情、认真负责，工作做得很出色。女轮机员何慧琴，后来任职大管轮，她爱船如家，重活脏活总是抢着做。何慧琴为确保船舶主、辅机正常运转，刻苦钻研业务，认真做好检修工作，还特别注意物料备件的节约使用，曾连续三年被上海远洋运输公司评为先进个人。1978 年，何慧琴被评为上海市三八红旗手。1979 年 9 月，她又被全国妇联评为全国三八红旗手。

在远航期间，女船员经常利用空余时间，为男船员缝补衣服。每逢举行晚会，男女同台表演，增加船舶欢乐气氛。但女船员对机舱清洁扫气箱、甲板高空舷外作业、夜间看舱值班等工作，则感到困难和不便；在婚姻恋爱、孩子抚育等问题上，也存在着后顾之忧。

女船员是远洋船上一新生事物，经过试点，表明女船员能坚持船上的工作。但是因女船员受到生理因素、家庭因素等条件的限制，不宜在远洋船上长期工作。因此，经过一段时间试点后，中远广州、上海分公司的全体女船员奉命正式离船，被妥善安排在陆地机关和基层单位工作。至此，中国第一代远洋船舶女船员的海上生活到此告一段落。

中远初创时期的船员队伍，有着很高的政治和业务水平。他们品质优良，技术精湛，作风严谨，吃苦耐劳，受到广泛赞誉。当时，船员们不仅要经受狂风恶浪的考验，还要面对枪林弹雨的威胁。面对这些困难，他们知难而上，勇于拼搏，终于战胜了一个又一个艰难险阻，圆满完成了接侨、外贸运输、援外运输等任务。中远公司重视船员队伍建设，20 世纪 70 年代中远船队大发展时期，对于船员数量的需求也迅速增加，中远通过这种方式使船员队伍的规模迅速扩大，并通过不同的培训方式使新进船员的整体素质得到迅速提升，保证了船队规模扩大对于船员数量和质量的要求。中远在船员调配、船员在船、船员公休、船员定船等方面制定并完善了一系列船员管理方面的规章制度，保证船员队伍的健康发展。中远公司关心船员的福利和健康，重视船员工资、伙食及船舶医疗卫生工作。20 世纪 70 年代，中远女船员上远洋轮，是一个突破，具有探索和象征意义。

第六章
职工培训和院校建设

航海人才的培养是振兴远洋运输事业的基础。为了提高远洋船员的素质，新中国成立初期，交通部主管水运的相关部门主要通过举办专项培训班的形式来提高远洋船员的政治素质和业务水平。

中国远洋运输公司成立后，中远公司通过在职培训和院校培养两种模式相结合的方式来提高船员队伍的整体素质。一方面通过在船培训、在岸培训，提高在职船员的理论水平和实际工作技能，满足远洋运输的人才急需；另一方面，通过改建、扩建和新建各类海运学校，加大航海院校的人才培养力度，有计划地、系统地培养远洋人才，为远洋运输的发展做好人才储备。

第一节 在 职 培 训

一、远洋队伍早期培训

新中国成立初期，远洋运输企业是新兴企业，从业人员的业务知识水平、外语水平和政治思想等方面都急需得到提高，以适应远洋运输业务的发展需求。早在中远成立前，交通部就预见到远洋运输事业的发展需求，对远洋船员及相关人员培训工作给予高度重视。

（一）交通部在南京举办远洋训练班

1951年1月，交通部在位于南京白下路复兴巷内的原国民政府新建还未完工的立法院立法委员宿舍，开办南京海员训练班，截止到1952年11月，经4期轮训，共轮训了2721名船员和基层工会干部。与此同时，还对部分起义船员进行了培训。1953年1月，海训班改建为海员干部学校，学制1年，旨在培养提高各水运单位在职干部和部分工人骨干的政治思想水平与工作能力。1953年1月至1954年11月，共举办2期培训，培训学员1222人。

（二）为组建远洋公司培训预备人才

1956年，交通部为提高在职或准备从事远洋运输干部（包括外轮代理业务）的政治业务水平，为扩展远洋运输业务培养干部，决定筹办远洋班，要求在2年半时间内培养出具有管理远洋运输业务能力的干部。根据交通部的指示，交通部海河运输局于1956年7月1日起开始筹备举办远洋运输业务专修班，经过2个多月的努力，专修班于9月17日在北京开班。远洋运输业务专修班开设11门课程，主要讲授英语、船舶、海港、对外贸易、远洋运输业务、船舶租赁及买卖、海商法、海上保险和商品学等内容，学制为3年，1958年底完成了教学任务，共为交通部培训远洋业务干部70多人，为交通部远洋运输业务的开展，培养和储备了干部。

1958年8月29日，根据远洋运输业务发展的需要，交通部海河总局发文《交通部海河运输总局关于筹备远洋船员训练班开学事宜》给南京海运工人技术学校，要求该校在10月1日前开办远洋船员训练班。该训练班学习时间半年（根据情况可以延长到1年），主要对学员进行政治教育，强化英语口语学习，再根据学员情况施以不同的技术教育。交通部从上海海运管理局、上海长航局以及交通部远洋局广州办事处等航运单位抽调来的 60 多名学员参加了训练班,为即将组建的自有远洋船队准备普通船员。

(三) 中波公司员工培训情况

中波公司是新中国成立后第一家中外合资远洋运输企业,无论是岸上管理人员还是一线的船员,从事远洋运输的经验和业务能力都存在很大的不足。考虑到中国远洋运输事业的发展,加强干部和船员的培养就具有非常重要的意义。两国政府和管委会也意识到这点,并在《关于组织中波轮船股份公司协定》中规定所有公司管理人员与船员的培训费用都由股东负担,以加大公司员工的培训力度。

员工教育培训方面,中波公司树立了长远和全局的观点,培训目的不能仅仅满足于适应当前工作的需要,也不能仅仅满足于公司本身的需要。远洋航运的干部和船员,除必须是政治上忠诚可靠和具有高度的政治觉悟外,还应具有一定的业务知识和技术能力,要求能够通晓外文。当时,中波公司的干部和船员具备这几方面条件的人数并不多,公司干部和船员很大部分是依靠上级调派,公司不能自主支配招聘权,这也限制了公司专业人才的培养速度。为解决这一问题,中波公司主要从内部培训上多下功夫,通过开展劳动竞赛等活动,激励大家发扬"学、帮、带"的精神,进一步提高员工的政治素养和业务工作能力。

业务学习方面,当船舶抵达港口,岸上管理人员便全副精力放在如何督促检查帮助船舶完成装卸作业计划,使船舶能够迅速安全出入港口。船舶离港后,他们立即总结经验并作为学习业务的具体材料,活学活用,寻求改进工作的办法。除了每周二、四、六共三次学习业务知识外,公司还专门聘任了俄文教员,每周一、三、五教学员俄文,每次学习一小时。此外,他们每天早晨要学习一个小时的政治理论知识,还补习半个小时的俄文。波兰同志每周一、三、五学习中文。

每艘船舶都建立了学习制度,以加强政治教育和业务技能培训,还根据实际需要,将船上的干部船员调到陆上进行脱产学习,提高整体素质。

公司还结合中波公司成立周年庆、中波两国国庆、十月革命纪念日等节日开展劳动竞赛活动,比学习,比业务,比贡献,加强了公司各部门间的工作联系,也对工作和学习活动起到了积极的推动作用。

通过这一系列教育培训措施的实施,加之波兰员工热情认真的指导和帮助,到 1961 年中波公司成立 10 周年的时候,公司 500 多名船员以及在波兰分公司工作的 40 多名中国职员,学到了很多航运知识和船舶管理知识,远洋航运业务得到了实际锻炼和提高。他们无论在船上还是在岸上基本都能独当一面地担负起远洋运输业务,为中国未来发展远洋运输事业储备了一批干部和船员,虽说这部分人数并不多,但意义却很重大。

二、中远成立初期的船员职工培训

中远公司成立后,国内外形势有了新的发展,中国对外贸易中的海运量日益增加。为适应需要,远洋运输船队加速了发展,而发展远洋船队最突出、最迫切的问题是船员队伍问题。由于船舶增长速度快,船员需要量大,而当时船队伍的底子薄,船员数量跟不上船舶发展的需要，尤其是缺少船长、大副、轮机长、大管轮、报务员等技术干部船员。因此，加速船员的培训工作就急需提上重要的议事日程。

（一）中远广州分公司初创时期的在职培训

中远广州分公司在初创时期，为了提高船员和机关工作人员的素质，有针对性地组织过不同类型的训练班和学习班。分公司船员管理处在1962年前后先后共开办了4次船员训练班。其中2次英语训练班，2次政治训练班，前后共有176名船员参加了学习。1962年上半年，远洋局驻广州办事处开设了远洋业务学习班，聘请了上海港的专家讲授海商法，办事处的大部分干部都参加了学习，对于国际上的一些航运业务知识，都有了初步认识。1962年第四季度起，办事处机关又开办了英文学习班，并突击学习一些有关船舶、结算以及生活上的英语会话，以便能够处理国外送来的港口使费账单，当时办事处的绝大多数人员都积极参加了这个英文学习班，使英文管理水平得到提高。

（二）远洋局重视船员培训工作

1964年3月，远洋局召开了船员培训工作座谈会，并下发了《远洋船员两年发展规划及培训工作的意见》。1965年1月，远洋局为落实《1965—1966年两年船员发展计划》，进一步明确船员培训的方针、原则与措施，又召开了船员工作会议，专门研究船员培训工作。1965年船员工作会议总结了1964年船员培训工作座谈会召开后取得的成绩，指出：自船员培训工作座谈会以来各企业开始重视船员培训工作，开展了以岗位练兵为主的在职技术培训，船员中互教、互学、练好本领的风气开始形成；一年来船员培训工作取得了一定的成绩与经验，共培养提拔了三副三管轮以上高级船员79名，顺利地为新增船舶配备了船员并及时向国外派出了监造船员。工作会对船员培训的三个问题达成共识。第一，工作会认识到积极培训船员保证远洋船队至1968年发展到100万吨的必要性。会议指出当时远洋运输事业的现状与中国国民经济发展的需要极不适应，与中国人民在国际上所担负的任务也极不相适应。因此必须尽一切努力保证实现这一计划，船队能迅速发展的关键是解决船员问题。第二，充分到认识发展船员队伍的有利条件，努力克服工作中存在的困难。党中央的支持、交通部的正确领导、远洋自营船队4年来及合营企业14来的工作经验，以及有一支1600人构成的远洋船员队伍基础等，这些都是保证完成船队发展计划的有利条件。会议强调，在看到这些有利条件的同时，也必须对工作中存在的困难有充分估计。会议确定了船员队伍培训的指导思想：自力更生培养船员，船队发展需要多少，就千方百计培养多少。第三，在船员培养中要树立"积极培训，大胆提拔，千方百计保证安全生产"的思想；树立积极培训、大胆提拔与保证安全生产是能够统一的思想，进一步调整了船员提拔得快就意味着安全生产不能得到保证的错误观念。对于所发生的事故坚持具体分析的方法，使参加培训的人员认识到，事故发生的原因，有领导干部工作作风问题，也有船员的思想觉悟和责任心问题，还有船员的技术问题，不能笼统地把事故归咎于大胆提拔。应当将大胆提拔建立在积极培训的基础之上，培训工作必须跟上船队发展的需要，而不是按老步子走路，要求船队的发展非得等待船员任职期满。以往提拔船员时对于任职年限的要求高于苏联和美国，这个年限肯定可以缩短。在船员培养过程中，应当研究培养船员的客观规律，采取积极态度培训船员。在条件基本成熟时，将新员工提到新岗位上，通过实践锻炼，实现进一步提高。同时也应当看到，新提拔的船员确实不如老船员有经验，也不老练，需要采取各项有效措施加以辅助。例如，在船员调配工作上要注意新、老、强、弱搭配，在船舶开航前应认真做好组织准备工作，特别是要加强政治思想工作，提高广大船员的政治责任心，发挥他们的积极性，以防止事故，保证安全生产。

为了加强对船员培训工作的领导，落实1965年1月召开的船员工作会议精神，1965年2月，远洋局成立了船员培训办公室。5月7日，又下发了《关于加强船员培训工作的通知》（简称《通知》），明确了培训办公室的领导关系、人员组成、主要任务和指导思想，对培训方法、工作步骤等作了具体的要求。《通知》要求在职船员的具体培训工作，仍由各公司负责，并配备专职干部负责管理（捷克公司的在职培训工作，由广州办事处负责）。船员培训办公室对各单位船员在职培训工作负责进行督促检查。从此，中远的船员培训工作开始得到全面规划，统一安排，健全制度，迎来了迅速发展。1966年4月，远洋局和中远广州分公司将船员及职工的培训教育工作从船员处划出，单独设立教育处，以加强船员培训工作，避免船员日常管理工作对于船员培训工作的冲击。

（三）制定六项船员培训措施

在1965年船员工作会议上，远洋局就加强船员队伍培训方面提出了六项具体措施。

（1）大力加强船员培训工作的政治思想领导。船舶党支部应将培训工作列为经常性重要任务，并把培训船员出人才出干部列为船舶"五好"运动的内容之一，认真抓好相关工作。

（2）采取多种多样方式加强船员在职培训。狠抓船员高一职（高一级职务）的培养。除继续坚持以岗位练兵为主的在职技术培训，充分发挥老带新、高带低、师傅带徒弟等一系列有效措施外，在方法上应强调干什么、练什么、缺什么、补什么。在在职培训方面重点应抓高级船员的高一职培养问题，除重要职务（船长、轮机长）设指导职务外，其他高级船员的高一职培养问题也通过采取调培训船短期突击补缺的办法解决。在条件已基本成熟的情况下争取早提、多提，以利于船员尽快在新岗位上锻炼。

（3）为培训船"光华"轮确定培训原则。会议对于交通部已确定的培训船"光华"轮的培训工作，提出以下原则意见，具体方案由广州办事处与广州海运局研究安排。

船舶性质：今后"光华"轮除按上级决定完成政治任务外，其余时间作培训船使用，结合培训任务的需要可安排短航线运输。

培养对象："光华"轮作为培训船使用后，将逐步发展为船员培训基地。因此从长远看，培训对象应包罗所有船员，其中有远洋新兵（从沿海内河调来的及复员士兵），有加工培养对象（高一职培养对象）公休期满利用待派时间集中训练基本功者。但应根据实际情况在各个时期有所侧重。

师资问题：除个别重要师资（教育船长或教育轮机长）另行配备外，其余师资原则上就地取材，通过培训船员中互教互学的办法解决。

组织领导：除船舶原有政委及行政领导外，另配备一套培训领导班子，由新派政委、教育轮机长（或船长）、教育干事等组成，船舶领导以培训领导小组为主，船上的一切工作要服从培训需要,但培训工作又应保证船舶安全。

培训方法与内容:以系统训练基本功为主,根据不同对象、不同工种,采用不同方法培训。

(4)千方百计扩大船员培训数量。充分使用和扩大现有船舶床位,增添救生设备,扩大培训船员容纳量。远洋局已充分考虑了这一需要,目前除应对现有船舶的床位充分利用外,原已拆除的床位应设法恢复,今后船舶大修时一定要考虑加床位的问题。总之,应千方百计争取扩大实习船员容纳量,保证实习人员尽快安排上船。

(5)建立与健全各项培训制度。各企业制订船员技术考核办法,建立船员学习手册以记载技术学习情况及测验、提升等考核情况,建立公休船员学习汇报制度。

(6)做实拟提职船员升级培训工作。积极做好从普通船员中培养提拔高级船员的工作,对普通船员中有条件提拔者和有培养前途者,应采取调训练船轮训及送工厂深造等各种有效办法培养。普通船员中尚有一些中专轮、驾毕业生,分批抽调短期集训,以便尽快提拔为高级船员。

(四)多措并举提高船员培训质量

为了提高培训效率,保证培训质量,多出人才,快出人才,中远公司主要采取下列四种措施对船员进行培训,以满足远洋船队对于高素质人才的急需。

(1)以岗位练兵为主的在职培训。从远洋运输生产的实际需要出发,坚持学用一致的原则,干什么,练什么;缺什么,补什么;用什么,学什么。苦练基本功,熟悉应知应会,同时采用以老带新、师傅带徒弟及互教互学等做法。

(2)选拔优秀人员到院校、工厂及短训班培训。对普通船员中有培养前途、有条件提拔者,调往训练船培训或送航海院校深造。分期分批将普通船员中的一些轮机、驾驶专业的中专毕业生调出,进行短期集训,培养提拔为干部船员。

(3)办好在广州、上海、天津三地的船员基地。船员基地既负责公休待派船员工作,也负责船员家属工作;既管学习,也管生活。

(4)把"光华"轮等船舶作为培训船。其培训目的是为加强船员的思想建设,促进学员学好业务技术的基本功和理论基础知识,树立船员的优良作风。

中远公司由于采取了这些有效措施,船员培训工作取得了较好的成绩,有力地促进了船员整体素质的提高。1965年在职培训了222名船员,在培训船员中,特别注重培养干部船员,中远广州、上海、天津分公司克服各种因循守旧思想,冲破各种老框框的束缚,大力提拔新生力量。

中远广州分公司根据1965年船员工作会议的要求,在船舶普遍成立了以船长为组长的有党、团、工会干部及学习积极分子参加的培训领导小组。船舶党支部将培训工作列为船上的主要任务之一,做到领导上有人抓,业务上有人教,时间上有保证。在中远公司要求的基础上,中远广州分公司还制订了船员技术考核办法,建立船员学习手册以记载技术业务学习情况及测验、提升等考核情况,建立船舶学习培训汇报制度,还把"光华""常熟"轮等船舶作为培训船。其培训方针为加强船员的思想建设,促进学员学好业务技术的基本功和理论基础知识，树立优良作风。采取了这些有效措施后，船员培训工作取得了较好的成绩，有力地促进了船员整体素质的提高。1970年，提拔了轮助、驾助以上干部船员539人；1972年，提拔各类干部船员400多人次，其中由普通船员提拔为干部船员的有100多人次。

中远上海分公司的公司管理人员和船员开始时主要来自上海海运局，公司管理人员对于国际航运业务、远洋船舶技术管理比较陌生，如对船舶和货运保险、各种货运单证、提单条款、共同海损、订舱配载、货物进出港手续、世界各大航区、航线的特点、各国对安全航行、船舶进出港的规定以及各项用费结算等都不太熟悉。为解决船舶出国面临的许多难题，公司采用"走出去、请进来"的办法对公司管理人员进行教育培训，做了大量工作，取得了成效。

在船员培训方面，中远上海分公司曾从一般船员中选拔一部分政治和技术素质好的一水、生火长和铜匠，作为重点培养对象，通过自学和一定时间的培训，经港监考试取得船员技术证书，然后接替三副、三管轮工作，此外，还从退伍军人中选派优秀的人员送海运院校培训，安排担任船舶各项技术业务工作。1966年，公司成立船员培训领导小组，制定船员培训计划。每艘船都成立自学小组，由船长任组长，采取以老带新、互教互学的方法，组织船员学习应知应会，苦练基本功，提高技术业务水平。对重点培养对象，则给予一定的脱产培训机会。随着远洋船队的大发展，船员队伍大扩充，如何提高船员的技术业务素质，成为当务之急。中远上海分公司排除种种干扰，采取多种形式，抓紧船员培训，如利用大学停课或办班少的机会，借用大学教室、聘请大学教师开办培训班；请上海、大连、厦门、南京、武汉等地的海运院校代训；选调优秀的船员和海军复员军人到大连海运学院学习驾驶、轮机管理、船舶电工和无线电报务等专业；充分发挥老船长、老轮机长的作用，利用现有船舶进行在职培训，然后通过考试取得证书。中远上海分公司从1968年至1970年共提拔三副、三管轮以上的干部船员223名。

中远天津分公司成立之时，正处"文化大革命"时期，招不到大学毕业生。公司向交通部打报告，召回了一批"文化大革命"前毕业的、已分散在全国各地从事其他工作的海运院校大中专毕业生，这些人懂专业知识，有理论功底，上船后经一段时间的培训和熟悉过程，都很快进入了角色。同时，又招收了1000多名海军退伍军人，解决了普通船员调配的燃眉之急。后来这些船员通过刻苦学习与培训，不少人成长为优秀的船长。在船培训是中远天津分公司培养干部船员的重要途径之一。中远天津分公司成立时，跟随广远十条杂货船来公司报到的8位船长，全都是航海科班出身，有雄厚的航海理论基础和较高的英语水平。凭借丰富的海上经历和船舶安全、营运的管理经验，这8位船长在中远天津分公司成立初期肩负起了开船、育人的双重重任。他们以船为课堂，自编教材，利用船上现有设备，结合运输生产实际，采用师傅带徒弟的办法，开展"传、帮、带"，通过举办干部船员培训班，培养了一大批各类干部船员，满足了远洋船队快速发展的需要。中远天津分公司从1970年10月成立至1972年底，经培训后提升的各类各级干部船员554人，其中由普通船员提升为"四助"（驾助、轮助、电助、冷藏助）以上干部船员350人，占提拔干部船员总数的63%。

这一期间中远从公司到船舶加强了培训工作的思想教育，广大船员提高了对培训重要意义的认识，逐步树立为发展远洋运输事业而学，为完成国家外贸、外援任务而学的思想，增强了学习的自觉性。但是，1966 年开始的"文化大革命"，给船员培训工作带来了冲击，培训工作受到干扰，中远公司有组织、成规模、系统性的船员培训基本停止。虽然某些分公司根据需要也组织过一些有针对性的培训，但是直到 1972 年中远重组以后，船员的培训工作才得以逐渐恢复。

三、中远重组后船员培训情况

（一）加强培训管理，满足船队大发展需要

中远重组以后，中国远洋船队迅猛发展，中远总公司重组后的 1972 年底，中远船队已有远洋船舶 184 艘，214 万载重吨；发展到 1978 年，已拥有船舶 510 艘，855.5 万载重吨。在远洋船队迅速扩大的过程中，最突出的问题是船员不足，尤其是技术业务干部船员十分短缺。当时每到接收新船配备船员班子，不得不从在航的船舶上抽调船员，致使许多船舶的船员变换非常频繁，减少了在航船舶的技术业务干部，造成新的缺员，而且被抽调去接收新船的船员也难以较快适应新船的技术要求，这对船舶的航行安全构成了极大的威胁。因此，迅速培养出一批具备多种专业技能的远洋船员，是迫在眉睫的大问题。

1972 年 5 月 20 日，筹建中的中国远洋运输总公司就在机构设置的问题上向交通部副部长于眉及交通部党的核心小组打报告，建议把远洋船员培训工作从人事处中划出，在总公司机关内单独设立教育处（不增加人员编制），避免船员培训工作被大量的日常人事任务挤掉，以更好地完成"四五"（1971—1975 年）期间繁重的船员培训任务，建议得到采纳。中远总公司成立后，在公司机构中，专门设立了教育处，负责船员教育和培训工作。其后，中远广州、上海和天津分公司也都根据总公司的要求在机构设置中单独设立教育处来专门管理远洋船员的培训工作。

1972 年 11 月，交通部在北京召开远洋工作会议，会上交通部领导提出，必须大力加强船员培训工作，建设一支又红又专的船员队伍。交通部在下发的《关于加强远洋船员培训工作的几点意见》中指出："'四五'后四年发展远洋船队的突出矛盾是船员问题，特别是干部船员问题，即船舶增长速度快、船员需要量大、现有船员队伍的底子薄、干部船员的培养需要一定的过程。初步规划'四五'后四年所增加的 257 艘船中，国内接 192 艘（余 65 艘需由香港轮船公司暂接），每艘按 74 名船员计算（包括各种预备系数），需增加船员 14000 多人，其中干部船员需增加 6600 人，四年增长近三倍。"文件中还指出，发展船员队伍的指导思想，必须是以自力更生为主，争取外援为辅，主要依靠积极地做好培训工作。在培训工作中，应是在职培训和学校培训相结合，以在职培训为主；在船培训和在岸短训相结合，以在船培训为主；船上培训应重点培养和普遍提高相结合，普遍提高打基础，重点培养提职务。要求每年平均在 2 至 3 艘船中培训出一套新的干部船员班子，以保证远洋运输事业发展的需要。

为了贯彻 1972 年交通部远洋工作会议精神，交流总结船员培训工作经验，做好船员培

训工作，中远总公司于 1974 年 3 月和 1975 年 3 月连续 2 年专门召开远洋船员培训工作会议，对于前段时间的培训工作进行总结，安排下一阶段的培训任务。1974 年远洋船员培训工作会议上，交通部于眉副部长到会作了指示，1975 年远洋船员培训工作会议上交通部部长叶飞，副部长于眉、马耀骥和陶琦到会并做了指示。1976 年 2 月，在北京召开了新进船员培训工作座谈会，对新进海军复员战士的培训问题进行专门讨论。

1977 年 4 月，中远总公司在北京召开了远洋运输工作会议，专门针对船员培训工作出台了《远洋局关于船员培训工作的基本情况和进一步加强船员培训工作的意见》，会议肯定了当时的一段时间船员培训工作取得的显著成绩，并对船员在职培训工作提出具体要求。《远洋局关于船员培训工作的基本情况和进一步加强船员培训工作的意见》中要求在船培训要加强党支部领导，把培训工作列入党支部的议事日程，要求每航次有布置、有检查、有总结，做到组织、思想、人员、措施四落实；充分发动群众积极参加学习，广泛开展群众性的教学活动等；同时，把做好培训工作列入"船舶工业学大庆"的重要内容之一，不断进行检查，总结经验。会议要求要进一步办好"七二一"海员大学，这种办法可以解决在职培训中比较难于解决的理论基础知识和外语问题，使教学和生产紧密结合，也是快速发展船队、解决干部船员人数不足的一个重要方法。船办"七二一"海员大学要把培训工作和安全生产统一起来，把脱产班和在职的学习结合起来，要积极创造条件办好，特别要办好"育华""建华""常熟"轮的"七二一"海员大学；要建立和健全组织制度、交接制度，使"七二一"海员大学逐步制度化。会议要求抓好在岸短训，要办好各类技术干部在岸短训，使在岸短训和在船培训结合起来，通过在岸短训为船舶培训打下基础。凡在船学习英语、报务机务、货载计算、海事法等效果不太好的，应力争在岸学习一段时间，打下初步基础，再上船在实践中继续学习，以加速船员的培养和提高。

交通部及中远总公司对于船员培训工作的重视，为在中远船队急速扩张过程中船员队伍的建设工作提供了支持和保障。

（二）20 世纪 70 年代中远船队大发展时期船员培训工作的开展

为了适应中远船队大发展这一特殊时期对于船员的需求，中远总公司通过各种方法扩大船员队伍，以适应船队迅猛发展的需要，但是各种渠道来的新进船员不能马上胜任船上的工作，新招聘船员的培训问题，成了当时中远总公司及其各分公司主抓的工作之一。前交通部部长钱永昌在《轻舟已过万重山》一文中，生动地描述了当时中远上海分公司船员队伍迅速扩大和培训的情况：

短时间内，中远上海分公司的船队迅速发展起来，从 1973 年到 1982 年，共增加了 172.3 万吨位、96 艘船，如此迅速的增加，船员需求也就随之大幅增加。但是，人从哪里来呢？一下子增加了上百条船，需要有足够的普通船员和干部船员，但 70 年代初期，因为"文化大革命"带来的一系列问题，国家招工指标冻结，全国高校停止招生，船员和航海专业干部没有了来源。船可以买，但熟悉业务的船员买不来。船员匮乏成为突出的困难。为了解决船员紧缺的问题，国务院、中央军委决定，1975 年从海军复员水兵中一次性选调

5000人分配到中国远洋运输总公司。在船员队伍中，驾驶、轮机、电机等技术干部比普通船员更为缺乏。为了保证船舶运输，除了每年吸收一批海军复员军人外，中国远洋运输公司采取了几个应急办法：一是从长江航运局、上海海运局、广州海运局等内河沿海航运部门抽调了580人；二是从海运大中专院校1960年以后毕业、但没有留在海运系统工作的毕业生中回收一部分，三是从海运大中专院校中接受毕业生（工农兵学员）；最后一条，也是运用得最多的一个办法就是从那些表现好、有培养前途的工人船员（其中很大部分为海军专业人员）中选拔，让他们到干部船员岗位上培养锻炼，这部分人占到了技术干部船员缺额的近一半。

这些从各个渠道来的船员到了船上并不能立刻就驾船出海，他们只是具备了船员所必需的基本要求，但要独立在各个岗位上开展工作就需要大力加强培训工作。我们采取"新老搭配，以老带新"的办法，将各条船上的新老船员混合搭配，由老船员带新船员，边干边学，在实践中提高他们的能力。对于仅经过较短时间培养就提拔到岗位上任职的船长、轮机长，因对船舶安全航行、安全运转负有重责，因此，我们就制定了一个"人盯人"的办法，即由海监室、机务处中有经验的老船长、老轮机长，实行专人时时遥控跟踪管理以协助新船长、轮机长。这就要求我们思想上要打破常规，大胆使用，工作上要抓实抓细。所以有的工人船员很快就培养成干部船员，少数优秀的在短时间内培养成船长、轮机长，当时我们把"揠苗助长"作为褒义词，作为正面的口号来指导我们的培训工作，对于表现优秀的、具有培养前途的就越级提拔。我们组织了各种专业的短训班，成立了自己的职业学校，轮流将船员们调下来突击进行各种专业学习培训。通过突击式的发展，中国远洋船队有了跨越式的发展，我们上海远洋公司的船员队伍也相应地实现了跨越式的发展。1973年中远上海分公司有船员2519人，1974年有船员3470人，1975年有船员4616人，1976年有船员6325人，1977年有船员8571人，1978年有船员9355人，1979年有船员11396人，平均每年增加1000—2000多人，尽管如此困难，我们的远洋事业还是实现了快速发展，较好地完成了生产任务。这些新培养的同志为中国的远洋事业发展作出了历史性的贡献。

当时，为满足远洋船队发展对于人才的急需，中远各分公司根据各自的特点和实际情况，积极开展群众性的在船培训工作、在船举办短训班以及在岸办短训班等多种形式对船员进行培训，来提高船员技术水平和业务能力。

1. 在船培训

中远各分公司船员在船培训主要采用以老带新、互教互学，包教保学、边干边学和传帮带的培训形式，提出"船舶就是学校，生产现场就是课堂，能者为师，船员就是学员"。培训教学的内容结合船舶生产实际和各岗位的基本操作技能，并把船舶规章制度、操作规程、常用的业务技术科目等作为主要课题。组织驾驶员学习天文、航区气象、货物配载等；轮机部学习机舱值班管理制度、船舶管路、主机系统、主副机操作规程等；甲板部学习船舶索具、系缆操作、消防知识、看舱理货等；业务部学习烹调、宴会招待、医护卫生常识和常用英语等。培训结合生产，边学边练。

中远广州分公司"许昌"轮，在1973年不到一年的时间内，通过在船培训，提拔干部船员23人次。1978年2月，中远广州分公司制定《远洋船员应知应会技术业务标准》试行草案，使船员在船培训工作更加规范。此外，中远广州分公司为进一步提高船员的技能，召开了在港船舶的基本演练现场会，广大船员踊跃参加，掀起了群众性的练兵热潮。

中远上海分公司1973年在"盐城""丰城"2轮举办短训班，在5个月内培训了19名干部船员。中远总公司认真总结了该公司的培训经验，并印发到各轮，对培训工作起到了较大的推进作用。1977年，在开展"工业学大庆"运动中，中远上海分公司结合远洋运输生产实际，抓船员在职培训，做到三有（有布置、有检查、有总结）四落实（组织、人员、思想、措施落实）。各船根据不同工种，有计划地开展岗位练兵，掌握应知应会技术。仅在"汉川""铜川""银川"和"丰城"等轮，举办驾驶、轮机、报务、船电四大专业培训班，就培训船员1071人，其中干部船员79人。1978年2月，交通部副部长彭德清亲自组织船舶驾驶想定作业演练（即模拟演练），部分船舶驾驶员在"清水"轮就船舶在复杂水域的操纵、避碰、雾航、雷达作图等进行练习和答疑，取得很好成绩，收到预期效果，同时也为公司培训了船舶驾驶技术骨干。

中远天津分公司"育华"轮是开办"七二一"海员大学最早的船舶。该轮在党总支委员会内，设学校正副校长、正副政委各一人，学员按"船来船去"的原则，请老船员和院校教员担任老师，学制定为半年。他们以船为课堂，自编教材，利用船上现有设备，结合运输生产实际，采用师傅带徒弟的办法，开展"传、帮、带"，通过举办干部船员培训班，培养了一大批各类干部船员，满足了远洋船队快速发展的需要。1973年，天津分公司的"金沙"轮在5个月中，培训提拔干部船员18人次。1977年6月开始，中远天津分公司通过在"镇江""金沙""敦煌""华亭"和"江亭"轮等船舶举办培训班的方式，先后培养出数十名船长、大副等干部船员，同时还编写了《远洋船长业务教材》《了解你工作的船》《远洋船员职务规则》和《船员安全手册》等培训教材。

中远青岛分公司成立于1976年，公司船员新，大多数船员没有经过系统的专业理论学习，原有的船员文化水平比较低，技术业务、管理能力和外语水平都不高，船员提职快，干部船员多数是新任现职，缺乏现职工作经验和业务能力。针对这些问题，以及公司技术力量薄弱的情况，公司在1978年下半年和第四季度工作要点中，对技术培训明确地作了部署并发布了一系列文件，要求各轮党支部进一步加强对船员培训工作的领导，要在认识上有一个大的提高，把培训工作作为一项重要的战略任务来抓。凡是来青岛港的船舶，公司都组织人员上去了解情况、解决问题、反复宣传、督促检查，努力做到有布置、有检查、有落实，推动船舶培训工作的深入开展。青岛分公司各轮也普遍重视在船培训工作，大多数船舶将其列入党支部议事日程，组成了在党支部领导下的船员技术培训领导小组，以"普遍提高，重点培养"为原则，充分发挥了船舶党支部、技术培训领导小组的领导作用和技术干部、老船员的骨干作用。各轮采取干中学、学中干、理论联系实际、以老带新、一级带一级、互教互学、干部亲自教、搞好传帮带等灵活多样的方法，广泛开展了大练基本功的岗位练兵活动，使船员在实践中迅速普遍提高了技术业务水平。为了总结交流各轮的培训工作经验，推动在船培训工作的深入开展，自1978年7月起，教育处办起了培训工作简报，到年底发出9期。

在培训工作中，许多船舶党支部把普遍提高和重点培养有机结合起来，在共同提高的基础上，有计划地把一些思想好、作风踏实、工作积极、肯于学习、有一定技术业务水平的同志及时列入培养计划，重点帮，跟班带，使其在做好现职工作的同时，熟悉高一级职务的业务，为以后提职胜任工作打好基础。1978年，中远青岛分公司各轮共提拔各类干部船员277人次，其中"广海""长海""兰海""珍海""珠海""华海""鲁海""青海"轮等船舶都培养提拔了半套以上的干部船员。1978年10月13日至15日，中远总公司在上海分公司召开了船员基本功操练现场会，中远青岛分公司参加了会议。会后，中远青岛分公司迅速转发了会议文件和中远上海分公司"盐城"轮等船舶的培训工作经验，要求各轮向中远上海分公司学习，并迅速掀起了大练基本功的热潮。1978年11月中旬，中远青岛分公司抓住到青岛港船舶相对比较集中的时机，分别向"广海""兰海""辽海""珠海""阳宗海"轮等船舶传达贯彻了上海船员培训会议精神。公司临时抽调了1名船长，制定了想定作业方案，先后在"广海""长海"轮组织机关各处室负责人员和上述船舶的代表以及在家公休的部分船员，召开了2次贯彻落实上海船员培训会议精神的现场会，进行了2次驾驶员的图上作业和3次水手、机工的基本功表演。"广海""珠海"和"辽海"轮等船舶联合发出了《大力加强船员技术培训，迎接远洋事业飞速发展》的倡议书。中远青岛分公司除了加强对船员进行在职培训外，还利用"青海"轮、"黄海"轮的空余床位，举办了驾驶员学习班，共培训10人。为满足船舶培训工作的需要，青岛分公司还想方设法取得有关单位的大力支援和协助，多渠道购买、印制教材，1977年购制教材58种4000余册，1978年购置各类专业教材26种1700余册，陆续发放各轮。

中远大连分公司大力推行船员在职在岗培训，使船员队伍的业务技术能力迅速提升。结合不同船舶的自身特点制定出培训计划，开展"岗位练兵"。针对新建单位和新船员队伍业务基础差、干部船员短缺的特点，以及有许多船员没有在油船工作的经验，大连分公司从一开始就对船员队伍进行全方位的业务培训。

为使中远各分公司在船培训工作逐步走向规范化、标准化，1978年2月，中远总公司转发了广州分公司《远洋船员应知应会技术业务标准》试行草案，要求按其中对船舶29种职务的要求，在船员培训和岗位练兵时参照使用，并要求各公司经常组织技术表演和技术经验交流活动，使不同职务的船员逐步达到应知应会的要求。同年，中远总公司党委发出《加强船员培训，掀起群众性技术练兵热潮》的通知。中远广州、天津、青岛分公司和中波公司相继召开了在港船舶的基本功演练现场会，交通部叶飞部长、彭德清副部长分别观看了船员们的表演，对中远船员苦练基本功取得的成绩给予了肯定。

中远船员在船培训具有三个特点：一是普及面广，包括中远所有船舶及代管、合营的船舶；二是在远洋船队中形成了在船培训的好传统；三是方法比较贴近实际，学习内容主要是实际工作中最常用、最需要的知识和技能。在开展船员在船培训中，中远各分公司还根据各自的情况，在本公司的船舶上开办了"七二一"工人大学。据统计，从1973年至1978年的6年中，在船舶上举办的脱产班共培养各类技术干部船员2196人，多数学员学习4至6个月后即可任职。

2. 在岸短训

在岸培训是当时普遍采用的另一种培训方式，每期培训时间不超过一年，培训对象主要是专业性较强岗位上的船员。为了落实在岸短训工作，1973年3月，中远总公司在大连海运学校增设了一个报务专业，学制1年，选送了40名海军复员士兵参加学习；并内招驾驶、轮机、船电专业的学员共200人。长江航运公司的南京、武汉、重庆3所河校还为中远代培水手、机工。中远广州、上海、天津分公司共选送692名学员，经过为期半年的培训全部回到各自公司工作。当年接收的3000名复员水兵，除入校培训外，一部分安排上船，其余人员在陆地参加各种专业短期培训，有的到兄弟航运单位或工厂参加代培。大连、上海海运学院还为中远开办了冷藏、船电、管事培训班，学制分别为5个月、11个月、1年，共为中远广州、上海、天津分公司培训船员140名。

为了加速远洋业务干部和出国人员的培养，经交通部党的核心小组批准，中远总公司在京开办了远洋干部训练班。1975年2月，远洋干部英语训练班正式开学，学制1年。中远广州、上海分公司，外代大连、青岛、烟台、汕头、秦皇岛分公司及中波公司派干部参加了培训。中远各分公司也分别开办短训班、业余技术讲座，邀请海运院校和兄弟单位的专业技术人员，为这些公司尚未上船的新船员和后备干部船员及公休船员讲课。中远天津分公司还办了船长、大副业务学习班。

1977年4月，远洋局下发的《关于船员培训工作的基本情况和进一步加强船员培训工作的意见》，要求中远各海校充分发挥潜力，通过在岸短训为在船培训打下良好基础。

随着中远教育培训工作的开展，中远各分公司陆续实现了"先培训后上岗"的新船员培训制度。1973年10月，中远广州分公司成立了自己的广州海员学校，每年为公司培训一大批船员；1973年，中远广州分公司派了一些优秀船员到大连海运学校、长江航运公司所属的河校、上海海运学院学习；选派了人员参加了中远总公司1975年2月举办的远洋干部英语训练班学习；1976年，请8省市的9所院校代培了3208名船员；同时自己也开办一些短训班、业余技术讲座，邀请海运院校和兄弟单位的专业技术人员为新船员、后备干部船员以及公休船员讲课，藉以提高其业务、技术水平。中远青岛分公司联系青岛市饮食服务学校教员在青岛海校办了一期25人的厨工学习班，取得中远天津分公司的帮助，在"育华"轮代培二副10人，在集美海校短训水手、机工78人；选派3人参加了大连海校电机自动化学习班，派出14名驾助、水手参加中远总公司在大连举办的英语学习班；1978年利用各类专业学习班共培训140人。为了提高船员掌握自动化船舶的技术水平，中远公司还在大连海运学校举办了船舶自动化培训班，中远所属各公司的部分电机员、电助和中远各海运院校的教师参加了培训。

中远总公司、各分公司及广大船员认真贯彻远洋工作会议强调做好船员培训工作的要求，努力开展群众性的在船、在岸培训工作取得了实效。截止到1975年末，共有10个城市和地区的70多个学校、工厂、饭店，为中远代培了各工种船员约5000名。中远在1973年共提拔干部1132人次，其中从普通船员中提为干部船员565人次。在1972—1973年两年内完全靠自己培养提拔干部船员接船50艘，发展很快。从总的情况看，自中远总公司重组到1978年的6年中，在岸共培训在职船员15523名，在船培训2196名。基本上满足了中远船队发展壮大对业务技术干部船员、有岗位技能船员数量和质量上的需要，保证了船舶各项工作的开展和运输生产的顺利进行。中远各分公司在职船员 1973—1978 年培训情况见表 6-1 和表 6-2（数据统计包括中波公司）。

中远总公司 1973—1978 年在职船员在岸（脱产）培训统计表（单位：人）　表 6-1

单位＼年份	1973	1974	1975	1976	1977	1978	合计
广远	1279	553	1385	3208	771	67	7263
上远	1047	206	855	1250	1973	269	5600
天远	519	429	75	905	403	199	2530
青远	—	—	—	—	—	130	130
中波	—	—	—	91	142	147	380
年度小计	2845	1188	2315	5454	3289	812	15903

中远总公司 1973—1978 年在职船员在船（脱产）培训统计表（单位：人）　表 6-2

单位＼年份	1973	1974	1975	1976	1977	1978	合计
广远	30	40	149	260	369	434	1282
上远	22	95	43	92	36	79	367
天远	7	80	95	142	172	41	537
青远	—	—	—	—	—	10	10
中波	—	—	—	—	—	—	—
年度小计	59	215	287	494	577	564	2196

第二节　院 校 建 设

中国远洋运输公司自成立以来，接管、改建和扩建的海运（海员）学校 3 所，分别是南京海员学校、大连海运学校、集美航海学校；新建学校 3 所，分别是青岛海运学校、天津海员学校和广州海员学校。其中，南京海员学校、大连海运学校、集美航海学校和新建的青岛海运学校最终由中远公司直接管理，天津海员学校和广州海员学校分别由中远天津分公司和中远广州分公司管理。

一、接管、改建和扩建海运（海员）学校

20 世纪 60 年代，中远只有南京海校这一所技工学校。1964 年 5 月，中远公司接管

了当时上海海运管理局所属的南京海运技工学校，委托中远上海分公司主管。但是不久受到"文化大革命"的干扰，招生工作停止，正常的教学秩序被打乱。学校还一度改为船舶配件制造厂。进入20世纪70年代，中国的远洋运输船队迅猛发展，急需建立一支与之相适应的远洋船员队伍，根据船队发展规划，远洋船员要从1972年的7000多人相应地增加到24000人以上，其中干部船员要从当时的2000多人增加到11000人。为此，在1972年交通部远洋工作会议上对于远洋总公司的院校建设提出具体的要求：远洋总公司新建的中等专业学校和天津、广州分公司新建的远洋海员学校，应抓紧筹建，力争1974年开始招生。原属大连港务局的大连海运学校，划归远洋总公司领导。原南京海员学校应予恢复，归中远上海分公司领导。

中远总公司重组后，认真贯彻1972年远洋工作会议的精神，在交通部和国家有关部委的大力支持下，中远总公司已有的海运（海员）学校得以逐渐恢复，并在招生、师资以及学校的建设规模等方面得到扩充，学校的各项工作得以正常开展，计划建设的学校也开始着手建设。到20世纪70年代末，中远总公司在全国各地的海运（海员）院校共有6所，院校教学和基本建设得到迅速发展，初步形成中远教育培训的基地，为中远船队和管理机关输送了大批骨干船员和合格的业务技术干部，有力地支持了中远公司各项事业的发展。

（一）接管南京海员学校

南京海校在发展过程中，曾几度更换主管机关和校名。在中远接管之前，南京海员学校的发展可以大致划分为南京海员训练班、海员干部学校、南京初级航海学校、南京海运工人技术学校、交通部上海海运管理局南京海运学校、南京海运技工学校等几个阶段。1964年5月，中远接管南京海运技工学校，改名为南京远洋技工学校，期间由于受到"文化大革命"的影响停校办厂，学校改为船舶配件制造厂。1973年复校，定名为南京海员学校，1990年又更名为南京海运学校。

1. 中远接管之前南京海校的沿革

1950年12月，中央人民政府交通部和中国海员总工会决定在原国民政府新建还未完工的立法院立法委员宿舍创办南京海员训练班（图6-1），经过筹备，1951年1月，南京海员训练班正式开学，训练班主要培养船员、基层工会干部，也对当时的部分起义人员进行政治、业务方面的培训。1953年1月，海员训练班改建为海员干部学校，学制1年，旨在培养提高各水运单位在职干部和部分工人骨干的政治思想水平与工作能力。

1955年，为适应航运事业发展，交通部决定将海员干部学校改建为技术学校，从交通部上海海运管理局等单位调拨

图6-1 中央人民政府交通部和中国海员总工会共同创办的海员训练班部分学员留影。

了一批船舶设备与实训器材，并添置了一批教学仪器与设备，建立了实验室、专业课教室、实习工厂、车间与水上训练码头艇站。经过一年筹建，1956年秋学校开始对外招生，并改名为南京初级航海学校，由交通部海运管理总局领导，参照中等专业学校章程办校。

1957年9月，经交通部海河运输局与劳动部研究确定学校为技工性质，把"南京初级航海学校"改名为"南京海运工人技术学校"，划归交通部上海海运管理局领导。其间学校一面对外招生培养新船员，一面为上海海运管理局举办各类短训班，轮训水手、生火、机匠，同时还选拔德才较好的水手、机匠进行8个月的专业训练，培养成为驾驶员、轮机员。

1960年1月，交通部决定把南京海运工人技术学校改为中专，命名为"交通部上海海运管理局南京海运学校"，设置驾驶、轮机两专业，学制3年。1961年3月，鉴于学校师资力量、教学设备等条件还不充分，复经交通部决定调整回技工学校，命名为"南京海运技工学校"，改驾驶、轮机两专业为水手、机匠专业，并相继开办船电、车工、钳工等专业。

1957—1964年，南京海运技工学校在归上海海运管理局领导期间，该校通过全日制和短训班，共为上海海运管理局培养船员2401人（全日制1396人，短训班1005人），其中指导员83人，驾驶员84人，轮机员85人，船舶技术工人2149人。

2. 南京海运技工学校划归交通部远洋局

为了使交通部直属系统技工学校的规划布局更趋合理，交通部同意在上海新建上海海运技工学校，为上海海运管理局的船舶和船厂培训主要工种的技术工人，同时将上海海运管理局所属的南京海运技工学校划归远洋运输局领导，使其逐步成为培养远洋船员的学校。1964年3月31日，交通部教育司发文《关于南京海运技工学校划归远洋运输局领导有关问题的意见》给上海海运管理局，建议在1964年暑假前改变领导关系，年底办理完交接手续。1964年5月18日，上海海运管理局呈文《关于请确定南京海运技校交接日期由》，同意交通部的意见。1964年5月27日，交通部发文《关于南京海运技工学校划归远洋运输局领导的通知》，自1964年6月1日起，南京海运技工学校划归远洋运输局领导。文件中明确，在上海海运技工学校没有完全建成以前，未开始招生的工种，南京海运技工学校的同工种毕业生由两局共同分配，但是招生对象、培养目标、学习内容按远洋船舶要求办理。南京远洋技工学校划归远洋局后，由中远上海分公司主管。同年8月12日，交通部远洋局发文《关于南京海运技工学校划归远洋局领导及更新校名的通知》将"南京海运技工学校"改名为"南京远洋技工学校"。1964年10月，根据交通部远洋局的指示，为加快航海人才的培养，该校原来3年的学制为2年，原在校2年级各班学生改为两年半毕业，文化基础课全部停止。1965年9月9日，交通部下发文件《交通部关于南京远洋技工学校更名为南京远洋海员学校的通知》将"南京远洋技工学校"改名为"南京远洋海员学校"，进一步明确了该校的培养对象。"南京远洋海员学校"招收初中毕业生，培养船舶水手、机工和电工等，也承担在职普通船员的轮训和复员到远洋工作的海军战士的培训工作。

1965年南京远洋海员学校招收新生206名，连同2、3年级及轮训船员，全校共有学生624名。

1966年受到"文化大革命"的影响，南京远洋海员学校全面停止招生。1970年5月

15日，交通部军管会发文《交通部军管会关于将南京远洋海员学校改为船舶配件制造厂的通知》通知中远上海分公司革命委员会和南京远洋海员学校工宣队、革委会，确定将南京远洋海员学校改为船舶配件制造厂，划归中远上海分公司的建制和领导。船舶配件制造厂的主要任务是充分利用现有的设备制造船舶大型柴油机、副机配件。同时，中远上海分公司也可在该厂短期培训船员。交通部军管会通知也说明，今后根据需要，还可以改厂办校。

3. 恢复原南京远洋海员学校

1972年中国远洋运输总公司成立，远洋运输事业迅速发展，急需培训大量船员。1973年1月26日，中国远洋运输总公司在与江苏省、南京市等有关部门充分协商后，呈文交通部《请部速下达恢复原南京海员学校的函》要求恢复原南京海员学校。文中还指出："鉴于上海市土地比较紧张，上海远洋分公司建立技校有一定困难，恢复后的南京海员学校作为上海远洋分公司的技校，由上海远洋分公司直接领导。"1973年3月8日，交通部复文《关于恢复原南京远洋海员学校的通知》表示："交通部征得江苏省革委会同意，决定原南京远洋海员学校自1973年3月起恢复，学校定名为'南京海员学校'。"设置船舶水手、船舶电工、轮机工3个工种，同时仍保留远洋船舶配件厂，既办厂，又办校，一个领导班子，两个牌子，由中远上海分公司领导管理。1973年11月，中远总公司发文《关于南京远洋海员学校编制定员的通知》给上海远洋分公司确定学校发展规模为学员800人，学校定员为175人，其中编制教职员工135人，实习工人40人。

1978年4月7日，远洋运输局向交通部提交了"关于继续办好南京海员学校"的报告，报告中提出："改变学校领导体制，厂校分办，海校由原上海分公司管理改为由中远总公司直接管理；由原技工学校改为中等专业学校，在驾驶、轮机管理和船电专业的基础上，增设通信专业；学校办学规模由800人扩大到1000人。"1978年4月11日，交通部下发《关于办好南京海员学校的批复》予以确认，理顺了南京海员学校的管理体制，确定了学校办学的性质和规模，为学校的发展奠定了基础。

（二）大连海运学校划归中远管理

1. 大连海运学校的历史沿革

大连海运学校（图6-2）成立于1956年。新中国成立初期，为发展海运业，迫切需要培养大量沿海和近海船员。交通部于1956年2月9日，向高等教育部发函《申请一九五六年接办和新建中等专业学校》。同年3月20日，中华人民共和国高等教育部复函《同意你部今年接办和新建六所中等专业学校》。3月27日，交通部下发《通知本部一九五六年新建及接办的中等专业学校已经批准正式成立》。大连海运学校就是其中的一所。校名定为"交通部大连海运学校"，是一所专门培养中级海运技术干部的学校。

图6-2 大连海运学校外景。

初创时期的校址在大连市沙河口区白山路79号，系大连海运学院旧址，拥有约3000平方米的两层教学楼和约2000平方米的三层办公楼兼教工宿舍。1954年冬，当时大连海运学院招收的第一期学生，连同原东北航海学院、上海航务学院以及福建航海专科学校合并后迁入大连的学生，一起搬入凌水桥新校址。这样，当时的校园里除了大连海运学校外，还有大连港口机械学校和大连海运学院工农速成中学。

1956年4月，交通部委派原南京海员干部学校校长戴德负责建校工作。教职工队伍主要来自企事业单位抽调的干部、职工及大专院校毕业生。他们自己动手，在坎坷不平的校园空地上，修建了一条200米长的跑道和一个小型足球场。没有实习工厂厂房，就自己搭棚厦，各个实验室的仪器设备，也是教师们想方设法各地采购，或从有关工厂和废旧船上拆卸装运回校再整修安装。在大家的努力下，1956年9月1日，迎来了学校的第一次开学典礼。

根据交通部计划，当年招收初中毕业生400人，设海洋船舶驾驶、船舶动力装置2个专业，学制四年。1956年12月，经交通部批准，将原属海运管理总局的大连港口机械学校并入交通部大连海运学校，成立港口机械专业。工农速成中学停办，校舍全部归交通部大连海运学校使用管理。当时的在校生增到520人，教职员工124人，其中专任教师50余人。

1957年，任命戴德为校长，俞平、赵文耀、丁汉章为副校长。

20世纪50年代，正是全面向苏联学习时期，教学计划和课程大纲都是由高教部翻译苏联版本后下发。普通课、基础课和部分专业课都使用苏联教材，整个教学计划是大学本科的浓缩。学生课业负担繁重，周学时数达到30节以上。当时轮机管理专业的学生学俄语而不学英语，毕业工作后几乎没有用处；驾驶专业虽学英语，但由于学生没有在初中时就开始学习，导致基础较差，尤其是缺乏英语听说的训练，很难适应远洋驾驶员的工作需要。20世纪50年代后期，由于频繁的政治运动以及对党的"教育必须为无产阶级政治服务，必须与生产劳动相结合"的教育方针的认识存在着片面性，致使学生过多地停课参与各种政治运动和体力劳动，诸如"大炼钢铁""大搞技术革命和技术革新"，以及抗旱、秋收、修水库、上水产公司渔轮参加刮竹板捕鱼等。由于劳动时间较长又大多不结合专业，打乱了学校正常的教学秩序，学生成绩普遍较差。

1958年6月，全国各级各类学校掀起了教育"大跃进"和"教育革命运动"。当时，大连海运学院提出要办万人大学、三千人中专，包括附属中学、小学在内，形成规模宏伟的一条龙教育。在这种形势下，同年9月，交通部决定将大连海运学校并入大连海运学院，成为学院的中专一部，校址迁到大连市西南郊凌水桥。12月1日，中专一部与海运学院当年在社会上招收的200名青年学生成立的中专二部合并为中专部，并新设了船体修理和船机修理2个专业。加上当年招收的400名新生，学校规模迅速发展，在校生达1100余人，专任教师近100人。

1960年，学校新设了船舶电工专业。1961年，受三年困难时期的影响，处于发展时期的大连海运学院中专部转入调整阶段，停办了船体和船机专业。

1962年4月，遵照上级决定，将从农村录取的415名学生下放回乡；对教职工编制也相应压缩，近50名教师和职工调离学校。师生员工数锐减到600余人。

1961年下半年，交通部下发了《交通部直属系统全日制中等专业学校管理分工办法》（草案），1962年初，时任大连海运学院主要领导批示："中专宜独立起来为好，现在应建立独立的机构。应归部直接领导。"1962年10月交通部下发《关于同意你院附属中专部改为独立中等技术学校的通知》。当时中专部负责人曾专门去北京请示如何独立办学的问题。1963年2月21日交通部下发《关于大连海运学院中专部独立并命名为大连海运学校的通知》，明确在校长等主要领导干部未正式任命前由张华民、赵文耀两同志负责，恢复独立办学，为交通部直属中等专业学校，从学院内迁入凌水桥西山。8月，交通部任命张华民为校长，赵文耀、丁汉章为副校长。领导体制变更，自主权扩大，有利于调动各方面的积极性，到1965年，海船驾驶、海船轮机管理、船舶电工、港口机械4个专业共有20个班级，在校生近800人。教职工总数为180人，其中专任教师90人。恢复独立办学的大连海运学校，经请示交通部和省教育厅后决定，1964年起分两批将1962年下放回乡的415名学生中符合返校学习条件的，重新招回学校读书。

1966—1971年，受到"文化大革命"的影响，学校长达6年没有招生，在校的教职工有的参加挖防空洞，有的开荒种地。

1970年1月，学校归属大连港务管理局领导。1972年初，学校接到恢复办学的通知，陆续将下乡的干部调回学校，为开学做准备。同年6月，学校在辽宁省内招收191名工农兵学员，编为6个班（驾驶专业4个班，轮机、船电专业各1个班），为中国远洋运输公司培养远洋干部船员。11月，又在省内招收137名工农兵学员，编为4个班（驾驶、轮机专业各1个班，港口机械专业2个班），为大连港务局培养技术人才。

2. 中远公司接管大连海运学校

20世纪70年代，中国远洋船队的迅速扩张，对于远洋人才需求进一步扩大，为满足人才培养的需求，交通部在1972年12月13日下发《关于将大连海运学校交远洋运输总公司领导管理的通知》文件中指出："鉴于中国远洋船队的迅速发展，急需培养大量船员，兼为大连港务局培养部分技术力量。为使学校管理体制与培养任务相适用，决定自1973年1月1日起，将大连海运学校委托给中国远洋运输总公司管理。"

1973年4月，大连海运学校呈文中国远洋运输总公司，提出大连海运学校主要培养远洋船员，也兼培养港机人才。学校设置4个学科，分别是船舶驾驶学科（包括无线电报务专业）、船舶轮机管理学科（包括船舶电机专业）、港口机械专业学科和普通文化课学科。1973年5月25日，中远总公司复文大连海运学校《对大连海运学校组织机构的批复》，规定大连海运学校发展规模为学生1200人，编制教职员工200人，实习工厂50人。

中远接管之后，大连海运学校于1973年、1974年自办英语师资班，解决英语教师奇缺的燃眉之急。1974年驾驶、轮机、船电专业还招收了近20名女学员。

1972—1976年，学校共招收工农兵学员1300余人，明确主要培养远洋干部船员。工农兵学员是由工厂、农村、部队推荐保送到学校学习的，入学无须统一考试。有的虽参加了县、区组织的考试，也并非以成绩决定录取。因而同届学生的年龄相差较大，文化程度也参差不齐。学生学习期间频繁参加各种活动，加之入学时的起点偏低，学员在校获得知识和技能较少，因而不少学生毕业后，尚需经过补课才能胜任工作。

1977 年，大连海运学校恢复了全国统一招生，当年招收高中毕业生 400 人，学生质量明显提高，办学规模迅速发展。

1978 年 1 月 1 日，交通部大连海运管理局成立后，交通部又一度将大连海运学校划归大连海运管理局领导和管理①。10 月 13 日，交通部下发《关于改变大连、青岛两所海校领导体制和学校规模的批复》，将大连海运学校由大连海运管理局领导，改为由中国远洋运输总公司领导管理，党组织关系由旅大市委领导。

（三）集美航海学校划归中远管理

1. 集美航海学校的历史沿革

集美航海学校是由爱国华侨陈嘉庚先生于 1920 年创办，是国内历史悠久的航海类教育的高等院校，发展经历曲折。

新中国成立后的 1952 年 9 月，经教育部批准，集美水产商船专科学校与厦门大学航务专修科合并，成立国立福建航海专科学校。1953 年，院系调整，高教部将福建航海专科学校并入大连海运学院。1954 年，在陈嘉庚的呼吁下，集美学村恢复航海教育，成立"厦门市私立集美水产航海学校"。1961 年，改称"福建集美航海学校"。

"文化大革命"期间，福建集美航海学校被迫停止招生 7 年，大量教学仪器、设备和部分校舍被毁坏，图书资料散失殆尽。1970 年，学校并入厦门大学，筹建海洋系航海专业。1973 年 2 月在航海专业的基础上，筹办厦门大学航海系。厦门大学航海系成立不久的 1973 年 7 月 17 日，国务院科教组下文将厦门大学航海系改为"集美航海学校"。

2. 集美航海学校划归中远总公司管理

1973 年 9 月集美航海学校（中专）复办，交由中远总公司领导管理。根据交通部《关于集美航海学校领导关系及规模、定员的通知》规定学校发展规模为学生 1200 人，1973 年招生 120 名。1973 年 9 月 30 日，中远总公司发文《关于集美航海学校编制定员的通知》规定集美航海学校编制为教职员工 200 人（其中教师为 100 人），实习工人 50 人。1973 年秋季进行复办后第一次招生，招收工农兵学员，开设驾驶、轮机两个专业，共招学生 120 名，学制均为二年。1974 年秋季增办英语师资班，学制为二年。1975 年秋季增办"船舶电工"新专业，学制为二年。1978 年 12 月 28 日经国务院批准，集美航海学校升格为集美航海专科学校，仍归交通部远洋局领导。

二、新建海运（海员）学校

根据 1972 年交通部远洋工作会议的精神，20 世纪 70 年代初，中远总公司新建一所海运学校和两所海员学校。

---

① 1977 年 10 月 7 日，交通部发文《关于成立交通部大连海运管理局的通知》，将中国远洋运输总公司大连分公司（筹备组）和上海海运局大连分局合并，组建大连海运管理局，由部远洋运输局归口领导。对国内统一使用"交通部大连海运管理局"，对外使用"中国远洋运输总公司大连分公司"名称。1978 年 1 月 23 日交通部又发文通知，将外代、物资供应站、船员基地和大连海运学校划归大连海运管理局管理。

（一）新建青岛海运学校

青岛海运学校是中远总公司新建、直属的第一所中等专业学校。青岛海运学校自1973年经交通部同意开始筹建，经历了青岛海运学校、青岛远洋船员进修学院、青岛远洋船员学院和青岛远洋船员职业学院几个发展时期，为中国远洋船员队伍的建设作出了贡献，目前也是中远海运集团直属的一所高等职业院校，继续为中远海运集团提供优质、合格的专业人才。

1. 筹备建校

1973年3月1日，为满足快速发展的远洋船队对人才的需求，中远总公司经交通部同意，决定在青岛新建一所海运中专学校，并成立了驻青建校工作组。1973年9月26日，交通部在《关于新建青岛海运学校设计任务书的批复》中同意中国远洋运输总公司为适应远洋运输事业的发展，在青岛市第25中学东侧新建一所中专海运学校。学校确定规模1200人，设驾驶、轮机、船电3个专业。校舍建筑总面积控制在27000平方米左右，其中教学楼7200平方米，图书馆与办公楼1400平方米，学生与职工宿舍共10200平方米，食堂（包括职工食堂）2140平方米，实习工厂2500平方米，动力实验室1500平方米，室内游泳室1800平方米，水上站200平方米，变电所、车库、锅炉、浴室、传达室等共760平方米。1973年10月8日，中远总公司在《关于新建青岛海运学校编制定员的通知》文件中确定了新建青岛海运学校编制定员，编制定为260人，其中教职工200人，实习工人60人。文件还指出，为抓紧筹建学校，决定成立青岛海运学校筹建处，负责领导基建工作，配备教职员工及筹购教学设备，完成建校任务。海校筹建处暂在青岛市登州路24号办公。

2. "边建校、边培训"，建校过程中招收第一批培训班学员

1973年8月，青岛海运学校筹建处启动了青岛海运学校的建设工作。1974年，青岛海运学校开始投入建设。在当时的计划经济条件下，遇到的最大困难就是材料不足，水泥、砖瓦、石料、钢材严重短缺，基建办的同志们和建筑公司密切配合，团结一致，四处求援争取材料。而与此同时，中国远洋运输总公司对远洋船员的需求又十分紧迫。1975年，中远总公司向学校下达了加快建校进度的指令。为了尽快满足国家和公司对航运人才的迫切需求，为国家培育更多的远洋海员，青岛海运学校提出了"边建校、边培训"的口号。职工们怀揣着为远洋事业奋斗的梦想，发扬着"有条件要上，没有条件创造条件也要上"的拼搏精神，在条件差、人员少、困难大的情况下开始了艰苦创业。1976年3月，学校终于建成简易教室380平方米，电工实验室36平方米。在学校基建尚未竣工的情况下，1976年5月3日，学校首届培训班开学，共招收转业复员的海军士兵和返城知青299名。首届培训班设水手、机工、电工三个专业，编为六个班，其中水手三个班、机工二个班、电工一个班。

当时培训条件极为艰苦，首届培训班开学典礼在露天的空地举行，学生席地而坐。开学典礼后学员就在条件非常简陋的教室中上课，冬天透风，夏天漏雨。在这样异常艰苦的条件下，全体教职工发扬艰苦奋斗的精神，边建校边办学，边教边学边总结，没有会场就用露天空地，没有教具就自己动手，师资不足就合班上课。1976年

11月，青岛海运学校（图6-3）首届培训班的学员接受了为期半年的培训后，机工、水手、电工6个培训班的学员结业，学员们根据国家的需要和中远总公司的安排，踏上了远洋航运之旅，开启了自己的海员生涯。

图6-3 青岛海运学校鸟瞰图。

1976年8月，交通部远洋运输局根据国务院批准的交通部《关于成立中国远洋运输总公司大连、青岛分公司的请示》中"这两个分公司成立后，将该两地的外轮代理、物资供应、海运学校和船员基地等远洋所属单位统一管起来"的要求，下发《关于青岛海运学校等三单位的教育和行政业务工作由中远青岛分公司领导与管理的通知》，规定青岛海运学校自1976年7月1日起划归青岛远洋运输分公司领导。

3. 举办首届中专学历班

1978年3月，学校首届中专学历班开学，招收的77级中专班319名学生入学，其中驾驶专业159人，轮机专业120人，船电专业40人，学制为二年半。这批学生是通过刚恢复的高考重新踏入校园的，吃苦和求学的精神非常好，素质很高，到校后的学习热情异常高涨，晚上教师到教室除辅导之外的另一个任务是催促学生早点离开、休息，然后挨个宿舍检查有没有学生在熄灯后偷偷拿着手电筒看书学习。

从"一穷二白"的初始阶段开始教学工作，对当时的青岛海校上下都是一个极大的挑战。从学校领导到老师、学生都全身心地加入"建校"的工作中。上课之余，老师和学生们一起"搬石头、搬木材、种树"，建设热情高涨，呈现当时特有的"边学习边建校、边教学边建校"的景象。

由于新建校的师资紧张、经验缺乏，学历班最初的教学计划、教学大纲都由老师们自行探索着制定。为了了解相关内容，老师们在进修过程中积极向兄弟院校有经验的老师们取经，手抄了许多有价值的资料，回校后根据学生的实际情况进行教学计划的制定和讲义的编写。那时的教材就是老师们上课的讲义，充分完善后拿到油印室制作出来。据老教师回忆，那时候的学生们对知识的渴望非常强烈，主动要求课余时间参与教材讲义印刷工作。所以初期的上课教材很多是学生自己印刷出来的。

为了加强和提高师资水平，学校争取各种途径送青年教师出去进修：送远洋船和沿海船实习，送大、中专院校跟班学习，送兄弟院校进修，送企业学习……同时，还在校内开设了数学班、英语班。

虽然条件艰苦，校舍简陋，但是建校初期的教学质量很高，培养了首批优秀的航运人才。1980年8月，首届学历班学生光荣毕业，他们走进中远，走向海洋，逐步成长为船长、轮机长等中远海员队伍的骨干力量，为中远、为国家的航运事业做出了贡献（图6-4）。

图 6-4　青岛海运学校学员学习和建校劳动场面。

自 1974 年至 1977 年底，国家为青岛海运学校拨款总额为 309.7 万元，建校完成共耗资 291.1 万元。学校土建总面积为 14457 平方米，其中包括教学大楼及图书馆 8376 平方米，一栋学生宿舍 1915 平方米，教工食堂、学生食堂和浴池共 2630 平方米。为了保证学校各项活动的正常进行，在教学楼建成使用前，还专门盖了简易教室 378 平方米、平房 440 平方米供教学使用。

经过最初五年（1973—1978 年）的创业和奋斗，青岛海运学校的基础建设已经初具规模，师资力量不断发展壮大，教学成果也开始逐渐显现，一批批学生从这里走上了远洋船舶。

1978 年 10 月 12 日，为加强对学校的领导，适应远洋运输事业发展的需要，交通部下发《关于改变大连、青岛两所海校领导体制和学校规模的批复》，青岛海运学校由中远青岛领导改为由中国远洋运输总公司领导和管理，青岛海运学校的规模由 1200 人扩大到 1500 人。

（二）新建天津海员学校

根据交通部《关于请抓紧新建海员学校设计工作的通知》的要求，天津海员学校（图 6-5）1972 年 7 月 12 日经交通部批准开始建设，学校的主要任务是培养水手、机匠、电工，并负责在职远洋船员的短期培训，学校的设计规模为学生 800 人。1973 年 11 月 5 日，中远总公司发出《关于新建天津海员学校编制定员的通知》，确定新建天津海员学校的编制为教职员工编制定员 175 人，其中教职工 135 人，实习工厂 40 人，学校归中远天津分公司管理。

天津海员学校在办学之初，面临校舍简陋、缺少教学文件、教材不配套、教学器材不完备、教师队伍年轻缺乏经验等诸多困难。面对困难，天津海员学校知难而上，因陋就简，修旧利废，自己动手修建校舍、印刷教材、制作教具。通过在学校内部有针对性地开设各种培训班、派出教

图 6-5　中远天津分公司所属的天津海员学校。

师到兄弟院校学习或到船上实习等方法，提高教师的教学水平。

天津海员学校为满足远洋事业迅速发展对远洋船员的需求，加速远洋船员的培养，在学校基建工作尚未完成之前，曾经借助唐山公安学校的校舍办学。天津海员学校从1975年5月开始办短训班，对退伍战士进行培训，每期200人。1975年9月，天津海员学校招收知识青年250人入学，其中航海班100人、轮机班100人、船电50人。

1975年至1977年间，中远天津分公司曾先后分三批从天津市区、郊区、郊县和沧州、廊坊等地招收城镇、农村知青共计96人。天津海员学校首期一年制短训班学员就是这些人员。这批学员分水手、机工、电工三个专业，其中水手专业38人，机工专业39人，电工专业19人，当时拟定学制为一年（实际在校十个月）。首批招收的这批学员实际上是中远天津分公司招工后进行的上岗培训。1976年11月7日，这批学员入校学习，教学过程中，学校对学员大胆管理，严格要求，增强了学生学习和遵守纪律的自觉性，为顺利完成学业打下了良好基础。在师生共同努力下，1977年8月23日，天津海员学校首届一年制96名短训班学员顺利完成学业，奔赴远洋运输一线。1977年9月2日，天津海员学校第二期短训班学员报到，共计121人，其中机工54名，水手67名，培训时间为三个月。虽然培训时间较短，但教师教学认真，学员学习努力，于1977年2月3日也顺利完成了学业。

1978年3月29日，天津海员学校首届全日制技校生到校报到，4月1日正式开学。首届招收的200名学生大多来自天津市的郊区和郊县，他们大都是农民家庭出身，这批学生文化基础扎实，学习成绩较好，家庭状况及本人政治表现和身体情况符合远洋要求和工作特点。在校期间，这批学生吃苦耐劳、刻苦学习、积极向上、遵守校纪，在师生共同努力下，这批学生出色地完成了学业并取得了良好的学习成绩。

这批学员毕业后绝大多数上船工作，后来有的被提升为船舶干部船员，有的考入高等航海院校进修深造，有的在天远公司机关走上了领导岗位，有的被安排到在重要技术和管理岗位上。较高的办学质量为天津海校的初期办学赢得了信誉。

（三）新建广州海员学校

1973年10月12日交通部发文《关于新建广州海员学校设计任务书的批复》批准建立广州海员学校，文中批准中远总公司在广州市黄埔区黄埔公社双沙大队蛇山地区新建海员学校一所，学校规模为学员1000人，文件中对学校的校舍建筑面积、实习工厂和办公楼的面积做了具体规定。1973年11月5日，中远总公司发文《关于新建广州海员学校编制定员的通知》规定广州海员学校教职员工编制定员205人，其中教职工155人，实习工厂50人，学校归中远广州分公司管理。文中还要求中远广州分公司抓紧筹建海员学校。

中远广州分公司据此建立广州远洋训练大队，起初设在锚泊在珠江的"光华"轮上，后从船上移至黄埔船员基地办学。1975年夏，学校从黄埔迁址到广州市新港西路25号，正式挂牌成立"广州海员学校"，同年9月开始招生。当时校园占地面积39000平方米，校舍建筑面积6941.87平方米。学校机构设置有校部、教育科、政工科、总务科，教职工97人，开设有航海、轮机、电工三个专业，当年招收新生343人。1976年初，中远总公司下达给学校对 320 名退伍军人进行岗前培训的任务。在学校处在建校初期、教学场地紧张的情况下，教职人员借用广州市第 78 中学从化分校校舍开办船员培训班，圆满完成了培训任务。

（四）建设上海海员学校

1978 年 3 月 1 日，交通部下发文件《关于上海海员学校设计任务书的批复》，同意建设上海海员学校，文件中明确学校为中等专业学校，在校学生规模为 1200 人，设航海、轮机、船电、船舶通信等专业。但是由于种种原因，学校建设工作一直没有得到落实。直到 80 年代末 90 年代初，在征地比较困难的情况下，上海远洋运输公司首先采用租地办学的方式，相继建立了上海远洋培训中心、上海远洋职业技术学校和中共上海远洋运输公司党校等培训和学历教育机构，为上海远洋运输公司和中波公司提供培训和学历教育。

中远院校的恢复、扩建和新建，使中远教育工作走上了健康发展的轨道。

三、招生规模的扩大

随着中远各院校隶属关系的恢复和院校的新建扩建工程的竣工，从 1973 年起，各院校开始陆续招生，大连海运学校当年招生 280 人，集美航海学校招生 120 人。1974 年大连海运学校、集美航海学校、南京海员学校招收驾驶、轮机、船电、报务、港机、英语及水手、机工、电工等专业学生 970 人，其中大连海运学校、集美航海学校的招生人数均大幅度超过两校上一年的招生人数，1974 年全年各院校招生总数也是 1973 年招生总数的两倍以上。1975 年中远大连海运学校、集美航海学校、南京海员学校、广州海员学校、天津海员学校全年共招收学员 1570 人，比 1974 年招生总数增加 60% 以上。1976 年青岛海运学校首次招收驾驶、轮机、船电等专业学员 319 人。这一年中远所属 6 所院校全部实施了招生工作，共招收各类专业学员 1480 人。1977 年、1978 年两年，中远各院校的招生数量又有新的增长。1977 年 6 所院校共招收各专业学员 1900 人，1978 年共招收各专业学员 1800 人，较 1973 年中远院校开始恢复招生时，招生总数增长 3 倍以上。中远各院校招生情况见表 6-3。

中远所属院校各年度招生情况表　　表 6-3

年份		1973 年	1974 年	1975 年	1976 年		1977 年	1978 年
合计（人）	8120（人）	400	970	1570	1480		1900	1800
大连海运学校	小计（人）	280	400	320	360	120	500	400
	驾驶（人）		130	120	210	60		
	轮机（人）		125	80	120	40		
	船电（人）		45	40	30	20		
	报务（人）		40	40				
	港机（人）		40	40				
	英语（人）		20					

续上表

年份		1973年	1974年	1975年	1976年	1977年	1978年
集美航海学校	小计（人）	120	320	400	400	100	520	400
	驾驶（人）		170	200	200	40		
	轮机（人）		130	160	160	40		
	船电（人）			40	40	20		
	英语（人）		20					
南京海员学校	小计（人）		250	250		100	200	
	水手（人）		100	100		50		
	轮机（人）		100	100		30		
	电工（人）		50	50				
	船电（人）					20		
广州海员学校	小计（人）			350			200	200
	水手（人）			150				
	机工（人）			150				
	电工（人）			50				
天津海员学校	小计（人）			250		100	200	200
	驾驶（人）					40		
	轮机（人）					40		
	船电（人）					20		
	水手（人）			150				
	机工（人）			100				
青岛海运学校	小计（人）					300	480	400
	驾驶（人）					160	160	60	200
	轮机（人）					120	120	80	160
	船电（人）					20	40	20	40

说明：1976年、1977年右列为一年制，其余为二、三年制。1978年只有招生总数，不包括武汉河运学校和武汉水运卫生学校代培的招生数。

中远各院校从建立到1978年末，培养船员8120人。截止到1976年，中远所属院校对5300多名分配到中远的转业军人及新招收的工人进行了短期培训。经中远各院校培训毕业的船员总数，占受过正规培训船员总数的50%以上，初步形成了依靠中远所属院校培养中远船员的教育体系。

四、院校的师资及教学设备

（一）加强师资队伍建设

中远院校在恢复和新建扩建过程中，经历了无数的艰辛，遇到了诸多困难，首先面临的问题是教师严重缺乏。在"文化大革命"中，有相当一部分教师改行或被调走，其中一大批是专业教师。为了保证中远各院校教学工作正常开展，1973年8月，中远总公司在给交通部的报告中提出，1974年、1975年6所院校各需解决教职员工604人和170人。中远总公司采取措施保持原有教师队伍的稳定，停止调出，组织适合教学工作但已改行的教师归队；从水运企业中抽调适合担任院校教师的干部；从远洋院校的毕业生中挑选了一些留校任教；各院校开办师资训练班培养教员；由其他院校代培师资，补充师资。经过4年的努力，教师队伍的数量有了较大幅度的增加，到1976年底，6所院校共有教职工1136人，其中教师515人，较好地保证了各学校专业课教学工作按计划进行。

青岛海运学校到1978年，已经陆续调入和分配到85名教师，其中54名是"文化大革命"后走上工作岗位的新生力量。为了加强和提高新教师的教学水平，青岛海校在校内举办了数学班、英语班。另外，采取集体备课、业务学习等方式，以老带新、取长补短，帮助新教师提高教学素质和业务水平。选派教师到兄弟院校进修和学习，到企业和远洋船舶一线实习，也是当时青岛海运学校提高教师整体素质的一个重要手段，该校争取各种途径送青年教师出去大连海运学院、上海海运学院进修学习。同时，教师也注重自身的学习和提高，在教学实践中使自己的理论水平和教学能力得以不断地提升。青岛海运学校的师资队伍建设取得了明显成效，为将来学校的发展奠定了基础，为中远船员队伍建设工作提供了有力的保障。

（二）注重教学改革

中远船队的迅速发展，急需大批的远洋技术人才，加速培养大批合格、优质的远洋船员也是当时中远所属院校的主要任务。过去那种旧的教学思路和方法，不能满足当时船队建设对于人才的需求，教学改革是当时教学工作中一项首要任务。

南京远洋技工学校划归中远以后，培养的对象是远洋船员，质量要求高，按照当时沿海一套培训方案已经不能满足远洋船员的培训要求，同时根据远洋局的要求，学制从原来的3年缩短为2年。为此，南京远洋技工学校从远洋船舶生产实际出发，拟定了各工种的新的培训方案。在专业理论课教学方面，内容上针对船舶生产实际，修改专业课的大纲和教材，做到学有所用；改进理论课教学方法，打破环节框框，重视直观教学，尽量利用实物模型、活动教具、现场参观等讲解结构原理，通过现象观察启发学生思考归纳；基本做到讲的东西学生能见到、摸到、练到。生产实习教学方面，从生产实际出发，打破以往的教学顺序，教学安排紧跟生产；改变过去实习课教师讲得多，操作要领不明确的方法，要求教师在实习教学过程中抓住关键，归纳要领，示范准确，功夫过硬。南京远洋技工学校通过教学改革，提高了教学效果，学生学习自觉主动，肯认真钻研，学风大有转变，学习成绩逐步提高，教学质量也有所提高。

青岛海运学校在"文化大革命"后期建校。建校初期，由于受到"文化大革命"的影响，教材等教学资料匮乏，1976年5月开始培训的首届培训学员年龄差别大，水平参差不齐。针对这种情况，青岛海校深入船舶生产一线调研，深入到学生之中，根据企业的需求和学员的特点，制定培训内容，并在教学实践中不断修改、完善。经过努力，第一批培训的 299 名学员顺利结业，取得良好的培训效果，同时也为学校后来的短期培训工作积累了经验。1978 年 3 月，青岛海运学校首届学历班（中专）开学，招收的 77 级中专班 319 名学生入学，开始了学历教育。这批学生是国家恢复高考招收的第一届学生，学制两年半。当时由于是学校第一次进行学历班教学，没有现成的教学计划和教学大纲，教学参考资料严重缺乏。面对这种情况，学校派出教师到兄弟院校学习，并利用一切机会和各种渠道到船舶和公司搜集各种参考资料，在此基础上，制定并完善了各种教学文件。教学过程中，教师利用业余时间，制作大量的挂图、教具，通过教学改革，提高教学效果。1979 年，其中的一门课程还作为示范课程被推荐到交通部，并通过了交通部的审批，最后在学校推广。

（三）增加设备投入，改善办学条件

在解决各院校师资缺乏的同时，中远总公司投入大量资金，为各远洋院校配备必要的教学设备。当时国内许多生产教学设备的厂家已停产，中远各院校所需的教学设备在市场上脱销，其中远洋船舶驾驶、轮机等专业所需的专用设备在国内又无厂家生产。为了保证教学活动的正常开展，1974 年 2 月 3 日，交通部发文给外贸部《交通部给外贸部关于商请海关准予国轮、中远租船更新卸下的助航仪器设备转交各海运学校的函》，文中指出，中远总公司所属的 6 所培养远洋船员的中专和技校由于学校初办，各种教学仪器和设备均缺乏，如在国内购置新产品用钱多，而且时间长，有些仪器设备在国内买不到，需要进口，需要花费大量外汇，为此拟将从国轮和中远租船及中远在中国香港船舶修理厂更新卸下的仪器设备（如在港处理则将成为废品被处理掉），交给各海运学校，既解决培养船员教学上的急需，又可为国家节省开支。2 月 19 日，外贸部复函《外贸部给交通部关于从国轮、中远租船更新卸下的仪器设备转交给海运学校作教学用问题的复函》表示同意。经交通部、外贸部同意，中远将国轮和中远租船在中国香港船厂修船时更新下来的仪器、设备和索具，交给各海运学校作为教学使用。此外，各分公司及各远洋院校还以较低的价格购买报废船舶上拆下来的旧设备，经分解、修复或改装，作为教学设备。这些做法既解决了各院校所需的教学设备，又节约了大量教育经费。

为了解决中远各海运院校学员的实习问题，1972 年远洋工作会议上提出，要落实海运院校实习船，并使其成为海运院校教学、科研、生产劳动的三结合基地。为此，交通部决定抽调客位较多的"雯皑"和"雯皓"两轮，在适当改装后，作为海运院校的实习船。这两艘实习船的产权属中远总公司，船舶分属天津和上海分公司。属上海分公司的实习船由上海海运学院使用，同时承担厦门大学航海系（后改为集美航海学校）实习任务；属天津分公司的实习船由大连海运学院使用。除实习任务外，还承担一定的沿海和近海的客货运输任务。实习船行政业务（教学、科研、生产劳动安排）由学校负责，生产运输业务由远洋分公司负责。

中远总公司在 1974 年又确定"育华"轮（客货两用船）为天津海员学校的实习船。该轮以船员培训为主，并承担指令性客运任务，以及兼顾货运业务。

为解决大连海运学校、集美航海学校和青岛海运学校实习船的问题，1977 年 3 月 1 日、1977 年 9 月 19 日、1977 年 10 月 8 日，远洋局分别发文《远洋局关于交给大连海运学校实习船事》《远洋局关于"海智"轮交集美航海学校教学基地使用问题》《远洋局关于"大西洋星"轮交青岛海校教学使用问题》，将中远租船"华山"轮、即将退役的"海智"轮和"大西洋星"轮分别交给大连海运学校、集美航海学校和青岛海运学校作为实习船。"华山"轮交给大连海运学校后，由中远天津分公司代管，改名为"育海"轮；"海智"轮交由集美航海学校后，改名"育志"轮，作为该校的直观教学基地。在同年的11月，中远总公司将"延河"轮交给青岛海运学校，以代替原计划中的"大西洋星"轮。"延河"轮交到青岛海运学校后，由青岛海运局代管，改名为"鲁海50"，作为青岛海运学校的实习船，并继续参加营运生产。

新中国的远洋运输事业作为一个新兴的产业，对于从业人员的政治素质、技术素质等都有着很高的要求。初创时期，中国远洋运输公司充分认识到提高船员整体素质对于企业发展的重要性，通过在职培训、脱产培训等方式培训船员，以提高在职船员的综合素质，满足企业对于远洋人才的急需。通过改建、扩建和新建海运院校举办航海学历教育的方式，为企业有计划地、系统地培养和储备人才。中国远洋运输公司对于船员的教育和培训，逐步发展成为在职培训与院校教育并举、具有中远特色的且层次分布比较合理的教育培训体系，满足了远洋船队迅猛发展对于远洋船员数量和质量的需求。

第七章
企业经营管理体系的建立与完善

为了保证国家外贸和援外运输任务的完成，中远公司在初创时期逐步建立和健全了船舶调度管理、商务管理、技术管理、安全生产管理等制度，初步形成了一套比较有效的远洋运输企业管理制度，不断提高远洋船舶营运效率和经济效益。"文化大革命"开始后，各项管理制度受到不同程度的破坏。20世纪70年代初，中远总公司重组后，立即着手恢复和完善企业管理的各种规章制度及岗位责任制，并重点加强机务、财务、运价、运输生产安全的管理工作，积累了经验，取得了成效。

第一节 船舶调度管理

中远公司通过及时、准确地调度指挥船舶，保障船舶运输安全，提高营运效果，为国家社会主义建设服务。

创建初期的中远公司船舶调度，是实行中远公司和下属各分公司两级调度管理制度。中远公司原则上只对货载、航线、港口、委托代理等做出安排，各分公司按中远公司的调度计划，并根据外贸平衡会分配的货物和自己揽载的货物，由航运处调度室组织所属船舶，按"客货并重，确保重点，兼顾一般，注重营运效果"的原则组织营运。这种调度管理，由各分公司值班调度和计划调度汇总情况，在每天调度会上通报船舶运输生产情况，并根据调度会上做出的有关营运、安全航行的决定，给船舶下达指令，督促船舶和有关部门执行。船舶运输生产的组织和计划是根据货主需要，对货源、货种、航线、港口、运输条款、特殊要求等，由各分公司汇总，每月编制船期表，内容包括船名、航次、航线、货种、船长和政委姓名等。调度部门每月将计划船期表分送中远公司和国内主要港口外轮代理公司。

一、制定船舶调度规程

1961年，中远广州分公司起草了《船舶调度通信办法》（后改规程）。当时用复写纸复写了5份，发船4份。中远公司在此基础上制定了《船舶航次计划规程暂行办法》。航次计划是船公司下达给船舶作业的计划，是保证船舶完成国家对外贸易计划的基础，是船舶调度管理的重要方面。编制航次计划的原则是正确、严谨、保证质量。航次计划由公司调度部门根据船期安排，按"三适应"的原则，即船舶与货物相适应、船舶与港口相适应、船舶与航行条件相适应的原则，具体编制《船舶航次计划书》，于船舶每航次开始之前，发至该航次船舶，及时所属船舶下达航次命令，指定加油、加水的港口、数量和注意事项，提供有关资料，并对船舶提出的有关问题进行答复。船舶必须严格按照调度部门下达的指令，制定技术组织措施，认真做好各项工作，保证航次计划的完成。中远公司制定的《船舶航次计划规程暂行办法》对船舶与分公司、外轮代理公司、国外代理行和中国驻外机构间的联系也作了规定。中远公司对其实施情况不断进行检查总结，在此基础上，于1971年2月颁发了《中国远洋运输船舶调度规程》，使船舶的调度管理要求更加明确，管理更加完善。

中远船舶调度规程的主要内容包括：船舶出航报告表、离港报告、分舱报告、船位报告、抵港预报、抵港确报、航次结束报告、南北航线航行报告、特殊情况报告、船舶在港动态报，以及船舶出航回国后应向公司书面报告航次完成情况等，均提出了具体要求。其主要内容如下：

（一）出航报告（表7-1）

船舶出航报告表　　　　　　　　　　　　　　　　表7-1

船名		航次		起航港	
船长		政委		轮机长	
全船人数		共产党员		共青团员	
航次开始时间		离港存	重油： 吨 轻油： 吨 水： 吨	离港吃水：	前： 米 后： 米
装货数量及载客人数	（注明分港、转口数量）				
航行计划	1. 预抵加油港时间及加油、水数量； 2. 预抵各卸货港时间。				
其他要说明的事项					

船长、政委（签字）

（二）离港报告

船舶驶离国内外港口（包括为加油、水和避风而停靠的港口以及过运河），均需向分公司发离港报告。内容包括：离港时间、港名，装卸货、客、行李数（几个卸港分开列），吃水、加油、水数量，存油、水数量，预计抵港时间。通过运河时只报通过时间。

（三）分舱报告

船舶航行于日本、朝鲜等近洋航区，由于航程短，在离港后6小时内，应向第一到达港外代（代理行）发分舱报，并抄分公司（国内港口则加抄港务局）。装运国内沿海货物时，由装货港港务局拍发。

内容：载货数量，按卸港顺序，分货种、舱面、舱内列出件/吨数，长、重、大件件数，单件重量，需否重吊。如有危险品应注明品名、数盘、性能。

货舱由船首向船尾以甲、乙、丙……编号，舱面以（面）表示，舱内分层，由上而下，以上、中、下表示，同舱货物由上而下，由船艏向船艉排列。

（四）船位报告

船舶在国内沿海和近洋航区航行时，应向分公司报告每天正午船位，航行于远洋航区每两天报告正午船位1次。

内容：时、分/日，经、纬度，航向，航速，天气，风，浪，涌。

（五）抵港预报

船舶在抵港72小时前，向到达港外代（代理行）拍发抵港预报，抄发分公司。

内容：时、分/日抵港、吃水、存油、水数，需加油、水数（国内港加是否需用引水）等。

（六）抵港确报

船舶抵港24小时前，向到达港外代（代理行）拍发抵港确报，并抄告分公司（国内港口抄港务局）。

内容：准时、分/日抵港。

（七）航次结束报告

船舶装载的货物卸完后，应向分公司电告航次完成情况。

内容：航次、时、分日卸完，共卸货吨（旅客）数。

（八）南北航线航行报告

凡行驶南北航线的船舶，按南北航线及调度指挥的补充规定办理。为使海岸电台及时与船上取得联系，船舶驶离新加坡北上，应在离港3小时内以明电告分公司离港时间及吃水，分公司收到该报告后立即报总公司。

（九）特殊情况报告

（1）船舶发生较大的海损、机损、货损、工伤事故和船员、旅客疾病等情况时，应及时电告分公司。

（2）船舶遭遇灾害性自然条件并威胁船舶安全和船员生命，需改变航行计划时（如返航、绕航或中途湾靠港口等），应立即请示分公司，在情况十分紧急时，可一面报告，一面进行改航。

（3）船舶在航行中发生爆炸、火灾、碰撞、折断进水、触礁摘浅及人员落水等严重事故，应用特急电报详告分公司。如情况十分紧急，危及沉船，需要救助时，可公开呼救。

（4）船舶抵达国外港口，若因自然条件、港口工人罢工、或港口严重堵塞等情况不能进港或正常作业时，凡无中国驻外机构地区应及时电告分公司并等候国内指示。

（5）船舶在航行中需对外进行海难救助活动，除涉及紧急、救命者外，一般应以密电向分公司请示后进行。

（6）船舶涉及对外方面较大的政治性活动或发生劫持、暗杀、偷渡、失踪等政治性事件，应立即向中国驻外机构请示报告，在无驻外机构的情况下，由党支部根据中央政策和上级有关指示研究处理，事后应及时以密电告分公司。

（7）船舶遭遇敌情时，按照"中国商船在国际通航水域遇到外籍飞机、舰船的处置原则"及其补充规定处理。

（十）在港动态报告

船舶在国内港口装、卸货时，有关港口外代，应将装卸进度第2天向分公司报告1次，船上应主动配合。船舶在国外港口靠泊时，船舶应根据对代理行总指示信的要求，督促代理行按时向分公司报告装卸进度。

内容：装／卸货吨数，预计装／卸完毕时间及有关问题。

（十一）出航回国报告

船舶出航回国后，应向分公司书面报告航次完成情况（包括政治思想、涉外活动、安全、生产等方面，并认真填写航次报告表）。

二、各分公司制定船舶调度管理制度

根据中远公司船舶调度管理的要求，中远各分公司制订了关于船舶运输生产调度的一整套制度和法规。通过召开每天的调度会、参加交通部和外贸部每月举行的月度平衡会，及时掌握船舶动态，指挥调度船舶，确保船舶运输安全，提高营运效率。中远上海分公司船舶调度管理，反映了当时各分公司船舶调度的基本情况。

1964年，中远上海分公司成立时参照上海海运局和中国远洋运输公司的生产管理办法，制订了船舶运输生产调度的一套制度和法规。机关设置值班调度和计划调度工作。主要职责是昼夜值班，掌握船舶动态，随时处理运输生产过程中发生的应急事件；编制运输生产月度、旬度计划，组织船舶航次货载，安排航次任务，编制下达航次任务书；协助和指导船舶揽货，联系在港装卸工作，安排补油、水和进出港、靠离泊位等有关事务；掌握月度运输计划完成情况。其中最突出的是开好三个会议。

（一）调度会

中远上海分公司的调度会每天8点准时召开。调度会议由公司经理或副经理主持，公司主要领导，有关部门、单位负责人参加。会议由值班调度员汇报一昼夜内运输生产情况，发生的重要事件和需要会议研究解决与处理的问题。会议逐一研究并做出处置意见。调度员（后来办公室秘书科协助）督促落实，确保船舶运输生产的正常进行。

（二）月度平衡会

为合理组织远洋船舶运输，争取计划内货载，统一调度计划工作，1964年经外贸、交通两部商定，每月在北京召开一次月度计划平衡会，会议主要根据各港、航、货主单位提供的下月全部进出口船、货资料，进行综合平衡，制定运输计划。

1964年9月起，由中远上海分公司的主管机关北方区海运管理局派人参加会议，中远上海分公司根据北方区海运管理局的安排和两部平衡会统一下达的月度运输计划，结合本公司船舶实际情况，编制月、旬运输计划表送有关单位，并给所属船舶下达航次任务。1968年4月，北方区海运管理局停止工作，中远上海分公司直属中远公司领导。1972年起，恢复航运调度一套工作程序，并开始执行中远总公司制订的《远洋运输船舶通讯规程》。调度计划工作重新走上正轨，每月在北京召开船货平衡会。会议由外运公司和中远公司管业务的副总经理主持，参加人员除了双方的业务人员外，还有各港口外运分公司、各远洋分公司和各港外代管业务的人员参加。中远上海分公司派部门领导和调度计划人员参加会议，与参加会议的港航企业、外贸、租船、外轮代理公司等与会人员共同编制月度运输计划。编制计划的依据是年度、季度计划，月度国内货物托运计划，月度外贸进出口船货计划，船舶运力和各港装卸疏运能力等资料。月度计划编制的程序：由收发货人每月13日前向起运港提供下月国内进出口货物托运计划表，经各港汇总后，在交通部月度计划会议上进行综合平衡；外轮代理公司每月18日前，将各港外贸进出口的船货计划汇总表，送交通部水运局；各港航企业根据收发货人和外轮代理公司提供的船货计划，编制月度运输计划。该计划经交通部批准后，由中远总公司下达给分公司执行。

（三）月度生产会

中远上海分公司为保证公司每月运输生产计划的完成和各项工作的正常开展，自1978年4月起，上海分公司建立了月度生产会议制度，每月5日召开。会议总结公司上月生产计划，包括运输计划和陆地基层单位生产计划执行情况，部署当月生产任务和公司主要工作。公司领导、各处室和陆地单位的主要领导均参加月度生产会。

创建初期中远公司对船舶这种统一的调度管理是行之有效的，确保了船舶生产运输的顺利进行。

第二节 商 务 管 理

一、运价本（表）的制订与完善

中华人民共和国成立之前，远洋运价操纵在外国船公司手中，价格价值相背离，变动频繁。各国轮船公司相互竞争，导致运价时高时低。1872年，中国轮船招商局在上海成立后以及后来成立的一些轮船公司，也曾派船远航国外，但因船少航线不固定无法与外国船公司竞争，没有正式制订过自己的运价，旧中国的远洋运价制定权完全丧失。

中华人民共和国成立后，在挂五星红旗的自营船队成立之前，中国与波兰、捷克斯洛伐克等国进行国际海运合作，组建合营船公司，开始制订自己的运价标准。1951年中波轮船股份公司成立时，管委会即确定中波航线从欧洲到中国的运价原则上参照国际市场运价标准，不得高于市场运价。1952年5月1日，中波轮船股份公司召开第二次管委会，决定公司运价以吨海里实际成本加一定比例的利润原则进行调整。1953年3月19日—5月9日，该公司第三次管委会会议确定了修订运价的原则，略低于外国的同航线运价。1955年3月1日起，中波轮船股份公司船在中国和波兰港口所有运价普降12%。1956年第二次中东战争期间，苏伊士运河封闭，船舶绕航非洲南端好望角，运距拉长，成本增加，10月29日该公司决定：自11月7日起所运货物加收15%的绕航附加费。1958年4月1日起，对中波两国货主托运西欧至中国和中国至西欧货载给予5%的回扣，西欧至中国钢材运价在原基础上降低20%。

1958年，中国进出口货物绝大部分由西方国家商船承运，运价大大高于同航线其他国家，2月中国沿海各主要港口就出口货物运价过高的问题进行研究，同时提出制定出口货物运价的原则：在与各国运价水平基本接近的基础上，坚持自主运价，以确保外贸运输不受损失。经过与远东水脚工会进行运价斗争，同年3月，远东水脚公会接受了中国制订的中国——日本、东南亚等地区近洋航线运价表，运价水平大幅度降低。中国——欧洲、地中海等地区远洋航线运价直到1959年他们才部分接受，将中国出口至欧洲的班轮运价降低30%，但仍略高于附近国家至欧洲的运价。中波公司运价低于远东水脚公会运价水平。

中远公司成立时，尚未有自己的运价表，当时是使用中波公司的运价表。随着中国自营远洋船队的发展，为了坚持自主运价，以确保中国外贸运输不受损失，中远公司于1965年开始筹划制订中国远洋运价本。

（一）《中国远洋运输公司运价表》的制定

1965年3月起，中国远洋运输公司开始着手制定中国远洋运价本。从中远广州和上海分公司、外代广州和上海分公司及中波公司各抽调1人到北京编制中国第一本远洋运价本。经过一年的努力，终于制订了中国第一部远洋运价本，即《中国远洋运输公司运价表》。《中国远洋运输公司运价表》自1966年4月1日起试行。

远洋运价受国内外经济贸易诸多因素影响，内容复杂，不光制定出具体的价格费率，而且要考虑费率标准，计收办法，承托运双方经济责任和费用划分等要素，订出许多规定和附加条款。远洋运价按航线制定，每条航线分进口和出口两本。该运价表共16条航线，每条航线分进出口两种运价（另编一本朝鲜经上海出口货运价表）。它适用于中国沿海港口和世界各大主要港口之间的货物运输。运价以英镑先令标价。计算标准，按货物重量、体积和货物价值比例计算，按重量计价用"W"表示，1000千克为1运费吨；按体积计价用"M"表示，每立方米为1运费吨；按货物价值比例计价用"AD.VAL"表示，称从价运价，适用于贵重货物。托运人托运贵重货物，必须在装船前将货物价值（离岸价）、重量、尺码等如实填报，经船公司同意并按货价的1%（也有2%）计收运费。货物在装船前未确定卸货港口，可以在该船本航次挂靠的几个港口中选择，该货称"选港货"，除计收运费外，按选港多少另收选港费。装运货物超长（单件货长度超过9公尺），超重（单件重量超过2吨）加收一定的附加费，随着超长超重幅度增加，加收费用也增加。货物临时变更卸港，需要船方同意，要加收一定的改港费。货物运到目的港后，一年之内交原船公司的船运回原启运港运价优惠，按原价的一半收回程运费。托运危险货物（易燃、易爆、有毒、易腐蚀、含放射性元素等）需预先详细说明，并加收一定费用。运价表按货名标价，对每一种货物都标出一适当的运价数字，如欧洲地中海线的普通杂货，按英文字母顺序排列，划分392组货物种类，标出150个运价费率等级。化工品单独划分110组货类，标出50个费率等级。大宗货（矿石、生铁、种子、粮食等），按世界航运市场通常做法，整船装运，运价临时商定，称为议价货。冷藏货、活动物也都分类制订了运价。运价本按照世界航运市场的通常做法，将港口进行分类，货物比较多，船舶经常挂靠的大港口为基本港口；货物比较少，船舶不常挂靠的中小港口为非基本港口。基本港口的货物，按运价表中运价计收。非基本港口的货物可以在基本港口转船,要另加收转船附加费,转船附加费为基本港口运费的 25%—60%。

(二)《中国远洋运输公司、中国对外贸易运输公司运价表》的制定及特点

1966 年 4 月 1 日试行的运价本,在当时起了一定的作用。但由于这是首次制定,缺乏实际经验和对国际航运市场运价的深刻了解,制定的主要原则是根据实际成本增加一定幅度的利润。由于进出口运价不统一,不适应国际市场竞争的需要,不利于对外竞争。为此,在 1968 年 4 月 15 日,中国远洋运输公司和中国外贸运输公司在北京召开运价工作会议,商讨修订 1966 年远洋运价,中国至欧洲、地中海航线增加基本港口、非基本港口和转船附加费。修订运价原则为"保本略有盈利"。1969 年 8 月,交通部、外贸部联合成立了"海运运价改革小组",重新研究编制远洋运价,制定新的运价本。新的运价表编制总的指导原则是:坚持独立自主、自力更生的方针,贯彻执行外交、外贸政策;有利于中国社会主义建设,有利于促进中国与各国人民之间的经济交流,有利于中国远洋运输事业及外贸事业的发展,有利于对资本主义航运垄断进行斗争。制定远洋货运运价的具体原则是:根据国轮、租船经营成本情况,参照国际航运市场运价水平,采取略低于国际航运市场的原则确定。运价改革小组成员来自交通部中远总公司,外贸部外运总公司及所属中远、外运、外轮代理广州、上海、青岛、天津、大连分公司的人员组成。1970 年 6 月 1 日,海运运价改革小组成员开始工作,搜集资料,参阅国际航运市场的运价本,做了大量商品调研、运价水平比较工作,经过反复讨论、测算、修改,终于在 1970 年 12 月 14 日正式编制出《中国远洋运输公司、中国对外贸易运输公司运价表》。1971 年 5 月 28 日,由交通部、中国人民银行总行和外贸部联合发出《关于修订〈中国远洋运输公司、中国对外贸易运输公司运价表〉,并自 1971 年 7 月 1 日起试行的通知》,原《中国远洋运输公司运价表》和中国租船公司的《中国出口商品海运费率》同时作废。

1971 年运价本与 1966 年运价本相比,是有如下特点:

(1)采用等级制运价。将原来按杂货商品逐个标价,改为等级货物运价,即根据各种商品对运价承担能力,商品积载系数、性能、商品流量以及中国进出口政策的规定等,划分 20 种货物等级。这 20 种货物等级适用于各条航线。然后按货物等级,分别根据各航线成本资料加上利润,并考虑资班轮运价水平,拟定不同航线上 20 个等级费率。这种等级费率的优点是不需要为每种货物规定一个费率,费率数目减少,便于查找和计算。

(2)同一航线进出口货物采用同运价标准,改变原来进出口分两种列表的做法。

(3)运价本计量统一规定用公吨、米等计量单位,改变中远公司过去用公制、外运公司用英制的做法。

(4)运费结算运价表中的各种费率、费用、附加费均为国际价格并以外汇人民币标价,废除原来中远公司用英镑和先令、外运公司用港元标价的做法。

(5)运费是以往来船舶较多、货种较多、货量较大的欧洲线、新加坡线为基础航线,再据此参照制定其他航线运价。

(6)增加绕航费。运价表中欧洲、地中海航线是按照船舶通过苏伊士运河航线制定的,

当运河关闭，船舶绕航南非好望角时，要加收绕航附加费，欧洲线加收 10%，地中海线加收 15%。

（7）运价是按班轮条件制定的，装卸费按惯例由船方负担，如货物成交时，贸易条款预先规定由货方支付装卸费，船方在计收运费时，应将这部分装卸费退给货方。为便于计算，运价表中规定，国外港口的装卸费不分货种每吨按照人民币 1.8 元计退，国内港口按交通部港口使费收规定标准计退。货主在托运这类货物时应将装卸条款预先告知船公司，在货物清单上注明装货费由货方负担（英文 Fl），或装货和卸货费都是货方负担（英文 F10）等。

这个新的运价表，比 1966 年的第一个运价表有了明显的进步，是对船舶运输价格的实践总结，并吸取了外国运价的优点，既通俗易懂，简便易行，又基本适应国际航运市场竞争的需要，有利于促进中国远洋运输事业的发展。

（三）《中国进出口货物海运运价本》（1 号运价本）的制定

在 1972 年以前，中远总公司的运价，是根据成本加利润的简单办法制定的。这种制定运价的方法比较简单，并且还能保证航运企业总有利润。这在当时在计划经济体制下，对于从事国内运输的国内航运企业，采用这种定价方法也没有什么不妥。但是对于中远来说，由于国际航运市场变化无常，这种制定运价的方法弊病日益突出。为此，1972 年 11 月，中国远洋运输总公司决定再次修订远洋运价，采取略低于国际航运市场运价水平的原则来确定运价。新运价应保持中国的特色，保持远洋运价在一定时期的稳定，不单纯根据实际成本增加一定幅度的利润来制定，以适应国际市场竞争的需要，有利于在国际航运市场上的竞争。1972 年 12 月中远总公司在北京举行运价修订工作座谈会，座谈会就关于修订运价的原则和运价水平、关于具体测算工作和分工、关于组织准备工作等 3 个方面的问题进行了座谈讨论。座谈会形成的会议纪要认为：远洋运输是对外贸易不可分割的一部分，远洋运价水平应参照国际航运市场运价水平采取略低于国际航运市场运价的原则来确定，但又不是跟着国际市场运价跑，应保持运价在一定时期的稳定，过去那种不顾国际航运市场情况，单纯根据成本加一定利润来制定运价的办法是不妥当的。主要原因是：

（1）外贸商品都是按国际市场价格来成交的，脱离了国内市场价格，远洋运输作为外贸不可分割的一部分，国际航运市场有一定的运价水平，因此，远洋运价水平不能完全不顾国际市场运价水平来确定。

（2）外贸商品成交计算运输成本时也是按照国际班轮运价水平的。

（3）中国的远洋船队迅速发展，除了主要承运我外贸援外物资外，要求其船舶承运第三国物资的日益增多，因此中远运价不能脱离国际市场运价。

（4）国内运价也不是完全按成本加利润计算的。

（5）参照国际市场运价，采取略低于国际市场运价水平[①]有利于资班轮接受我运价。

1973 年 10 月，交通部、外贸部上报国家计委的运价调整原则是："该费率将根据国际市场运价升降变化等方面的情况，以现行费率为基础，变动幅度超过 10% 时，每半年或一年调整一次。"

---

① 这里所说的国际市场运价水平是指为中租接受并使用的资班轮运价水平，并不是真正的公会运价水平。

经国家计委批准,远洋运输运价从 1973 年 11 月起划归交通部管理。中远总公司加速了对 1 号运价本的制定进度。

经过一年的努力,中远总公司终于完成了远洋货运价格的修订工作。新编制的《中国进出口货物海运运价本》(简称 1 号运价本)于 1973 年 11 月 1 日由交通部颁布正式实施。1 号运价本适用于中国到亚洲、非洲、欧洲、美洲、大洋洲和中国沿海 27 条航线共 510 个港口。其中基本港口 102 个,货物只收基本费率,不另收附加费。非基本港口又分两种,一种收取直航附加费,共 116 个港口,船舶直接靠港,但需收取附加费。第二种收转船附加费,共 291 个港口,所运货物不直接运到目的港,在附近大港口转船,收取一定的转船附加费。1 号运价本以人民币标价,并规定支付其他货币应为可兑换人民币的外币,按支付前一天银行卖出最高价电汇汇率折算。要求发货人托运货物时提供每批货物的详细资料,包括货名、目的港、货物标志、毛重、体积、件数、包装、货价,运费在装船前预付或到港后到付等。托运危险品货物、冷藏货、散装油、松散或捆装钢材、异味货、活牲畜等特种货物,必须预先经承运人同意并采取措施确保货物安全,完整分隔。同时规定:不同商品混装在同一包装内,按其中最高费率等级计收。同一商品因包装不同而计费标准等级不同时,托运人应按不同包装分列毛重及体积,否则按计费高者计收。同一托运单位列有两个或两个以上不同货名者,托运人应按不同货名分别提供毛重及体积,否则按高者计收运费。运价本中所有货物仍划分 20 个等级,同时规定 20 个运价费率。运价分为基本费率和附加费率。基本费率包括各航线的等级费率、从价货费率、冷藏货费率、议价货费率及活牲畜费率。附加费包括超重附加费、超长附加费、直航附加费、转船附加费等。1 号运价本规定选港货按所选港口中最高的港口收费,同时规定,地理位置邻近的港口,如波兰的格丁尼亚(GDYNIA)、格但斯克(GDAMSK)、诺威港(NOWYPORT),荷兰的鹿特丹(ROTTERDAM)、阿姆斯特丹(AMSTERDAM)不收选港费。1 号运价本还增列了粮、糖、矿、原油、化肥、磷灰土等大宗货运价。该运价本的基本费率与 1966 年开始试行的远洋运价水平相近,但运价本结构、各项规定更合理、完善和简单。

1 号运价本在 20 条航线中的 11 条航线,中远运价和来华外国班轮持平,9 条航线低 7%—20%,平均运价水平较来华资班轮低 12%。这是远洋运输第一次制定了大宗货运价。1974 年初,国际燃油市场价格上涨,远洋 1 号运价本开始加收燃油附加费,收费标准为基本运费率的 8%—25%。最低的为沙巴、文莱、沙捞越航线,加收原运费率的 8%,最高的为卡拉奇、波斯湾和东西非线,加收 25%。

(四)《中国远洋货运运价本》(2 号运价本)的制定及修订

1973 年 10 月,第四次中东战争爆发,引发了持续 3 年的第一次石油危机,石油价格在战争爆发后的两个月内从每桶 3.011 美元提高到 11.65 美元,上涨了近四倍。受到第一次石油危机的影响,燃油价格大幅上涨,1974 年,来华外国资班轮的运价调高,中远总公司在燃油、船价上涨、固定费用和折旧费、港口使费及装卸费增高的形势下,出现了经营成本加大、某些航线亏损的被动局面。为此,1974 年 12 月 30 日,交通部及时发出《关于调整远洋各航线运价的通知》,对《中国进出口货物海运运价本》中各航线费率进行了调整，调整后的远洋运价本《中国远洋货运运价本》即2号运价本自1975年1月1日起开始执行。这次调整使远洋运输运价水平都有所调高，调幅5%到38%，平均调幅为17%。该运价本调低了燃油附加费，实际运价平均调高15.62%，但比来华资班轮运价水平仍低10%，比国际班轮公会运价水平低50%以上。

为了加强对运价的管理和运价市场的调研工作，中远总公司于1975年7月召开了中远总公司远洋运价工作座谈会，会议通过了《远洋货运运价管理办法》，对《中国远洋货运运价本》和香港中转运费计算办法提出了修改意见，制定了附加费统一计算办法，讨论了商品套级表，议定了建立单船航次及航线成本测算工作。1976年9月，中远总公司从航运处中分出商务处，主管运价和国外代理等业务。

1976年，国外国内港口各项费用普遍上涨。港口使费（包括装卸费、代理费）平均上涨率为1975年的15%左右。燃油等物料价格也随之涨价，致使船舶成本加大。中远总公司就远洋货物运价问题与外运总公司协商，达成了原则协议，1977年7月21日，交通部呈文国家计委《关于调整交通部远洋货运运价的请示》，就与中国对外贸易运输总公司协商的调整远洋货运运价的情况进行请示。1977年8月3日，国家计委复文《关于调整远洋运价的复文》同意按交通部与外贸部协商一致的原则执行。即：杂货运价，参照国际航运市场运价水平，并比其略低的原则；大宗货运价，参照国际租船市场运价水平和我国轮、租船的经营情况及成本确定，并保持相对稳定。同意对远洋货物运价作适当调整：对35条航线（货种）大宗货运价比原运价降低3.6%—41%（其中新增大宗货17条航线），平均降低18.3%；对17条航线的杂货运价分别调高8%—47%，平均调高17%；并加收燃油附加费。欧洲、地中海转船附加费，参照国外班轮提高幅度调整。新的运价从1977年8月10日开始执行。

调整后的杂货运价比来华班轮低3%—8%；比国际班轮公会仍低20%—30%，几条主要航线如欧洲、地中海、红海等低50%以上。而大宗货运价由于不是完全随国际市场的变动确定，而是参照国际租船市场运价水平和远洋国轮、租船的经营情况及成本确定。因此，在国际航运市场不景气的情况下，就出现中远大宗货运价高于国际市场的情况，而在国际市场运价上涨时，中远运价就出现低的情况，这使原有矛盾仍未完全解决。如1977年中远在货运量增加7%、货物周转量增加9%的情况下，收入仅增加2%，成本却增加了7%，利润反而减少了13%。

为了解决中远总公司运价长期滞后于外轮调价的问题，交通部于1978年11月颁发了《关于交通部第2号运价本运价的通知》，根据国家计委批准的杂货运价参照来华外国班轮运价水平，并比其略低的原则，中远总公司对2号运价本部分航线运价调整：欧洲、地中海、红海航线西行货基本运价调高12%，燃油附加费由13%降为11%。东非航线基本运价调高10%，燃油附加费由18%降为16%。孟加拉航线基本运价，到中国北部港口（包括镇海港以北）的货物调高14%，到中国南部港口的货物调高9%，燃油附加费由15.5%降13.6%。新几内亚航线基本运价的费率调高10%，燃油附加费未调。新西兰航线基本运费调高15%，附加费未调。同时将南斯拉夫的里耶卡港调整为地中海航线的基本港口。并决定从当年11月20日起实行。从此，中远运价调整长期滞后的问题得到了初步解决，基本上适应了国际航运市场的运价形势，也确立了比较可行的中远运价策略和运价原则。

二、港口使费管理

港口使费是指船舶在港口期间使用港口的水域航道、泊位等设施，并需要港口提供各项服务而向港口当局和服务单位交纳的费用，它包括港务税、吨税、码头费、灯塔费、引拖费、装卸费、拖轮费、解缆费、代理费及其他如加装淡水，清理垃圾，使用电话，船员交通用车、船等费用。港口使费在中远企业的总成本中约占25%，减少港口使费是中远企业降低成本，提高经济效益的重要措施。

港口使费由港口和船舶代理公司计收。每航次计费单据有上百份，多的时候达数百份。为确保该费收准确、合理，减少误算，减少开支，船公司需专人审核。港口使费管理工作，要对大量账单逐笔审核，发现错收或有疑问及时交涉，要求改正。

（一）初创时期的使费管理

初创时期的中远公司，对港口使费工作十分重视，把节省港口使费开支作为增收节支的重要内容，采取一系列的有效措施，加强对港口使费的管理，认真签单，审核单证，加强国内、外港口作业现场的监督检查，及时发现并纠正船舶港口使费存在的问题。中远广州分公司对船舶港口使费逐项严格审核，发现国外一些代理行和国内一些港口有多收、重收费用的现象。仅1963年就追回"和平""友谊""星火"3艘货轮被多收的港口使费折合人民币30多万元。据不完全统计，中远上海分公司1965年一年发出的港口使费交涉信函有38件，涉及费用54万余元。

中远船舶对港口使费的管理是认真的。注意抓船期，严格把关、签字，合理使用拖轮，做好装卸前的准备工作；发现问题当场提出交涉，争议不清的，做好批注，并函告分公司及时进一步对外交涉；正确申报吨位，合理选择加油港，注意分隔分票清楚，以减少分票费用开支等。中远广州分公司船舶由于积极配合国内外港口做好工作，提高了装卸效率，1963年，使船舶在港停泊时间缩短了5%以上，节约了停港费用。各轮平均每天装卸效率达422吨，比1962年的368吨提高了14.7%。1963年，中远广州分公司"友谊"轮认真搞好配载承运援柬物资，自己动手绑扎、装卸，使航次时间缩短了32%。1965年，"前进"轮在法国敦刻尔克港装货，港口工人不足，船上负责各货舱二层舱开启吊大樑，加快了装卸速度，节省了靠泊码头的费用开支。

但是也有一些船舶对港口使费不够重视，没有遵守正常航运惯例、工作程序、船员职务规定以及港口使费的规定，造成了不应有的经济损失。如有的船舶不认真审核各种账单，更有少数船舶签空白单据等等。凡此种种，无形中加大了港口使费支出。

为了进一步加强对港口使费的管理，1964年10月7日中远广州分公司颁发了《船舶港口使费结算及管理暂行办法》。之后，中远公司在认真总结了船舶在港口使费上的经验教训，学习和借鉴世界上航运界在节约港口使费上的先进经验，从自己远洋船队的实际出发，制定了有关港口使费的管理规定。

（1）加强思想教育，提高船员对节约港口使费的认识。通过多种渠道教育引导船长、政委以及轮机长、大副等部门长，树立明确的经济效益观念。首先是树立明确的增收节支观念，并教育全船人员认真做好港口使费各个方面的节约工作。力求避免因自身工作没做好而造成的非生产性开支。

（2）学习有关港口使费的规定，加强调查研究，采取相应措施。船舶在抵港前都要组织学习中远公司和分公司下发的港口使费有关资料、合同条款等，仔细研究所靠港口各项费率情况和收费标准、各项费用的负担方、港口收费特点和要求。每到一港口应主动向代理、港口方及时了解该港使费的有关规定，采取相应措施。

（3）抓好合理配载环节。要求各轮在接受装货任务时，船长、大副要认真研究，合理配载。不要把同一港口货物配载成相差悬殊的重点舱。要尽可能分舱配载，增加作业舱口数，减少船舶在港停泊时间，节省港口使费，避免费用的增加或港口规定的罚款。

（4）船舶要确报抵港时间，做好装卸前准备工作，防止发生待时费。各轮要严格按《调度通讯规程》及港口惯例发抵港预、确报。如装有危险品，应根据有关港口规定，报危险品数量和位置。如因天气或其他原因不能按时抵港，船上要按各港规定，及时电告代理，尽早通知代理取消已申请引水、拖轮、解系缆等各项预约及安排的工班，以免发生额外费用。船舶在抵港装卸作业之前一定要做好准备工作（包括开好舱，吊杆索具处于工作状态等等），切勿因自身准备工作没做好而影响装卸和发生待时额外费用等。

（5）合理安排工班，缩短停港时间。在装卸过程中，船上要根据货物情况，合理安排工班，尽量缩短停港时间。到了周末不能因少量货物未装卸完毕而在港口度周末或节假日。船长、大副要认真计算，合理安排加班，尽一切可能在周末或节日前开航。船舶在装卸、绑扎完毕后必须抓紧时间开航，不得在港无故停留。

（6）在任何情况下禁止对外提交空白报表和签发空白单据。不得提交空白表由代理填写，数字尽可能用英文填写，以防其更改。

（7）认真做好装卸记录，正确登记核查工班人数。船长、大副在签单时要认真核实，发现问题要有效合理批注，使公司在审核时有据可查。船上驾驶员及值班人员在工人上班时就要认真登记每个工班装卸工人、理货人员、工头、理货组长等人数以及铲车等装卸工具数。在装卸过程中要认真核查。如下雨或其他原因发生待时费，值班人员要仔细记录待时原因和时间。

（8）争取使用船吊，节省租吊费用。船舶各种吊货索具（包括重吊），要按规定进行维修保养，使之处于良好状态。各轮在各港装卸，在不违反港口规定的情况下，凡使用船吊或船上吊杆索具而能节省装卸费用的，要尽量使用，以减少港口使费开支。

（9）严禁乱购垫料，合理使用旧垫料。各轮一定要严格掌握在国外港口上垫料的数量，合理铺垫，节省垫料。上料时严格验收，核实品种、规格、数量。如有不符，应立即找供应商解决或在签单时予以批注。要本着节约的精神，修旧利废，一切能用的旧垫料都要尽量收回，加以利用。

（10）认真负责审核使费单证，严格把好关。船长、大副、轮机长等主要业务干部必须严格审核，签发每件对外单证，都不能马虎草率。如对工作的工班数量、每工班工人数、使用的机械（数量及起重量）待时时间都要结合实际情况认真核查。有些单据罗列有多项内容与我工作无关的，一定要当场划去，不能留下空隙，以免给对方有机可乘。此外，签名时，要求字迹端正，严防对方伪造假单，增收费用。

（二）加强信息交流，节约港口使费

1972年，中远总公司重组，包括港口使费管理工作在内的各项管理工作逐步走向正规。按照总公司的要求，各分公司相应增加了费用审核人员和其他商务管理人员。港口使费管理需要前方和后方的共同努力，不仅要机关人员对国内外港口使费规定深入了解，仔细审核，而且需要船上有关人员配合把关，及时交流信息，这是十分重要的一个环节，各分公司逐步加大了港口使费船岸综合管理力度。1972年11月，中远上海分公司首次向船舶印发《关于日本港口使费问题》，介绍日本主要港口的使费规定、规则及船舶应注意事项，受到各船的欢迎，得到中远总公司的称赞，并转发其他分公司，要求各分公司及时汇总国内外港口的规定和总结使费审核工作的经验。1973年，上海分公司又印发《关于国外港口有关业务情况摘要介绍》《转发国外代理来函中的有关港口规定事项》，向各轮介绍了亚洲、非洲部分港口有关船舶进出港的费收规定和特殊要求，提供船舶参考。翌年3月和11月先后印发《关于节省日本港口使费开支的意见》和《关于欧洲港口的使费问题》，比较详细地介绍日本港口的使费、装卸费、驳船费费规和欧洲几个主要港口的收费情况，并从船舶角度介绍了如何节约和压缩港口使费开支，指导船舶工作，受到各船的欢迎和称赞。

（三）积极推广典型做法与经验

1976年10月，上海分公司航运部门召开了"港口使费"座谈会，在港各船的船长、大副参加了会议。航运商务组在会上介绍了近几年日本港口使费费规和日方有些港口有意无意地向该公司多收费用的例子，介绍了节省使费的途径，计收费用的一些特殊条款，船长大副签审单证、表报、记录时应注意的事项。"铜川"轮在意大利热那亚港装载成套设备时，港口使用船舶重吊装货，由船长贝汉廷出面谈判，向对方收取重吊费用的经验。这种做法在中国航运界尚属首次，也符合货物贸易合同规定。会议进一步激发了船舶干部关心港口使费工作的热情和节省港口使费的积极性，中远上海分公司"丰城""南翔"等轮积极向公司提供港口情况和船舶节约港口使费的经验。中远总公司对代理备用金加强了管理。初步形成船舶第一线把关监督，机关第二线审核纠错的一整套管理工作程序，努力节省港口使费，降低运输成本。随着新船型的增加，在国内外港口收费方面也出现许多新的情况。1978年，中远上海分公司接收的"南口"轮属滚装船，装卸汽车时直接开上开下，装卸工序简单，速度很快，工人劳动强度降低，理货计数简便，经中远驻日本东京办事处与日方协商，装货费按原规定的27%计收，理货费按42.6%计收，节省了港口使费开支。后来国内该类船装卸费也做了调整。

中远公司加强港口使费的管理，船方和机关相互配合，及时交流相关信息，各分公司之间相互学习、借鉴，取得了良好的效果，提高了经济效益。

三、船舶保险理赔

早在清朝同治年间，轮船招商局正式成立之前购进一艘轮船"伊敦"轮，向外国轮船公司投保，各洋商保险行为了压垮襁褓中的中国航运业，以"伊敦"轮悬挂中国龙旗和双

鱼局旗为借口，拒绝给该船保险。招商局被迫用巨资向英国怡和洋行与保安行投保，这两家保险行虽勉强同意，但承保条件极为苛刻。后来，招商局大多数船舶在保安行投保，承保条件也很苛刻。以后，招商局决定自办保险机构。光绪二年（1876年）六月，该局创办的仁和保险公司正式宣告成立，两年后又办了济和船栈保险局。自办船舶保险业，使船公司在船舶发生海事时的经济损失得以补偿，使运输船队得以维持和发展。但是在旧中国，中国的保险业主要由外国保险商垄断或操纵。中华人民共和国成立后，这一状况发生了根本变化。政务院颁布《船舶强制保险条例》，指定中国人民保险公司为办理强制保险的法定机构。从此，中国船舶保险业开始新的一页，交通部所属江海船舶全部参加保险。

（一）船舶财产保险

船舶财产保险统称为船舶保险。远洋船舶是价值巨大的活动财产，航行于各大洋和世界各国的港口和水域，经常处于大自然灾害的威胁中，随时会遇到各种各样的风险责任。实行船舶保险，可使船舶在遭遇经济损失时，能得到赔偿，以保证企业财务的稳定和船舶生产的不间断性。远洋船舶保险理赔工作，不仅是专业性强，涉及面广，出险情况复杂，经济利益斗争尖锐，同时也直接关系到中远公司运输财务计划的完成和对外信誉的问题。

1957年10月，交通部海河运输局远洋运输处致函中国船舶保险专家魏文达，提出船舶投保金额计算和险别选择等问题。11月27日，魏复信指出：船舶保险的目的是保障企业财政的稳定和生产过程的继续不断性。保险价值量以能够从收到保险赔偿的金额能在市场上补充同样吨位、年龄船舶为基础。1960年1月，中国人民银行总行国外业务管理局致函给交通部远洋运输局，提出"关于承保中国自造货船的初步意见"及"船舶保险条款承保范围及退费规定"，商讨远洋运输船投保船价、保险险别及保险费等。是年中国人民保险公司开始承保中波轮船股份公司悬挂中国国旗的远洋船舶。1961年，中国远洋运输公司成立，所有远洋运输船都参加保险。

中远初创时期，对船舶保险的险别实行了既安全又节约的方针。对可能威胁公司财产稳定性的风险都进行投保，对风险不大、可保可不保者则不保，力争做到既安全又实惠。中远公司成立时对远洋船舶保险采用了全部投保方式，规定船舶遭受风险损失后，按条款由承保人负责。这种方式所需保费虽较大，但是在当时条件下却是完全必要的。其主要是鉴于以下几点原因：一是，中远初创时国际形势复杂，可能会危及船舶航行安全；二是，公司初建，企业财产底子尚薄，一旦发生海损就会影响企业财政的稳定；三是，船舶首航多，新开辟的航线多，新船员多，缺乏航海的实践经验，船舶的技术性能也未经过实践的检验，出险率很难估计；四是，办理船舶保险，自营远洋船队的船舶还是第一次，摸索经验需要一定的时间。为了慎重，1960年5月31日，远洋局局务会议讨论对于即将成立的自营远洋船队的船舶决定试保"一切险"条款。投保金额是按照当时的国际船舶市场船价来确定被保险船舶的投保金额，以便一旦发生全损或灭失事故时，仍可从保险人处获得与船舶同价值的赔偿。

为做好船舶保险工作，中远广州分公司在1962年曾邀请海商法专家魏文达到广州举办学习班，学习有关提单、保险等海商法业务。1964年4月，中远上海分公司成立，从5月

10日起,为当时即将出航日本的"燎原"轮开始向中国人民保险公司投保,保险价值:船壳、机器等共32万英镑,增值保险8万英镑。保险险别为全险及战争罢工险。保险期限为1年。航行范围为中国温州以北沿海及到朝鲜、日本各港口之海域。免赔额为250英镑。保险费率全险为1.6%,增值险为0.5%,战争罢工险为0.1%。是年"胜利""先锋""团结"等船也投保了同样的险。4艘船保额为155万英镑,实际支付保险费为1.9万英镑。

1965年3月29日,中国远洋运输公司通知,鉴于远洋船队航行区域不断扩大,投保船舶航行区域自即日起,一律扩大为世界各地。5月15日,又通知船舶投保时间一律续保至每年12月31日24时。是年中国人民保险公司印发《远洋船舶的海损申报处理规定》,指导船舶做好发生海损事故后应做的各项工作,确保发生海损事故能获得赔偿。这一年中波轮船股份公司有3艘船投保,保险险别为一切险。中远上海分公司投保船舶6艘,实际支付保险费33545.25英镑,折合人民币231227.4元。全年发生事故8起,符合赔偿条件的3起,收回赔偿金11867.5元,占支付保费的5.13%,加上未了事故案,预计总共可收回赔偿金2万元。全年船舶维修费不足10万元,加上保险赔偿费也不超过12万元,低于投保全险的保险费。船舶保险的目的如前所述,不是为了遭遇一般海损、机损时能够得以补偿,而是在船舶发生重大灭失事故时能够及时得到补偿。为此,1965年,中远广州、上海分公司按中远公司的指示对保险工作做了总结,改进了投保的做法。1966年中远上海分公司向上级主管部门建议部分远洋船改投全损险,以节省保险费。另一部分船由船公司自保,提存保险费,一旦发生事故时用以补偿,购造船舶。翌年,中远上海分公司船舶全部改投保全损险和战争罢工险,保险费比上一年降低50%以上。这一年中国人民保险公司制订了《中国人民保险公司船舶保险规章》(初稿),共12章35条。1967年,中远上海分公司总结全年船舶保险工作,建议远洋船全部自保,对国外只保战争罢工险。后因国外保险公司不接受,分保不出去,只有两艘船在中国人民保险公司投保战争罢工险,其余船舶投保全损险和战争罢工险,保险费率平均为0.6%。中远广州分公司,在初步掌握了海上出险的一般规律后,1966年根据船舶技术条件、航行区域和历史上出险率等具体情况,采取分船、分线、分险的投保方式,既发挥了管理干部和船员防灾、抗灾的积极性,提高企业经营管理水平,降低成本,同时又保证船舶万一遇到意外事故,国家财产遭受损失时能取得足额的补偿。通过船价的调整,保险费率的降低和投保险别的改变,节约了保险费用的开支。据当时19艘船舶的统计,总计节约保费达5万多英镑。

1968年,把船舶保险当作资本主义的经营方式进行批判,要求取消船舶保险。交通部军管会和中国人民银行于3月5日联合向国务院财贸办公室、国家建委、计委报告,要求逐步停办国家自营船舶保险业务。并建议首先对航行日本航线的船改由船公司自保,即由船公司按照当时投保全险的保险费率(全年按船价的1.2%)提取自保费,单独列账,用于事故补偿。与国外合营的船和航行欧洲、地中海等远洋航线的船仍然按以往办法保险。1969年6月19日,交通部军管会生产指挥部和中国人民银行军代表业务组联合发出通知,自1969年1月1日起,停办自营远洋船舶的保险。通知中明确:当船舶发生海损事故的费用,作为企业成本开支项目核算。当发生全损后,则作为固定资产给予注销(包括贷款所购船舶)。直至1972年4月1日才恢复船舶保险。但是,这期间合营公司船仍向中国人民保险公司投保。

1972年4月1日，中远总公司船舶恢复投保后，为了使远洋船舶保险的条款更加合理，中远总公司和人保总公司根据远洋船舶的实际，对保险条款及相关工作程序进行了补充和完善。1975年，对保险航行区域作了调整，将韩国、越南共和国、柬埔寨、以色列、南非等国家和地区的港口排除在外（次年恢复）；全损险按照船龄核定了附加险费率，增加了免赔额和定期保险停泊退费。1977年1月，人保总公司、中远总公司与交通部船舶检验局联合召开了远洋船舶入级、保险工作座谈会，决定加强船级管理，健全船舶入级检验、颁发证书的制度，评定船舶的技术状况，以便与国际规范统一。

为加强中远的船舶保险工作，1977年6月，远洋局召开了船舶保险工作座谈会，通过了《关于船舶保险工作中具体问题的处理意见》，对保额、费率、险别、起讫时间、海损事故处理、船舶间接损失的计算、共同海损、救助报酬等问题作了明确规定，使中远船舶保险进一步细化。1978年，中远总公司向人保总公司投保的船舶附加了共同海损的分摊、碰撞事故、救助费用、向第三者追偿的费用等条件。同年，人保总公司，中远总公司还联合召开了保险理赔工作会议，通过了《关于处理船舶保险责任范围海事案件分工协作暂行规定》及《国轮小额出口共损处理办法》。

1972年4月恢复船舶保险后，中远上海分公司船舶全部投保全损险，附加四分之四碰撞责任，救助费用、搁浅、触礁、共同海损分摊四项条件和战争险。船舶航行区域为世界各地，但在冰区航行时，应及早通知中国人民保险公司。免赔额500英镑。中远上海分公司除两艘老旧船（"胜利"和"真理"轮）未投保外其余船舶全部投保。保险期限从当年4月1日零时到12月31日24时止。保险费率按照所保船舶船龄大小及船舶技术状况加以区分：船龄在5年以内（1968年及以后建造）的船为0.6%，船龄6—10年（1963—1967年造）为0.65%，11年以上（1962年及以前造）的船为0.7%，战争险一律为0.1%。船舶保险的具体手续，由中远上海分公司直接向中国人民保险公司上海分公司办理，以便及时对国外分保。这一年中远上海分公司22艘船舶投保，交纳保费10.6万英镑。是年中国人民保险公司根据"独立自主，平等互利"的原则，制订了中国的船舶保险和战争险条款，办理船舶定期保险和航次保险。1973年中远上海分公司24艘船投保，交纳保费14.1万英镑。

中波公司船舶的保险由中波两国的保险公司平均承保，中波轮船股份公司（中方）船舶向中国人民保险公司投保。由于公司对外的保密性质，为避免西方国家的经济封锁，中波公司船舶保险是经波方转向伦敦保险市场投保，其普通水险、兵险保率很少波动，但航行在中国的特别兵险则不同，由于台湾海峡的紧张局势，在1951年下半年时，就增加到10倍左右，特别兵险率一般为船壳及机器价格的10%，运费额的6.66%。由于敌对势力在报纸上的宣传，导致"米克维兹"轮在锡兰装橡胶回国时，伦敦保险竟然提高到船价的15%，运费的10%，特别兵险费达84000英镑，而该船的航次收入仅55000英镑左右，"和平"轮也曾一次性支付75000英镑的特别兵险费，导致流失了大量的国家外汇，给公司的生产经营也带来了很大的困难。1957年第七届管委会给公司船舶保险确定了按照市场价格投保的原则。1960年第十届管委上，给予公司经理部门更加灵活的船舶投保原则，可根据船舶吨位的保值，采取有利的较灵活的保险政策。这样在1960年，根据船舶保额和保险费率的降低情况，公司将"米克拉瑞"轮改保了 FPA[①]，公司在船壳及其保险费支出方面减少了很多，公司随后逐步将一些技术情况良好的船舶改按 FPA 条件进行投保，使船舶的保额调整到接近国际市场的水平，进一步减少公司保费支出。

（二）保赔保险

保赔保险又称船东责任保险。最早投保该项险的是中波公司。该公司的船原先在波兰华尔泰保险公司投保，采用西英船东互保协会的条款。1965 年中方船改向中国人民保险公司上海分公司投保保赔保险，仍采用西英船东互保协会的保险条款。1978 年中国人民保险公司制订中国《保障与赔偿保险条款》，1 月 1 日起试行。该条款与其他各国保赔保险的内容大体相似，主要包括货物损失、人身伤亡、个人财产损失、各种罚款、油污损害等赔偿。此外，保赔协会还为船东提供处理保险索赔的各种服务。这些都是船舶财产保险所不承担的。从而使船舶的额外经济责任得到保障。保赔保险的费率按入会船舶的登记吨计算，根据以前年度赔付率高低进行调整，以中波公司为例，1965—1969 年每吨每年为 0.16486 英镑，另加人民币每吨 0.12 元；1970—1972 年为 0.2 英镑，另加人民币 0.12 元；1973 年调整为 0.22 英镑，另加人民币每吨 0.15 元；1973 年以后，中波公司船舶保赔保险的保费和赔款合并到船舶险业务中统计，不再分开计算。

（三）船舶理赔

1. 船舶财产理赔

新中国成立后，迅速恢复和发展船舶保险业，使船舶财产安全有了保障。1963 年，"跃进"轮首次出航日本，在开船前向中国人民保险公司投保船舶全险。4 月 30 日该轮出航，第二天在济州岛附近触礁沉没，船货全损。后向中国人民保险公司索赔，获得足额赔偿，船公司没受到大的经济损失。1964 年 4 月，中远上海分公司成立后，远洋运输船队开始快速发展。是年，上海远洋运输公司 4 艘船向中国人民保险公司投保了全险，保额 155 万英镑，实付保险费 19303.5 英镑，一年之内发生了 3 起事故，由于船公司和船上缺乏保险理赔工作经验，未及时办理事故签证等索赔手续，贻误了索赔时机，丧失索赔条件，船公司蒙受不应有的损失。为此中远上海分公司向各船印发了保险工作总结，介绍了保险工作的经验教训。1965 年 6 艘船投保全险，支付保险费 33545.25 英镑，按当时外汇汇率折合人民币 23.1 万元，全年收回保险赔款 11867.5 元，占保险费的 5.13%，1969—1971 年中远上海分公司船舶保险业务停办。这期间，中波公司的船舶仍投保船舶险和保赔保险。1965—1972 年期间该公司船舶保赔保险共发生赔偿案 104 件，赔偿外币累计为 20.6 万瑞士法郎，赔偿率为 116%。其中船员医药费赔偿案 41 件，赔偿额占赔偿总额的 9.5%；货损货差赔偿案 61 件，赔偿额占总额的 88%。其他两案一为码头工人受伤，一为污染河水，赔金占的比例为 2.5%。人民币赔付率高达 402%，主要是 1971 年 12 月"新丰"轮在天津港外撞沉"津水 19 号"渔船，造成人身伤亡，赔款高达 63.5 万元，占全部人民币赔款的 98%。自 1973 年起，中波轮船股份公司船舶保赔保险的保费和赔款全部合并到船舶险业务中统计，不再分开计算。

---

① 海洋运输货物保险条款中的平安险。

1972年远洋运输船恢复办理保险业务，至1974年底3年内，中远上海分公司共发生大小保险索赔事故54件，其中碰撞事故36件，搁浅7件，触礁沉船事故1件，其他事故10件。按事故发生地域划分，国内45件，国外9件。1972年该公司22艘船投保，交纳保费10.6万英镑，收回保险赔款3251.16元（当时折算473英镑）。1973年24艘船投保，交纳保险费14.1万英镑，保险赔偿15.98万英镑，赔偿率113.38%。1974年赔偿率为178.4%。事故原因主要是船舶靠离泊位时，驾驶疏忽，操作不当，碰船和码头，约占事故数的42.6%。其次是海上航行，避让迟缓，措施不当，而发生碰船。第三是对港口航道情况不熟悉，造成船舶搁浅等。其中比较突出的大的事故有："建设"轮1974年4月14日在日本鸣门海峡触礁，船体折断沉没，属全损事故，中国人民保险公司赔偿船公司207万元。12月9日"东安"轮在上海港码头卸大件卷钢，货物移动，船舶倾翻在黄浦江内，直接经济损失200万元。船公司在总结事故教训后要求各船进一步重视安全工作，加强责任心，严格执行规章制度，减少事故的发生。同时要求各船认真学习中国人民保险公司编印的《船舶保险业务手册》，积极配合保险公司做好船舶保险及理赔工作，维护国家整体利益。1975年1月1日，中国外贸、外交、交通和财政四部共同批准颁发了中国国际贸易促进委员会编印的中国第一部海运保险工作理算法规——《共同海损理算暂行规则》，使船舶海损理算工作有法可依，打破了以往资本主义国家（主要指西方大国）垄断海上事故理算的局面，增进中国同国际海运、贸易和保险界的联系，维护国家利益。1975年以后，中远上海分公司远洋船舶安全生产情况有所好转，但仍不稳定。1976—1980年，中远上海分公司共发生保险赔偿事故126起，获保险赔偿876.69万美元，平均年赔偿率70.44%。事故中属于擦碰船舶及陆上设施的占63.5%。1977年重大事故多，"汉阴"轮1977年10月20日与香港"凯歌"轮在大连锚地碰撞沉没，保险赔偿360万元；"长安"轮12月2日在日本横滨分割航道搁浅；10月24日"梧州"轮在澳大利亚碰坏散粮码头。1977年，全年获保险赔偿404.3万美元，赔偿率达291.9%。1978年4月8日，上海远洋运输公司"团结"轮去日本航行途中失火，造成船货全损，保险赔偿179.33万元人民币。全年赔偿231.29万美元，赔偿率达106.43%。

中远广州分公司1975年获海损赔款30.29万元，赔付率是10.4%，1978年获海损赔款415.9万元，赔付率是107.0%。1975—1978年中远广州分公司船舶保险及理赔情况见表7-2。

1975—1978年中远广州分公司船舶保险及理赔情况表

（货币单位：人民币）　　表7-2

项目 \ 年份	1975年	1976年	1977年	1978年	合计
净付保费（万元）	289.91	284.33	302.36	388.71	1265.31
海损赔款（万元）	30.29	123.71	427.40	415.90	997.30
赔付率	10.4%	43.5%	141.4%	107.0%	78.8%

中远总公司自1972年恢复远洋船舶保险工作至1976年底共办理船舶投保877艘次，净支付保费1548.1万元，索回赔款819.1万元，占支付保费的52.9%。共处理保险案件238起。实践证明，船舶保险工作对于远洋运输事业是十分必要的，特别是发生事故比较集中的年份和单位，更显得重要。

2. 货运理赔

在货运理赔方面，中远公司从创建船队开始就积极摸索理赔业务，并逐步有了明确的规定：

（1）对于托运人（货主）向中远广州、上海分公司提出的有关货物残损、短缺的赔偿要求，统一由商务部门接受及处理。

（2）托运人（货主）提出索赔要求时，必须阐明索赔依据及提供有关单证。

（3）商务部门根据托运人（货主）的索赔要求，严格按照索赔的程序，尽快审理。审核结果提请分公司经理（数额大的赔案应报中远公司）批示结案。

（4）对于应该或者可能由保险公司负责的索赔案（如果投保一方已投保该项保险时），经过投保一方审定后，应先把有关材料寄给保险公司，待保险公司接受索赔后，再函告货主同意接受索赔的数额。

（5）投保一方与国外托运人（或货主）间有关货物索赔案件的争议，双方如不能通过协商解决时，应按投保一方货运提单或运输契约所规定的仲裁条款处理。

中远创建初期开展货运理赔业务，坚持了群众路线，发动广大船员一起来做。中远广州、上海、天津分公司理赔部门从理赔案件中及时总结的经验教训通告各轮，并经常对船员进行货运安全的教育，督促船员加强对装卸货、积载和理货以及货物保管工作的管理，防止和降低货损货差。对于在货运质量上积极负责，对采取预防措施有力而有显著成绩者，及时给予表扬和奖励。

中国远洋运输总公司重组后不久，在完善货损货差的处理和索赔办法方面，中远总公司与人保总公司先后就国轮货损货差的索赔和处理办法进行了两次修订。在1973年2月《关于国轮索赔暂行办法》中明确了对国轮装载中国进出口货物造成的货损货差，按照中远总公司提单条款规定办理；并就货物短缺及各种原因造成损失的赔偿责任作了规定。1974年4月，人保总公司又对上述办法作了修改和补充，草拟了《关于处理运输中的货损货差暂行办法》，除完善了有关赔偿的条款外，还增加了索赔期限等内容。1978年12月，在中远总公司和人保总公司联合召开的"中远船舶保险与货损索赔会议"上，正式通过了《国轮货损货差索赔办法》。

在完善旅客人身伤亡保险和处理办法方面，中远总公司在1975年3月开办国际客运业务的同时即致函人保总公司，商请该公司开办旅客人身伤亡保险。保险对象系购票乘船的外国人、外籍华人、中国籍的外国人、随外国人同行的中国籍家属。

第三节　财　务　管　理

在计划经济体制下，中远总公司和所属各单位的财务管理是按国家有关企业财务工作的法规和交通系统水运企业的有关规定执行的。每年的营业收入在扣除成本后全部上交国家，企业无权留成。

按照要求中远总公司每年要编制上报中远全系统的财务收支预决算报表。从1974年起，远洋局增加了包括船舶购置、新船员培训、房建工程、教学设备、各种车辆设备等小型项目的《基本建设决算报表》。到1975年有关部门又规定单独上报《国家预算内财务决算》，并就各项生产财务主要指标完成情况及营运收入、成本、利润等情况做出说明。而贷款船的营运收入和利润则是根据1963年中央《批转交通部、外贸部、财政部、中国人民银行关于贷款买船的报告》的精神执行。即："以贷款买的船，不论采取哪种方式经营，在还清本息前，营运收支都不列入国家财政预算，不上缴利润和折旧，但有关财务收支计划、决算、报表等，均按规定编制报送财政部和人民银行备案，接受监督。"这样，中远总公司财务部门每年都在编制、上报总的财务报表同时，还要单独编制上报本年度的贷款船收支计划、决算和报表。中远总公司将贷款船收入扣除成本之后的利润，用于归还银行贷款和支付利息。

为了严格执行国家财务管理的有关政策，搞好中远财务管理，支持企业运输生产的健康发展，中远总公司从坚持经济核算与加强外汇管理入手，严格全系统的财务管理，取得了较好的成效。

一、坚持经济核算

中远总公司在租船财务管理上坚持经济核算，重视营运成果，其主要办法是：在运费结算、收取工作上坚持对国内托运人（主要是外运公司）的运费结算，本着企业协作精神，互相配合，互相支持，加快了运费收取，加速了资金周转；对国外托运人，严格执行合同规定，采取"四查"的办法，即查合同、查运量、查时间、查运价，遇到问题，据理力争。此外，还对国外代理代收的运费，坚持收支两条线的办法，防止代理占用资金从中渔利，维护国家的经济利益。在国内外使费及燃料费结算方面，把工作重点放在国外部分，狠抓国外费用开支的监督、审查工作。精打细算，紧缩国外代理备用金，采取"分船结算，开船汇款""分期预付，精打细算""每船一汇，每月一结"和"发现积压，及时索回"等办法，做到对国外的储备资金心中有数，为国家节约利息支出。除此，还加强账单审核，对国外港口装卸费用采取核对合同、核对运量、核对费率、核对资料的办法，及时发现存在的问题。仅1974年就追回外汇人民币77.8万元。对国内的港口使费由各外代分公司全权负责严格管好租船。在航次成本核算方面，1973年建立了账外成本航次成本核算卡片，到1974年底，共核算700余航次。基本上掌握了租船全年每个航次、每条航线的实际营运成果情况，同时也简化了财务会计结算工作。

1977年1月，远洋系统财务工作座谈会提出：要进一步抓好使费账单的审核工作，及时收取运费及延滞期索赔费，避免少收漏收；加强成本核算，在专业单船核算和部分航次核算的基础上，继续坚持单船核算和全面航次成本核算，将修理费、燃料消耗、物料消耗三项指标下达给每一条船。

1978年6月，远洋局根据实行航次经济核算的试点情况，拟订下发了《关于"船舶实行航次经济核算试行办法"的通知》，要求全体船员关心船舶经营管理，关心增收节支，关心经营成果。规定船舶航次经济核算实行统计核算；分公司的专业核算与船上的统计核算紧密配合。船舶建立经济核算小组，由船长和政委组织实施。根据船舶各部门的分工，落实到人，按照干什么，管什么，核算什么的原则，实行归口核算；建立部门核算岗位责任制。核算内容包括：安全质量、产量、营运天、客货运输收入、运输总成本、利润、千吨海里成本、燃料消耗、修理费、物料消耗等10个项目。各分公司于年度开始或每航次前将上述规定的有关计划指标下达。各船舶在每个航次运输过程中，按照规定的项目和说明，逐项进行核算，并于航次终了后上报。要求各分公司检查制定各项定额，包括燃物料消耗、船员、修理费和船舶载货等定额，以及正常航行经济航速等。并根据实行奖金制度的有关规定评定奖金等级和数额。中远《关于船舶实行航次经济核算试行办法》的试行，开创了国营企业经营管理改革试点的先例，受到上级主管部门的关注。

二、强化外汇管理

20世纪70年代，中远总公司所属单位生产经营收入、利润和部分支出是使用外汇进行结算的。为节约宝贵的外汇，逐步细化和加强外汇管理工作，中远总公司下发一系列文件，加强对外汇使用进行管理。

中远总公司针对各分公司船舶在国外港口招待费开支标准不一的问题，于1973年9月修订下发了《关于远洋运输船舶在国外港口招待费的规定》，对在国外招待费使用问题做了规定。1975年2月，远洋局根据国家计委、财政部《关于试行非贸易外汇管理办法》的规定，下发了《关于营运外汇管理使用的补充规定》，明确提出对远洋船用燃料、物料、配件、设备、伙食和修理等，若必须在国外购买的，应按规定的批准程序和权限办理报批手续。在国外支付船舶港口使费时，必须认真审查，防止盲目汇款。船舶在国内港口加油的比例暂定为近洋不少于90%，远洋不少于40%以上；对船舶航行在国外港口，必须补充的零配件、物料，应按计划批准程序和规定的限额办理。船员及旅客伙食，除易腐的食品，如肉类、青菜、水果等，根据船舶贮藏条件，在国内港口尽量加足外，其余粮油、调味品、干食品一律在国内添加，必须在国外添加伙食控制在30%以内。对船舶非生产用设备，以及办公用品、生活用品等，严禁在国外采购。船用医药品和医疗器械不准在国外采购。经交通部批准到国外修理的船舶，必须严格审查修理项目，必须进厂修理的要在外汇额度内严格控制，未经批准不得追加。非生产性项目要严格控制。船舶在国外的劳务支出要大力压缩。4月，远洋局又下发了《关于加强营运外汇管理，节约国家外汇支出的通知》。对于外汇使用情况提出更加具体、严格的要求。上述规定和要求，在中远各分公司及所属船舶中得到认真的贯彻，并取得了成效。1975年下半年，财政部、中国人民银行总行联合派人赴上海、天津两地，对中远所属单位及船舶进行了实地调查，对中远执行国家有关外汇管理规定的情况及所取得的成绩给予了肯定。为了进一步搞好外汇管理和节约外汇支出，1975年10月，远洋局下发了《关于增加外汇收入、节约外汇支出的几项措施》，就增加外汇收入，节约外汇支出提出要求。在增加外汇收入方面提出三方面要求：①抓货载。要积极组织货源，妥善安排货载，合理调度船舶，不断提高船舶的载重量利用率。要充分发挥运输潜力，尽量减少亏舱和空放造成的运力浪费。在保证外贸及援外物资运输的同时，要充分利用剩余的舱位，组织好第三国货载。必要时抽出多余运力支援沿海重点物资的运输。②抓船期。努力减少一切非生产停泊时间，加强与港口方的联系，加快装卸，提高航行率。大力压缩非营运时间，缩短修理时间，提高营运率。要根据船舶吃水，正确计算船舶潮汐，不失时机，安全出入，不误船期。要选择经济航线，加强船舶调度，合理安排挂港，大力缩短航次时间，多跑多装，增加运费收入。③抓安全。在生产方面要把安全质量放在首要位置，要贯彻"安全第一"的思想，定期进行安全检查，消灭事故苗子。提高货运质量，减少货损货差损失。在节约外汇支出方面，提出4个方面的要求。①节约燃油费开支。燃油成本占成本开支首位，节约潜力很大，要不断总结"以重代轻"的经验，节约开支。在国内出航前尽量把油舱加满。回程时，在国外加油只要加能够安全返航的油即可。分公司要抓紧规定每艘船舶的燃料品种和规格，制订消耗定额，降低燃油消耗。②压缩修理费开支。在当时国内修船能力不足的情况下，80%以上的船舶要到国外修理。为此，要逐步扩大自修范围，明确自修项目，尽量利用装卸及等泊时间开展自修工作，以缩短厂修时间，节约维修费支出。修理项目不得含糊笼统，合理选择修理厂商，大力节约修理费开支。③物料供应要立足国内。要不断疏通供应渠道，节约外汇开支。凡国内一时解决不了，又是安全生产所必须解决的物品，必须在国外购买时，要严格掌握控制。严格按照外汇管理的规定和审批手续办理。各船要在清仓查库的基础上建立账目，加强管理。要首先制订一批主要物料属具的消耗定额，储备定额。逐步健全定额管理制度。开展修旧利废工作，节约物料费支出。④节约港杂费开支。对国外港口账单要分兵把口，有关部门要及时进行认真的审查登记：财务部门要及时检查、复核、入账，把好外汇开支关。账单上发现问题，要及时查清和处理。要防止国外代理行巧立名目，弄虚作假，有意无意地错收重收。发现此类问题要进行有理、有利、有节的斗争，必要时更换代理行。要减少不必要的挂港支出，合理安排转口货载。对国外港口使费收取规定的必要注意事项，要及时通知船上，以避免造成额外的港杂费支出。经过中远总公司和各分公司以及船舶的共同努力，1975年中远预算外汇收支情况良好，实际支出仅占收入总额的34.36%。

1976年，中远节约外汇支出的工作进一步深入开展，从认真审查账单，追索国外款项，使用国内燃油，开展船员自修船舶，绑扎大件，清舱查库，利用废旧物料，直接批量购买船用配件、物料，以及争取回扣等多种渠道，节省外汇支出。全年共节约外汇人民币1930多万元，美元1600多万元。船员自己清洗货舱、油舱也节约了大量外汇。为了压缩在国外代理行使费备用金及严格使费核算工作，从1976年7月开始，中远各分公司和总公司租船处对国外代理行的使费结算工作统一集中于总公司。通过压缩支付国外代理压缩备用金的支出，仅1976年下半年，就压缩备用金支出约3/5。此外，在这一年中，还从审核国外代理行账单中，查出弄虚作假、以少报多、重复计费的问题，为国家挽回外汇经济损失76.5万元。

第四节 船舶技术管理

技术管理是船舶管理的重要方面，加强技术管理，对保证船舶处于良好技术状态，提高管理人员和船员的技术水平，保证安全航行，节约开支，降低营运成本，确保各项运输任务的顺利完成具有极其重要的作用。中远成立后，船舶技术管理由中远公司及其分公司船舶技术科（处）归口管理。"文化大革命"初期，中远船舶受无政府主义思潮的影响，不少规章制度形同虚设。中远重组以后，开始恢复和完善企业管理的各种规章制度及岗位责任制，并重点加强机务、财务、运价、物资供应及运输生产的管理工作，积累了经验，取得了成效。

一、船舶机务管理

（一）机务管理制度的形成与完善

1. 制定各项技术管理规章制度

中远公司成立前的筹备阶段，交通部远洋局及其驻广州办事处拟定了一批技术管理的基本制度，如《远洋船员职务规则》《船舶值班、交接班工作制度》《船舶预防检查规则》《船舶保养分工明细表》及船舶的主要设备操作规程等。这些规章制度是在管理中波公司、捷克公司船舶的经验基础上，参照沿海船舶的管理经验，结合自己的特点而制定的。它对中远公司所属的船舶顺利地开辟国际航线和完成运输生产任务起着技术上的保证作用。中远总公司重组以来，加强了机务管理制度的恢复和实施工作，中远广州、上海、天津分公司将船舶技术管理的主要规章制度重新整理发到船上试行，基本做到有章可循，扭转了船舶管理工作上的混乱局面。

2. 建立造船、购买和接收船舶机务档案

船舶技术资料对于船舶修造、事故抢救和航行安全，都具有重要作用。中远初创时期，在国际市场购买两艘旧客船，以应付接运印度尼西亚难侨需要；为适应东南亚航线运输，从上海海运管理局调入2艘国内新造的5000吨级蒸汽机货船；为开辟日本、中东、非洲、欧洲航线需要，利用投资款及贷款购买一批二手万吨级货轮①。在建造购买这些船舶中订出了造购船舶的技术标准、使用年限、价格范围标准，形成了中远最早的船舶技术与管理资料档案。在中远成立初期，船和资料都较少，并无专人管理。后来随着船舶、图纸、技术表报和说明书的增多，而且大部分是外文资料，到中远重组以后，根据中远总公司机务会议精神，中远各分公司设专人负责船舶技术档案和资料的管理工作，将资料分门别类登记造册，外文译为中文，还制定资料和档案的管理和借阅制度。中远船舶技术资料和档案的管理工作从此走向了规范。

3. 船舶的接收、整修、技术检验证书办理及开航准备管理

购造船舶的接收和开航前的技术准备，是一项极为繁重和技术性很强的工作，特别是接收从国外购进的船舶，在短时间内要了解船舶技术状况并做到安全航行，不但要克服技术上的困难，还要克服语言上的困难。"光华"轮的接收是雇用了部分捷克斯洛伐克和波兰船员；"新华"轮是由外籍船员将船送到广州黄埔港。由于这两艘客轮的技术状况较差，特别是"光华"轮当时已有30年船龄，并拟报废的船舶，"新华"轮是原航行北欧寒季的小客船，要使它们适合在东南亚接运华侨，并确保安全，需进行大量的技术改造工作。在当时广州地区的物质技术条件下，困难是很多的。远洋局驻广州办事处加强了对船舶的技术管理，和船员上下一致克服困难，使两轮顺利开航。此后，中远公司无论在国外、国内接

---

① "二手万吨级货轮"，俗称二手船。指向船东或船舶经纪人购置的船舶（有新、旧船之分）。

收船舶，由于事先做好规划，确定接船原则，培训船员，充分做好船舶证书检查，使交接船工作顺利进行，接船后并能很快投入营运。

4. 建立修船基地

20世纪60年代中期，中远开始利用贷款买船，船舶数量逐年增加，维修任务也逐步繁重起来。国内修船价格便宜，但是维修时间长，质量难以保证，备件购买也困难。而国外修船则价格昂贵。为解决这一矛盾，中远公司在香港投资建立友联修船厂，承担香港远洋、益丰公司和部分境内船舶的修理任务，这是中远公司在境外建立的第一个修船基地。

5. 修船的管理

20世纪60年代初，中远广州分公司的船舶修理计划，一般由中南局计委、经委通过召开华南修船任务平衡会议做出安排，按中远广州分公司与广州地区船舶修造厂签订修船合同进行检修。由于当时内地的船舶维修能力不足，需要大修或临时紧急修理的中远船舶，会被安排在香港修理。1961年，中远广州分公司船舶技术科安排或组织"光华""新华""和平""友谊"4艘船舶进行了21次航次修理。1965年，中远上海分公司共有9艘船舶，船技部门安排或组织了岁修船舶5艘。由于加强了船舶修理，有效改善了船舶的技术状况，保证了中远船舶的正常航行。

1965年9月，交通部颁布《修船制度试行草案》，并同时废除《修船条例试行草案》，将船舶修理类别改为航修、岁修、检修三类，并明确修理工作的基本范围。岁修间隔期为12–18个月，检修为4–6年。规定船舶修理中一般应按原来情况修复，未经特殊批准不进行大拆大改。

20世纪60年代末期不再由国家计划部门安排修船。由中远广州、上海分公司自行决定年度修理计划，报中远公司审核批准。

20世纪70年代初，中远的机务管理工作逐步走上规范化，明确了船舶修理的方针、原则，对预防检修范围和船舶周期也逐步有了明确规定。

第一，确立修船方针、原则。远洋船舶修理贯彻"独立自主、自力更生、艰苦奋斗、勤俭建国"的方针，船舶修理应最大限度地立足国内，按照"先内地、后国外"的原则安排（中远广州分公司可按"先内地、后香港、再国外"的原则安排修理）。1963年以前中远广州分公司全部船舶在国外和香港修船。以后根据上述精神安排在内地修船厂修船数量逐步增加，1969年在内地修船占50%，1970年占70%，1971年占74%。

第二，规定远洋船舶使用年限。客船、干货船、散装船一般定为25年，油轮一般定为15年。

第三，明确船舶修理周期。岁修一般船舶12至18个月一次，油船每年一次，每隔三次岁修作一次检修。

第四，规定船舶修理标准。对船龄10年以内的船舶修理应"保持性能"，即应尽可能保持其基本性能良好。10年以上的船舶无论检修、岁修均以"维持使用"为原则，即要保证安全营运和使用年限。但是，船舶无论"保持性能"和"维持使用"都必须具备无限航区要求和符合船检部门的要求。

第五，明确修船的管理权限。中远分公司年度修理计划报中远公司审核批准；计划变动（指增加、取消或改变修船地点）报中远公司备案；分公司每季度向中远公司报告修船计划完成情况及下季度安排；岁修工程由中远分公司确定，检修工程报中远公司备案。

第六，建立船舶检修制度。船舶预防检修是保持船舶正常技术状态，维护船舶运力的基本方法。中远船队组成伊始，中远广州分公司就着手技术管理工作，贯彻"养修结合，预防为主"的方针，1961年制订出预防检修制度、船员自修制度等10多种规定。船舶在营运期中的检修则由船员完成，主要是对船舶机械动力、电气部分，按计划进行定期的检查、保养及维修工作。规定船舶轮机长及各主管人员按责任，分别制定年度预防检修计划，航次预防检修计划，并记录每次检修时间、地点、检修人和检修内容，逐年保存检修资料。

第七，坚持船员自修。要求广大船员发扬艰苦奋斗、勤俭节约的精神，自己动手修船。这既可为国家节约大量资金、进一步改善船舶技术状况，有利于安全生产；又可提高船员的业务技术素质，培养船员的良好品德和作风。中远广州分公司"光华"轮，1961年在香港修船时就开始了船舶自修。1962年，"光华""和平""友谊"3艘船舶扩大自修工程项目，节省开支11万元人民币。1965年8月，中远上海分公司公布了《关于修船工作中的若干规定》，提出："各项工程凡是能由船员自修解决的一律不交厂修。船舶要努力扩大自修，机关应为船舶创造条件，帮助实现自修计划。"1967年9月，"长安"轮自己动手修船，艰苦奋战一周，出色地完成舱盖板变形修理工程。中远广州分公司"济宁"轮自1969年以来，坚持做好船舶维修保养，使船舶保持良好的技术状况。1970年6月"济宁"轮在广州文冲船厂修船时，广东省交通战线在该轮召开了430多人参加的扩大自修现场会，有力地促进了船舶的扩大自修。是年，"光明""佛山""许昌""临潼""金沙"5艘船舶，扩大自修，成绩也很显著，缩短了修船期，节约修理费80万元。

中远初创时期的机务管理制度虽然有了一定的规范，但是不够健全，有些船舶对于预防检修制度执行得不是很到位，自修船舶不是很普遍。

（二）机务管理的统一和规范

1. 规范机务管理工作

中远总公司重组后，针对船技部门力量薄弱、机务管理规章制度不统一的情况，首先从建立健全规章制度入手，加强对机务工作的领导。1972年下半年，各分公司分别对船舶技术管理的主要规章制度，重新修订并下发各船舶试行，初步扭转了船舶机务管理工作上的混乱局面。同年11月，中远总公司下发通知，要求中远各分公司继续贯彻执行中远总公司原有的规章制度，并根据各自情况，在船舶上推广试行中远广州和上海分公司的规章制度，使全系统的机务管理工作逐步达到统一和规范。

1973年12月，中远总公司召开第一次远洋机务工作会议，重点为恢复和建立健全机务管理的各项规章制度。会议交流了"明华""盐城""大同""耀华""昌都""玉泉""许昌"等船舶在机务管理、预防检修、自修、改烧燃料油等方面的经验；天津分公司介绍了在修船和备件管理工作方面的做法。这次会议对加强各分公司的机务管理工作起到了促进作用，也推动了船舶维修保养活动的进一步开展；各分公司机务管理部门的力量，普遍得到充实和加强；机务管理的规章制度得到进一步建立和健全。同时，对加强机务管理工作的经验总结和推广工作，进一步引起各公司机务管理部门和船舶领导的普遍重视。

1975年11月，中远总公司召开了第二次远洋机务工作会议，重点是加强船舶管理开展船员自修。会上"耀华""风光""丰城""海门""金湖""济宁"等船舶及航修站和各分公司机务主管部门的代表，介绍了维修保养和船舶自修方面的经验。会议要求把预防检修工作健全起来，进行设备的技术鉴定，建立技术管理资料，清点备件等。同时要求各航修站和南京配件厂要发挥各自的作用。1977年，中远总公司根据各分公司对有关规章制度的执行情况，又集中印发了自1975年以来制定的船舶管理工作规章制度汇编共41项。

1978年11月，中远总公司在第三次远洋机务会议上提出，要把机务管理工作转到以技术管理为中心的轨道上来，改进中远机务管理体制，并决定各分公司机务管理部门设总轮机长，每10—15艘船为一组，设船组轮机长1人，以利于加强机务工作的管理。

2. 船舶自修的开展与管理

随着中远船队的不断壮大，船队中不同船型、机型的旧船日益增多，给各公司机务管理工作加重了任务，使船舶日常维修保养难度加大。当时，国内修船能力有限，如1973年计划安排国内修理28艘，实际只完成12艘，而且修船周期长。据统计1971年至1974年间，平均每艘船修期从52天到95.2天，而国外修船周期比国内可节省一半时间，但修船费用比国内高50%。为了规范修船工作，1973年3月，交通部下发了《关于在国外修理远洋船的几点要求》，就有关国内检验、审批和国外验收、检验等程序作出规定。同年12月中远总公司确定船舶修理方针为"自力更生，立足国内"，并明确远洋干货船、散装船使用年限为25年，油船为15年。船舶每12—18个月进行1次岁修（油船每12个月一次）；每隔3次岁修进行1次检修；客船每年坞修两次。船龄在10年以内的，修理要达到"保持性能"的要求；10年以上的检修、岁修，均以"维持使用"为原则。对改变管系、更换辅机设备等大型修理项目应严加控制。

为了搞好船舶的日常维修保养，减少厂修项目，节约修船费用，1975年中远总公司开始推广广州分公司"耀华"轮和上海分公司"风光""丰城"轮船员自修船舶的经验。如广州公司"耀华"轮轮机部1974年自修率达到87.7%，甲板、业务部自修项目占整个岁修工程的65%，修期和费用仅为原计划的一半。上海分公司"风光"轮在从南美洲返航途中，轮机部大搞维修保养，敲锈、油漆地轴弄等。"丰城"轮将计划在日本厂修的97个项目中的38项改为自修，使厂修时间缩短2/3；修理费只用了2/5，节约近24万元。"风光"和"丰城"轮的经验刊登在《交通情况简报》上，1975年5月27日，交通部部长叶飞在简报上批示："要表扬和提倡这种爱护船只的精神，特别是自己维修的精神，能自己修理的就要自己动手修。号召船员既要学会开船，又要学会修船，精益求精，做到小修不进厂，经过一两年或两三年的努力，是可以办到的。"中远按照批示精神，号召各轮结合船舶实际，制定大搞自修的具体措施，掀起船员自修活动的高潮。

在开展船舶自修活动中，中远天津、上海分公司还分别制定了《关于船舶修理和自修范围的若干规定》和《船员自修范围的规定（草案）》。许多船舶实现了进坞不进厂，或将厂修压缩到最低限度；有的船舶维修保养较好，将修期一再推迟；有的船舶利用停航开展自修。

为使船舶自修工作制度化，1978年中远总公司制定了《远洋船舶厂修、自修、保养维修工作规定》发到船上试行。为节省修船的外汇支出，中远总公司采取了五项措施：一是认真审核修理单，严格控制工程项目；二是国外修船坚持先报价选厂再修理的原则；三是与日本、中国香港、新加坡等10多家厂商签订修船协议，以1974年价格作标准，并争取20%左右的回扣；四是编制典型修理单提交国外20余家工厂报价，供修船管理人员和船员选厂和结算比价时参考；五是加强对修船现场的管理，在日本、中国香港等地派驻机务代表。

船员自修活动的开展，减少了厂修项目，缩短了修船时间，提高了船舶营运率和船舶完好率，节约了大量的修船费用，同时也弥补了国内修船能力的不足。船员通过修船实践，提高了自身的技术业务技能，培养了艰苦奋斗、爱护国家财产的主人翁意识。

3. 航修站的建设

在中远船舶加强厂修、自修管理的同时，中远航修站的建设得到较快发展。1970年广州、上海分公司开始建立航修站，这两个航修站边建设、边生产，到1975年，已能承担本公司60%以上的船舶航修任务，并在基本建设生产规模上有了不断扩展。其中广州航修站于1976年6月被交通部批准扩建定名为广州远洋修船厂。到1978年，上述两个航修站不仅能完成本公司到港船的航修任务，而且还承担了部分船舶的年度修理任务。

4. 船舶备件管理和节能工作

船舶备件的管理与节能工作也是机务管理工作中两个重要环节。20世纪70年代中期，中远自营船舶已发展到300多艘，其中国产船舶仅占10%，而安装国产副机的又仅占5%，90%以上的船舶备件需在国外购买，每年支出外汇高达一两千万美元。一方面仓库船存备件较多，造成资金积压；另一方面，也存在某些备件急需订货和空运送船的情况。加上一些船舶管理不善，浪费比较严重。针对这种情况，1977年、1978年两年间，中远总公司分别召开了备件管理座谈会，交流国内备件订货渠道、国外备件订货工作的经验，并制定了船用主机（四大机型）和副机船存备件的定额。要求各分公司对船舶、仓库储存的所有备件的数量进行清点，做到账物相符、进库（上船）有账、出库（装机）报销，逐步建立起比较规范的管理办法。为节省外汇开支，中远对船舶主要备件的采购与瑞典哥特瓦根厂和联邦德国曼恩厂、瑞典苏尔寿厂、丹麦B&W厂签订了备件供应合同，取得10%—15%的供货回扣，每年为国家节约外汇达100多万美元。

降低油耗是船舶节能工作的一个重要方面。20世纪70年代初，远洋船舶燃料费约占成本22%，随着国内工业生产的发展，燃料油供应日趋紧张。1974年，周恩来总理就节约国内燃料用油、增加出口、解决远洋船用油和外轮加油问题做了指示。国务院批转了《国家计委关于节约燃料油的安排情况报告》。随后，交通部召开了船舶热工节约经验交流会，提出各单位要大搞技术革新和技术革命，中远各分公司的油轮、货轮洗油舱工作要立足于国内，并加强对船舶废油处理装置的维护和使用。会后，中远总公司发出通知，要求各分公司加强船舶废油回收工作。1976年，随着国际油价的大幅度上涨，中远总公司决定在大功率快速杂货船上采用经济航速，以降低主机负荷，节约油耗，降低营运成本。天津分公司在7艘"门"字号（"祁门""天门""龙门""红门""永门""厦门""武门"）船上试用经济航速后，自1976年5月至1977年9月，这7艘船共节约燃油1万吨，扣除因降速损失的固定成本后，净节约燃油费约143万元外汇人民币。1978年，中远各分公司积极推广天津分公司节约燃油节省外汇支出的经验：（1）船舶利用从国内出航货不满载的特点，在国内把燃油装足，返航前在国外仅够抵达国内的加油量，使国内加油比例达到60%以上，节约了外汇。（2）"以重代轻"，节约燃油开支。船舶主机燃油继续推广使用高黏度劣质油，在国内加1000秒燃料油代替20号重油，在国外加1000—1500秒燃料油。（3）副机和副锅炉推广使用20号重油代替0号轻油。（4）推广使用经济航速。（5）各分公司制定船舶燃料消耗定额，对船舶进行考核。由于采取了以上措施，仅1978年上半年，中远各公司共节约燃油费用达700万元。

二、通信导航管理

通信导航管理是基于通信导航技术发展的技术与业务管理，是通信导航技术的综合运用管理。在通导管理中，以满足国际公约和保障通信畅通的要求为基础，并在此基础上进行发展和运用，为船舶运输和公司的安全生产服务。1972年，中远建立了专门的通信导航管理机构，通导与信息技术发展给管理工作带来了变化，相应地管理机构也发生变化。

远洋船舶通导技术的发展，可大体划分为莫尔斯通信时代、卫星通信时代和数据通信时代。不同的时代，通信导航工作的特点、通导管理工作的重点、通导管理队伍的组织结构和通导工作人员的组成均不相同。在机构的设置上总体经历分散管理到集中管理再到综合管理的过程；在管理人员队伍的变化上从少到多再到精；在管理业务上从细分业务到专业管理再到综合管理；在管理方式上从各个公司派人的现场管理到区域联合管理再到远程遥控的指挥管理。通信技术的发展与变化，使中远的通信与信息技术管理机构从无到有再到撤销；从小到大再到整合归并的发展历程成为必然。

自1961年中远成立到1978年，属于莫尔斯通信时代。这一时期，中远对通信导航的管理工作逐步走向规范。中远公司对通导管理工作十分重视，将通信导航管理工作纳入船舶运输管理的重要组成部分。中远总公司重组以后，中远总公司和各分公司（1972—1998年）均设有管理职能的电信处[①]，各分公司电信处均下设通信业务科、通导设备管理科、通导技术科、机要科、修理所、报话科或电话班、电传班等。

（一）船舶通信导航的管理

自中远公司1961年成立到1970年下属的三家分公司相继成立运营，其间，中远公司的通信与导航管理工作没有专设部门，主要以代管或临时机构的方式对船舶的电台、公司的机要电报业务等实施管理。1972年9月，中远总公司重组，共设11个业务处室，其中包括电信处，负责管理中远总公司的通信与导航工作。各分公司也均设有管理职能的电信处，随着中远船舶数量的增多，船舶通信导航技术的发展，船舶通信导航业务量也随之增多，电信处的内部机构也发生变化，下设通信业务科、通导设备管理科、通导技术科、机要科、修理所、报话科或电话班、电传班等专业科室。电信处成为各分公司生产经营和船舶安全航行保障的三大重要处室（航运处、船技处、通导处）之一，其管理与技术人员发展到鼎盛时期有几十人甚至近百人，为中远的通信导航管理和远洋运输事业的发展作出了

---

① 1980年后改为通信导航处。

重大的贡献。

1973年4月，中远总公司在北京召开第一次电信工作座谈会（即第一次通信导航工作会），研究了对通信工作加强领导及对船舶电台的管理等问题，会议研究讨论并起草了"远洋船舶电台设置标准"。同年5月3日，中远总公司发文《寄送"远洋船舶电台设置标准"由》给交通部船检港监局审查。1973年6月22日交通部船检港监局复文《关于远洋船舶电台设置标准问题的复函》中远总公司称"所提电台设置定额符合'海船无线电设备规范'的要求"。据此，中远总公司于同年9月下发了《关于远洋船舶电台的设置标准》。《远洋船舶电台设置标准》见表7-3，船舶通信设备按照此标准执行。之后，中远各分公司纷纷建立健全了通信管理机构，充实了通信管理人员，并加强了对船舶电台的管理。1974年中远总公司进一步加强了船舶电台的管理，明确了对通信设备的管理责任分工，确定了总公司、分公司电信处负责管理无线电通信和无线电助航仪器等设备，船舶报务员负责无线电通信和无线电助航仪器设备的维修管理。1974年8月，第2次远洋电信工作会议通过了《远洋船舶电台工作实施细则》（试行本）。《远洋船舶电台工作实施细则》共分5章30条，分别是远洋船舶报务人员守则、船舶电台值班时间及值班注意事项、通信联络方面的几点规定、船舶电台管理、电台设备的维修保养。1975年1月7日，远洋局颁发了《远洋船舶电台工作实施细则》，从而使中远船舶电台的管理工作得到进一步规范。

远洋船舶电台设置标准 表7-3

序号	装备名称	配备数量 客轮	配备数量 货轮	备注
1	800—1600瓦中短波发信机	2	2	
2	应急收信机	1	1	
3	应急发信机	1	1	
4	全波收信机	2	2	
5	10—20瓦超短波无线电话	1	1	
6	短波无线电话对讲机	1套	1套	
7	救生艇电台	2	1	客轮手携式、固定式各1台，货轮手携式1台
8	自动拍发器	1	1	
9	自动报警接收器	1	1	
10	气象传真接收机	1	1	建议项目
11	电台专用录音机	1	1	
12	广播设备	2	1	

为了加强通信导航设备的维修保养，1977年9月，中远总公司发文《关于修订远洋船舶无线电通信导航设备维修保养规则》，对远洋船舶无线电通信导航维修保养规则重新进行了修订，在各分公司通信人员及远洋船舶报务员中广泛征求意见。

1977年6月根据国际电信联盟的规定，中远全面实施了新呼叫程序，无线电通信实行定点呼叫，同年12月，根据全国无线电管理委员会和交通部通信导航局的规定，中远远洋船舶电台换发了执照，调整了呼号。

中远总公司在加强通信导航工作的领导与管理以及更新通导设备、采用新技术方面做了大量的工作，并取得了成效。

1978年9月，中远总公司又对加强通信的管理基础工作提出了要求：分期分批举办报务员培训班，制定实习报务员转正标准和无线电值机员通用证书标准，并作为考核的标准；积极配合海岸电台开通单边带高频无线电话，并制定试通办法；为解决船员航行国外的通信问题，开放了中远船舶船员私人电报业务；确定设立地中海、加勒比海中远船舶转报业务，满足了国内与远洋船舶通信的需要。

此外，为适应中远船队发展的需要，提高通信人员的技术业务水平，中远总公司举办了各种形式的培训班。1975年，中远总公司除委托北京交通大学举办单边带技术短训班外，还委托北京大学举办了英语训练班，以及委托上海海运局"七二一"工人大学举办了机务维修和船用电话总机学习班。

（二）分公司通信导航管理机构沿革

1. 中远广州分公司通信导航管理机构沿革

中远广州分公司成立后，没有单独设立通信导航管理部门。当时的通信业务（包括密电翻译）先由广东省航运厅的电信科和机要科负责管理，后来由广州海运局电讯处代管。船舶的通信导航设备则由公司船技部门负责管理。

1963年6月29日，中远广州分公司呈文交通部远洋局建议成立电信科，同年7月13日，远洋局批复同意。但由于条件限制，当时电信科没有独立办公，仍在公司船技科领导下开展通信管理工作。1966年，广州分公司已拥有船舶17艘，根据业务发展与管理的需要正式成立了电信科。公司电信科成为中远公司最早的通信导航管理部门。当时的电信科只负责船舶的通信设备和通信业务的管理，导航设备仍由船技科管理。

"文化大革命"期间，1968年10月中远广州分公司第一届革命委员会成立。在革命委员会的生产组下设有电信办公室，由军代表负责。1972年6月，中远广州分公司结束军事管制，实行新编制，恢复电信直属科的建制。电信科负责船舶通信设备与业务的管理，以及公司的机要通信（电传与代密）业务的管理，编制15人，设立正副科长各1人，电信业务管理2人，电台机务管理2人，电传代密员9人，实际工作人员14人。中远总公司重组以后，1973年9月8日，经交通部批准，中远广州分公司成立电信处，其职能仍与原电信科相同，但人员和业务量都有所扩充。

随着技术的发展，船舶通信和导航设备相互依存的关系愈来愈紧密，为加强对通信导航工作的管理，最大限度地发挥管理的效率，对通信及导航工作实施统一管理已势在必行，因此，中远广州分公司通信导航管理的机制也逐渐发生变化。1976年8月23日，经公司领导批准，成立通信导航处，将船技处负责的船舶导航工作职能与原电信处负责的通信工作职能合并管理。1977年8月4日，中远广州分公司又将行政科负责的有线通信职责划归通信导航处负责。1978年12月26日，广远公司根据总公司关于机构整改的要求，进行了部分调整。但通信导航处未有大的调整，将通信导航处（站）确定为一套人马，两块牌子。

2. 中远上海分公司通信导航管理机构沿革

1964年4月1日，中国远洋运输公司上海分公司成立。公司成立后，船舶电台业务由上海海运管理局代管。1970年"东风"轮首航加拿大，需要机密通信，公司于当年11月成立代密室，工作人员6人，隶属公司办公室，主管代密电报。

1971年上海分公司开始筹建通信组，下设电传室。1973年4月，中远系统第一次电信会议在北京召开，确定了各分公司管理部门的编制与职能。会后，上海分公司为加强船舶与陆地的通信管理工作，成立了通信组，主管代密电报、船舶电台业务、机务管理及部分电台的机修工作，并着手筹建电传室。8月，电传室正式成立，安装4台电传机，随即开通了第一条电传电报线路（公司机关与上海海运管理局七楼报房电路），承办公司与上海海岸电台间的电报电传工作，方便了船岸间的通信联络。两年后，代密室发展至9人，除负责代密电报的编制与翻译工作外，还开展船舶电台业务管理工作。

1973年11月，通信组脱离公司办公室独立。1974年6月，通信组下设修理组等科室，主管公司所属船舶除罗经以外的通信导航设备的修理工作。1975年1月通信修理组改名为修理所，修理所下设通信、雷达、电航、定位仪和电工5个修理组，1975年6月通信组所属的电传室开通与上海电报局之间的电传线路，同年8月上远公司设置"收信台"，每天由专人定时抄收上海和日本东京两地海岸电台发播的航行警告和气象报告，遇有台风警报，则昼夜不断按时抄收，提供安监部门指导船舶防台抗台工作时参考。

1976年4月20日，中远上海分公司党委决定通信组改名为通信站，通信站建制为一个单位两块牌子，兼上海分公司的通信管理与服务双重职能，下设修理所、业务组、计划供应组和电传室。同年6月，上海分公司电传室启用用户电报电路，加快了陆上通信联络速度。1976年9月，机构进一步扩大，接管电话班，成立了代密电报电话组，开始全面管理分公司远洋船舶通信业务和指导通信导航设备维修工作。通信站的成立，为上海分公司电报、电传和电台通信业务的开通，作出了积极的贡献。另外，通信站还承担船舶通信导航设备的修理业务。1978年，中远上海分公司机关恢复处科建制。1979年1月，中远上海分公司成立通信导航处，但仍然与通信站建制为一个单位两块牌子，通信导航处下设技术科、业务科、行政科和修理所。

3. 中远天津分公司通信导航管理机构

1970年，中国远洋运输公司天津分公司成立，刚建立的天津分公司规模小，机构设置简单，仅有生产组、机务组、政工组、办事组。没有设置通信导航的管理部门，只是在办事组内设立了"电信组"，负责具体工作。1972年8月，天津分公司的机构由原来的生产组和机务组进行了扩大与调整，成立了航运处、海监室、船技处、电信处等12个管理部门。电信处的编制为7人，承担公司的电传通信、通导业务管理、通导设备管理和修理等工作。

4. 中远青岛分公司通信导航管理机构

1976年6月，青岛分公司制定了机构设置，共设置18个处室。公司的通信导航工作管理工作由电信处负责。为满足船队发展的需要，在1977年6月青岛分公司接入第一艘远洋货轮的同时，即组建一个通信导航修理小组，当时因人员缺乏，船舶通信导航设备的修理工作由管理人员兼任。为迅速改变这种状况，青岛分公司决定从大专院校和兄弟单位调入部分专业技术骨干，于 1978 年成立了电信处修理部。1978 年 7 月 1 日，根据交通部有关要求，青远公司的话台的呼号用"青远"表示，英文缩写名称为 COSCOQD。接入船舶的电台执照和呼号于 1978 年 6 月底更换完毕，新呼号从 1978 年 7 月 1 日起生效起用。1979 年根据公司的业务需要，公司正式成立电信处修理所。

5. 中波轮船股份公司通信导航管理机构

中波轮船股份公司成立之初，为解决当时特定形势下的通信困难，经交通部批准，在中波海运总公司设立无线电台，这也是中国航运企业设立的第一部无线电台。电台由波兰人民共和国航运部赠送。1955 年 11 月 1 日，电台设立完成，全部电路开始工作。发信台设在天津港务局航务电台发信台内，收信台设在中波海运总公司内。同年中波海运总公司设立机要组负责译电工作。公司建立初期，通信多采用密码电报，由中国交通部及波兰航运部派遣专人负责密电收发译电工作，通信导航设备管理则由船技处负责。

1962 年 2 月 24 日，中波海运总公司自天津迁至上海。随着通信导航技术的革新和船队的发展需要，中波海运总公司在船技处下设立了电信科，负责船舶的通信导航设备和通信业务的管理；在航运处下设立了电传室，负责电传的收发和中文译电工作。

大连远洋运输公司、中远（香港）航运有限公司和厦门远洋运输公司，由于公司成立比较晚，通信导航管理工作将在本丛书后续章节中陆续介绍。

（三）船舶通信导航设备

船舶通信主要采用无线电通信的方式，实现船与岸、船与船之间的信息交流。船舶导航是引导船舶按照计划好的航线，从出发港安全、顺利抵达目的港的重要保障。船舶通信与导航设备是保证船岸联系和船舶航行安全的重要设备。中远初创时期的通信和导航设备主要是沿用了随船而来的简陋设备，仅能适应简单的、要求不高的通信和导航需要，通信与导航设备的技术水平较低。20 世纪 60 年代末期开始，逐渐引进国外较先进的通导设备。

1. 通信设备

中远初创时期的通信设备，基本上是随船而来或在国内加装的电子管双边带收、发报机，一般每船都有三套，包括主用、备用和应急收发报机，部分船舶装有甚高频无线电话（VHF）。后来，随着远洋船队的发展，所用通信设备型号也逐渐多了起来，如发信机，主要有丹麦的 S-649，英国的 MARCONI 公司的 TEOBESPAN、联邦德国的 S519/S516、法国的 TB53。国产发信机主要型号有 XF-ZD1、XF-ZD2、XF-ZD3 及延安 715 等，收信机有丹麦的 M97、英国的 ATALANTA、联邦德国的 E566、国产的 XS-D16556、A-432 等，这些双边带收发信机一般都工作在莫尔斯报方式，双边带电话很少使用。由于当时这些通信设备是由电子管等分离原件组成，所以存在体积大、功耗高、稳定性差、通信质量不高、寿命短等缺点。通信比较困难。但还基本能满足船岸之间的联系、公司调度指挥以及船舶的一般通信需要。20 世纪 60 年代末期，随着无线电技术的发展，中远公司船舶开始从国外引进晶体管的单边带通信设备。如中远广州分公司的"广水""丽水"轮引进

ST1400A，"永春""华春""田林""玉林"等轮引进了 COMMANDANT 发报机等。

应急通信设备是保证船舶和船员安全必备的通信设备。20 世纪 60 到 70 年代，中远船舶配有应急收、发报机，救生艇电台及遇险信号自动拍发器和自动报警器等，主要在 500 千赫的国际无线电报遇险频率上工作。

1969 年中远上海分公司在大连造船厂建造的万吨级杂货船"向阳"轮全部配备国产通信设备，主要有：发射功率 600 瓦的主用发信机、250 瓦备用发信机、中短波收信机、发射功率 60 瓦的中波无线电话发信机等，配置的详细情况见表 7-4。

1969 年"向阳"轮通信设备配置一览表　　　　　　表 7-4

名　称	设 备 型 号	发射功率（瓦）	数量（台）
主发信机	S-649	600	1
备用发信机	XF-D-10	250	1
应急发信机	XF-Z-11	60	1
中波无线电话发信机	STORNO	60	1
主收信机	A-432	—	1
备用收信机	A-432	—	1
应急收信机	XS-Z-6	—	1
遇险信号自动接收报警器	XS-Z-7	—	1
遇险信号自动拍发器	BJZ-1	—	1

20 世纪 70 年代初期，为了改变当时中远船舶通信导航设备机型杂乱、技术落后的状况，中远总公司明确了船舶通信导航设备更新要逐步向实现型号统一，机型系列化、通用化的发展方向。无线电通信设备逐步趋向规范化。

1973 年后，中远船舶选用的设备主要是丹麦生产的 M1250、中国生产的延安 715 系列，以及美国、瑞典和日本的产品，这些设备能够满足船舶通信的需求。1973 年 9 月，中远上海分公司在南斯拉夫建造的"江川""铜川"等 4 艘船上安装了用于远距离无线电话联络的"M1250""S1250"型单边带无线电话收发信机。广远公司于 1973 年开始建造的包括"松林""杨林"等 6 艘"林"字号的新造船都配备了两套全频的单边带收发信机，是当时国际最先进的收发信设备，设备型号为：S1250、M1250，主要的通信手段仍然是莫尔斯电报。这些通信设备的使用，标志着中远通信导航向着规范化、国际化的方向发展。

尽管当时选用了大功率的远距离通信设备，但是在莫尔斯通信时代，个别地区由于受到电离层、天气以及通信时间等因素的影响，直接与国内通信还是有一定的困难。为保证信息的及时传输，中远制定的《远洋船舶电台工作实施细则》中规定当远洋船舶电台与国内外直接联系确有困难时，可以通过附近中远总公司预先选定的通信质量较好的海岸电台经转，通过转报方式，实现信息的及时传输。也可以采用"船—船—岸"的方式进行电报转发。即：中远所属的船舶电台可以在 500 千赫上呼叫 BOLA，所有的中远电台在听到船舶呼叫 BOLA 后，都应当积极给予回答，然后把呼叫船舶的信息收下来，通过本船的电台把呼叫船的信息发送出去，实现信息的传递。这两种方法虽然可实现信息的传递，但是这是在当时通信条件下的权宜之计，因为电报的转发手续复杂，并且时延也非常大，真正实现海上全球通信，是在全球海上遇险与安全系统（GMDSS）全面实施之后。

1976年到1978年的三年时间，是中远船舶全面开始普及安装全频率合成的单边带收发设备的三年。全频率合成的单边带收发信设备与双边带设备及晶体管混频的单边带设备相比具有明显的优点，主要是：频率稳定度高、占用频带窄，通信频道可以100赫兹的间隔在规定的范围内自由选择等。为广泛使用单边带电话奠定了坚实的基础。当时船舶电台安装的发射机型号有：S1250、ST1600、ST1670、ST1680等，功率在1200瓦到1500瓦之间，接收机的型号有：M1250、3020A等。1978年前国内岸台未开通单边带话务业务，所以远洋船舶与国内用户之间仍然没有使用单边带电话业务。1978年5月，交通部发文《关于试验和开放高频无线电话（单边带）的通知》，要求天津、上海和广州海岸电台采取可行的办法进行单边带试验通话，争取尽快开放单边带电话业务。为配合海岸电台单边带电话业务的开放，1978年4月，中远开始在一些船舶试用单边带电话。1978年6—7月间，中远广州分公司的"明华"和"建华"轮到越南接侨，积极与广州岸台进行广泛的单边带话试验，并通过有线、无线转接方式，与本公司及北京总公司通话，在中国首次实现了公司与船舶间使用单边带电话进行的通信。

1961年到1978年，中远公司的通信管理逐步走向规范化。通信设备也由电子管到晶体管，再由晶体管到集成电路，设备越来越先进，通信质量有很大的提高，通信业务也由单一的莫尔斯电报发展到单边带无线电话业务，为远洋船舶航行安全提供了强有力的保障。

船舶内部通信在扩音机有线话筒及大喇叭的基础上，增加了便携式无线电对讲机和船用室内自动转接电话设备。

2. 导航与助航设备

中远初创时期使用的导航与助航设备主要有六分仪、雷达、无线电测向仪、超声波测深仪、磁罗经和陀螺罗经等。

当时在远洋航区主要依靠六分仪测天来测定船舶的位置，即天文定位的方法。这种定位方法受到天气等客观条件的限制，实际上可进行定位的次数少，而且所测得船位误差大。

电子定位主要是借助于雷达。船舶在沿岸航行时，使用雷达测定船位比较准确。中远初创时购进的船舶，并非都装有雷达导航设备，即使有的船舶装有雷达等导航设备，由于采用的是电子管等分离原件的原因，有同无线电通信设备一样的缺点，设备的体积大，功耗高，可靠性不稳定等。当时中远广州分公司"光华""星火""和平"和"友谊"等轮就装有KH-14/12、DECCA-606、RM-616、国产751型等电子管雷达设备。"唐山"轮上的雷达为DECCA-TM626。到20世纪60年代末期，世界电子工业迅速发展，技术进步很快，改型换代频繁，中远公司船舶也开始引进先进的导航设备，如："友好""无锡"等轮就引进安装了型号为DECCA-RM1226晶体管雷达，其优点在于体积小、重量轻、安装方便、故障率低，备受中远公司船员的欢迎。从20世纪70年代中期开始，为增加船舶航行的安全性，中远总公司所属的远洋船舶逐步加装第二台雷达。

船舶助航设备有测向仪、陀螺罗经、测深仪和计程仪等。20世纪60年代中远初创时期随船带来的助航设备都很原始,全部是电子管设备。

测向仪可以用来在沿岸水域测定船舶位置。"光华"轮的测向定位仪是老式马可尼型(MARCONI),"前进"轮采用的是丹麦产 P179G 电子管测向仪,其测向功能靠手动测向仪的旋转环状天线来实现,所测得的船位相对比较准确,但是受人为的因素影响比较大。所用陀螺罗经多是 SPERRYMK14 和 ANSCHUTZ-IV 等型号。1964 年安装在"和平"轮的测深仪是 KH-MS26 型,"建华"轮的计程仪是最简单且误差较大的拖曳式计程仪。

罗兰、台卡和奥米加等双曲线定位仪,在部分中远船舶上有过短暂的使用记录。最早使用的是罗兰 A 系统,逐渐发展到罗兰 C 系统,后来台卡和奥米加设备也曾经在中远船舶上使用。在当时这些系统确实提高了船舶的定位精度并且不受天气因素的影响,但由于设备操作复杂、定位程序繁杂以及部分设备需要专门的定位图,再加上 20 世纪 70 年代兴起的卫星定位系统,所以这些设备在中远部分船舶上应用很短一段时间就被淘汰。

卫星导航系统是 20 世纪 60 年代发展起来的空间技术和计算机技术相结合的先进导航系统。1977 年 2 月 28 日,中远上海分公司在"江川"轮首先安装一台美制"MX-1102"型卫星导航仪,1977 年 12 月 15 日,中远广州分公司在"松林"轮安装一台美制"MX-1112"型卫星导航接收仪。卫星导航仪能够利用人造地球卫星自动测定船位,也称为子午仪卫星导航系统(NNSS),该系统的使用,使船舶定位精度精确到分、秒,提高了船舶定位的速度和准确性,减少船位的误差。另外卫星导航系统还具有可进行风流压计算、显示航程转向点、故障自检、操作简便、全天候、全球性等优点,因而很快得到广泛重视和一致的认可。采用卫导系统可使航行船舶缩短航程、节省燃油,从而产生良好的经济效益,同时为船舶的航行安全起到了保障作用。卫星导航系统的使用,大大提高了船舶定位的精度,既取代了六分仪这一古老的人工定位方法,也取代了罗兰、台卡和奥米加等定位程序复杂、定位精度差的船舶定位系统,是船舶导航定位史上的一次革命。当然,该系统也存在不能实时定位、定位精度相对较差等缺点,所以在 20 世纪 90 年代初期,逐步被全球定位系统(GPS)所取代。

(四)陆上通信

20 世纪 60 年代,刚刚成立中远运输公司以及相继成立的分公司船舶通信业务由其他部门代管,也就没有船舶与陆地通信的专用通信网络。1973 年 1 月,重组后的中远总公司机关迁入北京市东长安街 6 号办公后,因通信线路紧张,不能满足对远洋船舶和外轮的调度、指挥需要。1974 年 1 月,中远总公司投资铺设了通信电缆,沟通了总公司至铁道部通信中心的线路。1975 年,又开通了国际电传线路。

中远上海分公司注重陆地通信网络建设工作。1973 年 8 月,中远上海分公司电传室正式成立,即开通了第一条电传电报线路,承办公司与上海海岸电台间的电报、电传工作。1975 年 6 月,电传室开通与上海电报局之间的电传线路。1976 年 6 月,上海分公司电传室启用用户电报电路,加快了陆上通信联络速度。1978 年 3 月,中远上海分公司开通与北京中远总公司之间的电传专线。

中远广州、中波公司在 20 世纪 70 年代也相继开通用户电传线路。当时,中远的电传电报已可直接通达世界上几百个港口和城市。

三、早期的资料研究与科研管理工作

(一)搜集研究航运资料,为自有船队业务开展提供决策参考

交通部远洋局早在成立伊始,在机构编制中专门设立资料研究科,开展远洋运输的研究工作,研究成果提供给有关部门参考,为中国自有船队走出国门走向世界提供保障,并根据搜集的资料进行分析研究,然后编译出版《远洋运输资料》供相关部门和机构参考。1964年交通部远洋局机构改革,将资料研究科并入办公室,但对外仍称为资料研究科。

当时资料研究科主要负责以下5项工作:

(1)搜集远洋运输有关的港口、货流、运价、规章及有关国外航商经营情况的资料,进行分析研究,并配合有关业务科对发展远洋运输的方针政策提供意见;

(2)调查研究各航运国家的运输动态及其航运规章、制度、编译出专题资料;

(3)负责与国内外有关单位联系、搜集、整理、交换资料;

(4)编译出版《远洋运输资料》;

(5)办理本局有关远洋业务的书刊资料收订保管工作,介绍业务学习资料。

根据1958年8月4日交通部党组会议指示精神,9月1日远洋局住广州办事处成立,广州办事处同样也设立资料研究科,从事远洋运输业务的研究工作。

(二)成立科技办公室,开展科研工作

1978年3月18日全国科学大会在北京人民大会堂召开,邓小平在开幕辞中强调,四个现代化的关键是科学技术的现代化,并着重阐述了科学技术是第一生产力这个马克思主义观点。邓小平提出的"科学技术是第一生产力"的著名论断,对国家长远发展具有十分重要的意义。

中远总公司根据全国科学大会向科学技术现代化进军的号召,以及对大型厂矿企业要创办和健全研究机构的精神,于1978年5月30日向交通部提出中远总公司和各远洋分公司成立科技办公室的报告,交通部7月18日批复同意。

中远总公司科技办公室的主要职责是:

(1)编制远洋系统的近期和远期科学工作规划并组织落实;

(2)发动群众开展技术革新、挖潜和改造工作,充分发挥运输设备的潜力;

(3)对职工、船员创造、发明的技术鉴定、奖励创造发明的先进个人和集体;

(4)会同组织部门做好对科技干部的考核、管理工作,并对科技干部的使用安排提出建议;

(5)总结、推广科技工作的先进经验;

(6)搜集整理科技情报。

总公司科技办公室成立后,中远各分公司也相继成立了科技办公室开展工作。

(三)早期的科研活动

1. 协助开展远洋船舶水文气象测报

1969年12月31日,交通部军管会生产指挥部发文,要求开展为国家海洋局提供大洋水文气象资料的任务。为了完成这一任务,交通部军管会指示广州华南水运公司革命委员

会和中远上海分公司革命委员会，布置相关船舶兼作大洋水文气象观测任务。观测的范围为上海至日本，上海至朝鲜，广州至西非，广州至西欧，广州至南非，广州至东非，广州至地中海、红海，广州至波斯湾，广州至东南亚各线。

接到水文气象观测任务的远洋船舶，按照规定的地点进行水文气象的观测，观测的数据通过船舶电台用摩尔斯电报发到相关部门。这项工作一直持续到20世纪80年代，在当时中国水文气象观测水平比较低的情况下，为中国水文气象的观测工作贡献力量。

2. 远洋局推广"合理配载"科研成果

远洋船舶的合理配载，可以充分发挥船舶强度和改善稳性，是保证船舶安全航行的一个重要措施。1978年5月31日，远洋局推广上海船研所的科研成果船舶"合理配载"。上海船研所对船舶"合理配载"课题进行了多年工作，通过大量调查研究，并在中远总公司所属的船舶中有目的地选择了"英山""秀山""江都""昌都""益都""和田"等船只进行试点，取得了良好的效果。1978年5月在广州召开的防台会议上，上海船研所作了"合理配载，改善船舶强度和稳性"的科研报告。该研究工作是利用电算机进行了大量理论计算，然后以简易的表格形式提供船舶使用。通过3年来的实践证明，这种简易表格是简便可行并具有实效的，是能够起到合理配载以改善船舶强度、稳性作用的。同时，对于原来强度、稳性富裕的船舶，如果配载错误，也可以导致船舶强度和稳性的恶化，影响船舶安全航行。

为此，远洋局要求各分公司要重视上海船研所的这项科研成果，对现有船舶中急需改善强度、稳性的可使用该法进行计算。上海船研所在该项研究成果的实践过程中，继续总结经验，逐步推广。

第五节 船舶安全管理

安全质量第一，是党和政府在经济建设方面重要方针。在航运部门，根本任务是要把人、货安全地送达目的地，所以安全生产是检验航运生产业务完成好坏的首要标志，没有这一条，其他都是空话。中远公司从成立开始，对船舶的安全运输生产十分重视。当时主要以《国际船舶规范》《国际海上避碰规则》和《国家交通安全法》等有关航海法规作为安全航行的规范。1963年，"跃进"轮沉没事件发生后，中远从机关到船舶普遍进行了安全生产大检查，深入宣传"安全质量第一"的方针，教育全体职工，牢牢树立"安全质量第一"的思想，在深刻地总结这次事故的教训的基础上，制定新的安全管理规定，修改并完善已有的规章制度。"文化大革命"期间，无政府主义严重，安全制度遭到破坏，船舶的安全生产受到严重威胁。"文化大革命"后期及结束后，中远总公司除加强对船舶安全生产的领导外，还制定与健全了规章制度，采取了一系列的防范措施，使中远的安全生产情况逐步得到好转。

一、中远公司成立初期的安全生产管理

中远公司认真贯彻交通部1961年春提出的"安全质量第一"的方针，抓好船舶的首航

工作。中远广州分公司经过开航一段时间的实践，探索了一些经验，初步制定了船舶安全管理制度，规定船长代表公司统辖全船行政工作，负有对人命、船舶、货物及其他财产的防护与保卫的责任，严格执行船舶航次命令和通信规程；充分和正确使用船舶设备，保证船舶的适航状态；规定轮机长辅助船长工作；船长统辖船员必须遵守各种规章制度，执行各种操作规程；严禁冒险作业，切实使用好安全帽、安全带、安全网等劳动保护设备；规定船舶按航次人员变动情况及时编制可行的应变部署表，定期进行救生、消防、堵漏及综合应变演习等。

中远公司成立后的头两年安全工作是有成绩的。"光华""新华""和平""友谊""劳动"5艘船舶安全优质地完成了接运难侨和开辟新航线的任务。但由于中远刚成立不久，安全生产机构，如航行监督保证部门、电信指导和管理部门还没有建立，远洋船队较完整统一的技术管理规章制度及生产责任制尚未及时制定。

二、"跃进"轮沉没事故

"跃进"轮首航日本，标志着中日贸易的新发展，也是当时中国远洋运输从北方沿海开辟一条新航线的起点，意义十分重大。但是，1963年5月1日，该轮却在首航日本途中触礁沉没，这在国内外都引起很大的震动。

（一）"跃进"轮设备技术状况

"跃进"轮是大连造船厂建造的新中国第一艘万吨级远洋货船。载重量15930吨，满载排水量22170吨，吃水9.72米，船舶总长169.9米、宽21.8米，营运航速18节。1958年9月，该轮在大连造船厂开工建造，其设计图纸、钢材和设备全部从苏联购买。1960年10月基本建成。"跃进"轮是当时世界上同类型船舶中的先行产品，具有现代化的技术装备，采用高强度低合金钢的结构材料、较高参数的动力装置、高度的自动化控制系统[①]。船上安装有当时先进的陀螺罗径、航迹自绘仪、无线电测向仪、水压计程仪和航海雷达等多种现代化导航设备、航海仪器等。1960年12月中国科学技术委员会组织专家组成技术鉴定工作组开始对"跃进"轮进行验收，验收分为三个阶段，分别是第一阶段的"安装与系泊实验"、第二阶段的"轻载试航"和第三阶段的"重载试航"。1961年5月7日至17日，"跃进"轮在旅大海区进行轻载试航。轻载试航期间，工作组对船员的熟练情况也进行了考察：船员在工厂同志的帮助下参加了操船练习和两次比较全面的操作，情况尚好。驾驶部完全可以掌握；比较复杂的轮机部，极大部分的船员经过一段时期的随船学习，对主要设备在原理上、系统上已基本有所掌握，但由于实践时间少，尚需加以练习，尤其是自动控制系统。

该轮第一次轻载试航后，回厂整修。重载试航在1962年10月19日至10月23日在旅大海区、渤海湾和连沪线上进行。重载试航期间，在连沪线上载货试航2个航次。1962年12月，重载试航完成并修整后，"跃进"轮交给交通部。交通部接船后，先在沿海进行了近4个月的沿海航行，从1962年12月14日到1963年3月31日，"跃进"轮在大连至上海航线先后航行4个航次，共运货44898吨。其间，为取得苏联的船舶证书，1963

---

① 内容摘自"跃进"轮国家验收委员会技术鉴定工作组撰写的《"跃进"号万吨远洋货轮技术鉴定工作总结报告》。

年2月，工厂、船员和验船部门又对船舶组织了一次彻底检查，认为"跃进"轮技术状况良好并取得证书。1963年3月，交通部向国务院提出开辟中日航线并安排"跃进"轮首航日本的建议。4月11日，交通部的建议得到国务院总理周恩来的批准。当日，交通部即电告上海海运局和远洋局广州办事处，指示由"跃进"轮首航日本。4月底从青岛起航，要求远洋局和上海海运局共同做好各项准备工作。

（二）"跃进"轮沉没经过

当时，中国和日本之间尚未恢复邦交正常化，两国之间的交往处于民间往来阶段。根据廖承志——高琦达之助备忘录关于中日民间贸易的协定，为了开辟中日航线，"跃进"轮首航安排在上海、青岛两港装货，到日本门司和名古屋两港卸货。1963年4月24日，"跃进"轮在上海港装载硼石、杂货3414吨，然后驶向青岛港继续加载，又在青岛港加装玉米、杂货10047吨后，"跃进"轮共计载货13461吨，于4月30日15时58分离港。开船时，船首吃水9.55米，船尾吃水9.65米。按照预先拟定的"青岛——上海长江口转向点——日本门司"航线行驶，首航日本门司港。

5月1日13时45分，在积算船位北纬31度52分、东经125度1分（即济州岛南80海里处），船舶左舷发生较强撞击声，船体进水左倾。该轮当即发出"我轮被击，受损严重"的密电。"跃进"轮机舱迅速进水，船首下沉，海水涌上主甲板。13时58分，该轮再次发出国际上通用的SOS明码求救电报。同时决定弃船，14时20分，全船59名船员分乘4艘救生艇离船。17时10分该轮全部沉没。59名船员于5月2日0点20分被日本渔船"对与丸"和"壹歧丸"营救脱险。

"跃进"轮遇险的消息迅速报到周恩来总理办公室，当天周恩来总理就给海军下达立即派军舰前往营救的命令①。海军当即由东海舰队派出"205""206""211"和"224"共4艘护卫舰驶向"跃进"轮出事的海区。当周恩来总理获悉"跃进"轮的59名遇险船员经日本渔船救起，于5月2日转登日本海上保安厅巡视船的信息后，立即命令派军舰去把遇险船员接回来。当晚19时30分，这些船员在东海海域被派往营救的中国人民解放军"211"护卫舰接回上海。据"跃进"轮船员当时分析，遇险时天气条件较好，没有浪，按照航速和航线推算，"跃进"轮离航线附近的苏岩礁还很远，而且出事时有较大的震动和炸裂声，很可能是遭受到水下攻击。

（三）国际社会反映强烈

"跃进"号作为我国第一艘国产万吨级远洋货轮，又是首航日本的船舶，其沉没在国内外引起很大震动，沉没原因也引发了国际舆论的广泛猜测。5月3日，中国各大报纸均全文登载了新华社5月2日的电讯："我'跃进'号货船赴日本途中突然遇难沉没。中国政府对此十分重视，正对沉没原因进行严密调查。船员经日本渔轮救起，正由我派出的护卫舰接返祖国。"消息传出后，引起强烈反响，美国政府通过美国之音广播发表声明，说美国潜艇5月1日没有到过苏岩礁海域，没对中国货船发动过攻击；台湾国民党当局也发表声明，

---

① 中央文献研究室编：《周恩来年谱（1949—1976）》（中），北京：中央文献出版社，2007年，第551页。

说他们的军舰从来没到过"跃进"轮失事的海区；韩国、苏联也先后表示他们与"跃进"轮沉没无关……

（四）全面开展事故调查

"跃进"轮的沉没，引起了党中央、国务院的高度重视。为了查明沉没原因，在周恩来总理亲自主持下，由海军和交通部所属上海的有关企业分别派出舰艇和调查作业船①，联合组成调查编队，进行现场探摸调查工作。5月12日，周恩来总理从北京飞赴上海，亲自对调查编队出航的准备情况，进行了详细的检查，走遍了每一艘舰船，听取汇报，查问情况，观察试验操作，并对参加调查"跃进"轮沉没的全体人员做了报告②。调查编队经过周密的调查，确证了"跃进"号是在济州岛西南80海里的海域（北纬32度7分、东经125度11分），左舷擦触苏岩暗礁沉没③。调查编队于6月1日完成了潜水调查探摸任务，并及时将调查结果依次用电报报告了国家有关部门。中国新华社授权发表声明：经过周密的调查，已经证实"跃进"轮是因触礁而沉没的。"跃进"轮航行触碰苏岩礁示意图见图7-1所示。

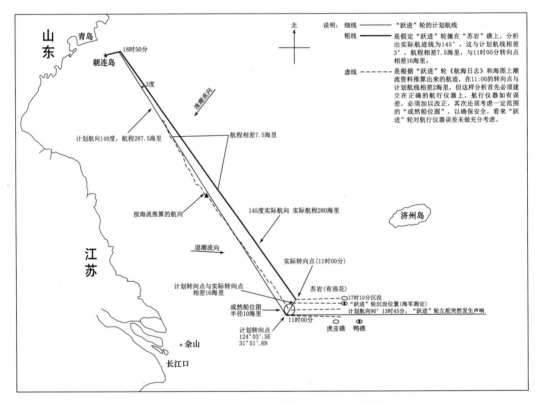

图7-1 "跃进"轮航行途中触碰苏岩礁示意图。

---

① 据《人民日报》1963年5月19日刊载新华社18日讯"为进一步查明'跃进号'货轮遇难的确实原因，中国人民解放军海军奉命派遣205、206、263、264、328、377六艘舰艇"和交通部指定上海海难救助打捞局派遣'和平60号''救捞1号''救捞8号''海设号'等作业轮，均于5月18日从上海启航前往调查海域。

② 中央文献研究室编：《周恩来年谱（1949—1976）》（中），北京：中央文献出版社，2007年，第553页。

③ 在苏岩方位148度，距离1.2海里。

三、吸取"跃进"轮教训，强化船舶安全生产管理

"跃进"轮沉没事故不仅使国家在经济上遭受损失，而且在国内外造成了不良的政治影响。为接受"跃进"轮沉没事故的沉痛教训，确保交通运输安全生产，交通部于5月27日召开了各直属企业、事业单位及各地方交通厅（局）参加的安全生产紧急电话会议。王首道部长做了《接受"跃进"号沉没的沉痛教训，认真抓好安全生产工作》的报告。6月4日交通部转发了安全生产紧急电话会议的简要内容，提出了"跃进"轮事故的4点主要错误及教训。随后，交通部从上到下多次进行分析总结，于9月汇编了《"跃进"轮触礁沉没事件的教训》，从开辟中日航线的组织领导，使用"跃进"轮首航中日航线的组织领导，船员调配，货载组织工作，转向点和航线，开航前的航行准备工作，航行中的驾驶操作，出事后的应急措施，弃船与人员被救，通信联络工作，船舶保险与索赔，船舶政治工作等12个方面总结了各项准备工作的情况、存在的问题和教训，以及应该改进的意见。提出事故的直接原因虽然是由于驾驶操作错误所致，但也暴露了这次开航工作中各个方面的许多问题，从交通部到所属单位领导思想松懈，盲目乐观，工作粗糙，缺乏严肃负责精神，造成整个开航工作的混乱。

（一）"跃进"轮事故的错误与教训

1. 组织指挥方面的错误与教训

（1）对中央领导同志的确保安全的批示不重视，忽视了认真贯彻"安全生产第一"的方针。对开辟中日航线缺乏全面安排、深入检查，准备工作不充分。尽管远洋局派了工作组去上海工作，但没有把全面工作抓起来。当时只考虑了任务的需要，强调船舶早开航、多周转，忽略了对新的任务更应该有充裕的时间做好充分的准备工作，因而漏洞很多，仓促开航。

（2）确定的航线只考虑了对敌斗争（考虑得也不完全），忽略了安全航行这一极为重要的因素。更没有充分考虑到礁区等自然条件的危害。制订航线不明确（非常用航线），转向点的选定不妥。原航线规定在北纬32度、东经124度转向，既离陆地较远，不能利用岸标转向准确地测定船位，其周围又缺乏测定和检查船位的标志物；转向后，又要在苏岩、鸭礁和虎皮礁一带暗礁区附近通过，这就给转向后的安全航行带来了隐患。另外，远洋局对航线的审批过分草率。且航线下达后又片面地强调保密，直到船离开青岛才向驾驶员交底。

（3）对船员的使用和配备，规定了一些不切实际的条件，片面理解和强调政治上绝对可靠，忽视现实表现和技术业务能力。在确定"跃进"轮首航日本的一个多月中，两次调换船员，调动面占全船的30%。开航前又临时调换三副、三管轮和事务长等7名船员。2月间从接船和轻重载试航，由于该船的老船长因病离船，临时派一名船长上船，开航前又换上一位多年来未行驶过沿海和近洋航线的船长。由于人员调动频繁，特别是高级船员调动过多，驾驶人员除了二副之外都是新上船的，不可能使每个人都熟悉和掌握有关船舶航海仪器和机械性能，致使船上的主要负责人不熟悉全船情况。

（4）没有建立科学的管理方法和建立明确的技术责任制度。

2. 驾驶操作方面的错误与教训

（1）没有利用一切可能的方法来测定船位。该轮虽装有现代化的助航仪器，具备安全航行的良好条件，但从青岛开航，当晚经过朝连岛定位、定向以后一直到第二天11时改

90度航行，至触及苏岩礁，只有推算船位，没有实测船位。船上每次交接的船位都是推算船位，不是充分利用各种助航仪器和一切条件测定船位。而推算船位也只是简单的陀螺罗经航向加计程仪，没有认真计算、分析和修正潮流的影响，也没有考虑陀螺罗经和计程仪的误差。在转向前既没有使用测深仪，又没有用测向仪来检查船位。"跃进"轮触礁时的匡算船位是北纬31度52分、东经125度1分，实际上的船位却是北纬32度7分、东经125度11分，这正好是触撞的苏岩礁的西南部分。

（2）没有严格按航海制度办事。航行中的驾驶操作，在船员职务条例中规定，船长应在航行中审慎计算航路，利用所有的方法和仪器测定船位，并要求驾驶员也同样执行。但是"跃进"轮的船长和驾驶员没有重视这些规定，没有完全按照航海制度办事。

（3）没有及时测定和校核各种助航仪器的系统误差，做好各种原始记录。船长和驾驶员都没有全部掌握助航设备的使用和误差。有的驾驶员不了解该船的测向仪、航迹自绘仪的操作方法。计程仪有误差只有二副知道，误差多少却没有测定，更没有做修正工作，甚至没有做详细记录。

（4）船长和驾驶员没有认真研究航线，在危险地区航行没有按制度谨慎操作。"跃进"轮的航线，过分强调"保密"，在开航前，船长没有认真研究，大副和三副都不知道航线的具体走法。该轮在触礁之前，船长没有按照一般要求，驶经危险地区时，须在驾驶台亲自指挥，而在房间里看文件，没有向值班驾驶员交代注意事项，也没有通知机舱做好应变准备。值班二副应该知道很快就要经过苏岩暗礁，但没有告知船长，也没有加强瞭望。本来，船长和值班驾驶员应该明白转向点是有问题的，靠不住的，理应加强警戒，然而却马马虎虎，不做戒备，终于触撞苏岩暗礁。

（5）驾驶操作上的错误和教训，主要是船长和驾驶员思想麻痹大意，工作态度马虎草率，没有严格执行保证安全生产的规章制度，对驾驶技术操作不严格，教训是极其深刻的。为保证船舶航行安全，对安全生产一定要有高度的政治责任心，一定要牢固地树立"安全质量第一"的思想，一定要一丝不苟地落实船舶运输各项生产的规章制度，严格执行技术操作规程，这样才能防患于未然。

（二）加强安全管理工作，建立海监、安监规章制度

"跃进"轮的沉没，给中远公司很大的震动。中远系统自1963年5月开始，从机关到船舶普遍进行了安全生产大检查，深入宣传"安全质量第一"的方针，发动群众从思想、设备、制度三方面查原因，找漏洞，研究提出切实可行的解决措施，有计划地进行了整改。

交通部认真总结了"跃进"轮沉没的教训，提出了"十不开航""十四项注意"的要求。中远公司根据交通部的要求，结合远洋运输的特点，于1963年6月19日下发了《关于安全生产的紧急指示》，制定了"十二查"和"十二保证"的船舶安全生产管理制度。

1. 开展安全工作"十二查"

（1）查船舶证书及船舶、船员、旅客抵达对方港口所需的入境证件是否齐备、有效。

（2）查船舶主副机器、操纵系统、管路设备是否确系正常运转。

（3）查通信设备能否确保正常使用，船岸通信联络办法是否明确无误。

（4）查船舶封舱设备是否完好，积载是否安全、笨重件、甲板货的捆绑、加固、遮盖是否妥善，各类货物混装能否确保货运质量。

（5）查救生、消防、堵漏、排水设备是否齐备和良好；组织分工是否明确；水密门窗是否完好。

（6）查船舶燃润料、淡水储备、食品、药品是否备足，必需的主要属具备件是否齐全。

（7）查航海图书资料是否齐备并经改正，助航仪器是否校验并掌握了误差。

（8）查有关船员是否已了解和掌握航线、航区及对方港口的政治、自然情况。

（9）查船员配备是否妥当，有无缺额或调动过多情况，新接班和下船船员是否已经认真做了交接工作。接任船员是否掌握了本人所操纵的机器、仪器、工作等性能、特点、误差和操作技术。

（10）查有无大风警报，风力是否超过该船抗风能力。

（11）查船舶安全保卫工作是否已周密布置，机密文件和自卫武器是否指定专人妥善保管，紧急情况下的应急措施是否已经落实。

（12）查海面有无敌情，行驶航线、护航措施是否已与当地海军部门研究决定，是否已与海军、公安等部门取得联系。

2. 做到开航之前"十二保证"

（1）保证在开航前，开好船务会，对该航次任务，要求及注意事项、航线、航区情况、船舶技术状况、船员配备等进行研究，拟出具体安全措施。

（2）保证出航前开好船员大会，向船员布置航次任务和注意事项，并发动船员充分讨论、落实各项措施。

（3）保证及时正确地掌握船位，经常掌握风压、流压及潮汐情况，切实估算出对船舶航行影响，及时采取措施。

（4）保证切实掌握航道情况和航路标志。

（5）保证不误入海上禁区，不违反国外港口规章和涉外纪律。

（6）保证与岸台的通信正常，经常收听气象报告和航行通告，确保紧急情况的通信联络。

（7）保证经常检查货物的通风、捆绑情况及危险品的装载和保管情况，在到达港口之前，保证船上装卸设备的正常。

（8）保证在发动车叶以前，看清周围有无小船，在下锚或靠码头时应注意安全。

（9）保证严格执行交接班制度。

（10）保证按规定按时执行救火、救生、堵漏、排水演习；要求一旦遇险，能立即将其实际情况报知国内，并努力减少船货损失，确保人身安全。

（11）保证经常做好对主副机器、助航设备、操纵复位、通信设备的保养维修工作，及时迅速地排除故障。

（12）保证在国外港口做好值岗巡视工作，严防敌、特破坏。

3. 开展"安全质量第一"教育

为了搞好船舶安全运输生产，中远公司加强了"安全质量第一"的教育，建立了航次安全检查制度，认真抓了"十二查"和"十二保证"的落实，同时大力总结和推广了安全生产的先进经验。1964年中远公司下发了《关于"光华"轮安全航行经验的通报》，表彰了"光华"轮。"光华"轮虽然是一艘技术状况不良、拥有33年船龄的老船，但是，从1961年4月开航后的3年多时间内，安全航行6800多海里，运送旅客8035人次，完成了21910吨的货物运输，从未发生重大事故。除了上级领导重视，安全生产的方针明确以外，"光华"轮的经验主要是认真做好思想政治工作，充分发挥船员的主观能动作用，在全体船员中牢固地树立"安全质量第一"的思想，严格遵守各种规章制度和技术操作规程。

1964年，中远上海分公司认真贯彻"安全质量第一"的方针，严字当头，认真研究布置航次安全措施，反复检查落实，取得了较好的成绩。"和平60号"轮首航朝鲜、"燎原"轮首航日本和首次从日本装运进口成套设备均做到安全优质。中远公司转发了中远上海分公司的经验，号召大家学习。以后的几年，中远广州、上海分公司继续深入进行了"安全质量第一"的教育，广大船员逐步树立起"安全质量第一"的思想和"三严"的作风，即严肃对待规章制度、工作和生活，严密研究布置安全生产的各种组织措施，严格要求上下左右。中远公司同时还建立了船舶主要安全设备和保证安全航行的根本措施，加强了海务、安全监督机构。

1965年，中远公司制定了《新船首航办法》《国外接船工作办法》等，执行了交通部下发的《海图作业试行规则》《航海日志记载试行规则》等规定，建立和健全了安全监督部门。1966年中远广州分公司设置了总船长、总轮机长负责航行监督，建立了安全生产责任制，制订出一系列的安全生产制度，修订了《远洋船员职务规则》《技术操作规程》《维修保养制度》。中远上海分公司在船舶开航前做好充分准备，领导亲自登轮检查，归航后认真细致地作技术检查和航次总结。这一时期，中远船舶的安全生产情况基本良好。

"文化大革命"期间，安全制度一度遭到破坏，无政府主义严重，船舶的安全生产受到严重威胁。1970年，中远公司为贯彻落实《中共中央关于加强安全生产的通知》，在船舶普遍开展了"四查"（查思想、查纪律、查制度、查领导）工作，批判无政府主义思潮，大部分的安全制度得到了恢复。这一时期的中远安全工作不断排除"左"的干扰，广大船员职工逐渐认识客观规律，从实践中吸取成功经验和沉痛教训，逐步建立健全了安全监督组织和安全防范规章制度，在船舶和船员数量成倍增加的情况下，有效地预防和减少了海损、机损、货损事故的发生，确保了运输生产的顺利进行。

1971年，中远广州分公司召开了第二届党代会把安全生产列为党委六大任务之一，提出7条措施，层层落实，并总结推广了"敦化"轮安全生产"七抓"的经验，即：提高认识自觉抓，领导重视亲自抓，总结教训经常抓，掌握规律提前抓，发现苗头及时抓，制订制度坚持抓，发动群众人人抓。中远上海分公司总结推广了"燎原"轮安全生产的先进经验，各轮坚持每月1次安全活动日制度、航前会议制度，每月举行1次消防、救生综合演习，规定每周不少于4小时的业务学习。中远天津分公司所属船舶普遍成立了在党支部领导下，以船长、政委和各部门长为成员的安全领导小组，党支部把安全生产列入重要议事日程，经常督促检查。中远广州分公司采用现场会议方式，抓典型事故的总结，抓季节性的安全工作，提高认识，落实防范措施。中远上海分公司十分注意季节性安全工作，在雾、台、风、冰冻到来之前提早布置，组织有经验的老船长讲解雷达避碰，介绍新航线的情况等，互相学习，交流经验。

1972 年，中远各分公司重新整理修订船舶安全规章制度和操作规程，并下发到船舶，其主要内容包括：安全航行和操作、消防救生、交接班、船员职务分工、设备维修保养等等。中远船舶通过认真查找不安全因素、纠正安全制度不健全、工作中随意性大以及部分船员组织纪律性不强等问题，改变了过去有章不循的状况。

1970—1972 年，中远船舶由于认真贯彻落实《中共中央关于加强安全生产的通知》，认真执行各项安全生产的规章制度，安全生产没有发生重大恶性事故，船队的安全生产处于良好状态。

四、安全运输生产的进一步加强

中远总公司重组后的前三年，仍处在"文化大革命"时期，船舶虽然一直坚持正常的运输生产，但一些遭到破坏的规章制度并没有完全恢复，安全监督机构也不健全，专职人员少，安全生产上存在重生产轻安全的倾向，使经常性抓安全工作受到影响。中远总公司重组以后，除了加强对船舶安全生产的领导外，还制定健全了规章制度，采取了一系列防范措施，使中远的安全生产情况得到进一步加强。

（一）加强远洋海务安全工作

海务安全工作是保证远洋运输船舶和承运安全，以及船员人身安全的一项重要工作，也是远洋运输企业各项工作中的重点工作。

1973 年 10 月和 1974 年 4 月，中远广州分公司"新会"轮和中远上海分公司"建设"轮发生触礁沉没、船货全损的重大责任事故，给国家造成了重大损失。之后，安全生产形势仍不够稳定，尤其是在 1977 年，中远船舶连续发生 44 起海损事故，其中包括船舶碰撞沉没的恶性事故，给国家造成经济损失达 1000 余万元，在政治上也造成不良影响。对此，中远总公司于当年 12 月在北京召开了远洋安全工作会议，做出加强远洋海务安全工作的七项规定：

（1）远洋各级党委要把安全工作列入重要议程，全年常抓不懈。船舶党支部要把安全生产列为主要工作内容，切实加强对这项工作的领导。

（2）总公司、分公司要建立健全海务管理机构（海务监督室），负责对船舶海务安全工作的指导、检查和督促。分公司每 10 条船设一名监督员，并适当配备航海图书资料和普航仪器管理人员。

（3）各公司领导要遵照"管生产的必须管安全"的原则，管好安全生产工作。总公司、分公司航运调度、船技、人事、干部、电信、供应、教育等有关处室在日常工作中也必须贯彻"安全质量第一"的方针，共同配合，确保船舶安全生产。

（4）要广泛开展安全生产宣传教育，树立遵章守纪，对党对人民高度负责的精神，做到人人关心安全，人人监督安全。

（5）要严格执行各项规章制度，坚持岗位责任制，要认真贯彻《船员职务规则》和《值班及交接班制度》。对遵章守纪好的要表扬，对违章乱纪的要敢抓敢管，坚决纠正错误行为。对情节严重的，要严肃处理。

（6）要加强对船员的技术、业务培训，技术业务学习时间每周不得少于 6 小时。

（7）要把船舶避碰、船舶定位作为航行安全的重点来抓。船舶驾驶员要熟悉国际海上避碰规则，了解船舶性能。熟悉和掌握海上避碰的有关要素，正确使用雷达。在恶劣天气、视线不好及狭水道航行时，要加强对船舶安全航行的指挥领导，政委要到驾驶台或机舱进行督促检查。要做好防、抗台风的准备工作。为了落实安全生产工作的各项措施，中远总公司还明确了船舶安全工作的职责，中远各分公司及外代负责督促、检查在各自港口的中远船舶的安全工作，传达上级有关安全生产的重要文件，适时召开在港船舶的安全生产经验交流会。

这次会议有力地推动了中远安全生产工作的开展，会议做出的各项规定在中远各单位得到了认真贯彻执行。中远各级领导和广大船员职工对"安全质量第一"的思想认识有了进一步提高，各单位结合本单位具体情况，组织开展了"安全优质航次竞赛"和"百日安全无事故"的竞赛活动。总公司、分公司的安全监督机构得到健全，安全监督人员也得到充实，使中远的安全生产从不稳定、发展不平衡中出现了好转。

（二）加强油船安全管理

油船具有易燃、易爆、易污染的特点，其安全管理尤为重要。1973 年，中远天津分公司接收"金湖"轮时，尚缺乏对油船管理的经验和必要的安全管理制度。天津分公司努力搜集有关油船管理的资料，在接船前组织接船船员学习；广州分公司主动召开油船安全生产经验交流会，请"太湖""高湖""平湖"轮船舶领导介绍油船安全生产经验，保证了当时油船的顺利接收和油船的安全生产。

到 1975 年 6 月，中远的油船已增加到近 20 艘、87 万载重吨，占交通部直属水运企业油船总吨位的一半。中远总公司认真调查了解油船生产情况后，起草了《油船安全生产管理规则草案》，报请交通部修改补充后，于 1975 年 11 月正式颁发《油船安全管理规则》。

为了切实加强中远油船的管理，1977 年 7 月 30 日，远洋局又下发了《关于加强油船管理的几个问题的通知》，明确提出，要充分认识油船安全生产的重要性，改进工作，总结经验，抓好典型，不断完善油船船队的管理制度，提高管理水平，以实际行动维护中远油船的国际声誉，更好地完成外贸运输任务；要认真贯彻执行原有的油船安全规章制度及各项操作规程，健全和完善岗位责任制，加强船舶的技术维修保养，杜绝重大海损、机损、跑油和漏油等事故，使油船经常保持良好的技术状态；油船要有一个过硬的领导班子，配备强有力的技术力量，尤其是承担对日本原油运输任务的船舶，应选派经验丰富、技术熟练和懂外语的船员。船员班子要做到相对固定。特别是要学习大庆油田"三老四严""四个一样"[①]的优良作风，努力改进工作，认真解决原油短卸、剩底油过多的问题。要提倡钻研业务，加强对油船船员的培训和在船的业务学习。随着中远总公司和广州、天津分公司对油船管理工作的加强及有关规章制度的进一步完善，广大油船船员的安全生产意识明显增强，船员们严格执行规章制度，精心组织生产作业，建立安全防范措施，保证了油船的安

---

① "三老"：说老实话，做老实人，办老实事。"四严"：严格的要求、严密的组织、严肃的态度、严明的纪律。"四个一样"：对待革命工作的认真精神，要做到黑夜和白天一样，坏天气和好天气一样，领导不在场和领导在场一样，没人检查和有人检查一样。

全生产和安全航行，取得了显著的成绩。从 1973—1978 年，中远油船未发生安全责任事故，并初步积累了油船管理工作的经验。

（三）加强防台抗台工作

台风是一种常见的灾害性气候现象，台风带来的狂风、暴雨、巨浪、高潮对远洋船舶威胁极大。中远总公司的防台抗台工作，主要是从预防入手，统筹安排，落实措施。

1973 年 6 月，中央气象台预报将有 6 个台风在中国沿海登陆，其中 12 级或大于 12 级的强台风有 2—3 个。为做好防台工作，中远总公司及时发出《关于做好防台抗台工作的通知》提出防台抗台的指导思想是"防抗结合，以防为主，防重于抗，适时早避"。要求各船舶在党支部的领导下，由船长、政委、部门领导、安全员组成防台领导小组，提出具体措施，落实人员、配置设备。对船舶有关设备要及时进行检查，如系泊、操舵、助航仪器、通信、排水、海损急救设备，及水密装置等，发现问题及时修整，以保持良好的状态。在船舶收到台风警报时，要保持与有关方面不间断的联系，注意风情变化。全体船员要处于待命状态，遵守纪律，服从指挥。船舶领导要大胆负责，敢于管理，敢于指挥。在台风袭击中，各级领导要迅速发动船员，全力以赴，积极投入抗台斗争，确保国家财产和船员生命安全。

1978 年 1 月，中远总公司党委又进一步明确规定：台风季节期间，各分公司均须成立防台领导小组，认真执行交通部颁发的《船舶防、抗台风技术操作规则》，绕航台风尾，决不冒险抢台风头。避台风必须要留有充分的安全余地，不得进入台风 200 海里或 8 级大风范围内。台风期间，船、岸均须认真值班。停泊船舶应听从所在港的防台领导小组统一指挥，航行船舶则由各分公司防台领导小组指挥，总公司对远洋系统所有船舶的防、抗台风工作负责督促检查。这些规定对中远公司防台抗台工作起了很好的保证作用。

中远各分公司和船舶在防台抗台中，认真贯彻落实上述各项措施。尤其是中远成立最早的、船舶遭遇台风最多的广州分公司，对防台工作十分重视，在抗台工作中，积累了不少经验，主要是充分发动群众，防台工作布置早，措施具体，取得好的效果。

（四）加强船舶防污工作

20 世纪 70 年代中期，环境污染问题越来越引起世界各国的重视，一些发达国家相继制定了有关法规和处罚规定。国际上也签订了有关的公约。在这个时期，中远驶往各国的船舶，特别是油船日渐增多，曾发生过石油溢泄污染海面的事故。如 1974 年"建设"轮在日本海域触礁沉没，污染了海面。为了妥善解决这次事故，中远总公司于 1975 年 4 月在北京与日本石油株式会社通过友好协商达成协议：中远所属油船在日本领海内遇有泄漏油类和其他混合物事故时，应迅速采取清除措施；如已发生污染，应对当地政府合理支出的费用予以补偿。

1978 年，中远广州、上海、天津分公司有 7 艘船舶在上海港发生污染港口事故。在发生的 7 起事故中，5 起是擅自在港内排放机舱污水，2 起是加油过程中发生的溢油事故。针对船舶污染事故上升的趋势，中远总公司于当年 11 月下发了《关于加强船舶防止污染的工作的通知》，重申：各分公司要对广大船员加强思想教育和技术教育，完善船舶防污染设备，防止污染事故的发生。凡安装有油水分离器的船舶，排放机舱污水一定要通过油水分离器，并监督排放质量。对分离器失修不能使用的要尽快修复，无法修复或无此设备的船舶，要分期分批于 1980 年前装好油水分离器。排放污油水要按规定地点，不得随意排放。要教育船员在加装或调拨燃润油时严格遵守岗位责任制、巡回检查制、船岸联系制等有关规章制度，熟悉舱柜、管系、阀门及泵浦等设备的性能和操作程序，掌握舱容、泵压、流速等测量和计算的基本技能，防止开错阀及满舱所造成的跑冒油事故。

由于中远总公司对船舶防污染工作抓得紧，对发生的污染事故处理及时，使一度出现的污染事故频发的现象得到扼制，并建立和完善了船舶防污染的各项规章制度，使防污管理工作开始走上责任化、制度化的轨道。

（五）加强雾航安全管理

中国沿海每年冬春两季经常出现的"雾季"，对远洋船舶的航行安全威胁很大。为预防事故，确保船舶在雾季安全生产，中远总公司一直严格执行交通部颁发的《海上雾中航行规则》每到"雾季"，中远总公司及各分公司适时发出通知，强调船舶雾中航行的安全。

1973 年 11 月，中远总公司下发了《关于加强雾季船舶航行安全工作的通知》，要求各分公司总结以往在雾季航行中，发生事故的经验教训和违反雾航规则的潜伏性事故，认真接受教训，增强责任感，做好雾航的一切准备工作，加强管理，及时掌握气象情况。航运调度、海务监督等管理部门要密切配合，经常分析航道、气象情况，掌握船舶雾航动态，加强船舶与海岸电台的联系，做好安全调度指挥。船舶在雾中航行时，应认真瞭望，准确定位，控制车速，切实贯彻早让、宽让的原则，把好瞭望、船位、车速、避让四个环节。各轮要经常进行航行仪器的检验、校正工作，切实掌握误差，并加强管理，保证仪器处于完好状态。认真执行救生、堵漏设备的管理制度，定期组织救生、堵漏的演习。

在中远总公司、分公司共同努力下，广大船员职工对雾航安全的认识不断提高，搞好雾航安全工作的自觉性进一步增强。

中远总公司重组以后，安全工作不断排除"左"的干扰，广大船员职工逐渐认识客观规律，从实践中吸取成功经验和沉痛教训，逐步建立健全了安全监督组织和安全防范规章制度，在船舶和船员数量成倍增加的情况下，有效地预防和减少了海损、机损和货损事故的发生，确保了运输生产的顺利进行。

远洋运输是高投入、高风险的特殊生产行业。中远公司船舶将国家进出口货物安全快速地运达目的港，中间要经过库存、装卸作业、海上运输、陆上运输等许多环节，要穿洋过海，经受狂风巨浪的考验；要与世界上不同国家的相关机构和人员交往，与不同公司进行账务往来。为确保船舶的正常航行和所装货物的安全并按时抵达装卸港，必须让企业拥有一套科学、完善的管理体系。中远公司在成立之初，逐步探索、建立和健全了船舶调度管理、商务管理、技术管理，安全生产管理等制度，初步形成了一套比较有效的远洋运输企业管理体系，使远洋船舶的营运效率和经济效益不断提高。毋庸讳言，在 20 世纪 60 年代，由于受到极左思潮的影响，中远公司正常的生产经营活动受到人为的干扰，管理体系一度遭受破坏，使国家财产遭受不应有的损失，人命安全受到严重威胁。20 世纪 70 年代初，中远总公司重组后，就立即着手恢复和完善企业管理的各种规章制度及岗位责任制，并重点加强机务、财务、运价及运输生产安全的管理工作，积累了经验，取得了成效。

第八章
航运保障产业的建立与发展

中国远洋运输公司成立以后，公司规模不断扩大，船岸人员不断增加，船舶维修、物资供应、船岸人员的医疗保健，都是公司决策者必须面对的问题。在公司初创时期以计划经济为主的年代，船舶维修、物资供应等问题单靠国家一时难以得到全面解决，难以满足公司船队规模迅速扩大的要求。为此，中远公司发扬"自力更生，艰苦奋斗"的精神，组建了修船厂、船舶航修站、物资供应站和远洋医疗机构等陆地基层单位，以满足公司规模迅速扩大的需求。

第一节　组建友联船厂

1961年，中国远洋运输公司成立以后，船队的规模在不断扩大，船舶数量逐年增加，当时新中国的造船工业也处于起步阶段，国产远洋船舶数量在公司船队中所占的比例不大，多数船舶是购自境外的二手船舶，船舶修理任务随着船队规模的扩大也逐步繁重起来，成为当时中远船队发展过程中遇到的一个大问题。国内修船价格虽然比较便宜，但是在维修所用备件、维修时间和质量方面都存在一定问题。国外修船不仅价格贵，而且船期还得不到保证。为此，中远决定充分利用香港的区位优势，以爱国人士程丽川先生的侨利船舶修理所为基础，在境外投资建设自己的修船基地——友联修船厂，以解决船队发展过程中遇到的船舶修理问题。友联修船厂于1965年投产。经过不断扩充，1970年已能承担年修船近80艘，成为中远公司在境外建立的第一个修船基地。

一、友联船厂的创办

新中国成立以后，内地经济得到迅速恢复和发展，内地和香港之间的贸易量也迅速增加，往来两地之间的船舶数量逐年递增。同时由于香港区位优势，与世界各地联系比较便捷，购买船舶备件等物资比较方便，修船价格也相对便宜，到香港维修的船舶逐渐增多，维修任务日趋繁重，侨利公司于1964年2月1日设立"侨利机器修理所"承接内地到香港船舶的修理工作。当时"侨利机器修理所"仅有厂房30平方米，管理人员5人，大小机床7台，设备简陋，承修能力甚小，内地到香港船舶维修仍主要由当地外资或华资船厂承担，不仅修理费用昂贵，承修船厂还经常因种种原因延误修期。为了使船舶维修能做到优质、低价、及时，中远公司决定在"侨利机器修理所"的基础上筹建船厂。为便利工作和发展，所建船厂应独立经营，内部仍由侨利公司负责管理，但是侨利公司不是有限公司，根据当时港英当局的法律，不能设分支机构，为此，着手对"侨利机器修理所"进行改组。1964年9月9日，交通部远洋局驻广州办事处主任郭玉骏请示交通部远洋局冯于九局长，建议将"侨利机器修理所"改名为"友联机器修理厂有限公司"，英文名称是"Yiu Lian Machinery Repairing Works Limited"。9月19日，交通部远洋局回电远洋局驻广州办事处表示同意。是年11月，购买了地处香港九龙长沙湾道748号的鸿昌工业大厦地下室4000平方英尺厂地，为成立"友联机器修理厂有限公司"及扩大经营做好准备。

1965年6月14日①,"侨利机器修理所"正式改组,合并"远洋厂②",成立友联机器修理厂有限公司(以下简称友联船厂),当初注册资金50万港元,后增资为200万港元,主要承担香港船公司的船舶及内地到香港船舶的修理任务。

1965年7月15日,友联船厂将厂址迁往九龙长沙湾道748号鸿昌工业大厦地下D座,自置厂房379平方米,7月22日,就承修了益丰船务公司的"北冰洋"轮,这是友联船厂成立后的第一艘岁修船。3个月后,又租用鸿昌工业大厦的二楼作船厂办公用房。

由于鸿昌工业大厦远离海滨,船厂工人出海作业不便,随着生产的发展,1965年11月22日,远洋运输局副局长张致远(中远公司副经理)代表中远公司为友联船厂购买场地事宜向交通部于眉副部长写了签报,签报中明确:购地款源拟由侨利公司租金及利润中支付,或在香港银行中透支一部分解决。11月29日于眉副部长在签报中批复同意。12月1日,远洋运输局将这一情况电告广州分公司郭玉骏主任转刘云舟总经理。在得到批准后,1966年3月友联船厂又向基华置业公司购买了九龙荔枝角道855号有海权的厂址(即现老厂厂址),面积5503平方米。该处前临港湾,有泊位可靠泊小型船舶,另有9米宽的船台1座,可修造小轮。至此,友联船厂已经初具规模,基本上适应了修船需要,1965—1967年间,友联船厂修理岁修船舶达75艘,航修船舶121艘。

随着修理业务的逐步扩大,厂房、设备又感不足。船厂坚持"勤俭办工厂"的方针,利用修船拆卸下来的废钢材,增建两层楼的工棚1座,作为铁工、木工作业场所;并建车间1座,以供维修设备、造船放样及浇铸白合金之用。又将靠泊小轮的泊位向外延伸填海10米,扩大了泊位使用面积;同时将厂房两侧搭起架子,架上堆放修理机件和物料,架下则作为修理水泵、分油机、热交换器的场所。厂房与泊位都达到较高利用率。

友联船厂成立后,热忱为中外各船公司维修船只。在修船工作中,基本上做到了开价低、修理质量好、速度快,为国家节约了开支,也博得了当地船商好评。截至1974年10月,友联船厂为内地船公司和香港船公司共修理船舶832艘(次);建造交通船、拖轮等22艘,历年营业额总计达1.5亿余港元。1974年全年营业额4100万港元,比1973年增加40.48%,1975年营业额又增至4488万港元。

但是,友联船厂厂房狭小,海岸线短,修造船能力因受到空间与水域的限制,难以进一步扩大。招商局代管的船公司仍有不少船舶委托香港其他船厂修理,内地到香港船舶也有一部分在其他船厂修理,其修理费标准远远高于友联船厂;仅据1974年1—10月的不完全统计,由当地其他船厂代修船舶的费用,即达1469万港元。从1971年4月至1974年10月期间,外厂修理费用合计要比友联船厂高出113%,其中外资船厂开价比友联船厂高出122%,华资厂开价也分别比友联厂高出31%~38%。同样的修理项目,如交友联船厂承办,则可少付一半甚至一半以上的费用。外国船厂的修船费用比香港更高。如果内地船

---

① 友联机器修理厂有限公司1964年10月7日注册,1965年6月14日正式筹建成立,1984年7月27日更名为友联船厂有限公司。
② "远洋厂"是香港远洋轮船公司下属的一个规模较小的船舶修理厂。

舶到日本等地修理，其费用较友联厂高出二三倍。内地一些船公司往往一再推迟船舶维修时间或削减修理项目，留待友联船厂修理。

二、筹建青衣岛新厂

20世纪70年代，中远公司通过贷款买船，远洋船队及租船船队的迅速扩大，当时买进的船舶大部分为老旧船舶，船舶机型复杂，配件型号各异，内地寻求零配件或进口外国零配件困难重重。中国香港是一个自由港，购买设备、零件、物料都很方便，且技术先进、信息灵通，费用又比国外便宜，故内地船舶到友联船厂修理者愈来愈多。为此，交通部及中国远洋运输总公司曾多次指出，要在香港建立修船后勤基地，以充分利用香港的修造船能力为中国远洋事业服务。在交通部和中远总公司的大力支持下，从1972年开始酝酿建新厂的问题。1972年8月4日，香港招商局向交通部递呈《关于建造船坞的请示报告》，提出在青衣岛或大屿山兴建船坞的设想。1974年11月30日，又向交通部与中国远洋运输总公司提交《关于扩建友联修船厂设想方案建议报告》，其内容包括：

（1）贯彻勤俭办工厂的方针，边建厂边生产，以厂养厂。

（2）扩建规模：增建浮坞1座；购买地皮1块，以建造简易厂房4间；添置大拖轮2艘及其他设备。计划3年建成，力争两年半投产。

（3）投资金额及来源：整个扩建工程共约需资金9000万港元，不要国家直接投资，而是拟从招商局系统内的流动资金中调拨，各船公司提前一季度或半年预支船舶修理费，友联船厂则在一段时间内酌收修船附加费（修船费用的15%），这样，友联船厂可自筹一笔资金，所需投资的不足部分设法向银行贷款。这一报告获交通部与中远总公司批准。1975年2月19日，交通部呈文国家计委《关于香港友联修船厂扩建的请示》，就香港友联修船厂的扩建规模、资金来源做了说明，国家计委同意了这个报告。根据国家计委和交通部批准的计划，友联船厂开始为扩建新厂选择地址和筹集资金。友联船厂向中国银行贷款1500万美元，并从1975年起，将每年营业利润全部拨入基建投资，中远在香港船公司和内地各远洋公司均在财力上给予大力支持，从1976年起，中远所属的各船公司在友联厂修理船舶，除按标准付给修理费外，额外付给15%的附加费，为期整整5年，这样大大增加了友联船厂的还款能力，使友联船厂较为顺利地实施添置船坞与建厂计划。

1976年，友联船厂在青衣岛南湾购买新贸航业公司的地皮2万平方米，并向日本石川岛播磨重工业公司订造2.5万吨级浮船坞1座，于1977年7月15日投产，命名为"友联1"号。浮船坞及其锚泊、拖运等费用，共耗资6200万港元。"友联1"号浮船坞举力为1.15万吨，配备有5吨及25吨自行式起重机，设计要求为入坞维修2.5万吨级船舶，实际上可进泊3.5万吨级船舶，大大超过设计能力。浮船坞采用了一系列先进技术，可供应AC440伏/60赫兹、380伏/50赫兹、DC220伏、110伏等各种电源；采用高压水进行船体除锈和高压无气喷漆，并采用蒸汽加热液压拆装螺旋桨；舱系和轴系均由机械就地拆装加工修理；边墩采用气动自动定位。坞修期通常为3~4天，进坞排水时间为45分钟。1号浮坞投产后，友联船厂可自行完成水下工程的配套项目，结束了以前船舶修完后必须等候进香港联合船坞的被动局面。

为了满足远洋船舶维修量大增的需要，交通部及中远总公司1977年提出，友联船厂新厂应达到年修船能力200艘次以上的要求。同年12月15日，招商局在写给交通部的报告中提出扩建友联船厂的设想：友联船厂第一期工程1980年投产后，修船能力（岁修以上）可达250艘次以上。1978年，交通部副部长于眉在广州的一次会议上亦明确要求，友联船厂年修船舶能力应达到250艘次，以扩大华南地区的修船能力。

根据交通部历次指示精神，友联船厂重拟了建厂计划，1977年成立了基建工程部，并经与中国银行洽商，获1.3亿港元的优惠利率贷款，准备在较短的时间内建成具有相当修船能力和较大规模的友联船厂青衣岛新厂。

友联船厂自开办以来，由于厂内没有码头，修船作业一直在海上进行，待修船舶停泊于海上浮筒，工人上下班须乘交通艇往返，耗费工时甚多，如在停泊离岸较远的船上作业，每日往返时间须耗费3小时之多。工具、物料来回搬动，亦非常不便，因而，拟兴建之新厂亟需建造码头泊位，以提高修船工效，降低成本。1977年，友联船厂经向港英当局申请获准购买了南湾一块约10万平方米的滨海土地，与新贸公司地皮连成一片，共计11.6公顷，约12万平方米，拟建设具有码头、车间、仓库、办公楼、食堂和宿舍设施的友联船厂青衣岛新厂，并准备就近泊放浮船坞1座。

1978年，友联船厂经交通部部长曾生批准，再向日本石川岛播磨重工业公司订购与"友联1"号浮坞同一型号的"友联2"号浮坞1座，于1979年5月10日投产。浮船坞及锚泊、拖运等共计耗资5300万港元。2号浮坞举力为1.2万吨，设计要求为入坞维修2.5万吨级船舶，实际上可进泊4万吨级船舶。2号浮坞除配备5吨及25吨自行式起重机，并采用与1号浮坞同样先进的除锈、喷漆、拆装、加工及定位等技术外，同时还配备有回转半径为10.5米的坞壁式液压传动自行脚手架。从此，友联船厂的坞修能力得到进一步加强。

1978年初，由于香港中转货物激增，招商局急需大批驳船，友联船厂遂在青衣岛北部油柑头租得一块约2500平方米的土地，建立了船台车间，专门建造小船。该车间后与多文船厂合营。当友联船厂修船增多，修船能力不足时，船台车间亦可承接部分修船工程，既减轻了友联厂的修船压力，又使船厂劳动力能及时得到调剂。

1978年7月，友联船厂青衣岛新厂基建工程破土动工，劈山填海，打桩平地，热气腾腾的大规模施工建设场面出现在青衣岛南湾，标志着友联船厂进入了新的发展阶段。

三、友联船厂前期修造船业务

1978年之前，友联船厂主要从事修船业务，同时兼造小船。自1965年承办修船业务到1978年，友联船厂共为内地和香港船公司承接岁修船1011艘次，其中：内地船舶394艘次，香港船舶617艘次，另承修航修船509艘次。1977年1号浮船坞投产后，至1978年坞修船舶152艘次，详见表8-1。

友联船厂历年修造船统计表（1965—1978年） 表 8-1

年度	岁修船（艘次）			航修船（艘）	坞修（艘）	造船（艘）
	内地	香港	合计			
1965—1967	25	50	75	121		
1968	11	31	42	64		
1969	9	35	44	44		
1970	7	38	45	33		
1971	9	30	39	45		4
1972	16	43	59	45		4
1973	23	57	80	19		5
1974	25	83	108	24		5
1975	42	76	118	15		4
1976	54	64	118	27		1
1977	74	53	127	44	35	6
1978	99	57	156	28	117	6
合计	394	617	1011	509	152	35

从1971年起，友联船厂根据来修船舶不均、本厂劳动力时有余缺的实际情况，对业务工作进行了调整，除修船外亦兼造小船。1971年至1978年，共造各类小船35艘，其中包括拖轮、交通船、航修船、工作船等机动船和焊驳、驳船等非机动船。这样，不仅充分挖掘了工厂设备与员工的潜力，保证了业务工作的平衡发展，增加了营业收入，也为各船公司提供了各类适用的小型船只。

友联船厂的修造业务一直呈稳定发展的趋势。到1978年，在厂工人达1400人，修船业务上了新的台阶。这一年，来修船舶均衡，任务饱满，全年共修船156艘次。1号浮坞，坞修船舶达117艘次，除去假日、台风、空坞损失外，坞修效率平均为2.9天/艘。

友联船厂从20世纪60年代开始到80年代中期，基本解决了中远公司的修船问题，为中国远洋船队节省了大笔修船费用。

第二节 远洋船舶航修站的组建与船舶自修

20世纪60年代后期，伴随着"文化大革命"的干扰破坏，国内各船舶修理厂的生产秩序混乱不堪，在厂修理的船舶迟迟出不了厂，修期加长，修理质量下降。另外，当时国内造船业、修船业也掀起了反帝反修反"崇洋媚外"，大造"争气船"的热潮。国内船厂为了解放生产力，走自力更生的道路，体现"外国能造的，我们也能造"的思想，把主要精力放到造船工作中，修船工作有所放松。中国的远洋船队正是在此时进入大发展阶段，船舶的维修计划一时难以落实，许多远洋船舶严重失修。为解决当时修船难的问题，各远洋分公司航修站便应运而生。

一、组建远洋船舶航修站

为了弥补国内船厂修船能力的不足，解决修船难的问题，根据1968年交通部军管会及远洋局的指示，做出筹建远洋公司航修站的规划。中远各分公司从20世纪70年代早期开始组建船舶航修站，对公司的船舶进行维修、保养。航修站的建立，弥补了当时国内修船力量的不足，保障了船队的正常营运。同时，航修站自身也得到不断地发展、壮大，有的变成了专业的远洋船舶修理厂，有的发展成为大型的船舶和海工修造基地。2001年6月22日，这些航修站统一划归新成立的中远船务工程有限公司，打造成了中远的修造船基地。

（一）广州分公司航修站的建立与发展

1961年4月27日，中远广州分公司成立。到1968年，中远广州分公司拥有货船29艘，客船3艘，载重量达36万载重吨，随着远洋船舶数量的增加，船舶维修保养的任务也逐步繁重起来，国内的船舶修理厂不能满足日益扩大的远洋船队的修理需求，常因不能按期完工而影响航运。到国外修理不仅价格昂贵，而且必须使用外汇结算，极为不便。为了响应国家海洋发展战略、节省企业外汇、保证船期，自主创建一个以航修为主的配套船厂被提上广州远洋发展的议事日程。

1968年，中远广州分公司决定建立自己的远洋航修站，并选址在黄埔双沙尾菠萝庙水道北岸。随后，成立领导工作组，实地考察、征地等工作迅速开展。但是由于受到"文化大革命"的影响，1969年1月1日广东省成立华南水运公司，新成立的华南水运公司决定停建远洋航修站。1970年，中远广州分公司又重新成立，远洋航修站的建立工作又重新开始。1970年8月3日，广东省工交革命委员会以《关于黄埔菠萝庙广州远洋船舶航修站建设问题的函》，将广东省航道局筹建的、由广州航道局建设的菠萝庙广州远洋船舶航修站正式移交中远广州分公司建设使用。至此，曾于1968年办理的征地26430平方米连同广州远洋船舶航修站的建设划归中远广州分公司，标志着广州远洋船舶航修站的正式成立。

1970年夏天，中远广州分公司成立远洋航修站筹建小组。他们肩负着广远航修站建设的重托，来到偏远荒凉的黄埔河畔，在"先生产、后生活，边生产、边建设"的方针指导下，开始了艰苦的创业历程。1971年8月，中远广州分公司为航修站招收了83名青工。成为航修站的第一代创业者。他们在条件恶劣、设备简陋的情况下，完成了道路建设、码头厂房监造清理，机器安装调试等工作，并尽一切努力接收航次修理工程，力争为远洋船队排忧解难。当时的广远航修站修船设备有汽车吊、航修船、辅助车队和生产车间（轮机、船体、电工、铸造、综合车间，以及简易的生活设施）。尽管生产生活环境艰苦，但航修站在建成后的几年时间里，为远洋船舶航次修理解决了大量难题，先后完成了"广水""文水""珍海""琼海"等货轮的检修工程，并完成了中远广州分公司当时最大的10万吨级油轮"丹湖"轮进厂修理工程。

随着厂区的不断完善，各项重要设备的有计划添置，员工的不断充实，技术工种力量的不断加强，经过几年的发展，航修站已具备常规航修和进厂修理的条件，并逐步开展承担广州远洋以外其他远洋公司和外轮修理任务，迈入大规模承接外出航次修理任务和开拓岁修工程的领域。

（二）上海分公司航修站的建立与发展

1968年11月，中国远洋运输公司上海分公司（简称"中远上海分公司"）向上海市革命委员会报送《关于筹建航修站申请将原北方区局西楼划拨我公司的报告》。当年，上海市革命委员会批复同意。1970年初，中远上海分公司组成筹建工作组筹建航修站。同年6月，中远上海分公司又向交通部军管会报送《关于申请筹建航修站的投资计划报告》，明确航修站主要承担中远上海分公司船舶航修任务和一般事故修理工程，承担兄弟公司船舶的临时修理工程，逐步承担公司的中小修任务。同年7月11日，交通部批文同意拨款200万元，要求多快好省地建成航修站。1970年7月1日，由筹建小组主持在公司所在地中山东一路9号，召开创建航修站工作会议。至此，中远上海分公司航修站正式成立，站址暂定于东大名路378号西大楼底层。

在1970年7月1日航修站成立的工作会议上，对航修站的新址进行了探讨和选择。当时有两个方案：一个是在上海浦东高桥建造航修站；另一个是在黄浦江中上游，近吴淞的沙家浜地带，即新沪钢铁厂农场建造航修站。经过研究论证，最后报请中远上海分公司批准，决定在沙家浜地段建立航修站。1970年7月，上海市革命委员会工交组同意并向市革命委员会提交《关于要求拨给修船基地用地的请示报告》，要求将位于沙家浜地段的新沪钢铁厂30亩土地作为航修站修船基地。1970年7月28日，市革命委员会同意将新沪钢铁厂农场拨给航修站作为航修基地，上海县革命委员会于1970年12月30日下发了《同意中国远洋公司上海分公司新建航修站调拨使用土地》的通知，航修站征地得到了解决。新沪钢铁厂农场原来是一块江边滩地，1961年围成30亩土地，有岸线300米。经过4年的艰苦奋斗，航修站就在这块芦苇、野草丛生的荒滩地上初步建立起来，建造了码头、简易车间和办公室，1974年上半年，组建4周年的航修站正式迁入新址龙吴路2600号。

航修站初建时期的指导思想是边建设边生产。1970年7月至8月，修理"淮阳"轮是建站以来的第一次修理任务，其主要修理项目仅仅是维修"淮阳"轮的舷梯的升降马达。在1971年8月底9月初，公司要求航修站试修"燎原"轮的主机工程，工人们吃住在船上，经过一个月的紧张劳动，克服了工作中的困难，终于顺利地完成了"燎原"轮的主机修理任务。1974年6月20日，"朝阳"轮鸣着长笛，徐徐地靠上了航修站的新建码头，经过工人一个多月的修理，"朝阳"轮的岁修工程终于完成，顺利地出厂了，从此揭开了航修站航修船舶的新的一页。同年六七月间，为解决修船设备不足，尤其是电焊等工作小船太少的困难，站领导为了迅速提高航修站的修船能力，大胆提出了依靠自己的能力建造小船的设想。经过半年多的艰苦努力，12月，航修站第一艘100吨位的工作船"远电3号"顺利下水，以后又陆续建造了同类型的3艘工作船。既解决了设备不足的困难，又造就了一批技术骨干。除此之外，工人们还自制了电锯床、木工刨床、槽先吊和跨度16.5米的5吨行吊，为完成船舶修理任务创造了必不可少的条件。

1971年，航修站只有职工141人，固定资产总值0.8万元，随着生产的发展逐年增加，至1978年，航修站职工增至642人，固定资产总值达575.6万元，其中厂房7046平方米、生产用机床124台、工作船6艘、车辆23辆，修理的船舶年年增加，产值利润也逐年上升。从1971年航修站年航修48艘次、岁修1艘次，到1974年年航修125艘次、岁修7艘次，生产能力显著上升。1978年，航修213艘次、岁修25艘次，航修站的组建和生产能力的提升，为中远上海分公司的发展，为船舶安全生产做出了重要的贡献。

（三）"青远航修一号"航修工作船

1978年初，中远青岛分公司向青岛市革命委员会申请航修站用地，但是由于青岛市用地紧张，中远青岛分公司完整的航修站在3—5年内很难建立，因此决定先建立工作船。1978年3月，关于工作船的机构设置、编制定员及工资待遇等问题，交通部远洋运输局在经过研究并提出了初步意见的基础上向中远青岛分公司征求了意见。新建的工作船定名为航修工作船（以下称航修船）。航修船是中远青岛分公司所属独立核算的基层生产单位，在公司党委的领导下，暂由船技处管理。航修船的党、政、生产工作，实行党支部统一领导下的船长、政委、主管修理工程师分工负责制。

1978年7月12日，中远青岛分公司从友联机器修理厂有限公司接入1艘航修工作船，即"青远航修一号"。该船总长：40.00米，型宽：14.00米，型深：4.00米。该船设有2台450马力的中速柴油机，航行时做主机，停泊时带动发电机供本船工程用电及对远洋船供电。船内设有机加工车间、钳工车间、铜工车间、木工车间和电气车间，并装有4吨起重吊车及供船员、工人生活工作用的各类设施。

在接船的同时，中远青岛分公司选派有多年工作经验的技术干部为领导。为配备修船需要的技术人员和工人，公司从北海船厂选调了8名技术骨干又招收了30余名社会青年，连同船员共60余人，组建成了中远青岛分公司的航修队伍。

接船后，中远青岛分公司仅用了2个月的时间，建造船舶停靠码头、培训工人、改进船上不合理的机械设备、制造生产所需的工夹量具，使整个修船队伍初具规模，并于当年10月中旬接受了第一项修船任务——中远青岛分公司"珠海"轮航修工程。

航修队成立后，不仅承担了青远公司来青岛港船舶的航修任务及到北方港口部分船舶的修理工作，还承担了兄弟公司来青岛港部分船舶的航修任务，并承揽部分来青岛港的外港船舶的修理工作。每年航修远洋船舶120余艘，岁修远洋船舶5艘以上，产值300万元以上，利润达130余万元。成为具有一定修船能力的航修基地。

（四）"连远航修一号"航修工作船

1978年4月26日，大连海运管理局上报交通部远洋运输局《关于航修船机构设置、待遇等问题的几点意见》，对航修船的机构设置、编制定员、船员待遇等问题向远洋运输局做了说明。1978年5月从香港接船，6月1日抵连，6月26日正式开始修船作业。航修船作为大连海运管理局下属基层单位，实行党支部领导下的车间主任、支部书记、船长分工负责制。全船人员编制74名,其中船员18名、航修工人56名。主要为中远系统船舶到大连港进行航修服务。1980年1月1日归大连远洋运输公司管理。

二、船员自修工作的开展

加强对船舶的维护保养、大力开展船员自修,保持船舶良好的技术状态,是搞好船舶安全生产的重要条件。中远船员发扬主人翁精神,既学会开船,又学会修船,从第一条远洋船舶"光华"轮开始,就积极开展船舶自修工作,为国家节约大量的修船费用,有着优良的传统。

"光华"轮是20世纪60年代中国为接运侨民而购买的一艘邮轮,也是新中国挂五星红旗的第一艘远洋船舶。据资料记载,该船1930年由英国船厂建造,船长165.98米,宽21.03米,载重14201.42吨,能同时容纳757个客位。1960年初,从英国皇家邮轮公司退役后,卖给了希腊船公司等待处理。经过3次倒手后,被中国买下,并临时改名为"斯拉贝"轮。因该船年久失修,再加上在港口闲置了近一年时间,已经接近报废状态,船上的航海仪器、通讯设备基本上不能使用,客房、船室、甲板多处漏水,船壳铆钉松动,锚链严重磨损。通风筒有的地方已锈蚀得只剩一层漆皮,两台主机的底座曲拐轴支架有十几道裂纹,柴油机运转时上下发火、气缸盖裂开漏水,电缆绝缘性差,一不小心就可能漏电短路起火。面对这种情况,全体船员在陈宏泽船长的带领下,经过两天紧张检查、简单修理、试车后,1960年7月,从康斯坦察港出发,开往广州。一路上,"斯拉贝"轮故障不断,还发生了烟囱失火事故。几经周折,船总算顺利地到达了广州黄埔港。随后,开往香港修理,正式更名为"光华"轮,取"光我中华"之意。要使一艘30年船龄且技术状况极差的报废船重新投入营运绝不是一件容易的事。当时,正值中国经济非常困难,上级要求在确保安全的前提下,船舶修理要力求节约。为了节省修船费用,船上除了航海仪器、通讯设备等重要设备需重新购买外,其余地方都要船上自行进行维修或购买旧货更换。船上没有蒸汽锅,如果买新的,一个就需要几千港元。后来,陈宏泽船长从一个朋友那里打听到,香港某拆船厂刚好有几个刚拆下来的蒸汽锅,就立刻带几名船员直奔拆船厂去淘买旧货,并以几百港元的价格轻松拿下了4个,经过维修后,直接在"光华"轮上使用,节省了大笔经费。"光华"轮上的12只木质救生艇已经全部腐烂,不能维修,更换新的救生艇却是一笔不小的开支。为此,船长陈宏泽几乎跑遍了香港所有拆船厂,寻找可使用的旧救生艇。经过多方努力,只花了相当于购买新艇十分之一的价钱,把救生艇全部更换完了。"光华"轮的甲板因年久失修,尤其是木质甲板大部分已经腐烂,木板间的缝隙致使下面的客舱出现严重漏水。如果更换木板,必须要将整层甲板连同客舱一起拆除,工程耗资巨大不说,时间上也来不及。这个问题成为修理过程中的最大难题。一次偶然机遇,事情却突然有了转机。一天,陈宏泽在船上工作时,发现冷藏货舱中铺有沥青的地板被碰掉一块后,露出了崭新的钢板。他脑海里迅速闪过一个念头,于是赶忙挖出一桶沥青带回房间研究。他先将沥青熔化,然后浇在木板上,晾干后用脚一踩,并不粘鞋。他带着样品走访了几家研究所。经过检测,原来这些沥青是经过专门加工处理过的,含有一种特殊防热剂,与一般沥青不同。他立即跑回船上,带领全体船员将废旧冷藏货舱内的沥青全部挖出来,加热后铺在"光华"轮的木甲板上。木甲板经过这样处理后，使用了十多年，直到船报废，也没有漏过水。在其他修理项目上，大家也都是坚持尽可能利用废旧物件的原则，大大降低了修理成本。在香港修船的两个月里，船员们处处精打细算，因陋就简，修旧利废，节省开支。经过修理，"光华"轮恢复了营运能力，又营运了15年。除13次到印度尼西亚接华侨以外，还到印度接侨3次，运送中、朝、越三国运动员参加在雅加达举行的新兴力量运动会，运送中国援外技术人员到北也门等。1971年，已达41岁船龄的"光华"轮还运送中国修建坦赞铁路的工程技术人员前往坦桑尼亚。1972年后，它又多次担负沿海客运、军运任务，并作为训练船，培养中国青年一代航海人而发挥它的余热。1975年7月8日，45岁高龄的"光华"轮宣告退役。

中远上海分公司在1965年8月公布的《关于修船工作若干规定》中，首次提到船员自修，指出"各项工程凡是能由船员自修解决的一律不交厂修。船舶要努力扩大自修，机关应为船舶创造条件，帮助实现自修计划"。1967年8月，中远上海分公司"长安"轮第三货舱的金属舱盖板在日本横滨港损坏，舱盖板变形关闭不住，无法保持水密。原安排9月6日船回上海货物卸毕后，请上海船厂协助修复。但因船厂修理任务重，直至15日未能动工。"长安"轮船员立即动手自己试修，经过艰苦奋战一周，完成舱盖板变形修理工程。经冲水试验证明，修理质量良好，不仅修理好这次损坏部分，而且还弥补建造时遗留下来的缺陷。

进入20世纪70年代，中远公司通过"贷款买船"使远洋船队迅速扩大，当时购买的船舶大多是旧船，船龄大，型号多，这给船舶维修带来很多困难。同时，国内船厂修船力量不足，效率比较低，缺少备件，修理时间逐年加长。据统计，平均每艘船舶在国内的修理时间是：1971年为52天，1972年为73.5天，1973年为83.5天，1974年上半年为95.2天。1974年，中远上海分公司有14艘待修船舶计划落了空。进厂修理的船舶，修理时间超过计划42%，损失了334天的船期。例如"东风"轮1974年一年中厂修290天。仅此两例，中远上海分公司船期损失就相当于减少了2艘船舶的全年运力。国外修船虽然修期短，但是价格贵。1974年欧洲修船价格上涨20%，日本上涨就更多，就1974年上半年远洋船舶的修理费用来看，国外平均每艘38.3万元，而内地平均每艘27.8万元，大量船舶在国外修理，就要付之相当数量的外汇，仅1974年上半年就花去近730万元外汇。表8-2是1972—1974年内地、香港和国外修船情况表。

1972—1974年内地、香港和国外修船统计表[①]　　　　表8-2

修地 \ 项目	修理艘数（艘）	平均每船修期（天）	平均每船修费（万元）
1972年共修船47艘			
内地	18	73.5	23.5
香港	9	44.1	25.5
国外	20	24.1	41.4

---

① 数据选自《远洋运输简报》，1975年4月25日第156期。

续上表

修地 \ 项目	修理艘数（艘）	平均每船修期（天）	平均每船修费（万元）
1973 年共修船 61.5 艘			
内地	12	83.5	30.1
香港	21	46.2	20.8
国外	28.5[①]	28	33.07
1974 年共修船 81 艘			
内地	18.5	81.9	26.5
香港	22.5	47.6	30.8
国外	40	29.8	36.6

由于当时内地修船时间长，修船质量下降，并且修船计划还不容易落实。国外维修价格贵，使中远船队的船舶营运率和效益均受到严重影响。在这种情况下，中远公司发动广大船员不仅要开好船，而且要修好船，扩大自修范围，减少厂修项目，进而缩短厂修时间，降低厂修费用，不断提高船舶完好率，更好地完成运输生产任务，提高企业效益。

中远上海分公司船舶自修取得好效果。1974 年 6 月，中远上海分公司在香港接一艘近 15 年船龄的老旧船舶"汤阴"轮，接后未能及时检修即远航西非和西欧。全体船员克服困难，做好大量自修保养工作，保证该轮于半年后安全到达上海，往返航程 3 万多海里，完成接船后的首次远航任务。1974 年，"红旗"轮已是 10 年船龄的汽轮机船，没有进船厂修过船。轮机部在机舱 45 摄氏度的高温下，抓紧平时的维修保养，使各种机械设备处于良好的状态，没有因维修设备而耽误过一天船期；直到 1975 年 4 月该轮才进坞，仅用 4 天就完成坞修，做到"小修进坞不进厂"。同年 10 月，中远上海分公司"丰城"轮在日本横滨港外起锚进港时，锚机突然发生故障，马达定子线圈烧坏，船上无条件自己修复。联系船厂要一周时间才能修妥。为了及时进港卸货，必须设法绞起四节锚链和大锚，或者暂时丢弃这些锚链和锚，另作处理。横滨代理认为，不用锚机起锚是难以实现的，只有丢弃它，让船先进港，再打捞起来送船用。"丰城"轮领导考虑，先丢弃再打捞，需要一大笔费用，不是好办法。依靠大家出谋献策、群策群力想出一个办法，即采用两部自动系缆机将钢缆改用在船头舷外交替绞锚，再用第一舱的吊杆钢索勾住锚链，一节一节地往上拉，终于把锚绞了上来。这一成功之举鼓舞了船员们自修"洋"船的志气。在编制 1975 年修船工程单时，曾计划将 97 项修理工程全部定为厂修。经船员讨论后提出，能自修的决不提交厂修，把 97 个项目中的 38 项定为自修工程，并分成三个战役，按时、保质、保量，全面完成自修任务。同年 12 月，中远上海分公司"玉泉"轮进日本大阪藤永田船厂修理之前，根据公司"维持使用，有坏修理，保证安全，节约费用"的原则，向船员提出"为节省 10 万元而努力"的口号。船员在摸清船舶技术状况的基础上，对已经过公司批准的修理项目再次进

---

① 当时既进行厂修又进行坞修算 1 艘，如单纯坞修或单纯厂修算 0.5 艘。

行分析研究，尤其是接到厂方的估价单后，又逐项审定，将送厂修理的111个项目压缩到70项；在减少的41项中，21项可以维持使用暂时不修，9项等船回国后请航修站帮助修理，11项改为船员在厂自修。这样，使原报价5390.9万日元的修理费用减少到3871.9万日元，为国家节省1519万日元，折合人民币10.85万元，其中自修的项目为国家节省近3万元。中远上海分公司就此号召全体船员认真学习"玉泉"轮的先进经验，结合各轮的具体情况，提出切实的措施，大搞自修，不断提高船舶的完好率，为更好地完成运输任务做出贡献。一时间公司船舶自修活动蓬勃开展，涌现出"风光""丰城""玉泉"轮等一批先进船舶。是年7月27日，"盐城"轮向公司提出"进坞不进厂的修船计划报告"。公司转发了"盐城"轮的这份计划报告，并号召全公司船员"要为革命快马加鞭，抢时间、出大力、流大汗，开好船、修好船，为实现'小修进坞不进厂'而努力奋斗"。12月20日，中远上海分公司为认真贯彻执行交通部部长叶飞关于远洋船舶要大力开展自修工作的指示，加强公司船舶自修工作，结合公司船舶在管、用、养、修方面的现实情况，制订"船员自修范围的规定"（草案），发船试行。"规定"分"甲板""轮机""电气"三部分，共50项自修项目。

中远广州分公司1976年1月到5月份进厂修理船舶共25艘，完工21艘。各轮组织船员大力开展自修活动，不断扩大自修范围，既缩短自修时间增加运力，又节约了外汇开支。"建华"轮于1976年1月在文冲船厂进坞时，船舶领导提出加强维修保养，保证船舶正常营运，取消原厂修，提出进坞不进厂，节约维修费用20多万元。"春林海"轮为实现进坞不进厂，结合当年3月去南斯拉夫换车叶时机，发动和组织船员扩大自修工作，缩短了修船时间，节约了修船费用。另外，该轮船员利用在新港锚泊等受载机会，得到港口方的支持靠非生产泊位，组织全体船员进行锚链及锚链舱的清洁、除锈、油漆做标志。并根据港口装卸情况分别安排船壳灰漆、全船白漆、四层甲板等油漆以及吊车属具滑车等全面拆检加油。轮机部除配合甲板自修协助工程外，还进行主机各冷却器清洗，利用装卸时间见缝插针进行副机调缸检修。在坞修时解体研磨海水管系阀门80只，特别是主机转速表传动小齿轮损坏，厂方不给加工又无备件，该轮轮助用小刀雕刻一只替换使用。自修项目达100多项，节约计划修理费约20万元。"济宁"轮船员1975年11月与航修站工人密切配合，大搞自修，以47天的时间完成了岁修，1976年初在日本坞修期间，他们将水线缘油漆工程进行自修，此项节约外汇人民币3000多元。整个坞修工程比原报价减少了人民币9万元。"广海"轮1975年接船首航回国计划6月份修船，该轮全体船员提出加强维修保养，推迟检修时间，为保证船舶的正常运营，船员对全船设备进行检查维护，主机9只缸全面拆检1次，3台副机全部吊缸检查，对其他9台主要的油水泵进行了解体，大大减少了厂修工程项目。1976年2月，该轮厂修时，船员开展自修，研磨各种阀门317只，包括18只出海阀及海底滤器箱进行除锈涂漆工程，对电器也进行了较大的检修，节约维修费人民币5万元。"菱湖"轮在1976年1月份岁修前，反复讨论修改修理单，订出自修计划，自修工程达221项，比原计划修理费节约40万元。"丹湖"轮在航修站岁修时，发动船员大搞自修，对主副机进行了部分检修，利用锚泊时间解决了岁修中没有解决的锅炉漏水问题，比原计划修理费节约15万元。"耀华"轮扩大自修，岁修期间厂修项目71项，自修项目180项，提前18天完成岁修任务，节约修理费15万元。"盐湖"轮自修节省修理费16

万元。"高湖"轮1975年底到1976年1月份,在香港岁修期间,完成自修项目250多项,修理时间比计划缩短16天,节约经费7万元。船舶除了进厂时开展自修外,加强平日预防检修工作,"广水"轮船员积极开展预防检修工作,解决了9个长期存在的老大难问题,使主机排气阀损坏大大减少,分油机、舵机、1号副机油压低等不正常现象得到解决,保持了船舶良好的状态。据不完全统计,中远广州分公司仅在1976年1至5月份,船员完成船舶自修项目1300多项,节约维修经费136万余元,缩短了厂修、坞修时间,在当时那个特殊的时期,船员自修船舶,为保证船舶正常营运,完成运输任务作出了贡献。1977年"凯湖"轮在新加坡修理期间,把128项轮机工程,35项电气工程大部分改为自修,仅19项轮机工程,7项电气工程交厂修理,节约维修费用20万元。

中远天津分公司的"天门"轮在1977年度被分公司首批命名为大庆式船舶。该轮船员加强船舶维修保养,扩大自修,有组织、有计划地、分期分批地将原计划厂修的项目改为自修,保持船舶处于良好技术状态,实现了岁修不进厂,节约了维修经费,提高了船舶营运率。1977年上半年"天门"轮在新港厂修,精打细算,搞了大量自修工程,还和公司海校同学一起,开展劳动竞赛,苦干3天,完成200立方米燃油舱清洗任务。1978年上半年,在对全船设备普遍摸底的基础上,"天门"轮提出取消当年的岁修计划,得到中远天津分公司的支持。他们对全船原需厂修和自修的项目,逐项开列成单,写明设备名称,存在问题,修理部位和修理要求,完成时间和工时定额。做好全船计划,下达各部门实施。各部门再根据航次特点,逐段做出分段实施计划。1978年5月份,把全年修理保养项目,分为两个阶段,第一阶段5月1日到8月31日,甲板部要完成维修任务17项,轮机部40项,从8月1日到12月31日为第二阶段,甲板部要完成20项,轮机部要完成24项,这样全船就有了明确的奋斗目标,按轻重缓急合理安排。计划有了,就狠抓计划的落实。甲板部制定了厂修改自修的几十项自修项目和几十项维修保养项目,并根据实际情况,订出那些是好天气干,那些是大风浪、下雨天干,那些是停泊干,那些是航行干,并采取了定人、定位、定时间。到同年7月底,"天门"轮除保证航行和装卸货安全外,共完成自修项目有:大桅全油一度①,吊杆铲补全油一度,所有起货机、升降机铲补全油一度,所有白漆铲补全油一度,舱盖、舱口围等铲补全油一度,所有甲板红铲补全油一度,烟囱清洗全油一度,船壳灰、水线绿铲补全油一度,所有黑漆铲补全油一度,六面水尺、船名、船籍港全油二度,舱口轨道四周铲补全油一度,20个污水疏水孔畅通,所有舱盖开关箱,起货机操纵箱,甲板油压管护罩,所有通风百叶窗,铲补全油一度,救生艇内清洁全油一度,舷梯和其固定架铲补全油一度等工程。除上述维修保养工程外,他们还将原厂修改自修的16个吊货滑车,16个导向滑车及16个卸扣进行活络加油。48个软稳索滑车抽检加油,损坏变形的更换。16根千斤索及大吊钢丝涂油,20个千斤滑车和16个吊杆头滑车,16个鹅颈头,16个耳环轴抽检、清洗加油。救生艇钢丝除锈涂油,清洗300立方米的淡水舱,将五个货舱的围楔共220个全部拆除除锈加油。轮机部至8月底完成主机吊缸、清洁、配令等维修保养项目42项,厂修改自修项目38项。提前完成了预订计划,经过实地试验,各

---

① 船舶专业术语,指用油漆刷一遍。

项工程质量良好。另外,该公司"金湖"轮在船老、设备旧、航线短、油运任务重情况下,做到船停人不停、大搞自修,保证了正常营运。"育华"轮在14、15航次中,解体检修36台马达,2台主机的18只气缸、自己检修16只,检修主机7个缸的十字头和连杆轴承、解体3台透平增压器和7个主机高压油泵,大大减少厂修工程,在马耳他修船,计划修费50万,实用20万元。

中远青岛分公司"辽海"轮是一艘老船,船员下决心向过去机舱管理遗留的难点进攻,从陈旧停用的机械设备下手,在扩大自修方面取得显著成绩,改善了船舶的技术状况,保证了航行安全。

为了鼓励并规范船员自修船舶工作,远洋局于1975年7月26日发文《关于印发上海工作组整理的"船舶自修保养大有可为"材料的通知》,将中远上海分公司自己动手维修保养船舶的调查材料发到中远各分公司学习,鼓励在中远各分公司广泛开展船员自修保养船舶的活动。为规范船舶自修工作,结合船舶在营、用、养、修方面的实际情况,中远上海分公司在1975年12月20日发文《颁发"船员自修范围的规定"(草案)的通知》;中远天津分公司于1975年7月制定了《中国远洋运输公司天津分公司关于船舶修理和自修范围的若干规定(草案)》,规范其公司内部船舶修理和自修工作。中远广州分公司在1975年也制定了船舶维修、自修的规定。在中远上海、天津和广州分公司船舶自修工作开展的基础上,中远总公司发文《关于征求对"远洋船舶厂修、自修、保养维修工作的规定"意见事》,对于远洋船舶厂修、自修和保养维修工作做了具体的规定,规范了船舶不同类别的修理工作。

中远各分公司通过船员自修,减少了船舶厂修项目,缩短了船舶厂修时间,提高了船舶营运率和船舶完好率,节约了大量的修船费用。同时通过自修,提高了船员的技术能力和水平,培养了艰苦奋斗、爱护国家财产的主人翁精神。

第三节　船舶物资供应

船舶物资供应主要指向船舶供应生产和生活物料。主要分为物料供应、食品供应、备件供应、燃料油和淡水供应。中远公司成立后,保障船舶物料供应的供应部门也相应成立,主要负责船舶物料和食品的供应。船队所需要的燃料油和淡水由交通部所属港务局提供服务[①]。国产船备件主要通过公司机务部门向国内各船厂订购,所需的国外船舶备件向国外船厂订购。自1965年6月1日起,所有船舶的国内食品供应直接向市场采购,物料供应改为由外轮供应公司供应,用外汇支付,以后又中断了一个时期。20世纪70年代初期,由于受到"文化大革命"的影响,中国经济发展缓慢,许多物资供不应求。国家对关系国计民生的物资采取计划调拨、分级审批和凭票供应的办法。与此同时,中远船队迅速发展壮大,船用物资需求量急剧上升。受此影响,配给中远船舶的各种物资不能满足船舶生产和

---

① 1972年4月,中国船舶燃料供应总公司成立,中远船舶的燃料、淡水主要由该公司供应。

船员生活的需要，迫使中远立足于建立自己的船用物料供应基地。经过努力，中远总公司建立起遍及国内沿海各大港口的中远物资供应系统，满足了船队发展对于物资供应的需要。

一、初创时期远洋船舶物资供应

中国远洋运输公司及中远广州分公司成立之时，远洋船队的物资供应面临很多困难。一方面正值国家发生严重经济困难，物资匮乏，国家实行严格的计划经济管理。另一方面由于中远广州分公司刚刚组建，供应部门不仅人手少，而且没有物资供应计划和渠道、没有运输工具、没有运输工人、没有仓库。在这种情况下，中远广州分公司的物资供应人员凭着"渠道不通我们闯，工人没有我们当，车辆缺乏人力代，场地没有我们开"的艰苦创业精神，硬是打开了公司船舶的供应局面，确保远洋船舶的正常开航。

物资供应的第一个难关是没有供应计划和供应渠道。交通部远洋运输局本身没有物资供应部门，中央的部级机关又不向中远广州分公司这样的基层单位调拨物资，地方也不供应中远的物资。当时大部分物资由国家统一分配，即使有钱也买不到东西。"光华"轮即将开航接运难侨，但是船上的燃油供应仍没有着落。广州分公司的供应人员先去广东省石油公司，事情没有得到落实。又去交通部物资局，交通部物资局又介绍到商业部。几经周折，商业部石油局才给开出近800吨的燃料调拨单，但要到辽宁锦西炼油厂提货。这时已是数九寒天，出差的人身上穿得很少，很想买件棉衣御寒，但没有布票，买不到，只好挨冻。燃料油是提到了，但没有车皮。于是，又冒着严寒，连夜到沈阳铁路局联系车皮，等联系好车皮时，供应人员的手脚都冻坏了。油运到广州南站，广州分公司既无加温卸油装置，又无油驳。就又到广州海运局卸油站求助，又去石油公司租油驳，经过一番周折，才将油送到"光华"轮上，以解开航燃眉之急。燃油供应如此艰辛，伙食供应也是如此，当时物资奇缺，一斤粮食、一寸布都来之不易。物资供应的第二个难关是缺乏机动交通工具，没有搬运工人。1961年4月中远广州分公司成立时，供应科只有一辆人力三轮车和一辆自行车，没有搬运工。到1964年才有几个搬运工人，1966年才有吊车等装运工具。远洋船队刚组建时，每当船舶靠港，供应科的人员往往大清早两、三点钟就骑自行车、蹬三轮车去市里的鱼栏买鱼，去屠宰场买猪肉和鸡鸭。由于没有冷藏仓库，怕鱼、肉变质，提完货后，就马上蹬上三轮车，跑几个小时，把物品送到靠在黄埔港的船舶。当时，供应科的干部不仅是供销员，也是搬运工。1964年在供应量增加三四倍而人员又减少的情况下，全年供应科的同志自己动手装卸供应物资达700辆卡车之多。搞物资供应，仓库很重要。中远广州分公司黄埔仓库所在地，原是一片低洼地，杂草丛生。为建成一个像样的货物堆场，并为日后盖仓库做准备，供应科的工作人员利用工作的空隙平整土地，到别处拉土把场地垫高填平，修旧利废，建起围栏和一个简易仓库供存储货物使用。后来，随着公司的发展及业务的扩大，一座座正规的仓库才在此相继落成。"文化大革命"的动乱，武斗频繁，严重地影响了船舶的物资供应，也是当时中远广州分公司船舶物资供应的一个难关。当时广州、黄埔等港口发生武斗，供应人员不顾个人安危，在生命受到威胁的情况下，不分昼夜地坚守生产岗位，打通货物运输通道，要回被抢劫的船用物资，在那个动乱的特殊年代，保证了船舶物资供应。

1964年4月，中远上海分公司成立时，船舶物料供应工作由上海海运管理局物资供应站负责。1965年统一划归北方区海运管理局物资供应公司负责。1968年，北方区海运管理局撤销，中远上海分公司船舶物料供应由上海轮船公司（上海海运局）管理承担。后又改由上海市外轮供应公司负责。1971年起，中远上海分公司船队发展加快，船舶需要物资品种增多，上海市外轮供应公司不能满足需要。1973年1月，中远上海分公司筹建成立上海远洋船舶物资供应站（以下简称供应站），公司40艘远洋船舶和陆地单位所需物料、物资的供应业务由供应站负责。从1974年4月起，上海市外轮供应公司停止对中远上海分公司船舶的物料供应。是年，供应站完成供应额423.3万元，其中主要物资有船用油漆、钢丝绳及其他生产用钢材、水泥、原木等。1975年，供应站有大小五金、杂料、油漆、备件、垫仓物料、劳防用品、印刷品等8个仓库，向中远上海分公司60余艘船舶供应的主要物资是船用油漆、钢丝绳、尼龙绳等。1976年以后，供应站加强内部建设，仓库面积、供应船、各类车辆和机械设备逐年上升。1978年供应额上升到1572万元，供应物料品种和数量大幅度增加。其中主要物资有钢材1358吨、钢丝绳158吨、水泥340吨、原木6099立方米、油漆473吨、尼龙绳237根。除承担中远上海分公司115艘远洋船的供应需要外，还积极为广州、天津等分公司到上海港船舶服务。中远上海分公司刚成立时，船舶备件由机务部门向国内各船厂订购。1967年以后，随着从国外建造新船和买进旧船的增多，船用备件在国内无法解决，开始向国外船厂订购备件。主要通过香港招商局的海通公司购买，直接送船。1975年，在供应站内腾出一间库房作为备件仓库。中远上海分公司机务部门指定专人负责船舶备件供应工作。船舶维修保养所用油漆，一是在国内船厂修船时由船厂购买，主要是上海开林牌船用油漆；二是船舶航行国外在国外港口购买，比较多的是日本中国牌油漆和西欧老头牌油漆。1973年供应站成立，船用油漆开始由供应站统一供应，多数是开林牌油漆。翌年供应量93吨。1976年达到407吨。1978年香港招商局海通公司建立了海虹油漆厂，生产"海鸥牌"（Seagull）船用油漆，为中国远洋船服务。供应站也为该厂代理销售产品，服务对象是中远上海分公司和上海海兴轮船有限公司、上海市锦江航运有限公司、中波轮船股份公司到上海港的远洋船以及外轮，是年油漆供应473吨。表8-3为1974—1978年供应站物料供应统计。

1974—1978年供应站物料供应统计表[①]   表8-3

年份	供应总额（千元）	主要物料供应					
		钢材（吨）	钢丝绳（吨）	水泥（吨）	原木（m³）	油漆（吨）	尼龙绳（根）
1974	4233	349	106	93	672	93	—
1975	7911	310	149	147	1382	346	52
1976	9369	821	104	174	1937	407	62
1977	11524	480	171	313	2753	394	174
1978	15724	1358	158	340	6099	473	237

① 《上海远洋运输志》编纂委员会编：《上海远洋运输志》，上海：上海社会科学出版社，1999年，第285页。

二、建立物资供应机构

20世纪70年代,随着中远船队规模的迅速扩大,船舶需要的物料种类和数量急剧上升。当时中国经济发展缓慢,许多物资供不应求,货源紧张。各港外轮供应公司供货渠道不畅,供货能力不足,承受的压力越来越大。各港外轮供应公司多次提出难以承担中国远洋船舶的供应业务。为保证远洋船舶生产和生活物料供应,1973年6月28日,国家计委上报国务院《关于加强远洋国轮物料供应工作的报告》。该文件中明确,鉴于远洋国轮越来越多,远洋运输公司又是交通部直属企业,交通部应即着手规划,在各主要港口建立物料供应点。1973年8月,交通部根据国务院对国家计委《关于加强远洋国轮物料供应工作的报告》批示精神,发文《对关于建立健全远洋船舶供应机构的批复》,批准中远总公司增设物资供应处,充实加强中远天津、上海、广州分公司的物资供应机构,以及在大连、秦皇岛、青岛、湛江等地新建物资供应站的请求。文件规定了1973年物资供应机构的编制人数:远洋运输总公司物资供应处15人;大连物资供应站30人,秦皇岛物资供应站10人,青岛物资供应站20人,湛江物资供应站10人;中远天津分公司的供应机构45人(包括现有15人);中远上海、广州分公司供应机构的编制暂按原有人数安排。各物资供应站成立后,建设了仓库,随后交通部还陆续为各供应站调拨了汽车、吊车等业务车辆。1973年11月,中远总公司在北京召开的供应工作会议上,要求加强对供应站的领导,定期讨论解决供应工作中的问题。同时要健全供应站的机构,充实领导力量,人员不足的单位予以配齐,以利开展工作。

中远上海分公司成立初期,没有建立物资供应机构,船舶物资供应除部分由上海海运管理局供应站供应外,绝大部分由各港外轮供应公司承担,基本能保证公司船舶正常需要。但是,随着南北航线的开通,国家远洋船队迅速发展壮大,停靠中国北方港口的外轮也大幅增加,船用物资需要量急剧上升。由于当时供货渠道不畅,供货能力不足,外轮供应公司承受的压力越来越大,供需矛盾突出。各港外轮供应公司多次提出难以承担中国远洋船的供应业务,供货量不足。这给远洋船舶的生产和船员生活带来很大困难,有时甚至影响船舶正常生产和船员生活。为此,中远上海分公司多次研究,并向上级部门报告船舶物资供应问题。1970年2月,分公司党的核心小组在一次会议上提出:筹建供应站问题急待解决,要抓紧研究个方案。同年7月7日党的核心小组再次开会研究船舶后勤保障问题时,又一次研究筹建供应站并决定由公司后勤组负责航修站和供应站组建工作。9月公司革委会开会研究供应站筹建资金问题,决定先申请购买6辆汽车需96万元,调拨流动资金100万元,合计196万元。1971年8月,公司党委决定:东大名路378号西楼拨出两三个房间作为供应站筹建组办公和临时存放物品之处。经过一年多的艰苦努力,1972年,供应站(筹)开始对回上海的船舶供应部分急需物资。8月份,中远上海分公司在上海四平路、国权路附近租借一个废弃养猪场给供应站(筹),存放船舶用五金用品。筹建组动员职工自力更生填平一小河浜和烂泥地,搭建一个约3000平方米的简易仓库。1973年1月上海远洋物资供应站正式成立,站址定在东大名路378号西大楼三楼。当时,有职工60余人,1个简易仓库、1艘供应船和3辆汽车,主要任务是为船舶供应劳防用品、印刷品和船用备件,发放船员劳动服装。次年,又承担了中远广州和天津分公司等来港船舶的物料供应工作，职工人数增至222人，运输车辆17辆，年供应额为423万元。1974年，在上海市和海军的支持下，经中远总公司批准，利用基建指标置换上海警备区在上海政宁路（现政民路）中心二村（叶家花园）部分现房和空地，共有土地约60亩，现房6900余平方米。经过几个月的整修和翻建，1975年5月供应站开始分批迁入，站址为政民路415号。库房面积增至3242平方米，堆场面积2745平方米，运输车辆增至25辆，供应小艇3艘，供应物料基本齐全，有大、小五金，杂料，备件，垫舱物料，劳防用品，印刷品等8个仓库，职工人数增至294人，年供应额增至791万元。供应站成立后，随着公司的发展而发展，1978年，供应站有仓库面积8056平方米，供应小艇8艘，各类车辆40辆；职工人数增加到426人，全年供应额上升到1572.4万元，供应物料品种达4000多种。供应站仓库、场地等各类设施已粗具规模，新建了备件库、物料库，供应量大增。除承担中远上海分公司115艘远洋船舶的供应需要外，还积极为中远广州、天津、青岛和大连等其他分公司到上海港的船舶服务。为保证远洋船舶运输生产的正常进行，发挥了重要作用。

根据安排，中远广州、天津分公司的船舶物资供应机构也得到充实和加强，物资供应能力得到进一步提高。中远在其他港口城市的物资供应站也按计划进行了组建。

1976年，中远青岛分公司在成立之初就设立了物资供应处，同年7月1日，远洋运输局所属青岛物资供应站由中远青岛分公司统一领导与管理。

在交通部的领导和各地有关部门的支持下，经过几年的努力，中远公司在各主要港口的物资供应基地相继建立，并初步形成了遍及国内沿海各大港口的中远物资供应系统，较好保证了船舶运输生产和船员生活的需要。

三、建立统一船舶物资供应机制

中远物资供应基地建立后，为了做好物资供应工作，中远总公司于1973年11月在京召开了供应工作会议，确定了坚持供、管、用相结合的工作方针，并对报批程序、财务结算、废旧物料的回收等问题做出了规定。会议指出：为适应船舶具有流动性大，在港时间短的特点，中远所属各供应站对到港的所有中远船舶，实行统一供应，是完全正确的。克服了过去中远各分公司供应站物料不能统一供应，造成各分公司将船用物料南往北运，北往南运，既不能保证船舶物料及时供应，又花了大量运费。会议认为供应工作必须坚持供、管、用相结合的方针，认真贯彻执行中央和地方的各项物资政策。会议还确定：①统配、部管物资改由自己供应。为适应远洋船队发展和运输工作的需要，从1974年1月1日起，广州、上海、天津、大连4个港口的统配、部管物资改由自己供应。地方物资除广州分公司自己申请供应外，上海、天津、大连仍由外轮供应公司继续供应，不足部分由供应站组织供应。各供应站要积极创造条件，争取1974年内逐步把地方物资的供应工作接过来。②计划申请，物资分配。统配、部管物资从1974年起由中远总公司编制计划报交通部申请，实行统一分配，地方物资由各供应站编制计划，向省、市有关单位申请。根据船舶需要，各供应站的物资由总公司统一调剂。③物资申请审核组织供应。船舶核算均由各分公司负责，审核工作仍由各分公司负责审核，但必须在船抵港前将料单寄送船到港供应站。各供应站接到料单后，要随时了解掌握船舶抵港时间，提前做好货源的组织准备工作，属供应站供应的物资，由供应站组织直接供应，属于地方物资由供应站将料单送交外轮供应公司供应，并负责联系催送。④各供应站供应的物质，凭船长、轮机长、大副、管事签字的物料单，向船舶所属分公司进行结算。属于外轮供应公司提供的物资，仍由外轮供应公司向外轮代理公司结算。会议要求要树立全心全意为生产服务、为船舶服务的思想，把对船舶服务作为自己的出发点和落脚点，作生产的促进派。要坚持自力更生，勤俭节约，防止大手大脚、铺张浪费的作风。

四、理顺物资供应渠道

国务院领导重视、关心中远船舶的供应工作。对于外轮和远洋国轮的物料供应，包括船用生活用品和生产物料、加油、加水和修理服务工作，接待中外船员等方面，各有关省、市、自治区的有关部门，做了不少工作。但是，从20世纪70年代开始，由于远洋国轮和来华的外轮数量增加较快，而有些港口的供应设施、运输工具和机构人员不适应，更重要的是，当时中国实行计划经济，船舶需要的物资种类比较多，但这些物资又分属不同部门管理，就容易造成货源得不到及时分配，物资不能准时供船的情况，进而影响远洋船舶的生产。对这个问题，国务院领导极为重视，多次指示，要尽快妥善解决。1974年港口建设会议期间，国家计委同有关省、自治区、直辖市和有关部门负责人反复研究，并提出解决的意见。1975年5月3日，国务院发文《国务院转发国家计划委员会关于认真做好外轮和远洋国轮供应工作的报告》批转了国家计委《关于认真做好外轮和远洋国轮供应工作的报告》，确定外轮船员所需生活用品和船用一般物资，包括远洋国轮船员在航海期间所需的生活用品，列为特需计划，优先安排，保证供应。各港口外轮供应公司和远洋运输公司物料供应站根据当时分工情况，每年分别编制要货计划，报所在省、自治区、直辖市商业局（外贸局）审核。省、自治区、直辖市能够解决的内销商品，列入特需计划，逐级安排落实。属于出口商品和省、自治区、直辖市不能解决的个别内销商品，由省、自治区、直辖市商业局（外贸局）审核，分别报商业部、交通部。经审核批准后，属于商业、农林部门管理的商品，由商业、农林部列为特需计划安排下达。属于外贸部各公司经营的出口商品，由外贸部列入收购计划，作为出口任务下达，按出口价格供应。供应友谊商店和远洋国轮的出口商品，也作为出口任务，按同样方法办理。当时，对中远船舶按照外轮的待遇来保证供应，这在物资紧张的年代里，体现了国家对远洋运输事业的关怀。1975年5月15日，交通部发文《关于转发〈国务院转发国家计划委员会关于认真做好外轮和远洋国轮供应工作的报告〉的通知》，对国务院文件进行转发，并要求要认真做好物料供应和管理工作，不断改善服务态度，提高服务质量。提倡厉行节约，修旧利废，反对铺张浪费。凡是能在国内解决的生产物料及生活物用品，就一定要在国内解决，节约外汇。要切实关心船员生活，保证生活供应，办好伙食，保证船员的身体健康。

1976年1月，商业部、外贸部、交通部、财政部联合下发了《关于认真做好外轮和远洋国轮供应工作的补充通知》文件要求有关省、自治区、直辖市对商品供货计划、价格和结算、凭证供货方法、地方留成等问题作出规定。对于远洋国轮航行期间所需物资供应问题，文件指出：鉴于中国远洋运输公司在大连、秦皇岛、天津、青岛、上海、广州、湛江等主要港口，已经建立了物资供应站，为进一步做好远洋国轮的供应工作，今后除船员伙食继续由外轮供应公司供应外，其余物资，均由远洋公司物资供应站负责供应。外轮供应公司与中远供应站要做好交接，疏通渠道。对于远洋公司尚未建立物资供应站的港口，远洋国轮需要补充的其他一般商品，外轮供应公司应继续负责供应。国务院及相关部门在物资供应紧张的情况下，能够针对远洋船舶，全面地做出这些规定和要求，充分体现了国家对远洋运输事业的重视和关怀，理顺了远洋船舶物资供应渠道，也保证了远洋运输生产的正常进行。

五、加强物资供应管理

中远公司成立时，虽有物资供应部门，但当时尚未建立起一整套定额管理和经济核算制度，船上申请多少物料，就照样发多少，"各取所需"造成了一定的浪费。从1964年开始实行了定额管理，推行经济核算制，供应管理工作逐步走上轨道。

1977年6月，远洋局在广州举行远洋物资学大庆会议。会议代表对中远总公司起草的《物资管理暂行办法》和《船舶物料供应定额》两份材料进行讨论并提出修改意见，会后根据会议上代表提出的意见，对2份材料进行了修改和补充，修改后的《物资管理暂行办法》共分总则、物资纪律、物资计划管理、物资定额管理、统计工作、采购加工工作、仓库物资管理工作、物料供应审核工作、物料提运工作、船舶退料工作等10章。《船舶物料供应定额》是参照占全部船舶大多数的万吨级杂货船年度需求量（配备量）作为制定定额的依据制定，经过修改确定了中远船年度物料消耗的定额。7月28日，中远总公司下发《颁发"物资管理暂行办法"和"船舶物料供应定额"的通知》，在各分公司、直属供应站和外代分公司试行。远洋物资学大庆会议期间，各供应站（处）财务干部也参加了会议，交流并讨论了物资财务管理方面的经验和存在的问题。与会人员对杜绝账外物资、遵守物资纪律、库存材料备件定期盘点等9个方面的问题进行讨论，并要求分公司财务部门要支持并加强对供应站财务工作的领导，定期进行必要的检查和帮助。最后，根据会议在物资财务管理方面讨论的问题，形成纪要。1977年7月25日，远洋局以文件的形式下发《远洋物资学大庆会议有关财务管理问题的纪要》到各分公司，以便各分公司参照执行。

在外购物料管理方面，自1977年6月远洋物资学大庆会议以后，中远各分公司加强了对外购物料的领导和管理工作，中远广州、上海和青岛分公司供应处（站）都增加了外购管理人员，并派人到天津分公司学习、了解外购物料管理的方法。通过相互学习，加强管理，中远船舶外购物料工作越做越好，越做越细，取得了可喜成绩，1977年1—10月份，中远天津分公司54条船，外购支出外汇人民币183万元，平均每船支出3.39万元，比1976年同期下降7.4%。为进一步加强和完善外购物料的管理，节约外汇，1977年12月，中远总公司在上海召开了远洋外购物料管理座谈会，要求加强外购物料管理，组织国内货源，保证国内供应，使外购物料的比例大幅度下降，减少外汇支出；加强对外购物料的统计工作，明确统计范围，从1978年开始，对钢丝绳、尼龙缆和六分仪等9种船舶常用物料进行价格比较，对9个外国港口进行外购情况统计，积累资料，条件成熟后，可以定期搞一个"外购指导"供船舶参考；做好外购物料的审核工作。尤其对国外账单进行审核、分析、统计；从 1978 年 1 月 1 日起取消 1975 年 2 月《关于营运外汇管理使用的补充规定》第 6 条中对每艘船舶每个航次外购物料限额的规定，外购物料一律经分公司领导批准，必须在国外购买的物料要预先办手续；船舶要做细做好外购物料的管理工作，工作量势必越来越大，有关管理人员要努力工作，各分公司应进一步加强对这项工作的领导，对于 1 个人难以担负这项工作的单位，应适当增配人员；各级领导应及时研究和指导外购审核同志的工作，把节约外汇的工作切实抓好。这次会议对加强外购物料的管理工作起到了推动作用，引起各分公司的重视。

香港远洋轮船有限公司 1973 年以来重视船舶物料管理工作。在此之前，由于对于物料管理工作重视不够，管理人员变动以及相关人员配备不齐等原因，船舶物料管理工作比较混乱。每条船上有多少备件物料不仅公司内的管理人员心中无数，就是该船船员也心中无数；闲置成堆的备件查找困难，甚至连名称也叫不出；有些大木箱只能按吨计重运输或保管，其内部究竟是什么物品一时也弄不清楚。上述情况造成一方面物料备件积压，一方面又盲目申请采购的浪费现象。针对这种情况，公司在上级主管部门的直接领导下，采取清点船上物料备件、加强订购物料备件的审查工作、注意选择物料备件的供应点及加强仓库物料和备件的清点工作，加强了对备件物料管理，取得较好的成绩。1973 年公司每条船船舶物料费用开支为 29.6 万港元，通过抓物料管理，在物料费上涨较大的情况下，1974 年平均每条船物料费开支为 29.2 万港元，即每条船节省 4000 港元，与上一年度同期相比节约物料费开支 1.35%。

第四节　其他保障机构

为保障船舶运输生产的正常进行，满足远洋船队发展壮大对后勤保障的需要，中远公司还相继建立了通信站（通信导航修理所）和远洋医院等陆地后勤保障单位。

一、通信站和通信导航修理所

远洋船舶通信导航设备的维修工作，是保证远洋船舶通信畅通和船舶航行安全的一个重要环节，对于缩短船舶在港停靠时间，加速船舶周转，提高营运效率发挥着重要作用。中远及其各分公司成立初期的通信与导航管理工作没有专设部门，主要以代管或临时机构的方式对船舶的电台、公司的机要电报业务等实施管理。后来在船技部门增加了一个或多个人员负责船舶通信和导航业务方面的管理，船舶通信导航设备的维修工作主要依靠国外修理，部分修理任务交由海运局代修，有时也自己集中了一点技术力量，进行少量的维修工作。

进入 20 世纪 70 年代，中国自营远洋船队迅猛发展。船队的发展，对于船舶通信导航的机务管理、养护维修、更新加装、配套使用以及技术指导和培训等工作，都提出了新的要求。由于当时购买的船舶多为旧船，船队所属船舶的通信导航设备不仅种类繁多，机型庞杂，而且 90% 以上为外国产品。此类船舶的通信导航设备年久失修，技术状况差，一经接收，需要普遍检修，甚至有的必须换新，工作量很大。在通信站和修理所建立之前，中远船舶通信导航设备维修主要依靠国外修理和海运局代修，国外修理不仅造成大量外汇外流，而且维修费用高，例如，当时安装一台雷达，在国外需要花费 2000 美元，而在国内只需要 200 元人民币。据统计，仅中远广州分公司 1977 年 9 个月在国外维修通信导航设备所花费的修理费用就多达 175 万元人民币。与此同时，海运局也正式提出，无力再承担中远船舶通信导航设备的维修任务。鉴于这种情况，中远一方面通过加强电信处修理所的维修力量，另一方面建立"管修合一"的通信导航修理站，来满足远洋船队通信导航设备管理和维修要求。

1975 年 1 月，中远上海分公司根据船舶通信导航设备修理工作的需要，成立了上海船舶无线电修理所，因陋就简地开展修理工作。但是该修理所状况不仅不适应船舶大幅度增长的需要，而且对当时现有的船舶通信导航设备也仅能承担少量修理任务。为此，在 1975 年 8 月 21 日，交通部远洋运输局发文《报送上海远洋通讯导航修配厂设计任务书》给交通部计划局，要求新建中远上海分公司远洋通信导航修配厂，负责中远上海分公司船舶通信导航设备的管理、维修、安装、检查以及船舶自动化系统的维修工作，电讯器材的采购和供应工作，以及承担到港兄弟分公司船舶通信导航设备及船舶自动化系统的维修检查工作。1977 年 9 月 23 日，中远总公司发文《报送广州远洋通信导航修配站设计任务书》给交通部计划局，在广州建一个远洋通信导航修配站。

1978 年 3 月 8 日，远洋局发文《关于成立通信站的事》给中远广州、天津、青岛分公司，大连海运管理局，要求各分公司成立通信站。文件指出，为了远洋船队以及船舶通信导航新技术、新设备发展的需要，并立足于国内解决修理，节约外汇。决定在各分公司电信处机务修理的基础上，成立通信站（电信处、通信站一个单位两块牌子）。通信站成立后，将船舶所有通信设备、广播设备和无线电助航设备归口管理，同时负责各分公司通信导航设备的统一规划、安排、申请、订购、调拨、养护、修理更新等。为逐步走向设备型号标准化、系列化、管理科学化及过渡到统管打下基础。文件要求，各分公司接文后即着手筹组。1978 年 9 月 9 日，远洋局发文《要求批准远洋通信导航修理站的设计任务书》给交通部计划局，要求批准中远上海、天津和广州通信导航修理站的设计任务书。1978 年 10 月 9 日，交通部复文中国远洋运输总公司《关于广州、上海分公司建设通信导航修理所的批复》同意广州、上海分公司各建一个通信导航修理所，建筑面积各 3500 平方米（包括修理车间、单身宿舍、仓库等用房）。

在主管机关的大力支持下，中远各分公司通信站相继成立，中远上海分公司在 1976 年 4 月 20 日成立通信站，站址在上海市东大名路 378 号。通信站下设修理所、业务组、计划供应组、电传室，后又接管电话班，成立了代密电报电话组。工作站成立后，工作成效较大，基本结束了公司通信导航设备在国外修理的情况，为国家节省了大量外汇。通信导航设备的完好率达到 95% 以上。

中远各分公司后来相继成立的通信站，除了保证分公司自己的船舶各种电器设备修理外，还保证了兄弟公司到港船舶的修理。通信站统一管理起了各分公司的船岸电器设备，包括有线、无线、通信、导航、广播、电视、收录音设备。负责起分公司各种电器设备的预算、申领和计划等。最重要的是培养了一批船舶通信导航设备管理和维修的技术骨干和专门人才，提高了船舶通信导航设备的完好率，节省了外汇，保证了航行安全，并为以后中远船舶通信导航的专业维修公司（电子公司）的组建奠定了坚实的基础。

二、建立医疗机构，保障船员健康

远洋运输具有其特殊性。远洋船舶航线长，船员体力消耗过大，高血压、胃肠病、关节炎等职业性疾病发病率高，平常缺乏积极的预防，发病后又往往不能得到及时地治疗，严重威胁着远洋船员的身体健康。为此，中远公司成立以来，十分关注船岸职工的身体健康。各分公司相继设立医疗机构，船舶设有医生，后来根据工作需要，增设公司的卫生行政部门，为培养一支政治上觉悟高、技术上过得硬、身体健康的船岸职工队伍做出了贡献。

（一）党和国家领导人心系远洋船员生命安危

远洋船员的健康状况，不仅一直受到主管部门的高度重视，而且还受到党和国家领导人的亲切关怀，在船员生命受到威胁的时候，党和国家领导人亲自指示，各相关机构密切配合，积极治疗，一次次使患病的船员转危为安。广大远洋船员心中感到无比的温暖和幸福。

1977年10月17日，中远广州分公司"桂阴"轮报务员许土芬同志，患十二指肠溃疡大出血，在阿尔巴尼亚都拉斯医院动手术。因手术感染，病情恶化。10月24日，华国锋主席亲自批准派医生赴阿抢救。10月25日，卫生部选派北京友谊医院外科副主任王宇同志于当晚乘罗航班机离京赴阿。途经南斯拉夫转机时，因天气影响，无去阿飞机，我驻南使馆迅速安排改乘南国内班机至南、阿边境城市铁托格莱德。我驻阿使馆派商务参赞等乘汽车前往迎接。王宇同志10月28日凌晨赶到都拉斯后，即在政务参赞范承祚、商务参赞段少明陪同下前往医院。经与阿医生会诊，共同商讨了治疗方案，并取得一致意见。在驻阿使馆党委的关怀和领导下，经王宇同志近一周的抢救、亲自治疗后，许土芬的病情渐趋稳定，已经能进食，切口清洁，基本脱险，但体温仍波动在38摄氏度左右。为防止意外，使馆征得国内同意，许土芬同志在王宇同志护理下，于11月5日中午安全回到国内，并转往北京友谊医院继续治疗。在医护人员的精心治疗下，11月7日，许土芬病情进一步好转，食欲增加，体温正常，情绪很好。11月8日上午，交通部叶飞部长，周惠、彭德清副部长以及中远总公司党委书记张公忱同志前往医院看望许土芬同志，并向友谊医院党委表示谢意。在党和国家领导人的亲切关怀下，在相关单位共同努力下，许土芬最终痊愈出院，重返远洋工作。

1977年12月12日，中远上海分公司"梅海"轮在由上海开往加拿大航行途中，由于风大浪高，船长沙惠麒同志在海图室内摔倒，头部受伤，随即昏迷不醒。12月13日，交通部接到报告后，即电示该轮立即返航就近靠泊日本港口就医。而当时"梅海"轮距日本港口最短航程需4天，为挽救沙惠麒同志的生命，请日本派直升机于15日上午将沙惠麒同志接到日本东京国立第一医院救治。经诊断为原有潜伏性脑血栓，经外伤引起基底动脉血栓症。驻日使馆焦参赞（符浩大使夫人）及中远总公司驻东京办事处负责人都到前往医院探望。根据沙惠麒的病情,使馆建议国内派医生去东京接沙回国救治。李先念副主席对此十分关切,当即指示国务院办公厅召集有关部(局)研究,决定了救援措施。12月26日,由卫生部派出首都医院脑外科主治医生王维钧、内科心脏主治医生俞光明、麻醉科医生罗来葵、外科护士长赵洁石等4同志组成抢救组,乘民航班机赶往东京。在驻日使馆及日本有关方面配合下,沙惠麒同志在抢救小组精心护理下,于27日平安抵达上海,住上海华山医院继续治疗。回国以后,由于沙惠麒同志仍处于危险期,抢救工作在上海各方的关怀下积极进行。交通部于12月28日派专人到上海看望。

党中央、国务院领导同志对远洋船员的亲切关怀,相关单位对于抢救工作的热情支持和密切配合,使广大远洋船员深受感动和鼓舞,船员们表示,一定要积极工作,努力完成远洋运输任务,为国家做出更大的贡献。

(二)中远公司医疗卫生工作的开展

中远成立之初,大部分船舶配备专职医生,各分公司随着机构的完善也相继建立起医务室、保健站和门诊部等医疗机构,以满足公司机关职工和船员简单的医疗需求。

20世纪70年代,随着中远船队的迅速壮大,船员队伍的人数大量增加,中远的医疗卫生工作由于人员少、设备差、机构不健全、医疗质量低,跟不上形势发展的需求。为此,在1973年10月,中远总公司召集中远广州、上海和天津分公司卫生部门的干部进行了座谈,会后下发文件《关于加强卫生医疗工作的通知》给3个分公司。文件中就当时船舶医疗卫生工作存在的问题提出要求。第一,各分公司的卫生医疗部门要面向船舶为船员服务。船舶虽然配有医生,由于条件限制,对于一些疾病,难于进行有效治疗。各分公司的卫生行政部门,对船上的医务工作,要重视,在业务技术上要经常给予指导。医院、卫生所对于船员治疗疾病要积极负责,有条件的要深入在港船舶为船员诊治。第二,要加强船员职业疾病和传染病的防治工作。要坚持预防为主的方针,要研究船舶装载有毒物质对人体的影响,改进航行赤道地区的防暑降温,加强在传染病流行地区的防疫工作。要采取措施,尽量控制发病率,对已经发生的疾病要积极进行治疗,传染病在活动期间要加以隔离,防止蔓延。第三,要把好进用船员体格检查关。各分公司接收退伍士兵和从社会录用船员,要吸收医务人员参加,在录用之前要充分了解被接收人员的身体状况,有慢性病不宜上船人员不要接收。对于现有船员要普遍进行一次体格检查,对检查发现的疾病,要采取措施,加以治疗。第四,各分公司要注意加强对医疗卫生工作的领导,建立和健全卫生行政管理机构,要逐步建立健全医院、卫生所,适当充实医务人员,要改进医务部门的工作,加强对医疗卫生人员的思想领导,明确服务方向,端正服务思想,提高医疗质量。

1977年5月25日,针对当时有些船员带病上船,航行中病情加剧、恶化;也有的因误诊、延治或抢救不及时,造成不应有的严重后果的情况,交通部远洋局发文《关于进一步加强船舶医疗卫生工作的通知》,要求各级党委和船舶党支部加强对船舶医疗卫生工作的领导,建立和健全分公司的医疗卫生管理机构,指导和检查船舶卫生工作。采取专业和群众相结合的方法,大力开展消灭船上的老鼠和蟑螂的活动,搞好环境卫生。要进一步加强和严密执行餐具高温消毒制度,严禁食用腐烂和发霉的食物,防止食物中毒。船舶医务人员要做好本职工作。对全体船员的既往病史要做到心中有数，有重点地加强船员保健工作。建立和健全疫病、伤情报告制度，发现伤病员及时抢救、治疗和护理，对一时诊断不清的病员要注意观察护理，在航行中要报告国内，船到港口要急送当地医院疗治，以防误诊、延治。对新招进的船员，严格体检，发现有不适上船的疾病和病史，不予接收，或接收后暂不派船，经治疗确定符合上船条件时，再派船；船舶由国内开航前，力争进行身体普查，凡发现不适于出航者，必须调下船舶，进行治疗，保证不带有严重疾病的船员出航。船在国外港口，船员生病就地治疗，治愈后尽量随船返航；对于虽经治愈不能随船返航需乘飞机回国者，应事先请示国内经允许后，报告当地我驻外使领馆请求协助安排回国事宜，但必须派护送人员。患病船员回国后，除急需抢救者外，一般均应回所属分公司就地治疗或复查。在文件发出之后，部分船员带病上船的情况并没有得到有效地控制，1977年，船员在航行中发病率比往常仍有所增加。船员因急病、重病临时靠泊外国港口，离船入院就医和搭机回国等情况屡有发生。有的船员本已患有肝病、肺病以及其他恶性病、传染病，因未能及时检查发现，及早治疗以致出航后，病情发作，急剧恶化，无法治疗。面对当时严重的局面，交通部远洋局于1977年10月28日再次发文《关于当前船员医疗保健工作情况和今后意见》，要求各分公司党委要十分重视船舶医疗卫生和船员的保健工作，并把这项工作纳入党委议事日程，责成一名副书记（或副主任、副经理）分管这项工作。要加强领导，建立和健全船舶卫生和保健工作制度，制订切实可行和行之有效的具体措施。定期检查和研究解决有关船舶医疗卫生和船员保健工作中的问题。并对上一个文件的落实情况作一次检查。要充分发挥现有医疗机构和技术设备的能力。各分公司设置的医疗卫生机构（如医院，门诊部，卫生所等）除搞好正常的门诊医疗工作外，要拿出主要力量，组织巡回医疗小分队，到船舶集中的港口，深入船舶检查指导和开展防治疾病，宣传讲卫生等工作并对船员进行健康普检。要每年对船员身体作一次普查，着重注意肝、肺和心脏的检查。对患有上述疾病及其他恶性病传染病，不适宜上船者，力争做到早发现早治疗，不能带着严重疾病出航。尚未设置医疗机构的单位，可联系兄弟分公司或当地医院协助解决船员健康普查工作。船舶党支部要加强对船舶医生的领导，进一步搞好对船员的保健医疗和护理工作，搞好船舶环境卫生，饮食卫生和个人卫生的督促检查。贯彻"预防为主"的方针，力求做到防微杜渐，防患于未然。要建立卫生检查制度，由船长、政委、工会主任、事务长（管事）和医生组成卫生检查小组定期对船员房间、伙食、食品库、卫生间和其他公共场所进行检查、评比。严格餐具消毒，严禁食用腐烂和发霉食品。各分公司可根据实际情况，制订船舶医疗卫生和保健制度先试行，待取得经验逐步推广。1978年3月3日，远洋局又下发《关于对远洋船员普遍进行体格检查的通知》，文件要求为了避免船员带病上船，导致有的船员在航行中病情加剧、恶化，或因诊治不及时而造成不良后果，不断提高船员的体质，决定自1978年开始，每年对上船的船员普遍进行体检一次。根据远洋局连续几个文件的要求，中远各分公司加强了船员身体检查的工作，情况逐步得到控制和好转。后来随着工作的推进，对船员体检工作进行前置，即在开航前，对于每一个将要上船的船员进行一次体检，这种做法，作为一项制度被保留了下来。

（三）中远各分公司医疗机构的建立及工作开展情况

中远广州分公司在 1973 年就拥有比较齐全医疗机构，既有隶属于公司人事处领导的医疗行政部门——卫生科，领导和开展该分公司的卫生预防等工作，还有 1 个医院、1 个门诊部和 2 个保健站。医院有医务人员 42 人，其中医生 10 人。病床 240 张。黄埔门诊部有工作人员 6 人，其中医生 2 人，护士 3 人，检验 1 人。分公司滨江路保健站有医生和护士各 2 人，航修站保健站有医生和护士各 1 人。1973 年，分公司有船舶医生 94 人。广远分公司能够自己解决职工、船员门诊、住院等医疗问题。同时，医务工作人员自带 X 光机上船为船员体检，凡到广州港的各分公司船舶的船员都能进行体检，1973 年 1~8 月，就为 2000 多名到广州港的船员进行了体检。随着船队规模的发展，中远广州分公司的医务人员也不断增加，到 1978 年，船上医生增至 262 人，在岸医务人员有 173 人。

中远上海分公司从 1971 年下半年开始，筹建公司医务室，地址在中山东一路 9 号。医务室设内、外科，有医务人员 5 人。1973 年在医务室的基础上组建公司门诊部，地址在东大名路 378 号，有医务人员 34 人，船舶医生 24 人，公司没有建立卫生行政机构。1975 年，门诊部迁址淮海中路 1174 号。筹建上海远洋医院的工作也于同年正式开始。1978 年 5 月 5 日，经上海市卫生局批准，正式成立上海远洋医院。医院有职工 94 人，设有内科、外科、皮肤科、耳鼻喉科、眼科、口腔科、儿科、理疗科、检验科、放射科、药剂科、手术室、供应室以及内、外科病房、门诊观察室等科室，病床 24 张。医院的主要任务是，承担公司近万名职工的医疗保健、体检任务，负责船舶药品、器械的供应和船医管理，为航行船舶提供医疗指导（电报会诊），并担负公司部分卫生行政工作。随着公司的发展，公司医护技术人员逐年增加，医疗设备不断添置和更新，病床床位增至 42 张。远洋医院的组建，为船员职工及其家属医疗服务做了许多工作，为远洋的发展作出了一份贡献。

1973 年，中远天津分公司有医务室 1 个，医生护士各 1 人，船舶医生 20 多人。另外，自 1972 到 1973 年，山西省支援医生 11 名到中远天津分公司船舶工作。分公司医务室可以进行常见病的简易治疗。

1978 年 12 月 28 日，远洋运输局为提高卫生管理水平，保护职工和船员的健康，根据国务院（1978）241 号批转卫生部《关于加强工业卫生工作的请示报告》中有关恢复和健全工业交通部门和各省市的工业卫生管理机构的精神，结合当时远洋系统医疗卫生工作的实际情况，发文《关于建立卫生行政机构的通知》，决定在各远洋分公司中，设置卫生行政管理机构，成立卫生科（组）。根据远洋局的要求，中远各分公司建立了卫生科。卫生科的主要任务是归口负责本单位的医疗卫生、预防保健和所属医院、门诊部、卫生所、医务室和船舶医生的业务指导工作和医药计划、采购、供应的审定工作，以及负责对各分公司到港船舶的船员体格检查的组织领导。

远洋船舶的工作特点是远离陆地，相对独立地航行于浩瀚的大海上。为确保运输生产的正常进行，必须有一个完整地后勤保障体系。中远在初创时期，建立了航修厂、航修站、物资供应站和远洋医院等后勤保障单位，保证了远洋运输生产的正常进行。

第九章
国际合营与合作

1961年中国远洋运输公司成立后，在中远公司及其直属分公司的远洋运输业务迅速发展的同时，中外合营海运公司也在中国远洋运输公司的管理和指导下[①]，规模和业务都取得长足的发展，为中国的经济和对外贸易事业做出了积极贡献，也为中国远洋运输事业的发展提供了支持。在20世纪50年代已成立的中波公司和捷克公司的基础上，20世纪60年代，与柬埔寨王国政府有过海运合作，新成立中阿轮船股份公司、中坦联合海运公司两家合营海运公司。这一时期，捷克斯洛伐克国际海运股份公司宣布解散。进入20世纪70年代，在中远航运业务迅速发展的同时，委托中远总公司代管的中波轮船股份公司、中坦公司及与其他国家海运合作也有了不同程度的发展。另外，由于阿尔巴尼亚政府对华政策发生转变，中阿轮船股份公司与1978年12月宣布解散。

第一节　中波轮船股份公司的发展

中波轮船股份公司自1951年6月15日成立后，在两国政府的关心和支持下，发挥自身优势，积极开展远洋运输业务，不断完善航线布局，推进船队更新发展。中远公司成立后，中波公司在中远公司的管理和指导下，发挥其自身优势，谋划公司的长远发展，公司步入了良好发展的轨道。

一、中波公司总部南迁上海

1958年中波公司承运的货物，大量运往上海，公司船舶在上海港的靠泊次数日益增加。而总公司所在的天津跟货主及代理等行业机构的联系都是间接的，直接影响了公司在市场方面的决策速度和对市场形势的把握判断。为使公司进一步贴近业务现场，使行政管理人员更接近船舶和港口工作，提高业务水平以及加强揽货工作，更好地把握商机，波兰政府通过外交途径，以"备忘录"的形式，建议中国政府考虑把中波公司从天津迁往上海。

波兰政府的"备忘录"送达国务院后，立即引起了中央领导人的重视，并批示交通部研究执行。公司经理部门也在1958年向管委会提出了把公司总部迁往上海的提案，该提案由管委会呈报交通部后上报国务院，1958年12月国务院正式批准了中波公司的迁址申请。在中波公司南迁的问题上，交通部也是高度重视，指定副部长孙大光和远洋局局长冯于九具体负责。

在与上海市政府进行充分协商，做了大量的工作，解决了办公用房、职工宿舍以及迁沪后的关系挂靠等一系列问题后，1962年2月24日，中波公司总部迁往上海市中山东一路18号（图9-1）。是年3月1日，正式在中山东一路18号对外办公。6月22—23

---

① 中远总公司是以交通部远洋局的名义，组织领导了与国外的远洋运输合作，主要是合营公司、与其他国家的海运合作等方面的工作。

日，公司股东会第七次会议在华沙召开，批准修改公司章程中有关总公司地址由天津迁往上海。

二、延长中波两国航运合作协定

中波公司是 1951 年成立的，根据中国和波兰政府签订的关于组织中波轮船股份公司协定有关期限的规定，有效期限为 12 年，1963 年，是中波两国政府协定规定 12 年有效期到限的一年。有关是否延长两国航运合作协定的问题，两国政府均给予了高度的重视和关心。在 1960 年 1 月 16 日，中波两国政府在华沙签订了关于 1951 年 1 月 24 日签订的组织中波轮船股份公司的补充协定第一条规定："双方的任何一方在上述协定第二十一条规定的十二年期届满以前，均不表示结束协定的意愿，则该项协定的有效期自动延长四年"。按照补充议定书，1966 年也即将期满。双

图 9-1　1962 年 2 月中波公司总公司搬迁至上海市中山东一路 18 号。

方经过 12 年的合作，公司业务不断巩固发展，双方都无意终止公司业务。对中波两国就航运合作协定的顺延，都持积极的态度，在当时来说，中波公司继续经营发展下去是双方的一个最好选择。

1964 年公司第八次股东大会正式通过 1966 年以后继续合作问题的议程，双方股东一致表示同意 1951 年签订的政府协定有效期限再继续延长四年，即至 1970 年（包括 1970 年）。1978 年 9 月，公司股东会第十四次会议在北京召开。以交通部副部长陶琦为首的中方股东代表团和以波兰外贸和海洋经济部副部长日乌科夫斯基为首的波方股东代表团参加了会议。双方股东表示如一方不主动提出散伙，公司将继续存在下去，以后不再每四年办理一次延期。

三、"中波轮船股份公司"名称对外启用

中波公司成立时受到当时外部环境的影响对外保密。中波公司长期以来都是以波兰远洋公司的名义对外经营的，公司的船队大部分也是挂在波兰远洋公司的名下，公司船队的吨位也是计算在波兰国家船队规模内，不利于扩大中国远洋船队在世界航运界的影响力。中波公司以波兰远洋公司在远东的代理机构名义开展经营活动对中波公司的航运经营也产生了一定的束缚。1976 年 11 月 15—25 日，公司股东会第十三次会议在华沙召开。中方股东代表交通部副部长于眉和波方股东代表外贸和海洋经济部副部长日乌科夫斯基出席了会议，会议就恢复中波公司组织章程规定的名称事宜进行了讨论。最后，股东会确认自 1967 年 12 月 31 日起，撤销中波轮船股份公司股东创立会决议（五），即"公司以密件方式办理登记，在股东未另有决定前，不得将公司组织内容向外宣布。在此期间，公司以中波海运

公司名义对外"的条款。公司名称自 1977 年 1 月 1 日起启用"中波轮船股份公司"[①]。1977年 1 月 1 日，根据股东会第十三次会议决议，公司正式启用中波轮船股份公司名称，公开船东身份。公司船东性质公开后，把形式上向中国远洋运输公司和波兰远洋公司期租的船舶改用在宽红带上并排书写黄色"C"和白色"P"船东标志，使用公司"C-P"船东标记和公司制定的提单，以船东身份进行营运。

在中波公司正式对外以船东身份开始经营活动后，中波公司便与中国远洋运输公司和波兰远洋运输公司签订了有关协议，对属于公司产权的船舶进行了明确。1977 年 2 月 7 日，公司与中国远洋运输公司签订协议书，确认自 1977 年船舶标志更换日起，"泰兴""嘉兴""德兴""长兴"四艘船舶的产权在形式和实质上均属中波轮船股份公司所有。1977 年 3 月 12 日，公司与波兰远洋公司签订船舶产权移交协议，自 3 月 22 日将原在海洋商会登记属波兰远洋公司所有船舶 12 艘移交给中波轮船股份公司，逐船进行了交接，并在波兰海洋商会船舶登记中对船舶所有人更改为"中波轮船股份公司"。

四、中波公司远洋运输业务的发展

中波公司在此后的发展中，致力于船队现代化建设，不断巩固传统航线，开辟新航线，不断扩展业务范围，货运量稳步增加，取得了较好的经济效益，为中波两国贸易运输作出了应有的贡献，成为两国政府合资企业的典范，但船队规模一直没有较大发展。

（一）班轮运输成为公司发展的方向

1961 年第六次股东会确定了公司业务活动的基本方针，即公司的船舶以班轮的方式在中、波两国港口之间进行营运，并在充分利用船舶吨位和获取航次最大经济效益的条件下湾靠各中途港口。授权管委会和经理部门，在中、波航线货源不足的情况下，可抽调公司部分船舶为双方任何一方同另一国的外贸运输服务。如发生这类情况，则双方中的另一方具有为同一目的使用公司船舶的同等权利，同时还可考虑承揽另一国同第三国（首先是社会主义国家）之间的外贸运输物资；以国际市场运价为基础，争取最大的航次盈余，并把这一条作为决定进行这类航次运输的重要条件。

1962 年 1 月 15—22 日，公司管委会第十二次会议在波兰格丁尼亚召开。管委会对加强中途港揽货、公司 1962—1963 年投资基金中自由外汇不足等方面作出了决议。关于运价政策，管委会决定：公司净运费率不得高于班轮公会所采用的净费率水平，而对中波两国运费支付人，公司净费率应相应地再降低 2%。鉴于在公司经营的基本航线上出现货载数量暂时不敷船舶吨位的情况，为了更有利地经营船队，管委会责成经理部门将多余吨位以同等条件期租给中、波两国有关企业。为进一步努力降低货损率，公司经理部门要求各船领导人注意执行有关规章和指示。

（二）巩固传统航线，开辟新航线

按照股东会确定的基本方针，中波公司主要经营中国和波兰的班轮航线，也是中波公

---

① 英文名称为 Chinese-Polish joint stock shipping company.

司最传统的航线。20世纪60年代初，设计每月从波兰港口开出3艘船舶，从中国华南开出2艘、华北开出1艘。但由于1962年两国贸易量减少，船舶的技术状况也不是很好，班轮航线的执行情况不是很好，对公司航运业务的开展也带来了一定的影响。

1962年1月12日，国务院李富春、陈毅副总理批准公司配备中国船员的船舶航行华北港口。1963年1月23日，远洋运输局同意公司配备中国船员的船舶试航华北港口。

1963年，根据远洋局的指示，中波公司船舶恢复华北航线。当年共完成了20个波兰（欧洲）—华北航次和22个华北—波兰（欧洲）航次，从而缓解了华北港口对货载的要求。

1967年6月，第三次中东战争爆发，苏伊士运河阻断，公司船舶绕道好望角航行，给公司生产经营带来了一定影响，船舶航行天数增加，航次减少。同时船舶在绕道好望角航行时，经常遇到大风大浪天气，对船舶的安全也带来了不利影响。1975年6月5日，随着苏伊士运河当局正式宣布运河重新开放。波—中航向中旗船"德兴"轮于6月17日通过运河，中—波航向波旗船"奥而坎"（Orkan）轮于6月25日通过运河，标志着中波公司重新恢复传统亚欧航线。

1967年越南战争爆发，中波公司承担了大量支援越南的战略物资的运输。当时越南货主从波兰和黑海港口进口的货物大量增加，中波公司为体现支援越南人民的抗美救国斗争，增派了更多船舶装运越南货载到海防。

鉴于中波公司的两艘船舶受到台湾国民党军舰劫持，1954年下半年，中波航线上原航行华南、华中及华北各港的船舶，全部改驶华南港口。1970年11月18日，交通部《关于中波公司挂中国旗船北上问题的通知》指出："中波公司悬挂中国国旗船北上问题，业经李先念副总理指示批准，先以'嘉兴'、'陆丰'、'新丰'三艘船舶试航北上，总结经验。"之后不久，中旗船全部恢复靠华北港口，这对中波公司船队调度和经营管理带来了非常好的效果，更加有利于公司合理分布船舶受载，减少船舶在港口聚集的情况。

在这期间，公司除了继续发挥和巩固传统航线的优势以外，也根据业务发展需要，不断开辟新航线。20世纪70年代，中波公司加强了与主要货主中租公司[①]的合作，公司业务量不断扩大，并逐步把航线扩大到北非和黑海港口。1978年12月19日，中波公司"普鲁斯"轮用集装箱承运拖拉机，开始了公司集装箱运输业务。

这些新航线的开辟，对于巩固和发展中波公司业务，扩大中波公司影响力和知名度，提高公司经营效益，均起到了非常积极的作用。

（三）努力提高货物运输量，巩固在国际航运市场的份额

20世纪60年代初，三年困难时期给中国经济带来一定影响，而国内开展的"反修"运动，也影响了中国与苏联等东欧国家的关系，造成了外贸上的萧条，给中波公司的航运经营也带来了很大的困难。1962年，波兰、各社会主义国家及其他国家同中国之间的外贸货物数量暂时减少，中国货主的货物组成也发生重大变化，世界航运市场出现运力过剩，大宗货运价水平低，公司船舶货载量出现不足，必须湾靠更多的港口揽载，使往返航次时间延长。同时，港口效率低，船舶在港经常逾期停泊，导致公司船舶未能保持有计划地从

---

① 即中国租船公司。

中波两国港口开航，造成船舶集聚，运力利用率不足。该年运量仅完成计划的 90%，收入完成 87%，营运利润仅完成 20%。

针对中波公司在 1962 年遇到的困难，管委会接连召开两次会议，希望得到两国政府有关部门的货载支持，还就此专门向上级汇报，得到了国家领导人的直接过问和关心。1962 年底，对外经济贸易联络局向国务院上报"关于中波海运公司第十三次管委会的补充请示报告"，对中波公司当时的经营情况提出：关于中波公司货载不足问题，拟同意要求两国货主给予支持的同时，强调公司应努力改进经营管理。1962 年 12 月 29 日，国务院陈毅副总理在对外经济联络总局"关于中波海运公司第十三次管委会的补充请示报告"上批示同意。

中波公司充分利用两国政府给予的优惠政策，在两国港口享有优先揽货权，在两国外贸部门的支持下，公司全体职工通过密切与货主部门的合作，改善了运输服务质量，揽取了大量的货载，并通过加强内部管理，注重船舶均衡运行，保证船舶从中波两国港口出航的班期，创造较好的揽货条件。根据货源情况，公司将部分船舶根据载货量需要使用封闭甲板型，以增大载货量，增加运费收入，或使用开启甲板型，以减少港费开支，降低成本。同时中波公司也加强了与波兰远洋公司的合作，加强中途港揽货工作。1970 年，中波两国政府重申："只有中波公司船舶，在中波两国航线上货运有优先权。"针对 1972 和 1973 年，公司的营运利润率连续下滑的局面，1974 年 9 月 7 日，国务院副总理李先念批示同意交通、外交、外贸三部《关于召开中波海运公司股东会十二次会议的请示》，同意"公司营运效果以每年利润和折旧额为船价的百分之十（相当于利润率为 15%—20%）较合适，为获取上述营运效果，公司在保证两端基地港两国货运外，可洽揽第三国货载，如有困难，中波货主再予适当照顾"。在两国政府的大力支持下，中波公司的营运利润率得到恢复和迅速提升，1974 年为 17%，1975 年公司的营运利润率更是高达 28.35%。

通过这一系列有力措施，公司的经营情况很快有了好转，1964—1978 年，公司各项生产财务计划指标均完成和超额完成。这 15 年平均利润率达 20.06%。

1978 年，随着党的十一届三中全会召开，中国进入了改革开放年代，经济开始迅速发展，全国各地基础建设和技术革新如火如荼地进行，国内对各种物资和国外的先进技术设备需求大增，中国与世界各国的贸易量大增，为航运市场的繁荣提供了难得的机遇。中波公司坚持以安全优质服务吸引货主，提高服务质量。改革开放后，中波公司船舶运输了大量的大型、超大型、精密成套设备。如葛洲坝电站，上海地铁一号线、二号线的全部车厢，中国出口叙利亚的电站设备等等，均安全优质运抵目的港，受到货主的好评。从而使中波公司在华欧航线竞争十分激烈的情况下，仍较好地巩固了在国际航运市场中的份额。

（四）增设代理行等分支机构

早在 1952 年，中波公司第二届管委会决定原则上中波公司应使用波兰远洋公司的代理行和代理机构。但在无波兰远洋公司代理行的港口，由经理部门自行与该港口的代理机构签订合同。

1962 年 3 月 1 日，为适应公司迁沪后工作需要，根据交通部要求，将原设北京的总公司代表改为北京代表处，首任主任为李士毅（中方）和芬格儿斯坦（波方），办公地址仍为新侨饭店，意在进一步保持和加强与交通部联系及办理有关揽货事宜。

1963年8月20日，随着公司与越南业务的发展，公司船舶停靠越南海防港的次数增多，为了更好地监督指导船舶的装卸工作，并保持同货主和其他有关方的经常联系，设立了海防常驻代表，张森章（中方）和斯穆尔斯基（波方）为首任驻海防代表。1978年10月15日，海防代表处终止工作。

为适应航运发展的需求，为船舶提供更加合理周到的服务，加强船舶的现场管理和达到速遣的效果，中波公司根据业务的需要在班轮航线到达和公司船舶经常挂靠的港口，均有比较固定的代理，建立长期代理关系，密切了与货主等有关方面的联系和合作，提高了公司的服务质量。中波公司1961—1978年运输生产情况见表9-1。

中波公司1961—1978年运输生产情况表[①]   表9-1

年份	年终船舶艘数	年终船舶吨位（夏季）	运量（吨）	周转量（千吨海里）	营运利润率
1961	18	188341	810236	7205171	13.40%
1962	20	209363	624429	6466728	0.17%
1963	19	202891	767798	7661635	8.63%
1964	19	202891	803171	7889217	14.89%
1965	19	202891	815864	7804407	15.15%
1966	19	202891	794837	7513111	21.32%
1967	19	202891	528482	5663369	15.48%
1968	17	182050	509473	6293313	14.72%
1969	16	174417	448586	5976146	25.08%
1970	16	179639	410766	6091943	20.55%
1971	17	194857	433316	6492374	14.01%
1972	16	184728	502561	6823577	5.81%
1973	15	176318	468590	7074663	5.35%
1974	17	204326	477524	6701767	17.00%
1975	18	219416	591945	7661913	28.35%
1976	18	219416	648198	7462657	17.36%
1977	20	250906	642817	7304613	15.82%
1978	21	264626	708784	8143343	13.57%

五、中波公司的船队建设

（一）船舶改挂中国国旗

根据公司成立时签订的协定，中波公司船队应该每隔两年互换挂旗国，但考虑到新中

---

① 数据来源于交通部统计资料、公司年报等。

国成立初期严峻的政治形势,资本主义国家对中国实施制裁,悬挂中国国旗不利于公司航运业务的开展,中方对这方面的权利也就没有履行,一直都是悬挂波兰国旗,船队的船舶登记地也是在波兰。随着新中国经济的不断发展,在国际上的政治、经济地位不断提升,西方国家也主动与中国开展贸易,中方开始考虑履行协定里规定的权利,逐步实现悬挂中国国旗船舶与波兰国旗船舶的对等。

1965年8月2日,中国交通部部长孙大光和波兰航运部长布拉凯维奇(Burakiewicz)就公司混合配备中、波船员的船舶在越南海面是否接受停车检查的问题交换信件,双方同意中波公司混合配备中、波船员的六艘船舶中三艘改悬挂中国国旗,全部配备中国船员,另三艘继续悬挂波兰国旗,全部配备波兰船员。

1965年9月6日,根据两国部长换文,"希望"轮改名为"嘉定"轮,改挂中国国旗,并签署了形式上的船舶买卖合同,这是中波公司第一艘悬挂中国国旗的船舶,也是第一艘全部配备中国船员的船舶。通过此次改旗,积累了经验。1965年9月24日,"弗尔娜斯卡"轮在黄埔港改挂中国国旗,改名为"崇明"轮,1965年10月19日,"波库依"轮在黄埔港改挂中国国旗,改名为"松江"轮,1971年"贝涅奥夫斯基"改为"泰兴"轮,挂中国国旗,配备中国船员。

自此公司船队结束了全部悬挂波兰国旗的情况,形成了悬挂中国国旗和波兰国旗并存的局面。

(二)船队规模稳步发展

根据公司1956—1962年船队建设远景规划,公司不断在航运市场购买合适公司经营发展的船舶,以及向船厂订造新船,老旧船及时退出经营,保证了公司船队结构不断优化,船舶技术状况不断改善。1963年有3艘新船投入经营,4艘旧船退出营运。丹麦造"克拉舍夫斯基"和"德乌果士"两艘新船分别于3月20日及9月13日正式投入公司营运,两轮的特点是吨位较大,速度较高,而且均有135吨的新式重吊。但缺点是航行时驾驶台异常震动,烟囱发出的噪音很大,加之前方桅杆风斗的阻碍,驾驶台前方视线极为困难,操纵不便,影响航行安全,在公司与船厂进行交涉后,船厂被迫同意延长保修期,并负责消除缺点。1963年6月30日"科诺普尼茨卡"轮投入运营。1963年5月1日"耶德诺奇"轮作为拆废退出营运,6月"华沙"轮和7月"邓博夫斯基"轮按照协议上交中波双方股东退出营运。

1965年,股东会议确定,中、波双方的有关部门应按照对等原则,为公司购买船舶。为此,中波公司制定了1965—1970年基建规划,得到了管委会的批准,计划在此期间内购买5至6艘适合本航线需要的、具有现代化技术营运数据的新杂货船。同时,管委会也要求中波公司在建造船舶时,要力求最大限度地保证公司船队的统一,进一步明确了中波公司件杂货船队建设的大方向。

1968年4月1日—5月10日,公司管委会第十八次会议在波兰格丁尼亚和华沙召开。管委会决定根据公司财务情况购买四艘适于航线的新杂货船。同时,管委会同意修改以前确定的船舶技术参数,并采纳以下规格:载重量9500—12500吨;最大冷藏容积125000立方尺;航速按封闭式防抗甲板16—17.5节;最大吃水开敞式27英尺6英寸,封闭式30

英尺；深舱容积约 40000 立方英尺；每艘最高船价 4200000 卢布。力求至少在两艘新购买的船舶上具有 65—75 吨的重吊。并规定购买船舶的事宜，通过波兰船舶进出口公司和中国机械进出口公司办理。

1969 年 3 月 10 日，中波公司通过中国机械进出口公司向民主德国瓦纳门船厂订造两艘新船，买卖双方代表在北京就技术条件及船价和合同条款达成了协议，两艘新船型号为"太平洋Ⅱ型"，合同船价为每艘 420 万卢布。1969 年 12 月 6 日，中波公司通过波兰船舶进出口公司就格但斯克船厂建造的两艘新船的技术条件和合同条款达成协议，并在上海签订了合同，型号为 B442/Ⅲ，合同船价为每艘 420 万卢布。

1971 年，"松江"轮和"披·那罗多夫"轮两轮退出营运。1973 年 5 月 4 日，根据公司股东会决议，"新丰""陆丰"两轮因技术情况不良，营运效果差，在中方股东协助下，以每艘 410 万卢布的价格先后出售给中国远洋运输公司，分别于 5 月 4 日和 7 月 28 日交船。

中波公司船队的现代化建设得到了中波两国政府和股东的大力支持。1972 年第十次股东会指出，在 1975—1976 年公司应拥有 24—25 艘船舶，在 1973 年内购买 3—4 艘旧船，1975—1976 年购买 5 艘新船并投入营运。1974 年 10 月 22 日—28 日，公司股东会第十二次会议在北京召开。中方股东代表交通部副部长陶琦和波方股东代表对外贸易和海洋经济部副部长维希涅夫斯基出席了会议。股东会决定为了确保船队更新，自 1975 年 1 月 1 日起，从每年营运利润中提取 60% 作为船舶更新基金，规定 9 年内回收业已减去残值的船舶总值，以此作为衡量公司经营成果的指令性标准，在 1978 年底以前用公司积累资金购买 3 艘船舶。公司还根据管委会决议，将出售"陆丰""新丰"两轮的船款由"基建和大修理客户清算"转入"基建基金"账户，进一步扩充了中波公司基建积累资金。

1973 年 5 月 22 日，根据管委会第二十三次会议决议，公司分别通过波兰船舶进出口公司和中国机械进出口公司与联邦德国西贝克船厂（BREMERHAVENA.GWESERSEEBECKWERFT）签订了建造三艘载重量各为 15000 吨造价各为 2406.4 万西德马克同型号船舶合同，即"阿斯奈克""德兴"和"长兴"轮。

1975 年 12 月 27 日，根据股东会第十二次会议购买 3 艘船决议，公司中方鉴于自公司成立以来，迄无中国建造的船舶参加营运，而出口国产船舶标志着中国造船工业新的发展，具有重要的政治和经济意义，坚持要购买中国建造的"庆阳"型船舶。根据交通部彭德清副部长对公司买船问题的指示："公司购买中国、波兰和联邦德国造船各一艘是合理的，要坚持。中波公司没有中国建造船舶的局面要改变。"公司中方坚持向中国、波兰和联邦德国各买一艘船的意见，但波方却先提出购买三艘联邦德国造船，后又提出购买两艘波兰造船和一艘中国造船的意见。经过双方总经理多次会谈，最终在平等互利协商一致的原则下，双方同意向中国、波兰和联邦德国各买一艘船的意见，分别通过波兰船舶进出口公司和中国机械进出口公司购买。其中，一艘在中国建造，1978 年 6 月交船；一艘在波兰建造，1978 年 9 月交船；一艘在联邦德国建造，1977 年 10 月交船。为处理贸易结汇结余，经理部门在购买中国和波兰建造的两艘船的合同中，争取到船价的 20% 以贸易结汇支付。

1976 年 2 月 20 日，中、波双方商定，在北京通过中国机械进出口公司与联邦德国西贝克船厂（BREMERHAVENA.GWESERSEEBECKWERFT）签订建造"永兴"轮合同，船价为

3335.8万马克。3月12日,在上海由中国机械进出口公司和中波海运公司签订上海船厂建造庆阳型"绍兴"轮合同,船价为1157.5万美元。3月13日在上海由波远公司和波兰船舶进出口公司签订格但斯克船厂建造B342型"弗莱特洛"轮合同,船价为1527.5万美元。

1978年9月23日,交通部副部长彭德清会见了波兰外贸和海洋经济部代表团,并陪同中、波双方代表团出席了上海船厂为公司建造的"绍兴"轮交接酒会。中波公司在上海船厂建造的"绍兴"轮的投入营运,这是中国出口的第一艘船舶,也是公司拥有的第一艘中国建造的新船(图9-2)。是中波公司支持中国造船业发展方面做出的又一个贡献。

1978年9月16—25日,公司股东会第十四次会议在北京召开,批准了公司1978—1982年购买4—6艘新船,并力争超过这个数目。

图9-2 新中国出口的第一艘万吨级货轮——"绍兴"轮。

到1978年底,公司拥有的船舶数量增至21艘,载重量达26.1万吨。中波轮船股份公司1961—1978年船队发展统计见表9-2。

中波轮船股份公司1961—1978年船队发展统计　　　　表9-2

序号	船　名	建造年份	建造国家	投入营运（年月）	载重吨（吨）	备　注
1	西蒙诺夫斯基	1961	南斯拉夫	1961.6.6	12695	
2	维尼亚夫斯基	1962	南斯拉夫	1962.2.28	12699	1977年3月26日改名为宝兴,改挂中旗
3	诺沃维依斯基	1962	南斯拉夫	1962.9.19	12699	
4	克拉舍夫斯基	1963	丹麦	1963.3.20	14403	
5	科诺普尼茨卡	1963	波兰	1963.6.30	11778	
6	德乌果士	1963	丹麦	1963.9.13	14429	1970年2月19日改名为嘉兴,改挂中旗
7	陆丰	1970	民主德国	1970.11.30	12320	1973年5月4日退出营运,售予中国远洋运输总公司
8	新丰	1970	民主德国	1970.12.23	12320	1973年7月28日退出营运,售予中国远洋运输总公司
9	圣瓦尔特	1971	波兰	1971.6.7	12181	
10	奥尔坎	1971	波兰	1971.12.21	12181	
11	普鲁斯	1973	联邦德国	1973.11.29	16270	
12	阿斯奈克	1974	联邦德国	1974.7.12	15100	
13	德兴	1974	联邦德国	1974.10.15	15100	

续上表

序号	船名	建造年份	建造国家	投入营运（年月）	载重吨（吨）	备注
14	长兴	1975	联邦德国	1975.3.7	15100	
15	斯塔夫	1977	联邦德国	1977.2.28	16200	
16	永兴	1977	联邦德国	1977.10.21	16070	
17	绍兴	1978	中国	1978.9.23	13720	该轮是中国出口第一艘万吨级货轮，也是中波公司拥有的第一艘中国造船舶

中波公司是中华人民共和国成立后，组建最早的中外合资航运企业之一。中波公司的成立和发展，为中波两国的贸易发展作出了重要贡献，在中波两国人民友谊和合作史上写下了光辉的篇章。

第二节 捷克斯洛伐克国际海运股份公司的经营情况

中国与捷克斯洛伐克合作经营远洋运输分为代营阶段和中国和捷克斯洛伐克成立合营公司（捷克斯洛伐克国际海运股份公司）阶段。捷克公司自1959年1月1日成立后，中方又相继投入"和平""奥斯特拉瓦""俄拉瓦"和"欧力克"轮。但是当时由于中国经济情况遇到暂时困难，另外，中方也着手筹划成立自营远洋船队，对合营公司则采取维持现状，巩固的方针，因此从1961年后，中方再未投入船舶运营。捷方采取了积极发展的方针，先后投入"克拉德诺""少先号""科西斯"和"新共和国"轮（原"共和国"轮于1962年报废）。到1964年4月中捷双方共投入船舶12艘，13.85万载重吨。

捷克公司成立后，主要承运中国和捷克斯洛伐克及其他社会主义国家的进出口货物。捷克公司船队主要航行中国至黑海（包括东南亚到黑海）、欧洲至古巴、中国至古巴航线。从1959年4月至1964年4月，捷克公司船舶航行亚洲、欧洲、非洲、拉丁美洲和澳洲等5个洲的45个国家和地区117个港口。其中配备中国船员的船舶航行4个洲（除拉美）的36个国家和地区的80个港口。捷克公司成立到1964年5年来，历年都完成或超额完成运输生产财务计划的主要指标，获得了较好的营运效果。共完成245航次（其中中方船舶156航次），完成货运量216万吨（其中中方船舶157.3万吨）。在总货运量中，捷方货占48%，中方货占38%，其他社会主义国家货占9.4%，资本主义国家货占4.6%，利润率为成本总额的34.1%。

中捷航运合作，有利于两国远洋航运事业的发展，对两国外贸运输是相互支持相互援助。在打破封锁、禁运方面起到了一定的作用。在营运上采取"分船核算，自负盈亏"的原则，我方船舶可根据国家的需要和政治形势的发展随时抽回或投入。在完成中国粮运及其他政治性任务时虽然亏本，但不受捷方经济利害关系的限制，我方可以自主决定。在考虑发展远洋航运投资方面，不受对方投资能力大小或其他因素的影响。在经济上有独立决定问题的权利，如修船费用、添置设备、船员生活工资待遇等，不受双方必须对等原则的限制。

自1961年开始，由于国际形势的变化，特别是中苏关系恶化后，捷方对公司的具体合作虽然仍感兴趣，实际行动上也还具有诚意，但政治上追随苏联最终导致合营公司的解散。1966年12月20日捷克斯洛伐克外交部递交照会给中国驻捷大使馆，提出解除中国与捷克斯洛伐克共同发展海上运输的议定书和共同经营的国际海运股份公司的协定，中方表示同意。

1967年3月20日，捷克公司宣布解散。中国和捷克斯洛伐克之间的第一次海运合作结束。

1967年1月16日，捷克公司的3艘货船交给中方，中方将原船名分别改为"临潼""无锡"和"许昌"轮，交由中远广州分公司经营。原中方船舶"佛山""兰州"和"洪湖"等轮，也全部移交给中远广州分公司经营。

第三节 中阿轮船股份公司的组建、发展与解散

一、中阿轮船股份公司的成立

1961年，中国和阿尔巴尼亚人民共和国政府，为进一步加强两国的经济合作和发展航运关系，根据平等互利、互助合作的原则，于12月26日在北京签订了《中华人民共和国政府和阿尔巴尼亚人民共和国政府关于组织中阿轮船股份公司的协定》。中国交通部副部长孙大光和阿尔巴尼亚交通部第一副部长基尔科分别代表中阿两国政府签字。协议规定，中阿轮船股份公司的船舶以航行中阿航线和经营中阿两国间的贸易运输为主，必要时也可以承运其他航线的货物。

1962年1月10日，遵照周恩来总理指示的原则，中国交通部副部长于眉和阿尔巴尼亚交通部副部长契尔科就中阿公司章程和有关组织公司一些问题进行了会谈，双方在友好、互相谅解的气氛中顺利地达成有关协议，并于1月13日、14日先后签署了《中阿轮船股份公司章程》和《会谈记录》。中阿轮船股份公司（简称中阿公司）设于阿尔巴尼亚都拉斯市，董华民任总公司中方总经理。分公司设于中国广州市（后迁上海市）。中阿公司资金总额为400万英镑，中国和阿尔巴尼亚政府各投入50%，公司的盈亏按双方同等的投资比例分配和负担。

1962年4月2日，中阿轮船股份公司成立并开始营业。公司成立时合资双方共投入3艘货轮运营，中方投入"国际"轮（载重吨为11769吨），阿方投入"发罗拉"（载重吨为12645吨）和"都拉斯"轮（载重吨为4957吨），主要航行在中国、阿尔巴尼亚、波兰和越南之间的航线。其中"都拉斯"轮船况比较差，不久就退出中阿航线的运营。1969年，中阿双方共同出资购得一艘意大利1959年建造的"发罗拉"的姊妹船"飞鸟"号，并改名为"黄埔"号，于1969年9月1日正式投入运营。公司船舶挂阿尔巴尼亚国旗。船上

船员为混合编制,船上的高级船员由中国船员担任,阿尔巴尼亚船员只担任普通船员职务。中阿公司承运中国到阿尔巴尼亚的建筑材料、成套机械设备、轻纺产品和其他物资,从阿尔巴尼亚运往中国铁矿、沥青、香烟等。

二、中阿轮船股份公司的发展

中阿轮船股份公司自20世纪60年代成立到70年代中期,十几年里双方一直保持着良好的合作关系。这个时期,中阿两国间的贸易持续发展,中国援阿物资逐年增加,两国航运界交往也日益频繁。中阿公司成立后生产经营不断发展。据统计,1962年到1967年,中阿公司的两艘船舶共完成货运量53.8万吨,货物周转量为37.39亿吨海里。1969年共完成货运量8.4万吨,货物周转量11.71亿吨海里。

1972年4月,交通部副部长于眉率中国航运代表团对阿进行了友好访问,受到阿尔巴尼亚部长会议主席谢胡的接见,并参加了中阿公司管委会第九次会议和公司成立10周年庆祝活动。

中阿两国友好关系的发展,为中阿公司各项工作的开展提供了良好的基础和条件,中国每年援阿的大量物资是由中阿公司船舶承运,从而保证了公司每年运量的增长和经济效益的提高。公司船舶原只行驶挂靠中国华南港口,后来由于华南货源不足,中阿轮船公司所属的三艘船舶先后行驶华北港口。1974年4月,在中阿轮船股份公司管理委员会第十次会议上,阿方提出,为了便于对公司船舶的管理,希望将中阿分公司由广州迁往上海。中国远洋运输总公司向交通部请示经国务院批准后,1975年4月中阿轮船股份公司分公司由广州迁往上海中山东路23号12楼。中阿轮船股份公司自成立以来公司运营情况见表9-3。

中阿轮船股份公司1962—1977年货运量及货物周转量统计[①]　　表9-3

年份	船舶数(艘)	载重量(万吨)	货运量(万吨)	货运周转量(亿吨海里)
1962	3	2.94	6.11	4.08
1963	2	2.44	10.02	4.24
1964	2	2.44	9.37	7.06
1965	2	2.44	9.40	6.44
1966	2	2.44	9.86	7.61
1967	2	2.44	9.09	7.97
1968	2	2.44	8.08	11.29
1969	3	3.73	8.41	11.71
1970	3	3.73	18.30	15.19
1971	3	3.73	12.8	16.87

① 数据来自中阿轮船股份公司年度工作报告。

续上表

年份	船舶数（艘）	载重量（万吨）	货运量（万吨）	货运周转量（亿吨海里）
1972	3	3.73	9.79	14.55
1973	3	3.73	13.14	14.54
1974	3	3.73	14.85	11.38
1975	3	3.73	11.01	12.70
1976	3	3.73	10.19	9.67
1977	3	3.73	11.41	10.23

三、中阿轮船股份公司的解散

1975年，阿对华政策发生转变。1976年初，中阿公司双方在合作上开始出现矛盾，但公司在经营管理等方面未受到影响。

1978年9月，阿方正式提出公司没有必要再继续存在下去。1978年9月27日，阿国政府通过外交部照会中国政府，单方面宣布废除中阿轮船股份公司协定，并建议撤销中阿轮船股份公司，中国政府表示同意。随后，中阿双方成立专门委员会对公司原有固定资产、银行资金等进行清理，并按双方各半原则进行分摊。应阿方要求，"发罗那""黄埔"两轮由阿方接受，"国际"轮归中方。是年12月25日，中阿轮船股份公司正式解散。

第四节 组建中国—坦桑尼亚联合海运公司

一、中国—坦桑尼亚联合海运公司的成立

中国—坦桑尼亚联合海运公司，是在周恩来总理的亲切关怀和指导下建立的。

位于东非大陆的坦葛尼卡和临近的岛国桑给巴尔于1964年底成立坦桑尼亚联合共和国，该国第一任总统尼雷尔于1965年初来中国进行国事访问，寻求中国的支援。周恩来总理在与其会谈时向他建议，中坦两国可以先建立联合海运公司，这样，既能加强两国的经济联系，又能为坦桑尼亚培训海员。如果坦桑尼亚投资暂时有困难，中国方面可以给予贷款，雷尼尔总统当即表示同意。

为了落实周总理的指示，1965年，中国政府海运代表团团长董华民带领中国交通部委派的航运专家组成员一行3人在达累斯萨拉姆就组建中坦公司各项协议等问题与坦桑尼亚方面代表团谈判了3个多月。1966年2月5日至4月22日，中国政府再次派出海运代表团（中国交通部委派的航运专家组）在坦桑尼亚首都达累斯萨拉姆市，就成立中国—坦桑尼亚联合海运公司的有关事宜及拟签署的文件与坦桑尼亚政府有关部门进行了谈判。经过辛勤工作，中国政府海运代表团终于与坦桑尼亚就有关协议文本达成一致意见，并由中国

驻坦桑尼亚大使何英和坦桑尼亚交通工程部部长卢辛迪分别代表两国政府就中国政府向坦桑尼亚政府提供无息贷款和培训海员的问题进行了换文。

1967年6月22日下午，在坦桑尼亚达累斯萨拉姆港举行了中坦联合海运公司（简称中坦公司）成立仪式。坦桑尼亚总统尼雷尔宣布中国—坦桑尼亚联合海运公司正式成立。在坦桑尼亚第一艘远洋货轮"乌希里卡"号（即"合作"号）上徐徐升起了坦桑尼亚国旗。尼雷尔总统把"乌希里卡"号轮船的登记证书交给了中国船长胡峥。

中坦公司设在坦桑尼亚首都达累斯萨拉姆，另在北京和新加坡也设有办事处。

董华民任中坦公司中方董事长，姆布亚任坦方董事长。中坦公司成立时，资金总额为150万英镑，中坦双方各投资50%。根据公司章程规定，公司每年利润、折旧部分上缴中坦两国政府，由公司开设专门账户保存，作为买船之用。船舶调度归中远公司管理，公司所有船舶由中远广州分公司代管，船员也由中远广州分公司负责派遣。

二、中国—坦桑尼亚联合海运公司的发展

中坦公司自1967年6月成立后，公司双方一直保持着真诚合作、共同发展的友好合作关系，使公司业务得到了持续稳定的发展。进入20世纪70年代，在中远航运业务迅速发展的同时，委托中远总公司代管的中坦公司得到迅速发展。

中坦公司成立初期有"亚非""合作"两艘万吨货轮。"亚非"号挂中国国旗，配中国船员；"合作"号挂坦桑尼亚国旗，高级船员由中方选配，普通船员由坦方配备。公司除承运中坦两国物资之外，在双方同意的前提下，也为其他国家提供运输服务。在公司成立后头两年，由于中坦两国间的货运量很少，公司船舶主要航行中国至西欧和地中海间，承运量较大的多数是转口货，转口费用较高，1968年，虽完成货运量73694吨，但利润率仅为4%。为改善经营效果，中坦公司强调友好合作，提高经营管理水平，努力降低成本，增加收入。由于中国政府和有关方面的支持，大力提供货源，加上中坦公司经营管理的改善，使公司效益有所提高。1967—1978年生产经营情况见表9-4。1971年，中坦两国政府又向中坦公司投资，从德意志民主共和国购进"恰姆维诺"货轮，挂坦桑尼亚国旗。

中坦联合海运公司1967—1978年生产经营情况　　　　表9-4

年份	船舶数（艘）	载重量（万吨）	货运量（万吨）	货物周转量（亿吨海里）
1967	2	2.51	3.11	3.79
1968	2	2.51	7.37	10.72
1969	2	2.51	6.33	8.82
1970	2	2.51	8.22	10.76
1971	2	2.51	7.42	7.60
1972	3	3.72	8.00	9.34

续上表

年份	船舶数（艘）	载重量（万吨）	货运量（万吨）	货物周转量（亿吨海里）
1973	3	3.72	10.75	9.07
1974	4	4.99	9.95	8.91
1975	4	4.99	11.86	10.32
1976	4	4.99	13.74	11.24
1977	4	4.99	13.34	7.61
1978	4	4.99	12.59	7.68

这一时期，为了帮助中坦公司发展生产经营，中远总公司、中国租船公司给中坦公司极大的支持和帮助，为中坦公司提供货源，特别是高运价的货源。中国各港口和外轮代理公司为中坦公司船舶提供各种方便，从而加速了该公司船舶的周转，提高了经济效益。

1974年底，中坦公司购买了万吨货轮"遵化"号，由成立之初的2艘发展为4艘船舶。从1967年创建到1977年末，船舶已航行于亚洲、非洲、欧洲的40多个国家和地区的近百个港口。共承运货物86.7万吨，积累资金达295万英镑。其中1973至1978年，每年利润平均增长33.6%。

在中坦双方航运合作中，为坦桑尼亚培训海员是中坦公司成立的目的之一，根据中坦两国政府1966年4月换文规定，中国在5年左右时间内，在中坦公司船上为坦方培训一整套远洋船员。1967年9月第一批坦方学员上船接受培训。至1969年底，在船培训的35名坦方学员，绝大部分已能独立担负轮机助理、机工、水手等正式职务。

为了帮助坦方船员尽快掌握驾驶等专业技能，中远总公司向中坦公司的"合作"轮派驻了中国"顾问船员"，采取跟班培训的方法，培训坦方驾驶人员，提高坦方驾驶人员的航行与靠离码头的驾驶技术，及与港口、代理等有关方面洽谈办理有关业务的独立工作能力。1975年1月，"合作"轮完全由坦桑尼亚船员操纵，首航苏伊士运河，经地中海往返于欧洲，开创了完全由坦方船员驾驶万吨远洋船舶远航的历史。此外，中方为了帮助坦方培训自己的船员，从1974年10月开始，北京语言学院和大连海运学院先后为坦方选派的20名学员，举办了为期1年或3年的驾驶、轮机、电机及外语等专业的培训，1978年这些学员毕业回到公司，成为坦方船员中的技术骨干。

中坦公司是中国与非洲国家建立最早的海运合作企业，是中国和第三世界国家海运真诚合作并取得显著成绩的一个典范。中坦两国航运业的友好合作和取得的良好经济效益得到中坦两国政府的称赞。中坦联合海运公司的成立对增进中坦两国人民的友谊开辟了一条新的渠道，对帮助坦桑尼亚发展独立自主的民族航运事业起到了积极的作用。1964年坦桑尼亚总统尼雷尔会见了中远船员（图9-3）。1977年6月22日，在坦桑尼亚首都达累斯萨拉姆举行的庆祝中坦公司成立10周年仪式上，坦桑尼亚总理索科伊内称赞中坦两国的合作"是国与国之间合作的典范"。

图9-3　1964年坦桑尼亚总统尼雷尔会见中远船员。

第五节　开展国际海运合作

一、中柬海运合作

柬埔寨在独立之前，航运一直受法国航运公司的操纵。独立后，航运业不发达，该国的进出口贸易物资主要依靠租用外轮运输，且租船和代理业务又都掌握在私人资本手里。在外贸运输中，法国船只仍占绝大多数。法国邮船公司与货方联运公司都有定期班轮航行于西贡①与金边及香港之间。1956年1月，日本川崎汽船公司开辟了柬日班轮航线。同时日本大同与大阪公司的船只也投入了这条航线。在20世纪60年代初，对柬埔寨的运输当中，法国、日本、英国的船只较多，荷兰渣华公司也偶尔有船舶去金边。日本船只中运木材的船舶较多。

柬埔寨独立后，积极发展与新中国的友好关系。1958年7月，中柬两国正式建立外交关系，并于20世纪60年代获得进一步发展。两国领导人多次互访，中国为柬埔寨的国家建设与发展提供了大量人力、物力和财力援助。1960年12月19日，陈毅副总理和柬埔寨涅·刁龙副首相签订了中柬关于经济技术援助议定书和中柬航运合作协定②等4个文件。

二、中日海运合作的新发展

1972年9月，中日邦交正常化之后，中日两国航运界的交往，由原来的民间航运往来，上升为政府间的直接交往。当年11月，日本政府事务当局代表团访华时，提出日本航运界迫切要求在中国港口设立航运代表机构，以及开辟两国间直达定期客班轮航线。日方的要求得到中国有关部门的积极响应。1973年3月，中国外交部、交通部联合行文请示中

---

① 即胡志明市。
② 中柬航运合作协定签订后，为支持柬埔寨发展其民族航运业，中柬双方就组建中柬合营航运公司在金边举行会谈。

央,提出有必要开辟两国间直达定期客班轮航线,中国方面指定中远总公司负责此项工作;待我方在船舶、码头设备等准备就绪后,即可由中远总公司与日本政府指定的民间航运机构商定具体办法。在定期客班轮航线开辟前,可临时安排船只担负客运任务。这一报告很快得到了毛泽东主席和周恩来总理的批准。

1973年6月,以中远总公司张公忱经理为团长的中国远洋运输访日友好代表团一行12人,应日本国际贸易促进协会的邀请,赴日进行了为期1个月的友好访问,日方由知名人士日本国际贸易促进协会会长藤山爱一郎先生担任中央欢迎委员会名誉会长,日本运输省大臣新谷寅太郎会见了代表团部分成员。

代表团在日期间,先后参观访问了东京、横滨、大阪、神户、名古屋等26个港口及修造船厂、轮船公司、学校等,受到了日本海运界的热烈欢迎。代表团回国后,根据在日参观访问的体会,结合国内远洋运输的现状,提出了立即组织班子,研究远洋运输方式向集装箱运输和专业化运输过渡的问题,建议批准中远先开设中日、西欧两条定期班轮航线,并调整和充实远洋运输船队的结构,逐步地、有计划地向大型化、专业化方向过渡。

1974年7月,中日两国政府代表团在日本东京举行了谈判,就签订中日两国海运协定问题进行商谈,同年11月中国外交部副部长韩念龙、日本外务省外务次官东乡文彦,分别代表各自政府,在日本东京签订了《中华人民共和国和日本国海运协定》。根据中日两国政府有关协议精神,1975年8月,中远广州分公司"耀华"轮前往日本,承接日本友好东北信越农民之船访华团和"日本友好神奈川县青年之船"访华团访问中国。1976年8月,中华人民共和国政府海运代表团团长张公忱与日本国政府海运代表团团长中江要介,分别代表两国签署了"中日海运业务换文"。根据换文,中日双方达成互设民间海运办事处的意见。1977年6月,中国民间海运窗口——中国远洋运输总公司和日本国民间海运窗口——日中海运输送协议会,分别在东京和北京成立了办事机构:"中国远洋运输总公司驻东京办事处"和"日中海运输送协议会北京事务所"。海运换文还规定两国民间海运窗口每年定期举行一次业务会谈,协商中日两国民间海运的重要问题。1977年9月,日本海运代表团来华与中远总公司举行了"中日民间海运第一次业务会谈"。1978年11月,中远总公司代表团赴东京参加中日民间海运第二次业务会谈,重点商谈了开设定期班轮航线的问题,并就如何发挥北京和东京两个办事处的作用问题交换了意见。

三、与其他友好国家的海运合作

在发展中日两国海运友好关系的同时,中国与其他友好国家的海运合作关系也在着手进行。1973年1月,交通部于眉副部长率中国政府海运代表团抵达智利首都圣地亚哥,与智方会谈并签订了《中、智海运协定》,其中包括两国国营企业之间的航线协议,这是中国政府与拉丁美洲国家签订的第一个海运协定。同年3月,中国政府与锡兰政府签订了《联合海运航线协议》,指定中国远洋运输公司和锡兰航运公司,本着对等的原则投入船舶,组成中、锡两国联合航线。6月,中远广州分公司投入中、锡联合海运航线的船舶"昌都"轮首航仪式在上海举行。9月,中远总公司代表团前往科伦坡参加联合航线第一届联合委员会会议,双方同意将联合航线延伸到英国和欧洲港口,并就订舱配载、运费等事宜达成协议。

从 1976 年到 1978 年,中国又与一部分国家签订了海运协定。

1976 年 2 月 18 日,中国、荷兰海运协定生效;1976 年 3 月 12 日,中国、阿尔及利亚海运协定生效;1976 年 6 月 17 日,中国、扎伊尔海运协定生效;1976 年 8 月 3 日,中国、罗马尼亚海运协定生效;1977 年 3 月 29 日,中国、联邦德国海运协定生效;1977 年 5 月 1 日,中国、法国海运协定生效;1978 年 5 月 30 日,中国和芬兰共和国政府签署海运协定于 6 月 16 日生效;1978 年 5 月 30 日,中国和阿根廷共和国政府签订海运协定。这些海运协定的签订,对于促进中国远洋运输事业的发展,增进与这些国家友好往来,特别是航运界的往来发挥了积极作用。

同时,中远总公司还直接与外国海运企业进行了合作。1978 年 8 月与罗马尼亚海运公司签订了《关于开辟班轮航线的协议》,决定在上海港、天津港与罗马尼亚的康斯坦察港之间,开辟班轮航线,双方各投入 5 艘 15000 吨级以下的船舶,每月从各自港口各有 1 艘船舶驶往对方港口。

为了增进与各国航运界的交往,更多地了解世界航运情况,中远总公司经国务院批准,于 1973 年 6 月首次派代表以观察员身份出席了联合国在日内瓦召开的"联合国班轮公会行动守则筹备会议",与有关国家的代表进行接触,并在会议上作了简短发言。同年 11 月,中国海运代表团正式出席了在日内瓦举行的联合国班轮公会行动守则会议。中远总公司还派代表参加了在日内瓦召开的联合国国际货物多式联运公约第一期会议。

这一时期,中远总公司参加国际航运界一些会议,为以后参与各种国际组织活动和参加国际会议,了解熟悉情况,增进交流,促进合作,发挥中远在国际航运界的作用,奠定了较好的基础。

合营公司的建立,对打破帝国主义的封锁禁运,促进中国的经济建设等方面均起到一定的作用。在 1956 年以前,当帝国主义对中国进行封锁禁运时,中波公司船舶和由捷代营的船舶为中国运进了橡胶、钢材、石油和机器设备等重要经济建设物资和战略物资。1961 年后,又为中国运进大批粮食和化肥,也运出重要的援外物资。如中波公司船舶运输中国援助也门的筑路材料,捷克国际海运公司船舶运输中国援助古巴物资,中阿公司运输我援助阿尔巴尼亚物资等,由于合营公司船舶在成立初期均悬挂对方国旗,在完成有关运输任务时,对外比较方便。合营公司还积极配合我们进行运价斗争。由于合营公司的运费较资本主义国家的运费低,因此有利于同资本主义国家航运垄断组织及轮船公司进行运价斗争。合营公司的建立,为中国自营远洋船队的建立和发展,打下了良好基础。在中国自营船队开航以前,利用合营公司的方式,发展了一部分船队,为后来自营船队的发展创造了条件。在自营船队建立之时,还利用同波、捷的航运合作,委托他们购船和调船。合营公司也为中国培养了部分远洋船员和干部,学习了一些远洋运输管理经验,为中国发展远洋运输事业提供了有利条件。当然,合营公司的经营,对于双方都是互利的。这些国家通过同中国的航运合作,在扩大他们的政治影响,完成他们的外贸运输任务,特别是培养他们的航运干部和船员等方面,均起到了重要的作用。

第十章
建立党群组织,推进党的建设

远洋船舶是"浮动的国土",船员高度流动分散,远离祖国、独立作战、条件艰苦、环境复杂。无论形势怎么变化,处境如何艰难,道路多么坎坷,中远公司党的建设与发展,都始终做到把握生命线,弘扬主旋律,坚守主阵地,确保"支部建在船上"的传统不动摇,船舶配备政委的制度不改变,船舶思想政治工作"生命线"地位不削弱,使每块"浮动的国土"上都时刻飘扬着鲜艳的五星红旗,确保"COSCO"这艘巨轮始终乘风破浪、时刻保持正确的航向。

1961—1978年,回首这段艰难的历程,从"光华"轮一次次涉险接运难侨,到"眉山"轮全体船员面向国旗庄严宣誓"人在船在,人在旗在",表现出大无畏的英雄气概;从烈士李文尧、吴淦波为保护国家财产献出年轻的生命,到培养一支特别能吃苦、特别能打硬仗的远洋船员队伍;从一个党员就是一个标杆、一面旗帜,到党支部在执行急难险重任务时充分发挥战斗堡垒作用……,中远人以自己的血肉之躯与不朽精神书写的宏大篇章,已载入中华民族远洋运输事业的光辉史册,载入国际航运历史的光辉史册。

第一节 各级党的组织建设

一、船舶党组织的早期建设

中国远洋运输公司党建历史的本源,可追溯到新中国成立之初。

1953年10月8日,国务院批复交通部《关于在中波公司总、分公司内建立政治机构与方针任务的决定》。批文指出,为加强中波海运公司的政治工作,在该公司总、分公司内建立政治机构是必要的,周恩来总理、邓小平副总理批示同意,由交通部组织落实。

1954年8月10日,交通部政治部转发《中共中央关于在交通部门中建立政治工作机构的决定》,《决定》指出,中央和地方交通部门领导的运输企业与工程单位,工作性质复杂,基础薄弱,且分散流动性大,必须加强党的政治工作,加强政治思想领导,以贯彻党的路线、方针、政策与国家的各项政策法令,保证监督运输生产和基本建设计划的制定和完成,更好地为国家经济建设与国防建设服务。

1958年9月,交通部远洋局驻广州办事处成立。1960年6月22日,召开党员代表会议,选举成立了分党委[①]。1962年1月,经中共广东省委员会批准,中远广州分公司分党委改为党委,滕正相任党委书记。

1964年4月1日,中远上海分公司成立。4月4日,经上海海运管理局党委呈报中共交通部党组和中共上海市委批准,成立中共中远上海分公司委员会,隶属中共上海海运管理局委员会领导,宋涛任党委书记。

1965年2月27日,交通部党组决定远洋局(中远公司)在局党委未成立前组成党的领

---

① 中远广州分公司党委后来确认这次代表会议为中远广州分公司第一届党员代表大会。

导小组代行党委职权。6月22日，交通部党组下发《关于在交通部远洋运输局成立党委的通知》，决定在交通部远洋运输局成立党委。远洋运输局党委由张公忱、张致远、叶伯善、臧智、张亚平、周锦文组成；张公忱任书记，张致远、叶伯善任副书记。

二、建立政治工作部门

交通部对在远洋运输企业设立政治机构的问题，一直非常重视。1961年初，交通部党组向中央呈送《关于在交通部直属水运企业建立政治工作部门的报告》，中共中央于1961年7月2日正式作了批复，希望水运企业形成一个效率高、质量好、成本低、有组织、有纪律的运输系统。交通部党组认真贯彻党中央的指示，提出了在交通系统具体实施的意见。要求远洋企业从上到下建立政治工作部门，设立政治部（处）和政工专职人员；明确规定政治机关的基本任务是在党的领导下，对全体职工进行马克思列宁主义和毛泽东思想的教育，提高职工群众的政治思想觉悟和政策思想水平，加强组织性和纪律性，确保党的总路线和各项方针政策在交通部门中贯彻执行，保证生产运输计划的完成。

远洋局（中远公司）深入落实贯彻交通部党组的指示精神，于1961年12月1日，进一步提出具体实施意见，向交通部呈送了《关于远洋系统建立政治机构的请示报告》，获得批准。1962年1月12日，远洋局正式成立政治处。政治处的主要任务是负责远洋船舶的思想政治工作，管理属于局管范围的干部和有关涉外政策方面的问题。

1962年10月，远洋局驻广州办事处成立政治处。8月4日，交通部任命滕正相为政治处主任（兼）。1964年3月11日，交通部同意中远上海分公司设立政治处，4月27日，交通部政治部任命张凯臣为中远上海分公司政治处主任。

随着国内外形势的发展，远洋运输任务的日益繁重，经部批准，远洋局根据工作需要，于1964年5月23日将局政治处改为政治部。

远洋局政治部成立后，对所属企业的政治机构进行了全面调查和研究，提出了适合远洋特点的机构设置和编制意见，使中远系统的政治机构从上到下得到了充实和加强。

1965年6月2日，远洋局党委成立后，在调查研究的基础上对局和下属单位的政治机构又重新进行了调整。将远洋局政治部原来下设的科改为处，并充实了人员。至此，初创时期中远的政治机构得到加强，中远思想政治工作得到进一步改进和提高。

中远公司从上到下设置政治机构和政工人员，是学习中国人民解放军的一项重大措施，较好地解决了中国社会主义远洋运输企业建设中的一个方向性、根本性的问题。中远系统政治机构的建立与充实，对远洋企业坚持正确的政治方向，发扬党的三大作风，加强思想政治工作，促进远洋运输事业的发展，具有重大而深远的意义。

三、实行双重领导

1969年初，受"文化大革命"的干扰，中远公司及其党委被撤销，党组织的建设工作处于停滞状态。1972年，中远总公司重新组建。7月，经交通部党的核心小组研究，批准中远总公司成立临时党委。中远各分公司继续实行以地方党委领导为主的双重领导体制。其基本原则是：党政工作由中远总公司党委与所在地的地方党委双重领导，以地方党委为主。鉴于远洋船队专业性较强，有关干部和船员的调动仍由交通部中远总公司为主。双重领导的具体分工是：地方党委（省、市委）对各远洋运输分公司的思想政治路线教育、政治运动、党团组织建设、纪律检查，在当地的涉外工作、保卫、工会、战备等党政工作，实行统一领导。中远总公司党委除协助地方党委抓好上述工作外，主要负责5项工作：①出国船舶思想政治工作的布置和检查，船舶对外方针、政策、涉外纪律及形势教育；②与有关部门共同处理船舶在国外发生的重大外事问题；③协助制订船舶保卫、保密工作制度，组织检查执行特殊任务船舶的安全保卫工作；④办理各分公司机关科以上干部和船长、政委的任免、调配和出国人员的审查报批工作，以及各分公司之间船员的成批调动工作，对于分公司一级领导干部的任免、调配，应征得地方党委的同意；⑤组织调查研究，总结推广先进经验。各远洋分公司党委必须向所在地的省、市委汇报工作，接受指示。

在健全党组织的工作中，中远各分公司党委先后召开了党员代表大会，选举产生了新的党委会，提出了加强党的组织建设的工作任务。1972年6月，中远上海分公司召开第一次党员代表大会。11月，中远广州分公司召开了第二届党员代表大会。中远天津分公司于1973年12月召开第一届党代会，这些会议，对于加强各分公司党的组织建设和思想建设以及思想政治工作发挥了积极作用。

初创时期，中远党的建设和思想政治工作有4个特点：一是始终重视船舶党组织建设，坚持发挥党支部的战斗堡垒作用；二是始终重视船员职工队伍建设，坚持抓教育，抓管理；三是始终重视政工队伍建设，建设了一支素质较好的政工干部队伍；四是始终把党建和思想政治工作的重点放在船舶，确保党的思想政治工作"生命线"的地位，精心打造船舶一线的战斗堡垒。

第二节 "支部建在船上"

老一辈中远人喜欢回望历史，喜欢阅读和撰写在那艰苦奋斗的岁月里永远挥之不去的中远记忆，而这种记忆每每与岁月的留痕擦出"火花"的时候，都会提起一个闪闪发光的话题："支部建在船上"。

"支部建在船上"是"浮动国土"上的生命线。她与中国共产党和人民解放军的传家宝——"支部建在连上"一脉相承。

一、"支部建在连上"历史回望

1927年9月9日，毛泽东领导的湘东赣西秋收起义爆发，起义部队在开往井冈山的途中，遭遇敌军和地主反动武装的偷袭，部队伤亡惨重，士气低落，原有5000多人的秋收起义部队仅剩不足1000人和48匹战马。面对部队艰难状况，毛泽东决定在上井冈山途中找一个安全的休整地，对部队进行整顿和改编。

9月29日，起义部队来到永新县三湾村。毛泽东主持召开了前委扩大会议，总结了秋收起义的经验教训,分析了部队的思想情况,认为如果不改进部队存在的问题,不加强党对军队的领导,不仅难以适应艰苦的斗争环境,而且无法完成艰巨的革命任务。毛泽东针对部队中存在的各种问题,决定对部队进行改编。此次改编主要推行三项内容:第一,整编部队。把原来的工农革命军第一军第一师缩编为一个团,下辖两个营十个连;第二,支部建在连上。设立党代表制度,班有党员,排有党小组,连设支部,营、团以上设党委,全军由毛泽东领导前委,从而确立了"党指挥枪"的原则;第三,连队建立士兵委员会的民主制度,实行官兵平等、经济公平等。这就是中国共产党和人民军队历史上著名的"三湾改编"。

1927年10月13日,工农革命军第一军第一师第一团进发至酃县(今炎陵县)水口镇。10月15日晚,毛泽东在水口叶家祠亲自主持了陈士榘、赖毅、鄢辉等6名士兵的入党宣誓仪式。当晚,在党员最多的一营二连建立了我军历史上第一个支部,随后,各连也相继建立支部。至此,"三湾改编"的主要内容全部落到了实处。部队有了党的领导核心和基层党组织,连队立刻有了灵魂。随着党员数量的逐渐增多,连里的政治空气逐渐浓厚,各种工作迅速开展起来。

"三湾改编"后,部队面貌焕然一新,改编中确立的建军原则,在整合各路起义部队的过程中得到了有效的坚持,逐步提升了军队和军人的素质,部队的战斗力得到不断的巩固和提升。毛泽东通过一系列首创性革命实践,为建立一支打不垮、拖不烂的红军队伍奠定了坚实的基础。水口建党是"支部建在连上"的首次实践,成为人民军队政治工作史上的一项创举。毛泽东后来在《井冈山的斗争》中对调整军队和党组织结构所起的重要作用作了肯定,他说:"红军之所以艰难奋战而不溃散,支部建在连上是一个重要原因。"经过实践总结,"支部建在连上"逐渐完善,遂纳入1929年底古田会议通过的决议案并形成定制,成为建党建军的基本原则和组织制度。"支部建在连上"历经百年而不变,足以证明这一党的基层组织形式所具有的稳定的适应性和旺盛的生命力。

二、中远船舶的功能定位

中远的发展从一开始就应和着新中国的呼唤,伴随着共和国成长的艰难步履昂首前行。新中国成立之初,西方大国的经济封锁,国内建设的百废待兴,对外交往的迫切需要,强烈地呼唤着中国必须拥有一支强大的远洋船队,来肩负起振兴民族航运事业的重任。这就决定了新中国建立的这支远洋船队不仅仅是一般意义上的商船队,其必须具备自身独有的特点,肩负着极其特殊的使命。

(一)对党忠诚,听党指挥

这是中国远洋运输公司最根本的定位。这一定位寄托了党中央、国务院以及毛泽东、周恩来、陈毅等老一辈革命家的殷切厚望。"对党忠诚,听党指挥",这是中国共产党在领导全国人民进行艰苦卓绝的斗争中形成的坚定政治信念,是被中国革命的实践反复证明了的强大思想武器。"对党忠诚"就是要求这支船队要坚信党的领导,忠诚于党的事业,忠实地学习、宣传、贯彻和执行党的路线、方针、政策。"听党指挥"就是无论执行党和国家赋予多么艰难困苦、急难险重的任务，都坚定不移地做到不讲价钱、不打折扣，保证党和国家的决策部署在新中国的远洋船队落到实处。

（二）服从外交，服务外贸

中国航海协会编写的《中国航海史》（现代航海史）记载："服从于外交，服务于外贸"是当时中国远洋运输事业的基本方针。中国的远洋运输不仅肩负着繁荣社会主义经济的使命，同时还为贯彻中国外交路线和政策，履行应尽的国际主义义务。交通部在一份《战后世界航运的发展简况》的报告中，鲜明地提出了中国远洋运输船队的重要职能："远洋船队在国防和战略上具有深远的意义。"在上报国务院《关于发展中国远洋船队、改进外贸运输工作的意见》中又指出："远洋运输是长期的复杂的斗争任务，既要算经济账，也要算政治账；既要有平时打算，也要有非常时期的准备。"这就要求这支船队执行国家战备、外交和外贸任务，应当属于最基本的常态化任务。自中国远洋运输公司成立之日起，"服从外交，服务外贸"便成为新中国远洋运输船队最根本的方针和宗旨。

（三）独立作战，敢打必胜

初创时期的中远船队所处环境复杂、工作艰苦、涉外性强，无论是完成正常的运输生产还是执行特殊的艰巨任务，基本都是以船舶为一个作战单元，在高度分散的条件下，遇有特殊情况，需要快速启动自适应、自调节、自应对系统，做到招之即来、来之能战、战之必胜，无论在什么极端的条件下都能独立完成各种急难险重及作战任务。这一常态化艰巨任务的完成，离不开叫得响过得硬的领导班子，离不开党在船舶坚强有力的组织领导，这是船舶独立作战，敢打必胜必须具备的组织条件。

（四）应对复杂形势，实行半军事化

新中国成立前后，国民党及其西方反动势力对中国进行残酷封锁，仅1949年8月至1954年10月间，遭到武力拦截、追踪和炮击的中外商船达228艘，其中中国商船被劫持扣留的57艘，被击沉的8艘，被炮击扫射的34艘，遭拦扣洗劫的5艘，遭骚扰追踪的10艘。为了防范敌对势力武装袭扰，保卫国家财产不受损失，中国远洋运输公司所属船舶均在不同时期配备了相应的武器装备。如20世纪60—70年代，一般船舶配备1挺56式或75式14.5mm高射机枪、56式7.62mm机枪2挺、56式冲锋枪4支、56式半自动步枪6—8支、手枪2支。当时远洋船员多由中国人民解放军海、陆、空复转军人组成。1976年，中远公司共选接退伍水兵4695人，船队实行半军事化管理，船上建立了民兵组织，形成了一整套战备指挥系统。一般情况下，船舶航行到公海时，每个星期都要按计划搞一次军事训练，擦拭保养武器，组织实弹打靶等。

三、构筑坚强的战斗堡垒

"支部建在连上"是中国共产党和中国人民解放军政治工作的光荣传统和强大的政治优势。中远公司党委和各分公司党委一致认为，要把新中国的远洋船队建设成一支拖不垮、打不烂的英雄船队，就要坚持和发扬"支部建在船上"的光荣传统和政治优势，通过坚持

不懈地努力,把每一艘船舶都建成"海上战斗堡垒",这是新中国对自己远洋船队的现实要求,也是时代赋予中远公司的神圣使命。

(一)着力建设坚强的领导核心

船舶党支部一般由3—5人组成,党支部成员由党员民主选举产生,政治委员和政治干事由分公司党委派到船上,其是专职的政工干部,均为支部委员候选人。各船公司党委的干部人事部门在配备船舶人员时,注意党员特别是党员干部的搭配;组织部门对船舶支部委员注意考核了解,发现问题及时进行整顿与调整,以确保建立一个坚强的领导核心。

1961年8月,中远船员发展到923人,其中党员295人,占船员人数的32%,共建船舶党支部17个(包括合营船舶)。1963年,中远船员发展到1300多人,党员占船员人数的35%。1965年11月,交通部政治部召开了直属企业组织部(处、科)长、工会主席座谈会,重点讨论了基层单位开展党支部建设问题。会后,远洋局政治部就如何贯彻会议精神又召开了局属有关人员座谈会,并在1965年12月13日下发了《关于组织工作座谈会会议纪要》。《纪要》指出:"不论从当前斗争形势和今后发展需要上来看,把基层建设好都是十分必要的。各单位党委、政治机关和行政领导必须从思想上真正重视起来,纠正'党不管党'的现象,抓好党的全面建设。"各级党委高度重视《纪要》精神在基层的贯彻落实,把加强船舶党支部建设作为抓基层、打基础的重点工作来抓,船舶党支部建设取得明显成效。

(二)注重思想作风建设

初创时期,船舶党支部的建设,十分重视党的思想建设和作风建设。20世纪60年代初,中远广州、上海分公司对党员主要是进行国内外形势教育,组织党员学习党的历史,学习党章、党纲和党的基本知识,结合远洋船舶的特点、任务,进行所到国家有关情况、外事纪律和航行任务的教育。依照远洋船舶的工作规律,开展党的组织活动。在这一时期,中远船队党组织特别强调学习毛泽东著作,树立党的"三大作风",即:理论和实践相结合的作风,和人民群众紧密联系的作风,批评与自我批评的作风;同时强调搞好"三大制度"的建设,即:学习毛泽东著作的制度,联系群众的制度和自我批评的制度。1969年5月8日,中远公司下发了《关于在远洋船舶上开展大学毛主席著作的通知》,广大党员和群众认真学习毛泽东主席的《实践论》《矛盾论》《人的正确思想是从哪里来的》《关于正确处理人民内部矛盾的问题》《为人民服务》《纪念白求恩》《愚公移山》《反对自由主义》《关于纠正党内的错误思想》《中国社会各阶级的分析》等著作。并涌现了一批学习毛泽东著作的先进船舶和先进个人。中远上海分公司船员曹阿斗1966年出席了全国学习毛泽东著作积极分子代表大会。1970年12月在远洋船舶建设经验交流会上,表彰了中远广州分公司的"临潼"轮,中远上海分公司的"东风"轮、"真理"轮,中远天津分公司的"金沙"轮、"海丰"轮等先进船舶;表彰了被广东省树为全省学习毛泽东思想积极分子的船长臧维宏,被广大旅客誉为"人民的老黄牛"的老服务员、全国四届人大代表万腊苟,被评为上海分公司学习毛泽东思想积极分子的船长颜军、服务员吴绍富等先进个人。1977年

4月,《毛泽东选集》第五卷出版发行,为了推动广大船员学深学透毛主席著作,中远总公司党委印发了《毛泽东选集》第五卷学习参考材料,激发了广大船员的政治热情,一个认真学习、深刻领会毛泽东思想的热潮迅速掀起。通过联系实际的深入学习,被"四人帮"搞乱的一些思想、理论、路线问题逐步得到澄清,被"四人帮"破坏的一些优良传统和作风逐步得到恢复和发扬,广大船员建设社会主义的积极性一步步被调动起来,总公司上下出现了一些新的气象。8月17日,中远总公司党委又下发了《关于要求报告学习毛主席著作情况的通知》,各分公司严格按照总公司要求,加强对学习活动的规范和领导,推动学习活动向纵深发展,及时报告广大员工学习情况,总结经验,推广先进,推动了生产经营又好又快发展。

(三)组织开展"五好"活动

初创时期船舶党支部的建设,以开展"五好"为目标的比、学、赶、帮、超竞赛活动为重要内容。根据1964年4月13日《中华人民共和国工业交通政治工作条例(草案)》规定,各级党委要领导职工"开展政治思想好,完成任务好,遵守纪律好,经常学习好,团结互助好的'五好'职工运动,以'五好'为目标,加强基层建设,开展比先进、学先进、赶先进、帮后进的社会主义劳动竞赛"。1964年9月19日,中远上海分公司首次下发《关于深入开展"五好"运动的安排》,根据分公司船舶的技术素质状况,提出大练基本功,要求实现思想、技术、操作、制度、作风"五过硬",涌现出了一大批"五好"集体和"五好"职工。中远广州分公司对开展"五好"活动制定了计划和措施下发船舶。为推进"五好"活动深入开展,交通部政治部于1965年11月召开组织工作座谈会,中远公司及其分公司切实加强了对"五好"活动的组织领导,把"五好"活动作为党建的重要工作,实行"党委统一领导,政治机关牵头,业务部门分工协作,各级领导干部负责组织落实"的原则,并利用各种方法,采取多种途径,广泛、深入地宣传开展"五好"活动的目的、意义,使广大船员统一思想,提高认识,积极主动地投身"五好"活动。中远各公司的机关改进了工作作风和工作方法,在面向船舶、面向船员的认识上有所进步,初步克服了船舶到港后的忙乱现象,较好地为船上解决问题,基本适应船舶当时开展"五好"的需要。

(四)树立船舶先进典型

这一时期,中远公司采取抓试点、抓典型、树榜样等多种形式推进工作落实。中远公司在贯彻《国营工业企业工作条例(草案)》(即"工业七十条")时,以"新华"轮为试点;1964年开展"五好"活动,以"友好"轮为试点;1965年,试行船员定船工作,又以"和平""洪湖"等轮为试点。各项主要工作在试点的基础上取得经验再全面推广。

中远公司注重在不同时期总结和推广不同的先进典型。初创时期总结和推广了中远广州分公司"光华"轮《思想政治工作40条》,"和平"轮抓思想、抓安全、抓涉外、抓竞赛的思想政治工作经验。交通部党组于1965年批转了中远上海分公司《关于开辟中朝、中日航线的总结报告》,公司及时推广了中远上海分公司加强思想政治工作经验。20世纪70年代初,中远广州分公司总结推广了"耀华"轮的经验,中远上海分公司总结推广了"燎原"

轮的经验。中远各分公司由于采取了以点带面，典型开路的方法，有效地、全面地推进了整个船队的建设。

（五）注重总结交流船舶党建经验

中远初创时期的思想政治工作取得了一定的成效，不仅提高了广大船员的政治思想素质，有了坚定正确的政治方向，经受了当时各种严峻考验，保证了运输生产任务的完成，并且初步积累了一整套船舶思想政治工作经验。

加强远洋船舶党支部建设，发挥党支部的战斗堡垒作用是保证船舶各项工作顺利开展并取得成效的组织保证。在1972年11月召开的交通部远洋工作会议上明确提出，"加强党的领导，是多快好省地发展中国远洋运输事业的根本保证""要充分发挥船舶党支部的战斗堡垒作用和党员的先锋模范作用，团结和依靠广大群众，齐心协力做好工作"。

中远总公司在贯彻远洋工作会议精神的过程中，始终强调了加强船舶党支部建设的重要性，并在工作中加以落实，力求实效。1975年10月，中远总公司召开了远洋系统政治工作会议，着重研究了如何加强远洋船队的政治思想建设和基层党组织建设问题，会上介绍了"风庆""前进""金沙""耀华""丰城""长亭"等轮船舶党支部思想建设和组织建设的先进经验。会议对船舶党支部建设提出了六点要求：①要开展党内的思想斗争，抓好船舶党支部一班人的思想革命化；②要坚持民主集中制的原则，坚持党支部领导下的分工负责制，促进班子内部的团结；③领导机关要重点抓好后进党支部的整顿，以思想整顿为主，结合必要的组织调整；④抓好船舶政委队伍建设，要有计划地考核、了解和轮训政工干部，组织他们到工厂、农村进行一些社会调查；⑤要把好提拔干部，特别是提拔部门长以上干部的政治思想关，坚决贯彻"德才兼备"的政策；⑥要积极创造条件，逐步实行船员定船。中远所属各船舶党支部按照上述要求积极开展工作，使广大党员的精神面貌发生了很大的变化。

（六）着力解决班子存在的问题

船舶党支部建设的核心是加强船舶领导班子的建设。中远总公司在重组后的几年里，注重对船舶领导班子的考察，发现存在的主要问题有两个：①由于船队发展较快，而党员的发展工作跟不上，尤其是在主要干部船员中党员数量少，甚至有个别船舶的船长、轮机长、大副、二副、大管轮、二管轮、三管轮和电机员都不是党员，因而使船舶党支部成员中干部船员稀少，影响了党支部作用的发挥。②由于远洋运输业务发展迅速，船长、轮机长、大副和管事等职务提升较快，但其政治思想、技术业务和领导水平一时尚不能适应岗位的要求，其中被选进支部领导班子的党员，由于水平不高，影响了船舶党支部战斗堡垒作用的充分发挥。

总公司党委经过考察分析认为，党支部领导班子"两头小、中间大"是当时存在的突出问题。即比较好的约占20%，较差的也占20%；甚至有的领导班子存在着不同程度"软、懒、散"的问题。针对上述情况，中远总公司和各分公司党委从提高船舶党支部领导班子自身素质入手，并依靠其自身的努力，加强党支部的组织建设和思想建设。1977年4月，中远总公司党委又在远洋运输工作会议上，明确提出了加强船舶党支部领导班子建设的指导方针，即"加强认识，加强领导，坚持条件，搞好调配，轮训提高，严明赏罚"。加强认识，就是认清加强远洋船舶党支部领导班子建设的重要意义，从思想上加强党的建设观念；加强领导，就是党委要加强对船舶党支部班子建设的领导；坚持条件，搞好调配，就是加强考核，按照规定条件，做好干部、部门长以上干部的选拔、调配工作；轮训提高，就是要轮训提高船舶干部，由总公司和分公司分工开办轮训班，组织保卫干部和部门长以上领导干部学习理论，提高思想，交流经验，改进作风，达到提高素质的目的；严明赏罚，就是表扬先进，弘扬正气，严肃纪律。中远总公司党委通过上述五个方面推进船舶党支部领导班子的建设，促进了船舶基层党组织的建设。

（七）积极做好党员发展工作

1965年12月底，中远船员已发展到2105人，其中党员803人，占总人数的38%；而干部船员中的党员较少，在128名驾驶员中仅有党员34人，占总数的26%。1965年，交通部党组为贯彻中央组织部作出的"在坚持高标准的前提下，在1965年和第三个五年计划期间，积极地、较多地接受一些新党员"的决定精神，要求"远洋船上党员的比例应更多些"。为此，中远公司党委从1966年开始，利用3年时间在远洋船员中大力发展新党员。在发展党员的工作中，中远船舶党支部把干部船员列为发展工作的重点，加强培养和教育，坚持实事求是的原则，不搞突击，不降低党员标准，坚持严格审查制度，认真办理入党手续，成熟一个，发展一个，从而保证了发展党员的质量。

第三节 船舶政工队伍建设

中国自营远洋船队组建后，随着国家对外贸易的发展，船舶艘数的不断增加，新航线的不断开辟，加强政工队伍的建设显得越来越重要、越来越突出。由于远洋运输事业独立性、政策性较强，涉外工作较多，船员经常出入资本主义国家港口，当时对敌斗争异常尖锐复杂，为此急需建立一支政治上纯洁可靠、立场坚定，能独立应付复杂环境，身体能适应远洋航海的要求，具有一定文化程度的政工干部队伍，以加强对远洋船舶的思想政治工作，确保外贸和援外运输任务的完成。

一、船舶政委从"幕后"走到"台前"

初创时期，远洋政工队伍的建设，经历了远洋船舶政委从不公开到公开的过程。在中远自营远洋船舶开航初期，为避免敌对国家的无理刁难和减少不必要的麻烦，船舶政治委员对外职称沿用了苏联和波兰的办法，自营船及中阿公司合营船为"船长助理""副船长"，中波公司、捷克公司合营船为"二管事"，政治干事为"事务员"。随着时间的推移，不少外国港口有关人员对中国自营远洋船舶"船长助理"或"副船长""二管事"的实际身份已有察觉，有些不友好国家的人士曾故意提出一些技术问题刁难中远船舶政委。同时，由于政委不公开，处理重大涉外问题时，只能背后指挥，既不及时，又不方便，对工作已有影响，并且这种做法是沿用别的国家的一套船舶管理制度，不适合中国国情。同时，船舶政委开展工作名不正、言不顺，不利于船舶思想政治工作的开展。

1967年9月1日，交通部军管会给国务院呈送了《关于远洋船舶政委对外公开的问题的报告》。9月2日，国务院副总理李先念、李富春当即批复了这个报告，并明确指出远洋船舶应名正言顺、理直气壮地实行政治委员制度。9月15日，交通部军管会下发《关于远洋船舶应坚决实行政治委员制度的命令》，强调远洋船舶要实行政治委员制度，加强政治思想工作。11月9日，交通部军管会再次下发《关于远洋船政治干事与政委同时对外公开及证书签发问题的通知》，提出将船舶政治干事和保卫员，对外均以政治干事的名义，与船舶政治委员同时公开，不再用事务员的名义对外。远洋船舶政委的公开，进一步在远洋船上确立政治委员制度，有利于扩大中国的政治影响，有利于加强对涉外工作和对政治思想工作的领导，从而加强了远洋船队的建设。

二、政工队伍建设迫在眉睫

中远总公司重组后，为了适应外贸运输发展的需要，大量购造船舶，迅速扩大船队。1972—1978年，共计购造船舶391艘。船队的快速发展，需要大批的船舶政工干部。按照当时船舶政工干部编制及政工干部的总量，到1977年尚缺少政工干部809名。因此，尽快解决政工干部的来源，充实船舶政工人员队伍，逐步提高政工干部的自身素质，成为一个十分紧迫的问题。中远各级党委为此投入了大量精力，进行了周密的安排，采取多种措施，及时解决了船舶政工干部奇缺的问题，保证了船舶各项工作的开展和思想政治工作的进行。

（一）请求部队支援

初创时期，从人民解放军中选调优秀人员充实远洋政工队伍，成为中远公司政工干部的一个重要来源。中远公司每一次提出政工干部的需求，都得到了上级部门和中国人民解放军总政治部的大力支持。交通部党组于1963年8月6日，请示中央从海军抽调政治上较强、政策思想水平较高、具有一定政治工作经验，身体好的营、团级政治干部30名，师级政治干部3名，支援远洋运输事业，分别担任船舶政委、分公司政治部主任。交通部党组的报告得到中央的批准，获得圆满解决。这批干部，在远洋政工队伍中发挥了积极的作用，不少人后来担任了中远各单位的领导职务。

1978年11月30日，交通部下发了《关于培养选拔船舶政工干部的通知》，指出根据远洋船队发展的需要，总公司党委决定1979年度培养选配150套接船班子，其中，分配广远58套、上远50套、天远31套、青远8套、中波公司3套。总公司党委要求各分公司党委务必在抓紧船舶技术干部培训的同时，认真抓好政工干部的培训和选拔工作。

党中央、国务院对远洋船队的发展给予了极大的关注。中国人民解放军总政治部为解决远洋船舶政工干部奇缺的问题，给予了大力的支持和帮助，为中远公司从部队中选调了100名干部。其中为中远选调的一部分船舶正副政委是从部队营、团级（职）现职政工干部中选调的，年龄35—40岁，从而在数量和质量上保证了远洋船队发展对船舶政工干部的需要。由于远洋船队发展很快，对船舶政工干部的需要不断增加。1978年9月，中远总公司再一次向交通部呈送了《关于从部队选调远洋船舶政委、副政委工作情况的报告》，提出再选调船舶政委、副政委20名的请求。这一报告再次得到了党中央、国务院的批准和中国人民解放军总政治部的大力支持，使选调政工干部的问题获得了圆满解决。

（二）加强自主培养

中远总公司在请求部队支援政工干部的同时，加大了自主培训力度，在船员和机关干部中选拔优秀分子，通过多种方式培养并提拔为船舶政工干部。主要办法有：从机关内部选调符合条件的干部；从所属单位中挑选一些符合条件的干部；从交通部所属各学院挑选优秀毕业生。将挑选的人员进行专门的短期训练，再派到远洋船上实践锻炼，符合要求者，给予任命。

初创时期的远洋政工队伍的建设，着力于对政工干部的教育培训和严格管理。早在1960年6月9日，远洋局在《关于远洋系统人事工作会议的总结》中就提出各级党委要大力加强干部的培训提拔工作。培训政工干部的工作，各级领导必须亲自动手，做好计划，加强检查和总结经验。1961年4月13日，远洋局发出《关于开办政治轮训班的通知》，指出：为提高远洋系统涉外干部的政策思想水平，以适应业务发展的需要，决定有计划有步骤地对现有干部分期分批组织短期政治轮训。首先轮训领导骨干、船舶政委和直接涉外的工作人员，学习结业后，仍回原单位工作。从此之后，中远公司、中远广州、上海、天津分公司都很重视加强船舶政工队伍的教育培训。一是要求政工干部加强自身建设，认真学习马克思列宁主义、毛泽东思想，学习党的路线、方针、政策，学习技术业务和科学文化知识，认真改造世界观；二是通过送院校培训，举办短期轮训班，召开各种政工会等多种形式加强对政工干部的教育，使政工干部明确认识远洋运输企业思想政治工作的性质、地位、作用和任务，树立做好思想政治工作的光荣感和责任感，专心致志、满怀信心地做好本职工作，同时帮助政工干部提高政治理论水平和实际工作能力；三是要求中远的政工干部注意加强自身建设，勤奋学习，忘我工作，身体力行，不断提高自身素质，在大风大浪中锻炼成长。中远通过这些措施，加强了船舶政工干部队伍的建设。

1973年4月，中远总公司召开的远洋政治工作座谈会上提出，政治工作者也要懂得远洋运输行业的特点与规律；要学政治、学外交、懂业务。会后，各分公司抓紧了对船舶政委的培训。尤其是从1976年开始，各分公司又加大对政工干部培训的力度，采取举办政委学习班，召开政工会和轮训政工干部等措施，不断提高政工干部的素质，涌现出一批优秀政工人员，为这一时期的远洋运输事业的建设贡献了自己的力量。据统计，仅1976年、1977年就从普通船员中提拔船舶保卫干部460多名。这些被提拔的政工干部对远洋运输生产和船舶情况熟悉，有利于工作的开展。在初创时期，中远船舶涌现了一大批优秀的船舶政工干部，为新中国远洋运输事业的发展作出了贡献，为以后的政工干部队伍树立了榜样。

(三)政工队伍规范化建设

在初步解决了远洋船舶政工干部缺乏的问题后,中远公司着力抓了政工队伍的规范化、制度化建设。在认真总结中远船舶思想政治工作经验的基础上,根据远洋发展对政委的要求,总公司党委拟定了《远洋船舶政治委员工作制度》,经广泛征求意见,反复修改,于1975年12月19日,正式颁发《远洋船舶政治委员工作条例》,主要内容有:①为了保证中国共产党的路线、方针、政策和国家法律、法令在远洋船队中贯彻执行,在远洋船上实行政治委员制度,设立政治委员。政委必须是具有高度政治觉悟,忠于祖国和共产主义事业,忠实地贯彻执行党的路线、方针和政策,并具有一定政治工作经验和一般的远洋运输业务知识的中国共产党党员;②政治委员和船长同为船舶领导人,在党支部委员会的统一领导下,对船舶工作共同负责;③政治委员必须以马列主义、毛泽东思想为指针,以主要精力抓大事,抓思想政治工作,不断地提高船员的思想觉悟;④政治委员必须认真读书学习,弄通马克思主义理论,联系实际,严于解剖自己,自觉改造世界观,不断提高共产主义觉悟,做群众的表率。

《远洋船舶政治委员工作条例》的制定和执行,进一步健全了远洋船舶思想政治工作制度,使政委工作有所遵循,得到了船舶政委及广大干部、船员群众的支持,有力地加强了远洋船舶的思想政治工作。

三、丰富多彩的宣传思想工作

(一)宣传贯彻党的路线方针政策

初创时期的思想政治工作,首先是认真贯彻落实各个时期党的路线、方针、政策,如1961年贯彻落实国民经济"调整、巩固、充实、提高"的八字方针、《国营工业企业工作条例(草案)》(即"工业七十条"),1964年,开展船岸社会主义教育等。

这一时期,中远船舶思想政治工作的根本任务是教育、动员、组织、调动船员的积极性、创造性,提高船员的政治、技术业务水平,搞好船舶安全运输生产,努力完成运输生产任务,为企业多创效益。

这一时期的思想政治工作,最主要、最经常的是针对当时船队发展快、援外任务重、接船多、开辟新航线多、首航多、船舶新抵达的国家和地区港口多、承担特殊运输任务多、船舶修理多等特点,密切联系船舶和船员思想实际,紧紧围绕安全运输生产来进行。1967年,远洋局还专门提出了国外接新船和首航的政治思想工作要求。

(二)结合安全生产开展思想政治工作

安全生产是远洋运输企业和远洋船舶工作中的重点,安全教育是远洋思想政治工作的主题。由于远洋运输船队发展较快,对船员的业务技术培训以及经常性的安全生产教育工作滞后,致使少数船舶的安全情况不好,事故时有发生,有的事故性质还相当严重。据统计,1973年上半年中远各分公司共发生海损事故27起,机损事故21起,人身伤亡事故3起,死亡2人,重残1人。如是年4月,"岳阳"轮在日本大隅海峡撞沉日本"正福丸"货轮,造成该轮1名船员死亡的严重事故。5月,中阿公司"国际"轮在马六甲海峡与利比里亚"神皇"号油船严重碰撞的事故,均给中远造成经济损失和对外的不良影响。两轮发生事故的主要原因,都是没有把运输生产安全放到船舶各项工作的首位,船舶领导缺乏对安全生产工作重要性的认识,思想上存在骄傲自满、松懈麻痹,船舶思想工作薄弱,组织纪律性不强,规章制度不认真执行。

针对中远船舶安全生产中存在的问题,中远总公司强调提出要加强运输生产过程中的政治思想领导,党委要有专人分管安全生产工作,定期研究部署安全工作。中远各分公司根据总公司提出的要求,进一步加强了安全生产的政治思想教育。一些船舶结合本船的实际,研究船舶在特殊环境下的安全生产措施。如中远天津分公司坚持船舶到离港的三会制度,即支部委员会(或扩大会)、全体船员会、部门小组会,在会上布置和总结生产安全工作。使广大船员特别是船舶领导进一步认识到远洋船舶肩负着国家外贸和援外运输任务的重任,船舶运输安全与否,关系到国家财产和船员生命的安全,关系到国家的政治声誉,搞好船舶的生产安全是广大船员义不容辞的责任。各分公司在进行安全生产的思想政治工作中,还特别注意抓了船舶的组织纪律教育,加强广大船员的组织纪律观念,严格执行规章制度,遵守操作规程,提高了广大船员搞好安全生产的自觉性。1974年,中远总公司推广了中远广州分公司"耀华"轮、上海分公司"燎原"轮、天津分公司"金沙"轮安全生产的经验。

中远船舶从思想教育入手,教育船员牢固地树立"安全质量第一"的思想,提高船员的政治责任心,防止和克服松懈麻痹情绪,预防各种事故的发生。中远船舶党支部把思想政治工作贯穿于船舶安全运输生产的全过程,及时发现和解决运输生产中的思想问题,使船员保持稳定的情绪和饱满的政治热情、革命干劲,组织和发动船员练思想,练作风,练技术,认真执行各项规章制度、操作规程,保证安全优质地完成运输生产任务。

(三)针对船舶实际加强思想政治教育

①形势任务教育。针对接船、援外、开辟新航线等任务,进行远洋运输发展形势、国内外形势和时事政治教育,反复说明船舶执行任务的重要意义和要求,使船员认清形势,明确任务,满怀信心,确保各项任务的顺利完成;②艰苦奋斗教育。针对中远创建时船舶设备老、条件差、工作劳累、生活艰苦、敌情复杂等特点,中远公司下发了《在远洋船舶进行艰苦奋斗传统教育的通知》,各轮把艰苦奋斗的传统教育和学习解放军、学习大庆人、学习杨怀远结合起来,培养船员爱船如家、忠于职守、不怕困难、不畏艰险的革命精神;③涉外纪律和反腐蚀教育。针对远洋船舶涉外性强,船员经常进出资本主义国家港口易受腐蚀的特点,一方面普遍采取新旧社会回忆对比,忆苦思甜等方法对船员进行社会主义制度优越性的教育,引导船员正确认识、正确对待中国与资本主义发达国家在文化科学、人民生活等方面的差距。另一方面加强纪律教育,坚持执行中远公司1961年制定的《三大纪律、十项注意》。

(四)加强船员培训中的思想政治工作

为使众多的船员尽快掌握船舶新技术,中远总公司在加紧院校建设的同时,加强船员培训中的思想政治工作。1973年4月，中远公司党委在全系统政治工作座谈会上进一步提出，必须加强培训工作中的政治思想教育，培训出一批又红又专的船员，以适应远洋船队加速发展的需要。1974年，中远总公司和各分公司加大了培训工作中思想教育的力度，开展多方面的思想教育活动，进一步统一船舶领导的思想，克服在部分船舶领导中强调"工作忙，没时间，没教员，不好培训"的消极情绪，积极主动地开展培训工作。教育船员认清培训船员对加速发展远洋船队的重大意义，正确对待革命利益和个人利益的关系，克服怕苦怕累、怕负责任和学不学无所谓的错误思想，提高学习业务技术的自觉性、积极性和创造性。

由于中远各级党委重视了船员培训中的思想政治工作，有针对性地开展了思想教育，从而使中远的船员培训工作取得了明显的成效，涌现出一批优秀船员和培训工作先进船舶。1974年3月，在中远总公司召开的培训工作会议上，"许昌""海门""德都""丰城""东风"轮等，分别介绍了培训工作的经验。据统计，广州分公司仅1975年就培训新船员3000人，通过培训提升各级技术干部船员2000人次；1974—1976年，天津分公司通过培训，提拔干部船员1427人次，其中从工人船员中提拔的干部船员913人次，满足了该公司新增船舶对船员的需要。1976年，中远共培训新船员8235人，提拔干部船员1843人。

（五）搞好远洋船舶涉外涉台工作

远洋船舶航行于世界各国和地区，涉外工作的好坏，直接关系到国家的声誉，对提高中国外贸信誉，促进与各国航运界的业务往来，增进相互了解和友谊，起着重要作用。

中远总公司和各分公司党委对这一工作给予了高度重视，国家主管部门给予了大力的支持和帮助。总公司和分公司均成立了外事工作领导小组，建立了外事工作机构，配备了专职人员。船舶涉外工作由总公司和各分公司政治部主管，具体工作由宣传处（科）负责。20世纪70年代，船舶外事工作的主要任务是：及时向船舶传达中央对外方针、政策及国内外重大事件的对外宣传口径；介绍航行国家和地区的政治、经济形势及该国民族习惯；介绍所到国和地区港口当局的有关规定，明确船舶应注意的事项；根据有关部门提供的情况，安排部署船舶外事工作，交流船舶涉外工作经验，通报有关涉外案例；与有关部门共同调查处理重大的船舶涉外事件。同时，船舶的外事工作还包括中远船员在境外港口及各外轮代理公司在国内港口，接待台湾地区和苏联船员来访等工作。

这个时期，中远的船舶涉外工作已形成了机构较健全，工作较为规范的船舶涉外工作网络。总公司和各分公司均开办了"外事简报"，制订外事工作规章制度。自1963年以来，中远公司根据中央有关规定，先后制定了一系列的涉外工作规定，下发各分公司及船舶执行。1976年，中远总公司政治部又根据国内外形势的发展变化，对原有规定进行了研究和修订，将历年来27个主要的涉外文件汇集成《远洋船舶涉外工作文件汇编》，于9月印发所属公司。

为了提高船舶政委的思想政策水平和对外工作能力，总公司政治部还汇集了历年船舶外事工作近30个事例，于1977年3月以《远洋船舶外事工作事例汇编》印发中远各分公司,供船舶政委学习参考。总公司政治部还根据中央有关的对外方针、政策及宣传口径,摘编了《涉外人员手册》,以指导各分公司及船舶外事工作的开展。

在上级主管部门及中国驻外使领馆的指导与帮助下,中远广大干部和船员职工认真贯彻党和国家的对外方针政策以及企业本身制定的有关涉外工作规定,船舶外事工作做得比较好,顺利地完成了各项涉外工作任务。

(六)关心船员生活,做好家属工作

中远公司把做好船员家属工作作为船舶思想政治工作的重要组成部分,公司组建伊始就紧紧抓住不放,工作越抓越深入。1962年1月,中远广州分公司工会和政治处组成工作组,赴上海访问了在沪的远洋船员家庭共210户,占在沪船员234户的90%。对中远广州分公司的做法,远洋局政治处于1963年4月10日在《情况简报》第17期,对广州分公司的做法与经验给予了肯定,指出,远洋船员家属工作是远洋船舶政治工作不可缺少的组成部分,做好船员家属工作,就等于船舶政治工作做好了一半。此后,中远总公司把做好船员家属工作作为开展政治思想工作的一个制度,一直坚持不懈地开展。

1963年9月27日,远洋局从关心船员和船员家属出发,颁发了《远洋船员在国外港口收寄家信试行办法》,解决了船员与家庭通信的困难,船员和家属在来往信件中自觉遵守保密的规定。

1964年,中远上海分公司在组织船舶开辟中朝、中日航线时,为了解除船员的后顾之忧,组织专人进行家访或邀请船员家属上船参观,加强对船员家属的思想教育并帮助其解决一些实际困难,使船员家属增强了光荣感和责任心。很多船员家属不仅感激党和国家,并且帮助公司做好船员的思想工作,不少船员因受到家属的帮助和鼓励,坚定了首航的信心,发挥了更大的工作干劲,坚定了为航运事业做贡献信心。

(七)结合国内外形势加强安全保卫工作

20世纪60—70年代,中国面临着复杂的国内外形势,国内外敌对势力对新中国虎视眈眈,远洋船舶的安全保卫工作尤为重要。中远船舶把做好安全保卫工作作为思想政治工作的重要组成部分,列为船舶党支部的重要议事日程,坚持做到了常抓不懈。

为预防敌对势力的破坏活动和防止海盗事件的发生,中远船舶配备了一定的自卫武器,船上还定期进行战备应变和实弹演习。中远船舶在国内外港口靠泊时,加强梯口值班,夜间组织护船班。船靠港后,船舶领导轮流值班。对船舶要害部位(电台、机舱、驾驶台及装有重要物资的舱室)加强巡逻检查。装卸货期间,注意船货安全。同时,船舶每到港口前,都要开展防盗窃、防爆炸、防事故等教育。在国外港口,为保证人员安全,规定以3人为一个小组下地。

1972年,中远船舶认真贯彻执行了交通部对船舶安全保卫工作的规定,实行离港三查:查船员是否到齐,查可疑物品,查可能藏人、藏物部位,仔细做好预防爆炸、防偷渡等事故的发生,坚持在船舶开航前消除一切隐患。中远船舶在初创时期由于高度重视安全保卫工作,认真落实各项防范措施,确保了船舶安全。

第四节 开展工业学大庆群众运动

中远总公司自重新组建之后，即按照毛泽东主席关于工业企业走大庆道路的指示精神，广泛开展了工业学大庆的群众运动。各公司成立了工业学大庆办公室，从机关到船舶，纷纷制定学大庆措施，把"工业学大庆，建设大庆式企业"活动推向了一个新阶段。

一、加强对工业学大庆的指导

1973年，中远总公司党委提出，各分公司党委要加强对工业学大庆群众运动的领导，在当地党委统一部署下，结合实际，抓住根本，制定规划，培养典型，总结推广先进经验，把学大庆的群众运动不断引向深入。1975年5月，中远总公司下发《关于继续深入开展工业学大庆运动的通知》，提出了在远洋系统开展工业学大庆的基本目标和要求：逐步把中远船队建设成为大庆式的企业，把远洋职工队伍建设成为"铁人"式的队伍，把远洋各级领导班子建设成为团结战斗的指挥部。并提出加强领导、抓好典型、总结经验、找出差距、表扬先进、鼓舞斗志的要求。中远广大船员、职工通过广泛开展工业学大庆群众运动，获得了可喜的成绩，促进了远洋运输生产的发展。1973年，完成货运量1269.1万吨，货物周转量679亿吨海里，分别为计划的105.8%和102.9%。1974年，完成货运量1740万吨，比1973年增加37%。到1975年，中远涌现了一批学大庆的先进集体和先进个人。

"文化大革命"结束后，中远工业学大庆运动的开展更加广泛、深入。1977年1月，中共中央发出《关于召开全国工业学大庆会议的通知》，并公布了大庆式企业的标准。同年4月，中远总公司在远洋运输工作会议上，提出中远学大庆目标，到1980年，远洋运输部门要保证有50%以上的企业建成大庆式企业。要求中远上海分公司在1978年前建成大庆式企业。各远洋运输分公司必须有50%以上的船舶成为大庆式船舶，各合营公司配备中国船员的船舶同样要努力建成大庆式的船舶。为帮助中远各单位尽快建成大庆式企业，中远总公司先后派出学大庆工作组到各分公司协助工作。

二、开展学大庆活动竞赛

中远广州分公司首先充实了工业学大庆办公室的力量，下发了开展社会主义劳动竞赛的实施方案，掀起了评思想、比贡献、选模范、树标兵的竞赛高潮。中远上海分公司召开了工业学大庆会议，提出了1977—1978年建成大庆式企业的奋斗目标，并制定了具体规划，下发了《关于开展社会主义劳动竞赛的意见》。中远天津分公司以整风的方法，揭矛盾、找差距、挖根源，找本公司与大庆的差距，并向各分公司发出社会主义劳动竞赛书，提出赛思想、赛干劲、赛团结协作、赛企业管理、赛基层建设。中远天津分公司的挑战，得到了中远广州、上海、青岛分公司的积极响应，一个你追我赶的社会主义劳动竞赛活动在中远船队中迅速开展,先后涌现出一大批学大庆的先进集体和个人。为了进一步推动竞赛和评比活动,1977年8月,中远总公司党委下发了《认真学习"丰城""耀华""金湖"轮先进事迹,积极开展工业学大庆运动的通知》。10月,又下发了《大庆式船舶标准》和《关于认真做好大庆式企业(船舶)检查评比和验收工作的通知》。1978年,中远总公司学大庆运动逐步走向深入,各分公司均密切联系运输生产、安全管理等业务工作开展形式多样的学习活动,取得了新的成效,又涌现出一批学大庆的先进船舶、先进集体和先进个人。中远总公司开展学大庆和劳动竞赛以及评先进活动的深入开展,极大地调动了广大船员职工的革命热情和社会主义积极性,促进了企业管理工作的改善和增产节约运动的开展,有力地推动了生产力的提高。

三、评选学大庆活动先进集体和个人

在学大庆活动中涌现出的先进集体和先进个人:中远广州分公司"耀华""许昌""福海""建华"轮等19艘船舶被评为学大庆先进集体;中远天津分公司"金湖""海门""金沙""大名"轮等30艘船舶被评为学大庆先进船舶,有116个部门和207名船员被评为先进生产者,其中有7名船员被评为标兵式人物;中远上海分公司有5个单位和集体被评为学大庆先进单位和集体,85个部门被评为先进小组,296名船员职工被评为先进个人,"风庆""风光""丰城""玉泉"轮等船舶被评为学大庆先进船舶。

中远广州分公司"耀华""济宁""许昌"等轮,在工业学大庆的精神鼓舞下,带头试用国产燃料油,并积极推广"以重代轻"的经验,使公司较早地扭转了远洋船舶主要使用高质燃料油的局面。仅此一项,1976年,就为国家节约燃油费170万元。

中远"工业学大庆"的群众活动,有力地推动了船舶增产节约活动的开展,并取得了良好的效果。中远上海分公司的船舶通过扩大自修,1976年,仅"红旗"轮就为国家节约修船费24万元。中远天津分公司"金湖""玉湖""长湖""银湖"4艘油船的船员,自己动手清洗油舱、挖油脚,1976年、1977年两年就为国家节约清舱费68万元。同时,中远广大船员职工为减少货损货差,节约外汇支出,加速船舶周转,坚持自己绑扎大件货物,据不完全统计,1976年,中远广州、上海、天津分公司的船员绑扎各种车辆和成套设备达9239台(件),仅此一项,3个分公司共为国家节约大件绑扎费近150万元。

第五节 企业党建工作在曲折中发展

1966年开始的"文化大革命"是一场浩劫,给刚刚起步的中国远洋运输事业带来了强烈的冲击,这种冲击所产生的负面影响是无法估量的。

一、"文化大革命"对经营秩序的冲击

"文化大革命"初期,领导体制遭受重创。在社会上"打倒一切""踢开党委闹革命"

等无政府主义思潮影响下,中远的一些群众组织进行了"夺权",对一些单位的领导工作进行干预,使一些领导干部受到冲击,"靠边站",挨批挨斗。由此中远系统的党政领导工作受到严重影响,机关业务工作受到干扰,仅能勉强运转;中远公司所属的少数船舶也成立了群众组织,派代表进驻分公司机关。1967年3月,中远广州分公司实行军事管制,成立军管小组及临时生产指挥部。1967年4月7日,中远上海分公司成立生产第一线指挥部,组织领导全公司的运输生产工作。

组织机构重大调整严重影响生产任务的完成。1968年春,全国各地的群众组织纷纷进行大联合,各省、市纷纷成立革命委员会。在这种形势下,2月28日,中远广州分公司革命委员会成立,2月29日,中远上海分公司革命委员会成立。中远广州、上海分公司的党政领导系统由革命委员会代替。1969年1月1日,交通部各司局被撤销,合并成为几个大组,中远公司、外代公司与水运局、港务监督局、船舶检验局等单位合并为运输组。1969年1月1日,中远广州分公司与广州海运局、广东省航运厅合并组成华南水运公司革命委员会。华南水运公司由于机构过于庞大,既管远洋,又管沿海、内河,从国营万吨大船一直管到合营小舢板,难以统一指挥,更无法领导和组织远洋运输。华南水运公司仅存在13个月,于1970年2月20日由广东省革命委员会下令撤销,恢复中远广州分公司建制。2月重新成立中远广州分公司革命委员会,继续实行军事管制。1970年6月2日中共中央决定,将铁道部、交通部和邮电部(邮政部分)合并组成新交通部,并对机构进行了调整。交通部的海运管理机构大部分被撤销与合并。远洋局(中国远洋运输公司)对内对外均被撤销,外代公司对外虽保留了名义,但只留下1个人工作,其余人员均被下放五七干校。中远广州分公司机关干部大部分下放,只有42人留守,严重影响了正常的生产经营管理。中远公司、外代公司等"全归交通部内部的水运口管辖。这个水运口形同虚设,很难行使指挥和管理全国海运、河运的职能"。

"文化大革命"造成远洋运输生产秩序的混乱。"文化大革命"初期,各地展开武斗,特别是黄埔、湛江、大连、天津、营口等港口发生武斗,曾使船舶无法靠港进行装卸作业,船期毫无保证。有的远洋船舶上的自卫武器被夺走。在极左思潮的干扰和影响下,中远公司、中远广州分公司组织机构曾一度被打乱和取消,既违背经济发展规律,又脱离远洋运输生产实际,严重削弱了远洋运输的建设和发展。中远组织机构反复折腾,大伤元气,各种资料散失,企业财产损失严重。机关大批人员下放,各项规章制度受到严重破坏,船舶调度指挥系统被打乱,致使远洋运输业务无法正常进行。数百名远洋船员(其中不少是船长、轮机长)和业务骨干遭受政治迫害,被以"不适合涉外单位要求和不符合上远洋船条件"为由调离远洋运输系统,严重削弱了船队建设的力量。中国自营远洋船舶的保险从1969年1月1日起被迫停保3年之久,使国家财产和船员生命失去应有的保障。南京远洋海员学校于1970年被迫停办,改办船舶配件修理厂,教学培训中断3年,延误了远洋船员的培养。个别船舶受极左思潮的影响,在意大利、英国港口停泊期间,因坚持挂语录牌的极左行动,引发了与意大利、英国港口当局的外交纠纷,虽未扩大事态,但对外造成了不良影响。贷款买船本是发展远洋企业和自营远洋运输船队的优选战略,这已被实践反复证明是无比正确的,却被作为"反革命修正主义路线"批判,一度被迫中止。

二、老一辈革命家对远洋运输事业的保护

（一）采取非常举措取得一定成效

1972年6月，中远广州分公司军事管制结束。根据全国交通工作会议关于调整机构的精神，撤销办事组、政工组、生产组，实行新编制，重新组建中远广州分公司党委，公司党政工作归广东省交通战线领导。1970年3月16日上海市委组织部批准中远上海分公司党委改称为党的核心小组，撤销政治部各科室，均改称为"组"，1971年6月20日恢复党委。1972年6月14日中远天津分公司革命委员会成立。

"文化大革命"期间，周恩来总理等老一辈无产阶级革命家对"四人帮"的干扰破坏进行了坚决的斗争，对远洋运输采取了许多重要的保护措施。中国航海协会编写的《中国航海史》（现代航海史）指出："1967年5月，周恩来总理又提出，铁路和轮船关系到全国交通命脉，决不能中断，并决定将沿海、内河的航运交海军军管包干。1967年10月，他又发出了'联合起来，保护海港运输'的号召，命令军管会对营运的船舶采取必要措施加以保护，并检查船舶的靠泊和装卸，"从而保证了远洋运输生产没有中断。

正是由于周恩来总理等老一辈无产阶级革命家对远洋运输的极力保护，广大船员、职工对"四人帮"的倒行逆施进行了抵制，发扬了艰苦创业的精神，付出极大的代价，使"文化大革命"对远洋运输事业造成的危害减少到最低限度，并使中国远洋运输事业在某些方面有所发展。如开辟新的国际航线，全线贯通南北航线，新的运力有所增加，外贸及援外运输任务完成出色等等。

（二）各级竭尽全力维护生产秩序

为了保证远洋运输生产的正常进行，1967年3月6日，中央作出船舶一律不要搞夺权的决定。4月3日，交通部党组向国务院呈送《关于远洋船舶文化大革命问题的请示》。5月10日，国务院、中央军委发出《关于远洋船舶如何进行文化大革命的补充规定》。《补充规定》明确指出：远洋船舶在国外航行或国内外港口停泊装卸时，只正面进行"文化大革命"的教育，不搞"四大"（即大鸣、大放、大字报、大辩论）。1967年5月13日，远洋局召开党委（扩大）会，研究深入贯彻国务院、中央军委《补充规定》，提出了7条意见，并派出工作组赴中远广州分公司协助军管小组和分公司研究贯彻落实措施。中远上海分公司于6月9日向交通部军管会请示如何贯彻国务院、中央军委《补充规定》。7月15日，交通部军管会批复指出：远洋船舶一定要坚持正面教育，不搞"四大"，不成立各种文化革命战斗组织，正常开展党团组织活动，船舶在分公司领导下，由船舶党支部组织实施船舶的正面教育。

（三）船舶受到层层保护

各级领导部门对船舶开展"文化大革命"的明确指示要求，稳定了船舶生产经营形势，确保了船上的民兵组织和战备指挥系统运行正常，在船舶党支部的领导下，积极进

行正面教育，正常开展党团活动。因此，船舶党的建设从未停止，党组织的活动从没有间断，大多数船舶党支部发挥了战斗堡垒作用，广大党员发挥了先锋模范作用。中远广大干部和船员职工自觉地贯彻执行国务院、中央军委《补充规定》，坚持正面教育，不开展"四大"，不搞串联，个别船舶成立的群众组织很快主动自行解散。在发生武斗的一段时间里，虽然交通瘫痪，执行公司上船命令异常艰难。但是，广大船员不怕困难和危险，从全国各地奔赴港口上船，保证船舶按时开航。在一段时间内，虽然因武斗影响，许多船员与家属失掉联系，信息不通，但船员们仍然以大局为重，排除干扰，战胜困难，坚守岗位，完成任务。

（四）联系实际肃清"四人帮"的影响

1976年10月，"四人帮"被粉碎后，中远总公司和各分公司根据中共中央指示精神，紧密联系公司实际，深入揭发批判"四人帮"。广州分公司"耀华""玉林""柳林""常熟"等轮的船员，认真领会党中央有关文件精神实质，着重批判"四人帮"破坏远洋运输事业发展的罪行；上海分公司"风庆""风光"等轮船员，批判"四人帮"制造"风庆轮事件"的罪行；天津分公司在"长亭""乐亭""海丰""金沙"轮试点的基础上，深入发动船员职工揭发批判"四人帮"篡党夺权的罪行。

通过揭批"四人帮"运动，极大地肃清了"四人帮"在远洋运输企业的流毒和影响，加强了中远各级党组织的建设和思想政治工作。

"利莫大于治，害莫大于乱。"中远的初创时期是在十分复杂和特殊的国内外环境中走过的一段艰难而曲折的道路。在粉碎"四人帮"前，尽管处于"文化大革命"的动乱时期，但在老一辈无产阶级革命家的亲切关怀和积极支持下，中远广大干部、船员职工在实际工作中以不同方式对来自"文化大革命"的干扰进行了抵制和斗争，发扬艰苦创业精神，克服困难，始终坚持了远洋运输生产和各项业务的开展。特别是这一时期，中远公司坚定地贯彻执行周恩来总理的重要指示，坚持买、造并举发展中国远洋运输船队的方针，以最快的速度增强了国家的海运实力，到1978年，中远公司发展成为拥有510艘船舶、4.45万名职工的大型远洋运输企业，基本上改变了主要依靠租用外轮进行外贸运输的历史，引起世界航运界的普遍关注，也为企业走向成熟，为中国远洋运输事业的进一步开拓奠定了良好的基础。

第六节　中远文化的早期实践

一、中远名称的演变

1961年4月27日，经国务院外办批准，中国自营船队挂国旗开航，并在北京设立"中国远洋运输公司"，在广州设立"中国远洋运输公司广州分公司"，经营管理中国远洋运输业务。

公司在北京地址：北京北兵马司 1 号，电报挂号：COSCO，PEKING

1961 年 6 月 3 日，交通部向国务院编委会递交备案报告称：需要成立中国远洋运输公司的问题……已经陈毅副总理、廖承志副主任批准同意……暂与我部远洋运输局合并办公①。

1965 年 8 月 23 日，交通部远洋运输局通知远洋局驻广州办事处："经请示部决定：即日起，将香港招商局改由我局直接领导。"

"文化大革命"期间的 1967 年 6 月—1970 年 6 月，是交通部实行军事管制时期，中央派驻军管小组实行领导。1970 年 6 月，交通部、铁道部和邮电部合并成交通部，将远洋运输局（对外称中国远洋运输公司，也是中国外轮代理总公司）与水运局、港务监督局、船舶检验局合并，成立水运组，统一管理沿海、内河和远洋运输业务。

1972 年 2 月 22 日，交通部向国务院呈送拟重新组建中国远洋运输总公司的报告，总部仍设在北京，作为部直属企业单位，编制 100 人。同时亦作为中国外轮代理总公司。广州、上海、天津远洋运输分公司和对外开放港口的外代分公司的业务由中国远洋运输总公司统一领导和管理。

1974 年 9 月 25 日，交通部发出《关于恢复远洋运输局的通知》，从 1974 年 10 月 1 日起恢复远洋运输局。为便于工作，远洋局一个机构 3 个牌子，即：远洋运输局、中国远洋运输总公司、中国外轮代理总公司。远洋运输局具有行政和企业双重领导性质（编者注）②。

二、中远标志的变迁③

作为企业识别系统的主要要素，企业标志的重要性不言而喻。好的标志不仅能准确表达企业的经营范围、价值观等特点，还能对内凝聚人心，对外提升企业形象，给人带来审美上的愉悦。现在的中远标志就是一个广受认同和好评的企业标志。

1961 年 4 月 27 日，中国远洋运输公司及广州分公司成立后，为了对外识别和宣传的需要，制定了一个公司标志。这个标志是公司自己的同志设计的。以中远两个简体汉字拼成一艘船的图样。

1960 年 8 月 3 日，交通部办公厅为中国远洋运输公司标志征求意见：

"中央工商行政管理局：

我部所属中国远洋运输公司即将成立，有关船员和旅客用品如餐具、卧具等，需印刷标志以资识别和便于管理，经征求多种设计，现已确定一种式样（附后）特征求你局意见希迅予见复为荷。"

---

① ①中远名称是经国务院外办和国务院领导批准；②中远和交通部远洋局合并办公。
② ①远洋局（中远）除经营管理运输业务外，还负责管理香港招商局、国际海运会议、政府间海运协定及联合航线协议等；②约在 1985 年国家推行政企分开，远洋局撤销，中远以上相关职能交给交通部新设立的海运局和相关部门。
③ 具体演变及图样见附录。

从20世纪80年代初开始,为了适应对外业务和宣传需要,逐步使用带有COSCO的图标。

三、中远船名的确定

船名和人名类同,是识别身份的符号,但具有排他性,同时带有船舶的国籍、注册地、类别、技术规范、呼号等重要识别信息资料。

根据国家船舶登记条例规定,一艘船舶只准使用一个名称。船舶名称不得与核定在先的船舶重名或者同音。船舶名称经船舶登记机关核定后方可使用。船舶名称包括中文名称和英文名称。中文名称由2个及2个以上规范汉字或者2个及2个以上规范汉字后加阿拉伯数字组成,船舶名称字符数最多不超过14个,英文名称为中文名称中规范汉字的汉语拼音或者中文名称中规范汉字的汉语拼音后加阿拉伯数字组成。

随着中国航运事业的发展,船舶数量日益增多,为了改进沿海大型轮船编号命名的方法和防止船舶名称的重复,交通部海河总局曾提出船舶命名的初步方案,对于船舶命名范围,作如下规定:远洋货轮的名称采用附有政治意义和体现中国社会主义建设特点的词汇命名,如:"东风""跃进"等,《交通部关于船舶命名的规定》(海督〔59〕050号)。

1959年,中远在筹建船队时,曾考虑过使用中国的地理名词,经与海军司令部联系多次,由于中国地理名词多数已为海军舰艇所采用,又曾设想改用古今名人命名,但又考虑选择必须慎重,而且不好定论,于是确定采用既富有政治意义,又能体现社会主义国家特点的词汇,如"星火""燎原"等。

中国自营远洋客货轮的命名拟采用"华"字,在"华"字前面再加一个有意义的字,如"光华""新华""耀华"等(后一直在采用)。中远船队组建初期,船名均带有政治含义,如:"和平""友谊""星火""辽源""红旗""光明""建设"等;"文化大革命"期间首批国产船如"风庆""风雷""风涛""风暴"等。

中远船舶命名是很重要的程序,公司成立初期,船舶名称要经过国家主管部门批准。20世纪70年代初期,中远公司从交通部水运组分离出来重新挂牌后,在船技部门配备人员专责船舶命名。

经过几年的实践,大家感到使用这种政治词汇命名,也存在一定的问题,尤其是当船舶到达某些对中国存有戒心的资本主义国家港口时,易使对方产生抵触情绪,甚至可能发生不必要的误解。因此,中远公司又重新做了研究,并和海军司令部多次交换意见。

为了使中国自营的远洋货轮命名能体现出中国的特色,便于记忆和识别,同时又能充分使用同一类型的词组,以备今后船队发展的需要,大家认为采用中国大、中城市的名称来命名似较合适。

为了分类识别各种类型船舶,又做了进一步划分:

散货船为"海"字号,如"天惠海""沱海""华铜海"等;木材船为"岭"字号,如"金刚岭""南关岭""飞云岭"等;客轮为"华"号,如"建华""明华""育华"等;油轮为"湖"字号,如"太湖""西湖""洪湖"等;重吊船为"大"字号,如"大城""大田""大宁"等;滚装船为"口"字号,如"南口""小石口",后来半潜船和汽车船类别的特种船也使用"口"字号船名；后期发展起来的集装箱船为"河"字号，如"中河""远河"等等。

四、中远船舶的船旗

在浩瀚海洋中航行的远洋船舶，通常都不悬挂国旗，除了在船尾标注船籍港名称以外，都是靠船的烟囱标志来识别身份，可以讲船舶烟囱标志是船舶的身份证明。

1960年2月25日，交通部向国务院外事办公室报请核备远洋船上烟囱船旗标志式样："船旗：沿海所用船旗是在国旗上加三道黄色水纹线，经与海司联系，海司提出国旗上加三道水纹能否足以正确表达中国尊严。同时，船上除挂船旗外，还要悬挂国旗，船旗与国旗图式重复相混。为了使人在远处易于辨别，就黄星及三道水纹线设计了远洋船旗，中间为一红带，上下用鸭蛋青颜色，红带上黄星与水纹图式与烟囱同。"

这个立体的五角星和立体的水波纹放在黄色烟囱的红框上，显得庄严、大方和美观。它的红底上的黄色五角星，一眼就看出是中国国旗的一部分，很容易辨别出是中华人民共和国的船舶。

中远自1961年4月27日成立起，所属船队一直使用了这个船舶标志和船旗，总部和所属各单位也将该船旗样式作为司旗使用，直至中远集团成立后作出调整。

五、中远精神的雏形

初创时期的中远船员队伍，具有很高的政治和业务水平。中远船员集中国人民解放军的优良传统、工人阶级的本色和中国海员的优良品质于一身，构成了中远独具特色的船员队伍。这支队伍素质优良、技术精湛、作风严谨，以吃苦耐劳著称于世，被外国友好人士和港口当局誉为"世界上最优秀的海员"。这支队伍在与狂风恶浪的搏斗中，在枪林弹雨的威胁中，在与腐朽思想侵蚀的斗争中，战胜了一个个艰难险阻，形成了有中远特色的优良传统和企业精神，这就是忠于祖国、热爱远洋、艰苦奋斗、遵守纪律。

（一）忠于祖国、热爱祖国，是中远人的优良传统

时时处处维护社会主义祖国的尊严与荣誉，是中远船员队伍的行为准则。中远船员在远离祖国，情况复杂的国际大环境里，无论航行到哪里，都把船舶视为祖国的"海上浮动国土"，都把自己作为中华民族的代表而严格要求自己，做到贫贱不移、富贵不淫、威武不屈，在国际海运界树立了良好的形象。初创时期的中远船员，面对美国和台湾当局飞机、军舰的挑衅，毫不畏惧，敢于斗争，敢于胜利，以其对社会主义祖国的无比热爱及优良的作风和凛凛正气出入于各国海港，用实际行动谱写了一曲曲爱国主义的赞歌。中远船员接运印尼华侨，完成援外任务等等，都充分体现了中远船员忠于祖国，为国争光的高尚情怀。

（二）热爱远洋、献身远洋，是中远人的高尚品德

远洋运输行业是异常艰辛的职业。中远船员队伍是一支乐于为远洋运输事业奋斗的队伍，中远船员发扬了对远洋运输事业的献身精神，不为名、不为利，艰苦卓绝地奋斗着。

为了远洋运输事业离开了温暖的家庭，离开了亲人，安心本职，无私奉献，献出了火热的青春和斑斓多彩的年华，把自己的人生融入远洋运输事业，在平凡的岗位上创造了伟大的业绩。1968年7月30日，中远广州分公司"兰州"轮停泊在黄埔沙角海域，船员放小艇进行舷外作业。中午吃饭的短暂时刻，海面突然起风，小艇的缆绳被海风刮断，小艇随风漂流。水手李文尧奋不顾身抢救漂走的工作艇。最后小艇被救了回来，而李文尧却被无情的大海吞没，其年轻的生命献给了远洋运输事业。广东省革命委员会批准李文尧为革命烈士。1968年8月9日，中远广州分公司"兴宁"轮在大西洋海域航行，遇到大风浪。巨浪一个接一个呼啸着扑来，越过船头，涌向驾驶台。全体船员顽强地和大风浪搏斗。水手长吴淦波和水手朱锡祥不顾个人安危，抢救国家财产，冒着大风浪把着栏杆一步一步地挪到船头。吴淦波被大风浪猛烈地抛起，碰到锚机的滚筒上，脑部大量流血，经抢救无效，一颗忠于祖国，热爱远洋的心脏停止了跳动。中华人民共和国内政部批准吴淦波为革命烈士。

（三）艰苦奋斗、勤俭节约，是中远人的良好作风

初创时期的中远船员，收入甚为微薄，工作环境非常艰苦。广大船员发扬艰苦奋斗的光荣传统，不怕困难，不畏艰险，以苦为荣，以苦为乐，迎狂风，战恶浪，圆满完成外贸、援外运输任务。1970年3月17日，中远上海分公司"红旗"轮从日本回国途中，遇到大风浪，船上装载的汽车吊大件发生移动。"红旗"轮的船员以"狂风恶浪何所惧，赤胆忠心为人民"的革命精神，不畏艰险，奋不顾身抢险，七位船员在抢险中负伤，却坚持轻伤不下火线。经过全体船员的顽强拼搏，终于把移动的汽车吊大件重新绑扎固定好，胜利地完成了运输任务。中远船员始终保持着中华民族勤俭节约的美德，多装快跑，精打细算，修旧利废，自己动手绑扎大件、扫舱、扩大自修，增收节支，表现了高度的劳动热情和强烈的主人翁意识。中远上海分公司"东风"轮在1967年的两个航次中，船员自己动手绑扎205台大件，仅绑扎费和木料就节省3000元外汇人民币。

（四）遵守纪律、奉公守法，是中远人的道德操守

广大船员在中远初创时期，尤其在"文化大革命"的特殊情况下，无论何时何地，只要一接到调令，都置个人困难于不顾，克服交通阻塞按时报到，不误船期。在船上服从船舶领导指挥，严格遵守各项规章制度，表现了高度的组织纪律性。中远船员严守涉外纪律，自觉遵守所到国港口及政府的法规、港章，坚决抵制形形色色的资本主义腐朽思想和生活方式的侵蚀，保持了海员工人阶级的英雄本色。1962年5月，"国际"轮首航欧洲，一路遵章守纪，在伦敦一次酒会上，伦敦海关关长赞扬说："中国海员遵守港规，不走私漏税，不贩卖毒品，我们放心。"

六、中远精神的凝聚与展现

中远精神是中远广大船岸职工在长期的生产实践中形成的群体价值取向，是中远的发展之道和力量之源。在长期艰苦卓绝的斗争中，中远广大船岸职工形成的热爱祖国、献身远洋、艰苦创业、无私奉献的精神风貌，不断得到凝聚与展现，巩固与升华。

(一)"光华"轮——国际舞台上"光耀中华"

这是由国务院总理周恩来亲自指挥的一场国际斗争,这是有近百件绝密文件往来的带有神秘色彩的一场斗争,这是中远发展史中唯一一艘由船舶党委在一线指挥的一场斗争,这是尘封了半个多世纪从未与世人见面的一场斗争。

1. 周恩来总理亲自指挥

20世纪60年代中叶,印度尼西亚当局对中国采取了敌视态度,颁布了数十项排华反华的法令,无数华侨、华人倾家荡产,陷于生存绝境。

党和国家领导人时刻关注着印度尼西亚侨胞劫难之后的生活情况,周恩来总理亲自策划、安排接侨工作,重大事项亲自部署。1966年3月初,即部署中远广州分公司做好"光华"轮接侨先期准备工作。4月29日,中侨委廖承志主任到培训班看望准备接侨而参训的船员。交通部于眉副部长看望了先期学习培训的"光华"轮船员,并进行了战前动员。5月下旬,"光华"轮接侨船员陆续到位。6月1日,全体接侨海军官兵到"光华"轮就位。

2. "光华"轮成立党委

"光华"轮去印尼接侨,是一项艰巨、复杂的政治任务。周恩来总理亲自把关组建了以袁庚(编者注①)为书记的"光华"轮党委,委员由参与此次接侨任务的国家侨委、交通部、海军司令部、公安部各选派一名富有斗争经验的干部,连同"光华"轮政委、船长共7人组成。海军参加接侨人员共78人,其中侦察兵53人,中远广州分公司派出两套船员班子,船长陈宏泽,政委初全文。在177名船员中,有104人为部队复转军人,对船上配置的武器装备,样样都有人精通。此次接侨共276人,人人都是精挑细选出来的精兵强将,堪称"精锐之师"。

9月14日,在海上训练待命3个月的"光华"轮接到开航命令,直奔印尼棉兰。自此,一份份重要文件从中南海飞向"浮动的国土",一封封重要请示报告从"光华"轮直达党中央。周恩来总理对"光华"轮接侨高度关注,有文必阅,有请必示。

3. 与印尼军方做坚决斗争

船舶一到棉兰,印度尼西亚军方立即来了个下马威,荷枪实弹的摩托艇将"光华"轮围住,实施日夜监视。"光华"轮党委组织接侨人员采取"视而不见"的态度,该训练就训练,该演习就演习,以强势接侨的高压态势,给对方以威慑。

印度尼西亚方面告知船舶:接侨可以,但任何人都不允许赴棉兰与难侨接触;船舶可以升中国国旗,但必须先降半旗为印尼遇难将领致哀;中方无权决定接谁,必须按照印度尼西亚提供的"遣返"名单接人……

鉴于印度尼西亚当局的恶劣态度,周总理批示:"如能接回归侨,即使不让去人,也应接,但必须先予揭露。"9月25日,外交部对印度尼西亚政府发出强烈抗议,《人民日报》发表评论员文章,一针见血地揭露印度尼西亚方面的拙劣表演。

26日12时,印度尼西亚方港务局代表上船,以袁庚为代表的"光华"轮领导班子,经过斗争、协调,再斗争、再协调,印度尼西亚政府代表自知理亏,先只同意3人,最后

---

① 袁庚曾任中共中央调查部一局副局长、东江纵队炮兵团长、驻香港联络处长、驻印尼总领事。政治上、军事上均胜任接侨一线总指挥及"光华"轮党委书记。

同意"光华"轮最多可派 7 人赴棉兰。"光华"轮党委抓住机遇，立即组成 7 人工作组深入难侨中间展开工作，确定侨干、建立组织、发动侨众，有理、有力、有节开展斗争。有时不计枝节、妥协让步；有时寸步不让、坚决斗争，在争取多人赴棉兰岛开展接侨工作、由中方确定接侨名单、升国旗、扬国威等方面，一步步夺回接侨主导权。

4. 接侨场面催人泪下

10 月 3 日晨，"光华"轮上中国国旗和几十面彩旗迎风招展。身着白色海员服的中国船员，在船桥甲板上迎候在印尼受尽苦难的侨胞上船。印尼棉兰军事当局的武装部队，清早就在码头集结，戒备森严。

12 时许，受害华侨开始陆续登上祖国轮船。这时，"光华"轮播出"东方红"乐曲，许多受害侨胞登上祖国轮船后，齐集甲板面向码头，怀着无限豪情，高举手臂欢呼："中华人民共和国万岁！""中国共产党万岁！""毛主席万岁！"并不断地高唱"大海航行靠舵手""团结就是力量""接过雷锋手中的枪"等歌曲。受害侨胞的歌声和船员们的热烈掌声响成一片。船员们在码头上和舷梯边扶老携幼，并用担架把因在印尼受折磨而患重病和造成残疾的侨胞抬上船。许多受害侨胞从船员的身上，感受到伟大祖国和人民对海外侨胞的深切关怀，激动得热泪盈眶。侨胞们见到祖国亲人，回头再看码头戒备森严的场景，激动地说："天堂地狱，两个世界；船上船下，换了人间。"

10 月 3 日 15 时 10 分，"光华"轮载着 1006 名在印尼受害华侨，从勿拉湾胜利返航。4 日下午，"光华"轮召开欢迎难侨大会，党委书记袁庚致欢迎词，难侨代表讲了话。之后，为难侨发了《毛主席语录》，仪式隆重，气氛热烈。

5. 凯旋途中智擒暗探

为了预防不测，开航前派出 5 名潜水员，对"光华"轮水下船体进行险情摸排，确认船舶水下船体无爆炸物贴附。

航行中，高度警觉的船舶治安保卫组发现难侨中有几名可疑分子，负责治安保卫的领导不动声色指定专人，经过几天的严密监视、侧面调查、缜密侦察，采取敲山震虎、欲擒故纵等策略，最终擒获 4 名印尼军方和移民厅安插在难民中的暗探。"光华"轮靠岸后，口岸保卫部门对敌特分子做了专案处理。

"光华"轮是中国远洋运输事业发展的历史见证。从 1961 年 4 月 28 日第一次接侨，到 1975 年 7 月 8 日光荣退役，"光华"轮以其卓越的表现，在新中国的外交史、外贸史、援外史以及接侨史上书写出浓彩重墨的历史画卷，成为伟大祖国航运事业一面熠熠生辉的旗帜，为远洋船队建设提供了一个艰苦创业、爱国奉献的精神范本。

（二）"曙光"轮——满载友谊的"东方曙光"

档案资料："曙光"轮：13059 载重吨；1964 年 6 月 4 日，购接于荷兰鹿特丹；船龄 5 年；中国远洋船队船龄最新、性能最好、储备机件最多的船舶之一。

船舶动态：接船后运营 3 个航次；1964 年 11 月 24 日，周恩来总理批示将"曙光"轮无偿赠予阿尔及利亚民主人民共和国政府；交接港：阿尔及尔港。

船员动态：船长鲍浩贤，政委刘炳焕，及其他船员共 46 人。

接到赠船命令后，船员们留恋、难过，半年来为"曙光"轮倾注了全部爱心的船员们，实在是依依不舍。为了做好船员的思想工作，中远公司和广州分公司领导通过多种方式教育和引导船员，这是新中国履行的国际主义义务，是我们必须执行的一项重大政治任务。同时要求船员在交接工作中务必做到"三个满意"：阿方政府和阿方船员满意；中国驻所在国使馆和国内有关部门满意；船员自己满意。

"曙光"轮党支部组织船员对上级指示和"三个满意"的要求进行了讨论，最后统一思想："所有设备能发光的都要发光，能转动的全部转动，能透明的一律透明，全船干净、清洁、整齐，设备处于良好技术状态。"这个具体标准很快深入人心，迅速得到落实。

从湛江开航至阿尔及尔的两个多月里，甲板部把目标定为"严重锈蚀的敲铲出白，轻度锈蚀的铲补油漆，已旧的油漆全面清洗重油"；轮机部确立的标准是"铜发光、铁发亮，机件表面、栏杆扶手不见油污灰尘，属具备品整齐有序"；业务部的努力目标是"公共场所清洁明亮，炉台餐具干净整齐，厨房、浴室全面油漆"。

船舶3大部门展开了劳动竞赛。甲板部：15块锈蚀严重的自动舱盖，打上了3度新漆，120个门窗维修涂油了；除船壳外所有有油漆的地方都重油了。轮机部：一直不能使用的造水机修复使用了，燃油黏度计的故障排除了，机舱全面清洁油漆了。业务部：船舶备用卧具，全部手洗晒干。全体船员夜以继日地工作，当班人员班后还要参加3小时劳动。船员们说，现在多流一滴汗，将来就会为国家多增一分光，为阿方船员多留一分方便，为增进中阿友谊多出一分力。

格林威治时间2月13日12时10分，满载着中国人民的友谊，带着船员们的辛勤汗水，飘着满旗的"曙光"轮靠泊在阿尔及尔港。这个位于地中海阿尔及尔湾西岸的城市，是阿尔及利亚最大的港口。阿首都的人们早早来到码头，阿运输部、外交部、国营航运公司和海军部等官员，在中国驻阿尔及利亚大使曾涛陪同下登上"曙光"轮。当地的媒体记者争相上船采访，做了大量的宣传报道。

船舶领导没有沉湎于迎来送往的欣喜之中，船舶领导知道，真正的考验还在后面。一次又一次的船务会、党支部会在船长、政委的主持下进行；交接工作的步骤、方法，签字换旗仪式的程序、方案，一遍又一遍地研究、讨论；所有的干部船员均拟出个人的交船计划，逐一进行模拟演练，船员们知道，这样做的分量应该有多重。

2月18日，满怀喜悦之情的阿方船员早早就上了船。一直把"三个满意"牢记在心的中远船员，热情主动地开始了交接工作。一张张图纸、一本本说明书，船员们解说了一遍又一遍；机器设备的构造、性能，船员们介绍了一次又一次；操作的方法、使用中应注意的事项，船员们交待了一回又一回；吊杆的起落、舱盖的开关、救生艇和舷梯的收放、助航仪器的开启、收发报机的使用，都进行了实地示范操作。机舱里的全部机器、泵浦和设备都进行了试车运行。所有的管系都配有中英文标记，就连厨房用具、冰库的使用，都一一作了详尽的说明。接班船员一次一次地翘起大拇指。

2月24日，非洲大地洒满了阳光。"曙光"轮挂满了旗帜，左右船舷插满了五彩缤纷的彩旗，港口大门上悬挂着中阿两国国旗，船边的码头上，排列着人民军的军乐队和海军仪仗队。港外的马路上，人声鼎沸，喜气洋洋。

10时许，交接签字仪式在曾涛大使的主持下开始，双方船员互致问候以后，船长命令水手长降旗，并代表"曙光"轮全体船员把国旗郑重地交给曾涛大使。与此同时，阿船员升起了阿尔及利亚国旗。乐队高奏中阿两国国歌，全港汽笛齐鸣。

中国驻阿大使馆在给交通部、外交部的报告中说，"曙光"轮在阿方引起很大影响，一位海军军官说："'曙光'轮轰动了整个阿尔及尔，真是家喻户晓。"法国驻阿武官说："你们的船把阿尔及利亚轰动了。"凡参观过"曙光"轮的，都一致赞美该轮又大又新又干净，一位阿方船员说："我在海上生活多年，从来没有见过维修、保养得这么好的轮船，我们接过来也要这样做"。阿尔及利亚政府邮电、公共工程和运输部秘书长本·泽克里紧紧地握住鲍浩贤船长的手说："我代表阿尔及利亚政府向你们表示欢迎，请允许我祝愿中国和阿尔及利亚之间的友谊加强"（《人民日报》1965年2月14日）。交通部在致"曙光"轮表扬函中说："你们圆满地完成了将'曙光'轮送给阿尔及利亚政府的光荣任务，为支援非洲人民的革命斗争又一次作出了良好的贡献，为此，特予表扬。"

以船长鲍浩贤、政委刘炳焕为首的全体船员的爱国情怀和艰苦努力，"曙光"轮这艘在中远仅服役8个月20天的光荣名字，永远地载入了中国远洋运输事业的光荣史册，永远地载入了新中国大国外交的光荣史册！

（三）"和平"轮——劈波斩浪的"和平使者"

1962年11月7日，"和平"轮悬挂五星红旗，装载着援助几内亚2900吨建设物资，更重要的是，还有15名建筑专家随船赴几内亚参与援建工程，任务十分艰巨。"和平"轮从广州黄埔港起航，泊靠西非东海岸的几内亚科纳克里港，开启了中国船只首次远航西非的光辉一页，写下了一段为后人载入航海史册的辉煌航程。

这一时期，国际上敌对势力对中国进行经济封锁，反华气焰十分嚣张，曾在南海被敌对国飞机疯狂扫射的"和平"轮，带着隐隐弹痕再一次闯南海，再经印度洋、过苏伊士运河、赴地中海、进入大西洋，开始了历史性的西非之行。

航程漫漫，风险重重。开航第3天，大风骤然卷起，恶浪滔天，狂风怒吼，船舶在波峰浪谷中起伏颠簸，船体单边摇晃达30度。12月13日，10级大风横扫地中海，"和平"轮的甲板时而没入水里，时而浮出水面，一个巨浪打来，船体在剧烈的抖动之后，"轰隆"一声巨响，这是主机空车声，"危险！"船长鲍浩贤立即下令减速，但那撼人魂魄的"轰隆"声还是时常出现。船员们开始呕吐了，有的吐出了黄胆水。但船员们一边与风浪搏斗，一边还细心照料15名专家。

与风浪搏斗了4天，老天爷不但没让船员们歇口气，反而变本加厉，再次围着"和平"轮肆虐，船体单边摇摆达40度，雷达架被暴风雨打坏，报务主任张天河、报务员王登义用绳子捆住腰部，冒着生命危险，登高抢修；深夜，船舶大桅上的航行灯灭了，船员李建茂挺身而出，爬上大桅排除故障。没多久，船又失去舵效，机舱全体人员进入紧急状态，奋力抢修到清晨。然而，由于主机车转速链经受不住反复多次空车的负荷，猛然间断掉，船舶即刻失去动力，如一叶小舟随着风浪飘移，船舶安全险象环生，人员安全命悬一线，轮机长钱如兴飞身赶到现场，突击更换备件……

这是一次惊险的航程，也是备受考验和煎熬的航程。在多重考验面前，全体船员把生死置之度外，船员们心中只有一个信念：完成国家任务，保证专家安全，人在船在，不辱使命。船员们凭着这样的信念，排除一个又一个故障，战胜一个又一个险情。

1963年1月1日，"和平"轮徐徐驶进了西非的几内亚科纳克里港。这历时54天，航程11700多海里，一次接一次惊心动魄的远航终于胜利结束了。船员们满怀喜悦地把15名专家和援建物资交付给几内亚官方，完成了国家交给的光荣任务。告别时，15名专家依依不舍，和船员们紧紧地拥抱在一起，专家们说："每一次大风大浪你们都闯过来了，你们是'和平使者'，我们乘坐的是'幸运方舟'，中远船员是英雄的船员，我们为祖国有你们这样的英雄感到幸运和自豪……。"

1月11日，在中国驻几内亚柯华大使的主持下，"和平"轮举行了新闻招待会。船上彩旗飘扬，彩灯辉煌，几内亚的国务秘书、港口局长、外交部司长、新任驻华大使等高级官员来到船上，畅所欲言，交流感情。一时间，"和平"轮胜利开辟西非航线、运来专家和建筑材料、中远船员战风斗浪的英雄故事，中远船员是"和平使者"、"和平"轮是"和平之船""幸运之船"成为几内亚电台、报纸、杂志等媒体报道的热点新闻。

第七节 工会、共青团组织建设

一、工会建设

中远初创时期，远洋运输企业工会是在同级党委和当地省、市工会的领导下开展工作的。

（一）职工代表大会的建立

中远广州分公司成立后不久即成立了工会组织。1961年4月，召开了工会代表会议，号召全体员工开展生产竞赛活动。1962年、1963年、1964年分别召开过3届职代会，1963年召开过一次工代会。从1963年开始，中远广州分公司设专职工会干部负责工会工作，分公司比较重要的会议都有工会人员参加。中远广州分公司工会的工作，从1962—1965年，主要是组织机关和船舶开展以安全优质、增产节约为中心的"五好"活动，其日常工作是以给船舶送、换电影片为主，同时按照有关劳保条例做好福利保障、困难补助、生老病死的处理工作等。此外，结合当时的形势和企业的生产任务开展宣传教育、文体活动，组织职工旅游等。工会经费的来源是靠职工所缴会费和行政按工资总额的2%拨付的款项。

1964年5月15日，中远上海分公司开始筹建中国海员工会上远分公司委员会。1965年7月，中远上海分公司工会召开了第一次代表大会，选举产生了中远上海分公司工会委员会，隶属北方区海运管理局。1966年，受"文化大革命"冲击，中远上海分公司工会组织陷入停顿状态，直到1972年9月1日，才重新筹建工会组织。

1974年11月22日，中远天津分公司召开了第一次工会会员代表大会，产生了工会委员会。之后，中远广州、上海、天津分公司工会建设的重点一直放在船舶上，各轮均成立了工会组织。初创时期，远洋船舶工会的性质明确是船员群众的组织，在中国共产党船舶党支部和分公司工会的领导下进行工作，船舶工会是党在船上联系船员的有力助手，是船员的共产主义学校。远洋船舶工会的主要任务是：发动和组织船员积极生产，提高船员的思想政治觉悟和文化技术水平，维护船员的民主权利，改善船员的物质和文化生活。

（二）远洋船舶工会的组建及其职能

远洋运输船舶流动分散，独立性强，船员四海为家，长年远离家乡，需要以船为单位组建工会组织。远洋船舶工会委员会，选举主席 1 人。根据船舶会员人数，选举副主席和委员。船舶工会的干部，一律不脱离生产。船舶工会的职能：①协同船舶行政，发动和组织船员参加社会主义劳动竞赛。在竞赛中，做好组织发动、评比、奖励等工作，总结推广先进经验。②领导好工会小组，及时听取船员意见。教育船员加强组织纪律性。遵守国家的政策法令和规章制度，爱护公共财产，发扬团结互助、同舟共济的精神。③经常关心船员的生活和劳动条件。组织和发动船员群众加强伙食委员会的民主管理，以及互助储金的工作，经常向上级反映船员生活和生产劳动方面的意见和要求。④组织船员进行业余文化、技术学习，不断提高船员的文化程度和技术水平。⑤做好船员家属的工作。⑥接收会员、收缴会费，定期向分公司工会代表大会和船舶工会会员大会报告工作，以及经费收支情况。

（三）船舶工会的远洋特色

船舶工会会员大会的职权是听取并批准船舶工会委员会的工作报告，讨论并批准船舶工会委员会的任务和工作计划，选举船舶工会委员会。

工会会员大会闭会期间，由工会委员会执行工会会员大会的职权，贯彻工会会员大会的决议，处理工会日常工作，并协同行政开展社会主义劳动竞赛。

二、共青团初期建设

（一）起步在党组织的关怀之中

1961 年中远广州分公司成立时，成立了青年科，负责共青团和青年的工作，并着手筹建中远广州分公司团委。中远上海分公司于 1965 年 12 月 3 日开始筹建中远上海分公司共青团组织。12 月 14 日，中远上海分公司团委成立，隶属共青团上海市委领导。翌年 6 月，受"文化大革命"冲击，共青团组织被解散。1967 年，中远上海分公司再次筹建共青团组织。中远天津分公司团委于 1974 年 1 月正式成立，6 月 5 日，召开了第一届团代会，选举产生了共青团天津分公司委员会。

1961 年 8 月，在中远船员中，团员有 209 人，占总人数的 23%。中远公司及其分公司团组织建设的重点一直放在船舶上，凡是有 3 个团员以上的船舶均建立团组织。

创建时期，船舶共青团支部的任务是：在自愿原则下，组织团员和青年船员进行政治、文化和技术学习，提高团员和青年船员的思想政治水平和文化技术水平，组织文化娱乐和体育活动，活跃全船生活。

（二）船舶团支部的具体职能

①组织团员和青年船员学习马克思列宁主义、学习毛泽东著作。②进行团课教育。③积极宣传和贯彻执行党的政策和决议。④向团员和青年船员进行阶级教育和革命传统教育。⑤组织团员和青年船员积极学习技术，掌握技术，尊重师傅。⑥加强团员和青年船员的纪律教育。⑦密切联系群众，及时了解和反映团员和青年船员的思想情况和要求。⑧积极开展全船的文化娱乐和体育活动。⑨发展团员，收缴团费，对团员执行团的纪律。

船舶共青团支部大会，每季度召开1次；共青团支部委员会，任期1年。在共青团支部下分若干团小组，团小组数量一般与党小组相适应。团小组活动主要是组织学习，开展批评与自我批评，分析团员和青年船员的思想情况，分配团员做群众工作，动员青年船员积极参加社会主义劳动竞赛。

（三）船舶党支部的有力助手

船上的共青团支部是船舶党支部的有力助手，在上级团委和船舶党支部的领导下开展工作。初创时期的中远广州、上海、天津分公司的共青团组织，在积极筹建组织机构的同时，深入船舶第一线组织动员团员和青年建立良好的思想作风，落实安全生产措施，进行争做社会主义新人的思想教育，取得较好的效果。1966年初，中远团组织强调高举毛泽东思想伟大旗帜，大学毛泽东著作，大学解放军，大学大庆，大学雷锋、王杰，大学杨怀远，促进思想革命化。中远各分公司团委和船舶团支部做了不少工作，为初期的远洋运输发展起了一定的促进作用。

（四）贯彻落实共青团九大、十大会议精神

1964年6月11—29日，中国共产主义青年团第九次全国代表大会在北京举行。胡耀邦代表上届中央委员会做了《为我国青年革命化而斗争》的报告。这是中国共青团成立以来空前盛大的一次代表大会。出席大会的正式代表2396名、列席代表927人，共3323人，是历届代表大会中人数最多的。中共中央主席毛泽东和副主席刘少奇、周恩来、朱德，总书记邓小平出席了开幕式，接见了全体代表，并同代表中的著名先进人物进行了亲切的谈话。

1978年10月16—26日，共青团第十次全国代表大会在北京召开。这是时隔团九大14年后召开的又一届团代会。韩英作了题为《为伟大的新长征贡献青春》的工作报告。共青团十大正确评价了经过"文化大革命"磨炼的中国青年一代，提出并阐述了新时期青年一代的光荣使命，这是动员全团和各族青年参加社会主义现代化建设的誓师大会。

中远总公司各级团委认真组织团员青年深入贯彻团"九大""十大"精神，结合自身工作实际，开展多种形式的学习活动。尤其是团"十大"召开后，激发了广大团员青年的革命热情，各分公司团组织密切联系企业生产经营实际，围绕安定团结、增产节约、多创效益等企业中心任务，开展学习、讨论和交流，把青年紧紧地团结在党组织的周围，激励团员青年满腔热情地投身到社会主义的"四化"建设中。

（五）开展多种形式的政治思想教育

1.爱国主义教育

各公司团委针对船舶航行世界各地，进出西方国家较多，思想观念易受侵蚀的特殊情况，采取多种形式在团员青年中开展以树立正确的人生观、价值观为载体的爱国主义教育。有的团组织以"祖国在我心中"为主题，采取演讲比赛、诗歌朗诵、文艺汇演等团员青年喜闻乐见的形式开展教育活动。大远公司团委结合远洋特点，在团员、青年中开展"大三爱"（热爱祖国、热爱党、热爱社会主义）和"小三爱"（爱船、爱海、爱远洋）的教育活动，收到了较好的教育效果。

2. 光荣传统教育

"文化大革命"期间，团员青年受不良行为和"左"倾思想影响，对中远长期形成的好传统、好风气产生了模糊认识，各公司团委利用"五一""五四""七一"等纪念日，进行形势教育和革命传统教育。有的团组织还邀请革命老前辈、中远先进人物做报告、讲传统、讲革命先烈的献身精神。船舶团支部还请政委上团课，讲远洋的优良传统、英模故事，使团员青年对中远的光荣传统有了更深入的认识和理解。

3. 道德修养教育

这一时期，各级团组织针对船舶长时间远航在外的特殊情况，指导船舶政委组织广大船员青年开展道德修养教育，提高团员青年的职业道德素养。大远公司团委针对有关青年道德修养方面的制度不健全的实际情况，制定了《青年船员（职工）道德修养准则》，提出要把共产主义道德修养教育作为共青团工作的重点来抓，组织各支部分别制定落实准则的措施。又把《旅大市青年工人守则》和大远公司的员工行为准则结合起来开展大宣讲，增强了青年船员爱国和维护祖国尊严的责任感。

4. "四有"新人教育

各级团组织把开展"有理想、有道德、有文化、有纪律"主题教育活动作为常态化教育，紧紧抓住不放。针对船员青年中大中专毕业生多、思想活跃等特点，把"四有"分成4个或多个课题，召开专题研讨会，引导团员青年立足岗位，争当"四有"新人。有的团组织把开展"五讲四美"和"学雷锋、树新风"活动结合起来，开展学习教育活动，也收到较好的效果。

作为以国际航运为主业的大型重点国有企业，中远的发展有着十分深刻而重大的政治经济背景。中远在新中国成立后的不同历史时期所发挥的作用，直接反映出中国政治、经济、外交、军事、文化等方面的发展走向。这就决定了中远在中国经济总体发展战略上的重要地位。长期以来，中远以"支部建在船上"为政治工作的基石，形成了完善的政治工作体系，并在历次重大的历史转型期内和面对各种突发事件中显示出强大的威力。中远总公司在创业时的各种建树，为中国远洋运输事业的大发展，打下了坚实的基础，作出了历史性的贡献。

1949—1978年，在艰苦奋斗的岁月中，中远人用29年凝结起来的"艰苦创业、爱国奉献"的优良传统，生生不息地流淌在中远人的血脉中，成为COSCO永不褪色的企业本色，筑就成中远人攻无不克的制胜法宝。

附录

附录一 大 事 记

1949 年

2月　华夏公司"东方（Oriental）"轮秘密由香港首航大连，满载运往解放区2000多吨印钞纸、1000多吨桶装汽油及一些杂货。另外，还有40名文化名人和归国华侨随船同行。

4月13日　"中102"艇装载国民党军伞兵三团1600人由上海开往福州途中，配合伞兵三团起义，调头北上，于4月15日驶抵连云港，正式宣布起义。

5月28日　上海市军管会接管招商局轮船股份有限公司，6月5日举行接管仪式。原招商局管理机构于接管后进行了整顿，变原8部1室为5处2室，即业务处、船务处、财务处、人事处、栈埠处（1950年7月撤销）、秘书室（1950年4月改经理办公室）、计划室。于眉任驻招商局轮船股份有限公司军事总代表。由市军管会接管的中华拖轮驳运公司、台湾航业股份有限公司上海分公司（是年6月22日撤销）、国民党善后救济总署水运大队及中国油轮股份有限公司等先后并入招商局。

9月19日　方枕流率领招商局"海辽"轮在南海起义，9月28日驶抵大连港，成功回归解放区。

10月24日　中华人民共和国中央人民政府主席毛泽东电贺"海辽"轮船长方枕流，嘉勉全体船员弃暗投明的正义行动。

11月19日　交通部奉政务院财经委员会指示在北京召开全国首届航务、公路会议。整个会议历时40天，于12月28日结束。会议首先总结与交流了各解放区航务、公路工作的经验，随后提出并初步议定了一些重要事项。交通部直属公路水路运输系统组建方案就是本次会议议定的重要事项之一。会议的部分议题成为政务院1950年初发布的《关于1950年航务、公路工作的决定》的主要内容。

1950 年

1月15日　招商局轮船股份有限公司香港分公司（香港招商局）全体员工和留港的13艘海轮共600余人正式宣告起义。

1月24日　招商局"海玄"轮在新加坡宣告起义。

2月21日　政务院发布《关于1950年航务、公路工作的决定》，确立全国航务管理体制,在交通部下设航务总局及国营轮船总公司,领导航务建设、航务管理与航运工作。

2月25日 根据交通部做出的《关于建立与调整本部组织机构的决定》临时设置一厅二司三处一局,以已撤销的原华北人民政府交通部工务处为基础建立航务总局。该决定特别强调:"以上机构限2月25日前调整完备,由人事处会同有关部门执行之。"且规制了交通部组建后开始办公的临时性组织机构,持续时间不超过1950年8月。9月,交通部历史上第一个比较健全的组织机构初步形成,内部包含航务总局。

4月1日 由招商局改组而成的国营轮船总公司在上海成立,统一经营全国国营轮船运输业务。中央人民政府政务院决定统一经营全国国营轮船运输业务,遂以招商局为基础,在上海成立国营轮船总公司,于眉任负责人;并以设在各地的原招商局分公司、办事处为基础,在天津、大连、青岛、汉口等主要港口设区公司;在安东(后改为丹东)、营口、秦皇岛、烟台、连云港、镇江、南京、芜湖、安庆、九江、沙市、宜昌、重庆、香港等地设分公司或办事处。广州、汕头、宁波、温州、福州、厦门等地的原招商局业务则暂托各地航务局代管。全国公营船舶和非运输部门所经营之500吨以上的海轮和200吨以上的长江江轮,均归国营轮船总公司管理。

4月1日 招商局"永灏"油轮全体船员上书政务院总理周恩来,发表起义通电。

(1949年4月13日—1950年4月1日香港招商局和17艘海轮、近700名海员,先后宣布起义,投入新中国怀抱。其中绝大多数起义船员被安排在海运系统工作。1961年4月中国远洋运输公司成立时,公司的许多技术骨干就来自这部分人员。香港招商局的机构则保留了下来,在新中国远洋运输事业的建设中起了重要的作用。)

6月26日 波兰人民共和国驻华大使馆照会我国外交部,提出波兰政府建议,由中波两国政府合股成立中波轮船公司。外交部函请交通部就波兰政府建议与中国政府商谈组织中波合营轮船公司一事提出意见。交通部为此事向中央人民政府政务院财政经济委员会(简称中财委)报告:"查我政府与新民主主义国家贸易关系日益密切,同时为促进邦交友谊,加强对帝国主义斗争,我部原则同意。"

7月13日 中财委呈文政务院,称"波兰政府建议合组中波轮船公司,本委原则上同意交通部所提意见。"

7月24日 经政务院批准,交通部派水运局副局长高原与波兰驻华大使就组织中波轮船公司事进行初步会谈。10月间,波兰派代表团来华,讨论了公司的组织章程。

11月2—23日 中波两国政府代表团在北京就两国政府合资组织中波轮船公司举行会谈。中国政府代表团团长为交通部副部长李运昌,波兰政府代表团团长为波兰航运部副部长毕尔斯基。双方经过15次会谈,达成初步协议,并在草案上签字。

11月27日 政务院颁布《进出口船舶、船员、旅客、行李检查暂行通则》。

1951年

1月29日 交通部航务总局副局长于眉和波兰航运部部务委员耶·多莫罗维奇全权代表各自政府,在北京正式签署《关于组织中波轮船股份公司的协定》。

2月1日　交通部直属国营轮船总公司更名为中国人民轮船总公司，并迁至北京，与交通部航务总局合署办公，下设上海、天津、青岛、广州、汉口区人民轮船公司。各地区也相继成立地方国营轮船公司及其管理机构。

3月2日　为使国内租用外轮步调一致，避免发生国内各物资部门之间、各人民民主国家之间在国际市场上竞租抬价现象，遵照中财委指示，交通部召开"对外租船"会议，邀集外交部、中央人民政府办公厅、中财委（贸易处、交通处）、贸易部（国外贸易司、国外运输公司）、交通部（航务总局）的有关人员和捷克斯洛伐克、匈牙利、波兰、德意志民主共和国的商务代表共25人，商讨对外租船问题。交通部部长章伯钧首先说明，一年来我们在国际市场上租船因彼此间缺少联系，发生自相竞争，以致租船方乘机高抬船租，使我方遭受到重大损失的情况。与会各方积极交换租船经验，提出了具体改进措施。根据会议结果，3月6日交通部呈文中财委，建议由中财委、贸易部、交通部三方组织海外运输委员会，下设海外运输处（设于交通部航务总局内），以便与各方取得联系。具体租船工作仍以港委会航运处为主，贸易部、交通部派人参加。

5月18日　第五届联合国大会在美国操纵下通过对中国和朝鲜民主主义人民共和国实行禁运的美国提案。43个国家接受了这一提案。若干重要的海运国家对于使用他们的船只进行对华贸易规定了管制办法。

5月31日　中财委批准由交通部、贸易部与港委会代表共同组成海外运输管理委员会，下设中国海外运输公司，统一掌管国家海外运输计划及办理对外租船事宜。

6月12日　海外运输管理委员会召开第一次会议，决定7月1日成立中国海外运输公司，由于眉兼任董事长（1952年8月对外贸易部成立，中国海外运输公司改由外贸部直接领导。1955年4月，外贸部将中国海外运输公司更名为"中国租船公司"。）

6月15日　经中国交通部和波兰航运部批准，中波轮船股份公司正式成立。总公司设在中国天津，分公司设在波兰格丁尼亚，公司的最高领导机构为股东会议。由双方股东各选派3人组成公司管理委员会，负责对公司的经营管理实行领导。

6月23—26日　中波轮船股份公司管理委员会在北京召开第一次全体会议。中方出席人员有于眉、孙大光、范月亭，列席人员有蔡德仁、李明、凌丁、马楚斯。管委会委员根据中波航运协定和公司章程，选举于眉为主任委员，多莫罗维奇为副主任委员；委派格罗诺维奇为总经理，蔡德仁为副总经理。会议还决定，中波轮船股份公司对外一律用"中波海运公司"（简称中波公司）名义。

6月26日　中波公司总公司在天津马场道158号正式对外营业（1953年迁至天津重庆道23号）。

8月1日　根据第二届全国航务会议决定，并经政务院批准，交通部撤销航务总局、中国人民轮船公司，同时新成立海运管理总局、河运管理总局、航道工程总局、船舶登记局。全国海上运输由海运管理总局统一管理，并分别在大连、上海、广州设北洋、华东、华南区海运管理局。其中在海运管理总局内设远洋运输科，专门管理外轮代理业务。原航务总局副局长于眉任海运管理总局副局长，后任局长。

9月7日　中波公司分公司在格丁尼亚成立，李明（中方）为分公司经理，莲文

（波方）为分公司副经理。此前，中波公司分公司已由波兰航运部用中波公司名义在波兰注册。

本年　刚成立的中波公司拥有船舶 9 艘、9.11 万载重吨，本年度完成货运量 15.65 万吨、货物周转量 18.36 亿吨海里（包含期租船货运量 1.65 万吨、货物周转量 1.93 亿吨海里）。中方[①]拥有船舶数量为 5 艘、4.56 万载重吨，本年度完成货运量 7.82 吨、货物周转量 9.18 亿吨海里。

1952 年

4 月 29 日　中波公司管理委员会第二次会议在（波兰）华沙召开。会议制定了公司 1952 年经营管理方针，决定公司的运价标准和货币币种，确定公司全年工资和行政开支总额。

6 月 18 日　中财委为设立于天津市的中波公司签发经营海洋运输业务的执照。中波公司的船舶在中国各港的代理业务由海运管理总局远洋运输科负责。

10 月 13 日　中财委批复同意交通部海运管理总局内代理外轮业务的远洋运输科，在对外执行代理业务时，改以中国外轮代理公司的名义出现。各地海运局及分局内的外轮代理机构则改为中国外轮代理公司的分支机构。

10 月 23 日　波兰航运部向中国驻波兰使馆提出，波方拟开辟往返中国、印度尼西亚、印度和波兰之间的航线。交通部于 12 月 2 日复电同意，并转告波方。

11 月　海运管理总局召开"海运专业会议"，会期 12 天。在关于调整海上运输系统的组织领导及机构编制问题上，会议作出 8 项决定。其中，决定自 1953 年 1 月起，全国沿海各港航机构合并，原海运局所有对远洋船舶的服务部门交当地港务局管理，业务上归海运管理总局领导；决定建立满足沿海及远洋船舶的物料、食品供应的专管部门，对外称"船舶物料、食品供应公司"。

本年　中波公司拥有船舶 10 艘、10.07 万载重吨，完成货运量 28.36 万吨、货物周转量 31.05 亿吨海里（包含期租船货运量 4.34 万吨、货物周转量 4.83 亿吨海里）。中方拥有船舶 5 艘、5.03 万载重吨，完成货运量 14.18 万吨、货物周转量 15.53 亿吨海里。

1953 年

1 月 1 日　中国外轮代理公司（英文名缩写 PENAVICO）在北京东黄城根 17 号正式成立，并于 1 月 10 日开始对外营业。同时在大连、上海、广州、天津、青岛、秦皇岛六个港口城市成立中国外轮代理分公司，颁发执行《中国外轮代理公司业务暂行办法》。

6 月 11 日　中华人民共和国和捷克斯洛伐克社会主义共和国（简称捷克）签订《中华人民共和国政府和捷克斯洛伐克共和国政府关于发展海上运输的议定书》，同捷克建立委

[①] 合营公司中方统计数据按一半计算，捷克公司的数据为中方实际投入船舶的数据。

托购买并经营远洋船舶的关系，即以中国自有的远洋船舶悬挂捷克国旗，由捷克代为经营，盈亏由中国负责，捷克则收取全部支出 3% 的手续费。

7月1日 经交通部批准的《第二次全国外轮代理工作会议决议》开始施行。决议作出了进一步修正外轮代理章则、将外轮在港口的供应事项和外轮理货工作纳入外代业务范围、各港外代分公司单独作为一个经济核算单位进行工作等规定。这次会议是针对外代公司成立半年来出现的新情况，推动外代业务专业化和改进外代工作的结账与理货问题而及时召开的。

8月 交通部海运管理总局内专职外轮代理业务的远洋运输科扩编为远洋运输处（对外仍称中国外轮代理公司）。

10月4日 中波公司悬挂波兰国旗的油船"布拉卡"轮（中文为"工作"号），在台湾附近海面被台湾国民党海军劫持到台湾省高雄港。船上有 47 名船员，其中波兰船员 30 人（1954 年 7 月释放 18 人）、中国船员 17 人。该轮政委刘学勇、二副姚淼周惨遭杀害（1990 年分别被山东省和上海市人民政府批准为革命烈士）。

10月8日 国务院批复交通部《关于在中波公司总、分公司内建立政治机构与方针任务的决定》的报告。批文指出，为加强中波公司的政治工作，在该公司总、分公司内建立政治机构是必要的，所拟决定业经周（恩来）总理、邓（小平）副总理批示同意。

本年 中波公司拥有船舶 11 艘、载重量 10.97 万吨，全年完成货运量 39.94 万吨、货物周转量 43.36 亿吨海里（包含期租船货运量 0.69 万吨，货物周转量 0.72 亿吨海里）。中方拥有船舶 6 艘、5.49 万载重吨，全年完成货运量 19.97 万吨、货物周转量 21.68 亿吨海里。

1954 年

5月13日 中波公司"哥特瓦尔德"轮在台湾岛以南 450 海里的公海上被台湾国民党海军劫持到基隆港。船上有波兰船员 33 人（1955 年 5 月释放 20 人）、中国船员 12 人。该轮三副周士栋被杀害（1990 年被福建省人民政府批准为革命烈士）。

6月10—12日 中国外轮代理公司第三次代理工作会议在北京召开。会议修改了《外轮代理章则》，降低了代理费率，明确了组织零担货载的分工，研究了加强政治、业务学习等问题，并对《外轮供应办法》进行了修改。

7月1日—8月4日 鉴于中波公司"布拉卡"轮、"哥特瓦尔德"轮被国民党海军劫持以及租船"威玛"号为我运油遭国民党海军破坏的情况，为避免遭受更大损失，我国交通部和波兰航运部为中波公司及中波航线船舶航行安全问题举行两国部长华沙会谈。中方参加会谈的有王首道、于眉、邓友民。会谈就以下六个问题做出了决定：①关于船舶护航，由中国加强在华南海面的武装护航。②关于对行驶中波航线的船舶实施全航程指挥。③关于"希望""团结""兄弟"三轮，暂时调离中波航线。④关于将中国船员调离行驶中波航线的船舶。⑤关于人事安排，商定中方增派李维中任中波公司天津总公司第一副经理，蔡德仁留任第二副经理并主管政治工作。⑥关于继续购船问题。

8月28日 交通部政治部转发 8 月 10 日《中共中央关于在交通部门中建立政治工作机构的决定》。该决定指出，中央和地方交通部门领导的运输企业与工程单位，工作性质复杂，基础薄弱，且分散流动性大，必须加强党的政治工作，加强政治思想领导，以贯彻党与国家的总路线和各项政策法令，保证监督运输生产和基本建设计划的完成，更好地为国家经济建设与国防建设服务。决定主要内容共6项：政治机关的主要任务；建立政治工作机构的单位；所需干部的调配；各级政治工作机构的领导关系；对交通部门政治工作的要求；政治机构及人员的编制、经费。

本年 中波公司拥有船舶12艘、12.08万载重吨，完成货运量51.63万吨、货物周转量36.30亿吨海里（包含期租船货运量0.51万吨、货物周转量0.45亿吨海里）。捷克斯洛伐克代营中方船舶2艘、1.76万载重吨，全年完成货运量2.00万吨、货物周转量1.85亿吨海里。合营公司中方自有船舶8艘、7.80万载重吨。全年完成货运量27.82万吨、货物周转量20.00亿吨海里。

1955年

1月1日 中国外轮代理公司颁发执行《中国外轮代理业务章则》及《代办代理外轮供应办法》。

3月12日 国务院批复同意交通部、外贸部、卫生部、公安司令部联合报送的沿海国际通航港口联合检查的五个具体实施办法，即：①《联合检查进行程序》；②《联合检查机关工作人员登船纪律》；③《船员登陆管理暂行办法》；④《签发登轮许可证暂行办法》；⑤《船舶在港内禁用物品的查封办法》。

3月14日 中国外轮代理公司和捷克租船公司在北京签订《关于捷克航次租船代理协议书》。

6月29日 交通部副部长朱理治率代表团赴波兰出席中波公司第二次股东会议。出发前，国务院总理周恩来和副总理陈云曾做了重要批示。

7月9日 中国交通部和捷克斯洛伐克对外贸易部在布拉格正式签订《关于经营"尤利乌斯·伏契克"轮的协定》。该协定载明，根据1953年6月11日签订的中捷发展航运的协议书，捷克斯洛伐克方面已在法国代中国购得"尤利乌斯·伏契克"轮，该轮的实际所有人为中国。本协定于中国正式将"尤利乌斯·伏契克"轮交付捷方经营之时，即1954年2月10日起生效。1954年11月中国又将"利吉柴"轮正式交付捷克斯洛伐克代营，《关于经营"尤利乌斯·伏契克"轮的协定》同样适用于"利吉柴"轮。

10月1日 中波公司在广州黄埔设立办事处。

本年 中波公司拥有船舶13艘、13.07万载重吨，完成货运量53.03万吨、货物周转量48.62亿吨海里。捷克斯洛伐克代营中方船舶2艘、1.76万载重吨，全年完成货运量9.10万吨、货物周转量8.82亿吨海里。合营公司中方自有船舶艘、8.29万载重吨，全年完成货运量35.62万吨、货物周转量33.13亿吨海里。

1956年

5月22—25日 为适应班轮代理业务的增加，中国外轮代理公司在北京召开第一次班轮工作会议。会议确定了需完成的 10 项具体任务。同年 9 月、12 月又分别召开了第二次、第三次班轮工作会议。

7 月 5 日 于眉向交通部党组上报《关于加强交通部船舶建造和远洋工作的意见》。该意见指出，积极地发展我国的远洋运输事业，已是目前我国航运事业中的迫切任务，极具政治经济意义，必须迅速加强和健全远洋运输领导机构，统一筹划远洋运输的发展和领导现有的远洋运输企业。建议立即着手建立远洋运输局，作为部属管理远洋运输工作的综合性的职能机构。该局在经费开支方面可按企业机构办理（由下属远洋运输企业负担）。意见还提出了远洋运输局的组织方案。

7—8 月 交通部撤销海运管理总局、河运管理总局，改设海河运输局。海河运输局内设远洋运输处（即外轮代理公司）。原海运管理总局局长于眉任海河运输局局长。

9 月 17 日 根据交通部关于筹办远洋班，在两年半内培养出有管理远洋运输业务能力的干部的指示，由海河运输局负责举办、交通部所属各单位选调 73 名干部参加的"远洋运输业务专修班"开学。该专修班学期两年半，以教授英语为主，并设有船舶、海港、对外贸易的组织与技术、国际结算、进出口商品学、远洋运输业务（含外轮代理业务）、船舶租赁及买卖、海商法、海上保险、航运地理及海上法规等专业课程。

10 月 29 日 因第二次中东战争爆发，苏伊士运河封闭，中波公司船舶绕道非洲南端（好望角）航行中波航线。

12 月 20 日 中华人民共和国和越南民主共和国政府在越南河内签订《关于两国海上运输的协定》及其换文。

本年 交通部海河运输局上报《关于开辟东南亚航线问题向党组的报告》，提出"可先开辟东南亚地区远洋航线，并在此基础上逐步开展远洋业务活动"的建议。

本年 中波公司拥有船舶 13 艘、13.04 万载重吨，完成货运量 60.21 万吨、货物周转量 52.79 亿吨海里。捷克斯洛伐克代营中方船舶 2 艘、1.76 万载重吨，全年完成货运量 7.89 万吨、货物周转量 7.17 亿吨海里。合营公司中方自有船舶 9 艘、8.28 万载重吨，全年完成货运量 38.00 万吨、货物周转量 33.56 亿吨海里。

1957 年

2 月 23—25 日 中国外轮代理公司在北京召开华侨航商代表座谈会。座谈会就恢复华北—新加坡—印度尼西亚间航线，开辟广州—海口—新加坡—印度尼西亚间航线，开展中转业务以及筹备成立华侨航商联络机构等问题进行了研究。

4 月 12 日 国务院总理周恩来陪同波兰政府部长会议主席西伦凯维奇赴天津视察中波公司总公司，出席公司举行的招待会，并与部分中、波职工、船员合影。

4 月 24 日 经交通部批准，中国外轮代理公司广州分公司对外改称中国外轮代理公司广州区公司，由中国外轮代理公司和华南区海运管理局双重领导，原中国外轮代理公司黄埔办事处名称不变，由外代广州区公司及港务局双重领导。广州区公司除了领导华南区各外轮代理分支机构外，还积极开展中转业务、筹办组织班轮，开辟新马班轮航线，代管中越航线，代管捷籍船舶的船员管理等工作。黄埔办事处的业务范围仅限于现场装卸管理及进出口申报手续，业务比较单纯，其他业务（如财务、计划、中转、单证及与各方面联系等项工作）均由广州区公司各组负责办理。

8月14日 交通部、对外贸易部联合发布《修改各港口出口班轮订舱工作的指示》，后又于9月20日发布《出口班轮订舱工作的联合补充指示》。据此，中国外代总公司和外运总公司制订了关于外运公司期租船在港口揽货配载工作的暂行办法（此办法于1957年12月1日起执行）。

9月8日 交通部、外贸部联合发出《关于组织利用侨商船舶问题的通知》。

9月10日 《交通部组织机构职掌编制方案（草案）》经交通部第19次和第20次部务会议通过。方案的主要内容之一是：以原海河运输局为基础，归并商务、机务、船厂、电讯、港航监督、航道等局，组成海河总局，担负海河运输方面的管理责任；将原海河运输局所属的远洋运输处改组为国际业务局，以加强远洋运输和国际联络工作。

10月29日 中国交通部代表和捷克斯洛伐克对外贸易部代表就有关两国海上运输的相互合作及发展问题进行会谈。之后，双方签订了《关于"尤利乌斯·伏契克"轮经营财务结果的议定书》，并对1955年7月9日签订的有关协定进行了修订和补充，并换文确认。

12月23日 第一届全国人大常委会第88次会议决定接受1948年伦敦海上人命安全国际会议制定的《海上避碰规则》，并作如下保留：属于中华人民共和国的非机动船舶，不受《海上避碰规则》的约束。

本年 中波公司拥有船舶16艘、16.64万载重吨，完成货运量61.59万吨、货物周转量63.12亿吨海里（包含期租船运量2.00万吨、货物周转量1.35亿吨海里）。捷克斯洛伐克代营中方船舶2艘、1.76万载重吨，全年完成货运量9.75万吨、货物周转量9.05亿吨海里。合营公司中方自有船10艘、10.08万载重吨，全年完成货运量40.54万吨、货物周转量40.61亿吨海里。

1958年

1月1日 根据交通部指示，中波公司撤销总公司政治部、分公司政治处和黄埔办事处政治组。

3月1日 交通部发出《关于颁发组织机构职掌分工试行草案的通知》。该通知指出，我部新的组织机构业已确定，自1958年2月26日起即按新机构调整组织，进行工作。在新机构中，将原海河运输局所属的远洋运输处改组，设立国际业务局（外轮代理公司），编在海河总局内。海河总局为部属一级综合性的专业总局，负责管理海运、河运、港口、航道、船厂、外轮代理、中外合营企业等单位。3月7日，中央批准于眉任海河总局局长，陈化明任国际业务局副局长。

7月3日 为加强中捷两国航运合作，将捷方代营形式改组为中、捷合营公司形式，交通部呈报国务院，陈毅副总理批示同意。

7月11日 交通部决定，国际业务局从海河总局划出，改组为由部直接领导的远洋运输局。远洋运输局（简称远洋局）是交通部直接领导下掌管全国远洋运输事业，经营远洋运输船队及办理外轮代理业务，管理对外水上运输合作企业及其他有关水上运输涉外事宜的全能局。1959 年 4 月 16 日，经国务院全体会议第 87 次会议通过，冯于九任远洋运输局局长，陈化明任副局长。

8 月 4 日 交通部下发《关于外轮代理公司体制问题》，就外轮代理公司体制问题指示：沿海各港外轮代理分公司的领导体制，实行以中央为主的双重领导：①外轮进出频繁的大连、天津、青岛、上海、汕头、黄埔、湛江等 7 个主要港口的外代分公司（10 月 25 日交通部批准再增加八所港外代分公司）的业务、财务、人事工作统由外代总公司直接管理（汕头、黄埔、湛江、八所分公司则归外代广州区公司，后改由远洋局驻广州办事处直接管理），各港则加强对各分公司日常行政与政治工作的领导，而党的组织仍由各地港务局党委领导管理；②其他各港的外代分公司一律划交各港直接管理，实行以地方为主的领导体制。

8 月 29 日 根据远洋运输业务发展的需要，交通部海河总局在南京海运工人技术学校开办远洋船员训练班，学制一年。学习结业后，人员分配到远洋船上工作。

9 月 1 日 为开辟远洋运输工作，统一管理和领导华南地区的远洋船舶与外轮代理工作，根据 8 月 4 日交通部党组会议的指示精神，远洋运输局驻广州办事处成立。

9 月 为解决运输工具不足问题，中央批准交通部用外汇购买 5.3 万吨旧货船，以发展沿海运输。到本年底，交通部仅用不到 4 个月的时间就买到旧货船 8 艘（丹麦、挪威、联邦德国和希腊旗英国船各 1 艘，香港同胞船 4 艘），共 8.1 万载重吨，为原计划的 152.6%，总金额仅用了原计划的 72.9%。

11 月 9 日—12 月 11 日 交通部与捷克斯洛伐克外贸部在北京就两国政府为进一步扩大和加强两国合作，发展海上运输等问题进行了会谈。

12 月 5—10 日 远洋局驻广州办事处在广州召开华南地区外轮代理工作座谈会，检查总结自 1953 年以来华南代理工作情况，布置 1959 年的工作任务，明确外轮代理公司体制以中央领导为主的双重领导后应注意的问题。参加会议的有黄埔、湛江、汕头、八所、海口外轮代理分公司以及香港招商局、广州外轮服务公司和中波公司黄埔办事处等单位。

12 月 6 日 远洋局向所属外轮代理公司发出《关于加强涉外人员的政治思想管理及外轮管理的指示》。

本年 中波公司拥有船舶 17 艘、17.67 万载重吨，完成货运量 78.74 万吨、货物周转量 62.79 亿吨海里（包含期租船运量 2.73 吨、货物周转量 2.02 亿吨海里）。捷克斯洛伐克代营中方船舶 4 艘、4.31 万载重吨，全年完成货运量 11.37 万吨、货物周转量 9.80 亿吨海里。合营公司中方自有船 13 艘、13.15 万载重吨，全年完成货运量 51.04 万吨、货物周转量 41.19 亿吨海里。

外代总公司组建的直属分公司已达 8 个，分别设在大连、天津、青岛、上海、广州、湛江、八所、汕头，已同 26 个国家的 101 家轮船公司建立了业务关系，其中有长期业务关系的外国班轮公司超过 35 家。

1959 年

1月1日 中国外轮代理公司黄埔办事处改称为中国外轮代理公司黄埔分公司。

1月20日 远洋局驻广州办事处根据交通部党组1月18日的指示，上报《关于开辟远洋航线的建议报告》，详细论证了开辟远洋航线的重要性和已具备的条件、开辟近洋航线和远洋航线的具体做法。

1月21日 经交通部批准，外代总公司颁发《中国外轮代理公司代理业务章程》，自1959年2月16日起施行，原1955年1月1日颁发的《中国外轮代理业务章则》和《代办代理外轮供应办法》同时废止。

1月21日 远洋局发出《关于开办在职干部政治轮训班的通知》。该通知指出，远洋局所属外轮代理业务和远洋系统（包括中波公司中方人员），现共有在职干部约500余人，其中留用人员约占总人数的一半，干部的政治状况和思想状况与远洋运输业务涉外面广、情况复杂、政策性强等特点极不相适应。为改变这种状态，经报交通部部长批准，决定在交通部北京干部学校开办在职干部政治轮训班。1960年1月上旬，第一期政治轮训班结业。

2月21—27日 交通部在北京召开外轮代理公司经理及人事干部会议。会议分析研究各外轮代理公司人员的组织、思想情况，布置整顿组织的工作。3月27日，交通部党组发出《关于对外轮代理公司进行组织整顿的意见》。中共中央交通工作部于4月1日发出《关于注意领导外轮代理公司组织整顿工作的通知》，肯定并转发了这个意见。

3月9日 中国和捷克斯洛伐克两国全权代表在布拉格签订《关于成立国际海运公司的协定》及《关于共同经营捷克斯洛伐克国际海运股份公司的协议》。按照新签订的协定，中捷合作的捷克斯洛伐克国际海运股份公司于1959年4月1日在布拉格成立并正式开展业务活动。

3月24日 交通部党组关于悬挂中国国旗船舶航行国外问题的报告呈报给国务院和党中央。报告从国家外贸、外援对运输的需求逐渐增大，而中国对外海运物资绝大部分靠租用外轮和利用外国班轮运输的现实情况出发，从政治、经济两方面具体阐述了建立中国自己的远洋船队的必要性和可行性。报告还详细阐明悬挂国旗航行的安全问题和有关航线（港口）、船舶、船员、代理、公司组建步骤等方面的可行性，最后提出对外经营拟用中国远洋运输公司名义。1959年3月31日及4月4日，国务院副总理陈毅及华侨事务委员会主任廖承志批复交通部党组的报告，同意用自营的远洋轮船悬挂五星红旗往东南亚各国和欧洲定期航行。

4月2—16日 捷克斯洛伐克国际海运股份公司管理委员会第一次会议在布拉格召开。会议就正式成立公司管理委员会、确定公司组织机构和人员定额、确定1959年双方投入公司营运船舶及批准1959年运输财务计划等达成了协议。公司管委会由中国交通部任命的主任委员于眉和捷克外贸部任命的主任委员高浩特等6人组成；管委会任命那夫拉基尔为捷方总经理，王伏林为中方总经理；1959年双方投入公司营运的船舶为：中方原委托捷克代营的5艘船舶和捷方的1艘船舶，另外双方将于本年再各投入1艘货轮。同时，决定公司船舶以航行黑海至中国航线为主。到 1959 年底，捷克海运公司经营的船舶共 8 艘（92509 载重吨），内有干货船 7 艘、油船 1 艘，其中 6 艘属中国所有。

7 月 2 日　交通部党组《关于开辟东南亚航线选择船只等问题的请示报告》呈报国务院和党中央。8 月 8 日，国务院总理周恩来批复了这个报告并指示要积极筹备，由上海启航前再进行一次研究，然后作出决定。

8 月 22 日　国务院外事办公室批复同意交通部《为请批准派邹启安等同志赴东南亚进行航运考察》的请示。这次是以中国外轮代理公司联系业务的名义去拜访各有关航运机构，为中国船舶航行东南亚创造条件，做好准备工作。

12 月 22 日　交通部远洋局出席国务院外办研究撤侨运输问题的会议。会议对撤侨中的运输工作做了全面部署，提出了明确要求。

12 月 22 日　中国人民解放军总政治部为支援中国远洋运输事业，从军队中选调 15 名营团级干部（团级 6 名，营级 9 名）担任远洋船舶政治委员的工作。

12 月 25 日—1960 年 1 月 27 日　为开辟东南亚航线，经国务院外事办公室批准，远洋局办公室主任兼外代公司副经理刘云舟前往印度、缅甸和锡兰（今斯里兰卡）等国的主要港口进行访问，对外商做了广泛的接触，与中国驻外有关使领馆及商赞处交换了对开辟东南亚航线的意见，为中国船舶前去东南亚做了一定的准备工作。搜集的材料汇编出《东南亚地区航运情况》。

本年　中波公司拥有船舶 16 艘、16.66 万载重吨，完成货运量 77.88 万吨、货物周转量 63.60 亿吨海里。捷克斯洛伐克国际海运股份公司（以下简称捷克斯洛伐克公司）中方投入船舶 6 艘、7.10 万载重吨，全年完成货运量 19.35 吨、货物周转量 14.29 亿吨海里。合营公司合计自有船 14 艘、15.43 万载重吨，全年完成货运量 58.29 万吨、货物周转量 46.09 亿吨海里。

1960 年

1 月 1 日　远洋局决定，中波公司的中方船员由远洋局管理。

1 月 31 日　国务院批复华侨事务委员会的报告，同意购买 2 艘客轮参加接侨运输。

2 月 2 日　国务院发布《关于接待和安置归国华侨的指示》。

3 月 1 日　国务院外办批复同意交通部上报拟定的远洋船舶船上烟囱、船旗标志式样。船上烟囱标志：沿用沿海船上烟囱的图式，即红带上一颗黄星，黄星两旁各加三道二曲折水纹；船旗标志：长方形，由三个色带组成，上下用鸭蛋青色（即浅蓝灰），中间为一红带，红带上黄星与水纹图式与烟囱同，旗杆套为白色。

3 月 11 日　交通部发布《关于和平 25、58 船名的通知》，将"和平 25"轮定名为"和平""和平 58"轮定名为"友谊"。

3 月 30 日—4 月 13 日　捷克斯洛伐克海运公司管理委员会第二次会议在北京召开，公司捷方代表柏朗克尼及捷克外贸部副部长高浩特等 6 人来北京参加会议。

3 月　远洋局在广州、大连两地接收人民解放军的复员士兵 398 名。这些人员培训后分配到远洋船上工作。

6月9—23日 为适应远洋事业发展的需要，大力加强在职干部和船员的培养工作，远洋局在北京召开第一次人事工作会议，总结一年来人事工作，讨论了干部培训规划和今后工作安排。

7月1日 捷克斯洛伐克国际海运公司驻北京办事处成立。该办事处共有中方员工25人、捷方员工23人。截止到1960年底，捷克斯洛伐克海运公司已有远洋船舶10艘（106103载重吨）。

7月6日 交通部颁发《关于颁发〈船舶登记章程〉执行的指示》，决定自1960年8月1日起施行，1951年颁发的暂行章程废止。

7月22日 国家拨款以26.5万英镑购自希腊的接侨船"斯拉贝"（SLAPY）客轮在罗马尼亚康斯坦察港交接签字。该轮7月25日驶离康斯坦察，8月19日抵黄埔港。"斯拉贝"轮1930年建造，是一艘原英国皇家邮船公司的客货船，8944载重吨，载客定额653人，航速15节。

8月21日 国家拨款以17万英镑购自挪威的接侨船"西卡加"（SIGURD JARL）客轮接交签字仪式在广州举行。该船于7月1日晨由挪威卑尔根港开出，8月10日驶抵黄埔港。"西卡加"轮1942年建造，2464总吨，载客定额201人，航速13节。

8月31日 交通部就在国外设置航运干部问题致函外交部和外贸部。两部均复函同意。12月28日，国务院外事办公室首次批准外派航运干部到英国（伦敦）、印度尼西亚工作。

9月1—15日 远洋局商请广州海运局抽调各地船员36人，由远洋运输局驻广州办事处安排在"斯拉贝"轮和"西卡加"轮上工作。

9月14日 外代总公司颁发新修订的《中国外轮代理公司业务章程》，自10月1日开始施行。

11月9日 远洋局对外代广州区公司机构进行调整：外代黄埔分公司与外代广州区公司合并成立外代广州分公司，并由其直接领导外代湛江分公司。

11月28日 交通部发布《关于本部组织机构调整情况的通知》。其内容之一是撤销海河总局，新设运输总局；远洋局的调整主要是编制人数减少24%，定编为70人。

12月15日 远洋局发出《关于客轮命名的通知》，将"斯拉贝"轮定名"光华"，"南海147"轮定名"中华"，"西卡加"轮定名"新华"。至此，连同"和平""友谊"2轮，自营远洋、悬挂国旗开航的船舶已备齐（"中华"轮因性能所限，未参加远洋运输，于1962年10月7日移交给上海海运局管理）。

本年[①] 中波公司拥有船舶18艘、19.06载重吨，完成货运量77.78万吨、货物周转量69.72亿吨海里。捷克斯洛伐克公司中方投入船舶7艘、7.95万载重吨，全年完成货运量33.54万吨、货物周转量26.23亿吨海里。合营公司中方自有船16艘、14.48万载重吨（19艘、20.07万载重吨）[②]，全年完成货运量72.43万吨、货物周转量61.09亿吨海里。

远洋局及其驻广州办事处遵照国务院接侨任务的安排，通过有关方面积极筹组印尼至

[①] 1960—1965年，远洋船队只统计中远公司及合营公司中方船队的数据。
[②] 括号内的数据来源于《报送远洋系统历史统计资料》[（80）中远计字1249号]统计的远洋船队数据，下同。

中国间的客运运力，迅速集中了4艘租赁船开往印度尼西亚；又争取了苏联抽调2艘客轮支援接侨工作；还利用了一些国内外侨商及其他私商客轮接侨。为了进一步对接侨船进行管理和调度，特在办事处及时成立接侨船舶调度小组，掌握船舶动态，及时提供船舶有关资料，起到指挥船舶的作用。自1960年2月29日接侨船"美上美"轮载784名难侨从雅加达到达黄埔始，到1960年底止，在不到一年的时间里，9艘租赁船的54个艘次共接运归侨39554人（含行李10万余件），获得船舶调度、供应工作、安全措施、国外加油、财务结算、建立国外代理关系、国外港口的调研等管理远洋船的一些经验，为开辟远洋运输工作打下一定基础。

1961年

1月25日 远洋局颁发《中国远洋运输公司船舶调度通讯试行办法》。

3月2日 为适应中国对外关系日益发展和国际海上客货运输的需要，国务院批准中国自营远洋船队悬挂国旗开航，并在北京设立中国远洋运输公司，在广州设立中国远洋运输公司广州分公司。

3月8日 交通部颁发试行《远洋船员伙食标准（草案）》。

4月27日 中国远洋运输公司（简称中远公司，英文名缩写COSCO）在北京成立。公司不专设机构，与远洋局合并办公。远洋局局长冯于九兼任中远公司经理。同日，中国远洋运输公司广州分公司（以下简称中远广州分公司）在广州成立，与远洋局驻广州办事处合并办公。

4月27日 第一艘悬挂中华人民共和国国旗航行国外的"光华"轮，在黄埔港举行隆重的首次开航剪彩典礼。参加开航典礼的有陈郁、林锵云、曾生等广东省党政军、中南局、中侨委及有关单位的领导共124名及各界群众代表共1800余人。广东省副省长林锵云代表交通部，广东省委、省人民委员会致祝词。郭玉骏经理和陈宏泽船长相继讲话。广东省省长陈郁为"光华"轮悬国旗远航剪彩后，船离码头开往大壕洲锚地。刚刚出国访问归来的交通部党组成员、远洋局局长、中远公司经理冯于九赶至船上向全体船员做了重要嘱托。在锚地联检后，28日凌晨"光华"轮起航开赴印度尼西亚接运华侨。中侨委的4人工作组和交通部的3人工作组（郭玉骏、周振宇等人组成）随船前往。该轮在雅加达载归侨86人、回国艺术代表团91人、使馆人员7人，在文岛载归侨393人，共载旅客577人，于5月17日返抵黄埔。

5月20日 中远广州分公司"和平"轮悬挂五星红旗由黄埔港起航，驶往印度尼西亚。6月18日抵达缅甸仰光，开辟中国至缅甸航线，开始经营东南亚航线客、杂货运输。

6月13日 远洋局颁发试行《关于远洋船员管理工作中若干问题的规定（草案）》。

6月20日 交通部颁发《远洋船员伙食标准补充规定》。

7月4日 中远广州分公司"友谊"轮悬挂五星红旗由黄埔起航，驶往印度尼西亚、缅甸和锡兰（今斯里兰卡）等地港口。8月1日抵达科伦坡，开辟中国至锡兰航线。

7月9日 中远广州分公司"和平"轮抵达越南海防港，开辟中国至越南航线。

7月10日 国务院批准中远公司自营船队开辟新加坡航线。经过近半年的筹备，12

月29日 中远广州分公司"和平"轮自黄埔港航抵新加坡,开辟中国至新加坡航线,为进一步开辟至西亚、地中海、欧洲航线创造了条件。

7月22日 中共中央批转交通部党组《关于在交通部直属水运企业建立政治工作部门的报告》。中央批准交通部和交通部直属水运企业从上到下建立政治工作部门。对远洋运输企业的政治工作,实行以地方党委为主的双重领导体制。

8月9日 财政部、外贸部、交通部颁发《关于中国远洋运输公司费率以先令标价并暂以外币收付的联合通知》,就中远公司对国内托运部门收取运费的币制问题作出了规定。

9月1日 中国外轮理货公司成立。公司总部设在交通部海洋局理货处,分公司由当地港务局代管。

10月17日 交通部下发《颁发远洋船员职务名称及译名的通知》,统一了填写海员证中英文名称的问题。通知中确定的船员职务名称英文译名是根据国际惯例和中国实际情况而核定的。

11月15—22日 全国外轮代理工作会议在北京召开。会议着重研究外代公司贯彻中央1961年9月16日颁布的《国营工业企业工作条例(草案)》(即"工业七十条")精神和在外代系统开展企业整顿问题,并安排1962年的工作。

12月26日 中国政府全权代表孙大光(交通部副部长)和阿尔巴尼亚政府全权代表契尔科(交通部第一副部长)在北京签订《关于组织中阿轮船股份公司的协定》。

12月31日 中远广州分公司"光华"轮自黄埔驶抵也门荷台达,运送中国援助也门公路工程技术人员和援建物资,首次完成援外运输任务,并开辟了中国至红海的西亚航线。

本年 中国远洋运输公司及其远洋船队创建的第一年。中远广州分公司拥有2艘货船("和平""友谊",1.28万载重吨)和2艘客船("光华""新华",0.98万载重吨),合计2.26万载重吨、985个载客量(客位),完成货运量8.84万吨、货物周转量1.11亿吨海里,完成客运量2.24万人次、旅客周转量0.10亿人海里。

中波公司拥有船舶18艘、18.83万载重吨,完成货运量81.02万吨、货物周转量72.05亿吨海里。捷克斯洛伐克公司中方投入船舶7艘、7.95万载重吨,全年完成货运量37.53万吨、货物周转量27.85亿吨海里。合资公司合计自有船16艘、17.37万载重吨,全年完成货运量78.04万吨、货物周转量63.88亿吨海里。

年末,远洋运输船队拥有船舶20艘、19.63万载重吨(25艘、22.99万载重吨),全年货运量86.88万吨、货物周转量64.98亿吨海里,客运量2.24万人次、旅客周转量0.10亿人海里。中远船舶开辟了5条中国至东南亚航线,挂靠①6个国家和地区的14个港口。

1962年

1月12日 经国务院批准,中波公司配备中国船员的船舶开始航行华北港口。

---

① 根据《报送远洋系统历史统计资料》[(80)中远计字1249号]的统计数据,在中远成立前的1960年,远洋船舶抵达欧洲1个国家的1个港口,如果按此计算,后续所有的国家和港口数加1即可。

1月13日　中国、阿尔巴尼亚两国代表研究制定的《中阿轮船股份公司章程》开始生效。

1月15日　交通部党组批准远洋局成立政治处。其主要任务是：负责远洋船舶上的思想政治工作；管理属于局管范围内的干部和有关涉外政策方面的事宜。

2月24日　中波公司总公司自天津迁址至上海。

3月1日　中波公司原设在北京的总公司代表改为中波公司北京代表处。

4月2日　中阿轮船股份公司（简称中阿公司）正式成立。总公司设在阿尔巴尼亚都拉斯市，分公司设在中国广州市。该公司中方总经理由董华民担任。

4月30日　中远公司在波兰格但斯克船厂接收新建造的"国际"号货轮。这是中国第一次在国外接收的新船。5月1日，"国际"轮悬挂五星红旗从波兰格但斯克港启程回国。途中湾靠比利时安特卫普、英国伦敦和摩洛哥达尔贝达等港口装货，于6月15日安抵黄埔港。该船成为悬挂中国国旗开辟西欧、西北非至中国航线的第一艘货轮。"国际"轮在黄埔卸完货后，即遵照中央决定，于1962年7月4日正式移交给中阿轮船股份公司营运。

6月20日　中远广州分公司"光华"轮从黄埔港载客371人、杂货287吨，经新加坡开往科伦坡。这是新中国成立以来，首次以不定期客货班轮方式经营客货运输业务。

10月18日　中远广州分公司"星火"轮从湛江港起航去亚丁、埃及、苏丹等国港口，开辟了中国至北非航线。

11月7日　中远广州分公司"和平"轮载援助几内亚的15名专家和2900吨建设物资，从黄埔港起航，经红海、地中海进大西洋，于1962年12月30日首航驶抵几内亚科纳克里港，开辟了中国至西非航线。

本年　中远广州分公司新增两艘万吨级货船，拥有货船3艘、2.40万载重吨，客船2艘、0.98万载重吨，合计共有船舶5艘、3.38万载重吨、1095个载客量（客位），共完成货运量13.83万吨、货物周转量3.24亿吨海里，完成客运量2.41万人次（其中远洋客运量0.17万人次）、旅客周转量0.11亿人海里。

中波公司拥有船舶20艘、20.94万载重吨，完成货运量62.44万吨、货物周转量64.67亿吨海里。捷克斯洛伐克公司中方投入船舶7艘、7.95万载重吨，全年完成货运量33.72万吨、货物周转量25.74亿吨海里。中阿公司拥有船舶3艘、2.94万载重吨，完成货运量6.11万吨、货物周转量4.08亿吨海里。合营公司自有船19艘、19.89万载重吨，全年完成货运量68.00万吨、货物周转量60.11亿吨海里。

年末，远洋运输船队拥有船舶24艘、23.27万载重吨（31艘、27.00万载重吨），全年货运量81.83万吨、货物周转量63.35亿吨海里，客运量2.41万人次，其中远洋客运量0.17万人次，旅客周转量0.11亿人海里。中远船舶已航行亚、非、欧15个国家和地区的26个港口。

1963年

1月23日　远洋局颁发《关于自营船舶承运我国驻外使领馆行李、包裹及零星物品暂行办法》。

2月6日　国务院副总理陈毅、邓子恢在公安部和广州市领导的陪同下登上"光华"

轮视察，并与船员合影留念。而后陈毅填词一首《满江红·参观光华海轮》：

中国海轮，第一次，乘风破浪。所到处，人民欢喜，吾邦新创。海运百年无我份，而今奋起多兴旺。待明朝舰艇万千艘，更雄放。守纪律，好榜样；走私绝，负时望。真英雄风格，人间天上。载运友谊驰四海，亚非欧美波涛壮。看东方日出满天红，高万丈。

2月15日 交通部党组、外交部党委联合颁发《关于远洋船舶政委在我驻外使领馆阅读文件听取传达报告的办法》。

2月23日 叶剑英元帅在广东省领导的陪同下视察"光华"轮，并与船员合影留念。

2月26日 中远广州分公司"新华"轮运送151名阿尔巴尼亚实习生驶抵都拉斯港，开辟了中国至地中海的南欧航线。

3月9日 中远广州分公司"友谊"轮驶抵叙利亚拉塔基亚港，开辟了中国至地中海的西亚航线。

3月26日 中国政府全权代表黄华和加纳共和国政府全权代表伊·克·本沙签订两国政府海运协定。

3月28日—4月2日 远洋局召开远洋工作座谈会。会议学习讨论了交通部党组提出的发展远洋运输工作的方针：决定逐步发展自营船队，调整和巩固合营船队，合理租船和适当利用侨资班轮，以便更好地为中国对外贸易、对外活动和国民经济建设服务。会议还就远洋船队经营方式、发展规划、航线安排、干部和船员培训等问题提出了建议和措施。

4月1日 交通部党组向国务院副总理李富春、薄一波上报《关于远洋运输工作的报告》，汇报了1962年远洋运输工作概况和1963年工作安排。

4月11日 交通部决定由上海海运管理局筹组中国远洋运输公司上海分公司，负责经营中日航线。

4月12日 中远广州分公司"光华""新华"两轮抵达印度马德拉斯港，接运大批华侨回国，开辟了中国至孟加拉湾（南亚）航线。

4月27日 远洋局颁发《中日航线自营远洋船调度通讯暂行办法》。

4月30日 中国建造的第一艘万吨级远洋货船"跃进"轮于15时58分从青岛港起航驶往日本门司港，担负首次开航日本的任务。5月1日13时45分航行至韩国济州岛西南海域（北纬32度7分、东经125度11分）时，左舷擦触苏岩暗礁，机舱迅速进水，至17时10分全船沉没。全体船员59人在船沉没前于14时20分弃船登上救生艇，在海上漂流至5月2日0时20分，遇日本渔船"对马丸"和"壹岐丸"获营救，19时30分登上前往营救的中国人民解放军海军"211"护卫舰返回上海。

5月27日 为接受"跃进"轮触礁沉没事件的沉痛教训，交通部召开紧急电话会议，重申了船舶航行的"十不开航""五不拖带""十四项注意"。

6月12日 交通部向国务院上报《关于调查"跃进号"货轮遇难事件的报告》。6月19日，交通部部长王首道报送《关于"跃进号"货轮沉没事故的检查报告》；8月1日，交通部上报《关于建议给予"跃进号"事件有关人员适当处分的请示报告》（国务院于1964

年2月批复）。

6月19日 远洋局发出《关于安全生产的紧急指示》，根据交通部紧急电话会议对安全工作的要求，结合远洋实际情况具体规定了远洋船舶开航前的"十二查"和航行中船员应做到的"十二保证"。

6月 中远公司接收"劳动"轮。

7月5日 远洋局颁发《涉外人员守则》。

7月29日 中侨委和交通部发出关于奖励"光华""新华"两轮船员的联合通知，决定以中侨委和交通部名义奖励全体船员，并授予"光华"轮锦旗。

8月19—20日 奖励"光华""新华"两轮船员的授奖大会分别在湛江和黄埔召开。湛江授奖大会上，由广东省副省长、广州市市长曾生代表中侨委和交通部向"光华"轮颁发题词为"侨胞之友"的锦旗。黄埔授奖大会上，由远洋局副局长（中远公司副经理）张致远代表中侨委和交通部向"接侨优秀工作者"颁发奖状和奖品。并对参加接侨的船员授予物质奖。

8月20日 中波公司在越南海防港设代表处（1978年12月3日，海防代表处中止工作）。

9月27日 鉴于远洋船员在国外港口与家庭通信问题没有统一规定，经交通部批准，远洋局颁发《远洋船员在国外港口收寄家信试行办法》。办法规定，船员可以在国外口岸收寄家信。

10月11日 中远广州分公司"和平"轮抵西哈努克港，开辟了中国至柬埔寨航线。

10—12月 中远广州分公司"光华"轮接运中国、朝鲜、越南三国运动员抵印度尼西亚雅加达，参加第一届新兴力量运动会。

11月20日 国务院总理周恩来亲自批准交通部《关于开辟中朝、中日海运航线问题的请示报告》。报告提出了筹建中远上海分公司的建议。

12月13日 中央批转交通部、外贸部、财政部、中国人民银行党组《关于利用香港银行客户存款发展我国远洋航运问题的请示报告》。这一报告的贯彻实施，开拓出了一条具有中远特色的贷款买船、单独核算、利用所得利润还本付息、实行滚动发展中国远洋船队的新路，后来概括为16个字：贷款买船，负债经营，赢利还贷，自我发展。

11月7日 国务院批准交通部成立北方区海运管理局。该局为统一管理北方航区部属各港航企业、工业企业和其他有关企业、事业的联合企业。

12月31日 交通部颁发《关于试行远洋船舶携带文件、资料的暂行规定》。

本年 中远广州分公司拥有货船4艘、3.44万载重吨，客船1艘、0.89万载重吨，合计共有船舶5艘、4.33万载重吨、载客量（客位）771个。全年完成货运量12.72万吨、货物周转量5.16亿吨海里，完成客运量0.38万人次、旅客周转量0.11亿人海里。

中波公司拥有船舶19艘、20.29万载重吨，完成货运量76.78万吨、货物周转量76.52亿吨海里。捷克斯洛伐克公司中方投入船舶7艘、7.95万载重吨，完成货运量33.18万吨、货物周转量24.99亿吨海里。中阿公司拥有船舶2艘、2.44万载重吨，完成货运量10.02万吨、货物周转量4.24亿吨海里。合营公司拥有自有船18艘、19.32万载重吨，全年完成货运量76.58万吨、货物周转量65.37亿吨海里。

年末，远洋运输船队拥有船舶 23 艘、23.66 万载重吨（36 艘、33.13 万载重吨），全年货运量 89.30 万吨、货物周转量 70.53 亿吨海里，客运量 0.38 万人次、旅客周转量 0.11 亿人海里。中远船舶已航行 19 个国家和地区的 32 个港口。

1964 年

1 月 国务院总理周恩来在访问阿尔巴尼亚期间，接见了靠泊在都拉斯港的"星火"轮船员，并和船员进行了亲切的交谈。

2 月 27 日 交通部发出《关于建立中国远洋运输公司上海分公司机构的通知》。通知指出，根据国务院总理周恩来对交通部 1963 年 11 月 12 日关于开辟中朝、中日海运航线问题的请示报告的批示，决定在上海建立中国远洋运输公司上海分公司，以承担中朝、中日海运航线的货运任务。该公司成立后，暂由上海海运管理局负责领导管理。

4 月 1 日 中国远洋运输公司上海分公司（简称中远上海分公司）在上海市中山东一路 5 号成立，宋涛任经理、党委书记。4 月 22 日，交通部决定该公司在上海海运管理局全面领导下进行运输生产管理工作。

4 月 8 日 交通部下发《关于安排远洋船员中的党员在公休待派期间的政治生活的意见的通知》。

4 月 22 日 交通部下发关于远洋船舶携带武器问题的批复，决定对自营船舶配备适量的自卫武器。

5 月 15 日 中远广州分公司"和平"轮首航驶抵桑给巴尔港，开辟中国至桑给巴尔的东非航线。6 月 20 日，首航驶抵坦噶尼喀（今坦桑尼亚）的达累斯萨拉姆港，开辟中国至坦噶尼喀的东非航线[①]。"和平"轮在桑给巴尔期间，受到卡鲁姆副总统的热情接见。

5 月 21 日 国务院批准交通部《关于中朝、中日海运航线、航行方案及护航措施的报告》和《关于开辟中朝、中日海运航线准备工作及首次试航的请示报告》。

5 月 23 日 交通部政治部批复同意在远洋局设政治部下设组织科、宣传科、干部科和办公室。

5 月 26 日 中国第一次派出 46 名船员去荷兰鹿特丹港接运从挪威购买的"曙光"轮，接收后即改悬中国国旗，由中远广州分公司经营管理。

6 月 1 日 交通部决定将上海海运管理局所属南京海运技工学校划归远洋局领导。

6 月 3 日 国务院外事办公室副主任廖承志在北京接见中远上海分公司"燎原""和平 60 号"两轮船员，并做了讲话。

6 月 10 日 中远公司和朝鲜对外运输会社签订《关于海上运输的议定书》，远洋局副局长（中远公司副经理）王伏林代表公司在议定书上签字。

6 月 12 日 中远上海分公司"和平 60 号"轮从上海首航朝鲜，于 6 月 15 日抵达朝鲜南浦港。这是中远上海分公司开辟的第一条国际航线。

---

① 1964 年 10 月 29 日，桑给巴尔和坦噶尼喀联合组成坦桑尼亚联合共和国。

6月18日 中远上海分公司"燎原"轮由青岛港首航赴日。先后在日本门司、东京、神户三港装卸货物，7月9日返抵上海。

6月24日 交通部发布《关于改进远洋船员工资标准的指示》，从而建立了中国远洋船员工资制度。

8月12日 远洋局决定，"南京海运技工学校"改名为"南京远洋技工学校"。

9月3日 交通部、外交部联合颁发《关于远洋船舶在国外港口挂旗的规定》。

10月2日 中国和刚果共和国（布拉柴维尔）在北京签订了海运协定，交通部部长孙大光在协定上签字。

10月13日 中远上海分公司"燎原"轮在日本神户港首次承运由日本进口维尼龙成套设备318件，计710.4吨（其中超重、超长大件29件）。23日抵达天津新港。

10月15日 远洋局政治部决定所属单位按不同情况建立政治部（处），下设处（科），并明确了编制定员。

11月24日 国务院总理周恩来根据中央决定，指示将中远新购的"曙光"轮无偿赠予阿尔及利亚，并指示：一定要做好交接工作，交出最好的船。

12月7日 远洋局向交通部上报《1964—1966年远洋船舶发展规划及1965年的船员安排意见》。

12月下旬 中远广州分公司利用银行贷款购进"黎明"轮，成为中国首家利用银行贷款发展远洋船队的公司。

本年 中远广州分公司拥有货船7艘、7.44万载重吨，客船1艘、0.89万载重吨，合计共有船舶8艘、8.33万载重吨、载客量（客位）771个。全年完成货运量16.41万吨、货物周转量9.59亿吨海里，完成客运量0.09万人次、旅客周转量0.01亿人海里。中远上海分公司共有货船8艘、6.24万载重吨，全年完成货运量28.6万吨、货物周转量1.9亿吨海里。

中波公司拥有船舶19艘、20.29万载重吨，完成货运量80.32万吨、货物周转量78.89亿吨海里。捷克斯洛伐克公司中方投入船舶7艘、7.95万载重吨，完成货运量42.20万吨、货物周转量27.11亿吨海里。中阿公司拥有船舶2艘、2.44万载重吨，完成货运量9.37万吨、货物周转量7.06亿吨海里。合资公司中方自有船18艘、19.32万载重吨，全年完成货运量87.05万吨、货物周转量70.09亿吨海里。

年末，远洋运输船队拥有船舶34艘、33.68万载重吨（56艘、51.76万载重吨），全年货运量132.06万吨、货物周转量81.58亿吨海里（151.00万吨、货物周转量90.70亿吨海里）[①]，客运量0.09万人次、旅客周转量0.01亿人海里。中远船舶已航行28个国家和地区的52个港口。

1965年

1月1日 交通部决定中远上海分公司为上海轮船公司内部独立经济核算企业，在体

---

① 括号内数据来源于《报送远洋系统历史统计资料》[（80）中远计字1249号]，包括租船运量，下同。

制上直属北方区海运管理局领导。

1月12—20日 远洋局召开船员工作会议，进一步落实1965—1966年两年船员发展计划，并提出培训措施。

1月15日 经交通部党委决定，中波公司政治处改为政治部。12月18日，交通部政治部通知撤销政治部，成立党委办公室。

2月24日 中国政府赠给阿尔及利亚的中远广州分公司所属1.3万载重吨的"曙光"轮在阿尔及尔港正式移交。

2月27日 为了加强集体领导，统一管理远洋政治和业务工作，交通部党委决定远洋局在局党委未成立前，先成立由5人组成的党的领导小组代行党委职权。张致远任组长，臧智、叶伯善任副组长。

3月27日 国务院总理周恩来在访问阿尔巴尼亚期间，接见了靠泊在都拉斯港的"友好"轮、"黎明"轮和在"法罗那"轮工作的中远广州分公司船员，和船员进行了亲切的谈话并合影留念。

4月27日 "星火"轮驶往西非象牙海岸（今科特迪瓦）的阿比让港。

4月30日 交通部颁发《海图作业试行规则》和《航海日志记载试行规则》。

5月7日 远洋局发出《关于加强船员培训工作的通知》，决定成立船员培训办公室，并明确了其领导关系和主要任务。

5月22日 中远广州分公司"光明"轮驶往帕利斯港，开辟了中国—法国航线。

5月27日 中远广州分公司"黎明"轮从地中海过土耳其海峡抵达罗马尼亚的康斯坦察港，开辟了黑海航线。

6月22日 交通部党委决定远洋局成立党委，由张公忱任书记，张致远、叶伯善任副书记。同时，远洋局党的领导小组即予撤销。

7月中旬 经交通部批准，北京市人事局同意，远洋局在京招收应届毕业生30名，入交通部干部学校学习外语及航运业务，学制2年。

8月23日 交通部决定将香港招商局改由远洋局直接领导，同时，将设在广州的"政策研究室"改称为"中远广州分公司第三室"。

9月1日 交通部决定中波公司混合配备中波船员的6艘船舶中的3艘改悬中国国旗，全部配备中国船员，将船名更改为"嘉定""松江"和"崇明"。另3艘继续悬挂波兰国旗，全部配备中国船员。

9月9日 交通部决定将"南京远洋技工学校"改名为"南京远洋海员学校"。

10月5日 中远广州分公司"星火"轮驶往蒙巴萨港，开辟了中国—肯尼亚航线。

10月12日 交通部批准撤销"交通部远洋局驻广州办事处"，统一使用"中远广州分公司"的机构名称。

10月12日 交通部政治部批复在远洋局政治部下设组织处、宣传处、保卫处和办公室。

10月12日 中国运输总公司正式成立，为当时中国最大的汽车运输企业。

11月5日 中远广州分公司"星火"轮驶往卡拉奇，开辟了中国—巴基斯坦（南亚）航线。

11月9日 交通部颁发《远洋船舶首次开航暂行规定》。

本年 中远广州分公司拥有货船 13 艘、14.68 万载重吨，客船 1 艘、0.89 万载重吨，合计共有船舶 14 艘、载重量 15.57 万吨、载客量（客位）653 个，全年完成货运量 38.1 万吨、货物周转量完成 20.5 亿吨海里、完成客运量 0.11 万人次、旅客周转量 0.02 亿人海里。中远上海分公司共有货船 9 艘、载重量 7.59 万吨，全年完成货运量 80.5 万吨、货物周转量 6.4 亿吨海里。

中波公司拥有船舶 19 艘、20.29 万载重吨，完成货运量 81.59 万吨、货物周转量 78.04 亿吨海里。捷克斯洛伐克公司中方投入船舶 7 艘（1965 年初，中方在册船舶为 7 艘，5 月份起陆续交回 4 艘自营，至年终剩 3 艘）、7.95 万载重吨，全年完成货运量 28.85 万吨、货物周转量 18.92 亿吨海里。中阿公司拥有船舶 2 艘、2.44 万载重吨，完成货运量 9.40 万吨、货物周转量 6.44 亿吨海里。合营公司中方自有船 18 艘、19.32 万载重吨，全年完成货运量 74.34 万吨、货物周转量 61.17 亿吨海里。

年末，远洋运输船队拥有船舶 41 艘、42.85 万载重吨（63 艘、60.18 万载重吨），全年货运量 192.94 万吨、货物周转量 88.07 亿吨海里（246.00 万吨、货物周转量 127.72 亿吨海里），客运量 0.11 万人次、旅客周转量 0.02 亿人海里。中远船舶已航行 41 个国家和地区的 84 个港口。

1966 年

1 月 24 日 中远广州分公司"黄石"轮抵挪威山迪瑟约德港，开辟了中国—北欧航线。

2 月 14 日 外交部领事司向我驻外使领馆下发《关于管理我国远洋船舶和海员的情况及今后的意见》。

3 月 南京远洋海员学校接受从海军复员的 300 名班排长培养为远洋船员的任务。1967 年 1 月完成培训，全部分配上远洋船工作。

4 月 1 日 中国第一部远洋运价表颁布试行。

4 月 14 日 交通部决定恢复八所港外轮代理公司建制，直接归八所港务局领导。

4 月 22 日 中华人民共和国政府和坦桑尼亚联合共和国政府签署《谅解备忘录》，成立中国坦桑尼亚联合海运公司，由坦桑尼亚交通工程部长卢辛迪和中国特命全权大使何英签字。

4 月 29 日 中央华侨事务委员会主任廖承志接见中远即将上船赴印度尼西亚接运华侨的工作人员，并作了讲话。

5 月 6 日 国务院总理周恩来、副总理邓小平陪同阿尔巴尼亚部长会议主席谢胡在上海江南造船厂视察了中远上海分公司"东风"轮。

5 月 10 日 中远广州分公司的"劳动"和"友谊"两轮调拨给广州海运局使用。

5 月 11 日 国务院总理周恩来指示："一定要缩短南北航线"，提出"一定要确保安全"，并要求交通部尽快拟定试航方案。

5 月 16 日 交通部副部长于眉、政治部主任梅盛伟接见"光华"轮来京参加集训的船员，并作了指示。

5 月 17 日 国务院批准交通部《关于我国自营轮船开辟南北航线的请示报告》。

6月11日 国务院批准交通部、外贸部联合上报《关于购买一艘旧货船的请示》。

9月1日 远洋局发出《关于废除远洋船员航行津贴制度和实行提职不提薪的通知》。

9月14日 中远广州分公司"光华"轮再次开赴印度尼西亚接运难侨1006名。10月10日，该船安全返抵湛江。

10月13日 国务院批准交通部、华侨事务委员会联合上报的《关于购买接侨用旧客船的请示》。

11月19日 远洋局政治部召开组织部长、工会主席座谈会，就贯彻交通部召开座谈会精神及有关主要工作意见作出安排。

12月20日 捷克斯洛伐克外交部递交照会中国住捷大使馆，提出解除中国与捷克斯洛伐克共同发展海上运输的议定书和共同的国际海运股份公司的协定，中方表示同意，公司经营至1967年3月结算停业。

12月28日 远洋局召开党委扩大会，研究远洋船舶贯彻"抓革命促生产"的十条规定和开展"文化大革命"运动的问题，提出了方案并寄中远广州分公司党委征求意见。

本年 中远广州分公司拥有货船19艘、22.83万载重吨，客船1艘、0.89万载重吨，合计共有船舶20艘、23.72万载重吨、载客量（客位）653个，完成全年货运量80.80万吨、货物周转量57.10亿吨海里，完成客运量0.66人次、旅客周转量0.05亿人海里。中远上海分公司共有货船9艘、载重量7.59万吨，全年完成货运量89.10万吨、货物周转量7.50亿吨海里。租船23艘，21.31万载重吨，完成货运量44.00万吨，货物周转量33.10亿吨海里。

中波公司拥有船舶19艘、20.29载重吨，完成货运量79.48吨、货物周转量75.13千吨海里。捷克斯洛伐克公司中方投入船舶7艘、7.95万载重吨（包括自营的4艘），全年完成货运量13.56万吨、货物周转量12.44亿吨海里（3艘船的数据）。中阿公司拥有船舶2艘、2.44万载重吨，完成货运量9.86万吨、货物周转量7.61亿吨海里。合营公司中方自有船18艘、19.32万载重吨，全年完成货运量58.23万吨、货物周转量55.71亿吨海里。

年末，远洋运输船队拥有船舶70艘、71.94万载重吨，全年货运量272.13万吨、货物周转量151.52亿吨海里，客运量0.66人次、旅客周转量0.05亿人海里。中远船舶已航行45个国家和地区的111个港口。

1967年

1月16日 捷克斯洛伐克国际海运公司的"奥力克"轮、"米尔（和平）"轮、"利吉柴"轮由中远广州分公司接收后，分别改名为"临潼""无锡"和"许昌"。

2月2日 我驻法国大使馆向国内反映"南通"轮贴小字报，要求搞"文化大革命"，并拟组织革命委员会进行夺权的情况。

2月14日 "九江"轮政委高超、船长贝汉廷给交通部党委写信，汇报"九江"轮成立"群众组织"及进行串联的情况，并请示：①远洋船舶如何进行"文化大革命"；②船舶领导该如何对待这些问题；③在国外向兄弟船舶串联等具体问题该如何处理。

2月16日 交通部向中央文革小组上报《关于远洋船舶贯彻执行中央关于抓革命促生产的十条规定（草案）中的几个问题的请示》。3月3日再报补充意见，提出①在国外不能进行夺权；②船舶上的民兵组织和战备指挥系统不能打乱；③进行串联问题可以不提。意见还提出以上几点请中央一并研究决定。

3月3日 中远广州分公司由中国人民解放军海军南海舰队派出军管小组，实行军事管制。

3月6日 中共中央指示："船舶一律不要搞夺权。"

3月20日 捷克斯洛伐克国际海运股份公司宣布解散。3月24日，中捷双方代表在布拉格签署就共同经营期间遗留问题达成协议的议定书。

4月3日 交通部党委向国务院报送《关于远洋船舶"文化大革命"问题的请示》。

5月10日 国务院、中央军委发布《关于远洋船舶如何进行"文化大革命"的补充规定》，明确远洋船舶在执行任务期间，不论在国外航行或国内外港口停泊装卸时，都只正面进行"文化大革命"的教育，不搞大鸣、大放、大字报、大辩论、大串连。

5月13日 远洋局召开党委扩大会，研究深入贯彻国务院、中央军委《关于远洋船舶如何进行"文化大革命"的补充规定》问题，提出了七条意见，并派工作组赴中远广州分公司协助军管小组和分公司贯彻补充规定。

5月 交通部机关实行军事管制，组成军事管制委员会（以下简称军管会），并在远洋局派驻军代表，参加局机关的领导工作。

6月22日 中国坦桑尼亚联合海运公司（以下简称中坦公司）正式成立。总公司设在坦桑尼亚达累斯萨拉姆市。

6月22日 由于"六天战争"，（即第三次中东战争）爆发，苏伊士运河封闭，经报请国务院总理周恩来批准，中远广州分公司"无锡"轮首先绕过非洲南端的好望角安全到达西欧。

7月15日 交通部军管会发布指示：远洋船舶开展"文化大革命"要坚持正面教育，不搞"四大"，不成立各种战斗组织。船舶"文化大革命"要在分公司领导下，由船舶党支部组织实施。

9月 中远广州分公司开始为中坦公司培训坦方船员（至1969年11月共培训35人）。

本年 中远广州分公司拥有货船26艘、30.67万载重吨，客船3艘、1.83万载重吨，合计共有船舶29艘、32.5万载重吨，载客量（客位）1642个。全年完成货运量79.40万吨、货物周转量66.20亿吨海里，完成客运量0.11万人次、旅客周转量0.02亿人海里。中远上海分公司共有货船13艘、载重量10.36万吨，全年完成货运量77.80万吨、货物周转量7.00亿吨海里。租船34艘、33.70万载重吨，完成货运量45.00万吨、货物周转量32.82亿吨海里。

中波公司拥有船舶19艘、20.29万载重吨，完成货运量52.85万吨、货物周转量56.60亿吨海里。捷克斯洛伐克公司年初完成货运量3.00万吨，货物周转量2.17亿吨海里（公司于本年解散，其他数据不再统计）。中阿公司拥有船舶2艘、2.44万载重吨，完成货运量9.09万吨、货物周转量7.97亿吨海里。中坦公司有2艘船舶、2.51万载重吨，完成货运量3.11万吨、货物周转量3.79亿吨海里。合营公司中方自有船12艘、12.62万载重吨。全年完成货运量35.53吨、货物周转量36.35亿吨海里。

年末，远洋运输船队拥有船舶 88 艘、89.18 万载重吨，全年货运量 237.73 万吨、货物周转量 142.37 亿吨海里。中远船舶已航行 51 个国家和地区的 127 个港口。

1968 年

1 月 27 日　国务院批准交通部《关于恢复我船靠泊新加坡港的请示报告》。

3 月 8 日　远洋局政治部发出《关于开辟海上南北航线试航政治工作指示》。

3 月 17 日　国务院批准交通部《关于国轮开辟南北航线中有关涉外问题的请示》。

3 月 30 日　"耀华"轮从广州的黄埔港出发，运送筑路工程技术人员、医务人员共 152 人及一批物资，首航坦桑尼亚首都达累斯萨拉姆，于 4 月中旬抵达。中国驻坦桑尼亚大使馆为"耀华"轮的抵达，专门举行了招待会进行宣传。

4 月 20 日　交通部军管会颁发《关于中国远洋运输公司上海分公司领导关系问题的决定》。决定指出，自北方区海运管理局停止工作后，中远上海分公司的建制划归交通部远洋局（中国远洋运输公司），今后各项工作由远洋局领导。同时，上海分公司的"文化大革命"和"抓革命，促生产"的工作接受上海市革命委员会领导。

4 月 25 日　为开辟南北海上航线，经国务院批准，中远广州分公司"黎明"轮由湛江港起航，沿南海西部、南部边缘航行，出巴拉巴海峡，穿过苏禄海，由菲律宾棉兰老岛北端进入太平洋，再向东北驶至东经 125 度折向日本沿海，通过大隅海峡进入东海，于 5 月 8 日到达青岛港，航程 4533 海里。6 月 2 日 16 时，"黎明"轮驶离青岛港沿原线返回，航行 12 昼夜，于 6 月 14 日 17 时安全返抵湛江港。这是新中国成立后首次进行的南北海上航行。

5 月 17 日　交通部军管会发出《关于涉外单位成立革命委员会后对外名称和使用印章等问题的通知》，规定：对国外仍一律使用原单位名称和印章；需以个人名义署名对外的用行政职称。

7 月 10 日　国务院批准交通部军管会《关于我国远洋船舶如何处理偷渡问题的请示报告》。

7 月 30 日　中远广州分公司"兰州"轮船员李文尧为抢救漂走的工作艇献出年轻的生命。广东省革命委员会批准他为革命烈士。

8 月 9 日　中远广州分公司"兴宁"轮水手长吴淦波在大西洋海域遭遇大风浪时，为抢救国家财产，保证船舶安全航行献出了年轻的生命。国家内务部批准他为革命烈士。

10 月 11 日　中远上海分公司"红旗"轮从上海港启程南下，绕道台湾东部开往欧洲（于 1969 年 2 月 20 日返抵上海港）。这是新中国第一艘从上海出发经"南北航线"航行欧洲的货轮。

本年　中远广州分公司共有货船 29 艘、载重量 33.9 万吨，客船 3 艘、1.83 万载重吨，合计共有船舶 32 艘、35.73 万载重吨，载客量（客位）1642 个。全年完成货运量 80.9 万吨、货物周转量 86.9 亿吨海里，完成客运量 1.54 万人次、旅客周转量 0.09 亿人海里。中远上海分公司共有货船 12 艘、载重量 10.04 万吨，全年完成货运量 95.90 万吨、货物周转量 9.30 亿吨海里。租船 34 艘、33.65 万载重吨，完成货运量 54.00 万吨、货物周转量

43.00 亿吨海里。

中波公司拥有船舶 17 艘、18.20 万载重吨，完成货运量 50.95 万吨、货物周转量 62.9 亿吨海里。中阿公司拥有船舶 2 艘、2.44 万载重吨，完成货运量 8.08 万吨、货物周转量 11.29 亿吨海里。中坦公司有 2 艘船舶、2.51 万载重吨，完成货运量 7.37 万吨、货物周转量 10.72 亿吨海里。合营公司中方自有船 11 艘、11.58 万载重吨，全年完成货运量 33.25 万吨、货物周转量 42.46 亿吨海里。

年末，远洋运输船队拥有船舶 89 艘、91.00 万载重吨，全年货运量 264.05 万吨、货物周转量 181.66 亿吨海里，客运量 1.54 万人次、旅客周转量 0.09 亿人海里。中远船舶已航行 52 个国家和地区的 133 个港口。

1969 年

1 月 1 日 交通部撤销各业务司、局，改组成若干个"组"。其中远洋局与水运局、船检港监局、公路运输局、民间运输局合并，改为运输组。在运输组内，原远洋局副局长（中远公司副经理）董华民分管远洋运输工作。

1 月 1 日 中远广州分公司与广州海运局、广东省航运厅合并成立华南水运公司。

6 月 19 日 交通部军管会生产指挥部、中国人民银行军代表业务组联合发出通知，自 1969 年 1 月 1 日起停办自营远洋船舶的保险。

6 月 27 日 中远广州分公司"九江"轮从黄埔运载中国援建坦赞铁路第一批 19 名勘探人员前往达累斯萨拉姆，从此开始了中远长达 10 年之久的援建坦赞铁路人员与物资的专线运输。

10 月 20 日 原远洋局（中远公司）机关除留少数工作人员外，其余均下放到吉林省敦化县交通部五七干校参加劳动。

10 月 22 日 国务院批准远洋船舶正式开辟南北海上航线。

本年 中远广州分公司拥有货船 31 艘、36.32 万载重吨，客船 3 艘、1.83 万载重吨，合计共有船舶 34 艘、38.15 万载重吨，载客量（客位）1642 个。全年完成货运量 107.3 万吨、货物周转量 101.2 亿吨海里，完成客运量 1.37 万人次、旅客周转量 0.11 亿人海里。中远上海分公司共有货船 13 艘、11.47 万载重吨，全年完成货运量 121.20 万吨、货物周转量 15.00 亿吨海里。租船 44 艘、45.42 万载重吨，完成货运量 88.00 万吨、货物周转量 40.53 亿吨海里。

中波公司拥有船舶 16 艘、17.44 万载重吨，完成货运量 44.90 万吨、货物周转量 59.8 亿吨海里。中阿公司拥有船舶 3 艘、3.73 万载重吨，完成货运量 8.41 万吨、货物周转量 11.71 亿吨海里。中坦公司有 2 艘船舶、2.51 万载重吨，完成货运量 6.33 万吨、货物周转量 8.82 亿吨海里。合营公司中方自有船 11 艘、11.84 万载重吨，全年完成货运量 29.82 万吨、货物周转量 40.17 亿吨海里。

年末，远洋运输船队拥有船舶 102 艘、106.88 万载重吨，全年货运量 346.32 万吨、货物周转量 196.90 亿吨海里，客运量 1.37 万人次、旅客周转量 0.11 亿人海里。中远船舶已航行 53 个国家和地区的 143 个港口。

1970 年

1 月 国务院总理周恩来在全国计划工作会议上指示,要大力发展远洋船队,"四五"期间将远洋船队的总排水量从 110 万吨扩充到 400 万吨,中国的外贸运输要力争 1975 年改变主要依靠租用外轮的局面。

2 月 20 日 广东省华南水运公司撤销,恢复中远广州分公司建制和革命委员会,继续实行军事管制。

3 月 21 日 经国务院总理周恩来亲自批准,中远广州分公司"临潼"轮从黄埔港开出,首次驶往澳大利亚西部邦伯里港装运小麦,开辟了中国—澳洲航线。

5 月 6 日 国务院批准将外贸部在香港的远洋轮船公司按已有建制移交给交通部管理。

5 月 15 日 南京海员学校改为"船舶配件制造厂",划归中远上海分公司管理。

6 月 15 日 国务院批准交通部军管会《关于建立天津远洋分公司的请示报告》。

6 月 22 日 铁道部、交通部、邮电部(邮政部分)合并,成立新的交通部。交通部调整机构,原运输组分设为水运组、公路组。远洋划归水运组。

7 月 27 日 中国自行设计建造的中远上海分公司万吨级货船"东风"轮由上海港启航,首次驶往加拿大西海岸温哥华港运粮。

8 月 24 日 交通部决定由中远广州分公司调"江门"轮等 10 艘船给天津远洋分公司。船员按广州分公司配套办法配备,随船一并调转。

8 月 中国自行设计建造的远洋货船"向阳"轮首航驶抵利比亚港口。

9 月 8—16 日 交通部召开南北海上通航座谈会,着重研究了加强思想政治工作、调度指挥、通信联络和加强船舶在港口管理等方面的问题。

10 月 15 日 中远天津分公司在塘沽成立。公司设生产组、政工组和办事组。后经研究确定,10 月 1 日为公司正式成立之日。

10 月 16 日 为管理外贸部成建制移交的香港的远洋轮船公司及所属船舶的工作,在中远广州分公司内增设租船组(对外称租船部),负责调度指挥。

本年 中远广州分公司拥有货船 28 艘、31.99 万载重吨,客船 3 艘、1.83 万载重吨,合计共有船舶 31 艘、33.82 万载重吨,载客量(客位)1642 个。全年完成货运量 116.9 万吨、货物周转量 132.5 亿吨海里,完成客运量 1.82 万人次、旅客周转量 0.41 亿人海里。中远上海分公司共有货船 19 艘、19.56 万载重吨,全年完成货运量 102.8 万吨、货物周转量 17.9 亿吨海里。新成立的中远天津分公司共有货船 10 艘、13.73 万载重吨,全年完成货运量 1.72 万吨、货物周转量 0.74 亿吨海里。中远租船 37 艘、37.30 万载重吨,完成货运量 243.00 万吨、货物周转量 31.82 亿吨海里。

中波公司拥有船舶 16 艘、17.96 万载重吨,完成货运量 41.08 万吨、货物周转量 60.99 亿吨海里。中阿公司拥有船舶 3 艘、3.73 万载重吨,完成货运量 18.30 万吨、货物周转量 15.19 亿吨海里。中坦公司有 2 艘船舶、2.51 万载重吨,完成货运量 8.22 万吨、货物周转量 10.76 亿吨海里。合营公司中方自有船 11 艘、12.10 万载重吨,全年完成货运量 33.80 万吨、货物周转量 43.48 亿吨海里。

年末，远洋运输船队拥有船舶 108 艘、116.51 万载重吨，全年货运量 498.22 万吨、货物周转量 226.43 亿吨海里、客运量 1.82 万人次、客运周转量 0.41 亿人海里。中远船舶已航行 57 个国家和地区的 155 个港口。

1971 年

4 月 5 日　国务院总理周恩来、副总理李先念等中央领导在人民大会堂接见出席全国交通工作会议的代表，听取了有关远洋运输工作的汇报，并作了重要指示。

5 月 15 日　交通部发布《关于今后新上船的远洋船员实行统一工资标准等问题的通知》。

6 月 29 日　国务院副总理李先念在北京接见参加中波公司成立 20 周年庆祝活动的波兰政府代表团，称赞 20 年来双方合作得很好。

6 月　经毛泽东圈阅，国务院批准外交部、外贸部、交通部《关于国轮开辟南美洲航线的请示》。

7 月 1 日　根据交通部、中国人民银行总行和外贸部联合作出的决定，中远公司试行修订后的新运价表。

7 月 16 日　中远上海分公司"红旗"轮从大连港开出，首航智利，开辟了中国至南美洲航线。

7 月 29 日　中远广州分公司"黎明"轮担负执行运送支援智利救灾物资的任务，从上海港出发。该船此行抵达智利瓦尔帕莱索港，10 月 28 日安全返抵青岛港。

12 月 27 日　交通部颁发《远洋运输船舶调度规程》。

本年　中远广州分公司共有货船 28 艘、30.65 万载重吨，客船 3 艘、1.83 万载重吨，合计共有船舶 31 艘、32.48 万吨，载客量（客位）1642 个。全年完成货运量 91.20 万吨、货物周转量 93.70 亿吨海里，完成客运量 1.65 万人次、旅客周转量 0.69 亿人海里。中远上海分公司共有货船 24 艘、25.30 万载重吨，全年完成货运量 144.20 万吨、货物周转量 51.80 亿吨海里。中远天津分公司共有货船 10 艘、13.73 万载重吨，全年完成货运量 40.90 万吨、货物周转量 46.69 亿吨海里。中远租船 46 艘、50.12 万载重吨，全年完成货运量 474.00 万吨、货物周转量 143.28 亿吨海里。

中波公司拥有船舶 17 艘、19.49 载重吨，完成货运量 43.33 万吨、货物周转量 64.90 亿吨海里。中阿公司拥有船舶 3 艘、3.73 万载重吨，完成货运量 12.80 万吨、货物周转量 16.87 亿吨海里。中坦公司有 2 艘船舶、2.51 万载重吨，完成货运量 7.42 万吨、货物周转量 7.60 亿吨海里。合营公司中方自有船 11 艘、13.85 万载重吨，全年完成货运量 31.78 万吨、货物周转量 44.69 亿吨海里。

年末，远洋运输船队拥有船舶 122 艘、135.48 万载重吨，全年货运量 782.08 万吨、货物周转量 380.16 亿吨海里，客运量 1.65 万人次、旅客周转量 0.69 亿人海里。中远船舶已航行 61 个国家和地区的 176 个港口。

1972年

2月3日 国务院副总理李先念等领导批准《交通部、财政部关于恢复远洋船舶保险的请示》。

2月24日 国务院批准交通部《关于重新组建中国远洋运输总公司的请示》。

3月22日 中国人民保险公司、交通部水运组联合发出《关于远洋船舶投保的通知》。

4月20日 中国和斯里兰卡两国政府在科伦坡签订联合海运航线协议。

5月22日 国家计委向国务院上报《关于使用银行外汇贷款购买远洋轮船的报告》，经批准同意，决定1972年由银行贷款买船80~100万吨（20世纪50年代建造的占65%，60年代建造的占35%）。

5月 中国远洋运输总公司筹备组开始办理重新组建公司的工作，由张公忱主持筹建工作。

7月7日 交通部党的核心小组决定中国远洋运输总公司成立临时党委，由7人组成。杨炯任书记（未到职即返回军队工作），张公忱任副书记。

8月22日 根据中国、菲律宾两国红十字会安排，中远上海分公司"安亭"轮从上海起航。29日，该船首抵菲律宾的马尼拉港，运送救灾物资2104吨。

9月12日 交通部发布《关于重新组建中国远洋运输总公司的通知》。通知指出，经国务院批准，组建中国远洋运输总公司（以下简称中远总公司），作为交通部直属企业单位，同时亦作为中国外轮代理总公司（以下简称外代总公司）。中远总公司设在北京，于10月1日起正式办公，张公忱任经理。

11月4日 中远总公司颁发《关于调度业务工作上的几点意见》。

11月13—28日 交通部远洋工作会议在北京召开。会议充分肯定了远洋工作的成绩，分析了当前的形势和存在的问题，着重研究了加强船员培训的工作。同时，与会人员就经营管理、业务建设和远洋船队建设的其他有关问题交换了意见。会议期间，粟裕到会作重要讲话。交通部副部长于眉就远洋工作的形势、任务讲了话；对外经济联络部副部长韩宗正作国际形势和援外工作的报告。

11月9日 中远总公司提出《关于加强远洋船员培训工作的几点意见》。

11月29日 国务院、中央军委批准交通部《关于解决远洋船员问题的请示》，明确需从军队选调的政工、航海、机电干部和水兵由交通部与总政、海军直接商办。

12月13日 交通部决定将大连港务局所属的大连海运学校自1973年1月1日起移交给中远总公司领导管理。

12月16日 中远总公司发出《关于选送复员士兵去大连海运学校学习报务的通知》，共招生80人，其中内招40人，学制为1年。

12月20日 中远总公司发出《关于选送复员士兵去大连海运学校学习的通知》，共内招驾驶、轮机、船电200人。

本年 中远广州分公司共有货船34艘、39.03万载重吨，客船3艘、1.83万载重吨，合计共有船舶37艘、40.86万载重吨，载客量（客位）2303个。全年完成货运量103.70万吨、货物周转量103.80亿吨海里，完成客运量1.58万人次、旅客周转量0.76亿人海里。

中远上海分公司共有货船 28 艘、30.82 万载重吨，全年完成货运量 158.00 万吨、货物周转量 52.30 亿吨海里。中远天津分公司共有货船 16 艘、21.95 万载重吨，全年完成货运量 53.33 万吨、货物周转量 60.18 亿吨海里。中远租船 92 艘、107.40 万载重吨，全年完成货运量 623.30 万吨、货物周转量 225.26 亿吨海里。

中波公司拥有船舶 16 艘、18.47 万载重吨，完成货运量 50.26 万吨、货物周转量 68.20 亿吨海里。中阿公司拥有船舶 3 艘、3.73 万载重吨，完成货运量 9.79 万吨、货物周转量 14.55 亿吨海里。中坦公司有船 3 艘、3.72 万载重吨，完成货运量 8.00 吨、货物周转量 9.34 亿吨海里。合营公司中方自有船 11 艘、12.96 万载重吨，全年完成货运量 34.03 万吨、货物周转量 46.05 亿吨海里。

年末，刚重组的中远总公司的远洋运输船队拥有船舶 184 艘、213.99 万载重吨，全年货运量 972.06 万吨、货物周转量 487.33 亿吨海里，客运量 1.58 万人次、旅客周转量 0.76 亿人海里。中远船舶已航行 67 个国家和地区的 204 个港口。

1973 年

1 月 1 日 大连海运学校移交中远总公司直接管理。

1 月 10 日 交通部向各远洋分公司发出《关于部队支援 1000 名远洋船干部的分配问题的通知》。

2 月 15 日 中远总公司发出《关于接收退伍水兵及办理落户手续的通知》。共计划接收 3000 人，其中广州分公司 1800 人、上海分公司 680 人、天津分公司 520 人。

2 月 16 日 中远总公司党委向交通部党的核心小组呈送《恢复交通部远洋运输局，同时又是中远总公司和外代总公司》的报告。

2 月 28 日 中国人民保险公司、中远总公司联合下发《关于国轮索赔暂行办法》。

3 月 1 日 经交通部同意，中远总公司决定在青岛新建一所海运中专学校，并成立了驻青建校工作组。

3 月 3 日 中远广州分公司"前进"轮首次靠泊马来西亚巴生港。

3 月 8 日 交通部批准恢复 1970 年停办的南京远洋海员学校，并改名为南京海员学校。

3 月 9 日 中远总公司向各远洋公司发出《关于安排好退伍水兵的培训工作的通知》。

3 月 12 日 根据交通部指示，中远总公司的运输、基建统计报表由部计划统计局统一归口改为由中远总公司汇总上报。

3 月 30 日 中远总公司决定选送 700 名退役士兵去长江航运管理局所属河校代为培训。

4 月 13 日 中国人民银行和交通部批准中远总公司《关于 1973 年购买远洋船舶外汇贷款计划的报告》，拟购买 100 万吨船。

4 月 20—29 日 中远总公司在北京召开政工座谈会。会议交流了政治工作情况，研究加强领导班子建设、开展工业学大庆运动和党支部建设等工作。

5 月 15 日 中远总公司设租船处（对外称租船部），撤销广州租船组；各外代分公司设置租船管理机构。

5月19日　中远总公司党委由经理张公忱兼任书记，朱诚烈、叶伯善任副书记。

6月5—15日　中远总公司在北京召开船员培训会议，部署下半年培训任务。

6月28日　中远总公司向交通部上报《关于修改远洋船员航行补贴的报告》，提出克服平均主义现象，根据船员职务与工种的不同，适当划分等级的意见方案。

6月30日　中远广州分公司"昌都"轮在上海举行中国、斯里兰卡联合海运航线首航仪式。7月1日，该船由上海起航开往科伦坡港。

7月26日　中远总公司向交通部上报《关于1973年上半年买船、接船和船队增长情况的报告》。

7月30日—8月11日　中远总公司在北京召开远洋运输工作会议。会议评价了自1972年11月交通部远洋工作会议以来的成绩，分析了当前形势和存在的问题，着重研究了加强领导，鼓足干劲，挖掘潜力，提高经营管理水平和今后的任务。

8月13—23日　全国外轮代理工作会议在北京召开，研究部署了今后任务。

8月17日　中远总公司部署做好向沿海省市商调船舶技术干部到远洋船上工作。

9月11日　为参加朝鲜海州港开港仪式，中远上海分公司"淮安"轮从青岛启程，首航朝鲜海州港。

9月26日　交通部批准建立青岛海运学校。交通部同意中远总公司在青岛市25中东侧新建一所中专海运学校。学校规模1200人，设驾驶、轮机、船电三个专业。

9月29日　中远总公司党委再次向交通部党的核心小组上报《关于恢复远洋运输局的报告》，进一步分析论证了恢复远洋运输局的必要性和可行性。

10月1日　国务院科教组决定将厦门大学航海系改办为集美航海学校，并划归中远总公司管理。

10月9—15日　中国、斯里兰卡联合海运航线第一届联合委员会在科伦坡举行会议。以周秋岩副经理为团长的中远总公司代表团与斯里兰卡航运公司代表团，就联合航线的经营管理、运价、财务结算和技术性等问题交换了意见。同时，还着重协商了将中斯间联合海运航线延伸至欧洲的问题。

10月12日　交通部批准建立广州海员学校。

10月16日　"新会"轮在西沙海域触礁。10月26日，国务院批准交通部《关于"新会"轮弃船的请示报告》。

10月17—23日　中远总公司在北京召开船员培训会议，总结上半年工作，交流了"许昌"等轮的工作经验，制订了有关措施。

11月2日　中远天津分公司"祁门"轮上午从青岛港起航南下。该船经冲绳岛、台湾岛东、菲律宾北部巴布延海峡，9日下午抵新加坡，完成了南北海上新航线的试航任务。

11月5日　中远总公司在烟台召开财务工作座谈会，重点研究了水运企业财务会计核算等办法。

11月5—9日　中远总公司在北京召开供应工作会议。会议明确了统配、部管物资改由自己供应以及有关计划申请、物资分配、申请审核、组织供应、财务决算等问题。

11月22日　中远总公司上报交通部《关于调整远洋船员远航伙食标准的请示报告》，

建议伙食标准由 2.35 元（人民币）调整为 2.96 元。

11 月 22 日 交通部政治部向部直属各单位下发《关于转发中国远洋运输总公司上海分公司"东风"轮灭火抢险先进事迹的通知》。

11 月 经国家计委批准，远洋运价从 1973 年 11 月起划归交通部管理，所订运价表适用于国轮、"租船"和外贸租船。

12 月 17—26 日 中远总公司在广州召开第一次远洋机务工作会议，讨论修船方针等问题和检查远洋船舶规章制度的试行情况。

本年 中远广州分公司共有货船 51 艘、63.08 万载重吨，客船 4 艘、2.13 万载重吨，合计共有船舶 55 艘、65.93 万吨，载客量（客位）3115 个。全年完成货运量 131.70 万吨、货物周转量 124.70 亿吨海里，完成客运量 1.82 万人次、旅客周转量 0.77 亿人海里。中远上海分公司共有货船 40 艘、53.67 万载重吨，全年完成货运量 199.20 万吨、货物周转量 93.00 亿吨海里。中远天津分公司共有货船 22 艘、33.55 万载重吨，全年完成货运量 83.47 万吨、货物周转量 83.42 亿吨海里。中远租船 128 艘、155.52 万载重吨，全年完成货运量 820.14 万吨、货物周转量 340.64 亿吨海里。

中波公司拥有船舶 15 艘、17.41 万载重吨，完成货运量 46.86 万吨、货物周转量 70.70 亿吨海里。中阿公司拥有船舶 3 艘、3.73 万载重吨，完成货运量 13.14 万吨、货物周转量 14.54 亿吨海里。中坦公司有船 3 艘、3.72 万载重吨，完成货运量 10.75 万吨、货物周转量 9.07 亿吨海里。合营公司中方自有船 11 艘、12.43 万载重吨，全年完成货运量 35.38 万吨、货物周转量 47.16 亿吨海里。

年末，远洋运输船队拥有船舶 256 艘、321.10 万载重吨，全年货运量 1269.89 万吨、货物周转量 688.92 亿吨海里，客运量 1.82 万人次、旅客周转量 0.77 亿人海里。中远船舶已航行 74 个国家和地区的 245 个港口。

1974 年

1 月 14 日 中远总公司发出《关于远洋船舶航行南北海上新航线的通知》，就有关新航线、调度指挥、通信联络等问题做了规定。

2 月 1 日 外代总公司、中远总公司联合发出《关于在港船舶动态日报制度的通知》。

2 月 5 日 经国务院批准，中远总公司 1974 年度银行外汇贷款选购 100 万—120 万载重吨船。购船数量后改为 100 万—105 万吨。

2 月 17 日 山东省人民政府批准建设青岛海运学校的征地申请。同年 8 月，学校开始施工。

3 月 16 日 中远广州分公司"大安"轮自地中海回国途中，于 9 时 50 分在西沙群岛附近发现因燃油用尽而在海上漂流的台湾省"金逸升"号渔船。"大安"轮抽取自己的 3.5 吨燃油，给该船加油三吨半，于 14 时 10 分离开。这是中远船舶第一次救助台湾省渔船。

3 月 20—26 日 中远总公司在北京召开培训工作会议，总结 1973 年工作，安排 1974 年培训工作任务。交通部于眉副部长到会作了指示。

4 月 7 日 中远天津分公司"金沙"轮首航古巴共和国尼卡罗港。

4月10日 交通部政治部发出《关于1974年从部队接收远洋船政委、副政委名额的通知》，分配给中远广州分公司40个名额、天津分公司42个名额。

4月14日 中远上海分公司"建设"轮从日本名古屋港返航天津新港，因海面大风改驶日本内海，于14时48分在鸣门海峡触礁，船体断裂下沉，船货全损。中远总公司于5月20日向交通部上报《关于"建设"轮善后处理情况的报告》，并按报告中的意见进行工作。

5月7—15日 中远总公司在北京召开"租船"工作会议，讨论修订《关于"租船"管理分工办法试行草案》和《关于"租船"现场管理工作的试行办法》。上述办法于7月15日行文正式下发。

5月10日 中远天津分公司"金沙"轮首航牙买加金斯敦港。14日首航巴拿马共和国巴拿马港。

5月16日 中远总公司颁发《国外造船技术谈判和现场监造工作办法（试行条例）》。

6月5日 中远总公司经理张公忱和副经理朱诚烈、陈忠表等向交通部汇报船队发展、船员、远洋体制、船舶物料供应等方面的工作。

8月6—14日 中远总公司在大连召开了远洋船员管理工作会议，讨论了加强船员队伍的思想建设和组织建设，研究了开展定船试点工作和加强船员基地建设等问题。

9月12日 中远广州分公司"长海"轮由南海出巽他海峡，沿澳大利亚西海岸航行，穿印度洋，绕好望角，过南大西洋，插入拉普拉塔河口，首航阿根廷共和国布宜诺斯艾利斯港。

9月23日 为贯彻国务院领导对出国人员违法走私问题的批示，由中远总公司党委副书记叶伯善带领的工作组在中远上海分公司、到港船舶、上海海关及天津塘沽分关进行调查，写出了《关于上海分公司某些船员逃税走私问题的初步调查报告》，并转发上海分公司党委，提出了工作要求。

9月30日 中远上海分公司国产船"风庆"轮由罗马尼亚返抵上海港，"'四人帮'在上海组织大型欢迎仪式，并借国产船远航成功一事，歪曲事实，大造舆论，污蔑国务院、交通部不支持国内造船，热衷于买船，是'崇洋媚外'、投降卖国"。随后，他们根据诬告材料捏造罪名，将交通部派到"风庆"轮工作的李国堂、顾文广等人拒绝参与这种"批判"的正当行为定性为"反动政治事件"。这就是所谓的"风庆轮事件"。

10月1日 交通部党的核心小组决定恢复远洋运输局，为一个机构三块牌子（即远洋运输局、中国远洋运输总公司、中国外轮代理总公司）。远洋局具有行政和企业双重性质，既是部机关的一个职能部门，又是部属全能性的企业机构。其编制属于企业，不占部机关行政编制，其经费由企业开支。

10月6日 中远总公司向交通部报送《关于9月以来连续发生事故的检查报告》。

10月上旬 中远总公司在机关礼堂内举办远洋干部英语培训班，中远各分公司及总公司机关共13人参加学习，学期一年。

11月2日 中远天津分公司"盐亭"轮首航丹麦王国哥本哈根港。

11月13日 中日海运协定在东京签字，外交部副部长韩念龙和日本外务次官东乡文彦分别代表本国政府在协定书上签字。这是继中日贸易协定、航空协定之后的第三个中日政府间协定。

11月21日　中远上海分公司"江城"轮首航卡塔尔国多哈港。

11月27日　远洋局批准中远广州分公司"光华"轮退役报废。

12月6日　中坦公司"亚非"轮首航沙特阿拉伯吉达港。

12月17日　中远广州分公司接收广州造船厂建造的第一艘万吨级货船"辽阳"轮，并投入使用。

本年　中远广州分公司共有货船73艘、139.47万载重吨，客船4艘、2.13万载重吨，合计有船舶77艘、141.60万载重吨，载客量（客位）3386个。全年完成货运量285.10万吨、货物周转量218.90亿吨海里，完成客运量1.53万人次、旅客周转量0.77亿人海里。中远上海分公司共有货船59艘、82.45万载重吨，全年完成货运量322.10万吨、货物周转量133.20亿吨海里。中远天津分公司共有货船35艘、63.18万载重吨，全年完成货运量169.95万吨、货物周转量87.12亿吨海里。中远租船121艘、148.00万载重吨，全年完成货运量929.58万吨、货物周转量314.41亿吨海里。

中波公司拥有船舶17艘、20.43万载重吨，完成货运量47.80万吨、货物周转量67.00亿吨海里。中阿公司拥有船舶3艘、3.73万载重吨，完成货运量14.85万吨、货物周转量11.38亿吨海里。中坦公司有船4艘、4.99万载重吨，完成货运量9.95吨、货物周转量8.91亿吨海里。合营公司中方自有船12艘、14.58万载重吨，全年完成货运量36.30万吨、货物周转量43.65亿吨海里。

年末，远洋运输船队拥有船舶304艘、449.81万载重吨，全年货运量1743.03万吨、货物周转量797.28亿吨海里，客运量1.53万人次、旅客周转量0.77亿人海里。中远船舶已航行81个国家和地区的294个港口。

1975年

1月4—16日　中远总公司党委在北京召开扩大会议，回顾总结了1974年的工作，部署1975年四项重点工作。党委书记张公忱代表总公司党委作了题为《端正思想政治路线，坚持社会主义方向》的发言。交通部副部长于眉到会讲话。

1月7日　远洋局颁发《远洋船舶电台工作实施细则》。

1月11日　根据交通部的决定，中远总公司调拨远洋船给上海海运局6艘、广州海运局8艘。

1月13—18日　中远广州分公司船舶服务员（后任管事）万腊苟和中远上海分公司船长冯瑞云分别当选为第四届全国人民代表大会代表。

2月1日　远洋局颁发《关于营运外汇管理使用的补充规定》。

3月5—11日　远洋局在北京召开远洋船员培训工作会议，就如何抓好1975年培训工作交换了意见。交通部部长叶飞和副部长于眉、马耀骥、陶琦在会上作了指示。

4月3日　交通部发出《关于在远洋航线上试行成组运输的通知》。

4月4—10日　远洋局在北京召开远洋运输生产会议。会议总结1974年运输生产和政治思想工作情况，研究抓好1975年远洋运输生产的措施。会议期间，还召开了关于"租船"安全生产问题的座谈会。

4月5日 远洋局上报交通部《1976—1985年远洋运输事业10年规划》。

5月12日 远洋局政治部发出《关于继续深入开展工业学大庆运动的通知》。

5月15日 中远上海分公司"衡水"轮首航越南岘港。

5月27日 交通部部长叶飞在中远上海分公司"风光""丰城"两轮船员自己修船的《简报》上批示:"要表扬和提倡船员这种爱护船只的精神,特别是自己动手维修的精神,能自己修的就要自己动手修。号召船员既要学会开船,又要学会修船,精益求精,做到小修不进厂,经过一两年或两三年的努力,是可以办到的"。

5月28日 中远广州分公司与广东省中山县革命委员会签订《关于"光华"轮报废处理的协议》。

6月5日 苏伊士运河当局正式宣布运河重新开放,中远天津分公司"海门"轮于当日第一批通过运河。

6月28日 交通部发布《关于成立中国远洋运输总公司大连、青岛分公司的通知》。

6月30日 中远广州分公司"丹湖"轮投入营运。该轮载重量108036吨,是当时全国最大的油轮,也是最大的船舶。

7月21—29日 中远总公司在北京召开远洋运价工作座谈会。会议讨论《远洋货运运价管理办法》和《中国远洋货运定价本》第二号修订本,提出了修改意见。

7月26日 远洋局发出《关于印发上海工作组整理的"船舶自修保养大有可为"材料的通知》,要求所有远洋船舶都要发动群众,自己动手维修保养船舶。

8月2日—9月18日 中远广州分公司"耀华"轮先后出租承运"日本友好东北信越农民之船"访华团和"日本友好神奈川县青年之船"访华团,共接运旅客891人。这是新中国成立后远洋客轮第一次驶达日本。

10月10日 远洋局颁发《关于增加外汇收入,节约外汇支出的几项措施》。

10月11日 交通部船检港监局和远洋局联合颁发《关于远洋船员考核和职务证书签发暂行办法》

10月17—26日 中远总公司党委在北京召开远洋政工会议,集中研究了加强远洋船员队伍的革命化建设问题。

11月3日 远洋局发出《关于加强海员证管理工作的通知》。

11月5日 中远总公司决定,建立青岛远洋运输分公司(以下简称中远青岛分公司)筹备组(该筹备组也是总公司在青岛港的现场管理工作组),建立中远大连分公司筹备组(该筹备组也是中远总公司在大连的现场管理工作组)。

11月6—14日 中远总公司在上海召开第二次机务工作会议。会议总结宣传了"风光""丰城"两轮开展船员自修、进坞不进厂的经验。

12月21日 中远广州分公司"太湖"轮自波斯湾满载返航途中,在榆林港东南120海里的海面上营救了因触礁沉没而遇难的9名日本渔民。

12月31日 中远总公司政治部制订《1976、1977两年远洋船舶政工干部规划》。

本年 中远广州分公司共有货船85艘、196.79万载重吨、客船3艘、1.24万载重吨,合计有船舶 88 艘、198.03 万载重吨，载客量（客位）2733 个。全年完成货运量 663.30 万吨、货物周转量 329.50 亿吨海里，完成客运量 1.14 万人次、旅客周转量 0.55 亿人海里。中远上海分公司共有货船 69 艘、92.63 万载重吨，全年完成货运量 410.10 万吨、货物周转量 166.60 亿吨海里。中远天津分公司共有货船 44 艘、97.53 万载重吨，全年完成货运量 312.84 万吨、货物周转量 142.61 亿吨海里。中远租船 115 艘、133.00 万载重吨（116 艘，134.4 万载重吨），全年完成货运量 997.86 万吨、货物周转量 261.73 亿吨海里。

中波公司拥有船舶 18 艘、21.94 万载重吨，完成货运量 59.19 万吨、货物周转量 76.60 亿吨海里。中阿公司拥有船舶 3 艘、3.73 万载重吨，完成货运量 11.01 万吨、货物周转量 12.70 亿吨海里。中坦公司有船 4 艘、4.99 万载重吨，完成货运量 11.86 万吨、货物周转量 10.32 亿吨海里。合营公司中方自有船 12.5 艘、15.33 万载重吨，全年完成货运量 41.03 万吨、货物周转量 49.81 亿吨海里。

年末，远洋运输船队拥有船舶 329 艘、536.52 万载重吨，全年货运量 2425.13 万吨、货物周转量 950.25 亿吨海里，客运量 1.18 万人次、旅客周转量 0.57 亿人海里。中远船舶已航行 87 个国家和地区的 327 个港口。

1976 年

2 月 26 日　香港招商局负责人郭玉骏向交通部汇报买船问题，交通部部长叶飞、副部长曾生同意提出的买船计划。

3 月 10 日　中远总公司党委向交通部报送《关于"银湖"轮在沿海海域排污的检查报告》。

3 月 26 日　远洋局向交通部领导上报《关于安排生产集装箱的请示》的签报。

3 月　遵照国务院副总理王震在交通部召开的接收海军退伍水兵座谈会上的指示，远洋局接收复退水兵领导小组在海军各舰队的配合下，共选接了退伍水兵 4695 名。

4 月 12 日　远洋局召开接船和船员工作座谈会，传达了国务院和交通部领导关于不再买船的指示，局党委提出了 1976 年接船任务的调整、招收船员、加强船员培训以及船员定船工作的意见。

5 月 3 日　青岛海运学校根据中远总公司"边建设、边办学"的要求，首次接受了 300 名学生的培训任务。

6 月 1 日　根据中坦公司 1975 年第 9 届董事会议决议，中坦公司在北京设立办事处。

6 月 11 日　远洋局发出《关于远洋船员实行职称统一的通知》，拟定了新的中、英文的船员职称，将随新海员证的启用换发。

7 月 1 日　中远青岛分公司正式成立。远洋局决定青岛海运学校、青岛物资供应站和青岛远洋船员基地的教育生产和行政业务工作由中远青岛分公司领导与管理。

7 月 26 日　经交通部批准，中远广州分公司 12 名女船员上"辽阳"轮工作。这是新中国第一批远洋货轮女船员。

8 月 5 日　中日两国政府代表在日本东京签署关于互设民间海运办事处的协议。

8 月 25 日　《中日海运业务换文》在东京签字。日本政府代表团团长中江要介和中国政府代表团团长张公忱出席签字仪式。此换文对1974年11月13日签订的《中日海运协定》正式予以确认，并决定互设民间海运办事处。

8月31日 经交通部批准，中远上海分公司11名女船员上"风涛"轮工作。这批女船员于9月21日至10月31日完成了首航日本的任务。

9月12日 中远总公司机关部分机构调整，将计划财务分开，设立财务处、计划处；航运、商务分开，设立航运处、商务处；设立安监室；政治部设办公室。

9月27日 国务院副总理李先念在批示中指出，远洋运输，我们还没有成熟的经验，发生一些缺点是难免的。但是，一定要不断总结经验，不断提高我们的本领，把这方面的工作组织得更好。怕的就是满足于现状，怕的就是有关部门各搞各自的一套，搞本位主义，置国家整体事业于不顾。应当顾全大局，通力协作，一点私心杂念也不能有。有本位主义就是党性不强。总之我们要坚决坚持自力更生，爱护我们自己的事业，一定把远洋船队建设好，不是一般的好而是要很好、很好，像个社会主义国家船队的样子。这就要进行党的路线教育，要学理论，要学技术。不只少数技术人员学，而且是全体同志都要学点技术。要真学不是假学，不是半真半假的学。另外，远洋船舶到外国，要节约现汇，除必须用的以外，不能乱用一个美元。要当建设社会主义的勤俭的事业人员，不要当败家子。

9月 中远总公司政治部编发《远洋船舶涉外工作文件汇编》，共收录文稿27件。

10月7日 中远天津分公司"金湖"轮在济州岛附近救获一韩国少年。10月15日，韩国红十字会代表被救者的家属和韩国人民向中国油轮的人道主义帮助致深切的谢意。

11月 中远广州分公司"大安"轮从法国装运广州石油化工总厂的大型尿素合成塔，重达350吨，长35.7米，直径3.5米，装船后，安全航行8000多海里，于1977年3月1日抵黄埔港并顺利卸下。

本年 中共中央副主席李先念在一个批示中提到远洋运输事业："总之，我们要坚持自力更生，爱护自己的事业，一定要把远洋船队建设好，不是一般的好，而是要很好、很好，像个社会主义国家船队的样子。"

中远广州分公司共有货船112艘、226.14万载重吨，客船3艘、1.24万载重吨，合计有船舶115艘、227.38万载重吨，载客量（客位）2733个。全年完成货运量697.8万吨、货物周转量304.40亿吨海里，完成客运量0.95万人次、旅客周转量0.31亿人海里。中远上海分公司共有货船82艘、116.93万载重吨，全年完成货运量494.50万吨、货物周转量178.20亿吨海里。中远天津分公司共有货船54艘、114.56万载重吨，全年完成货运量350.12万吨、货物周转量147.88亿吨海里。中远租船82艘、89.34万载重吨，全年完成货运量795.50万吨、货物周转量192.70亿吨海里。

中波公司拥有船舶18艘、21.94万载重吨，完成货运量64.82万吨、货物周转量74.63亿吨海里。中阿公司拥有船舶3艘、3.73万载重吨，完成货运量10.19万吨、货物周转量9.67亿吨海里。中坦公司有船4艘、4.99万载重吨，完成货运量13.74万吨、货物周转量11.24亿吨海里。合营公司中方自有船13艘、15.33万载重吨，全年完成货运量44.38万吨、货物周转量47.77亿吨海里。

年末，远洋运输船队拥有船舶346艘、563.54万载重吨，全年货运量2382.30万吨、货物周转量 870.95 亿吨海里，客运量 0.95 万人次、旅客周转量 0.31 亿人海里。中远船舶已航行 90 个国家和地区的 348 个港口。

1977 年

1 月 1 日 遵照中波海运公司股东会议第 13 次例会的决定，中波公司对外名称改为"中波轮船股份公司"。公司烟囱标志为黄底宽红带上并排书写黄色"C"字和白色"P"字。

1 月 22 日 中远总公司政治部《远洋政治工作》第 2 期，刊载了交通部大批判组撰写的《一出反革命闹剧——"四人帮"炮制"风庆轮问题"的真相》批判文章及《人民日报》编者按。

1 月 25—31 日 中远总公司、中国人民保险公司和船舶检验局在北京召开远洋船舶入级、保险工作座谈会。会议主要研究远洋船舶入级、保险等有关涉外工作。

1 月 25 日—2 月 3 日 远洋局召开远洋系统财务工作座谈会，就进一步增收节支、加强企业经济核算以及建立、健全合理的规章制度提出了措施要求。

2 月 18 日 远洋运输局向国家计委、财政部报送《关于远洋船队经营情况的报告》。

2 月 20 日 阿尔巴尼亚国家航运公司所属"地拉那"轮首航驶抵上海港。

3 月 1 日 中远总公司决定将"华山"轮调拨给大连海运学校作为实习船，改名"青海"。该船由大连海运学校接收，中远天津分公司代管。

3 月 12 日 中远总公司政治部印发《远洋船舶外事工作事例汇编》。

4 月 1 日 交通部调整远航线远洋船员伙食标准，改按每人每日人民币 2.8 元，试行。

4 月 3—13 日 中远总公司在北京召开远洋运输工作会议。会议传达学习了中央工作会议文件，揭发批判"四人帮"篡党夺权祸国殃民以及破坏远洋运输事业的罪行，传达交通部部长叶飞在全国交通工作会议上的报告，讨论了 1977 年远洋运输工作任务。交通部副部长彭德清、曾生先后到会作了指示。

4 月 12 日 远洋局提出 1977 年贷款买船和接船方案。

5 月 25 日 远洋局发出《关于进一步加强船舶医疗卫生工作的通知》，就保障广大船员的身体健康提出了要求。

6 月 7—14 日 远洋运输局在广州召开船舶保险工作座谈会，会议简要总结了 1972 年以来船舶保险工作情况，研究了加强保险工作的措施。

6 月 12 日 交通部召开关于应用滚上滚下集装箱船的研讨会。会议根据叶飞部长的指示，在曾生副部长的主持下有 11 个局、院的领导及有关人员共 20 余人参加。会后，交通部组成了交通部开展集装箱运输的领导小组和办事机构。

6 月 21 日—年底 中远青岛分公司共接进由中远广州分公司等单位调拨的散装船 21 艘。

7 月 15 日 交通部再次调整远洋船员伙食标准，明确远航线改按每人每日人民币 3.1 元、近航线改按 2.5 元执行。

7 月 16—25 日 中远上海分公司召开"工业学大庆"会议。中远总公司党委书记兼总经理张公忱、副总经理陈忠表出席大会。会议制订出《学大庆规划》和《大庆式船舶标准》。

7月28日　中远广州分公司的国产船"揭阳"轮于3月首航西欧,挂靠新加坡、汉堡、伦敦、鹿特丹等8个港口,航行20600海里,于本日安全返抵黄埔港。

7月28日　中远总公司发出《物资管理暂行办法》和《船舶物料供应定额》的通知。

7月30日　远洋局发出《关于加强油轮管理的几个问题的通知》。

8月11日　中远总公司政治部发出《远洋船员拒腐蚀永不沾事迹的通报》。综合报道部分船舶和船员的先进事迹。

8月17日　中远总公司编发《船舶安全生产管理制度汇编》。

8月19日　中远总公司党委发出《关于认真学习"丰城""耀华""金湖"轮先进事迹,积极开展工业学大庆运动的通知》。

9月19日　经交通部批准,中远总公司决定将退出营运的"海智"轮交集美航海学校,作为直观教学基地使用。

9月　中远上海分公司开始经营上海—西欧、上海—日本杂货班轮运输。

10月7日　中远总公司党委分别作出关于李国堂和顾文广问题的决定。决定指出,总公司政治部组织处副处长李国堂和宣传处干部顾文广于1974年4月至9月随"风庆"轮远航工作期间的所谓错误,纯系"四人帮"及其余党的阴谋陷害。李国堂、顾文广在船期间是对"四人帮"及其余党进行斗争的,对李国堂、顾文广在船工作期间的一切诬陷不实之词均应推翻,并恢复李国堂、顾文广的名誉。

10月20日　中远上海分公司"汉阴"轮从日本装货返航,在大连港外于雾中航行,与香港"凯歌"轮碰撞,导致沉没。

10月28日　远洋局发出《关于当前船员医疗保健工作情况和今后意见》,就加强对船舶医疗卫生和船员保健工作的领导以及充分发挥现有医疗机构和技术设备的能力等方面提出要求。

10月　中远广州分公司"桂阳"轮船员许土芬在阿尔巴尼亚都拉斯港患胃出血症,国家主席华国锋亲自批准同意派医生出国抢救。国家副主席李先念、国务院副总理余秋里等中央领导人也做了指示,表示赞同。

11月1—5日　中远总公司在北京召开学校工作座谈会,研究讨论教育革命和学校建设等方面的问题。

11月12日　中远总公司决定将"延河"轮交青岛海运学校作为实习船。

11月21日　中远总公司党委成立落实政策办公室,抓落实干部政策的工作,以贯彻落实中央的重要指示,彻底肃清林彪、"四人帮"极左路线的流毒和影响。

12月3日　赤道几内亚总统马西亚斯登上抵达该国巴塔港的中远上海分公司"永明"轮进行了2小时的"工作性访问",向船员表示欢迎和问候,并同船长、政委等进行了友好谈话。

12月13日　中远总公司党委发出《关于认真做好大庆式企业(船舶)检查评比和验收工作的通知》,并附发《中国远洋运输总公司大庆式船舶标准(试行)》。

12月15日　中远广州分公司"松林"轮安装使用"MX1112"卫星导航仪。

本年　中远广州分公司共有货船119艘、207.33万载重吨、客船3艘、1.24万载重吨,合计有船舶122艘、208.57万载重吨,载客量(客位)2733个。全年完成货运量

788.90万吨、货物周转量348.40亿吨海里，完成客运量2.38万人次、旅客周转量0.21亿人海里。中远上海分公司共有货船99艘、152.93万载重吨，全年完成货运量662.80万吨、货物周转量229.10亿吨海里。中远天津分公司共有货船66艘、125.70万载重吨，全年完成货运量407.34万吨、货物周转量155.34亿吨海里。刚成立的中远青岛分公司拥有货船21艘、62.00万载重吨，完成货运量52万吨，货物周转量23.60亿吨海里。中远租船83艘、88.70万载重吨，全年完成货运量597.76万吨、货物周转量138.52亿吨海里。

中波公司拥有船舶20艘、25.09万载重吨，完成货运量64.30万吨、货物周转量73.05亿吨海里。中阿公司拥有船舶3艘、3.73万载重吨，完成货运量11.41万吨、货物周转量10.23亿吨海里。中坦公司有船4艘、4.99万载重吨，完成货运量13.34万吨、货物周转量7.61亿吨海里。合营公司中方自有船14艘、16.91万载重吨，全年完成货运量44.53万吨、货物周转量45.45亿吨海里。

年末，远洋运输船队拥有船舶405艘、654.99万载重吨，全年货运量2553.33万吨、货物周转量940.41亿吨海里，客运量2.38万人次、旅客周转量0.21亿人海里。中远船舶已航行96个国家和地区的390个港口。

1978年

1月1日 根据交通部决定，中远大连分公司（筹备组）和上海海运局大连分局合并，定名为大连海运管理局，归交通部远洋局领导。

1月23日 交通部党组决定派陈新丰主持远洋运输总公司党委工作，任命林默之为远洋运输总公司党委副书记。

2月15日 远洋局向外代各分公司发出《关于"租船"确保安全运输生产的通知》。

2月26日 中远上海分公司船长黄渭臣当选为第五届全国人民代表大会代表。

2月28日 教育部批准集美航海学校改建为集美航海专科学校。

2月28日 中远总公司召开调配船员会议，决定由中远广州分公司调出20套船员班子给中远青岛分公司。

3月3日 远洋局发出《关于对远洋船员普遍进行体格检查的通知》，决定今后每年对上船的船员普遍进行体检一次。

4月4日 国家劳动总局同意交通部从海军接收2000名水兵，充实交通系统航运企业（包括中远总公司和中波公司）所需人员。

4月8日 中远上海分公司"团结"轮在驶往日本横滨途中的洋面上发生火灾，由于自救不力，导致中上层建筑、机舱上部及部分货物烧毁。4月20—23日交通部在上海召开"团结"轮失火现场会，交通部部长叶飞、副部长彭德清出席。

4月11日 中远总公司决定聘请在沪退休船员组成上海船舶技术指导小组，由总公司直接领导。

4月17日 交通部批准南京海员学校由技工学校改为中等专业学校（县团级），由中远总公司直接领导。

5月31日　远洋运输局发出《关于推广"合理配载科研成果"的意见》。

6月15日　中远广州分公司"明华"轮由黄埔港起航去越南接运难侨回国。

6月17日　远洋局发出《关于实行远洋船舶定编定员的通知》。

6月24—26日　中远总公司在广州分公司"松林"轮召开"MX1112"卫星导航仪使用情况汇报会，并研究了适当引进新技术的意见。

7月6日　中远总公司党委表彰"汉川"轮第8航次由联邦德国汉堡港装运大型成套设备、钢材和化纤共8638吨、18453立方米至塘沽新港，并给予该轮全体船员2500元人民币的奖励。

7月17日　邮电部、交通部联合行文下发《关于开辟日本、西欧航线海运邮路由我远洋班轮承运出口国际邮件的通知》。

7月19日　远洋局颁发《船舶实行航次经济核算试行办法》。

7月22日　远洋局颁发《远洋运输船舶试行奖励办法》。

7月28日　交通部批复同意中远总公司成立科研办公室，定为处级机构。

8月1日　中远总公司政治部发出《关于加强信访工作的通知》。

8月21日　中远总公司和罗马尼亚海运公司签订《关于开辟班轮航线的协议》。

9月9日　经交通部批准，在原中远天津分公司业余宣传队的基础上正式建立远洋文艺演出队（亦称宣传队），建制属中远天津分公司，驻天津塘沽。

9月19—22日　中远总公司在北京召开电信业务座谈会，主要研究报务人员的技术业务培训与考核，以及尽早开通单边带高频无线电话等问题。

9月23日　远洋局和政治部联合发出《关于认真做好学大庆先进船舶检查评比和验收工作的通知》。

9月26日　中远上海分公司"平乡城"轮装载着162个国际标准集装箱从上海起航，驶往澳大利亚悉尼港。这标志着中远集装箱运输的正式开始。

9月27日　阿尔巴尼亚外交部照会中国驻阿使馆，单方宣布自即日起废除中、阿两国政府于1961年12月26日签订的《关于组织中阿轮船股份公司协定》。我外交部于10月10日复照阿驻华使馆，中国政府被迫同意结束中阿轮船公司业务。该公司于12月25日解决公司财产分配问题之后宣告解散。

9月　远洋局与丹麦宝隆洋行签订了《丹麦宝隆洋行向中国远洋运输公司提供技术帮助的协议》。

10月4日　根据总公司与丹麦宝隆洋行签订的《提供技术帮助协议》精神和要求，中远上海分公司党委决定成立由15人组成的专家工作组。

10月12日　交通部批复同意大连和青岛海运学校由大连海运局、中远青岛分公司分别领导改为中远总公司分别直接领导。

11月中旬　中远总公司派出代表庄岩、刘国元，参加在瑞士日内瓦召开的联合国国际货物多式联运公约第一期会议。

11月30日　中远总公司党委发出通知，要求各中远分公司在1979年培养选配150套接船班子、抓紧船舶技术干部培训的同时，认真抓好政工干部的培训和选拔。

本年 中远广州分公司共有货船 138 艘、255.6 万载重吨，客船 3 艘、1.24 万载重吨，合计有船舶 141 艘、256.84 万载重吨，载客量（客位）2733 个。全年完成货运量 847.30 万吨、货物周转量 377.30 亿吨海里，完成客运量 0.32 万人次、旅客周转量 0.09 亿人海里。中远上海分公司共有货船 115 艘、187.2 万载重吨，全年完成货运量 867.5 万吨、货物周转量 295.70 亿吨海里。中远天津分公司共有货船 82 艘、149.49 万载重吨，全年完成货运量 536.13 万吨、货物周转量 211.22 亿吨海里。中远青岛分公司拥有货船 27 艘，80.20 万载重吨，完成货运量 409.70 万吨、货物周转量 169.00 亿吨海里。刚成立的大连海运管理局拥有船舶 21 艘、8.50 万载重吨，载客量（客位）7688 个。全年完成货运量 213.85 万吨、货物周转量 5.42 亿吨海里，完成客运量 129.26 万人次、客运周转量 1.42 亿人海里。中远租船 111 艘、157.1 万载重吨，全年完成货运量 741.14 万吨、货物周转量 237.91 亿吨海里。

中波公司拥有船舶 21 艘、26.46 万载重吨，完成货运量 70.88 万吨、货物周转量 81.43 亿吨海里。中坦公司拥有船 4 艘、4.99 万载重吨，完成货运量 12.59 万吨、货物周转量 7.68 亿吨海里。合营公司中方自有船 13 艘、15.73 万载重吨，全年完成货运量 41.74 万吨、货物周转量 44.56 亿吨海里。

年末，远洋运输船队拥有船舶 510 艘、855.06 万载重吨，全年货运量 3657.66 万吨、货物周转量 1341.11 亿吨海里，客运量 129.58 万人次、客运周转量 1.51 亿人海里。中远船舶已航行 99 个国家和地区的 410 个港口。

年末，中远总公司共有船员 34914 人，其中技术干部船员 12042 人。

附录二　中远总公司党政领导班子组织沿革
（自远洋局成立开始）

一、1958年10月—1961年3月交通部远洋运输局

序号	姓名	职务	任职时间（年·月—年·月）
1	冯于九	远洋运输局局长	1959.4—1961.3
2	陈化明	远洋运输局副局长	1958.10—1961.3
3	张致远	远洋运输局副局长	1961.3—1961.3

二、1961年4月—1969年1月中国远洋运输公司

序号	姓名	职务	任职时间（年·月—年·月）
1	冯于九	远洋运输局局长兼中远公司经理	1961.4—1964.12
2	张致远	远洋运输局副局长（中远公司副经理） 远洋运输局（中远公司）党的领导小组组长（兼） 远洋运输局（中远公司）党委副书记（兼）	1961.4—1969.1 1965.2—1965.6 1965.6—1969.1
3	张公忱	远洋运输局（中远公司）党委书记	1965.6—1967.5
4	王伏林	远洋运输局副局长（中远公司副经理）	1962.11—1964.8
5	臧　智	远洋运输局副局长（中远公司副经理） 远洋运输局（中远公司）党的领导小组副组长	1964.11—（1970.5离任） 1965.2—1965.6
6	叶伯善	远洋运输局（中远公司）政治部主任 远洋运输局（中远公司）党的领导小组副组长兼政治部主任 中远公司（远洋运输局）党委副书记兼政治部主任	1964.12—1965.2 1965.2—1965.6 1965.6—1969.1
7	董华民	远洋运输局副局长（中远公司副经理）	1965.10—1969.1
8	张亚平	远洋运输局（中远公司）政治部副主任	1964.12—（1970.5离任）
9	袁之平	远洋运输局副局长（中远公司副经理）	1967.4—1969.1
10	周延瑾	远洋运输局（中远公司）副总工程师	1965.9—1969.1

三、1969 年 1 月—1972 年 6 月远洋运输局（中远公司）

领导班子成员先后有一部分调任交通部军管会生产组、政工组工作，部分调离远洋，部分在交通部"五七干校"。

四、1972 年 7 月—1977 年 12 月中国远洋运输总公司

序号	姓名	职　务	任职时间（年·月—年·月）
1	张公忱	中远总公司经理、党委副书记 中远总公司经理、党委书记 中远总公司经理（远洋运输局局长）、党委书记	1972.7—1973.5 1973.5—1974.9 1974.10—1977.12
2	朱诚烈	中远总公司副经理 中远总司副经理、党委副书记 中远总公司副经理（远洋运输局副局长）、党委副书记	1972.7—1973.5 1973.5—1974.9 1974.10—1977.12
3	叶伯善	中远总公司党委副书记兼政治部主任 中远总公司（远洋运输局）党委书记兼政治部副主任	1972.7—1974.9 1974.10—1977.12
4	袁之平	中远总公司副经理 中远总公司副经理（远洋运输局副局长）	1973.4—1974.9 1974.10—1977.12
5	周秋岩	远洋运输局（中远总公司）负责人	1972.7—1977.12
6	江　波	中远总公司副经理 中远总公司副经理（远洋运输局副局长）	1973.4—1974.9 1974.10—1977.12
7	陈梦琦	中远总公司副经理 中远总公司副经理（远洋运输局副局长）	1973.4—1974.9 1974.10—1977.12
8	陈忠表	中远总公司负责人、副经理（远洋运输局副局长）	1974.10—1977.12
9	周延瑾	远洋运输局（中远公司）副总工程师	1972.10—1977.12
10	马　骏	中远总公司政治部副主任 中远总公司（远洋运输局）政治部副主任	1972.7—1974.9 1974.10—1977.12
11	许文洋	中远总公司政治部副主任 中远总公司（远洋运输局）政治部副主任	1973.4—1974.9 1974.10—1977.12

五、1978 年 1 月—1979 年 6 月中国远洋运输总公司

序号	姓名	职　务	任职时间（年·月—年·月）
1	陈新丰	主持中远总公司（远洋运输局）党委工作	1978.1—1979.6
2	张公忱	中远总公司经理（远洋运输局局长）、党委书记（1978年1月后不主持党委工作） 调交通部工作	1978.1—1979.6 （1979.8）
3	林默之	远洋运输局（中远总公司）党委副书记	1978.1—1979.6

续上表

序号	姓名	职务	任职时间（年·月—年·月）
4	朱诚烈	中远总公司副经理（远洋运输局副局长）、党委副书记	1978.1—1979.6（1980年离任）
5	叶伯善	中远总公司（远洋运输局）党委副书记兼政治部主任	1978.1—1979.6
6	袁之平	中远总公司副经理（远洋运输局副局长）	1978.1—1979.6
7	周秋岩	远洋运输局（中远总公司）负责人 远洋运输局副局长（中远总公司副经理）	1978.1—1979.2 1979.3—1979.6
8	江 波	中远总公司副经理（远洋运输局副局长）	1978.1—1979.6
9	陈梦琦	中远总公司副经理（远洋运输局副局长）	1978.1—1979.6
10	陈忠表	中远总公司副经理（远洋运输局副局长）	1978.1—1979.6
11	郑宗远	中远总公司副经理（远洋运输局副局长）	1978.9—1979.6
12	贾力平	中远总公司（远洋运输局）负责人	1978.9—1979.6
13	高亚行	中远总公司副经理（远洋运输局副局长）	1979.6—1979.6
14	周延瑾	远洋运输局（中远总公司）总工程师	1978.1—1979.6
15	马 骏	中远总公司（远洋运输局）政治部副主任	1978.1—1979.6（1979年11月离任）
16	许文泮	中远总公司（远洋运输局）政治部副主任	1978.1—1979.6
17	詹尖锋	中远总公司（远洋运输局）政治部副主任	1979.6—1979.6

注：1. 名录中任、离职时间原则上以上级发出的任免通知文件或机构调整变化的时间为准，不以实际到、离任时间计算。
   2. 1969年1月机构调整变化后，部分领导成员担任交通部军管会生产组或政工组工作的未予列入。
   3. 1961年4月—1982年9月前兼任远洋运输局或中远总公司职务的，其兼职机构及职务名称加括号以示区别。
   4. 名录中少数人离职时间跨出该届上限年度的，则加括号予以区别。
   5. 名录中的排列顺序基本上以上级发出的任命通知文件为准。

附录三 中远系统荣获国家、省（市）、部级、中远总公司表彰的先进个人名录

1950年

姓名	原单位职务	荣誉称号	授予机关（方面）
方枕流	大连航务局副处长（原招商局"海辽"轮船长，后调入中波公司）	全国劳动模范	政务院
张桂运	沈铁大连港站会计员（后调入中远大连分公司）	辽宁省劳动模范	辽宁省总工会

1955年

姓名	原单位职务	荣誉称号	授予机关（方面）
王定法	华南海运管理局水手（后调入中远大连分公司）	省工矿交通运输乙等劳动模范	广东省
林万骙	上海海运局"和平号"轮轮机长（后调入中远上海分公司）	市级劳动模范	上海市
赵永喜	大连海运管理局轮机长（后调入中远大连分公司）	全国交通航运系统先进生产者	交通部
宁树德	原单位不详（后调入中远广州分公司）	省劳动模范	广东省
李宝赓	原单位不详（后调入中远广州分公司）	省劳动模范	广东省
梁益友	原单位不详（后调入中远广州分公司）	省劳动模范	广东省

1956年

姓名	原单位职务	荣誉称号	授予机关（方面）
孔钦祥	上海海运局"民主3号"轮轮机长（后调入中远上海分公司）	全国先进生产者 全国交通航运系统先进生产者	国务院 交通部

续上表

姓名	原单位职务	荣誉称号	授予机关（方面）
何昌毓	上海海运局"中兴10号"轮生火工（后调入中远广州分公司）	全国先进生产者 全国交通航运系统先进生产者	国务院 交通部
方枕流	中波公司黄埔办事处主任（后调入中远大连分公司）	全国先进生产者	国务院
戴金根	长江航运管理局轮机长（后调入中远广州分公司）	全国先进生产者 全国交通航运系统二等先进生产者	国务院 交通部
罗烈芳	长江航运管理局三副（后调入中远广州分公司）	全国先进生产者 全国交通航运系统二等先进生产者	国务院 交通部
李宝赓	华南区海运管理局轮机长（后调入中远广州分公司）	全国先进生产者 全国交通航运系统二等先进生产者	国务院 交通部
王定法	华南区海运管理局水手（后调入中远广州分公司）	全国先进生产者 全国交通航运系统二等先进生产者	国务院 交通部
林万骙	上海海运局"和平"号轮机长（后调入中远上海分公司）	市级先进生产者	上海市
张顺法	上海船舶修造厂工段长（后调入中远上海分公司）	市级先进生产者	上海市
乐福堂	华南区海运管理局大管轮（后调入中远广州分公司）	全国交通航运系统二等先进生产者	交通部
何柱浦	原单位不详（后调入中远广州分公司）	全国交通航运系统二等先进生产者	交通部
梁益友	原单位不详（后调入中远广州分公司）	全国交通航运系统三等先进生产者	交通部
吴少华	交通部航务工程总局定额科科员（后调入中远上海分公司）	全国交通航运系统先进生产者	交通部
臧维宏	中波公司"国际友谊"轮水手长（后调入中远广州分公司）	全国交通航运系统先进生产者	交通部
王贺云	中波公司保卫科长（后调入中远公司）	全国交通航运系统二等先进生产者	交通部
何　普	原单位不详（后调入中远广州分公司）	交通部先进生产者	交通部

1958年

姓名	原单位职务	荣誉称号	授予机关（方面）
邢申忠	旅大商业局储运公司副科长（后调入大远）	市级劳动模范	旅大市
刘　琦	南京海校交印员	市级先进生产者	中共南京市委
梁继藩	南京海校实习工厂副主任	市级先进生产者	中共南京市委

1959 年

姓名	原单位职务	荣誉称号	授予机关（方面）
邢申忠	旅大商业局储运公司副科长（后调入大远）	市级劳动模范	旅大市
郭柱石	大连外代业务员	提前跨入60年代青年红旗手	共青团辽宁省委

1960 年

姓名	原单位职务	荣誉称号	授予机关（方面）
陈和菊	上海市第四制盒厂装订工（后调入中远上海分公司）	市级先进生产者	上海市
范以俊	中国人民解放军5703厂试飞站助理员（后调入中远上海分公司）	市级先进生产者	上海市
邢申忠	旅大商业局储运公司副科长（后调入大远）	市级劳动模范	旅大市

1962 年

姓名	原单位职务	荣誉称号	授予机关（方面）
陈阿昌	上海海运局轮机长（后调入中远上海分公司）	市级先进生产者	上海市
郑岩弟	上海海运局"和平40"号三管轮（后调入中远上海分公司）	市级先进生产者	上海市
印永康	上海沪东船长电工车间组长（后调入中远上海分公司）	市级先进生产者	上海市
陈宏泽	中远广州分公司"光华"轮船长	部级"六好"先进生产（工作）者	交通部
刘道明	外代大连分公司	部级先进生产者	交通部
陈正财	外代大连分公司司机	部级先进生产者	交通部
郭柱石	外代大连分公司业务员	部级先进生产者	交通部

1963 年

姓名	原单位职务	荣誉称号	授予机关（方面）
陈宏泽	中远广州分公司"光华"轮船长	接侨优秀工作者 省级先进工作者	华侨事务委员会、交通部、广东省
刘炳焕	中远广州分公司"光华"轮政委	接侨优秀工作者	华侨事务委员会、交通部

续上表

姓名	原单位职务	荣誉称号	授予机关（方面）
戴金根	中远广州分公司"光华"轮轮机长	接侨优秀工作者	华侨事务委员会、交通部
张 起	中远广州分公司"光华"轮水手长	接侨优秀工作者	华侨事务委员会、交通部
彭勇礼	中远广州分公司"光华"轮一级水手	接侨优秀工作者	华侨事务委员会、交通部
黄汉泉	中远广州分公司"光华"轮三副	接侨优秀工作者	华侨事务委员会、交通部
章光法	中远广州分公司"光华"轮二级水手	接侨优秀工作者	华侨事务委员会、交通部
边同凯	中远广州分公司"光华"轮报务主任	接侨优秀工作者	华侨事务委员会、交通部
梁鹏生	中远广州分公司"光华"轮事务主任	接侨优秀工作者	华侨事务委员会、交通部
李宝芝	中远广州分公司"光华"轮事务副主任	接侨优秀工作者	华侨事务委员会、交通部
茅玉宏	中远广州分公司"光华"轮大厨	接侨优秀工作者	华侨事务委员会、交通部
姜阿南	中远广州分公司"光华"轮事务员	接侨优秀工作者	华侨事务委员会、交通部
黄伯强	中远广州分公司"光华"轮服务生	接侨优秀工作者	华侨事务委员会、交通部
陈 炯	中远广州分公司"光华"轮服务生	接侨优秀工作者	华侨事务委员会、交通部
李明胜	中远广州分公司"光华"轮轮助	接侨优秀工作者	华侨事务委员会、交通部
伊相柱	中远广州分公司"光华"轮轮助（后调入大连分公司）	接侨优秀工作者	华侨事务委员会、交通部
王贵森	中远广州分公司水手长	省级先进生产工作者	广东省
陈和菊	上海市第四制盒厂装订工（后调入中远上海分公司）	市级先进生产者	上海市
郭柱石	外代大连分公司业务员	市级"五好"业务员	共青团旅大市委
何润林	中远广州分公司车间主任	先进生产者	广东省

1964 年

姓名	原单位职务	荣誉称号	授予机关（方面）
张俊年	中远广州分公司副科长	省级五好职工	广东省
张泽浦	中远广州分公司大厨	省级五好职工	广东省
史祥云	中远广州分公司木匠	省级五好职工	广东省
陈宏泽	中远广州分公司船长	省级五好职工	广东省
郭柱石	外代大连分公司业务员	学习雷锋标兵	共青团旅大市委

1965 年

姓名	原单位职务	荣誉称号	授予机关（方面）
陈景来	中远广州分公司水手长	省级五好职工	广东省
彭勇礼	中远广州分公司水手长	省级五好职工	广东省
史祥云	中远广州分公司木匠	省级五好职工	广东省
刘炳根	中远广州分公司水手长	省级五好职工	广东省
陈忠表	中远广州分公司三副	省级五好职工	广东省
管政林	中远广州分公司"明华"轮服务员（后调入大连分公司）	省级五好职工	广东省
钱志清	中远广州分公司电机员	省级五好职工	广东省
徐玉珍	南京缝纫机厂办公室文书（后调入南京中远航修配件厂）	省级劳动模范	江苏省
周　琪	中远广州分公司三副	市级五好职工	上海市
姜学武	中远上海分公司"和平60号"轮三管轮（后调入大连分公司）	市级五好职工	上海市

1966 年

姓名	原单位职务	荣誉称号	授予机关（方面）
孔钦祥	中远上海分公司"红旗"轮轮机长	市级五好职工	上海市

1968 年

姓名	原单位职务	荣誉称号	授予机关（方面）
赵永喜	大连海运管理局轮机长（后调入大连分公司）	市级劳动模范	旅大市

1970 年

姓名	原单位职务	荣誉称号	授予机关（方面）
臧维宏	中远广州分公司革命委员会副主任（后调入大连分公司）	省级先进个人标兵	广东省

1973 年

姓名	原单位职务	荣誉称号	授予机关（方面）
黎 铁	中远广州分公司科长	省工业学大庆先进工作者	广东省
黎宗鹏	中远广州分公司汽车司机	省工业学大庆先进工作者	广东省
谭活钦	中远广州分公司大管轮	省工业学大庆先进工作者	广东省
万腊苟	中远广州分公司管事	省工业学大庆先进工作者	广东省
郑光新	中远广州分公司水手长	省工业学大庆先进工作者	广东省
吴隆德	中远广州分公司"琼海"轮木匠（后调入大连分公司）	省级先进生产者	广东省
王贵森	中远天津分公司水手长	市工业学大庆先进工作者	天津市
朱洪勤	中远天津分公司轮机长	市工业学大庆先进工作者	天津市
申懋周	中远广州分公司机务科长	省级先进生产者	广东省

1974 年

姓名	原单位职务	荣誉称号	授予机关（方面）
王贵森	中远天津分公司水手长	市工业学大庆先进工作者	天津市
朱洪勤	中远天津分公司轮机长	市工业学大庆先进工作者	天津市

1975 年

姓名	原单位职务	荣誉称号	授予机关（方面）
王贵森	中远天津分公司水手长	市工业学大庆先进工作者	天津市
叶大青	中远天津分公司轮机长	市工业学大庆先进工作者	天津市

1976 年

姓名	原单位职务	荣誉称号	授予机关（方面）
王贵森	中远天津分公司水手长	市工业学大庆先进工作者	天津市
叶大青	中远天津分公司轮机长	市工业学大庆先进工作者	天津市

1977年

姓名	原单位职务	荣誉称号	授予机关（方面）
李婆贵	中远广州分公司轮机长	省工业学大庆劳动模范	广东省
叶大青	中远天津分公司轮机长	市工业学大庆先进工作者	天津市
刘宗升	中远天津分公司船长	市工业学大庆先进工作者	天津市
王贵森	中远天津分公司水手长	市工业学大庆先进工作者	天津市
史典青	中远广州分公司水手长	市级先进工作者	广东省
郑光新	中远广州分公司供应站党支部书记	省级先进工作者	广东省
茅秀松	中远广州分公司船长	省劳动模范	广东省
舒池松	中汽运武汉分公司	交通部工业学大庆"发展交通、当好先行"先进个人	交通部

1978年

姓名	原单位职务	荣誉称号	授予机关（方面）
李婆贵	中远广州分公司"菱湖"轮轮机长	省级劳动模范 全国交通战线工业学大庆先进生产（工作）者	广东省、交通部
茅秀松	中远广州分公司船长	省级模范工作者	广东省
史典青	中远广州分公司"黑龙江"轮水手长	市级先进工作者	广东省
徐明辉	中远广州分公司船长	省级质量标兵	广东省经委
徐以杰	中远上海分公司"丰城"轮轮机长	市级劳动模范 全国交通战线工业学大庆先进生产（工作）者	上海市、交通部
夏玉书	中波公司轮机长	市级劳动模范 全国交通战线工业学大庆先进生产（工作）者	上海市、交通部
李贞国	中远天津分公司招待所所长	市级劳动模范	天津市
王贵森	中远天津分公司"祁门"轮水手长	市级劳动模范 全国交通战线工业学大庆先进生产（工作）者	天津市、交通部
朱洪勤	中远天津分公司"天门"轮轮机长	市级劳动模范 全国交通战线工业学大庆先进生产（工作）者	天津市、交通部
徐培文	中远广州分公司"青湖"轮木匠	全国交通战线工业学大庆先进生产（工作）者	交通部
王晶岩	大连海运管理局汽车司机（后调入大连分公司）	全国交通战线工业学大庆先进生产（工作）者	交通部
王光桢	中远广州分公司总船长	全国交通战线先进科技工作者	交通部

续上表

姓名	原单位职务	荣誉称号	授予机关（方面）
刘宗升	中远天津分公司"金湖"轮船长	全国交通战线工业学大庆先进生产（工作）者	交通部
叶大青	中远天津分公司"海门"轮轮机长	全国交通战线工业学大庆先进生产（工作）者	交通部
黄渭臣	中远上海分公司"风雷"轮船长	全国交通战线工业学大庆先进生产（工作）者	交通部
张义德	中远上海分公司"国际"轮水手长	全国交通战线工业学大庆先进生产（工作）者	交通部
贝汉廷	中远上海分公司"汉川"轮船长	全国交通战线工业学大庆先进生产（工作）者	交通部
张佛祥	中远上海分公司驻外监造组组长	全国交通战线工业学大庆先进生产（工作）者	交通部
翁桂富	中远上海分公司"衡水"轮大厨	全国交通战线工业学大庆先进生产（工作）者	交通部
陈其安	中远上海分公司航修站电工	全国交通战线工业学大庆先进生产（工作）者	交通部
何慧琴	中远上海分公司"风涛"轮大管轮	全国交通战线工业学大庆先进生产（工作）者	交通部
林亚宝	中远上海分公司"长安"轮报务主任	全国交通战线工业学大庆先进生产（工作）者	交通部
施建新	中远上海分公司"新安"轮服务员	全国交通战线工业学大庆先进生产（工作）者	交通部
施菊欣	中远上海分公司"红旗"轮水手长	全国交通战线工业学大庆先进生产（工作）者	交通部
黄享贤	中远上海分公司"梅海"轮医生	全国交通战线工业学大庆先进生产（工作）者	交通部
李文德	中远上海分公司供应站工人	全国交通战线工业学大庆先进生产（工作）者	交通部
王心印	中远上海分公司通信站工人	全国交通战线工业学大庆先进生产（工作）者	交通部
许仲麟	中远上海分公司医院医生	全国交通战线工业学大庆先进生产（工作）者	交通部
朱锦益	中远上海分公司船技组工程师	全国交通战线工业学大庆先进生产（工作）者	交通部
刘道明	大连物资供应站仓库管理员	全国交通战线工业学大庆先进生产（工作）者	交通部
宋启明	中阿轮船股份公司上海分公司业务员	全国交通战线工业学大庆先进生产（工作）者	交通部

续上表

姓名	原单位职务	荣誉称号	授予机关（方面）
邵景品	大连海校教师	全国交通战线工业学大庆先进生产（工作）者	交通部
冯纪祥	大连海校教师	全国交通战线工业学大庆先进生产（工作）者	交通部
欧仁生	青岛海校汽车司机	全国交通战线工业学大庆先进生产（工作）者	交通部
刘宝芹	秦皇岛物供站开票员	全国交通战线工业学大庆先进生产（工作）者	交通部
陈学东	湛江物供站业务员	全国交通战线工业学大庆先进生产（工作）者	交通部
孔钦祥	中远上海分公司"盘锦海"轮轮机长	部级先进生产者	交通部
应洪寿	外代上海分公司业务员	全国交通战线工业学大庆先进生产（工作）者	交通部
刘大荣	外代天津分公司业务员	全国交通战线工业学大庆先进生产（工作）者	交通部
陈正财	外代大连分公司汽车司机	全国交通战线工业学大庆先进生产（工作）者	交通部
郭柱石	外代大连分公司业务员	全国交通战线工业学大庆先进生产（工作）者	交通部
廖建华	外代湛江分公司汽车司机	全国交通战线工业学大庆先进生产（工作）者	交通部
陈立才	外代汕头分公司副股长	全国交通战线工业学大庆先进生产（工作）者	交通部
陈厚进	集美航海学校教师	全国交通战线工业学大庆先进生产（工作）者	交通部
陈秀贞	集美航海学校校办工厂工人	全国交通战线工业学大庆先进生产（工作）者	交通部
杨昆	中汽运云南大型车队修理工	全国交通战线工业学大庆先进生产（工作）者	交通部
王仲林	中汽运二分公司一队驾驶班长	全国交通战线工业学大庆先进生产（工作）者	交通部
薛桂英	中汽运五分公司一队钳工班长	全国交通战线工业学大庆先进生产（工作）者	交通部
孟庆国	中汽运天津大型车修理工	全国交通战线工业学大庆先进生产（工作）者	交通部
舒池松	中汽运武汉大型车队一车队负责人	全国交通战线工业学大庆先进生产（工作）者	交通部

1978年中国远洋运输总公司表彰的先进个人名录

姓名	原单位职务	荣誉称号	授予机关（方面）
佘文成	中远广州分公司船长	安全生产先进个人	中远总公司
张德恒	中远广州分公司船长	安全生产先进个人	中远总公司
黄渭臣	中远上海分公司船长	安全生产先进个人	中远总公司
鲍浩贤	中远上海分公司船长	安全生产先进个人	中远总公司
贝汉廷	中远上海分公司船长	安全生产先进个人	中远总公司
李继堂	中远天津分公司船长	安全生产先进个人	中远总公司
贾德发	中远天津分公司水手长	安全生产先进个人	中远总公司
陈高荣	中远青岛分公司船长	安全生产先进个人	中远总公司
綦太和	中远青岛分公司轮机长	安全生产先进个人	中远总公司

附录四　中远名称的演变

在中远五十余年的发展进程中，中远名称历经数次变更，反映出新中国海洋运输事业的发展壮大和对外贸易运输的沧桑巨变。

中远名称的变化经历了四个阶段，即成立初期的政企一体化——交通部远洋运输局和中国远洋运输公司合署办公阶段；"文化大革命"期间的铁、交、邮合并期——交通部水运组主管阶段；国营企业转型期——中国远洋运输总公司自主经营阶段；改革开放大发展期——中国远洋运输集团市场化经营阶段。

1961年4月27日，交通部以交远办（61）郝字第585号文知会外交部、商业部、石油部、中侨委、人民银行、人保公司等有关单位称：经国务院外办批准，我国自营船队挂国旗开航，并在北京设立中国远洋运输公司，在广州设立中国远洋运输公司广州分公司，经营管理中国远洋运输业务。公司在北京地址：北京北兵马司1号，电报挂号：COSCO, PEKING。

中国远洋运输公司简称"中远"，中国远洋运输公司广州分公司以及后续成立的中国远洋运输公司上海分公司、中国远洋运输公司天津分公司分别简称为"中远广州分公司""中远上海分公司"和"中远天津分公司"。

"文化大革命"期间，对交通部实行军事管制。1967年6月—1970年6月，中央派驻军管小组对交通口实行领导。1970年6月，交通部、铁道部和邮电部合并成交通部，将远洋运输局（对外称中国远洋运输公司，包括中国外轮代理总公司）与水运局、港务监督局、船舶检验局合并，成立水运组，统一管理沿海、内河和远洋运输业务。但是中远各分公司的名称及简称没有变化[①]。

1972年2月22日，交通部呈文国务院，拟重新组建中国远洋运输总公司，作为部直属企业单位，总部仍设在北京。中远广州、上海、天津分公司和对外开放港口的外代分公司的业务由中国远洋运输总公司统一领导和管理。

1972年9月12日，交通部以（72）交计字1586号文发出通知：经国务院批准，组建中国远洋运输总公司，作为交通部直属企业单位，也同时作为中国外轮代理总公司。从1972年10月1日起正式办公。

---

① 1969年1月1日，中远广州分公司与广州海运局、广东省航运厅合并组成华南水运公司革命委员会。华南水运公司仅存在13个月，于1970年2月20日由广东省革命委员会下令撤销，恢复中远广州分公司建制。

自此，中国远洋运输总公司简称"中远总公司"或"中远"，直属中国远洋运输总公司的广州、上海和天津分公司，简称"中远总公司广州、上海、天津分公司"或"中远广州、上海、天津分公司"。后续成立的青岛、大连分公司以此类推。

1979年3月7日，交通部以（79）交远字385号文发出通知称：为了适应远洋运输事业发展的需要，便于对内对外开展工作，决定自1979年5月1日起，将中国远洋运输公司广州分公司更名为广州远洋运输公司（上海、天津、大连、青岛分公司同）。上述机构管理体制不变，仍由中国远洋运输总公司统一领导，开展工作。

中国远洋运输总公司名称和简称没有变化，各分公司则简称为广州远洋、上海远洋、天津远洋、大连远洋、青岛远洋。

中远集团组建后的名称变更。根据国务院《关于选择一批企业集团进行试点的请示》的通知精神，以中远总公司、中国外轮代理总公司、中国船舶燃料供应总公司和中国汽车运输总公司及4家所属企业单位为主体，于1993年初完成集团组建的各项筹备工作。

国家计委、体改委和国务院经贸办于1992年12月25日发出计规划〔1992〕2583号复函，同意成立中国远洋运输集团，"同意中国远洋运输总公司更名为中国远洋运输（集团）总公司。同意以中国远洋运输（集团）总公司为核心企业组建中国远洋运输集团（简称中远集团）。"国家工商行政管理局于1993年2月16日予以核准登记。

1993年2月16日，中国远洋运输（集团）总公司以此日为中远集团成立日，并以中远办〔1993〕1号文下发通知，明确：集团全称为：中国远洋运输集团，简称：中远集团。英文名称 China Ocean Shipping Companies Group，简称：COSCO GROUP。中国远洋运输总公司更名为：中国远洋运输（集团）总公司，英文名称：China Ocean Shipping (Group) Company，简称：COSCO。

1995年7月26日，中国远洋运输（集团）总公司呈文《关于改革中远散装船队管理体制，成立中远散货运输有限公司的请示》交通部，1995年9月8日，交通部发文《关于组建中远散货运输有限公司的批复》表示同意。1995年12月18日，"中远散货运输有限公司"简称"中散公司"，英文为"COSCO BULK CARRIER LTD."在北京正式开业。

1997年10月8日，中国远洋运输（集团）总公司向交通部呈文《关于申请成立"中远集装箱运输有限公司"的请示》，1997年10月21日，交通部以水路运输批件形式发文《关于同意成立中远集装箱运输有限公司的批复》表示同意。公司名称：中远集装箱运输有限公司，英文名称：COSCO Container Liner Co.,Ltd. 简称为"中远集运"。

1998年1月28日，中远集运举行成立揭牌仪式。

中远及所属公司名称演变表

年份	中远	简称	分公司	简称
1961.4—1972.9	中国远洋运输公司	中远	中国远洋运输公司广州（上海、天津）分公司	中远广州（上海、天津）分公司
1972.10—1979.2	中国远洋运输总公司	中远／中远总公司	中国远洋运输总公司广州（上海、天津）分公司	中远总公司广州（上海、天津）分公司或中远广州（上海、天津）分公司
1979.3—1993.2	中国远洋运输总公司	中远／中远总公司	广州（上海、天津、大连、青岛）远洋运输公司	广州（上海、天津、大连、青岛）远洋
1993.2—2015.2	中国远洋运输（集团）总公司 中国远洋运输集团	中远集团总公司／中远集团	广州（上海、天津、大连、青岛）远洋运输公司 1995年9月8日，中远散货运输有限公司成立 1997年10月21日，中远集装箱运输有限公司成立	广州（上海、天津、大连、青岛）远洋 中远散运 中远集运

附录五　中远船队的标志及其变化

1. 中国远洋运输公司的标志

中国远洋运输公司最早的标志是以中远两个简体汉字拼成一艘船的图样。1966年"文化大革命"开始不久，这个标志被加上一个地球，上面还有一颗红星，有红星照全球的意思。

20世纪80年代初有人提出中远这个标志存在问题，在国外别人看不懂"中远"两个字，不知道它代表什么。从80年代初开始，为了适应对外业务和宣传需要，中远公司的标志逐步使用带有COSCO的图标。

1984年，按照总公司领导要求，总经办向全系统发文征集中远标志设计图样。几个月后收集到近百种设计方案，经过筛选，到年底提出五十余个设计图样在北京东长街6号办公楼二楼走廊张榜公示征求意见。其中一个由宣传处推荐、中央美院一位教授设计的图样得到多数人投票选中。经过总公司有关处室研究，挑选3个图样发给各公司征求意见。最后选定的是美院教授设计图样，即一直沿用到现在的集团标志。

这个标志很明显地显示出中国远洋运输公司英文缩写的5个字母COSCO，把它拼成一艘船，将中间的字母"S"拉长成为船的上层建筑和桅杆，很容易让人明白这是一家船公司。标志上部桅杆处的圆圈，象征正在升起的太阳，也可看出是个汉字，是代表中国的"中"字。这一标志从1987年开始逐步在系统内推广，直到中远集团成立时，才正式发文规定，在船舶、建筑物、文具用品和宣传资料上统一使用。中远标志在不同时期的演变如附图5-1所示。

附图5-1　中远标志变化图

2. 中国远洋运输公司船旗

船上除挂国旗外，还要悬挂船旗。为了使人在远处易于辨别，就黄星及三道水纹线设计了远洋船旗，中间为一红带，上下用鸭蛋青颜色，红带上黄星与水纹图式与烟囱同。中远公司的船旗如附图5-2所示。

附图 5-2　中远公司船旗

3. 中国远洋运输公司烟囱标志及其变化

航行中的远洋船舶，通常都不悬挂国旗，除了在船尾标注船籍港名称以外，都是靠船的烟囱标志识别身份。新中国早期中国远洋船队沿用沿海船上烟囱的图式，即红带上一颗黄星，黄星两旁加三道水纹。此标志一直沿用了32年，直到1993年5月1日起，中远集团总公司开始使用新的烟囱标志。中远烟囱标志如附图5-3所示。

附图 5-3　中远公司烟囱标志

附录六 传记与历史事件

一、中远船员深切缅怀周恩来总理
——回顾周总理对新中国远洋海运事业的重大贡献和对中远船员的亲切关怀[①]

敬爱的周恩来总理是一代伟人。他为新中国革命和社会主义建设事业鞠躬尽瘁,功绩彪炳青史。他为中国远洋海运事业所花心血甚著,曾先后数十次作出指示。从远洋运输业的布局、远洋船队的建立、远洋航线的开辟,到中外海运合营、买船造船、企业管理、安全生产、船员教育等方方面面,周总理都曾亲自部署,时刻关怀。他鼎力推进我国远洋海运事业的创建和发展。可以说没有周总理,就没有我们远洋事业蓬勃发展、辉煌壮丽的今天。在周总理诞辰118周年即将到来之际(1898年3月5日为周总理出生日),我们特作此文,以回顾和讴歌周总理对新中国远洋海运事业的亲切关怀与卓越贡献,并表达我们对一代伟人无比深切的怀念。

走向深蓝——从周总理批准"光华"轮首航开始

我国拥有1.8万公里的漫长海岸线和众多天然海港,自古以来就是一个海洋大国,是世界上发展航运业最早的国家之一。然而,由于长期奉行闭关锁国政策以及清朝末年政府的腐败,海运事业逐渐衰落。到了1949年新中国成立前夕,国民党在败退台湾时,把所有能开走的江海船只全部开走,开不走的就全部破坏,致使我泱泱海洋大国几乎到了有海无船的地步。鉴于当时的历史条件,加上那时美国和台湾当局对我实行封锁禁运,从香港招商局起义回来的船只能在内河、沿海航行,远洋运输则是一片空白。这种状况与我国这样一个海洋大国是极不相称的,对我国经济发展亦极为不利。为改变这种状况,毛泽东主席、周恩来总理等中央领导决心建设我国的"海上铁路",一定要让我们自己的远洋船从近海走向远洋,从浅蓝走向深蓝。

在党中央、国务院的亲切关怀下,1961年4月27日中国远洋运输公司和中远广州分公司同时成立。当时,印度尼西亚当局排华。为了接运难侨和发展我国的远洋运输事业,新中国政府下决心组建自己的远洋船队。1960年7月,在国家经济困难、外汇收入极其微

---
① 由广远职工刘锐祥、黎铁、胡浩帆供稿。

薄的情况下，周总理亲自批准从为数不多的接侨费中拨出 26 万英镑（当时约合 90 万元人民币）由希腊购入一艘 20 世纪 30 年代建造的客货船"斯拉贝"号，经过全面修理后命名为"光华"轮，意喻"光我中华"。

1961 年 4 月 28 日，周总理亲自批准我国第一艘悬挂五星红旗的轮船"光华"轮赴印度尼西亚执行接侨的光荣任务。周总理亲自领导和安排"光华"轮的首航工作，决定开航时间；对"光华"轮修船出现的问题，亲自指示妥善处理，就连船上有几颗松动待修的铆钉，都几次叫秘书打电话询问情况，直到得知完全修好了才放心。

"光华"轮首航并非易事。我国太平岛、东沙岛仍为台湾国民党军占领，国民党的军舰经常在那里巡逻。为了确保首航安全，中国人民解放军空军在陵水机场待命，海军在榆林港枕戈待旦。"光华"轮船员则是抱着背水一战的决心，誓死完成首航任务。正式出发前，船员们都庄严宣誓："忠于祖国，人在船在；接回难侨，完成任务。"周总理通过中国人民解放军总参谋部直接打电话到调度室，询问"光华"轮航行情况。"光华"轮一路上每 4 小时发一个船位报，通过中国人民解放军总参谋部、海军和交通部的海岸电台等多种渠道向党中央、向周总理汇报。

1961 年 5 月 17 日，"光华"轮将第一批归侨 577 人安全运抵广州黄埔港，按照周总理"旗开得胜，万无一失"的要求，圆满完成了这一光荣任务。"光华"轮首航是一次历史性、划时代的起航，有着重大的政治、经济意义。这次首航标志着新中国远洋船队的诞生，标志着我远洋船队开始从浅蓝走向深蓝，开辟了我国远洋海运事业的新纪元。

在新中国航海史上，众多航线的开辟都凝聚了周总理的期盼和心血。"光华"轮首航后，1961 年周总理亲自批准我国自己建造的"和平"轮、"友谊"轮开辟东南亚航线，并一直关注两轮的营运和航行情况。1963 年 11 月，周总理亲自批准成立中远上海分公司和开辟中朝、中日海运航线。1965 年 11 月 30 日，"和平"轮开赴印度尼西亚，是周总理批示"同意"的；1967 年 6 月 6 日，第三次中东战争爆发，苏伊士运河关闭，是周总理亲自指示已在苏伊士运河南端待命的"无锡"轮、"敦煌"轮绕好望角航行；1970 年 3 月 20 日，"临潼"轮驶往澳大利亚装运小麦，也是周总理亲自批准的。随着历史不断向前推进，我国远洋船舶陆续开辟了西亚、地中海、西非、南欧和东亚航线，高悬五星红旗的远洋船伴随着悠扬的汽笛声不断驶向深蓝。

在倾心关注、关怀新中国远洋海运事业自身成长的同时，周总理还积极推动我国与外国合作建立航运联合企业。新中国成立初期，由于受当时历史条件限制，我国政府一时尚无法创立自营的远洋船队。为了冲破美国等国对我国的封锁禁运，加强我国与波兰两国间的经济合作，在周总理和中央财政经济委员会主任陈云的领导下，我国政府和波兰人民共和国政府首先于 20 世纪 50 年代初联合发展海上航运，中波轮船股份公司的命名还是周总理亲自定的。1957 年 4 月 12 日，波兰政府部长会议主席西伦凯维兹来华访问期间，周总理亲自陪同并一起专程赴天津视察了中波公司总公司。周总理出席了公司举行的招待会，并与部分员工、船员合影。

中国—坦桑尼亚联合海运公司，也是在周总理的倡导和亲切关怀下建立的。1964 年底,坦桑尼亚联合共和国成立,尼雷尔总统于1965年初到访,寻求我国的支援与友谊。周总理向他建议:"中坦两国可以先建立联合海运公司。这样,既能加强两国的经济联系,又能为坦桑尼亚培训海员。如果坦桑尼亚投资暂时有困难,中国方面可给予贷款。"尼雷尔总统当即表示同意。不久,中坦联合海运公司就正式宣告成立。

此外,中捷国际海运股份公司、中阿轮船股份公司等合营公司也同样都是在周总理的领导下建立的。

周总理倡导的国际合营船队的建立,不仅打破了敌对势力对我国的封锁禁运,有力地支援了我国经济建设,而且为我国积累了管理远洋航运企业和远洋船队的经验,培养输送了远洋船员和业务骨干,为我国自营远洋运输船队的建立和发展打下了良好的基础。

在深蓝中崛起——周总理鼎力推进我国建立强大的远洋船队

"光华"轮首航,仅仅是我国远洋船队走向深蓝的起步。而后,党中央、国务院一如既往地极其关注我国远洋海运事业的发展,周总理鼎力推进我国远洋船队走向世界、走向深蓝。

周总理深知建设港口对发展远洋运输的重要性,并为此作了很大的努力。如广东省的湛江港就是1954年在周总理亲自指示和关怀下建立起来的一个南方大港,对于发展我国远洋海运事业具有重大的战略意义。

1962年,我国刚从三年困难时期走出来,周总理认真贯彻"调整、巩固、充实、提高"的八字方针。面对当时航行在世界海域的1000吨以上船舶吨数已达1.3亿吨,而我国的船舶总吨位仅为2.26万吨这一现实,1963年11月交通部、外贸部、财政部、中国人民银行根据中远广州分公司经理郭玉骏的提议,联合向党中央、国务院呈送了利用银行贷款买船以发展我国远洋船队的报告。周恩来总理、李先念副总理审时度势,高瞻远瞩地批准了这个报告。周总理指示"要相机行事,走一步看一步""造船购船均应同时进行,方利远洋运输,减少运费开支"。在党中央和周总理的亲切关怀和指示下,1964年到1966年中远先后利用贷款买船20艘、24.9万载重吨,营运不到两年就偿还本息50%,相当于在两年时间里,中远白手起家增加了10万吨级货船。党中央和周总理的英明决策,不仅为我国发展远洋船队找到了"贷款买船、负债经营、盈利还贷、自我发展"的新途径,而且对国有企业自力更生谋发展也有着重要的指导作用。

1970年1月,周总理在全国计划工作会议上指示,要大力发展远洋船队,"四五"期间将远洋船队的总排水量从110万吨扩充到400万吨,我国的外贸运输要"力争1975年基本上改变主要依靠租用外轮的局面"。为了实现这一目标,周总理批准了国务院业务组提出的造船和买船两条腿走路的方针。

造船方面,1970年,六机部领导在向周总理汇报工作时,提出在沿海造船厂新建和改扩建9个万吨级船台的建议。周总理不仅当即表示认同,而且建议:"我看不是搞9个,而是搞10个,江南造船厂再搞一个嘛!"周总理的这一指示,无疑是对船舶工业的最大支持和鼓舞。1970—1975年,我国共建造万吨轮60艘,总排水量近100万吨,初步形成了大连、上海、天津、武汉、广州五大造船基地。实践证明，这批船台的建成，不仅对扩大远洋船队、减少租用外轮发挥了重要作用，也为以后我国船舶工业打入国际市场奠定了坚实的物质基础。

远洋运输方面，1973年，周总理在一次会议上，再一次指示："要改变过去以租船为主的被动局面，利用国际航运市场船价较低对我有利时机，采取向银行贷款办法在航运市场上购买船舶。同时，也采取国家投资办法发展船队。"交通部远洋运输局坚决执行周总理的指示，从1972年至1975年共购进船舶183艘、347万载重吨。到1975年，我国远洋船队规模从110万载重吨发展到500万载重吨，海上货运量的70%由我国远洋船队承运，提前结束了我国外贸海上主要依靠租用外轮的历史，实现了周总理五年基本改变外贸主要租用外轮局面的夙愿，同时也为我国1978年改革开放后远洋运输业全面振兴打下了坚实的基础。

追忆周总理对新中国远洋海运事业的贡献，我们自然而然地想起了南北航线的通航。南北航线是指我国台湾海峡以南和以北的港口之间的航线。这是我国海上运输的大动脉。20世纪50年代，由于美国和台湾当局舰队仍封锁着台湾海峡，形成南北分割、不能通航的局面，严重影响了我国对外贸易和国家经济的发展。为此，中央决定，一定要解决南北不能通航的问题。1966年5月11日，周总理指示："一定要缩短南北航线"，并提出"一定要确保安全"，要求交通部尽快拟定试航方案。"黎明"轮作为首航船，承载着周总理的重托，于1968年4月25日从湛江港起航，航经台湾东部海域，历时13天，到达青岛。6月14日又由青岛返回湛江。"黎明"轮胜利开辟台湾东部海域南北航线，为缩短祖国南北航程拉开了序幕。为慎重起见，周总理又指示："再选择两艘船试航。"这就有了广远的"九江"轮由华南北上，上远的"红旗"轮由华北南下，两轮均顺利完成任务。1968年10月22日，周总理正式批准开辟海上南北航线。1979年5月27日，"眉山"轮从广州黄埔港出发，直接通过台湾海峡抵达日本，又按原航线返回。此后南北航线不再绕台湾东海面。"眉山"轮首航穿越台湾海峡被称为"新中国三十年第一程"，进一步实现了周总理"缩短南北航线"的指示。南北航线的开辟，改变了我国南北海区航运长期受人为阻隔的局面，促进了远洋运输和贸易的发展，为我国经济建设作出了重大贡献。

缅怀周总理，我们永远不会忘记周总理等老一辈无产阶级革命家在"文化大革命"期间与"四人帮"对远洋运输事业的干扰破坏进行的坚决斗争。由于"四人帮"的干扰破坏，以中远公司为代表的国内各远洋、海运公司开始接连遭受不同程度的冲击，远洋、海运业务被打乱，规章制度和国际航行准则被废弃，远洋运输工作一度面临中断的威胁。在这个危急关头，周总理挽救了中远的命运，挽救了中国远洋、海运事业的命运。1967年5月，为保证远洋、海运不至中断，周总理给"中央文革小组"写了一封信，信中对当时破坏、影响国内外交通的错误做法提出了批评，并严肃指出："铁路、轮船关系到全国交通命脉，绝不能中断。"与此同时，周总理果断地决定：将沿海、内河的航运交海军军管包干。同年12月，又发出"联合起来，保护海港运输"的指示，以确保海港正常装卸。而后，党中央、国务院决定对全国远洋运输企业实行军管。1971年，周总理主持中央日常工作后，我国远洋、海运业逐步出现了排除干扰、积极发展的良好局面，远洋轮船得以在十年动乱中没有停航停产。新生的中远公司在党和国家领导人毛泽东、周恩来、叶剑英、陈毅、邓子恢、李先念、李富春等的关怀下，也逐步走入远洋运输业务正轨，更加坚定地向着新时期扬帆前行。

周总理采取的这一系列保护远洋运输的主要措施，无疑是对"四人帮"一伙的迎头痛击。"四人帮"为了达到其篡党夺权的目的，竟肆意篡改我国远洋运输历史，诬蔑周总理造船和买船并举的方针是"卖国主义""洋奴哲学"，还制造了"风庆轮事件"，把"风庆"轮说成是我国国产船首次远航，矛头直指周总理。可是，"蚂蚁缘槐夸大国，蚍蜉撼树谈何易"！"四人帮"的诬蔑、攻击无法抹杀周总理的卓越功绩，丝毫无损周总理的光辉形象，而"四人帮"最后却成为人民的阶下囚，遗臭万年。

几十年来，在党中央、国务院以及周总理等中央领导的亲切关怀下，经过几代中远人的艰苦创业，我国的远洋海运事业已从浅蓝走向深蓝，并且在深蓝中茁壮成长。

博弈深蓝的故事——周总理亲切关怀驰骋深蓝的远洋赤子

周总理深知，促使我国远洋船队走向深蓝成功的因素很多，但最关键还是人，是船员。他在关注我国远洋船队发展的同时，时刻不忘关怀、教导驰骋深蓝的远洋赤子，着力打造一支过硬的远洋船员队伍。

周总理最为关注的是船舶和船员的安全。有一次，他得知"和平"轮因护水加热管破裂，影响了正常航行，十分关切，详细地询问情况，连那些破裂的管子在哪里更换都问到，并强调要注意修船质量，一定要确保船舶和船员安全。直到船舶恢复正常航行，他才放下心来。

1963年5月1日，"跃进"轮在赴日途中不幸遇难。对事故原因，外电议论纷纷。周总理闻讯后，心情十分沉重，一晚上没合眼，并当即作出安排，成立调查组以尽快查明真相。他亲自率领海军中将张学思等专家飞往上海，调查并妥善处理"跃进"轮沉船事件。调查组在周总理的直接领导和指挥下，经过艰苦的、科学的调查，确定"跃进"轮是触礁沉没。调查报告呈送周总理，他看完后，马上让新华社发表了一项声明："经过周密的调查，已经证实'跃进号'是因触礁沉没的。"在上海处理"跃进"轮事件期间，周总理曾多次找干部和船员谈心，给船员作报告，教育大家要总结经验、吸取教训，并一再告诫船员要学业务、懂技术、保安全。他说，航海首先就要研究海洋的情况，要掌握海象，包括气候和水域中的情况，"所谓业务，首先就是同自然界做斗争"。周总理还在外滩国际海员俱乐部召开了上海水运系统干部大会。会上，他语重心长地说："航运特别是远洋运输，是项很复杂的技术工作，要重视思想政治工作，但不要空谈突出政治。政治工作要落实在生产和安全工作中。"周总理的这些指示，在当时对于我国远洋运输企业的安全生产无疑有着重大的指导意义。

周总理经常讲"外事无小事"，一直教导我国远洋船员要坚持无产阶级国际主义，坚决反对大国沙文主义，要把船舶建设成为联络世界各国友谊的桥梁，从而使祖国在世界人民面前树立起中华民族的光辉形象。我国和一些友好国家建立的中波、中捷、中阿、中坦联合航运公司，其中部分船舶的船员是中外混合编制的。周总理多次教导我方船员要与同船的友好国家的船员互帮互学、友好相处。1963年冬，周总理出访阿尔巴尼亚。当时"星火"轮停泊在都拉斯港。周总理在我驻阿大使馆举行的宴会上接见了"星火"轮的船员代表，并亲自给船员代表祝酒，勉励船员说：广州港和都拉斯港是友谊的两个桥墩，中阿两国的船员是传送友谊之桥，要通过你们传送两国人民的友谊。在宴会上，周总理举杯热情洋溢地祝"星火"轮满载阿尔巴尼亚人民和世界人民的友谊胜利而归。

1964年6月4日，中远公司在荷兰鹿特丹购买了"曙光"轮。这是当时我国自营远洋船队中最新、性能最好、设备机件最多的船舶之一。1964年11月24日，周总理根据党中央、国务院的决定，指示要将"曙光"轮无偿赠予阿尔及利亚民主人民共和国，并强调：一定要做好交接工作，交出最好的船。船员们坚决执行周总理的指示，把船舶整理得干干净净，机器保养得良好，向阿方交出了最好的船。阿方十分满意，一再感谢我国政府和"曙光"轮船员。

我们还清楚地记得，"燎原"轮首航日本时，国内正值"文化大革命"前夕，一股狂热的思潮正在兴起，船员们对航日要不要宣传、怎样宣传毛泽东思想存在一些疑惑。有关部门把情况向周总理作了汇报。对此，周总理专门作了批示："船员没有对外宣传的任务，做好本职工作就是最好的对外宣传。"在当时国内紧跟政治形势的风气下，周总理的这句批示充分表明了这位伟人朴实而智慧的工作作风和勇于担当的革命精神。这句批示，给心存疑虑的船员们吃了颗"定心丸"，帮助船员们找到了方向，犹如一盏明灯点亮了航程。船员们以实际行动践行了周总理的指示，做到了确保航行安全、货物装卸安全，在日本人民中树立了我国船员良好的对外形象。

"文化大革命"期间，我们的党和国家处于极不正常的政治环境中，极左思潮泛滥。个别船舶受极左思潮影响，在意大利、英国港口停泊期间，因坚持挂语录牌，引发了与意大利、英国港口当局的外交纠纷，事态虽未扩大，但对外造成了不良影响。周总理知道后，在1967年12月的一次谈话中，对此毅然地提出了批评，作出了"宣传毛泽东思想，要有针对性，要看场合"的重要指示，并教导船员们"不要要求人家搞社会主义革命，不要强加于人，不要干涉人家内政"，"对外宣传我们不能强加于人"。在当时的政治形势下，周总理以无产阶级革命家的博大胸怀，将自己个人的安危置之度外。他勇于坚持真理、实事求是的精神，永远是我们学习的榜样。

周总理对远洋赤子的深切关怀，最使人感动的是1964年1月和1965年3月对船员的两次亲切接见和令人难忘的谆谆教诲。1964年1月，周总理在访问阿尔巴尼亚期间，在百忙之中，接见了靠泊在都拉斯港的"星火"轮的船员，并与船员进行了亲切的交谈。周总理对船员们说，中国也是一个海洋国家，随着社会主义经济建设的蓬勃发展，通过海上进出口的外贸物资与日俱增，因此建立自己的远洋船队不论从政治或经济方面考虑，都是必要的，而且也是迫切的。周总理还详细询问了船员的生活和工作情况，嘱咐船员们注意身体，注意安全，克服远洋航行困难，为祖国的建设和发展贡献力量。

1965年3月，周总理率领我国党政代表团访问阿尔巴尼亚。当时，中远的"友好"轮、"黎明"轮和中阿公司的"法罗那"轮恰好停泊在都拉斯港。3月26日，阿方为周总理举行盛大的欢迎国宴。周总理邀请正在阿装卸的"友好"轮等船员代表参加。晚上，我驻阿大使设夜餐招待周总理和船员代表。当船员代表向周总理敬酒时，总理说，你们船员工作很辛苦，又很光荣，我要为船员们敬酒。说着，他还从别的餐桌上盛来面条给船员代表。在夜餐会上，周总理让船员代表坐到他的身旁，详细地询问远洋运输方面的情况："你们远洋有多少条船？船是自己造的还是买的？买的船是新的还是旧的？"他还特别询问了船员的伙食搞得好不好，航行时船员呕吐不呕吐，船员的思想、身体素质如何等等。船员代表一一向总理作了汇报。周总理一边听，一边不断点头。夜餐会结束时，船员代表请求总理与船员合影留念。考虑到当时已是凌晨1点，周总理劳累了一天，我国驻阿大使和代表团副团长、外交部副部长章汉夫为照顾总理身体都没同意。但当时已67岁高龄的周总理知道船员的心愿后，笑着说"没有关系，没有关系"，不但愉快地表示同意，而且还满足了船员代表提出的以船为单位合影的要求。周总理还亲自指示中央代表团副团长代表其专程赶到都拉斯港上船看望在船船员。

正是周总理的亲切关怀，带给远洋船员无限温暖；正是周总理的谆谆教导，促使远洋船员健康成长。我国远洋船员牢记周总理的教诲，经过多年艰苦的锤炼，已建设成为一支"忠于祖国，热爱远洋，艰苦奋斗，遵守纪律"的钢铁队伍，经受起无数惊涛骇浪的严峻考验。

岁月如歌，弹指一挥间。周总理1976年离开我们至今已40年春秋。周总理对远洋运输事业的关心、支持、贡献，对远洋赤子的关怀、爱护、教导，仍时刻被铭记在广大船员的心里，永远、永远不会忘记。

如今我们的祖国，已是繁荣昌盛的国家，正高昂着头屹立于世界。我国人民正在以习近平同志为核心的党中央领导下，为实现中华民族的伟大复兴而努力奋斗。如今的我国远洋运输企业，正按国务院指示进行深化改革。由中远和中海合并重组的中国远洋海运集团，将肩负起将我国航运央企做强、做大、做优的使命和重任，迎接国际航运市场的严峻挑战。

我们坚信，我国的远洋船队一定会在共和国的旗帜下乘风破浪驶向更深更蓝的海洋，我们的远洋赤子一定不会辜负周总理生前的殷切期望，一定会为建设社会主义海洋强国作出新的更大的贡献。

二、为使命而献身
——缅怀烈士李文尧[①]

男儿七尺躯，愿为祖国捐。人民的好海员李文尧的生命只经历了29个春秋，但在广远公司历史的画卷中，却写下了灿烂的一页。他为抢救国家财产，献出了宝贵的生命，为成

---

① 中远海运特种运输有限公司供稿，题目为编者所加。

千上万的远洋船员、职工所传颂，激励着后来者奋发向前。

1968年7月30日中午，广州沙角海面，阵风劲吹，波浪滔滔，"兰州"轮船员趁着锚泊的机会，抓紧时间搞维修保养。水手们在小艇上给船壳打油漆。干了一个上午活的甲板部船员，吃过午饭，正在甲板上休息说笑。突然，"砰"的一声，引起了大家的注意。只见左舷梯下用来油漆船壳用的小艇，随着海浪起伏，时不时撞击船舷。接着，又是"砰"的一声，小艇的前系缆绳断了，仅剩后缆牵系着。还未等水手们采取措施，小艇的后缆绳也被风刮断了。旋即，小艇随风飘到离船20米远的海面上。

"小艇漂走了！"在船艉休息的水手李文尧、李学良和在梯口的水手孙先成听到喊声，向海面一望，马上脱了外衣往下跳，迅速向小艇游去。

海面风浪很大，小艇顺风顺流向远方漂去。三人为营救小艇奋力加速赶过去。约半小时后，孙先成率先追上已漂离船900米远的小艇。抬头见李学良和李文尧还在海面上游着，他不顾自己的疲累，发动小艇，想把战友接上来。一次两次都因体力不支，无法启动机器。这时，两位船友已游到距小艇约50米处。但李文尧因体力不支，游速慢了下来。李学良见状赶快靠近去，伸手把他挽住，一起并肩往前游。一个浪头扑过来，又一个浪盖过来。李文尧支持不住了，李学良也体力不济。

"不行啦，快把小艇开过来！"他俩对着孙先成喊着。

"我一个人力气不够，你们上来一个帮手。"孙先成一次又一次发动机器，都没有成功。

眼见小艇就要向礁石撞去，李文尧赶忙挣开了李学良的手，吼道："不要管我，你先抢救小艇！"

"你再坚持一会……"李学良见小艇情况紧迫，随时有碰撞毁船的危险，只好奋力向小艇游去，接住孙先成抛过来的绳子。

孙先成、李学良他俩在艇上，合力发动了机器。李学良这时已毫无力气，趴在艇上。孙先成抬头一看，李文尧不见了。他急了，用脚夹住舵，手操机器往回搜索。小艇转了一圈又一圈，他放声大喊："李文尧，李文尧……"但在空旷的海面，只有阵阵的海涛声，却没有听到李文尧的回应。

小艇保住了。

人民的好海员——李文尧，为抢救国家财产献出了年轻的生命。事后，广东省革命委员会追认他为革命烈士。

烈士的崇高品德和勇于献身的精神是平时养成的。1966年，李文尧从部队转业到远洋船上工作，刚好碰上"文化大革命"。一部分人头脑狂热，擅离工作岗位，参加派性活动，大搞游行、武斗。他却和广大海员一起，严守岗位，一心扑在船上，工作任劳任怨，哪里艰苦哪里去。他从"黎明"轮下船公休，假期未满，接到调令，就克服当时的交通困难，从山东千里迢迢赶来上了"兰州"轮。他对自己要求严格，工作高标准，生活低要求。他工资低，家中人口多，母亲、弟弟又有病，但他从不向组织伸手。船上工会要给他补助，他婉言谢绝了。他牺牲后，遗物仅有几件衣物和几包"丰收"牌香烟。

烈士英魂长留沙角海域，李文尧的献身精神永远印在远洋运输战线船员、职工的心坎里。

三、乐于奉献，勇于牺牲

——缅怀共产党员、革命烈士吴淦波[①]

水手长吴淦波为抢救国家财产牺牲了宝贵的生命。为缅怀烈士，在纪念广远公司 30 华诞的前夕，当年广远公司宣传处的工作人员写下了此文。

初夏的一个早晨，我怀着崇敬的心情，敲响了烈士吴淦波遗属的家门。这是一套坐落在珠江南岸滨江路远洋宿舍的一厅两房的套间，透过临街的窗户，可以看到外边葱绿的草木，听到珠江航船的阵阵笛鸣。

烈士的妻子梁桂萍大娘和大女儿吴宝珍热情接待了我的来访。可是，我刚刚道明来意，打开记事本，竟引来一阵子沉默。梁大娘微微低下了头，仿佛不愿让我看到她那霎时变红的眼圈。吴宝珍也哽咽在喉。是啊！来访者旧事重提，又勾起了她们对亲人的思念。23 年来，有党和政府的照顾，广远公司领导和周围邻里的关心，烈士的 5 个孩子都已长大成人。梁大娘虽已年近六旬，却也精神矍铄。看着这个既幸福又有遗憾的家庭，我心里也不是滋味！

还是吴宝珍这位年轻的姑娘首先打破了沉默。父亲牺牲时她刚满 12 岁，从与父亲同船的叔叔那里，她详尽地知道父亲牺牲的经过，连同父亲的事业、父亲的为人、父亲的音容笑貌，她都时时想起。她扶了扶架在鼻梁上的眼镜，打开了回忆的闸门。

1968 年 8 月 9 日，"兴宁"轮离开摩洛哥返航至大西洋海面时，遇上了强风。小山般的巨浪一个接一个呼啸着扑来，越过船头涌向驾驶台。"兴宁"轮像一叶孤舟，时而被大浪托起，时而又埋入浪谷。全体船员坚守岗位，顽强搏斗。在巨浪反复撞击下，船首大缆的孔盖板被冲落到船首甲板左后部的栏杆边上。海水凶猛地从缆孔冲进首舱里，被冲落的孔盖板眼看就要被大浪卷走。事态紧急，水手长吴淦波和水手朱锡祥不顾个人安危，冒着风浪，把着栏杆一步一步地挪到船头。正当他俩把大缆孔盖板搬回原位重新安装时，一个大浪把船头高高托起，再重重地摔进浪谷。紧接着，又一个无情的巨浪扑向船头，强大的冲击力一下把这两位英勇的船员托起，猛烈地抛向前桅杆。吴淦波撞到锚机的滚筒上，后脑一条伤口大量流血，当即休克过去。船员们呼唤着跑到船头，冒着一个接一个的巨浪，把吴淦波抬进住区进行抢救。船员们英勇顽强和风浪进行搏斗，终于使船舶突破了危险海域。遗憾的是，经过 5 个多小时的奋力抢救，吴淦波最终还是由于伤势过重，抢救无效。1968 年 8 月 9 日 16 时，一颗忠于祖国、热爱远洋的心脏，停止了跳动。

大海在咆哮，船员在呼号。共产党员、水手长吴淦波为抢救国家财产、保证船舶的安全航行，献出了自己的鲜血与生命。1968 年 9 月 18 日，中华人民共和国内政部批准吴淦波为革命烈士。

[①] 中远海运特种运输有限公司供稿，题目为编者所加。

烈士牺牲的经过，梁大娘不知听过多少遍。每听一遍，她就多一份思念。23年来，她无时不为失去丈夫而悲痛，也无时不为有这样的丈夫而感到自豪。她含着泪花，追述了吴淦波的过去。

吴淦波1928年10月出生在广东省东莞市企石村的一个穷苦的农民家庭，4岁丧父，母亲改嫁。孤儿的生活锤炼了他不怕困难，吃苦耐劳的品格。七八岁时，他为人打工，只吃两餐，没有工钱。抗战胜利后，刚过17岁的吴淦波跟人到香港谋生。先在民生公司，后转另外一家公司当船员。新中国成立后，他于1950年1月与公司其他船员一起返回内地参加祖国的社会主义建设。开始被安排在中波公司，后来转到广远公司。

"他爱国家，爱远洋，爱船舶胜过爱自己的家。"梁大娘不无感慨地向我介绍。吴淦波从香港回来后，梁大娘仍居香港。参加社会主义建设的强烈愿望和决心，驱使他反复动员自己的妻子也返回广州。在他多次劝说下，梁大娘的心动了，不久就返回广州定居。朝鲜战争爆发，中国人民抗美援朝，他把整个月的工资和整个航次的外汇补贴，一文不留地献给国家。妻子问他要家用，他说，国家现在有困难，我们就应紧一点。其实，又何只是"紧一点"，家里早就数米而炊了。1959年他的家乡发生水灾，乡亲父老的生活有困难，他便把自己的全部积蓄600多元和一批衣物捐献给家乡人民。

"家，他可以不顾，但船上的工作他怎么也放不下。"梁大娘感慨地数落着。组织上每次安排吴淦波上船，不管家里有什么困难，他都绝不说一个"不"字，总是坚决服从调配，按时报到。多少次，上船前夕碰巧孩子患病，他二话不说，稍为安顿一下家里就走了。有一次他公休，到家还不满一个星期，组织上又安排他上船接班，妻儿都舍不得他走。他说："公司安排我，是因为需要我，我怎么可以不去呢！"就是在他牺牲的前一个航次，原来已经安排他公休，行李都已收拾好了，接班水手长也已上船。但船长和政委考虑下航次航线长，工作多，任务重，请他留船再跑一个航次。组织上的需要就是他的选择。为了工作，他欣然同意留下。没想到，这个航次竟成了他最后一次远航；没想到，这次一去，他再没有回来了……

吴淦波烈士，我们深情地怀念您。您在天之灵会感到欣慰——后来人在海浪中锻炼成长，祖国的远洋运输事业正在发展壮大。您从事的事业已后继有人，在我们宏大的远洋船员队伍中，有您5个孩子中的4个，还有您的大女婿，就连您牺牲时才3岁的小儿子也已登船远航。

吴淦波烈士，安息吧！我们一定会把您的高尚品德、献身精神代代相传。

四、方枕流与"海辽"轮起义[①]

1949年9月19日，方枕流率"海辽"轮首举商船起义，翻开了新中国航海史上光辉

---

① 参见吴长荣著：《上海船长》，上海：上海交通大学出版社，2016年，第182—200页，有删改，题目为编者所加。

的一页，历史影响重大，为党和人民立下了功劳。

1949年4月23日，人民解放军一举攻克了国民党中央政府所在地南京，拿下上海指日可待。此时，对于节节败退的国民党政府来说，最后一根救命稻草就是将残余部队加紧撤退到台湾，将一切有价值的资产转运到台湾。

招商局，1872年由李鸿章一手创办，是中国近代史上最大的航运公司，总部设于上海，并设有南京、汉口、汕头、香港等19个分局。截至1949年初，招商局共拥有大小商船466艘，40万载重吨。其中，包括一批从美国购买的二战船只。上海解放前夕，急于逃往台湾的国民党军队，自然会想到借助这支庞大的船队。1949年4月底，在招商局大厅贴出一张布告，这是国民党上海警备司令部签发的军令，宣布立刻征用招商局"海辽"等轮和其他公司商船共30艘做撤退之用。并宣称，船员一律不得擅自离船，凡擅离职守者按军法惩处。

面对这张布告，船员们心情复杂。有人暗自庆幸自己能够在共产党到来之前离开上海，而大多数船员则希望在这动荡的时局下与家人一起留在上海。看完布告，一位船长不露声色地来到医务室，为自己开了一张病假单。他就是年仅32岁的"海辽"轮船长方枕流。他出生于上海一个清贫的工人家庭。因为贫困，他高中毕业就失学了，但他仍然一面工作，一面刻苦自学，最终考进了不收学费的海关总署税务专门学校海事班。那是一所完全按照英国海军军官学校要求，由英国海军退役军官担任教师，对学生要求十分严格的军事化学校。在那里，他学到了系统的航海知识和技术，能说一口流利的英语，培养了坚忍不拔、勇敢果断、严谨精细的性格和作风。1938年7月，他以全校第三名的优异成绩毕业，被派往上海海关船上工作，从此开始了他的航海生涯。

"海辽"轮是招商局从美国采购的16艘大湖轮中的一艘，最初叫"海闽"轮，排水量3400吨。开始由于管理不当，事故频频发生。1947年3月19日深夜，"海闽"轮在距离厦门100海里的龟屿海面与违规行驶的国民党海军的主力护卫舰"伏波"号拦腰相撞，"伏波"舰原是英国海军的一艘巡逻舰，曾经参加著名的诺曼底登陆战役，它是二战结束之后英国政府赠送给国民党政府的第一艘军舰。撞船事故发生后，"伏波"舰迅速下沉，舰上134名官兵遇难，仅有1人生还。"海闽"轮船长含冤被抓入狱。

海军扬言要炮击"海闽"为死难官兵报仇。招商局被迫将"海闽"轮改名为"海辽"轮。可是大家认为"海闽"轮不吉利，无人愿意担任船长。招商局经过再三考虑，任命方枕流担任"海辽"轮船长。由于他治船严格，管理规范，关心船员，"海辽"轮面貌很快焕然一新。招商局为此在全局通电表彰，赞扬他"驾船有方"，"海辽"轮从此名声大震，《招商局业务通讯》还专题介绍方枕流的业迹，方枕流本人在船员中享有较高的威信。

晚上，方枕流回到家里。开始思考如何找借口拖延"海辽"轮的开航时间，从而等待上海的解放。当时正值"海辽"轮岁修，招商局拟此次岁修草率了事，以应军差。方枕流本想力争按章修好，以保安全。借此拖延时间。但同时，他又担心一直拖延开航时间，招商局会委托新船长来接替自己，那样在他心里盘算已久的一个重要计划就要付诸东流了。走还是不走？正当方枕流良久沉思的时候，一位深夜访客送来了一封密信，信中写着"随船离沪，待机行动"八个字。看过密信，方枕流顿时拿定了主意。写信的人叫刘双恩，他的公开身份是香港华夏公司的一名船长。但同时他还是一名中共地下党员，中共厦门区委书记。香港地下党委派他专门负责联系爱国人士，暗中策动商船起义。

方枕流早在1939年在海关船上工作时就认识了刘双恩。俩人友谊深厚，经常一起探讨国家如何繁荣富强的问题。刘还经常向方推荐一些进步书籍，如《瞭望》《展望》，以及列宁、毛泽东的著作和郭沫若等人的书籍。在他的启发下，方枕流的思想不断提升。1948年5月的一天，两人在厦门郊区散步，刘双恩十分恳切、慎重而明确地向方枕流提出："我们今后走同一条道路，怎么样？"方枕流听后十分激动，惊喜交加，心领神会，一口承诺，连声说"好"。方枕流意识到，这是自己人生航程中一个新的重要起点。

1948年9月，"海辽"轮从日本回到上海，方枕流与刘双恩再次见面，刘双恩对方说，因为工作需要，他将去香港华夏轮船公司工作。华夏公司1947年底成立，是我党在香港秘密设立的外贸和轮船运输机构，主要任务是沟通解放区与香港的贸易和海上运输。当时，华夏公司正在物色一位政治上可靠、有丰富航海经验的船长前去工作。刘双恩对方说："华夏公司的船悬挂巴拿马旗，航行于解放区和香港之间的航线上，请你去当船长好吗？"说到这里，刘双恩第一次向方说出了自己的真实身份——一名共产党员。方听后，心里十分激动，感到党组织对自己如此信任和器重，欣然从命，他说："我愿意去华夏公司船上工作，请党放心，我一定把船开好，出色完成任务！"刘双恩听后高兴地说："我将报告香港地下党组织决定。"这是方枕流走上革命道路的转折点，从此方和地下党通过刘双恩的联络建立了组织关系，一切听从党组织的指示。

不久，就在刘双恩离沪前往香港前，他指示方说："如果决定你去香港工作，我就会派人拿着我做了暗号的名片来和你联络，并把你的家属送去解放区。如暂不去香港，那你就坚持在招商局，掌握情况，在船上打好群众基础，希望你的船能成为第一艘升起新中国国旗的船。"方枕流牢牢记下了党的指示。随后的一年时间里，方枕流一方面做好了随时奔赴香港的准备，另一方面为"海辽"轮的行动进行了大量人员、物资、宣传方面的准备工作。特别是在人员方面，多方面进行考察、分析，将船上主要岗位逐步进行调整，他调走了不可靠的大副崔重华、轮机长毛正泉、报务主任刘东篱等。提升思想进步、人可靠的席凤仪为大副，马骏为报务主任，鱼瑞麟为二副，陈褐东为轮机长，同时培养一批骨干船员团结在自己周围，并逐步形成核心成员。

接到刘双恩"随船离沪，相机行动"的指示后，方枕流做好了各方面的准备工作。为了便于今后的行动，他动员船员不带家属离开上海。按照方船长的要求，起义核心成员在船员中间开始了宣传鼓动、安抚相劝的工作。

航行途中，方枕流反复琢磨着刘双恩的那句话"随船离沪，相机行动"，感到一场策划已久的大胆行动将要付诸实施了。想到这里，他不禁激动万分，热血沸腾。但在当时，摆在方枕流面前的残酷现实是，商船起义是万分危险的。

就在两个多月之前，1949年2月25日凌晨，国民党海军中标准排水量高达5270吨、最高航速34节、战斗火力最强的"重庆"号巡洋舰从吴淞港起航，成功起义，安全抵达位于解放区的葫芦岛。当时，虽然采取了必要的伪装措施。但还是被国民党空军的侦察机发现了行踪，在数架B-29轰炸机的连续轰炸下，全舰使用强大的防空火力，其中包括8门

102毫米四联装副炮、8门40毫米高炮和12门20毫米机关炮,进行了顽强地抵抗,最终,在受伤以后,不得不自沉于海底。

一艘火力强大的巡洋舰起义尚且如此,一艘毫无还手能力并且航速仅有10节的商船一旦被发现,又该怎样面对国民党飞机和军舰的围追堵截呢?这个事关起义成败的关键问题一直困扰着方枕流。

1949年9月,随着国民党军队在大陆节节败退,"海辽"轮和招商局被征用的其他商船在离开上海的三个月里,一直在大陆和台湾之间为了执行军务而疲于奔命。当时的种种迹象表明,国民党招商局随时可能把这支宝贵的船队永远滞留在台湾。就在9月4日这天,香港招商局突然意外收到了"海辽"轮要求进港添加燃油的电报。

原来,"海辽"轮正在运送国民党军队前往海南岛榆林港进行增援。按照军令,"海辽"轮必须空驶赶到黄埔港继续执行军运任务,就在返航的途中,方枕流突然出人意料地下达了一道命令:向香港招商局发报,要求进港添加燃油。实际上,当时"海辽"轮上的油料还有两百多吨,足够连续航行半个多月。那么,方枕流发出虚假电报的用意何在?9月5日,"海辽"轮行驶到香港口外,香港招商局仍然迟迟不作答复,方枕流果断地下令,"海辽"轮强行驶入香港锚地。

当时,方枕流已经意识到,时局发展很快,危险的情况在起义前随时可能发生。一旦台北招商局下令"海辽"轮返回台湾执行任务,那就很难再有机会脱离台湾。目前,起义的时机已经成熟了,应该向党组织请示批准发动起义。为此,他迫切地想在香港与刘双恩取得联系,尽快得到党组织对起义行动的指导,确定起义方案。为了进入香港,方枕流频繁给香港招商局发出电报说:"军差繁忙,动态难测,为军运顺利,航行安全,只有开进香港,多添燃油。"

1949年9月6日,在香港南国酒家,方枕流用事先约定的接头方式找到柜台里的一位账房先生,说明自己是刘双恩的亲戚,专程从内地赶来看他,请代为转达。在方沈流焦急地等待了两天以后,刘双恩终于出现了。

方枕流在香港再次见到了刘双恩,向他汇报了船员目前的思想状况和起义的准备情况,详细地商讨了"海辽"轮的起义计划。方枕流建议这次"海辽"轮从香港开航后,不论香港招商局命令驶向哪个港口,都要相机起义,驶往内地解放区。刘双恩代表党组织通知方枕流,组织上已经批准同意了"海辽"轮的海上起义计划。他还告诉他,由于"海辽"轮是第一艘在境外起义的轮船,政治影响会很大,因此必须做到万无一失,"只能成功,不能失败"。

和刘双恩见面的当晚,方枕流立即返回到船上。在船长室首次召集船上思想进步的骨干船员,冒着很大风险,第一次公开了自己驾船起义的设想。他对"海辽"轮上的起义核心成员说,当初如果我们仅把一艘"海辽"轮滞留在上海,价值是十分有限的。现在我们已经离开了上海,如果从香港把船再开回到解放区,政治影响和意义就大不一样了。

9月15日上午,马骏突然接到了香港招商局发来的航次命令,命令"海辽"轮于9月19日驶往汕头,运送军队去舟山群岛增援。方枕流,马骏和席凤仪同时预感到:起义的时刻快要到来了。

经过认真的分析和研究,方枕流和起义核心成员把起义的目的地锁定在东北解放区的港口——大连。因为当时大连已经解放,由苏军接管,国民党政府与苏联建有外交关系。所以,即便得知"海辽"轮驶进港内,也不敢贸然行事。

面对海图,方枕流彻夜难眠。究竟走哪一条航线才能确保万无一失呢?选择一条安全航线是保证起义成功的基础。经过反复斟酌,周密的策划和计算,他精心选择了一条大胆独特、相对安全的航线。这条航线就是"海辽"轮离开香港后,将先向汕头方向行驶,在到达横栏灯台左横时,转向113度,向菲律宾马尼拉航线航行,穿过巴林塘海峡,经琉球群岛北端海域、日本海域,沿朝鲜半岛西海岸北行,绕过济州岛驶入渤海,最后到达大连港。沿着这条航线,避开了国际上通常的习惯航线,可随时进入太平洋中心,出其不意地使国民党当局查无踪迹,无处可寻。

这是一个大胆得超乎正常想象的计划。然而,怎样才能不暴露自己的行踪,这个事关成败的关键问题却始终无法解决,一旦被敌人发现,"海辽"轮将在劫难逃,必然重蹈"重庆"号巡洋舰的覆辙。

眼看着时间一天天地过去,招商局随时可能下达新的军运任务。但是起义计划仍然不够完善。就在方枕流苦苦思索的时候,一天,他在香港的一家小书店里,偶然发现了一本国际轮船公司的《船名录》,随意翻了几页,一个绝妙的轮船隐身计划顷刻之间浮现在他的脑海中。

就在制定起义计划的同时,方枕流还面临着一个更大的困难:怎样才能取得大多数船员的理解和支持,做好群众工作。否则,率船起义只能是纸上谈兵。但是,船员的成分极其复杂。一旦不慎走漏了风声,便会立刻招来杀身之祸。方枕流安排马骏、席凤仪等利用各种机会和船员接触,了解情况,做好宣传鼓动工作,同时提高警惕,严防不测。

1949年9月18日上午,方枕流和刘双恩进行了起义前的最后一次会晤,最后确定了起义方案,并对整体行动的细节进行了一次慎重而细致的梳理。刘双恩向方枕流交代了到达大连后的联系人和联系信号,并强调了起义的重要事项。在告别的时候,方枕流对刘双恩说:"请党组织相信我,我有把握领导好这次起义,万一起义失败,我牺牲了,希望组织上照顾好我的家人。"他亲手把自己和马骏、席凤仪家人照片都交给了刘双恩。那时,方枕流已经把个人安危完全置之度外了,表现出视死如归的勇气与决心。

方枕流刚刚回到船上,香港招商局便发来了开航命令的电报:19日招商局"海川"轮将和"海辽"轮结对驶往汕头。几乎在同时,"海川"轮船长崔重华(崔曾经是"海辽"轮大副,后被方调离)派人送来一封信。方枕流看完来信,一种不祥的预感油然而生,难道起义的计划泄露了?招商局安排"海川"轮前来监视。信中有这样一句话:"红姑将临,如何处之,请赐教?"方识破崔重华的诡计,决定不予理睬。

19日上午刚一上班,香港招商局突然接到了"海辽"轮发来的电报"我轮需待伙食冰机修妥后开航"借以拖延。面对意外变故,招商局只得命令"海川"轮独自按时起航。方枕流终于设法甩开"海川"轮的纠缠。但之后,"海辽"轮仍然停留在港内,没有任何动作。直到中午,方枕流才突然下达了一道严厉的命令:全体船员12时以后一律不得下地,随时准备开航。

一直等到 18 点整，方枕流果断地下令起锚。一阵清脆的铃声过后，"海辽"轮独自驶离锚地。

"海辽"轮刚刚离开码头，报务员小于按照惯例，正准备向汕头招商局发开航电报。就在这时，电报主任马骏赶到电报室，切断了发报机的电源，宣布这个航次与以往不同，没有船长的命令，不得擅自与任何电台取得联系。"海辽"轮在暮色的掩护下缓缓向港外驶去，必须要经过鲤鱼门信号台盘查。突然，信号台上发来询问船名和驶往何处的灯语，此时如果稍有差错，"海辽"轮必将被发现行踪。

方枕流一面下令加速前进，一面亲手拿起了一把手电筒向信号台发出了答复的灯语。手电筒不断发出模糊信号，信号台却一再提示，看不清楚，要求重发。在来来回回的周旋之中，"海辽"轮已经混出了鲤鱼门。之所以要这样做，就是让汕头招商局不知道"海辽"轮真正的开航时间，拖到第二天早上再发离港电报，从周六傍晚到周日早上，能争取到一夜的航行时间。

1949 年 9 月 19 日，夜色中，国民党招商局货轮"海辽"轮悄悄地离开香港码头，它用模糊不清的灯语信号骗过鲤鱼门信号台的查问，面对着浓郁的暮色，浪涛翻滚的大海，冒着被国民党飞机炸沉的危险，义无反顾地踏上了历时八天九夜，长达 2000 多海里的起义航程。

夜色中，"海辽"轮全速航行。驾驶台上，方枕流标注着航海图。从香港出发，穿过菲律宾海峡，经太平洋，过琉球群岛、济州岛到达大连港。特别标注"横栏灯塔"位置。

从香港到汕头，距离不到 200 海里，只要航行 18 个小时就可以到达了；而从香港出发，绕道太平洋，航行到东北港口大连距离 2000 多海里，需要八天九夜，将近 220 个小时。时间相差如此之大，要使敌人不发现是很难的，故而必须靠智取来迷惑敌人，把他们蒙在鼓里的时间越长就越安全。这是起义成功的关键。

2000 多海里、200 多个小时的起义航程充满着风险，危机四伏。首先是前三天的航程，"海辽"轮完全处于国民党军舰飞机的控制范围之内，而且距离台湾很近，一旦被发现，就在劫难逃，必定会被炸沉。必须千方百计迷惑敌人，不能让敌人有丝毫的察觉。船舶通过巴林塘海峡，进入太平洋公海后，要继续迷惑敌人，争取时间。同时要采取万无一失的措施，伪装船身，使敌人不知行踪，无处可寻。即使飞机发现船舶，也辨认不出"海辽"轮的真实原形，让他们在辨识不清的情况下不敢贸然动武。最后，当"海辽"轮驶过"三八线"、逼近渤海湾、临到大连时的一段航程是最危险的。面对盘踞渤海湾、封锁解放区的国民党海军，需要在一个阴云密布的夜晚，出其不意地突然冲破封锁线，到达大连港，这其中的艰险，真是不言而喻。

"海辽"轮悄悄驶出香港之后，在方枕流的指挥下，先是沿着驶往汕头的航线航行。按照起义的计划，在船只到达"横栏灯塔"时，转向驶往菲律宾海峡。这时如果被过往的船只发现，起义必将暴露无遗。方枕流决定在这个关键的时刻，向全体船员宣布自己的起义航行计划。

20 点整，全体船员立刻被召集到驾驶员休息室开会。船员们听到这破天荒的命令，本能地预感到船上即将发生和自己命运密切相关的重大事件。

根据方枕流事先的估计，大多数人会支持起义计划。但是为了预防万一，他有意站在靠近门口的位置，安排马骏把住房间的另一个出口。出人意料的是，方枕流的话音未落，以生火工为首的几个船员，立刻跳了起来，强烈反对起义。在他们的影响下，部分船员因为担心自己的生命安全，立刻也变得摇摆不定。有人怕飞机轰炸，吓得瘫坐在凳子上，有人不了解共产党，不愿意起义。

这时，船员休息室乱作一团。方枕流抽身在走廊里冷静思考片刻，重新走进会场。方枕流环顾着会场，明显感到拥护起义的力量处于下风，他清醒地意识到，如果不立即改变眼前的局面，必然会动摇全体船员的军心，非但起义计划落空，很多人还会因此牺牲。

原来，通知开会时由于紧张，漏掉了不少进步船员。

方枕流抽身来到走廊，让马骏去通知所有支持起义的值班船员火速赶来。经过短暂而冷静的思考，方枕流一手插在口袋里，重新走进会场。这时，会场里的气氛好像突然间凝固了。

据马骏回忆说，当时反对起义的生火工误认为方枕流口袋有枪，要动手。其实，当时船上根本没有枪。原来，方枕流从最坏处设想：起义时，万一有人武力反抗怎么办？万一起义失败怎么办？为了起义顺利，方枕流和起义核心成员原计划要准备武器，以防止出现反起义的暴动。但在最后和刘双恩讨论起义计划的时候，刘双恩说："起义要依靠群众的拥护和支持，不能靠枪支武器。没有群众的觉悟和拥护，即使你有了枪支也没有用。"为此，方枕流放弃使用武器，完全依靠在船上发动群众。

1949年9月19日，21点整。

就在这关键时刻，支持起义的船员不断涌入会场。"海辽"轮也恰好航行到横栏灯塔的位置。忽然，二副鱼瑞鳞以军人姿态，奔到会场，向方枕流船长立正敬礼，报告说："横栏灯塔正横。"方枕流当即干脆利落地庄严下令："改向113度，驶向巴林塘海峡。""是！改向113度。"鱼瑞鳞返身奔向驾驶台执行命令。

方枕流宣布："现在是我们'海辽'轮解放的时刻，任何人休想改变。我可以保证大家的安全，如果失败，由我一人抵命，决不连累大家。"同时宣布了党的政策，到达解放区后，既往不咎，保持原职原薪不变。

当时，一个一直反对起义的生火工以哀求的口气说："船长，国民党一发觉，大家都没命了，这太危险了！还是开回汕头吧，让我们上岸后，你们再开解放区。我们以后谁也不再谈今天晚上的事情，只当它没有发生过一样。"方枕流立即斩钉截铁地宣告："谁也休想把船开往汕头，除非把我扔到海里去。万一起义失败，要枪毙，就枪毙我方枕流一人，决不牵连别人。"

夜幕中，大家都感觉到，轮船巨大的船身开始大幅度向东转向，驶向了起义的航线。虽然大多数船员支持船长的义举，但是，几乎全船的人都认为，天亮之后，距离台湾仅仅一步之遥的"海辽"轮，肯定无法逃避"重庆"号巡洋舰起义后被炸沉的命运。

1949年9月19日，21点10分。

方枕流立刻按照既定计划，气宇轩昂地下令：全体船员紧急行动，连夜伪装船身，在天亮前改变"海辽"轮的外貌。他掏出那本"船名录"，命令按照英国莫勒轮船公司的轮船外观，马上调配油漆，把"海辽"轮伪装成外轮"玛丽莫勒"号。这在平时，是一项需要几天时间才能完成的巨大工程。现在，距离天亮只有不到8个小时。

伪装成外轮是为了在海上不易被发现。伪装船身的方案其实是早已制定好的，在和刘双恩商讨详细起义计划时，两人深入研究了当时英国莫勒轮船公司船舶上层建筑的调漆配方，方枕流还告诉核心成员席凤仪，多领取了准备伪装船身使用的大量赭石色油漆。

第二天凌晨，船员们用刻好的模版刷上了船名。一夜之间，"海辽"轮已经变身为英国莫勒轮船公司的一艘轮船。大家这才松了一口气，似乎看到了起义成功的希望，船员们纷纷在"MARIMOLE"前合影留念。有些船员开始设想到达解放区以后的新生活。

但是，此刻的危险并不仅仅来自国民党的飞机轰炸。一直在暗中反对起义的几个生火工不肯善罢甘休。他们向参加密谋的同伙说，大家可要想清楚，起义是件掉脑袋的事情，妄图煽动轮机部船员控制机舱，以停车来强迫船长将船驶往汕头。发现他们行踪的轮机长痛斥他们一伙，结果这帮家伙作鸟兽散。

1949年9月20日，凌晨。

就在这时，瞭望塔上的船员突然报告，前方发现一艘大船。这时，船上的气氛立刻紧张起来。方枕流通过观察，发现来船很像一艘国民党海军的巡洋舰。如果被敌人发现，二十分钟之后，"海辽"轮或被猛烈的炮火击沉，或在敌人强行登船之后，被押解返回汕头，甲板上的船员们顿时紧张起来。

马骏回忆说，当时计划如果遇到国民党军舰就撞船同归于尽，绝不当俘虏。在香港与刘双恩告别时，已经把家属托付给地下党。

船长手持望远镜凝神观察，掏出手帕轻轻擦去额头上的汗珠。

此刻，方枕流十分沉着，他一方面尽力让船员们保持冷静，一方面在心中思考着应急措施，并仔细辨认着迅速靠近的船只，船员们紧张到了极点，一触即发。

原来这是一艘外籍货轮。大家刚刚吐出憋在心中的一口气，对方突然发来了询问船籍的灯语。顷刻之间，船上的气氛又变得异常紧张。难道对方识破了"海辽"轮的伪装？以"海辽"轮目前所处的位置，不出30分钟，国民党空军的轰炸机就会飞抵上空。

方枕流正在思考对策。他一抬头，猛然间看到船上一处明显而又致命的破绽。

桅杆帆桁顶部和烟囱没有刷油漆，上下的颜色不一致，内行人很有可能看出马脚。可能是因晚上施工造成驾驶台上的黄油漆颜色不均匀。方枕流一边命令船员回复自己是英籍"玛丽莫勒"号货轮，正在进行轮船保养的信号；一边迅速指挥两名水手，一个爬上桅杆，一个吊在火烫的烟囱上，用最快的速度补好了油漆。"海辽"轮终于侥幸通过了伪装之后的第一次检验。

就在方船长指挥大家伪装船舶的同时，一场反起义的暴动阴谋也在悄然酝酿之中。一张反对起义的传单贴在了船长室旁边的告示栏上。几个生火工悄悄地溜进舵工孙新祚的房间，威逼利诱孙新祚和他们一道趁着大家在甲板上忙碌之机，强占驾驶台，把轮船劫持到汕头。孙新祚机智地问他们："你们想过没有，船长要干这样大的事情，难道就没有防备，没有武器，没有办法来对付你们吗？再说，即使你们把船长打死了，船上还有很多拥护起义的人，除非把他们都打死了，你们才行。你们有种，就动手好了！"孙新祚说："在香港时看见有两个人往船长房间搬麻袋，可能是一麻袋武器（实际上是朋友托运的东西），船长早有准备。"他的这番话对反起义的人来说无疑是当头一棒，真的不敢轻举妄动了。而他们最终不敢动手，还有另外一个原因……

还有一件事迷惑了反对起义的生火工。原来，"海辽"轮从香港起航后，船长的贴身服务员黄文魁搬到了船长室隔壁的房间。这原本是一种巧合，却被做贼心虚的人误以为是方枕流特别为自己安排的武装保镖，一时不敢轻举妄动。

1949年9月20日8点整，方枕流起草电报。

从香港驶往汕头，最多只需要18个小时。"海辽"轮逾期不到，必然会引起敌人的怀疑。而航速缓慢的"海辽"轮在如此短暂的时间内将无法脱离敌人的视线，怎样才能获得更多的航行时间呢？

星期日的早晨，"海辽"轮已经在海上航行了一天半的时间。方枕流亲笔起草了一份电报，分别发给香港和汕头招商局。

在方枕流当年的日记中，清晰而完整地记录了电报的全文。为了迷惑敌人，方枕流发给香港招商局的电报内容是："今日离港。"给汕头招商局的电报内容是："海辽'轮冰机故障修复，现在起航，赶往汕头。"①

傍晚，方枕流再次交给马骏一份发往汕头招商局的电报，电文是："'海辽'轮主机滑动气门调节阀发生故障，在同安湾抛锚修理。"② 同时，这也是方枕流事先和中共地下党约定的"海辽"轮起义的暗号。这封电文，被刘双恩所在的船舶"奥灵陀尔"号接收到。刘双恩知道，"海辽"轮已经起义了。

1949年9月21日晨，起义的第一天，似乎一切顺利，然而方枕流的警惕一刻也没有放松，因为他非常清楚，"海辽"轮还存在着致命的隐患。目前所采取的伪装，随时可能被路过的轮船识破。

在"海辽"轮模型上可以清楚地看到。甲板上，一共有四个巨大的救生筏，这构成了"海辽"轮最明显的外部特征，也是伪装的最大难题。

趁着夜色，方枕流命令机舱船员和水手，使用钢锯和电钻，在极短的时间内拆除救生筏。就在这时，一个后果不堪设想的事情发生了。

因个别船员疏忽，把带船名的救生筏抛入了大海。当时"海辽"轮仍然航行在距离台湾、汕头不远的海域，途经船只很多，是国民党军舰飞机的控制范围之内。救生筏上有中英文"海辽"轮的船名标志，在海上长久漂流，如果被往来船只发现，将被作为航海障碍物，或海难事故的遗物，发电报通报各方，从而泄漏"海辽"轮的行踪。方枕流即可命令船员把拆下的其余三个救生筏放进大舱，更意味着船舶如果一旦发生海难，没有救生设施可用，体现出破釜沉舟的决心。

立即打开两部电台，由马骏和电报员于振坤昼夜值班，监听汕头、台北和香港招商局的联络通讯，同时，通知机舱，保证主机全速运转。全船做好最坏的准备。

---

① 电报①——20日8点，分别向汕头、香港招商局发出开航报。
② 电报②——19点。

1949年9月22日下午，按照方枕流的精心计划，"海辽"轮再次向汕头招商局发报："估计明天可修妥，到港延期，甚歉。"①

9月23日上午，汕头招商局再一次收到"海辽"轮来电："预计可修妥试车。"②

下午，又一份来电称："经试车，主机仍不能正常运转，轮机员正日夜抢修，预计明天可以修复。"③

从19日到23日的几天之内，由于不断收到方枕流精心起草的电报，香港和汕头招商局始终认为"海辽"轮很快就能自行修复抵达汕头，并没有产生丝毫的怀疑。这为"海辽"轮摆脱敌人的视线，争取到了宝贵的时间。

1949年9月24日晨，"海辽"轮已经航行到冲绳岛附近。

9月24日上午，方枕流再次发电报给汕头招商局，电文说："正在自制零件，争取尽早修复续航。"④

9月25日傍晚，乔装打扮的"海辽"轮经过六天的航行，已经接近琉球群岛。正在值班的马骏突然监听到一份由台北招商局发出的重要电报，破译电文的那一刻他意识到"海辽"轮终于引起了国民党招商局的怀疑。

汕头的国民党闹翻了天，招商局派"蔡锷"轮去同安湾查看"海辽"轮情况。此时敌人已不可能找到"海辽"轮了。

方枕流经过慎重考虑，决定最后一次给汕头招商局致电麻痹对方，电文称："机修妥，明天抵港。"⑤随后，"海辽"轮断绝了所有的电台联系，只收不发。同时全船警戒，驾驶台加强对空中过往飞机的瞭望。

因为此时，"海辽"轮虽然隐身于浩瀚的太平洋之中，不易被敌人发现，但是如果被敌人识破起义的真相，国民党必然调动海军和空军在大连沿海布下重兵，实施拦截，"海辽"轮的一切努力都将付诸东流。

1949年9月26日上午，"海辽"轮远距离通过济州岛。敌人终于发现"海辽"轮消失了。两天以来，台北招商总局和各地招商局一直不间断呼叫"海辽"轮请求答复，却始终得不到任何回音，终于着急了。26日台北招商总局发出紧急通电，要求在航货船每隔一个小时报告自己的位置。发现"海辽"轮行踪立即报告。同时致电国民党空军，请求立刻派飞机展开空中侦察。这其实等同于向海内外发布了"海辽"轮发生事变失踪的新闻。很多招商局的船舶由此知道了"海辽"轮起义的消息，更加激发了其他招商局船舶船员的革命热情。但同时，也使得"海辽"轮的险情进一步加剧了，当时，敌人已经有所发觉，行踪一旦被发现，随时有可能遭到国民党海军的搜索追捕，飞机也将迅速赶到，将船炸沉。全船倍加警惕，加强了监听和瞭望。"海辽"轮再一次陷入危险之中。

26日下午，上海招商局也呼叫"海辽"轮，要求回答。这是解放区的呼唤，方船长出

---

① 电报③——9月22日17点。
② 电报④——9月23日9点。
③ 电报⑤——9月23日17点。
④ 电报⑥——9月24日10点。
⑤ 电报⑦——9月25日17点。

于安全的考虑，只能心领神会，不能应答。

"海辽"轮伪装成"玛丽莫勒"号已经在海上航行了7天。方枕流认为，在目前严密的搜索之下，"玛丽莫勒"号很可能已经引起了过往船只的怀疑，在他的指挥下，"海辽"轮再一次伪装成巴拿马籍的货轮"安东尼亚"号。

此时，一直反对起义的生火工似乎从船上紧张的空气中，嗅出了某些味道，一个更加险恶的计划产生了。

27日18点左右，"海辽"轮驶过朝鲜半岛，距离大连港只剩下一步之遥，方枕流通过望远镜仔细观察着漆黑的海面。前方即将是起义中最危险的一段航程，是国民党海军对解放区的海上封锁线。

时间在一分一秒地流逝。

香港地下党根据当时尚有敌舰在渤海湾及其附近海域游弋的情况，曾和方枕流拟定了万一遭遇敌舰的对策：①甩掉敌舰驶向朝鲜沿海的任何地方抢滩搁浅；②如果甩不掉敌舰，则设法冲撞敌舰，拼死一搏，同归于尽。何况当时敌人已经发觉"海辽"轮有变，因此这最后的一段航程也是最危险的一段航程。

马骏回忆说：渤海湾有国民党军舰封锁，很难通过。

如果拖延到天亮，必将被巡逻的国民党军舰发现，不但起义前功尽弃，"海辽"轮将会遭到猛烈的炮火攻击，起义的船员也难逃葬身大海的命运。方枕流意识到，此时此刻，决不能坐以待毙。只有趁着黑夜冒险闯过敌舰的封锁线，才是唯一的生路。

方枕流下令全船按照军事要求，实行灯火管制，关闭所有灯光，全速冲过封锁线。似乎老天也在暗中帮忙，这天晚上恰好是阴天，海上风平浪静，方枕流独自一人在全船上仔细巡视，他万万没有想到，黑暗中正潜伏着杀机。

巡视中，似乎总有一团黑影尾随在方枕流身后，正当他转过楼梯向电台室走去，猛然间看见一个黑影站在机舱天窗的旁边，此人正是带头反对起义的生火工。

生火工想行刺，控制船，向国民党舰发信号。

就在生火工准备行刺的一瞬间，在他的背后突然传来了一声严厉的呵斥。

当时正好轮机长从旁边经过，他走过来问他："你不在机舱值班，上来干什么？还不赶快下去值班！"严词命令生火工到机舱坚守岗位。

生火工眼见大势已去，只好藏起匕首转身离去①。

自从"海辽"轮中断了与外界的无线电联络以后，几天以来，负责在大连接应的地下党一直在焦急中等待着"海辽"轮的消息。28日清晨，在曙光中已看到外轮"安东尼亚"号，悬挂着"我要进港加水"的国际信号旗，缓缓驶近当时由苏联红军管辖的大连港。这就是两次乔装打扮，经过海上八天九夜惊险航程的国民党第一艘起义商船"海辽"轮。8点30分，"海辽"轮在大连港外抛锚，眼看着轮船终于平安地到达了解放区，船员们纷纷涌上船头，相互拱手庆贺，船上洋溢着异乎寻常的节日气氛。

当时中共地下党派药房经理徐德明上船接头。

---

① 生火工的刺杀阴谋当时并没有暴露，到达大连后他自己主动坦白，得到宽大处理。

徐德明是中共中央办公厅驻旅大办事处主任，当时公开的身份是中西药房的经理。按照中央的密令，他一直在山顶瞭望海面，等待着"海辽"轮的到达。他是第一个发现"海辽"轮抵港的，也是第一个代表党组织上船向全体起义船员表示热烈欢迎和亲切慰问的领导同志。下午，同利公司经理朱华、副经理兼大连轮船公司副经理魏震东等十余位同志，带着大批慰问品登上"海辽"轮，欢迎和慰问起义船员。

正当大家为起义成功欢呼的时候，"海辽"轮进港躲避的要求却迟迟得不到苏军的批准。停泊在海面上的"海辽"轮此刻既无处可藏，又无力还击，就像飞机轰炸的靶子，随时面临着"重庆号"巡洋舰起义的宿命。

台北国民党招商局此时似乎终于猜测到"海辽"轮的去向，紧急报告国民党东南军政长官公署和空军，请求派机侦查，如有发现，立即炸毁，杀一儆百。

国民党空军紧急出动数架 B-29 轰炸机分别沿着长江一线和江北海岸线展开搜索，其中几架飞越营口，直逼大连。

就在船员们感到在劫难逃的时候，苏军引水员登上了刚刚进港加水的"海辽"轮，在他的指挥下，"海辽"轮反而向港外驶去，准确地抛锚在大连港的港界线上。几架国民党空军的轰炸机直飞过来，距离轮船越来越近。突然又转向离去。

当时，苏联与国民党政府还保持着外交关系。因此，莫斯科方面迟迟没有批准"海辽"轮入港。后来同意"海辽"轮靠码头加水，然后到港外抛锚。当时由一个苏联港务监督长做引水，他十分巧妙地指挥船舶出港抛锚，"海辽"轮的锚，正好落在大连港的港界线上，因此，从法律上讲，"海辽"轮不算在港内。而事实上，因为船是会跟随潮水的流向转动的，也可以算在港界以内。因此，即使国民党飞机飞来，也不敢贸然侵犯苏军管制地区的领空和海域，巧妙地保护了"海辽"轮。

在中共地下党组织领导下，由于方枕流船长的周密计划和巧妙伪装，再加上大连港苏军的密切配合，在整个起义过程的八天九夜里，国民党招商局自始至终没能发现"海辽"轮真正踪迹。在"重庆"号巡洋舰起义被炸沉之后，"海辽"轮不费一枪一弹，完成了商船起义的壮举，震惊了海内外航运界。

就在"海辽"轮进入大连港的同一天，方枕流也实现了人生中最重要的愿望，加入了中国共产党。在庆功宴会上，方枕流被评为特等功，席凤仪、马骏被评为一等功，其他船员被评为二等功和三等功。船员特地制作了一个舵轮和救生圈，献给毛泽东主席，并向毛主席发了致敬电。

1949 年 10 月 1 日，新中国宣布成立的这天下午，经申请组织批准，为了不影响收听实况广播，方枕流率领全体船员，在开国大典开始前三分钟，第一次在新中国的商船上升起了五星红旗，方枕流船长也成为新中国海轮的第一位船长。"海辽"轮举行了隆重的升旗仪式，全体船员在红旗下宣誓，振臂高呼："中华人民共和国万岁！"

10 月 24 日，毛泽东主席专门发来赞扬的贺电致"海辽"轮方枕流船长和全体船员：

"海辽轮方枕流船长和全体船员同志们：

庆贺你们在海上起义，并将海辽轮驶达东北港口的成功。你们为着人民国家的利益，团结一致,战胜困难,脱离反动派而站在人民方面,这种举动,是全国人民所欢迎的,是还在国民党反动派和官僚资本控制下的一切船长船员们所应当效法的。

毛泽东
一九四九年十月二十四日"

"海辽"轮的成功起义,吹响了中国海员反对国民党黑暗统治、毅然投向光明的响亮号角,大大激发了中国海员的爱国热情。

在"海辽"轮的鼓舞和带动下,1950年初,国民党香港招商局和所属13艘船相继宣布起义,回到了新中国的怀抱。

"海辽"轮起义是中国工人运动历史上的重大事件,集中表现了中国海员热爱祖国、追求光明、寻求解放、团结一致和特别能战斗的精神。"海辽"轮起义是中国海员的光荣,已记载入中华人民共和国大事记交通类的第一页,将永载历史史册,并在中国航海史上留下光辉的篇章。

为了纪念"海辽"轮成功起义,中央人民政府批准,将"海辽"轮船形作为新中国五分钱纸币的正面图案。如今,绿色纸币上那冒着烟疾速行驶的海轮就是"海辽"轮。

新中国成立以后,"海辽"轮更名为"东方一号",投入到新中国的建设中,直到20世纪70年代退役。参加起义的船员,成为新中国航运事业的第一批骨干力量。方枕流船长加入新中国航运事业的建设之中,开始了新的征程。

1950年,波兰政府与中国协商组建合资轮船公司,方枕流作为筹备组重要成员前往波兰。数年间,方枕流在航线开辟、航运业务方面做了大量细致的工作。1951年1月,周恩来总理亲自签署了批准中波海运公司成立的文件。方枕流担任新公司首位航运处长,开始为中国参与国际海运谋篇布局。新中国的远洋事业由此发展起来。

1957年,方枕流在广州参与组建中远公司及中远广州分公司,和同事们协调购买船舶、培训船员、创建企业。中远广州分公司成立后,方枕流担任副经理。方枕流还受命参与"光华"轮首航印尼接运难侨的筹备工作。

1961年春天,"光华"轮悬挂五星红旗在广州起航远洋,新中国远洋船队诞生了。方枕流望着远去的巨轮,欣喜之情无以言表。

就在方枕流憧憬着祖国远洋事业的大发展时,1966年,"文化大革命"开始了。因为方枕流在远洋事业中的重要地位,很快就被打倒,还扣上了"特务""反动学术权威""走资派""假起义"等罪名,被关进牛棚,挂牌揪斗,但方枕流对党的事业矢志不渝,坚信终有一天会再次站在远洋事业的第一线。

这一天终于来到了。1973年,方枕流获得了解放。1975年,已近60岁的他领导组建了中远大连分公司,并担任分公司第一任经理。

方枕流担任过广州市航海学会副理事长、大连市航海学会理事长、大连市科协副主席、中国贸促会海事仲裁员等职。方枕流1950年被选为全国劳动模范,出席了第一届全国战斗英雄、劳动模范代表大会。1951年5月,获旅大市人民政府颁发的先进工作者奖状。1956年5月,他被选为全国先进代表会议代表。1956年6月,获交通部二等先进生产者奖章。

1961年6月，获得波兰航运部先进工作者奖章。他曾被选为旅大市第一、第八、第九届人民代表大会代表。

方枕流作为新中国航运事业的奠基人之一，作为我国老一辈的航海家，我国航海界早期高级工程师，为中国远洋事业奋斗了一生，将自己全部的心血都奉献给了远洋事业，为中国远洋事业的发展做出了巨大贡献，写下了难以忘怀的历史篇章。

五、鞠躬尽瘁，奉献远洋
——记"光华"轮首任船长陈宏泽[①]

陈宏泽，1921年1月出生在广东省中山县的一个华侨家庭，毕业于广东省海事专科学校，曾参加广东滨海区的抗日斗争。1946年后，在上海招商局"宝怀"轮、"海厦"轮任实习生，后晋升为二副、大副。1950年1月，他参加香港招商局13艘轮船起义，后在广州海运局任大副、船长。1961年，任新中国远洋运输船队第一任船长，在广远公司工作了16年，曾荣获广东省、广州市"劳动模范"称号，多次被评为交通部、广东省的"先进生产者（工作者）"。被选为广东省第六届人民代表大会代表。1976年调香港友联船厂有限公司工作，任第一任总经理，在友联厂整整渡过了12个春秋。陈宏泽1988年3月因积劳成疾，不幸逝世。陈宏泽船长是位航海家，他为新中国远洋运输事业，特别为广远公司、友联船厂的建立、发展、壮大呕心沥血，作出了重要贡献。

（一）印度尼西亚接侨

1960年，大批华侨在印度尼西亚受到迫害，急需返回祖国。为接运印度尼西亚华侨回国和发展新中国远洋运输事业，我国政府以26万英镑买下一艘30年代建造的旧客货轮。1960年7月，陈宏泽船长率领接船船员乘飞机辗转到达罗马尼亚的康斯坦察港接船。登船后映入眼帘的一切，使陈宏泽和船员们大吃一惊：锚链严重磨损，通风斗钢板锈蚀，主机曲轴支架有十几道裂纹，客房、舱室、甲板、汽缸盖漏水，航海仪器、通风设备不灵，全船电缆绝缘性差……船破得不能再破，这给船员当头泼了一盆冷水。陈宏泽理解国家当时的困难，不可能花太多的外汇买新船。而有的船员不理解国家为什么要花钱买这么一艘破旧船。陈船长就耐心地对大伙解释：国家困难呀！新船咱们一时买不起。可是，船再破再旧，也是咱们新中国的第一艘远洋船。而且，多少难侨等着这艘船把他们接回国。再难，我们也要把船安全接回祖国。他的一席话，为大家解惑释疑。在接船过程中，由于工作劳累，有的船员泄气了。陈船长就和他们讲招商局13艘船舶起义，与国民党特务英勇斗争的事迹：1950年10月9日起义的"海厦"轮从香港首次返回广州途中，在虎门附近遭国民党特务破坏，发生爆炸。当时任"海厦"轮大副的陈宏泽等人冒着危险，冲到现场检查并

[①] 中远海运特种运输有限公司供稿。

抢救出 3 名受伤伤员。陈船长向船员们回忆了这段历史，并深情地对船员们说：那时，海员们多么盼望祖国有挂五星红旗的航船。他进一步鼓励大家："过去我们没有自己的远洋船，尽受气；现在有了自己的船，一定要争口气。"船员们听了后受到很大的教育和鼓舞，陈船长的回忆激发了大伙的爱国热情，全体船员积极投入接船工作。在大家的共同努力下，边开航边修理，船舶安全回到了祖国。

船接回来后，改名为"光华"轮。由于船舶破旧，急需修理，不宜开船接侨。当时我国还处于三年困难时期，各方面的条件都很差，广州的船厂无法安排"光华"轮这样复杂的修理，只好安排到香港修理。为此，船上进行了修船动员。陈船长对大家讲了国家外汇来之不易的情况，提出修船要发扬艰苦奋斗的精神，在节约外汇开支和确保安全的前提下修好船舶，做到符合安全、适合远洋客运要求，达到取得国际证书的要求标准。他和政委、轮机长一道发动各部门船员，认真编制了一个切合实际的修理单。在香港近两个月的修理中，他带领船员们处处精打细算。船上的 12 只已经使用了 30 年的木质救生艇，实在不能修理，换新的费用很大，他便带领几名船员跑遍了香港的所有拆船厂，寻找合适的铁壳艇，终于把这些木质救生艇都更换了。解决这个重要的安全设备问题，只花了买新艇十分之一的钱。在其他的修理项目上，他也都本着能用旧的就不买新的的原则，使修理费用比预算大大降低，并达到了检验部门的要求。

由于当时中国没有恢复在联合国的合法席位，一时不能由我国政府签发国际航海证书，只得求助于苏联船舶登记局。该局派出的两位验船师到"光华"轮检验，开始诸多挑剔，提出不少过高要求。一天验船师在船上工作，船上午饭时间已过。陈宏泽船长让远洋局驻广州办事处来的干部陪验船师聊天，自己走了出去，不一会儿就端来了饭菜。正当他们吃得很香时，机关的这位干部告诉他们，这一桌饭菜是陈船长在短短的时间里自己亲自做的。两位苏联验船师感动地说："陈船长真能干，不但是位老船长，而且热情、谦虚、样样会做，真不简单。"从此和陈船长交了朋友。他们在检验方面不但不再提出苛刻要求，反而替船长出主意，想办法，解决问题，检验工作也顺利地完成。

"光华"轮修船时，德国安修斯公司派了波尔先生上船安装电罗经，他没有助手，陈船长主动去帮助他，还提出不少安装、调试方面的建议。波尔先生又惊奇又佩服，他说："我从未见过像陈船长这样熟悉电罗经的船长。"其实陈船长又何止对电罗经熟悉，他还自己动手修理冰箱等一些电器设备，甚至还替船员修理手表。他还设计了用两段拉杆控制的方法，改装了"光华"轮两侧木舷梯的踏板，使舷梯在任何高度踏板都保持水平。这不啻是一项发明创造，在中间有平台的两段舷梯使用操纵杆结构保持踏板水平，还是第一次。

陈宏泽船长 1961 年 4 月 28 日驾驶"光华"轮——新中国第一艘挂五星红旗的远洋船，直驶印度尼西亚雅加达。5 月 2 日夜，光华轮穿过了乌戎潘当海峡，在进去爪哇海后不久，即遇上大风暴。黑沉沉的乌云笼罩着海面，海浪在咆哮。陈船长镇静地观察着海面，不时地下达着舵令。他已有两天两夜未下驾驶台，额头不时冒着豆大的汗珠，多年的胃病使他觉得五脏六腑都在翻江倒海。值班二副一再劝他下去休息，被他一次又一次拒绝了，他说："二副，还记得开航仪式时，我们对祖国人民立下的誓言吗？人在船在，接回难侨，完成首航。"值班二副望着消瘦的船长，动情地点了点头。在陈船长的指挥下，"光华"轮在巨浪中顽强地前进。

为了管好新中国第一艘远洋船，为了中国远洋运输事业的发展，陈宏泽船长费尽了心血。他废寝忘食地查阅了从海运局、中波公司、中捷公司找来的大量资料，总结了他在招商局和广州海运局船上工作的管理经验，结合国营远洋船队的实际，执笔草拟有关的规章和规程，并多方征求意见，进行修改。在他的努力下，中远史上第一套船舶管理的规章制度产生了。这套规章制度对"光华"轮的管理发挥了重要作用，其中的许多基本原则至今仍被沿用。

陈宏泽船长带领全体船员出色地完成了接侨任务，受到上级的表扬。继"光华"轮首航，开辟新中国第一条远洋航线后，他多次率船开辟新航线，胜利完成国家交给的重要政治、经济和外交任务。

1962年，在陈宏泽船长的努力下，在我国政府有关部门的大力支持下，克服了许多困难，在"光华"轮上第一次使用我国政府自己颁发的船舶法定证书——船舶安全设备证书、船舶无线电安全证书等，结束了依赖苏联政府颁发证书的局面，打破了帝国主义的封锁、垄断，为新中国的远洋航运独立自主地走向世界闯出了一条成功的道路。

（二）接收新中国最大的油轮

为了发展新中国远洋运输事业，1975年我国购买了一艘10万载重吨的"丹湖"轮。这是当时新中国拥有的最大一艘油轮，接船任务又历史性落在了陈宏泽船长的肩上。陈船长没有在油轮上工作的经验，但他克服了种种困难，带领船员们从外国人手中将船接了过来。12月的一个早晨，"丹湖"轮在鹿特丹举行出港仪式，鹿特丹市政府破例派出直升机为这艘巨轮拍照送行。"丹湖"轮在陈船长的指挥下缓缓驶离鹿特丹，航行数日抵阿尔及利亚，满载原油后驶返中国。船过马六甲海峡时，雷达天线被大风吹坏了。陈船长不管政委杨振江怎样劝阻，也要亲自上去修理。他对政委说："'丹湖'轮这样超级的大船，过这样的海峡是很危险的。我不上去亲手将天线修好，实在放心不下。"那一年，他已是年过半百的人了，身体又不大好，可他很执着，过海峡的一整夜时间他都在驾驶台上。陈宏泽船长驾驶10万吨级油轮在他的航海史上还是第一次。为了对国家负责，他恨不得把有关油轮的知识全部掌握。为此，他不分白天黑夜，身体超负荷地运转，就是在气温高达40—50摄氏度的红海，他仍在灯下学习，满头大汗，背心湿透了都不顾，他的心脏也就是在这时候出了毛病。他除了开好船外，把全部时间和精力都用于编撰有关"丹湖"轮的航行资料上，写下了十万余字的在当时中国最大一艘远洋船的航行管理笔记。陈船长的管理笔记不仅为继任船长和"丹湖"轮以后的管理者留下了一份十分宝贵的资料，而且对中远油轮今天的管理仍有重要的参考价值。

（三）建功友联船厂

1976年4月的一个春光明媚的早晨，陈宏泽出任香港友联船厂有限公司第一任总经理。香港工人们很快就发现这位总经理与香港老板大有不同。首先是不乘小车上班，一把年纪还挟着一大捆资料去挤公共巴士，谁劝也不行。直到有一次乘双层巴士摔伤，才接受同事的劝告，让厂里的小车接送。按规定，他的家属可以到香港居住。但他想家属一来，他就不能住厂，不能常和同事们一起了，他又是一百个不愿意。因此，他宁愿住在简陋的厂房里，每晚听那大老鼠的"吱吱"声。陈宏泽对工作高度负责的精神，在香港工人中广为传颂。1983年秋天，香港遭到了多年少见的强台风袭击。天文台悬挂了8号风球，海面巨浪翻滚。陈宏泽惦挂着在厂修理的船舶。他不顾个人的安危，登上了厂里的拖轮，冒着狂风恶浪一条船一条船地落实防台风措施。突然，天文台改挂了十号风球。这时天上乌云滚滚，下着倾盆大雨，海上的巨浪把拖轮掀起又抛下，能见度极差，情况非常危险。拖轮上的船员力劝陈宏泽立即返航。但他总不放心，非要亲自上船检查防台风工作。就这样，他逐艘逐艘地把厂修船舶检查完毕后才返航。随着友联船厂的生产业务蒸蒸日上，修船能力大大提高，达到每年能修100艘岁修船、300艘航修船的水平。友联船厂修船不但效率高、质量好而且服务周到，在内地、香港的修船行业中影响很大，扭转了过去个别大厂垄断修船的局面。1978年交通部号召全国交通系统船厂向友联船厂学习，友联船厂成为修船行业的一面旗帜。这些都是和陈宏泽及其他几位船厂领导的努力分不开的。

修理钻井平台在远东地区一向被新加坡和日本所垄断。为了开拓海洋石油设备维修业务，从1983年起，陈宏泽悉心研究自升式钻井平台在香港修理的可行性。香港地区的局限性在于没有足够大的船坞容纳钻井平台以检查其桩腿。能否用其他方法取代呢？陈宏泽为此广泛查阅资料，做模型，定方案，度过了许多个不眠之夜。在他的亲自组织指挥下，经全厂技术人员和工人的努力，友联船厂在香港地区第一次成功地运用"沉箱法"修理了自升式钻井平台"南海一号"轮。"南海一号"轮的修理成功，为友联船厂开展海洋石油设备维修业奠定了坚实的基础，也为香港作为远东地区的一个海洋石油设备维修基地揭开了新的一页。

友联船厂的每一步发展，都浸透了陈宏泽的心血。随着国际航运市场的发展，修船业务也不断扩大，而友联船厂总厂只有7000多平方米，码头岸线仅有36米。陈宏泽在保证远洋船舶修理的同时，又在积极筹划友联船厂的进一步发展。他亲自制定青衣岛新厂方案，对办公室面积的大小，车间、机床的位置，码头的设计，他不厌其烦，反复推敲。过度的劳累，使他的心脏再次出现毛病，被迫两次住进北京和平医院。病床上，陈宏泽还挂念着他领导的船厂，盼望着再到海上走走。1988年3月14日上午11时40分，他因心脏病离开了我们，离开了他深深眷恋着的大海。陈宏泽这个航海家，新中国远洋的第一位船长，中国远洋运输事业发展的见证人、奠基者和开拓者之一，离开我们了。广远公司为缅怀陈宏泽船长，并让后人永远铭记陈宏泽等老一辈海员创造的业绩，学习陈宏泽船长的崇高品德和献身精神，经中远（集团）总公司批准为陈宏泽雕像。1998年4月27日，时值中远和广远公司成立37周年之际，隆重举行了陈宏泽雕像揭幕仪式。陈宏泽雕像一直放在广远公司办公大楼内，其将永远鼓舞"广远人"继续奋勇前进，开创广远新的明天。

附录七　船员考试与发证制度的建立与完善

中华人民共和国成立以后，船员主管部门针对当时船员队伍的技术素质状况，颁布了一系列船员管理与考评办法，以加强船员技术培训的管理，促进船员队伍素质的提高。

一、船员考试和发证

1950年7月21日，中央人民政府政务院颁布《公务轮船船员管理暂行规定》。按照该规定，船员应依照船员考试办法考领船员证书。自1951年起，根据教育部和交通部指示，高等航海院校毕业生必须参加船员检定考试，考试合格后，由学校发给毕业证书，航证部门核发船员证书。

1953年8月，交通部颁布《中央人民政府交通部海上轮船船员检定暂行办法》（简称"53办法"）、《出海小轮船船员鉴定考试暂行办法》。9月，颁布《船舶无线电报务员证书考试暂行办法》。这3个办法是新中国成立后第一批有关海船船员检定考试的管理规定。依据《海上轮船船员检定考试暂行办法》的要求，大连、天津、青岛、上海、广州等五大港港务局各设船员考试委员会，并由港务局的港务监督长、海运局的海务监督长、海员工会代表和港务局船员管理部门、海运局机务部门海运局人事部门、海运局政治部门有关人员及专家教授等组成。

1958年后，船员考试制度曾一度被废除，但各地港务监督为航行安全，仍坚持对船员进行考试。1958年初，大连港务监督开展定期分批考试。1962年下半年，宁波港务监督恢复船员考试。

另外，在新中国成立初期的一段时间，还使用过"船员代职证明书"，来代替船员职务证书。随着国民经济恢复，航运业快速发展，职务船员的需求量加大，各个级别船员的数量不能满足生产的需要。甚至有些船员已提拔使用，但没有相应的职务证书，就采用信笺方式开具证明，临时发给船员，以代替职务证书；有的是满足资历条件但未通过考试就提升任职，也不能签发正式证书，以代职证明代替。这种现象存在了相当长的一段时间。1961年9月10日，为解决船员考试办法公布前，代职高级船员证书问题，交通部下发《关于解决高级船员代职证明书的办法》，由各有船单位成立高级船员代职证明书政审委员会，政审代职高级船员和提拔高级船员，并发给代职证书。

1963年12月，交通部重新制订《中华人民共和国轮船船员考试办法》（简称"63办法"），于1964年1月1日实施。根据"63办法"规定，"船员考试以笔试为。对于个别人员，经考试委员会同意，可以采用口试或现场操作等方式进行。但是对远洋船长、驾驶员，近海一等船长、驾驶员的考试必须采用笔试方式"。同时，"如果考试的成绩与鉴定有显著距离时，由船员考试机关经过调查后，决定是否发给证书"。

1964年1月，交通部发出《关于颁发新的船员证书核发办法和停止使用船员代职证书的通知》，代职证书制度至此停止。

二、船员证书管理

航运管理机构对船员的管理，其中重要的一项就是证书管理。传统职务船员证书体系包括甲板部、轮机部、报务部及电机部船员职务证书。

我国对传统的职务船员任职及持有适任证书（或者称为职务证书）的规定由来已久。1950年7月21日，中央人民政府政务院颁布《公务轮船船员管理暂行规定》，（渔轮船员亦适用本规则）。规则中确定了公务轮船上的船员职务按以下等级设置：驾驶部设船长、大副、二副、三副、正驾驶、副驾驶、驾驶实习员。轮机部设轮机长、大管轮、二管轮、三管轮、正司机、副司机、轮机实习员。此外，还进一步规定"除实习员外，船员必须依照规定，领有中央交通部之证书，始得担任所领船员证书载明之职务"。此时的规则中并没有明确航区的划定，只是对甲板部、轮机部的高级技术船员实行了发证和任职制度。此外，还规定船员上下船要凭"海员手册"、船舶所有人出具的任用文件或解职文件至主管机关认可，由主管机关在"海员手册"上填注，以凭考核。"海员手册"从此开始使用，直到80年代"船员服务簿"的实施时才终止发放。

1953年，交通部颁布了《中央人民政府交通部海上轮船船员检定暂行办法》《出海小轮船船员检定考试暂行办法》和《船舶无线电报务员证书考试暂行办法》，这3个办法将驾驶员划分为远洋、近海、未满200总吨出海小轮三类及船长、大副、二副、三副4个等级；轮机员划分为未满500马力、500至2000马力、2000马力以上三类及轮机长、大管轮、二管轮、三管轮4个等级；船舶无线电报务员分为一等、二等及三等3个等级。职务等级证书由交通部颁发。我国通过这3个"办法"首次划定了航区，逐步建立并完善了船舶甲板部、轮机部以及报务部三大部门职务船员的证书体系。

随着国家建设发展和航运变化，船员队伍新问题、新情况不断出现，老的船员管理法规已不能适应船员管理的需要。1963年12月，交通部重新制订《中华人民共和国轮船船员考试办法》，规定船员职务证书适用范围分为近海 [航经苏联符拉迪沃斯托克（海参崴）、朝鲜、中国沿海、越南沿海至新加坡、菲律宾附近海域]、远洋（超出近海海区）和内河（国境以内的江、河、湖、水库）；在持证高级船员中增设了船舶电机员职务，并划分为一等、二等和三等电机员。这个办法调整了航区，建立并逐步完善了船舶甲板部、轮机部、报务部以及电机部，四大部门职务船员的证书体系。这种证书体系结构符合当时航运的实际情况和航海技术的发展水平，并一直持续到20世纪90年代。

在国际航行船上工作的中国船员，须持有护照性质的中国海员证件，以证明船员的国籍身份，便于执行任务。1960年，交通部制订《颁发远洋船员海员证暂行办法》，并经国务院批准，由港务监督签发海员证。至1963年，鉴于开辟日本航线在即，交通部于4月

13日通知上海港监签发海员证。上海港从此开始办理海员证的签发工作。1967开始,交通部远洋运输局与港务监督局同意海员证由中国远洋运输公司自行签发。1976年9月8日,交通部、外交部、公安部联合颁发《中华人民共和国海员证签发和使用范围暂行规定》,重新规定海员证由中国港务监督签发。1989年,《中华人民共和国海员证管理办法》规定,海员因执行任务出境,由交通部港务监督局或者港务监督局授权的港务监督办理出境证件和颁发海员证。根据该管理办法,海员证的有效期按海员出境任务所需时间决定,最长不超过5年。

20世纪50年代初期,中国船员证书主要有:"船员职务证书"(简称"船员证书")、"海员手册",以及其他相关的证明文件等。"船员证书"是船员符合检定考试规定条件,通过船员考试合格,由交通部颁发的船员职务技术等级证书。它表明该船员可在船上担任证书所载明的等级职务。"海员手册"是记载船员水上资历的证明文件,是船员参加考试、职务晋升、换领证书审核资历的主要凭证。其他相关的证明文件主要是指在特定的历史条件下的代职证书等。

三、船员考试办法的废除与恢复

"文化大革命"开始后,船员管理工作受到严重干扰。1966年8月22日,交通部军事管制委员会下发通知,废除1963年12月交通部正式公布《中华人民共和国轮船船员考试办法》。由此,全国的船员考试、证书换发工作被迫停止,开始实行群众民主评选推荐和领导审查批准相结合的选拔船员制。这一制度的实施,造成船员选拔工作的混乱,船员技术水平逐渐下降。各港务监督和内河港航监督部门也纷纷废除包括船员管理在内的航政管理规章制度。如上海港务监督,"文化大革命"前夕因船员考证工作人员不足,建议大型轮船船员的考试工作暂由航运公司自行办理,再由港务监督凭航运公司出具各种考试及格证明和指定医院体检合格证明发给正式船员证书。1966年12月21日,该建议经交通部北方区海运管理局批准同意实施。一些港航单位提出以船员岗位责任制代替船员职务制,于是船舶没有了职务之分。1967年6月20日,中远上海分公司向交通部建议自行签发远洋船员海员证。7月20日,交通部远洋运输局与交通部港务监督局协商后予以同意。自此,上海港海员证由中远上海分公司持港监在主管栏内盖印章的空白海员证自行填用,登船、离船签证也由中远上海分公司自办,照片骑缝章用"中华人民共和国上海港务监督远洋船员证书专用章"钢印。9月22日,交通部港务监督局与远洋运输局批准海员证主管栏内不再用上海港公章。广州海运局直属船舶中兴起了"大轮班",如轮机部取消加油、生火、机匠的职务分工,人员轮流值班航行;甲板部取消一等水手和二等水手,甚至由驾驶员轮流当船长。

1971年7月21日—8月7日,交通部运输组在北京召开全国航政工作座谈会,沿海港务监督、船舶检验处、长江航政管理局等单位代表参加会议。经过讨论,会议明确了此后的航政工作主要进行船舶管理、船员管理,港口、航道、海区管理,船舶检验。船员管理方面,办理船员考核,核发船员证书。

1972年,交通部下发《关于加强安全运输生产的紧急通知》,提出"车船驾驶人员,必须经考试合格发给驾驶证书,方能开车、开船"。从1972年年初起,沿海各港务监督陆续恢复船员考试发证工作。1974年5月21日，中国港监局和中国远洋运输公司联合下发《关于换发远洋船员证书问题的暂行办法》，要求船员证书须经港务监督机构考试合格后方可发放。1976年9月8日，交通、外交、公安三部联合公布并实施《中华人民共和国海员证签发和使用范围暂行规定》，申明中国海员证书适用于世界各国和地区的所有港，有效期8年。9月20日，交通部下发《〈中华人民共和国海员证签发和使用范围暂行规定〉实施办法的通知》，重新规定海员证由中国港务监督签发，同时规定"海员证的签发工作，目前先由大连、天津、青岛、上海、广州、黄埔港务监督具体办理"，并负责相近省的出国船员海员证办理（如上海港务监督还负责浙江省和江苏省出国船员的海员证办理）。

船员考试的恢复，改变了船员管理混乱的局面，促进了船员技术水平的提高，保证了船舶航行安全。

四、加入 STCW 公约对于船员考试发证工作的促进

《1978年海员培训、发证和值班标准国际公约》（简称《STCW公约》）是各缔约国本着一致同意的海员培训、发证和值班的国际标准，以增进海上人命与财产安全和保护海洋环境为目的而缔结的一项国际公约，是国际海事组织（IMO）约50个公约中最重要的公约之一。

早在1960年，国际海上人命安全外交大会上通过一项协议，呼吁各国政府加强对海员的教育培训，建议当时的政府间海事协商组织（IMCO，简称'海协'，即后来的国际海事组织）、国际劳工组织（ILO）及有关政府共同为此努力。从历年所发生的海上事故来看，绝大多数是由于人的过失所造成。而国际海事组织制订的《国际海上人命公约》（SOLAS 74）、《国际载重线公约》（LL 66）、《国际舶吨位丈量公约》（ILC 69）等却主要是从船舶设计、设备等方面做出规定。国际海员管理工作历来没有统一的准则，各国政府对海员培训、发证和值班标准各行其是。然而，海上航行安全与海员的素质高低密切相关。为增进国际海上人命与财产的安全和保护海洋环境的目的，国际海事组织多年来一直在研究制订一个以提高海员的素质来保障航海安全的国际公约，规范海员培训、发证和值班标准，以实现提高航海人员整体素质的目的。于是，国际海事组织海上安全委员会设立一个培训与值班分委员会，为培训海员使用助航设施、救生设备、消防设备等草拟了《1964年指南文件》，并于1975年和1977年对此文件进行修正和增补，直至起草公约草案。

《STCW公约》制订之时，正值中国"文化大革命"结束，并酝酿改革开放的历史时刻。1977年和1978年，中国政府派海事专家参加了公约的制订工作。1978年7月7日，中国代表团在英国伦敦IMO总部代表中国政府签署了《STCW公约》的最终文本，中国成为《STCW公约》的原始签字国。经全国人大批准，1981年6月8日中国政府向国际海事组织秘书长提交批准该公约的文书，中国成为该公约缔约国。该公约于1983年4月27日达到了生效条件。按公约规定：该公约于1984年4月28日生效。该公约于1984年4月28日起也开始对中国生效。

加入《STCW公约》，对中国政府加强船员管理可谓恰逢其时。"文化大革命"期间，中国船员管理工作一度受到严重干扰。1979年以后，为了适应船舶安全管理的需要，各地先后恢复了船员考试工作，因而非常有必要制定一个统一的办法和标准。交通部根据当时船员队伍的技术素质状况，并参照《STCW公约》，于1979年6月12日下发了《中华人民共和国轮船船员考试发证办法》（以下简称"79办法"），自1979年10月1日起执行。

"79办法"规定的海船船员考试原则和标准与《STCW公约》基本保持一致。"79办法"确定了船长、驾驶员（大副、二副、三副）、轮机长、轮机员（大管轮、二管轮、三管轮）、电机员、船舶报务员及话务员等船员职务，并规定经考试合格且符合船员体格检查标准的核发交通部统一印制的"中华人民共和国轮船船员证书"；重新划定船长、驾驶员、轮机长、轮机员证书适任等级；增加了"沿海"航行区域，明确了海上包括远洋、近海[自苏联符拉迪沃斯托克（海参崴）经朝鲜、中国、越南沿海至新加坡，包括日本、菲律宾附近的海域]、沿海（距离中国海岸50海里以内的海域）。"79办法"结束了中国船员管理的"无政府"状态，船员的教育、培训、考试、发证等管理从"文化大革命"期间以院校和国有船公司为主开始向政府主导和管理的方式转型。

中国政府对《STCW公约》给予高度重视，作为履约的起步，积极推进"四小证"①培训。主管机关按照《STCW78公约》和国家的有关法律、法规，制订并颁布了一整套履约规定和技术规范，实行全国统一的海员考试、评估和发证，管理和监督海员培训，监督和跟踪管理海员的适任状况，检查海员的值班安排，使《STCW公约》在中国得以全面、充分和有效实施。

各海运企业对海员培训的认识和行动经历了一个逐步深入的过程。最初是在政府制约下被动进行的。进入20世纪80年代，中国海运船队大发展，海员大量短缺且亟待培训。面对这种情况，各海运企业，一方面从海事院校大量招收毕业生充实海员队伍，一方面克服海员调配和经费紧张的困难，将在职海员分批送往岸上的培训基地或在船培训，使广大海员逐步达到公约规定的各项标准。

---

① 船舶消防、海上急救、救生艇筏操纵、海上求生证书。

附录八 历史文件文号索引

1.《呈报邀集对外租船会议经过拟请准予成立海外运输委员会由》(密航〔51〕字第85号)
2.《覆为组织海外运输委员会之建议原则同意由》(〔51〕财规密计〔交〕字第156号)
3.《波兰共和国政府建议与中国谈判关于组织中波、波中合营轮船公司事》(发部苏字第八十号)
4.《为函复波兰政府建议中波或波中合营轮船公司原则同意由》(交航〔50〕字第685号)
5.《为波兰政府建议拟合组轮船公司呈请鉴核由》(交航〔50〕字第686号)
6.《波兰政府建议合组中波轮船公司本委原则上同意转请钧院核示由》(财经总字第650号)
7.《远洋运输局关于招商局归我局直接领导的通知》(远业〔65〕字第43/811号)
8.《海运管理总局关于远洋科对外执行代理业务时改以中国外轮代理公司名义出现由》(海总密〔52〕远字号42号)
9.《海运管理总局通知自1月10日起对外以"中国外轮代理公司"名义出现由》(海总远〔52〕字第10号)
10.《交通部关于外轮代理公司体制问题的通知》(〔58〕交海国王字第41号)
11.《关于成立中国外轮代理公司大连分公司请查照的函》(北密〔53〕字第二号)
12.《通知自一月十日起改用中国外轮代理公司名义进行代理外轮工作由》(津海〔53〕航字0051号)
13.《自二月一日起由我局仍以外轮代理公司名义办理代理外轮业务并改派王大勇为经理王仰陶为副经理由》(津港服密〔53〕字第545号)
14.《关于外轮代理公司经理名字报备的函》(青密字第0194号)
15.《为奉令成立中国外轮代理公司由》(〔53〕东海运字2674号)
16.《通知自一月十日起用中国外轮代理公司进行外轮代理工作由》(秦海〔1953〕字第003号)
17.《关于加强交通部船舶建造和远洋工作的意见》(中远档案号 JTB-1956-008)
18.《关于重新组建中国远洋运输总公司的请示》(〔72〕交水运字295号)
19.《关于重新组建中国远洋运输总公司的通知》(〔72〕交计字1586号)
20.《关于恢复远洋运输局的通知》(〔74〕交人字2290号)
21.《关于成立中国远洋运输总公司大连、青岛分公司的请示》(〔75〕交人字603号)

22.《关于成立中国远洋运输总公司大连、青岛分公司的通知》(〔75〕交人字 809 号)

23.《关于青岛海运学校等三单位的教育和行政业务工作由中远青岛分公司领导与管理的通知》(〔76〕交远人字第 574 号)

24.《关于成立交通部大连海运管理局的通知》(〔77〕交人字 1328 号)

25.《关于调整大连海运管理局管理体制》(〔79〕交人字 1673 号)

26.《关于贯彻远洋工作会议的几个问题的通知》(〔73〕交水运字 711 号)

27.《关于外代分公司设置租船管理机构的通知》(〔73〕中远人字第 262 号)

28.《关于船舶燃料供应工作几个问题的通知》(〔72〕交水运字第 558 号)

29.《关于统一外轮理货工作的通知》(交运商〔61〕于第 160 号)

30.《关于规定外轮理货公司统一名称的通知》(运商〔61〕字第 231 号)

31.《关于加强外轮理货工作的指示》(交运商〔62〕于字第 2 号)

32.《报送外轮理货工作情况》(交水商〔63〕于字第 45 号)

33.《关于调整外轮理货公司体制的通知》(交水商〔63〕于字第 93 号)

34.《关于限期恢复外轮理货公司和加强外轮理货工作的通知》(〔71〕交水运字 1170 号)

35.《关于制作中国外轮理货公司徽章的通知》(〔77〕中外理总字第 13 号)

36.《关于加强外轮理货的通知》(〔78〕交港字 502 号)

37.颁发《关于颁发〈中外理公司业务章程(试行草案)〉和〈中外理公司理货办法(试行草案)〉的通知》(交水商〔63〕于字第 104 号)

38.《关于为提高外轮理货准确性,切实做好以船上理货数字对外签证的通知》(水商〔65〕字第 37 号)

39.《关于改进国外进口货物签残工作的通知》(水商〔65〕字第 21 号)

40.《关于加强外轮理货工作的补充通知》(运商〔62〕字第 54 号)

41.《中远总公司向交通部上送关于国内建造远洋货船质量问题的汇报》(〔73〕中远船技字第 412 号)

42.《关于"昌都"轮投入中、斯联合海运航线举行首航仪式的请示》(〔1973〕交水运字 1218 号)

43.《关于立即进行国轮开辟南北航路准备工作的指示》(交党〔66〕字第 122 号)

44.《关于国轮开辟南北航线中有关涉外问题的请示》(交军远政〔1967〕字第 124/476 号)

45.《转发国务院对我部"关于国轮开辟南北航线中有关涉外问题的请示"的批示的通知》(交军远政〔1968〕字第 106 号)

46.《关于九江轮北上、红旗轮南下的指示》(交军航〔1968〕字第 363 号)

47.《关于修改我国远洋船舶南北海上航线的请示》(〔1973〕交水运字 1001 号)

48.《关于远洋船舶航行南北海上新航线问题的通知》(〔1974〕中远航字第 029 号)

49.《为加速发展集装箱运输拟聘丹麦专家和引进新技术的请示》(〔78〕交水运字 1423 号)

50.《关于转发〈为加速发展集装箱运输拟聘丹麦专家和引进新技术的请示〉的通知》

51.《关于开辟日本、西欧航线海运邮路,由我远洋班轮承运出口国际邮件的通知》(〔1978〕邮字564号,〔1978〕交远字1181号)

52.《交通部关于抽调船员支援远洋运输的通知》(交远人〔61〕彭字第685号)

53.《交通部海河运输总局关于筹备远洋船员训练班开学事宜》(海人〔58〕字第143号)

54.《关于加强船员培训工作的通知》(远船员〔65〕字第90/463号)

55.《关于南京海运技工学校划归远洋运输局领导有关问题的意见》(教管〔64〕字第41号)

56.《关于请确定南京海运技校交接日期由》(沪海人教〔64〕字第0959号)

57.《关于南京海运技工学校划归远洋运输局领导的通知》(交教管〔64〕朱字第91号)

58.《关于南京海运技工学校划归远洋局领导及更新校名的通知》(远人〔64〕1044号)

59.《交通部关于南京远洋技工学校更名为南京远洋海员学校的通知》(交远船员〔65〕字第172/867号)

60.《交通部军管会关于将南京远洋海员学校改为船舶配件制造厂的通知》(交军运字169号)

61.《请部速下达恢复原南京海员学校的函》(〔73〕中远教字第034号)

62.《关于恢复原南京远洋海员学校的通知》(〔73〕交人字446号)

63.《关于南京远洋海员学校编制定员的通知》(〔73〕)中远人字第713号)

64.《关于办好南京海员学校的批复》(〔78〕交人字569号)

65.《关于将大连海运学校交远洋运输总公司领导管理的通知》(〔72〕交政字2443号)

66.《对大连海运学校组织机构的批复》(〔73〕中远人字第290号)

67.《关于改变大连、青岛两所海校领导体制和学校规模的批复》(交教字〔78〕1853号)

68.《关于集美航海学校领导关系及规模、定员的通知》(〔73〕交人字2156号)

69.《关于集美航海学校编制定员的通知》(〔73〕中远人字第637号)

70.《关于新建青岛海运学校设计任务书的批复》(〔73〕交计字2167号)

71.《关于新建青岛海运学校编制定员的通知》(〔73〕中远人字第646号)

72.《关于成立中国远洋运输总公司大连、青岛分公司的请示》(〔75〕交人字603号)

73.《关于青岛海运学校等三单位的教育和行政业务工作由中远青岛分公司领导与管理的通知》(交远人字〔76〕574号文)

74.《关于改变大连、青岛两所海校领导体制和学校规模的批复》(交教字[78]1853号)

75.根据交通部《关于请抓紧新建海员学校设计工作的通知》(〔72〕交计字1249号)

76.《关于新建天津海员学校编制定员的通知》(〔73〕中远人字第715号)

77.《关于新建广州海员学校设计任务书的批复》(〔73〕交计字2284号)

78.《关于新建广州海员学校编制定员的通知》(〔73〕中远人字第714号)

79.《关于上海海员学校设计任务书的批复》(〔78〕交计字273号)

80.《交通部给外贸部关于商请海关准予国轮、中远租船更新卸下的助航仪器设备转交各海运学校的函》(〔74〕交水运字211号)

81.《外贸部给交通部关于从国轮、中远租船更新卸下的仪器设备转交给海运学校作教

学用问题的复函》(〔74〕贸关行字第 52 号)

82.《远洋局关于交给大连海运学校实习船事》(〔77〕交远教字第 144 号)

83.《远洋局关于"海智"轮交集美航海学校教学基地使用问题》(〔77〕交远教字第 845 号)

84.《远洋局关于"大西洋星"轮交青岛海校教学使用问题》(〔77〕交远教字第 899 号)

85.《关于调整远洋各航线运价的通知》(〔74〕交远字 3166 号)

86.《关于调整交通部远洋货运运价的请示》(〔77〕交远字 913 号)

87.《关于调整远洋运价的复文》(〔77〕计财字 247 号)

88.《关于"船舶实行航次经济核算试行办法"的通知》(〔78〕交远财字 624 号)

89.《关于远洋运输船舶在国外港口招待费的规定》(〔73〕中远计财字第 605 号)

90.《关于营运外汇管理使用的补充规定》(〔75〕交远计字第 0063 号)

91.《关于加强营运外汇管理,节约国家外汇支出的通知》。(〔75〕交远计字 0232 号)

92.《关于增加外汇收入,节约外汇支出的几项措施》(〔75〕交远计字 726 号)

93.《寄送"远洋船舶电台设置标准"由》(〔73〕中远通信字第 216 号)

94.《关于远洋船舶电台设置标准问题的复函》(〔73〕交船检字 765 号)

95.《关于远洋船舶电台的设置标准》(〔73〕中远通信字第 391 号)

96.《颁发远洋船舶电台工作实施细则》(〔75〕交远电字 0007 号)

97.《关于修订远洋船舶无线电通信导航设备维修保养规则》(〔77〕中远电字第 810 号)

98.《关于试验和开放高频无线电话(单边带)的通知》(〔78〕交信字 646 号)

99.《关于安全生产的紧急指示》(〔1963〕交孙发辰密 290 号)

100.《关于香港友联修船厂扩建的请示》(〔75〕交远字 95 号)

101.《颁发"船员自修范围的规定"(草案)的通知》(沪远革技〔75〕字第 422 号)

102.《关于征求对"远洋船舶厂修、自修、保养维修工作的规定"意见事》(〔78〕中远技字第 700 号)

103.《关于加强远洋国轮物料供应工作的报告》(〔73〕计生字 237 号)

104.《对关于建立健全远洋船舶供应机构的批复》(〔73〕交人字 1774 号)

105.《国务院转发国家计划委员会关于认真做好外轮和远洋国轮供应工作的报告》(国发〔1975〕63 号)

106.《关于转发〈国务院转发国家计划委员会关于认真做好外轮和远洋国轮供应工作的报告〉的通知》(〔75〕交远字 562 号)

107.《关于认真做好外轮和远洋国轮供应工作的补充通知》(〔76〕商特联字第 1 号,〔76〕交财字第 24 号,〔76〕贸出综字第 12 号,〔76〕财外字第 3 号)

108.《颁发"物资管理暂行办法"和"船舶物料供应定额"的通知》(〔77〕中远供字第 604 号)

109.《远洋物资学大庆会议有关财务管理问题的纪要》(〔77〕交远计字 651 号)

110.《关于营运外汇管理使用的补充规定》(〔75〕交远计字第 0063 号)

111.《报送上海远洋通讯导航修配厂设计任务书》(〔75〕交远计字第 0606 号)

112.《报送广州远洋通信导航修配站设计任务书》(〔77〕中远计便字 902 号)
113.《关于成立通信站的事》(〔78〕交远电字 182 号)
114.《要求批准远洋通信导航修理站的设计任务书》(〔78〕交远电字第 736 号)
115.《关于广州、上海分公司建设通信导航修理所的批复》(〔78〕交计字 1818 号)
116.《关于加强卫生医疗工作的通知》(〔73〕中远人字第 799 号)
117.《关于进一步加强船舶医疗卫生工作的通知》(〔77〕交远人字第 352 号)
118.《关于当前船员医疗保健工作情况和今后意见》(〔77〕交远人字第 971 号)
119.《关于对远洋船员普遍进行体格检查的通知》(〔78〕交远人字第 171 号)
120.《关于建立卫生行政机构的通知》(〔78〕交远人字第 1093 号)
121.《中共中央关于在交通部门中建立政治工作机构的决定》(档案号 JTB-1954-005)
122.《关于在交通部远洋运输局成立党委的通知》(交党〔65〕字第 201 号)
123.《关于要求报告学习毛主席著作情况的通知》(〔1977〕中远政字第 317 号)
124.《关于培养选拔船舶政工干部的通知》(〔78〕中远党字第 030 号)
125.《远洋船舶政治委员工作条例》(中远档案文号 1975-C-057)
126.《中共中央关于整团建团工作的通知》(中发〔1970〕51 号)
127.《关于开辟远洋航线的建议报告》(〔59〕穗远秘字第 0010 号)
128.《中远总公司向交通部上送关于国内建造远洋货轮质量问题的汇报》(〔73〕中远船技字第 142 号)
129.《关于"风庆"轮远航的请示报告》(〔74〕中远技字第 241 号特急)
130.《关于"风庆"轮远航问题的批复》(〔74〕交水运字 790 号)
131.《转发交通部"关于'风庆'轮远航问题的批复"的通知》(〔74〕中远办字第 256 号)
132.《关于"风庆"轮首航政治工作的几点意见》(〔74〕政字第 146 号)
133.《关于"风庆"轮首航的几点意见》(〔74〕中远技字第 283 号)

附录九　航运业常见专业名词解释

远洋运输（Ocean Shipping）：我国与其他国家（地区）间，经过一个或数个大洋的海上运输。如我国至东、西非洲，红海，地中海，欧洲和南、北美洲，澳大利亚等地区所进行的旅客和货物的运送。

近洋运输（Short-range Ocean Shipping）：我国根据船舶航程较短，并以船舶周转的快慢和管理上的具体情况为出发点，与其他国家（地区）间，只经过沿海或太平洋（或印度洋）的部分水域的海上运输。如我国至朝鲜、日本、越南、印度尼西亚等地区所进行的旅客和货物的运送。

沿海运输（Coastwise Shipping）：利用船舶在我国沿海区域各港之间的客货运输，其范围包括自辽宁鸭绿江口起至广西北仑河口止的大陆沿海运输；我国沿海省、自治区、直辖市所属诸岛屿沿海及其与大陆间的全部水域内的运输。

班轮运输（Carriage of Goods by Liner）：船舶在固定航线按照预先公布的船期表定期停靠若干固定的港口，经营班轮业务的船公司按颁布的运价本（Freight Tariff）所列的运价费率收取运费。

三角航线（Triangular Route）：又称三角形组合航线，是一种环行的货运航线。当三个以上港口间的货运规模最低能保证一艘船舶在营运期内有效航行，则可组织该环行的货运航线，以便充分利用船舶运输能力，减少空载，提高运输效率与效益。

多式联运（intermodality）：由两种及其以上的交通工具相互衔接、转运而共同完成的运输过程统称为复合运输，我国习惯上称之为多式联运。《联合国国际货物多式联运公约》对国际多式联运的定义是：按照国际多式联运合同，以至少两种不同的运输方式，由多式联运经营人把货物从一国境内接管地点运至另一国境内指定交付地点的货物运输。而《中华人民共和国海商法》对于多式联运的运输方式的规定是，两种以上的不同运输方式，其中一种是海上运输方式。

货物周转量（Turnover Volume of Freight Traffic）：该指标反映运输机构一定时期内货物运输的工作量，系指实际运送的货物吨数与其到、发港间的里程之乘积，即：货运量（吨）× 运距（海里）= 货物周转量（吨海里）；海运企业用吨海里表示其计算单位，其运距1海里 = 1.852公里。

货物中转（Transhipment）：货物装上船后，不能直接运达目的港，而须在中途港转装，由另一艘船舶接运。中转（转运）在国际海上运输中是经常发生的。有的是由于货载零星、目的港分散，考虑船舶在经济上的合理性而不能一一运达，便安排在中途港口进行中转；也有的因原卸货港或本船发生特殊意外，无法按运输契约将货物运往目的港，承运人可根据提单上的自由转运条款，将货物卸在其他方便的港口，安排转运。

包运租船合同（Contract of Affreightment, COA）：不规定船名或船数，按照同一运价和条款一次签订合同包运较大数量货物的订租方式。合同规定在一定期限内，船舶所有人将一定数量的同类货物，由指定的装运港运往指定的目的地。这种方式适合于货运量大，又可分批、分期装运的货物。COA一般签订的合同期较长，船方在租船期间解决了货源问题；还可根据合同量和时间，获得稳定收益。而货方把运价锁定在一定水平上，可规避货物运输成本变动的风险。签订COA可以让船货双方以双赢的方式，共同抵御市场风险。

船舶载重量（Deadweight Tonnage）：船舶所允许装载的重量。有总载重量和净载重量之分。使船舶达到允许最大的吃水所能装载的各种重量的总和，称为船舶总载重量。从总载重量中除去船员及装备重量，以及燃油、淡水、供应品等重量后，所允许装载的货物或旅客，包括其行李和携带品在内的最大重量，称为船舶净载重量，也即能用于装载货物的最大重量，一般称为载货量。

总吨位（Gross Tonnage）：根据船舶吨位丈量规范的有关规定，丈量确定的船舶总容积，以吨位来表示。总吨位一般用于：表示船舶大小；表示一个国家或一家船公司拥有船舶的数量；计算造船费用、船舶保险费用；在有关国际公约和船舶规范中用来区别船舶的等级以衡量对技术管理和设备要求的标准；以及作为船舶登记、检验和丈量的收费标准等。

净吨位（Net Tonnage）：根据船舶吨位丈量规范的有关规定，从总吨位中减除不适于载运旅客、货物处所而得到的船舶有效容积。以吨位来表示。净吨位一般用于交付港口费、引航费、灯塔费和停泊费的计算基准。

TEU（Twenty-foot Equivalent Unit）：是以长度为20英尺的集装箱为国际计量单位，也称国际标准箱单位。通常用来表示船舶装载集装箱的能力，也是集装箱和港口吞吐量的重要统计、换算单位。它的尺寸规格为：长20英尺×宽8英尺×高8英尺6英寸。

FEU（Forty-foot Equivalent Unit）：是以长度为40英尺的集装箱为国际计量单位，通常用来表示船舶装载集装箱的能力，也是集装箱和港口吞吐量的重要统计、换算单位。它的尺寸规格为：长40英尺×宽8英尺×高8英尺6英寸。

干散货船型分类：从船队结构上看，干散货代表船型可分为五大类：

小灵便型（Handysize）：1万—3.9万吨，船舶吃水控制在9—10米，主要行使于受特定航区航道水深限制的航线及水域，如劳伦斯水道，我国的长江口、珠江口等。

大灵便型（Handymax）：4万—5.9万吨，船舶吃水一般在11米左右，符合大部分大中型港口满载进出的需要。

巴拿马型（Panamax）：6万—8万吨，该类型船是指可以通过巴拿马运河、吃水在13米的干散货船；主要运输煤炭、谷物等大宗物资。该类型船舶是由大西洋通过巴拿马运河到太平洋的最佳船型，是世界船队中很有代表性的船舶，在煤炭、矿石、粮食、化肥等干散货运输中得到广泛的应用。

好望角型（Capesize）：10万—19万吨，该类型船是指在远洋航行中可以通过好望角或者南美洲海角最恶劣天气的大型干散货船；主要运输铁矿砂、煤炭等工业原料。常规船型吨位逐步由12万载重吨发展到14万载重吨和19万载重吨。

超大型散货船（Very Large Ore Carrier，VLOC）：20万吨以上，用于煤炭和铁矿石的远距离运输，主要为北美、澳大利亚、远东航线提供煤炭运输服务，主要为南美、澳大利亚—日本、远东、地中海和欧洲地区提供铁矿石运输服务。

油轮船型分类：通常，按油轮的吨位，可将其划分为以下几个类别：

中程（Medium Range，MR）成品油轮：从事中程运输的成品油轮，承运载重吨为3万—5.5万吨。

远程（Large Range，LR）成品油轮：从事远程运输的成品油轮，其中LR1型为5万—10万吨，LR2型为10万吨以上。

巴拿马型（Panamax）：5.5万—8万吨，船宽尺寸以通过巴拿马运河为上限。

阿芙拉型（Aframax）：8万—12万吨，即平均运费指数（Average Freight Rate Assessment）经济适用性最佳船型，也是适合白令海（Baltic Sea）冰区航行油船的最佳船型。

苏伊士型（Suezmax）：12万—20万吨，该型船的上限为在满载中东原油情况下，可经由苏伊士运河运至欧洲，其常规的船型是15万—16万吨。

超大型油轮（Very Large Crude Carrier，VLCC）：20万—32万吨，主要用于远距离的原油运输。

超巨型油轮（Ultra Large Crude Carrier，ULCC）：32万吨以上，按照载重吨衡量，人类曾经建造过的最大船舶是1979年日本建造的"海上巨人"号，其载重吨是56万吨。

集装箱船船型分类：集装箱船型以装载集装箱的箱量划分为以下几个类别：

支线集箱船（Feeder）：所载箱量在500TEU以内的支线集装箱船。

大支线集箱船（Feedmax）：所载箱量为500—1000TEU的大支线集装箱船。

灵便型集装箱船（Handy）：所载箱量为1000—2000TEU的灵便型集装箱船。

次巴拿马型集箱船（Sub-panamax）：所载箱量为2000—3000TEU的中型集装箱船。

巴拿马型集箱船（Panamax）：所载箱量为3000—5000TEU的大型集装箱船。

超巴拿马型集箱船（Post-panamax）：所载箱量超过5000TEU的超大型集装箱船，最大超巴拿马型集装箱船已经突破10000TEU。

超大型集装箱船：超过10000TEU的巨型集装箱船。截至2019年年底，世界最大超大型集装箱船载箱量达21000TEU；该型船的船长约为400米，船宽约为58.8米。

BDI（Baltic Dry Index）：波罗的海干散货运价指数。该指数是由若干条传统干散货船航线的运价，按照各自在航运市场上的重要程度和所占比重构成的综合性指数。自2018年3月1日，BDI航线权重调整为：海岬型占40%，巴拿马型和超灵便型各占30%。灵便型期租平均值不再涵盖在内。计算公式中系数变更为0.1。

BCI（Baltic Capesize Index）：波罗的海好望角型船运价指数。该指数反映10万载重吨以上的好望角型散货船市场租金变化情况。2014年5月6日其标准船型和典型航线进行了调整。

BPI（Baltic Panamax Index）：波罗的海巴拿马型船运价指数。该指数反映6万—8万载重吨巴拿马型散货船的市场租金变化情况。

BSI（Baltic Supramax Index）：波罗的海大灵便型船运价指数。该指数反映5.83万载重吨大灵便型船的市场租金变化情况。主要运输货物有粮食、磷肥、碳酸钾、木屑、水泥。

BHSI（Baltic Handysize Index）：波罗的海小灵便型船运价指数。该指数反映2.8万载重吨小灵便型船的市场租金变化情况，主要运输货物有粮食、钢材、磷肥、碳酸钾、木屑、水泥。

CCFI（China Containerized Freight Index）：中国出口集装箱运价指数。由交通部（现交通运输部）主持、上海航运交易所编制的CCFI于1998年4月13日首次发布。CCFI编制与发布方式：第一，以1998年1月1日为基期，基期指数1000点。第二，根据典型性、地区分布性、相关性三大基本原则，筛选出14条航线作为样本航线，分别为中国香港、韩国、日本、东南亚、澳新、地中海、欧洲、东西非、美西、美东、南非、南美、波红、中国台湾航线，其国内出发港口包括大连、天津、青岛、上海、南京、宁波、厦门、福州、深圳、广州十大港口。第三，由包括中远集运在内的18家商誉卓著、航线市场份额大的中外船公司按照自愿原则，组成运价指数编制委员会，提供运价信息。

SCFI（Shanghai Containerized Freight Index）：上海出口集装箱运价指数。上海航运交易所改革并推出的新版SCFI，于2009年10月16日正式对外发布，取代2005年12月7日发布的原SCFI。新版SCFI是反映上海出口集装箱即期运输市场运价变化的指数，包括15条分航线市场运价（指数）和综合指数。航线覆盖上海出口集装箱运输的主要贸易流向及出口地区，分别为欧洲、地中海、美西、美东、波斯湾、澳新、西非、南非、南美、日本关西、日本关东、东南亚、韩国、中国台湾和中国香港航线。

国际油轮运价指数（World Tanker Nominal Freight Scale，WS）：即新世界油轮名义运费指数。WS运费指数其实是一个百分数，指某种类型的油轮在某条航线的运费水平与基准费率的比值（用百分数表示）。例如，如果某日VLCC在海湾东行航线的运费指数是WS110点，表明其运费与基准费率的比值为1.1，用百分数表示就是110点；如果运费指数是WS70点，表明其运费与基准费率的比值为0.7，用百分数表示就是70点。而某航线的基准费率是由"Worldscale协会"根据上一年度（前一年的10月1日至当年9月30日）的港口使费、燃油费和运河费等营运费用水平，计算出一艘航速为14.5节、载货量为7.5万吨的油轮，在该航线上完成一个标准航次（指满载到港、空载返回）的基准费率即WS100（或日租金12000美元）的费率，以美元／吨为单位。因此每年该航线的基准费率都不一样，每年1月1日由分别位于伦敦和纽约的"Worldscale协会"向其收费会员公布新年度60000多种不同油运航线涉及1000多个港口的《新世界油轮（基本）费率表》以用作油轮租船中船货双方商谈运价的基础。历史上，该费率表的计算标准几经修改，最新一次修改自 1989 年 1 月 1 日，从生效之日起一直沿用至今。

远期运费协议（Forward Freight Agreement，FFA）：买卖双方达成的一种远期运费协议，协议规定了具体的航线、价格、数量等等，且双方约定在未来某一时点，某一方收取或支付依据波罗的海的官方运费指数价格与现在成交价格的差额。由于国际干散货市场运价波动频繁且波幅巨大，传统经营模式很难获得稳健发展。而科学合理地运用 FFA 这一金融衍生工具，通过对冲功能和套期保值功能，则可平抑市场波动，实现稳健发展。

港口吞吐量（Port Throughput）：是指一段时期内经水运输出、输入港区并经过装卸作业的货物总量，计量单位为"吨"或集装箱"标准箱（TEU）"。港口吞吐量是衡量港口规模大小的最重要的指标，反映在一定的技术装备和劳动组织条件下，一定时间内港口为船舶装卸货物的数量。影响港口吞吐量的因素十分复杂。综合起来看，大体可以分为两种类型，一种是客观的区域因素，如腹地的大小、生产发展水平的高低、外向型经济发展状况和进出口商品的数量等等；另一种是港口本身的建港条件，包括自然条件和社会经济因素。在上述条件一定的情况下，劳动组织与管理水平、装卸机械数量和技术水平、船型、车型、水文气象条件、工农业生产的季节性、车船到港的均衡性，以及经由港口装卸的货物品种与数量，均可能成为影响港口吞吐能力的重要因素，但最直接最关键的要素是泊位能力的大小。

港口吞吐能力（Port Throughput Capacity）：又称港口通过能力。广义上是指在一定时期内和一定的工作条件下，港口所具有的办理旅客到发、货物装卸以及为船舶提供技术服务能力的总和。狭义上是指港口在一定时期内，以现有设备能为船舶装卸货物的最大数量，即最大吞吐量。以"吨"来表示。

港口使费（Port Charges）：船舶在港口发生的各种费用和其他支出款项的总称，大致分为三类，一是有关船舶的费用，如船舶吨税、船舶港务费、引航费、灯塔费、拖轮费、船舶报关费、船舶检验费、船舶代理费等；二是有关货物的费用，如装卸费、堆存保管费、货物检验费、货物监装费、理货费等；三是其他支出款项，如在港口发生的船舶修理费、垫舱物料费、船员借支等。

LPG（Liquefied Petroleum Gas）：液化石油气，是由炼厂气体或天然气（包括油田伴生气）加压、降温、液化得到的一种无色、挥发性气体。该气体主要含丙烷、丁烷、丙烯、丁烯和异丁烷等成分。

LNG（Liquefied Natural Gas）：液化天然气，是通过井下开采的天然气经过净化后，被制冷到其沸点温度零下 165 摄氏度，这种呈液体状态纯净天然气即成为 LNG。该气体主要含甲烷，或少量的乙烷、丙烷、丁烷以及氮类的其他杂质。

船舶租赁（Chartering）：租船人为了获得运输工具来运输货物或承担运输任务，以支付运费或租金的方式，从所有人那里将船舶的整船或部分舱位租入的一项业务。船舶租赁方式主要有航次租船、定期租船、光船租赁。

航次租船（Voyage Charter）：又称程租船，其租金计算以航次为单位。由船舶所有人按双方事先议定的费率与条件，将船舶全部或一部分租与租船人，该船按租船人意愿自某一港口或者若干港口装运整船货物或部分货物至指定的目的港，或某一地区的若干港口。

定期租船（Time Charter）：又称期租船，其租金计算以时间为单位。船舶所有人根据双方签订的租船合同将船舶在一段较长的期限内（数月到几年不等）租与租船人调度和使用。由租船人根据船舶每一夏季载重吨为计算单位在一定时间内（按月或按天）向船舶所有人支付租金，以预付方式支付租金。租金一经议定，在租赁期内，不论租船市场租金涨落情况如何，都不得变更。

光船租赁（Bareboat or Demise Charter）：又称过户租赁或船壳租赁。船舶由船舶所有人按夏季载重吨每例月或 30 天向租船人收取租金，将"光船"（不配备船员的船舶）在一规定的期限内交与租船人自由使用。光船租赁的船舶由租船人聘用船长、轮机长和船员。光船租赁实际也是定期租船的一种，与一般定期租船的相同之处是两者均按时间计算租金，不同之处是光船租赁的船舶占有权在租船期内由船舶所有人转移至租船人手中。

PSC（Port State Control）：港口国监督。港口国的政府机构或其授权机构（我国为中华人民共和国海事局）对到达本国港口的外国籍船舶的技术状况和船员能力（特别是有关船舶航行安全与防污染方面）进行检查，以保证船舶在海上人命和财产安全，防止海洋环境污染。

FSC（Flag State Control）：船旗国检查。它是一国政府对悬挂本国国旗船舶实施的安全检查。

SMS（Safety Management System）：安全管理体系。它是一个系统的、清晰的和全面的安全风险管理方法，综合了运行、技术系统、财务和人力资源管理，融入公司的整个组织机构和管理活动中，包括目标设定、计划和绩效评估等。

O2O（Online To Offline）：是指将线下的商务机会与互联网结合，让互联网成为线下交易的平台。

IPO（Initial Public Offering）：首次公开募股，是指一家企业或公司（股份有限公司）第一次将它的股份向公众出售。

BOT（Build-Operate-Transfer）：建设—经营—转让，本质上是一种基础设施投资、建设和运营的方式。在政府与民间机构达成协议的前提下，政府向民间机构发放特许权，允许民间机构在一定时期内筹集资金建设基础设施，管理和运营设施及其相应的产品和服务。

附录十 重要国际规则及公约

一、《海牙规则》（Hague Rules）

《海牙规则》(Hague Rules) 全称为《统一提单的若干法律规定的国际公约》，是关于提单法律规定的第一部国际公约。1924年关于统一提单若干法律规定的国际公约（International Convention for the Unification of Certain Rules of Law Relating to Bills of Lading，1924），简称《海牙规则》(Hague Rules：H.R.)，1924年8月25日在比利时首都布鲁塞尔签订，1931年6月2日起生效，为统一世界各国关于提单的不同法律规定，并确定承运人与托运人在海上货物运输中的权利和义务而制定的国际协议。

《海牙规则》共十六条，其中第一至第十条是实质性条款，第十一至第十六条是程序性条款，主要是有关公约的批准、加入和修改程序性条款，实质性条款主要包括以下内容：

《海牙规则》第三条第一款规定："承运人必须在开航前和开航当时，谨慎处理，使航船处于适航状态，妥善配备合格船员，装备船舶和配备供应品；使货舱、冷藏舱和该船其他载货处所能适当而安全地接受、载运和保管货物。"该条第二款规定："承运人应妥善地和谨慎地装载、操作、积载、运送、保管、照料与卸载。"即提供适航船舶，妥善管理货物，否则将承担赔偿责任。

《海牙规则》对"承运人运输货物的责任期间"进行了明确，其中对"货物运输"的定义，货物运输的期间为从货物装上船至卸完船为止的期间。所谓"装上船起至卸完船止"可分为两种情况：一是在使用船上吊杆装卸货物时，装货时货物挂上船舶吊杆的吊钩时起至卸货时货物脱离吊钩时为止，即"钩至钩"期间。二是使用岸上起重机装卸，则以货物越过船舷为界，即"舷至舷"期间承运人应对货物负责。至于货物装船以前，即承运人在码头仓库接管货物至装上船这一段期间，以及货物卸船后到向收货人交付货物这一段时间，按《海牙规则》第七条规定，可由承运人与托运人就承运人在上述两段发生的货物灭失或损坏所应承担的责任和义务订立任何协议、规定、条件、保留或免责条款。

《海牙规则》对"承运人的赔偿责任限额"做了规定，这一制度安排实际上是对承运人造成货物灭失或损害的赔偿责任的部分免除，充分体现了对承运人利益的维护。《海牙规则》第四条第五款规定："不论承运人或船舶，在任何情况下，对货物或与货物有关的灭失或损坏，每件或每单位超过100英镑或与其等值的其他货币时，任意情况下都不负责；但托运人于装货前已就该项货物的性质和价值提出声明，并已在提单中注明的，不在此限。"

关于承运人的免责条款，《海牙规则》第四条第二款作了十七项具体规定，分为两类：一类是过失免责；另一类是无过失免责。国际海上货物运输中争论最大的问题是《海牙规则》的过失免责条款，《海牙规则》第四条第二款第一项规定："由于船长、船员、引航员或承运人的雇用人在航行或管理船舶中的行为、疏忽或过失所引起的货物灭失或损坏，承运人可以免除赔偿责任。"这种过失免责条款是其他运输方式责任制度中所没有的。很明显，《海牙规则》偏袒了船方的利益。

另一类是承运人无过失免责，主要有以下几种：

（1）不可抗力或承运人无法控制的免责有八项：海上或其他通航水域的灾难、危险或意外事故；天灾；战争行为；公敌行为；君主、当权者或人民的扣留或拘禁，或依法扣押；检疫限制；不论由于任何原因所引起的局部或全面罢工、关厂、停工或劳动力受到限制；暴力和骚乱。

（2）货方的行为或过失免责有四项：货物托运人或货主、其代理人或代表的行为；由于货物的固有缺点、质量或缺陷所造成的容积或重量的损失，或任何其他灭失或损害；包装不固；标志不清或不当。

（3）特殊免责条款有三项：一是火灾，即使是承运人和雇用人的过失，承运人也不负责，只有承运人本人的实际过失或私谋所造成者才不能免责；二是在海上救助人命或财产，这一点是对船舶的特殊要求；三是谨慎处理，克尽职责所不能发现的潜在缺陷。

（4）承运人免责条款的第十六项："不是由于承运人的实际过失或私谋，或是承运人的代理人或雇用人员的过失或疏忽所引起的其他任何原因。"这是一项概括性条款，既不是像前述十六项那样具体，又不是对它们的衬托，而是对它们之外的其他原因规定一般条件。

关于索赔与诉讼时效问题，《海牙规则》第三条第六款规定：承运人将货物交付给收货人时，如果收货人未将索赔通知用书面形式提交承运人或其代理人，则这种交付应视为承运人已按提单规定交付货物的初步证据。如果货物的灭失和损坏不明显，则收货人应在收到货物之日起 3 日内将索赔通知提交承运人。

二、《国际海上人命安全公约》（SOLAS 公约）

《国际海上人命安全公约》(International Convention for Safety of Life at Sea)，简称《安全公约》或《SOLAS 公约》。1974 年 11 月 1 日，国际海事组织海上安全委员会在伦敦签订，1980 年 5 月 25 日生效。该公约经过 1978 年、1981 年、1983 年、1988 年、1989 年、1990 年、1991 年等多次修正。

《安全公约》正文十三条、一个附则（共八章）和一个附录。正文其主要内容包括：公约的一般义务；适用范围；法律、规则；不可抗力情况；紧急情况下载运人员；以前的条约和公约；经协议订立的特殊规则；修正；签字、批准、接受、认可和加入；生效；退出；保存和登记。

《安全公约》附则和附录的主要包括：第 1 章，总则，即适用范围、定义等；检验与证书；事故。第二章甲，构造（分舱与稳性、机电设备），即通则；分舱与稳性；机电设备。第二章乙，构造（防火、探火和灭火），即通则；载客超过 36 人客船的消防措施；载客不超过36人客船的消防措施；货船的消防措施；油船的消防措施；现有客船的特殊消防措施。第三章，救生设备等，即通则；限客船适用；仅适用于货船。第四章，无线电报与无线电话，即适用范围与定义；值班；技术要求；无线电日志。第五章，航行安全。第六章，谷物装运，即通则；假定倾侧力矩的计算；谷物装置及其固定。第七章，危险货物装运。第八章，核能船舶。附录，证书格式。

《安全公约》适用于经授权悬挂缔约国政府国旗的船舶。各缔约国政府承担义务实施公约及其附则的各项规定。凡引用公约时，同时也就是引用该附则，附则是公约的组成部分。各缔约国政府要承担义务，颁布必要的法律、法令、命令和规则，并采取一切必要的其他措施，使公约充分和完全生效，以便从人命安全的观点出发，保证船舶适合其预定的用途。

三、《海员培训、发证和值班标准国际公约》（STCW 公约）

《海员培训、发证和值班标准国际公约》（International Convention on Standards of Training,Certification and Watchkeeping for Seafarers）简称《STCW 公约》。

此公约是国际海事组织(IMO)约50个公约中最重要的公约之一。最初通过时间为1978年7月7日，生效日期为1984年4月28日，公约从通过至生效历经近六年的时间。《STCW 公约》正文共有十七条，阐述和规定了制订公约的宗旨、缔约国义务、公约所用名词解释、适用范围、资料交流、与其他条约关系、证书、特免证明、过渡办法、等效办法、监督、技术合作、修正程序、加入公约形式、生效条件、退出方式、保管以及文本文字。公约适用范围限于有权悬挂缔约国国旗的在海船上工作的海员。在此，"海船"系指除了在内陆水域或者遮蔽水域或港章所适用的区域以内或者与此两者紧邻的水域中航行的船舶以外的船舶。

《STCW 公约》第一章的总则中有四个规则，规定了证书的内容和签证的格式以及证书应有英语译文；对从事过本航行服务的海员要求有所放宽的原则；规定了行使监督的范围以及允许船旗国当局通过执行监督的缔约国等方式，采取适当的措施来消除缺陷。第二章为船长—甲板部分，共有八个规则和三个附录，规定了航行值班和在港值班中应遵守的基本原则；规定了对船长、大副以及负责航行值班的驾驶员发证的法定最低要求与最低知识要求；规定了对组成航行值班部分的一般船员的法定最低要求；规定了为确保船长和驾驶员不断精通业务和掌握最新知识的法定最低要求以及在运载危险货物船舶上在港值班的法定最低要求。第三章为轮机部分，共有六个规定和二个附录，规定了轮机值班中应遵守的基本原则；规定了对主推进动力装置为3000千瓦或以上和750—3000千瓦之间的船舶的轮机长和大管轮发证的法定最低要求与最低知识要求，规定了对传统的有人看守机舱负责值班的轮机员或定期无人看守机舱指派的值班轮机员发证的法定最低要求；规定了保证轮机员不断精通业务并掌握最新知识的法定最低要求；规定了对组成机舱值班部分的一般船员的法定最低要求。第四章为无线电部分，共有三个规则和二个附录，规定了无线电报员发证的法定最低要求；规定了保证无线电报员不断精通业务和掌握最新知识的法定最低要求；规定了无线电报员发证的法定最低要求。第五章为对槽管轮的特别要求部分，共有三个规则，规定了对油船、化学品船、液化气体船船长、高级船员和一般船员的培训和资格的法定最低要求。第六章为精通救生艇业务部分，有一个规则和一个附录，规定了关于颁发精通救生艇业务证书的法定最低要求。

四、《国际防止船舶造成污染公约》（MARPOL 公约）

国际防止船舶造成污染公约（International Convention for the Prevention of Pollution from Ships；MARPOL；International Convention for the prevention Pollution from Ships），简称《MARPOL 公约》，是为保护海洋环境，由国际海事组织制定的有关防止和限制船舶排放油类和其他有害物质污染海洋方面的安全规定的国际公约。

1973 年《国际防止船舶造成污染公约》（简称《MARPOL 1973》）及 1978 年《国际防止船舶造成污染公约的 1978 年议定书》（简称 MARPOL 1978）是国际社会为保护海洋环境而签订的两个重要国际协定。两者合称《MARPOL 1973/1978》。此公约旨在防止船舶排放的废水、废油等物质污染海洋的公约和议定书，1973 年订于伦敦。中国于 1983 年 7 月 1 日加入"73/78 防污公约"，同时声明不受公约附则三（关于预防包装中的有害物质的污染）、附则四（关于预防污水污染）、附则五（关于预防船舶垃圾污染）的约束。中国于 1988 年加入公约的附则五。公约适用于除军舰、海军辅助船舶和用于政府非商业性服务的国有或国营船舶以外的船舶，禁止这些船舶对海洋以任何形式排放有害物质，并规定了违章处理程序。

《MARPOL 1973》的基本内容是一个庞杂、技术性强及具有多层次结构的国际环境保护协定。有正文条文二十条，还有许多附则、附件、议定书等。由于 1978 年议定书对 1973 年公约作了重要的修订与补充，该议定书构成公约不可分离的组成部分。1978 年议定书第一条第一款即明确要求，凡加入 1978 年议定书的国家，自然地应当遵守 1973 年防污公约，而不必对公约另行签字或履行专门的批准手续。修正后的公约要求：①船舶使用前或颁发国际防油污证书前应对船舶进行初检；②在每 5 年期间内进行定期检验；③在国际防油污证书有效期至少进行一次中级检验；④进行计划外检验或义务性年度检验。

跋

《中国远洋海运发展史》第 1 卷展现了从 1949 年新中国成立到 1978 年改革开放前夕这一历史时期，新中国远洋运输事业创建和发展的光辉历程，记录了新中国远洋运输船队从无到有、从小到大的发展过程。

新中国成立后，在党的中央领导集体和老一辈无产阶级革命家的亲切关怀下，新中国的远洋人肩负起历史使命，开始了拓荒之旅。早在中远成立之前，新中国通过在香港成立航运公司、与友好国家组建合营公司的方式，来突破国内外敌对势力对新中国的封锁禁运，完成外贸运输任务，这是新中国最早组建的远洋运输船队，也为挂五星红旗的远洋船队的组建积累了经验、培养和锻炼了队伍。经过多年的筹划，1961 年 4 月 27 日，中国远洋运输公司和中远广州分公司成立。4 月 28 日，新中国第一艘悬挂五星红旗的"光华"轮驶向印度尼西亚雅加达，开辟了中国远洋运输事业的新纪元。

中远成立后，始终坚决贯彻执行党中央制定的"服从外交，服务外贸"的方针，广大船员职工在极端困难的条件下艰苦创业，建立了一支初具规模的远洋船队，冲破封锁禁运，打开了通往亚、非、拉及欧、美、大洋洲的国际航路，完成了外贸运输和援外运输任务，制订、创造了一整套管理远洋运输企业和船舶的制度，积累了较为丰富的航海经验。中远公司在创业时的各种建树，为中国远洋运输事业的大发展打下了坚实的基础，作出了历史性的贡献。

"文化大革命"动乱时期，中远处在十分复杂和特殊的国内外环境中，走过了一段艰难而曲折的道路。在老一辈无产阶级革命家的亲切关怀和积极支持下，中远广大干部、船员在实际工作中以不同方式，对来自"文化大革命"的干扰进行了抵制和斗争，发扬艰苦创业的精神，始终保持远洋运输生产和各项业务的开展。

1972 年，中国远洋运输总公司得到重新组建。中远总公司排除干扰，迅速恢复了远洋生产秩序。广大干部、船员继续发扬艰苦奋斗、自力更生的精神，服从大局，奋力拼搏，使生产经营较快得到发展，经济效益不断提高。特别是这一时期，中远总公司坚定地贯彻执行周恩来总理的重要指示，坚持买、造并举发展中国远洋运输船队的方针，以最快的速度增强了国家的海运实力。到 1978 年，中远已发展成为拥有 510 艘船舶、44500 多名职工的大型远洋运输企业，基本上改变了主要依靠租用外轮进行外贸运输的历史，引起世界航运界的普遍关注，也为企业走向成熟和中国远洋运输事业的进一步开拓，奠定了良好的基础。

作为以国际航运为主业的大型重点国有企业，中远的发展有着十分深刻而重大的政治经济背景。中远在新中国成立后的不同历史时期所发挥的作用，往往直接反映出新中国政治、经济、外交、军事、文化等方面的发展走向，这就决定了中远在中国经济总体发展战略上的重要地位。长期以来，中远以"支部建在船上"为政治工作的基石，形成了完善的政治工作组织体系，并在历次重大的历史转型期和面对各种突发事件中，显示出强大的威力。

1949—1978年，在艰苦奋斗的岁月中，中远人用29年奋斗历程凝结起来的"艰苦创业、爱国奉献"的优良传统，生生不息地流淌在中远人的血脉中，成为COSCO永不褪色的企业本色，筑就成中远人攻无不克的制胜法宝。

1978年12月，党的十一届三中全会确定把全党工作重点转移到社会主义现代化建设上来，从此开始了建设有中国特色社会主义的新时代。随着国家实行"对外开放、对内搞活"经济方针，远洋运输事业也开始全面改革和发展，中远也进入一个崭新的历史发展时期。

参 考 文 献

[1] 中共中央文献研究室编：《建国以来毛泽东文稿》（第一册），北京：中央文献出版社，1987年。

[2] 中共中央文献研究室编：《建国以来毛泽东文稿》（第二册），北京：中央文献出版社，1988年。

[3] 中共中央文献研究室编：《周恩来年谱（1949—1976）》，北京：中央文献出版社，2007年。

[4] 中共中央文献研究室编：《陈云年谱》（修订本），北京：中央文献出版社，2015年。

[5] 刘树发编：《陈毅年谱》，北京：人民出版社，1995年。

[6]《粟裕传》编写组编：《粟裕传》，北京：当代中国出版社，2012年。

[7]《李先念传》编写组编：《李先念传（1949—1992）》，北京：中央文献出版社，2009年。

[8] 中共中央党史研究室编：《中国共产党的九十年》，北京：中共党史出版社，党建读物出版社，2016年。

[9] 中共上海市委编辑部、中共上海市委党史研究室编著：《从党的诞生地出发》，上海：上海人民出版社、上海书店出版社，2018年。

[10] 当代中国研究所著：《中华人民共和国简史（1949—2019）》，北京：当代中国出版社，2019年。

[11] 当代中国研究所著：《新中国70年》，北京：当代中国出版社，2019年。

[12] 叶飞著：《叶飞回忆录》，北京：解放军出版社，2007年。

[13] 林强、鲁冰著：《叶飞传（1914-1999）》，北京：中央文献出版社，2007年。

[14] 中共厦门市委党史研究室编：《彭德清纪念文集》，北京：中央文献出版社，2001年。

[15] 钱永昌著：《轻舟已过万重山——前交通部部长钱永昌往事回想》，北京：人民交通出版社，2008年。

[16] 黄镇东著：《求实奋进探索交通发展之路》，北京：中共中央党校出版社，1997年。

[17]《交通部行政史》编委会编：《交通部行政史》，北京：人民交通出版社，2008年。

[18] 中国海员工会全国委员会编：《中国海员的光荣传统和崇高职责》，北京：工人出版社，1984年。

［19］《全国水运运价手册》编写组编：《全国水运运价手册》，北京：人民交通出版社，1985年。

［20］邓力群、马洪、武衡主编：《当代中国的水运事业》，北京：中国社会科学出版社，1989年。

［21］彭德清主编：《中国航海史》（现代航海史），北京：人民交通出版社，1989年。

［22］广州远洋运输公司编：《艰难历程光辉业绩》，广州：广东人民出版社，1991年。

［23］汤照连主编：《招商局与中国近现代史》，广州：广东人民出版社，1994年。

［24］《大连港史》编委会编：《大连港史（古、近代部分）》，大连：大连出版社，1995年。

［25］中国航海史研究会编：《招商局史》，北京：人民交通出版社，1995年。

［26］王旻编著：《一代船王董建华》，北京：中华工商联合出版社，1996年。

［27］上海远洋运输公司党委办公室编：《船舶政委手册》，北京：人民交通出版社，1997年。

［28］《上海远洋运输志》编纂委员会编：《上海远洋运输志》，上海：上海社会科学院出版社，1999年。

［29］中远（集团）公司编：《中远发展史/中国远洋运输公司史》，北京：人民交通出版社，2000年。

［30］陆俊山主编：《COSCO航运旗舰》，北京：企业管理出版社，2004年。

［31］中远集装箱运输有限公司史编纂委员会编：《中远集装箱运输有限公司（上海远洋运输公司）史》，上海：上海人民出版社出版，2004年。

［32］王建平主编：《英汉航海大词典》，北京：人民交通出版社，2004年。

［33］江波著：《江海波涛——情系招商局》，北京：中国大地出版社，2008年。

［34］魏家福著：《十年磨一剑——赢在财富全球500强》，北京：人民交通出版社，2008年。

［35］李宗琦主编：《交通企业文化》，北京：人民交通出版社，2008年。

［36］辛加和主编：《航海文化》，北京：人民交通出版社，2009年。

［37］蔡桂林著：《大航海时代》，保定：河北大学出版社，2009年。

［38］华润（集团）有限公司《红色华润》编委会编：《红色华润》，北京：中华书局，2010年。

［39］洪振权、桑史良主编：《百年风涛》，上海：上海交通大学出版社，2010年。

［40］中远（集团）总公司编：《中远通信导航发展史》，北京：人民交通出版社，2010年。

［41］杜渊泉主编：《中央企业价值理念集粹》，北京：光明日报出版社，2010年。

［42］《中国交通六十年》编委会：《中国交通六十年》，北京：交通运输部科学研究院，2010年。

［43］中波轮船股份公司编著：《中波轮船股份公司发展史（1951—2011）》，上海：上海古籍出版社，2011年。

［44］中波轮船股份公司编：《我与中波》，上海：上海古籍出版社，2011年。

[45] 广州远洋运输公司编:《光辉的航程——广远成立 50 周年巡礼》,广州:广东人民出版社,2011 年。

[46] 佟成权著:《海之思》,上海:上海交通大学出版社,2012 年。

[47] 石广生主编:《中国对外经济贸易改革和发展史》,北京:人民出版社,2013 年。

[48] 涂俏著:《袁庚传——改革现场 1978—1984》,深圳:海天出版社,2016 年。

[49] 吴长荣著:《上海船长》,上海:上海交通大学出版社,2016 年。

[50] 中远船务党委编:《追梦蓝海——中远船务工程集团有限公司发展简史》,大连:大连海事大学出版社,2016 年。

[51] 张涛著:《大海的见证》,北京:人民交通出版社股份有限公司,2017 年。

[52] 交通运输部海事局编:《中国海员史》(古、近代部分),北京:人民交通出版社股份有限公司,2017 年。

[53] 中华人民共和国交通运输部编:《中国交通运输年鉴》,北京:人民交通出版社股份有限公司,2018 年。

[54]《大连远洋运输公司发展史》编审委员会编:《大连远洋运输公司发展史》(上、下册),大连:大连出版社,2018 年。

[55] 交通运输部海事局编:《中国海员史》(现代部分),北京:人民交通出版社股份有限公司,2019 年。

[56] 中国航海日主题活动上海组委会编:《图说中国航运文化地标》,上海:复旦大学出版社,2019 年。

[57] 中国船舶工业行业协会编:《强船报国——新中国船舶工业七十年大事记》,北京:人民交通出版社股份有限公司,2019 年。

[58] 中远集团工会编:《中远劳模》,内部印刷,1995 年。

[59] 中共上海海运(集团)公司委员会编:《船舶政治工作史》,内部印刷,1996 年。

[60] 中远(集团)总公司编:《中远历史资料汇编》(第 1—9 册),内部印刷,1997 年。

[61] 于耀文主编:《中国船舶燃料供应总公司简史(1972—1997)》,内部印刷,1997 年。

[62] 中国外轮代理公司编:《中国外轮代理公司发展史》(1953—1998),内部印刷,1999 年。

[63] 中远(集团)总公司编:《中远集团"十五"发展规划》《中远集团"十一五"发展规划》《中远集团"十二五"发展规划》,内部印刷,2001 年 7 月、2006 年 4 月、2011 年 6 月印刷。

[64] 中远集运企业文化之旅编写组编:《你我同舟》,内部印刷,2002 年。

[65] 中远(集团)总公司编:《弘扬民族精神——"走向国际化的中远集团"新闻报道集锦》,内部印刷,2004 年。

[66]《中远香港》编辑部编:《聚焦中远香港——新闻报道篇》,内部印刷,2007 年。

[67] 中国远洋控股有限公司编:《中国远洋安全规章制度汇编(机务部分)》,内部印刷,2008 年。

［68］中远散货运输有限公司编:《破解新盛海轮管理密码》,内部印刷,2009年。

［69］中海发展股份有限公司货轮公司编:《中海货运船舶文化》,内部印刷,2010年。

［70］《驰向蔚蓝的辉煌》编委会编:《驰向蔚蓝的辉煌(中远五十年)》,内部印刷,2011年。

［71］中国海运统计年鉴编写组编:《中国海运统计年鉴》,内部印刷,2011年。

［72］中海集运《转型》编写组编:《转型》,内部印刷,2011年。

［73］陈大鸣著:《历程——中远船贸纪事》,内部印刷,2012年。

［74］交通运输部公安局:《中国港航公安史(1949-2014)》,内部印刷,2016年。

［75］中海国际《海员风采》编辑部编:《海员风采》,内部印刷,2019年。

［76］《中国远洋海运报(中国远洋报)》1993—2020年。

［77］中远(集团)总公司:中远集团OA系统《文书档案库电子文档》,中远集团档案室。

结 束 语

公元1961年4月27日,中国远洋运输公司成立。由此追溯到1948年华夏企业有限公司的成立,拉开了新中国远洋运输事业的序幕。截至2015年底,历经68年的飞速发展,中远已稳步跨入世界优秀企业之林,创造出领航国际海运潮流的COSCO时代。

一路风风雨雨,曲曲折折;一路浩浩荡荡,轰轰烈烈;一路大风大浪,大开大合;一路高歌猛进,从未停歇。

半个多世纪的航程,经历了太多的风浪,中远的历史长卷,总能在回望中意味深长——

有"山重水复疑无路"的忧虑与迷惘,有"直挂云帆济沧海"的责任与担当;有"路漫漫其修远兮"的寻觅与探索,有"轻舟已过万重山"的惬意与畅想;有"雄关漫道真如铁"的砥砺与洗礼,有"人间正道是沧桑"的格局与气象;有"一舞剑器动四方"的大气与豪迈,有"天下谁人不识君"的繁荣与辉煌……

只要太阳照耀的地方,就有五星红旗和COSCO旗帜在飞扬……

在这光辉的岁月里,中远所突破的历史性困局,走出的国际化道路,创造的决定性成就,完成的全球化布局,实现的跨越式发展,无不昭示其在中华人民共和国的航运史上发挥出的重要作用与价值。

历史,总是在一些特殊年份给人们以汲取智慧、继续前行的力量。1948,1961,1993,2015,这一组组再自然不过的普通年份,串连起的却是中远从无到有、从小到大、从弱到强的峥嵘岁月与光辉历程。

中远的发展历程,是中国综合国力蒸蒸日上的辉煌缩影;是中国航运业波澜壮阔、砥砺前行的生动写照。在这一发展历程中,中远不仅书写着中国航运的历史,而且正在创造新的航运记录;不仅弘扬了民族精神,而且已成为连接世界的桥梁;不仅奠定了坚实的物质基础,而且积淀了宝贵的精神财富。

在这浩如烟海的历史事件中,人们如何梳理和珍存在那激情燃烧的岁月里凝成的"中远记忆"?历史又给后人留下了怎样的启迪?

长子情结,爱国情怀——中远最具传承力的红色根脉

"共和国长子"这一亲切的称谓,是赞许,是责任,更是标杆。1950年2月27日,毛泽东主席称赞为建立新中国做出贡献的哈尔滨为"共和国长子"。此后,又特指新中国成立后大力支援国家建设事业的城市或地区和为国家承担重大责任与做出突出贡献的带"中国"字头的大型国有企业，如"中国一汽""中国远洋"。

"共和国长子"的称谓对中远来说，不仅是一份荣誉与信任，更是一份沉甸甸的使命与担当。在长期的生产斗争实践中，中远人的"长子"情结主要体现在：对党忠诚，听党指挥；服从外交，服务外贸；独立作战，敢打必胜；勇挑重担，责重如山。这既是中远人的"长子"情结，更是中国远洋运输公司永不改变的企业定位。

新中国成立之初，敌对势力的经济封锁，国家建设的百业待兴，对外交往的艰难窘迫，强烈地呼唤着中国必须拥有一支强大的远洋船队，肩负起振兴民族航运事业的重任。这就决定了新中国建立的这支远洋船队，不仅仅是一般意义上的商船队，她必须肩负起极其特殊的使命。中远的船队就拥有这种使命感、责任感和不怕牺牲、勇于担当的精神，无论船舶航行在大洋的什么位置，只要祖国一声令下，都能坚决做到召之即来，来之能战，战之必胜，胜之报国。

在中远发展的历程中，每当祖国需要，中远人都会毫不犹豫地把祖国的召唤当作冲锋陷阵的号角，一次次地履行着党和国家所交付的神圣使命，一次次地为祖国赢得荣誉。这种充满强烈的爱国主义激情凝成的"艰苦奋斗，爱国奉献"的中远精神，成为中远文化最纯粹、最厚重的底色。

这就是"长子"情结和爱国情怀凝成的中远最具传承力的文化根脉。

改革创新，变法创制——中远最具爆发力的致胜法宝

穿越岁月沧桑，改革创新永远在路上；历经风雨考验，变法创制持续开新篇。这是中远在漫长的发展历程中不断从辉煌走向辉煌的生动写照。

改革创新出生产力、出战斗力、出发展力。中远成立之初，国家拿不出更多的钱来发展远洋船队。中远打破陈规旧制，硬是闯出一条"贷款买船、负债经营、赢利还贷、滚动发展"的经营之路，船队规模从1961年的2.26万载重吨，发展到1978年的700多万载重吨，实现了井喷式309倍的强势增长，创造了世界远洋船队发展的奇迹。

中远又以"借壳上市"开路，角逐资本市场，推动企业实现双轮驱动；以"创新谋变"推行引资引智，推动企业实现新的腾飞；企业规模扩大后，中远总公司又针对市场竞争、盈利能力弱化的倾向，实施市场化改革，推进专业化经营，春潮涌动，春雷浩荡，一场史无前例的"百船大腾挪、千日大交接、万人大调整"的改革大剧，在中远系统内蓬勃上演。正是这种持续的改革，推动了中远一次次实现阶梯式攀升和跨越式发展。

企业创新是中远不断发展壮大的助推器。在激烈的市场竞争环境里，中远集团坚持站在时代发展的高度，充分运用创新创制这一法宝，在历史前进的逻辑中前进，在时代发展的潮流中发展，推进企业体制创新，突出经营机制转换，成功走出了一条具有中远特色的"国有市营"的改革发展之路；推进企业经营创新，实现了从单一注重生产经营向生产经营、资本经营和品牌经营并重的根本性转变；推进管理创新，积极推行对标管理、精益管理、机遇管理、战略管理，构建成现代企业管理体系；推进技术创新，构建科技中远，中远船务"超深海高稳性圆筒型钻探储油平台的关键制造技术"成果获得2011年度国家科技进步一等奖,将中远推上创新驱动发展的新平台。

百年基业,百岁基因——中远最具成长力的物质基础

建设"百年老店"的艰难,在于"百年老店"只属于"金字塔尖"上的少数几家企业。在通往成功的征途上,往往要在辉煌中保持定力,在喧嚣中静守初心,在逆境中寻找希望,在低谷中坚守信念,在煎熬中积蓄力量,在力量的迸发中一步步攀上"金字塔尖",这几乎是成就"百年老店"的基因图谱和内在规律。打造"百年中远"是老一辈中远人的奋斗初心和共同夙愿,经过半个多世纪的艰苦创业与励精图治,那些流淌的汗水、经历的挫折、熬过的低谷、坚守的信念,经过岁月的磨砺与沉淀,不仅化作中远在国际航运市场上的厚积薄发,更演化出中远人经营企业的哲思慧悟。

"百年中远"的世纪愿景,正是全体中远人全新发展理念的生动写照和精神诉求。打造"百年中远"的战略目标,是中远集团不断实现科学发展的历史坐标,是凝聚和激励全系统13万员工奋勇争先的嘹亮号角,是实现中远集团在国际化竞争中不断发展壮大的宏伟蓝图。

中远经过长期艰苦经营,形成了可持续发展的崭新格局:党的领导统揽全局,班子建设团结坚强,航运主业国际一流,全球发展蒸蒸日上,物流服务全面升级,码头业务稳步增长,海工造船国际领先,中燃船供通达万方,金融产业稳中求进,海外事业快速扩张,安全管理基础平稳,党政工团合力护航,惩防体系扎实构建,人才队伍健康成长,慈善事业普惠社会,三大责任全面担当,综合实力日益强劲,中远文化全程引航……

百年信念,百年格局,百年人脉,百年气象……一代又一代中远人为国家、为后人奠定的百年基业,积淀的长寿基因,成为中远最具成长力的雄厚基础,成为后人无价的精神与物质财富。

英雄辈出,人才荟萃——中远最具引领力的厚重底蕴

中远发展史证明,企业无论发展到什么程度,形成多么大的格局,都不能取代英雄主义的熏陶,民族精神的养育,历史文化的传承。它不仅是在时代变迁过程中迎接思想文化挑战的一道拦洪堤坝,更是通过历史认同、价值认同实现企业高度集中统一的坚实基础。

在中远的历史长卷中,对爱国精神的培育,对英雄主义的弘扬,对优秀文化的传承,形成了中远人一代接续一代的价值认同,英雄模范人物辈出,先进集体楷模涌现已成为自然,成为必然:

——方枕流、贝汉廷、鲍浩贤、陈宏泽、严力宾……一串串响亮的名字,闪耀着一代又一代中远人书写出的豪情壮志;

——"光华"轮、"柳林海"轮、"银河"轮、"华铜海"轮、"新盛海"轮、"希望一号"……一个个光辉的坐标,凝结着一代又一代中远人创造出的宏图伟业。

中远发展史说到底是一部创业史、创优史、人才史、英雄史。中远历史上涌现的"全国劳模"、选树的"十大标兵"、组织的"三学一创"、推进的"三个三百"人才工程以及共青团持续开展的"十大杰出青年"选树等,塑造出一批又一批先进英模人物,培养出一批

又一批高素质、复合型人才群体。

沧海横流显砥柱，万山磅礴看主峰。英雄辈出，人才荟萃，凝聚成中远最具引领力的厚重底蕴。

坚持真理，修正错误——中远最具震撼力的企业生态

中远集团比任何一个企业都更能体会"坚持真理与修正错误"所拥有的企业力量的强大，更加懂得"知错就改与轻装上阵"所修炼成的企业品质的可贵。

中远人始终敢于面对挫折、直面错误、珍视教训；从不畏惧自我反省、自我否定、自我超越。中远人深谙"祸兮福所倚，福兮祸所伏"的自然法则，对每一次错误、教训都做出深刻的反思、反省，举一反三，勇于担责，坚持真理，修正错误，变坏事为好事，化腐朽为神奇。

经过深入反思，在战略执行不力、内控机制缺失、风险防控薄弱、干部监管不严、应急反应失效等方面增建规章，完善机制；中远散运"FFA"套期保值业务、散货船队"高租金船"问题，直接影响了企业经营效益。集团领导带头自责、严肃问责、依法追责，并从领导干部的业绩观念、经营理念、市场研判、管理架构、利润指标设定等多方面吸取教训，又从完善决策机制、创新经营模式、重构行业信誉等多层面进行诊治，将经营风险的篱笆越扎越紧……

走一条从未有人走过的路，注定不可能一帆风顺。在中远前进的道路上，历经坎坷与赢得荣光一样值得尊重，修正错误同坚持真理一样弥足珍贵。虽经一次次挫折，都能一次次奋起。集团党组每一次的深刻反省，都能从负面的案例中汲取宝贵的营养；每一次的痛定思痛，都能从错误的教训中积蓄真理的力量。

中远集团在经营风险防控上正朝着止于未萌，治于未病的健康生态迈进。

全球思维，战略引领——中远最具创造力的发展方略

正确的发展战略是一个企业的生命线。中远是最早制定企业发展战略的大型国企之一。早在1991年，就提出了要把中远建成"结构集团化、经营国际化、业务多元化、管理现代化"的"小四化"战略目标，这是中远总公司给自己的未来"量身订制"的集团化发展最具前瞻性和权威性的战略表述。集团成立后，根据市场形势变化和企业发展需要，集团决策层审时度势，登高望远，坚定地提出了"下海、登陆、上天"的多元化发展战略，打开了一片全方位、多领域发展企业的新天地。

随着国际国内政治经济形势的变化和航运市场日趋变暖，中远集团又对企业发展战略进行调整，提出了"从全球航运承运人向以航运为依托的全球物流经营人转变，从跨国经营企业向国际级跨国公司转变"的"两个转变"发展战略。这一战略的确立，使中远在发展中第一次明确了科学的发展方向和定位，从根本上提高了航运主业的核心竞争力。2006年，集团又在此基础上，提出了"从周期性发展向可持续发展转变"等"四个转变"的发展策略。这种经营战略的坚定性和经营策略的灵活性，推动企业一步一个脚印向前跨越，一步一个台阶向上攀升。

中远一路走来，虽煌煌四卷史书，不过冰山一角；虽洋洋三百余万字，不过沧海一粟。中远给自己的祖国、给这个世界留下的财富实在太多太多……

站在国际航运市场的潮头，吸吮着五千年中华文化的养分，拥有13万中远人聚合的磅礴之力，中远集团具有无比深厚的历史底蕴，具有无比广阔的时代舞台，具有无比强大的前进定力。

客观地书写历史，坚定地捍卫历史，深刻地把握历史，是因为历史不仅能够激发人们情感的力量，更能赋予人们理性的启迪。如今，中远人之所以虔诚地守望着自己的历史，正是为了守护这部奋斗的历史带给中远人的那份理性与尊严。

2015年12月11日，国务院批复中远集团、中海集团进行重组。看似一次极普通的国企改革，但在世界航运史上却是惊天动地的大事件。

中远中海两大集团从"划江而治"，到"战略重组"，这正是：时与我顺，势与我应——时者已拥豪情万丈之时，势者已成风雷磅礴之势。正如毛泽东诗云："独有豪情，天际悬明月，风雷磅礴。"

人间万象，无一永恒，运动发展，自然天成；新的阶段，新的使命，挑战虽巨，希望尤盛。两大航运集团实现了真正意义上的强强联合。

编 后 语

中远海运集团按照交通运输部关于编纂《中国水运史（1949—2015）》和《中国水运工程建设实录（1978—2015）》（以下简称"一史一录"）的要求，自2017年9月开始，全面梳理集团的历史资料，在组织编纂"一史一录"的同时，着手编纂中国远洋海运发展史。

历史是一个民族安身立命的基础，也是一个企业基业长青的源泉。编纂中国远洋海运发展史，无论对于国家、行业还是企业自身，都具有存史、资政、育人的重大意义。新中国成立后，特别是改革开放以来，我国海上运输业取得了跨越式发展，这其中，中远、中海两大集团发挥了中流砥柱的作用。

一部中国远洋海运发展史，就是一部新中国的远洋航运史。完整准确地书写好这段波澜壮阔的历史，为后人留下一份珍贵记忆与启示，是当代航运人的神圣职责和光荣使命。

组织机构方面，集团成立了史志编审委员会，由集团董事长、党组书记许立荣担任委员会主任。委员会负责审定中国远洋海运发展史的工作方案、编纂大纲等重要事项。

协调机制方面，集团成立了由党组工作部牵头的综合协调组，负责落实编委会工作要求，协调相关单位，组织专题调研，史料收集汇总，召集相关会议，推进编纂工作，安排编印出版等，做了大量繁杂的服务保障工作。

史稿编纂方面，集团成立了专业编纂组，具体负责调查、研究和梳理集团历史起源、发展脉络、重大发展阶段划分、重大历史事件记述以及历史文稿编纂和统筹工作。集团充分调动全系统资源，按照专家顾问指导、专职人员执笔、相关部门协同、各级公司配合的操作流程，稳步推进集团发展史的编纂工作。

编写出版一部史书，是一项浩繁的系统工程。仅中远集团的电子档案就多达12.72万份，影像图片多达2.35万部（幅）。编纂人员虽不能通读这些文件，但在记述某些重大历史事件时，对相关文件基本做到无一遗漏地苦读、细品、阅透，以确保历史事件的完整性和准确性。编纂组的同志们本着写史必先阅史、写史重在悟史、写史更要敬史的思路，潜心研读浩如烟海的历史文献和资料，坚持用辩证唯物主义、历史唯物主义的观点和态度领悟、理解和梳理历史；以敬畏之心尊重历史人物，尊重历史事件，尊重历史时空，尊重历史逻辑，丝毫不带个人的私情杂感，坚持实事求是、求真务实的原则，客观、真实地编纂历史。通过访谈知情人物，破解历史疑点；解密尘封文献，揭秘焦点事件；突破认知局限，厘清历史脉络；剖析内在联系，展示历史规律，基本达到存史、资政、育人的目的。

2018年12月24日，集团党组工作部召开《中国远洋海运发展史》初稿完成发布会，并将首印初稿呈送编审委员会审批，同时送相关部门审核。2019年2月21日，第二次修改稿完成，印制500卷（征求意见稿），呈送编委会委员、顾问委员会委员、所属各公司广泛征求意见。5月，编纂组的同志分别到上海、广州、北京、天津、青岛、大连、深圳等地，同离退休老领导和有关专家开展座谈，征求意见，丰富了书稿的历史背景，增强了书稿内容的准确性、权威性。2019年8月18日，《中国远洋海运发展史 第1卷》书稿送人民交通出版社股份有限公司编辑，之后七卷陆续提交，直至6月付梓出版。

《中国远洋海运发展史》全书分为中远发展史、中海发展史两部，共八卷，合计628万字。其中中远发展史历时66年，分为四个历史时期，共四卷，即：《中远发展史（1949—1978）》《中远发展史（1979—1992）》《中远发展史（1993—2004）》《中远发展史（2005—2015）》；中海发展史历时66年，共四卷，分为《上海海运发展史（1949—1997）》《广州海运发展史（1949—1997）》《大连海运发展史（1949—1997）》《中国海运集团发展史（1997—2015）》。

为编纂好《中国远洋海运发展史》，交通（运输）部、集团相关部室和所属公司给予了鼎力支持。交通（运输）部、集团业已退休的老领导、老前辈、老同志，大多年事已高，有的还在医院，抱病修改史稿，给予我们多方面的热心指导。在此，我们衷心感谢钱永昌、黄镇东、李盛霖、徐祖远等交通（运输）部老领导、老前辈；衷心感谢宫尚竺、江波、卓东明、虞国伟、雷海、周祺芳、高伟杰、陈洪生、刘国元等集团离、退休老领导；衷心感谢高志明、刘锐祥、张际庆、肖亮涌、闵希侯、贾兆祥、白金泉、骆九连、辛加和、吴仁华等老领导；我们还要特别感谢毛永芳、潘群、陈连涛、梁振兴、马洪进、赵中博、葛军、夏文杰、江茜、刘建强、徐维锋、王蓬、蔡小华、白昌中、郑钟宇、吴晓、王庆华、柯成钢、王雷、刘清卿、宋涛、张磊、李永生、孙明霞、袁绪龙、孙梅、刘文喆、张波、柳芳、张鹏、韩波、戴燕、姜玲、张浙苏、金鑫、何峰、祁蹟、傅勤勇、张叶龙、钱江、周斌、陆英祥、陈晓波、曹敏、刘楠、张楠、王冉、姚兆羽、邢艳、赵乃康、李达、郭静、朱月芳、范路遥、侯景妙、张进、付晓力、孙轶、纪委、刘炳花等同志对史书编纂工作付出的辛勤努力。

本书在编写过程中，特别在一些史料的取舍上，难免会有疏漏之处。敬请广大读者不吝赐教，多提宝贵意见。

2020年1月

总 审 校 / 谭 鸿
策划编辑 / 张征宇　韩亚楠
责任编辑 / 陈　鹏
封面设计 / USUN 昱上

定价：260.00 元